Oscar Mothes

# Geschichte der Baukunst und Bildhauerei Venedigs

Kunst der neuern Zeit

Oscar Mothes

**Geschichte der Baukunst und Bildhauerei Venedigs**
*Kunst der neuern Zeit*

ISBN/EAN: 9783743426689

Hergestellt in Europa, USA, Kanada, Australien, Japan

Cover: Foto ©Thomas Meinert / pixelio.de

Manufactured and distributed by brebook publishing software (www.brebook.com)

Oscar Mothes

**Geschichte der Baukunst und Bildhauerei Venedigs**

# GESCHICHTE

### DER

# BAUKUNST UND BILDHAUEREI

## VENEDIGS.

# GESCHICHTE

DER

# BAUKUNST UND BILDHAUEREI

## DER NEUERN ZEIT IN VENEDIG

VON

## OSCAR MOTHES,

ARCHITECT.

MIT 27 HOLZSCHNITTEN UND 1 RADIRUNG.

---

LEIPZIG.

FRIEDRICH VOIGT.

1860.

# GESCHICHTE

### DER

# BAUKUNST UND BILDHAUEREI

## V E N E D I G S

#### VON

### OSCAR MOTHES,
ARCHITECT.

ZWEITER BAND

KUNST DER NEUERN ZEIT.

MIT 27 HOLZSCHNITTEN UND 1 RADIRUNG.

LEIPZIG.

FRIEDRICH VOIGT.

1860.

Druck von C. R. Elbert in Leipzig.

SEINER MAJESTÄT

# DEM KÖNIG

## JOHANN

### VON SACHSEN

MEINEM GNÄDIGSTEN, KÖNIGE

UND HERRN

WIDMET DIESES ALLERUNTERTHÄNIGST

DER VERFASSER.

# Hauptsächlichste Quellen.

*Kugler*, Handbuch der Kunstgeschichte etc. etc.

*Lübke*, Geschichte der Baukunst 1858.

*L. Batissier, histoire de l'art monumental 1845.*

*Füssli*, allgemeines Künstlerlexicon 1779.

*Faber*, Conversationslexicon f. Bild.-Kunst 1840—58.

*Selvatico, Sull' architettura e scultura di Venezia 1847.*

Jahrbuch und Mittheilungen der k. k. Centralcommission etc. 1856—60.

*Francesco Milizia, Memorie degli architetti etc. 1785 ff.*

*Quatremère de Quincy, histoire de la vie etc.*

*Giorgio Vasari, Vite dei piu celebri etc.*

*Fiorillo*, Geschichte der zeichnenden Künste.

*Emm. Cicogna, Inscrizione venete, 1828—40.*

*Leop. Cicognara, Storia della Scultura 1828.*

*Heider, Eitelberger etc.* Mittelalterliche Kunstdenkmale 1858.

*Vinc. Scamozzi, Idea dell' Architettura.* Ausg. von 1678.

*Lloyd* in Triest. Venedig Reisehandbuch 1857.

*Seb. Brunner.* Ein eignes Volk, Wien 1859.

*F. Albertolli, Porte de Città di M. Sammicheli 1815.*

*A. Visentino und Canale. Prospetti di Venezia.*

*Pitteri Cronica veneta.* Ven. 1736.

*P. Paruta, Historia vinetiana.* Ven. 1605.

*Joannis Palatii, Fasti Ducales.* Ven. 1696.

*Heinrich Keller*, Wahrhaftige eigentliche kurze Beschreibung etc. Fkft. a/M. 1574.

*Battista Nani, Historia della republica veneta.* Ven. 1676.

*Gasp. Contarini, della republica di Venetia.* Ven. 1591.

*Gabr. Symeoni, Commentarii sopra alla Tetrarchia.* Ven. 1548.

*Andreas Schotti, Itinerarium Italiae*, Amsterdam 1655.

*Pietro Bembo, Istoria Venetiana 1729.*

*Franc. Sansovino, Venetia illustrata. 1580.*

*Paolo Morosini, Historia di Venetia 1637.*

*Amelot de la Houssaie, Histoire du Gouvernement de Venise 1695.*

*Quadri, Atlante statistico.* Ven. 1827.

*Graf Daru*, Geschichte der Republik Venedig, Leipzig 1854.

*Abbé L . . . Histoire de la Repub. de Venise 1765.*

L. A. *Muratori*, Geschichte von Italien 1750.

*Carl Denina*, Staatsveränderungen in Italien 1771.

*Leop. Cicognara Fabbriche cospicui.* Ven. 1840.

*A. v. Binzer*, Venedig im Jahr 1844. Pesth 1845.

S. übrigens noch die Citate in den Noten etc.

# Vorwort.

Veramente, quant'io del regno santo
Nella mia mente potei far tesoro,
Sarà ora materia del mio canto.

Dante.

Dass dieser zweite Band so lange hat auf sein Erscheinen warten lassen, wird vielleicht manchen der Leser mit Ungeduld erfüllt haben; doch liegen dieser Verzögerung zwei gewichtige Ursachen zu Grunde.

Einmal sollten die in diesem Band zu gebenden Nachrichten so vollständig wie möglich und dabei doch zuverlässig sein; dazu aber war es nöthig, das in ziemlich reichlichem Maasse, aber grösstentheils noch ungeordnet vorliegende historische Material sorgfältig zu studiren und gewissenhaft zu sichten, namentlich um die so häufigen irrigen Angaben früherer Kunsthistoriker zu berichtigen, welche sich leider zum Theil auch in vielen neuern Schriften sonst ganz tüchtiger Forscher eingeschlichen haben. Eine andere Ursache der Verzögerung aber liegt darin, dass ich durch mancherlei äussere Umstände, Berufsarbeiten etc. abgezogen, nicht immer die zu würdiger Lösung einer solchen Aufgabe unumgänglich nöthige Ruhe und Zeit finden konnte.

Da ich nun während des Fortschritts der Arbeit sah, dass dieser Band, wenn ich in ihm all das angehäufte Material verwendete, stärker werden würde, als der erste, da ich den Lesern keinen Abbruch von der versprochenen Vollständigkeit der Nachrichten thun, ebensowenig aber den Preis des Buchs steigen lassen wollte, so blieb mir nur eine Wahl: entweder die chronologische Tabelle hinwegzulassen, oder die Zahl der Illustrationen zu vermindern. Ich entschied mich für das letztere: die chronologische Tabelle ist sowohl für die Uebersicht des Entwicklungsganges der Baukunst in Venedig, als für die Bequemlichkeit im Gebrauch des Buchs als „„*artistischer Fremdenführer für Venedig*"" von hoher Wichtigkeit; die Illustrationen konnten füglich vermindert werden, ohne den Werth des Buchs zu verringern, denn die Kunstwerke aus den bessern Zeiten der Renaissance sind bereits vielfach veröffentlicht worden, unter den Werken des Barockstyls aber sind nur wenige, welche eine Veröffentlichung verdienen; auch ist es bei allen Bauten der Renaissance weit eher, als bei mittelalterlichen möglich, Abbildungen durch Beschreibung zu ersetzen, indem letztere durch Hinweisung auf bekannte antike Vorbilder und Formenschemen sehr anschaulich gemacht werden kann.

So bitte ich denn nun den Leser, mir bei Anschauung der venetianischen Kunstwerke zu folgen, von dem höchsten Glanz des Staats- und Kunstlebens bis zu dem tiefsten Verfalle der Macht, der Sitten und Künste, bis zu dem kläglichen Zusammensinken, welches, angebahnt durch diesen Verfall, bei dem ersten Herannahen äusserer Zeitstürme an das alte morsche Staatsgebäude erfolgen musste, und welches Petrarca vorausgesehen zu haben scheint, als er sang:

> Passan vostri trionfi e vostre pompe,
> Passan le signorie, passano i regni,
> Ogni cosa mortal tempo interrompe.

Der Verfasser.

# Radirung.

———————

# GESCHICHTE

### DER

# BAUKUNST UND BILDHAUEREI

## VENEDIGS.

# EINLEITUNG.

In der gesammten Geschichte der Kunstentwickelung. von den ersten kindlichen Versuchen auf dem Gebiet der Kunstthätigkeit bis zur neusten Zeit, wird man nirgends und niemals finden, dass ein neuer Styl plötzlich vor den Augen der Menschheit sein Formensystem als vollendete Gesammtheit aufgerollt und der Menschheit oder auch nur einem einzelnen Volke aufgenöthigt habe.

Ja selbst einen fremden, bereits vollständig entwickelten. oder einen alten wieder aus seinem Grabe hervorgesuchten Styl bei einem Volk einzuführen, welches ihn zur Zeit nicht kannte, hat niemals gelingen können. Jede solche Einführung muss nothwendigerweise durch Modificationen in den Stylformen selbst erkauft werden, denn der Styl nimmt eine ähnliche Stellung ein, als die Sitte und nur eine fremde Mode, niemals eine fremde Sitte wird man plötzlich und unverändert bei einem Volke einzuführen vermögen, ebensowenig wie man im Stande sein wird, längst erstorbenen nicht mehr zeitgemässen Sitten, selbst in demselben Volke, bei dem sie einst Geltung hatten, diese Geltung vollständig wieder zu verschaffen.

Für die Wahrheit dieser Sätze enthält die Kunstgeschichte eine Reihe von Bestätigungen, aus der wir nur einige von denen herausgreifen wollen, welche specielle Beziehung auf die Lagunenstadt haben.

Von Unterthanen des römischen Weltreichs bevölkert, die vor der Geissel Gottes hierher flohen, bedeckten sich die Inseln der Lagunen mit Wohnhäusern und Kirchen. Die ersten von diesen Bauten, welche eine künstlerische Durchführung zeigen, tragen denselben Typus. wie alle gleichzeitigen Bauten auf dem Festlande Oberitaliens, doch modificirt nach den umgebenden Naturverhältnissen und der daraus resultirenden Lebensweise und Lebensanschauung der Bewohner. Bald macht

sich byzantinischer Einfluss in Folge der Handelsverbindungen geltend,
Baumaterialien, Handwerker, selbst Künstler werden aus den Gebieten
bezogen, in denen der byzantinische Styl das Feld beherrschte, und
dennoch bürgert sich derselbe nicht vollständig ein, sondern muss sich
mannichfachen localen Modificationen unterwerfen, ja diese Modificationen
zeigen sich nicht etwa blos auf dem Gebiete der Profanarchitectur, die
sich natürlich nach der durch vielfache rein locale und nationale Bedingungen fast typisch festgestellten Hauseinrichtung richten musste,
selbst bei den im Allgemeinen nach byzantinischer Weise angelegten
Kirchenbauten gibt sich in vieler Beziehung die Gewalt localer Institutionen und occidentaler Tradition kund, welche der verpflanzte Styl
nicht zu brechen vermochte.

Zu der Zeit nun, als in der Kunst das germanische Element die
andern zu beherrschen begann, drang der Herold dieser Herrschaft,
der gothische Styl, zwar auch auf die Inseln der Lagunen, aber er
musste nicht blos in vielen Details, sondern sogar in Hauptzügen seines Characters sich entkleiden und nur durch diese theilweise Umwand-
lung und die geschmeidige Einfügung in die traditionelle Disposition
und Constructionsweise war es ihm möglich, Terrain zu gewinnen.
Obgleich er nun nur in den Kirchen in organischer, wenn auch mo-
dificirter Ausbildung auftreten konnte, obgleich selbst in diesen Kirchen-
gebäuden, noch mehr aber in der Profanarchitectur, sehr viele seiner
wesentlichsten Formen verkümmert oder unterdrückt wurden, obgleich
namentlich der gothische Giebelbau und die Strebepfeilerformation in
der specifisch venetianischen Auffassung kaum wieder zu erkennen sind,
so zeigten sich doch viele seiner Formencombinationen, Massenverthei-
lungen etc. so geeignet, in das traditionelle venetianische Dispositions-
gerippe mit fast organischer Berechtigung eingefügt zu werden, viele
seiner Detailbildungen und Ornamentalformen reihten sich so wohl-
gefällig in die Folge der aus den verschiedenen Bauperioden beibehaltenen, ebenfalls für Venedig beinahe zu traditionellen Typen gewordenen
Einzelformen ein, dass es dem eigentlich doch nicht gleich früheren
Stylen allmälig aus den Fortschritten in der Technik, aus ritualen Bedürfnissen und aus Veränderungen auf dem Gebiete religiöser und pro-
faner Lebensanschauung unbewusst hervorgewachsenen, sondern als fer-
tiges System aus der Vergessenheit wieder vorgesuchten, dem Publicum
gewissermassen aufgedrungenen Renaissancestyl nicht gelingen konnte,
sich so plötzlich, wie er das Wohlgefallen, ja die Begeisterung einzelner
Künstler Italiens errungen, der Herrschaft über den Geschmack einer
gesammten Bevölkerung zu bemächtigen.

Ja Venedig gehört sogar zu den Städten, in denen der Kampf

zwischen Gothik und Renaissance ziemlich lange dauerte, und letztere nur Schritt für Schritt Fuss fassen konnte, wozu wohl auch der Umstand mit beitragen mochte, dass sich der gothische Styl in Venedig nicht so überlebt hatte, dass seine Hauptformen nicht so unter einer Masse von gehaltlosen, übermächtigen, prunkenden und willkürlichen Verzierungen erdrückt waren, als diess in manchen andern Ländern geschehen war, in denen dann entweder die Renaissance schneller Fuss fasste, oder eine Vernüchterung und Abstreifung aller Verzierung eintrat, welche ebenso übermässig und daher unbefriedigend war, als die vorhergegangene Ueberladung.

Auch ist durchaus nicht zu verkennen, dass, wenn auch die Renaissance, wie oben angeführt, nicht gleich den früheren Stylen aus einer inneren Nothwendigkeit heranwuchs, sondern als Wiederanwendung eines alten Styls empfohlen ward, sie doch den Erfolg dieser Empfehlung dem vorliegenden Bedürfniss nach einer Veränderung und ihrer Befähigung verdankte, gerade in der zur Bedürfniss gewordenen Weise diese Veränderung darzubieten.

Das romantisch idealistische Mittelalter hatte selbst in den beiden am meisten vom Material abhängenden bildenden Künsten, der Architectur und Bildhauerei nach Erreichung des Ideellen durch vollständige Ueberwindung, und wo diess aus technischen Gründen nicht möglich war, wenigstens scheinbare Besiegung alles Materiellen gestrebt, in den Werken der Sculptur suchte man oft sogar unter Vernachlässigung aller natürlichen Wahrscheinlichkeit blos Gefühle und Ideen auszudrücken, blos auf die Gefühle zu wirken, in der Baukunst gelangte man dahin, das Tragende bis zum Minimum der Stärke abzuschwächen und sogar die absolut nothwendigen Stützen theils zu verstecken, theils noch schwächer erscheinen zu lassen, als sie wirklich waren.

Während sich durch die Allgemeinheit dieses Strebens nach Idealisirung der Form und Verkörperung von Ideen ein System allgemein gültiger idealer und symbolischer Typen bildete, während so in der Hauptanordnung der Gebäude und wichtigen Bautheile, in der Charakteristik der darzustellenden Personen eine fast allgemein gültige, nicht verletzbare, weil auf dem Charakter der ganzen Zeit ruhende Norm entstanden war, blieb in der Ausführung, in der Gestaltung der Einzelformen, in der Schilderung der Seelenzustände, in der Gewandung, im bildnerischen Beiwerk, kurz in der Art, jene Ideen verständlich zu machen, der individuellen Phantasie freier Spielraum, daher die grosse Uebereinstimmung in den Hauptanlagen und der Charakteristik unter gleichartigen mittelalterlichen Kunstwerken, daher auch die unendliche Mannichfaltigkeit in der Darstellungsweise, in den Details etc.

1*

Gegen das Ende des 15. Jahrhunderts aber trat eine Crisis in dem ganzen Culturleben ein. An die Stelle gläubigen Fühlens trat ein Streben nach selbstständigem Denken, an die Stelle der innerlich freien individuellen Entwickelung bei äusserlicher Unterordnung unter eine fremde Gewalt trat freiwilliges Eintreten in eine Allgemeinheit unter Aufgeben der äusserlichen persönlichen Freiheit. Hauptsymptome dieser Crisis sind: Einführung des Buchdrucks und damit allgemeinere Bildung, Einführung des Schiesspulvers und damit Entwerthung der individuellen Tapferkeit im Vergleich zu geordneter Disciplin, Uebergehen der Kunstbrüderschaften in Handwerkszünfte, Sinken des Lehnswesens, Ausbildung des Städtewesens und der Monarchie, Zersplitterung der Kirche, (Reformation) und dadurch Trennung der bisher nur Hand in Hand mit der Religion gehenden idealistischen Formenwelt von jener, so dass diese Formenwelt sich in christlich mythische (statt der mittelalterlichen christlich symbolischen) und heidnisch mythische spaltet. Durch diese Spaltung, so wie durch das in Folge aller jener Erscheinungen unbewusst eintretende Streben nach grösserer Objectivität wird in den bildenden Künsten eine Hinneigung zur Antike erklärlich und bei solcher Stimmung musste natürlicherweise namentlich in der Baukunst ein zwar altes, aber damals doch als neu auftretendes System Eingang finden, welches den durch die Zeitstimmung bedingten Zug zum Einfacheren, weniger Getheilten und zur horizontalen Linie befriedigte, namentlich da dieses System bei seinem ersten Auftreten zunächst in seinen Details, nicht aber in seiner Allgemeinheit bekannt war, so dass man also auch nicht wissen konnte, dass dieses System, wenn genau und streng befolgt, sich auf christliche, namentlich kirchliche Bauwerke eigentlich organisch gar nicht, sondern nur nach gewaltsamer Ummodelung seines Organismus anwenden lasse. Die von diesem System anfangs blos bekanntwerdenden Details konnte man ohne grosse Schwierigkeit dem mittelalterlichen, traditionell beibehaltenen, nur hier und da nach den veränderten Bedürfnissen abgeänderten Baugerippe anpassen, selbst ohne dieses an sich sehr malerische Gerippe zu vernüchtern, namentlich aber liessen sie sich bei ihren doch meist bedeutungslosem, nicht symbolischem Wesen sehr bequem zu reicherer Gestaltung sowohl der Gebäude für die ebenfalls an äusserer Pracht gewinnende, an innerer Kraft verlierende Kirche, als auch der immer mehr in den Vordergrund tretenden Profanbauten verwerthen: Gründe genug für das trotz allen Kampfes der Tradition gegen die Neuerung doch endlich siegreiche Auftreten der Renaissance.

Was nun eigentlich den ersten Anstoss dazu gegeben hat, dass gerade die Formen der römischen Baukunst wieder vorgesucht wurden, ob die damals natürlich in beiden Lagern der kirchlichen Streitigkeiten behufs der Beweisführung der gegenseitig aufgestellten Streitsätze eifrigst betriebenen Studien der Cultur- und Lebenszustände zur Zeit Christi, ob die Auffindung des Vitruvianischen Werkes, ob der Einfluss der durch die Türkenkriege aus Constantinopel vertriebenen griechischen Literaten, welche eifrigst sich dem Aufsuchen antiker Fragmente widmeten, ob eine dieser Thatsachen allein, ob alle vereint, wer vermag das vollständig zu entscheiden.

Im Anfang ihres Bekanntwerdens übten die Vitruvianischen Regeln eigentlich mehr Einfluss auf die Schriftsteller und Kunstliebhaber, als auf die Künstler selbst, welche letzteren viel zu sehr mit dem Volk verwachsen waren, als dass sie nicht hätten einsehen sollen, dass das im Vitruv aufgestellte System römischer Baukunst in seiner Gesammtheit wohl auf heidnisch römische, nicht aber auf christlich spätmittelalterliche Verhältnisse anwendbar ist. Später erst, als die Bauhütten sich allmälig auflösten, als die Architecten also nicht mehr eine Corporation bildeten, nicht mehr Handwerk und Kunst zugleich betrieben, sondern nur die letztere studirten, als sie von kunstliebenden Fürsten an die Höfe gezogen und so dem Volksleben entfremdet wurden, war es möglich, dass Einzelne von ihnen der an sich absurden Idee huldigen konnten, den römischen Styl in allen seinen Hauptzügen und Einzelformen wieder anwenden zu wollen; aber obgleich Einige von ihnen durch diese Reinheit ihrer Werke berühmt wurden, allgemeinen Eingang konnte eine solche Richtung nirgends finden, am allerwenigsten in unserer Lagunenstadt, deren ganzes Wesen und Treiben ein strenges Festhalten an der Tradition zeigt. Durch diese Unmöglichkeit einer Aussöhnung der Tradition und des Volkscharakters mit den strengen Regeln des römischen Styls nun wurde natürlich dann ein Abweichen von dessen Formen erzeugt, welches, da einmal der Geschmack am Mittelalterlichen erstorben, da auch das Mittelalterliche für die veränderten Lebensanschauungen unpassend geworden war, bald zur barocken Willkür umschlagen musste.

Da nun, wie aus Obigem erhellt, die inneren Ursachen für den Gang der Umgestaltungen auf dem Gebiet der Architectur und Bildhauerei seit dem Wiederauffinden des römischen Styls ganz andere waren als im Mittelalter, da die Kunstwerke nicht mehr wie im Mittelalter unter dem Einfluss einer fast in dem ganzen christlichen Europa ziemlich gleichen Schritt in der Kunstentwickelung einhaltenden Corporation entstanden, dem Individuum blos in der Ausführung und den Einzelnheiten, da aber auch unbeschränkten Spielraum lassend — sondern da vielmehr von nun an gerade die Einzelnheiten sich zu einer allgemein gültigen Norm erhoben, ihre Zusammenstellung und Aneinanderreihung zum gegliederten Ganzen hingegen dem Willen des einzelnen Individuums überlassen blieb, so muss natürlich bei der Schilderung der Geschichte der neueren Kunst auch ein ganz anderer Gang eingehalten werden, als im Mittelalter.

Während sich durch das ganze Mittelalter hindurch die Kunsterscheinungen aus den politischen Ereignissen, aus den Handelsverbindungen, aus den Umwälzungen im Staats- und Volksleben herleiten lassen, werden in den hier zu behandelnden Perioden alle jene Beeinflussungen in den Hintergrund gedrängt durch die einzelnen Individualitäten, und üben höchstens noch in so fern eine Wirkung auf die Gestaltung der Kunstwerke, als sie eben der Individualität des Künstlers oder Bauherrn irgend eine besondere Richtung geben.

Unsere Leser dürfen uns daher nicht der Inconsequenz beschuldigen, wenn wir in Nachstehendem von dem in der Geschichte der Baukunst und Bildhauerei Venedigs im Mittelalter eingeschlagenen Gang wesentlich abweichen und die Geschichte der Künstler mehr in den Vordergrund treten lassen, als dort. Dabei wird natürlich die Geschichte Venedigs immer insofern zu Rathe gezogen werden müssen, als sie theils auf Entstehung, theils auf Gestaltung der Kunstwerke von Einfluss blieb, welcher Einfluss sich namentlich in Bezug auf die Profanarchitectur immer geltend machte, besonders in so weit, als sich der Baustyl eine Unterordnung unter traditionell gewordene Dispositionen gefallen lassen musste.

*Fig. 1.*

# DRITTER ABSCHNITT.

Jahr 1450—1530 circa.

—————

## Renaissancekunst in Venedig.

Uebergangsperiode und deren Denkmale; Künstlerreihenfolge mit Anführung ihrer jedesmaligen Kunstwerke und Besprechung derselben.

——————

Wie wir bereits in der Einleitung auseinandersetzten, konnte der Uebergang vom gothischen Styl zur Renaissancekunst in Venedig kein schneller, schroffer sein: er ist bezeichnet durch eine ganze Reihe von Werken, in deren Formen beide Style auf mehr oder minder willkürliche oder unorganische Weise nebeneinander stehen; bei einigen von diesen Werken scheint es fast, als wenn eine Aussöhnung der beiden Style durch Verschmelzung ihrer Formen hätte angestrebt werden sollen, bei andern scheinen diese Formen um Berechtigung und Vorrang zu kämpfen und schaden sich gegenseitig. Die meisten dieser Werke haben an sich keine grosse künstlerische Bedeutung und beanspruchen sie nur insofern, als sie eben Zeugen des hartnäckigen Kampfes zwischen beiden Stylen sind; andere hingegen haben gerade durch diese Vermischung heterogener Elemente etwas Piquantes erlangt und gewähren namentlich viel malerischen Reiz. Wir werden hier nur die künstlerisch bedeutendsten und für den Kampf chararakteristischsten besprechen, halten es aber für unsere Pflicht, vorher wenigstens ganz kurz die Hauptzüge der Geschichte der Republik in der in Rede stehenden Periode zu schildern, um den Leser mit dem Schauplatz bekannt zn machen, auf dem sich die zu besprechende Kunstthätigkeit entfaltet.

Nach 34 jähriger, zwar vielbewegter, aber im Ganzen für Venedig
segensreicher Regierung war Franzesco Foscari abgesetzt worden und
wenige Tage nachher gestorben. Unter seinem Nachfolger *Pasquale*
*Malipiero* hatte die Republik keinen Kampf nach aussen zu bestehen,
er konnte die innern Angelegenheiten ordnen und die Wissenschaften
begünstigen, wie denn unter ihm die Buchdruckerkunst eingeführt ward.
Der Tod des Papstes Callixtus III. unterbrach die durch *Orsato*
*Giustinian* in Rom geführten Verhandlungen wegen eines Bündnisses
gegen die Türken. Zu dem neuen Papst Pius II. sendete die Republik
den *Triaduno Gritti*, *Gerolamo Barbarigo*, *Matteo Vitturi* und *Vittore*
*Capello*, um die Verhandlungen über den Kreuzzug fortzusetzen, schloss
aber trotz dieser Verhandlungen einen Handelsvertrag mit dem Sultan,
der sogar durch Geschenksendungen bestätigt ward.

Ende 1461, nach Andern im Mai 1462 starb Malipiero und wurde
in *S. Giovanni e Paolo* begraben. An seine Stelle ward *Christoforo*
*Moro* zum Dogen gewählt. Unter ihm brachte im December 1462
*Vittore Capello* das Haupt des heiligen Georg nach Venedig und de-
ponirte es in *S. Giorgio maggiore*. Bald darauf im Jahr 1463 entbrannte der Krieg gegen die Türken. Die Venetianer, commandirt
von *Luigi Loredan* und *Bertoldo da Este*, eroberten Argos wieder,
bauten auf dem Isthmus in Zeit von 15 Tagen eine Mauer von 6 Miglien
Länge mit 136 Thürmen, welche aber, kaum vollendet, nach Bertolds
Tod aufgegeben ward; worauf die Türken in die Halbinsel eindrangen.
Der Kampf dauerte mit wechselndem Glück unter den venetianischen
Generalen *Calcinato*, *Orsato Giustiniano*, *Malatesta*, *Vittore Capello*
selbst nach dem Tode Pius' II., auf alleinige Kosten der Venetianer
fort. *Orsato Giustiniano* starb in Modon, *Giovanni Barbarigo* in Patras,
*Capello* in Negroponte, im Commando gefolgt von *Giacomo Loredan*,
dem *Giacomo Veniero* zur Seite gestellt ward.

Zur selben Zeit begann *Bartolomeo Coleone*, früher General der
Venetianer, scheinbar auf seine eigene Faust, einen Krieg in der Ro-
magna, wurde jedoch von den Venetianern mit Truppen unter *Gerolamo*
*Barbarigo* unterstützt, welcher aber noch während des Kampfes an
Gift starb. *Nicolo Canale* folgte dem *Giacomo Loredan*, errang zwar
einige Erfolge, konnte aber doch die Einnahme Negropontes durch die
Türken nicht verhindern, wofür er ins Gefängniss geworfen und dann
nach *Portogruaro* verbannt ward. Und während dieser unglücklichen
Kriege fand der Senat noch Zeit, eine Kleiderordnung zu berathen, den
Leichnam des heiligen Lucas mit Pomp zu empfangen und über dessen
Aechtheit mit den Mönchen von *Sta. Giustina* in Padua zu disputiren.
Um diese Zeit wurde wahrscheinlich der gewölbte Gang im Dogen-

palast nebst andern Verzierungen vollendet. Die von uns Band I. S. 278 im Hinblick auf die Stylform hierüber ausgesprochene Vermuthung bestätigt eine Stelle in *Joannis Palatii „Fasti Ducales"*, obgleich allerdings die dort gebrauchte Bezeichnung nur durch die erwähnten Figuren bestimmte Deutung auf diese Theile zulässt, die Stelle lautet: — *pars interior Ducarii vestibuli ad summum deducta cujus in fronte circa fastigium Mauri statua ex Pario marmore erecta cum duabus aliis primorum parentum, visitur.* Die Familie Malatesta trat 1465 die Stadt Cervia an den Staat ab, und wurde dafür in einem Kampf gegen Paul II. unterstützt, indem man ihr den *Francesco Capello* zu Hülfe schickte, während doch der Papst geborner Venetianer (*Pietro Barba*) und Bundesgenosse der Republik gegen die Türken war.

Die Tochter des *Marco Cornaro, Catharina Cornaro* wurde um jene Zeit mit *Giacomo Lusignan*, König von Cypern, getraut, und die Hochzeit mit grossem Pomp gefeiert.

Cardinal Bessarion (*Nicenus*) schenkte 1465 der Republik seine Bibliothek. Die unter Malipiero begonnene Façade des Dogenpalastes wurde vollendet. Der Nachfolger *Nicolo Canales* war *Pietro Mocenigo*; nach vergeblichen Friedensunterhandlungen mit Mohammed II. wurde 1470 ein Bündniss mit *Ludovico Sforza, Hercole da Este*, mit dem Papst etc. gegen die Türken geschlossen. Inzwischen starb der Papst, gefolgt von Sixtus IV. und im selben Jahre starb auch der Doge, hinterliess sein Vermögen den Bernhardinermönchen von *S. Giobbe*, und wurde daselbst begraben. Nachdem man einige neue Beschränkungen der Dogengewalt beschlossen hatte, wurde *Nicolo Tron* zum Dogen erwählt. [Nicolo Tron 1471.] Diesem und dem Papst gelang es, Bündnisse mit Neapel, Burgund, Persien etc. gegen die Türken zu schliessen, und dadurch, so wie durch die Tapferkeit und Gewandtheit des *Pietro Mocenigo* gelang es, im Seekrieg einige Vortheile den Türken gegenüber zu erringen, während dieselben zu Land bis in die Gegend von Udine vordrangen, ohne nur den geringsten Widerstand zu finden.

Nach dem 1470 erfolgten Tod des Jacob Lusignan, des Gatten der Catharina Cornaro, wurde diese von der Republik gleichsam unter Vormundschaft genommen.

1473 starb *Nicolo Tron* und wurde in der Kirche aï Frari begraben. Nach abermaligen Beschränkungen der Dogengewalt wählte man den *Nicolo Marcello*. Dieser liess durch *Gentile* und *Giovanni* [Nicolo Marcello Doge. 1473.] *Bellin* den grossen Saal des Dogenpalastes malen. Unter seiner Regierung brach in Cypern eine Revolution aus, bei welcher *Andrea Cornaro* und *Marco Bembo* ermordet wurden und die nur durch *Pietro Mocenigo* gedämpft werden konnte. Dieser wurde zum Statthalter von

von Cypern ernannt und *Triadano Gritti* nahm seine Stelle als General
ein; durch einige glückliche Waffenthaten, sowie durch die helden-
müthige Vertheidigung Skutaris unter *Antonio Loredan* wurden die
Türken in Schach gehalten, namentlich da die Venetianer den *Matthias* von Ungarn zum Kampf gegen die Pforte bewogen hatten.

Triadano Gritti starb 1474 zu Cattaro und ward durch *Antonio
Loredan* ersetzt.

Am 1. Dec. 1474 starb nach Abschluss eines Bündnisses mit Mailand und Toscana der greise *Marcello* und wurde in *S. Andrea alla
Certosa*, nach Andern in *S. Marina* begraben. Der nun auch schon

Pietro Moce-
nizo. Doge
1474.

greise Held *Pietro Mocenigo* folgte ihm in der Dogenwürde, starb aber
schon nach 14 Monaten an den Folgen der erlittenen Kriegsbeschwer-
den allgemein betrauert; er wurde in *S. Giov. e Paulo* beigesetzt, wo
ihm seine Brüder *Nicolo* und *Giovanni* (der nachmalige Doge) ein
Grabmal errichten liessen; unter ihm war *Bartolomeo Coleone* gestorben.

Andrea Ven-
dramin 1476.

Auch unter seinen Nachfolger *Andrea Vendramin* wurde der Krieg
gegen die Türken fortgesetzt. *Francesco Conturini* fiel unter den Mauern
von Croja.

Die Ufer des Isonzo auf der Strecke zwischen Görtz und Aquileja wurden gegen etwaige Angriffe der Türken durch Verhaue, Dämme,
Castelle und künstliche Ueberschwemmungen unter Leitung des *Citta-
dino Fratrina* zu einer 12 Miglien langen befestigten Linie umgewandelt, flankirt durch 2 befestigte Lager, die von *Francesco Tròn* und
*Gerolamo Norello* von Verona commandirt wurden. Trotzdem aber
drangen die Türken bis Massa vor, verbrannten nahe an 100 Ortschaften, deren Flamme in Venedig gesehen ward, wo ein Aufruhr aus-
zubrechen drohte, und nun erst schickte der Senat einige Patrizier auf
Recognoscirung aus, während der zu diesem Behuf aus der Verbannung
zurückberufene *Carlo Montone* die im Friaul zurückgebliebenen Nach-
zügler der Türken verjagte und die Befestigungen wiederherstellte.

Im December 1477 starb *Vendramin*, wahrscheinlich an der Pest,
und wurde in der Kirche *ai Serci* begraben, nach Einigen in einem
reichen Marmorgrab, nach Andern ohne alle Grabschrift, blos unter
einer Platte mit Wappen und Dogenkrone.

G iov. Moce-
nigo 1477.

Unter seinem Nachfolger *Giovanni Mocenigo* raffte die Pest noch
beinahe sechs Monate lang täglich über 150 Personen hin. Ein grosser
Theil des Dogenpalastes und eine Kuppel der Markuskirche brannte
ab 1477 und zwar so schnell, dass der Doge sein Leben nur durch
Flucht in die hinter dem Palast liegende *Casa Duodo* (Diedo) vermittelst
einer über den schmalen Canal von Fenster zu Fenster schnell geschla-
genen Brücke retten konnte.

Nachdem die Türken nochmals im Friaul eingefallen waren, kam endlich im Jahre 1478 ein Friede mit der Pforte zum Abschluss.

Da sich aber kurz nachher Venedig wieder in die Fehden zwischen Florenz und Mailand einerseits und Rom und Neapel andererseits als Verbündete der Florentiner verwickelt sah, da bereits im Jahre 1480 die Türken Rhodus und Calabrien angriffen, da sich auch eine Fehde zwischen Venedig und Hercules von Ferrara entspann, da zu all diesen Kämpfen Flotten und Truppen unter *Carlo Montone* († 1479) *Robert Malatesta*, *Vittore Soranzo*, *Damiano Moro*, *Robert Sanseverin*, *Roberto da Rimini*, *Agostino Barbarigo*, *Christoforo da Mula*, *Loredan* etc. ausgerüstet werden mussten, so wie auch dem Papst gegen Neapel Hülfstruppen geliefert wurden, so kam der hartgeprüfte Staat lange nicht zur Ruhe, namentlich da Sixtus plötzlich auf Ferraras Seite trat und Venedig in den Bann that, worauf in *Casal maggiore* ein Bündniss gegen Venedig zu Stande kam.

Nach *Soranzos* Tod wurde *Giacomo Antonio Marcello* zum Admiral ernannt und fiel bei der Einnahme von Gallipolis; *Dominico Malipier* ersetzte ihn und nahm Narito, Racalisca etc. ein; nach Erringung einiger Vortheile erlangten die Venetianer endlich den 7. Aug. 1484 einen ziemlich günstigen Frieden.

Zur Feier desselben wurden Volksfeste, Turniere etc. angeordnet, nun begann man auch den Wiederaufbau der durch das Feuer beschädigten Theile des Palastes, aber schon am 9. Nov. 1485 starb der Doge *Giovanni Mocenigo* an der Pest und ward in *S. Giovanni e Paolo* begraben.

Unter seinem Nachfolger *Marco Barbarigo* wurde der östliche Flügel des Dogenpalastes vollendet, der grosse Canal ausgebaggert, die Lazarethe wegen der abermals ausgebrochenen Pest vergrössert etc. *Marco* starb den 14. Aug. 1486 und ward in der Kirche *della Carità* begraben.

Marco Barbarigo 1485.

Sein Bruder *Agostino Barbarigo*, auf den die Wahl fiel, setzte den Bau am Dogenpalast fort.

Agost. Barbarigo 1486.

Da aber der schon im Jahre 1487 entbrannte Kampf Venedigs gegen den Herzog von Oesterreich, in welchem *Sanseverin*, der die Venetianer commandirte, ertrank, trotz des noch im selben Jahr mit Sigismund geschlossenen Friedens sehr viel Geld in Anspruch nahm, so sah man sich genöthigt, einige den Luxus vermindernde Gesetze zu geben, worin unter andern auch die Verzierung der Zimmer mit Gold, Silber und Purpur verboten ward, zugleich wurden die Vordächer der Kaufläden abgeschafft und die einzelnen hölzernen Brücken, welche noch vorhanden waren, auf Staatskosten in istrischem Stein neugebaut. *Gio-*

*ranni Bentivoglio* von Bologna wurde mit grossem Pomp in Venedig empfangen.

1488 schickte man den Admiral *Francesco Priuli* der Flotte das Bajazet entgegen, er vereinigte sich in Corfu mit *Niccolo Capello* und *Cosmo Pasqualigo*. Unterstützt von dieser Flotte musste *Giorgio Cornaro* bei Todesstrafe seine Schwester Catharina dahin bewegen, ihr Königreich der Republik zu übergeben, welches auch 1489 geschah. In demselben Jahre ernannte Venedig den *Francesco Gonzaga* von Mantua zum Condottiere und stellte durch Unterhandlungen den Frieden zwischen *Matthias* von Ungarn und Kaiser *Friedrich* her, welcher Letztere hierauf Italien bereiste.

Die Campanile v. *S. Marco* und *ai Frari* brannten den 11. Aug. ab. Am Sylvester 1489 wurde *S. Maria ai Miracoli* geweiht; 1490 brach abermals eine Pest aus. *Georg Czernovicch* Prinz von Slavonien heirathete die Tochter von *M. Anton Erizzo*. Der vielverdiente General *Guido Maria Rossi* starb in Venedig. In diese Zeit fällt auch die Anlage des neuen Brentacanals, die Einführung der Flinten in Venedigs Heer, und die Einführung der neuen Civilquarantia.

Durch ein Bündniss mit Rom, Mailand und Ferrara suchte man sich vor einem Angriff Bajazets zu sichern (1493) und vor den Unruhen des auf der Halbinsel durch Karl VIII. von Frankreich begonnenen Kampfs durch Neutralität zu retten, benutzte jedoch die unter *Marc. Anton. Grimani* gerüstete Flotte, um einige Inseln und Ortschaften auf deren Ansuchen zu besetzen.

*Pietro Medici* wurde 1495 wegen der von ihm Karl VIII. versprochenen Hülfe von den Florentinern vertrieben und floh nach Venedig. Im März 1495 endlich schlossen die Venetianer ein Bündniss mit Mailand, dem Kaiser Max, dem König von Spanien und dem Papst gegen Karl VIII. *Francesco Gonzaga v. Mantua, Guido Ubaldo v. Urbino, Hanibal Bentivoglio, Paul Manfrone v. Vicenza, Luca Pisani, Melchior Trevisan* wurden zu Heerführern ernannt, eine Brücke über den Oglio geschlagen, eine Schiffbrücke über den Po, und das Heer bei Parma gelagert. *Niccolo d'Orsini, Conte di Pitigliano*, aus französischer Gefangenschaft entflohen, wurde nach einer unentschiedenen Schlacht in Sold genommen und schlug den König Karl in die Flucht. Inzwischen war auch Genua für die Ligue gewonnen worden. In einem der nun folgenden kleinen Gefechte wurde *Pitigliano* schwer verwundet, *Novara* wurde eingenommen. Im October 1495 wurde Friede geschlossen. *M. Anton Grimani* vertrieb die zurückgebliebenen Franzosen aus einigen Küstenstädten des Königreichs, wobei *Pietro Bembo* fiel.

In Venedig selbst wurde in diesem Jahre der *Fondaco della farina*

in Rialto aufgebaut, der Uhrthurm auf dem Marcusplatz errichtet etc.
1496 wurde *Bernardo Contarini* dem König von Neapel zu Hülfe geschickt, starb jedoch dort am Fieber. *M. Anton Grimani* wurde wegen
Krankheit durch *Melchior Trevisan* ersetzt.

Nachdem Venedig die Pisaner gegen Florenz unterstützt hatte,
wurde zwischen Mailand, Venedig etc. beschlossen, den Kaiser Max
gegen Karl VIII. nach Italien zu berufen; auch Heinrich von England
wurde in die Ligue aufgenommen.

In Venedig selbst brannten die Häuser des *P. Molin* und *Marino
Alberti* bei *S. Cassian* und *S. Apolinar*, das des *Andrea da Ripa* in
*Murano* und das der Familie *Venier* bei *San Bartolomeo* ab, der Verlust
aber wurde ihnen aus der Staatscasse ersetzt.

Die Kaufleute *Luigi Giorgio*, *Bernardo Cicogna* und *Andrea Loredan* bestanden auf eigene Faust Kämpfe mit Seeräubern.

Die Armenier bezogen ein aus einer Erbschaft gekauftes Haus nebst
Kirche (*S. Giorgio* oder *S. Giulian dei Armeni*).

1498 erkämpfte *Giacomo Savorgnan* Vortheile gegen die Florentiner, *Vincenzo di Naldo* von Faenza wurde als General in Sold genommen, sowie *Antonio Ordolaffo* von Forli, Ferdinand von Ferrara,
*Giov. dalla Ripa*, der Conte di Petigliano und *Bernardino da Montone*,
und nach einer Niederlage noch *Guido Baldo* von Urbino, auch *Pietro*
von Medici mit Geld und Leuten unter *Giov. Paulo Gradenigo* unterstützt.
Während diese, sowie *Ramberto Malatesta* und *Bartolomeo d'Alviano*
mit entschiedenem Glück kämpften, brach 1499 ein Krieg gegen die
Türken aus. *M. Anton Grimani* und *Luigi Marcello* wurden zu Ad-
miralen ernannt, auch nach Vereinigung mit den *Sforza* ein Bündniss
mit Ludwig III. geschlossen, bei dessen Verlesung eine der Fahnen
auf dem Markusplatz umfiel und die Tabernakel des Doms beschädigte.
In dem nun entbrannten Krieg war der Herzog von Urbino, *Melchior Trevisan* und *Marc. Anton Morosini* die Hauptführer des venetianischen Heeres, welches Cremona, Caravaggio und Sonzino einnahm,
während die Franzosen Mailand eroberten.

*Andrea Zancani* besetzte Friaul, *Andrea Loredan* Corfu, *Francesco
Cicogna* Morea etc. In Venedig wurden Processionen gemacht etc. um
Glück auf die Waffen der Republik gegen die Türken herabzuflehen.

Nachdem *Andrea Loredan* gefallen und Lepanto verloren war,
wurde *Grimani* des Commandos entsetzt, und *Tomas Zeno* mit *Melchior
Trevisan* an seine Stelle gesandt, die aber auch nichts ausrichteten.

*Benzone da Sonzino* und *Caesar Borgia* erfochten während dessen
einige Vortheile gegen Sforza. *Giacomo Venier* und *Girolamo Contarini*
wurden 1500 der Flotte zu Hülfe geschickt.

Auf die Nachricht vom Erkranken *Trevisans* wurde *Benedetto da Pesaro* an seine Stelle gesetzt, welcher nach mehrfachen kleinen Siegen sich in Zante mit der spanischen Flotte unter *Consalvo* vereinigte und siegreich gegen die Türken focht, wobei unter Andern *Aloise Michiele* und *Giovanni Malipier* fielen.

Den 8. Mai 1501 starb Cardinal *Battista Zeno* in Padua und wurde mit grossem Pompe in der Vorhalle von S. Marco begraben. Im September desselben Jahres starb *Agostin Barbarigo* und wurde in der Kirche *alla Carità* begraben.

Leonardo Loredan 1501.

*Leonardo Loredan* wurde an seine Stelle gewählt. Den 6. Octbr. wurde an Stelle des eben verstorbenen *Filippo Tròn Benedetto da Pesaro* zum Procurator v. S. Marco ernannt, sowie *Martino de' Garzoni* dieselbe Würde an Stelle des neuen Dogen empfing. *Benedetto da Pesaro* unterstützt von einer päpstlichen Flotte unter *Jacopo da Pesaro* nahm 1502 *Sancta Maura*, wobei *Gabriel Soranzo* fiel.

*Andrea Gritti* wurde, behufs Unterhandlung der Friedensbedingungen als Gesandter nach Constantinopel geschickt. *Benedetto da Pesaro* starb in Corfu am Fieber; *Cristoforo Moro* züchtigte, da Papst Alexander todt war, im Auftrag Venedigs dessen Sohn *Cäsar Borgia*, wobei der Contract mit *Conte Pitigliano* verlängert ward.

*Dionigi* und *Vincenzo Naldo v. Faenza* wurden 1504 in Dienst genommen, mit Papst, Kaiser und König ward vielfach verhandelt, wegen der Vertreibung *Borgias*; diese Verhandlungen endlich auch durch *M. Antonio Giustiniani* zum Friedensabschlusse gebracht.

Der *Fondaco dei Tedeschi* brannte den 13. Januar 1505 ab, wurde aber sogleich wieder aufzubauen angefangen und 1510 vollendet.

1506 wurden Expeditionen gegen die Seeräuber ausgerüstet, mit Tunis und mit der Türkei Handelsverträge abgeschlossen, den Nürnbergern auf ihr Ansuchen die Gesetze Venedigs mitgetheilt. Der Geschichtschreiber *Marc. Anton Sabellico* starb den 19. April 1506.

Den 10. Januar 1507 starb *Pietro Barozzi*, Bischof von Padua und wurde auf Kosten der Republik im Dome von Padua begraben.

Da man hörte, dass Maximilian gegen Italien ziehen wollte, wurde Graf *Pitigliano* zu einem Kriegsrath nebst *Alviano* und *Carracciolo* nach Venedig berufen und sogar mit dem Bucentaur empfangen. Gleich beim Beginn des Kampfes in den Retischen Alpen fiel *Carlo Malatesta*, doch wurde den Kaiserlichen viel Schaden zugefügt, so dass Max sich gedrungen sah, einen Waffenstillstand auf drei Jahre abzuschliessen. Bald darauf wurde jedoch zwischen Ludwig und Max die Ligue von Cambray geschlossen, der bald die meisten Fürsten Italiens beitraten, so dass sich Venedig genöthigt sah, alle seine Kräfte zur Vertheidigung gegen diesen Bund aufzubieten.

1509 während der Vorbereitungen zum Krieg explodirte das Pulver im Arsenal. Der Graf *Pitigliano* und *Alviano* wurden zu Feldherren, *Andrea Gritti* und *Giorgio Cornaro* zu Provveditoren, beide auch an Stelle der verstorbenen *Domenigo* und *Marco Antonio Morosin* zu Procuratoren von *S. Marco* ernannt, *Giustinian Morosin* commandirte die Cavallerie, *Vincenzo Valier* die Artillerie, *Angelo Trevisan* die Flotte, *Pietro Lando* die Landtruppen und *Lorenzo Sagredo* die Abtheilung der Flotte, welche gegen den Papst verwendet werden sollte; als Führer kleiner Abtheilungen wurden *Gaspar de Sanseverin*, *Antonello Napoletano*, *Leonardo Prato da Lecce*, der Cavalier *della Volpe* von Imola, *Annibale Bentivoglio*, *Ercole da Cesena*, *Jacopo da Collalto* etc. in Sold genommen.

Vom Papst in den Bann gethan, begann die Republik den Kampf der Verzweiflung. In der unglücklichen Schlacht an der Adda wurde *Alviano* gefangengenommen und *Dionigi di Naldo* an seine Stelle gesetzt; aber alle Anstrengungen schienen vergebens zu sein. Venedig verlor fast alle seine Besitzungen auf dem Festland, und sah sich genöthigt, durch Erlass von Strafen etc. die Opferlust seiner Unterthanen anzufachen, so wurde z. B. *Marc. Anton Grimani* aus dem Exil zurückgerufen.

Gegen Ende des Jahres 1509 schien sich endlich das Glück auf Seite Venedigs zu wenden; einige der verlorenen Ortschaften, darunter Padua, wurden wieder genommen, *Gonzaga*, welcher der Ligue beigetreten war, durch *Lucio Malvezzo* gefangengenommen etc. *Nicolo Orsini* vertheidigte Padua gegen den Kaiser Max, starb aber in Folge der Anstrengungen am Fieber 26. Jan. 1510, und wurde in *S. Giov. e Paolo* begraben.

*Janes Fregoso* nahm seine Stelle ein. Hingegen wurde *Angelo Trevisan* wegen eines auf dem Po verlorenen Geschwaders auf drei Jahre verbannt. Nach langen Verhandlungen wurde am 14. Febr. das Interdict aufgehoben und mit dem Papst ein Vertrag abgeschlossen.

1510 starb *Caterina Cornaro* und wurde in *Si. Apostoli* begraben.

Um dem eintretenden Mangel an Geld und Heerführern abzuhelfen, wurden *Paulo Manfrone* und *Renzo da Cere* in Sold genommen, auch gegen das Versprechen unentgeldlichen Kriegsdienstes der Markgraf *Gonzago* wieder zu Gnaden angenommen, ebenso *Filippo Morosin* und *Angelo Trevisan*, *Gior. Franc. de Gambara* von Brescia, welche wegen verschiedener Vergehen in Strafe verfallen waren. Zugleich wurde jedoch als warnendes Beispiel *Sonzin Bencone* hingerichtet für Verrath.

*Dionigi Naldo* starb 24. Juli und wurde in *S. Gior. e Paolo* auf Kosten des Staats neben dem Grafen von Pitigliano begraben. Der an seine Stelle gesetzte *Lucio Malvezzo* zeigte sich als General zaudernd und nachlässig, man nahm daher noch den *Gior. Paolo Baglione Perugino* in Sold.

Bei der Belagerung Veronas fielen *Latanzio* und *Citolo*, jedoch machten die Venetianer und Päpstlichen manche Fortschritte.

Nach dem Tode des *Nicolo Trevisan* wurde *M. Anton Grimani* zum Procurator S. Marco ernannt.

1511 den 26. März war in Venedig ein Erdbeben, bei welchem unte anderren viele Zinnen und Statuen von der Markuskirche und dem Dogenpalast fielen.

*Fra Leonardo Pruto da Puglia* fiel bei Ferrara und wurde in S. Giov. Paolo auf Kosten der Republik begraben.

Da der Admiral *Moro* krank lag, wurde *Andrea Bondimieri* zum Admiral ernannt.

*Lucio Malvezzo* starb und wurde ebenfalls auf Staatskosten begraben. *Paolo Baglione* wurde an seiner Stelle zum General ernannt.

*Conte Guido Rangone*, *Federigo Contarini*, *Conte Bernardino Braccio*, *Andrea Cicrano* und *Girolamo Savorgnan* zeichneten sich in den nun folgenden Kämpfen aus; *Giov. Cardonna*, Vicere von Neapel, bot sich jetzt der Republik als Vermittler bei Max und als Bundesgenosse an.

*Janes Fregoso* wurde von Genua zum Oberhaupt erwählt, zugleich wurden die *Medici* nach Florenz zurückgerufen und zu Ven. Nobil. ernannt, Frankreich und die Spanier in Aquitanien angegriffen, zwischen der Republik und dem König von Aegypten ein Bündniss geschlossen etc.

1513 starb Papst Julius II. und Leo X. (*Gior. Medici*) wurde Papst. Durch alle diese Umstände wurde der Muth der Venetianer sehr gehoben. Da nun Kaiser Max den *Franzesco Sforza* wieder als Herzog nach Mailand eingeführt hatte, verbündete sich Venedig plötzlich mit Frankreich gegen Mailand (14. März 1513).

In demselben Winter hatte eine grosse Feuersbrunst das Quartier von Rialto verheert.

Von Venetianern und Franzosen zugleich angegriffen, verlor *Sforza* schnell sein Herzogthum mit Ausnahme Novaras und Lodis wieder, rief die Schweizer zu Hülfe, welche die Franzosen bei Riotta gänzlich schlugen. Die Franzosen wichen über die Alpen zurück und wieder stand Venedig allein den Spaniern, Deutschen und Päpstlichen gegenüber, welche Padua belagerten, das von *Alviano* tapfer vertheidigt ward; *Cordona* verliess das Heer und verwüstete auf eigne Faust die Umgegend, zerschoss sogar das Kloster *San Secondo*, wurde aber von *Alviano* und *Paolo Baglioni* scharf in die Enge getrieben. *Andrea Loredans* Ungestüm jedoch vereitelte den Sieg. So verging das Jahr 1514, als Ludwig XII. starb; sein Nachfolger Franz I. erneuerte das Bündniss mit Venedig und 1515 im Juli erschien er mit einem riesigen Heer in Italien und gewann mit Hülfe *Alvianos* die Schlacht bei Marignano.

Schon am 4. Oct. übergab *Sforza* Mailand den Franzosen.

*Alviano* starb im October 1515 bei der Belagerung von Brescia, ward nach Venedig zum Begräbniss geschafft und in *S. Steffano* begraben.

Bereits im Januar 1516 begannen die Friedensunterhandlungen und im Januar 1517 wurde der Frieden geschlossen.

Venedig hatte zwar nicht viel an Terrain verloren, war aber natürlich sehr geschwächt und moralisch heruntergekommen.

Man fing nun an, das Land wieder in Ordnung zu bringen. Die Flüsse wurden von Neuem eingedämmt, Strassen gebaut, Festungswerke theils erneuert, theils neuangelegt, Ackerbau und Gewerbe durch Prämien gehoben, die Universität zu Padua wiederhergestellt, der in den letzten Jahren nöthig gewordene Stellenverkauf abgeschafft etc.; aber leider sollte der Frieden nicht lange dauern.

1519 starb Kaiser Max, 1521 schloss Karl V. mit Leo X. ein Bündniss gegen Frankreich, welches die Republik veranlasste, von Neuem zu rüsten, und sich durch Erneuerung der Verträge mit der Pforte wenigstens von dieser Seite zu sichern.

Inzwischen starb *Leonardo Loredan* 1521 und wurde in *S. Giovanni e Paolo* begraben.

*Antonio Grimani* wurde zum Dogen gewählt; der Krieg begann wieder, Venedig verbündete sich mit Frankreich, der Kaiser mit dem Papst, Florenz und Mantua; schon beim ersten Angriff der Kaiserlichen auf Mailand wurde der Feldherr der Venetianer, *Teodoro Trivulzio*, gefangen genommen, *Andrea Gritti* mit dem Rest der Venetianer flüchtete nach Como. Die Franzosen erlitten noch weitere Verluste. *Anton. Grimani 1521.*

1522 starb Leo X. Der neue Papst Adrian VI., ein Holländer, setzte den Krieg fort. Die Venetianer neigten sich auf Seite des Kaisers und schlossen im Juli 1523 ein Bündniss mit demselben.

*Francesco Maria della Rovere*, Herzog von Urbino, wurde zum General ernannt.

Nachdem der Papst Adrian gestorben und durch Clemens VII. (Julius von Medici) ersetzt war, starb auch der Doge und wurde in

*S. Antonio* begraben, nachdem die Exequien in *S. Gioɔ̃ e Paolo* gehalten worden waren.

Den Dogenthron nahm *Andrea Gritti* ein.

Die Franzosen drangen 1524 von Neuem in Italien ein. Die Venetianer verhandelten heimlich mit ihm, aber kaum hatten sie den Kaiser
verlassen, als im Februar 1525 Franz I. total geschlagen und gefangen
ward, worauf er mit dem Kaiser Frieden schloss, so dass diesem nun
die Venetianer allein gegenüber standen, denn der Papst, der ebenfalls vom
Kaiser abgefallen war, war nicht im Stande, sie zu unterstützen, ja im
Gegentheil sie sollten ihn entsetzen, als er in der Engelsburg vom
Kaiser belagert ward, waren aber zu schwach und muthlos dazu; endlich
August 1527 kam französische Verstärkung, man eroberte einen Theil
Neapels, verlor ihn aber wieder und kämpfte im Ganzen ziemlich un-
glücklich gegen den Kaiser, welcher unter Andern auch Mailand ein-
nahm. Bei der Belagerung Cremonas zu Gunsten *Sforzas* unter *Baglio
Malatesta* fielen *Giulio Manfrone* und *Alessandro Marcello*. Durch die
nun folgenden an sich nicht sehr bedeutenden Kämpfe war zwar die
Republik ziemlich kleinlaut geworden, erlangte aber doch Ende 1829
einen ziemlich günstigen Frieden von dem Kaiser, so dass sie sich mit
Anfang des Jahres 1530 wieder in Besitz fast aller vor dem Krieg
inne gehabten Provinzen sah.

Aus diesem historischen Ueberblick erhellt schon zur Genüge, dass
im Allgemeinen die Macht des orientalischen Einflusses auf Venedig
sinken, und derselbe dem Einflusse festländisch-italienischer Cultur weichen musste.

Bereits oben wurde erörtert, warum der Uebergang von mittelalterlicher Kunst zur Renaissance gerade in Venedig als besonders
hartnäckiger Kampf sich gestaltet, dafür liefern auch folgende Daten
die klarsten Beweise:

An den Wohnhäusern sahen wir bis um das Jahr 1438 den mittelalterlichen Styl rein angewendet. (S. Band I. S. 220.)

An den Grabdenkmälern befolgte man ihn bis 1475. (S. dass.
S. 288.)

An kleinen ornamentalen Arbeiten sind bis 1475 (S. dass. S. 289)
noch Spuren der Herrschaft des mittelalterlichen Styls zu verfolgen.

1439—43 wird an der feinsten gothischen Arbeit Venedigs, an der
*Porta della Charta* (S. Band I. S. 276 ff.) gearbeitet und bis gegen
1471 hin zeigt sich ein bedeutendes Festhalten an gothischen Formen
an den in vielen Stücken schon der Renaissance zuneigenden Arbeiten
der Bon, welche bereits Band I. S. 278 erwähnt sind und bald näher besprochen werden sollen.

1450 wird noch in strenger Befolgung der Gothik an *San Gregorio* gebaut.

Während also bis nach 1470 sich noch die Anwendung gothischer Formen mit Sicherheit nachweisen lässt, werden wir bald sehen, dass einzelne Bauten und Bildwerke schon vor 1440 vollständiges Lossagen vom Mittelalter, wenigstens im Styl der Ausarbeitung, wenn auch nicht in der Anordnung zeigen.

Während dieses demnach beinahe 40 Jahre dauernden Kampfes mussten natürlich auch Werke entstehen, an denen die Formen beider Style in mehr oder weniger harmonischer Verschmelzung sich zeigen.

Einige davon, bei denen die mittelalterlichen Formen noch vorherrschen, sind bereits im ersten Bande dieses Werkes besprochen, sollen aber hier der leichten Uebersicht wegen nochmals angeführt werden.

Das Grab des *Michiel Morosini* 1382 Band I. S. 256 ff.

Das Portal von *S. Maria dell'Orto* aus der Zeit zwischen 1439 und 1480 Band I. S. 262 und 252.

Der Altar in der Capelle *S. Madonna dei Mascoli* in der Markuskirche um 1430 von *Bartolomeo Bon* Band I. S. 265. Einzelnes an der *Porta della Charta* Band I. S. 278 ff. Das grosse Fenster am Dogenpalast von 1465 Band I. S. 254 und 281. Das Grab des *Tomaso Mocenigo* in *S. Giovanni e Paolo* 1424 Band I. S. 282.

Die Chorstühle in *S. Maria ai Frari* und in *S. Stefano* Band I. S. 289 ff., wobei nachzutragen ist, dass die Chorcancellen ai *Frari* (1475 vollendet) von *Andrea Vicentino*, die Chorstühle aber (1458—68), 124 an der Zahl, von *Marco*, Sohn des Holzschnitzers *Gian Petro di Vicenza* gefertigt wurden; urkundlich derselbe, der mit seinem Bruder *Francesco* gemeinschaftlich die von *San Zaccaria* (1455—64) und allein die von *S. Steffano* und im Dom von Schloss Spilimberg im Friaul lieferte. Da man nun auch in andern Städten Italiens, z. B. in Orvieto, Siena etc., solche Chorstühle, so wie andere Holzarbeiten in spätgothischem Styl findet, von denen viele als von Vicentiner Meistern gefertigt sich ausweisen, so kann man wohl mit Sicherheit behaupten, dass um die Mitte des 15. Jahrhunderts in Vicenza eine Schule für derartige Arbeiten existirte und rühmlich bekannt war, welche fest an der Gothik hielt, ohne jedoch sich den Einflüssen der Renaissance entziehen zu können.

Derselben Schule gehörte jedenfalls auch *Giovanni Vicentino* an, ein Architect und Bildhauer, welcher, namentlich in Laubwerken und Thiergestalten Ausgezeichnetes leistend, 1560 in hohem Alter in Vicenza gestorben sein soll; ferner vielleicht auch die Formschneider *Giovannino da Vicenza* und *Ludovicus* (*Aloyse*) *Vincentinus*, der um 1522

2*

blühte, namentlich in Initialschnitten sich auszeichnend, so wie der
Stahl- und Edelsteinschneider *Valerio de Belli* genannt *il Vincentino*, geb.
1468, gest. 1546, dessen Tochter sein Geschäft fortsetzte, während der
Sohn *Elio* als Architect zu *Palladios* Zufriedenheit arbeitete, und *Lorenzo Canozio*, der das Chorgestühl in *San Antonio di Padua* fertigte
und 1470 in derselben Kirche begraben ward.

Jener *Andrea Vicentino* nun, welcher die Chorcancellen aï *Frari*
fertigte, ist nicht mit dem 1614 in Venedig verstorbenen Maler *Andrea
Vicentino* zu verwechseln, der mit seinem Bruder, so wie mit seinem
Sohn *Marco* viel in Venedigs Kirchen, so wie auch im Dogenpalast
malte.

Während in Capitälern und Gesimsen dieser Cancellen, so wie in
den durch die Anbringung der Capitäle schon beinahe zu Pilastern
umgeschaffenen Lisenen sich die Motive der leichtesten Gothik auf
nicht unangenehm auffallende Weise mit den Dispositionen der Renaissance gewissermassen vermählen, während also in der Architectur
die Details mehr dem Mittelalter, die Haupttheile der Renaissance sich
nähern, zeigen die zwischen den Pilastern in Halbfiguren dargestellten
Propheten und Heiligen in den Haupttheilen, d. h. in Köpfen und Bewegung noch den mittelalterlichen Idealismus, während Hände und Gewandung bereits die naturalistische Richtung bekunden, die dem neuern
in der Kunst eingeschlagenen Wege, der Nachbildung griechischer und
römischer Originale entsprach.

Obgleich gegen 1250 bereits benutzbar und 1348 eingeweiht,
scheint doch die Kirche *S. Maria dei Carmini*, S. Band I. S. 175
fortwährend Restaurationen etc. erlitten zu haben; so datirt das Portal
jedenfalls aus der jetzt in Rede stehenden Kampfperiode; es hat viele
Aehnlichkeit mit dem von *S. Maria dell'Orto*, ein spätgothischer ge-
brochener Giebel ruht auf 2 Säulen, die in der Disposition gleich ihrem
Gebälk vollkommen römisch sind, während im Blattwerk der Capitäle,
so wie in den Gliederungen des Gebälks gothische Formen durchleuch-
ten, die noch unbesiegte Kraft mittelalterlicher Formauffassung bekun-
dend; auf den unteren convexen Theilen des Giebelsimses sitzen Figuren, eine Anordnung, die durchaus nichts Mittelalterliches an sich
hat, während die Behandlung der Figuren selbst sogar germanische
Anklänge zeigt.

In der Capelle *San Pietro* in der Frarikirche befinden sich zwei
Werke jener Zeit, welche ebenfalls hierher gehören. Das eine ist der
Altar; der Ueberbau desselben, in mittelalterlicher Weise disponirt, ent-
hält zweimal übereinander je 5 Blenden; in den unteren stehen ganze
Figuren (Petrus und 4 Heilige), in den oberen in halben Figuren,

*S. Maria dei Carmini.*

*Cap. S. Pietro ai Frari.*

vollrund gearbeitet. die Jungfrau, ebenfalls mit je 2 Heiligen zu den
Seiten. Das andere ist das Grabmal des 1464 verstorbenen gelehrten
Bischofs zu Vicenza. *Pietro Miani*; zwischen den 2 Fenstern an die
Mauer angefügt, liegt das Bild des Verstorbenen auf dem Deckel eines
Sarges, der von 2 Consolen getragen wird. Die eine Console bildet
ein Engel, getragen von einem Löwen, die andere ein Engel, getragen
von einem jungen geflügelten Stier. Ueber dem Sarkophag stehen
5 Consolen mit eben so vielen Heiligenstatuen. Beide Werke befolgen
in Anordnung und architectonischer Hauptform den mittelalterlichen
Styl, eben so auch in einigen Details, während in anderen Details, so
wie in Verhältnissen. Profilirung etc., auch in der Gestaltung des Sargs
sich vielfach die Renaissance geltend macht; eben so unsicher ist der
Charakter der statuarischen Arbeiten, welche bei einzelnen der Figuren
namentlich in der Schwerfälligkeit der Verhältnisse, bei fast allen aber
in dem idealistischen Ausdruck, in der zurückhaltenden Würde und der
lebhaften Bewegung an die Werke der *Masegne*, in der grossartigen
Anordnung des Faltenwurfs, und dessen germanisirender Ausführung
an die der Bon, hier und da aber durch naturalistische Behandlung
der Fleischtheile und Stoffe an die Einflüsse der neueren Richtung erinnern.

 Am deutlichsten aber zeigt sich die Art und Weise, wie dieser San Giovanni
Einfluss auf gothische Bauten einwirkte, an der Westfront der Kirche e Paolo.
*S. Giovanni e Paolo*. Nach dem Ansehen dieser Façade scheint derselbe in der Band I. S. 174 geschilderten Weise mit Vorhallen und
Loggia darüber allerdings einmal vollendet gewesen zu sein, da die
Ansätze der betreffenden Bögen und Wölbungen namentlich an der
oberen Loggia allerdings eher aussehen, wie wenn die Bögen abgebrochen wären, indem sie nicht gleich blosen vorbereitenden Ansatzbögen
regelmässige Verzahnung. sondern auch hie und da abgebrochene Ziegel
zeigen, indem die Schilder geputzt, die Zwickel ungeputzt sind, indem
auch hie und da, wo die geputzten Schilder an die ungeputzten Zwickel
anstossen, sich einzelne Stücken heraustretenden Putzes, wie Ueberbleibsel vom Putz der Kappen erhalten haben. Wenn nun hieraus zu
schliessen ist, dass die Façade einst vollendet war, so ist diese Vollendung jedenfalls in das Jahr 1430 zu legen, da die Kirche am
12. Nov. 1430 geweiht ward (S. Band I. S. 134); möglich wäre es,
dass man bei dem nach 1438 (S. Band I. S. 135) begonnenen Bau der
*Scuola di San Marco* für gut befunden. diese Vorhallen wieder abzutragen; es sind nun von den 1390—1430 ausgeführten Arbeiten
ausser den an der Südseite angebauten Capellen noch die oberen Theile
des Westgiebels übrig. Beide zeigen in den Eselsrücken und ge-

schwungenen, gebrochenen Giebeln, in der nüchternen Disposition der kaum noch den Namen Maasswerk verdienenden Rhomben und Quadraten-Eintheilung des Streifens über den flachprofilirten Friesbogen ein nur sehr schwaches Festhalten an der Gothik, in den Profilen der Spitzbogen, so wie der Simse selbst tritt die Hohlkehle nur sehr schüchtern auf, Viertelstab, Zahnschnitt, Platte und Plättchen spielen vorherrschende Rollen, ja selbst der Karnies zeigt sich hie und da: die so bunte und vielfach modificirte Licht- und Schattenwirkung gothischer Simsprofile ist in den unteren Theilen der Simse durch ziemlich gleichmässigen Wechsel vor- und zurücktretender Glieder abgeschwächt und der Schattenwirkung der Architravtheilungen näher geführt, in den oberen Theilen aber in grosse ruhige Schattenmassen vereinigt, alles Zeichen von Annäherung an die Renaissance; da nun diese Simse etc. dem Hauptsims des *Palazzo della Raggione* zu Padua ungemein ähneln, welcher um 1420 von *Matteo Piccino* und *Bartolomeo Rizzo* aus Venedig restaurirt ward (S. Band I. S. 289), so glaube ich fast schliessen zu können, dass dieser *Bartolomeo Rizzo* auch die Westfronte von *S. Giov. e Paolo* decorirt habe. Auch in den Tabernakeln bekundet sich ein Abweichen vom bisher gültigen Typus, indem die Helme derselben nicht mit Giebelchen und Vialen umstellt, sondern umgeben sind von je 4 Figuren, die auf den Ecken des quadratischen Unterbaus stehen, während auf den Spitzen statt der Kreuzblumen geflügelte Gestalten schweben.

Nach 1430 scheint das kleine Glockenthürmchen auf der Südwestecke des Kreuzbaues zu datiren; hier stehen die Spitzbogenfenster zwischen pilasterartigen Lisenen, die flache Giebel tragen, flankirt von vasenartigen Aufsätzen.

Noch später jedenfalls, und wahrscheinlich aus der Zeit zwischen 1450 und 80 ist der Portalbau, welcher jedenfalls nach dem Abbrechen jener Vorhalle begonnen wurde, um die Façade zu decoriren; er ist nicht vollendet und die Façade macht gegenwärtig einen traurigen Eindruck, welcher noch verschlimmert wird durch die unmittelbare Nachbarschaft der *Scuola di S. Marco* mit ihrer prachtvollen Marmorfaçade; trotz der mangelnden Vollendung aber ist dieses Portal einer näheren Betrachtung wohl werth, als das originellste Zeugniss jener Kampfperiode. Die Disposition schon zeigt, dass es unmöglich ein Anfang zur Ausführung jener Hallendisposition gewesen sein kann, indem es, dazu viel zu gross angelegt, die obere Loggia durchschnitten, in der unteren Halle zu sehr prädominirt haben würde, es muss vielmehr, wie schon gesagt, bestimmt gewesen sein, die durch Wegreissen jener Halle entstandene Lücke auszufüllen; die Hauptdisposition ist die gewöhnliche:

eine scheitrechte Thür mit einem Spitzbogen darüber. Die Gliederung
der Gewände und der Bogenchambranle ist ebenfalls noch ziemlich gothisch, eine grosse Hohlkehle, zum Theil ausgefüllt durch eine Laubwulst, und flankirt von kleinen Rundstäben, schrägen Platten etc. Die
Verzierungen dieser Glieder sind ebenfalls zum grössten Theil mittelalterlich; das Kämpfergesims aber, welches sich über der scheitrechten
Thür hinzieht und um die Glieder herumkröpft, ist vollständig römisch
und ruht mit seinen Enden auf je zwei gekuppelten Säulen, die das
Portal flankiren. Diese Säulen haben niedere Stylobaten, attische
Füsse und — gothische Capitäle; unter den grossen Laubwulst stellt sich
eine ähnliche Säule, aber mit achteckigem Abakus; das eine der kleinen Rundstäbchen in der Bogengliederung ist mit Eiern besetzt, diese
Bogengliederung wird durch einen Karnies abgeschlossen und springt
gegen die Mauermasse vor; eine wunderlichere Combination von gothischen und römischen Formen kann man sich kaum denken, und dennoch erscheint das Ganze, wenigstens auf den ersten Blick, eigentlich
nicht unharmonisch, wovon wohl die Ursache zumeist in der fast über-
reichen ornamentalen Ausstattung und in der gleichmässig accuraten
und doch kecken Art der Ausführung zu suchen ist, welche allerdings
in technischer Hinsicht nichts zu wünschen übrig lässt.

Es existiren nun zwar sowohl in Venedig, als in Treviso, Padua,
Verona etc. noch viele Arbeiten aus jener Kampfzeit, aber theils sind
dieselben nur von geringer Bedeutung für die Beurtheilung dieses Kampfes, theils scheint es mir besser, dieselben im Zusammenhang mit den
übrigen, die Renaissanceformen in reinerer Weise behandelnden Werken
ihrer Erzeuger zu besprechen, so dass ich jetzt von einem Eingehen auf
dieselben abstehe.

Um die Werke eines jeden der in jener Periode thätigen Künstler
ungetrennt besprechen zu können, muss ich allerdings von einer streng
chronologischen Reihenfolge in Besprechung der Arbeiten abstehen,
werde jedoch die Werke jedes Einzelnen der Entstehungszeit nach ordnen, vorher aber verdienen drei Namen wenigstens einer kurzen Erwähnung, welche, obgleich nicht eigentlich Architecten, doch auf die
Geschmacksrichtung jener Zeit nicht ohne Einfluss blieben, *Francesco
Squarcione*, *Francesco Colonna* und *Fra Giocondo*.

*Francesco Squarcione* (1394—1474) Maler, Archäolog und Samm-
ler, gründete die Academie zu Padua, zuerst als Appendix der Universität und übte durch seinen Unterricht wesentlichen Einfluss auf die
durch ihn erzogenen Künstler.

*Francesco Colonna* genannt *Polifilo*, stammte aus einer vornehmen
römischen Familie, welche sich nach Venedig gewendet hatte und wurde

Franc. Squar-
cione.

Franc. Co-
lonna Po-
lifilo.

1433 daselbst geboren. Durch mannichfache Reisen im Orient und durch langen Aufenthalt in Rom gebildet, wirkte er von seinem Eintritt in den Dominicanerorden (1455) bis zu seinem Tode 1527 als Lehrer der alten Sprachen in Treviso und als Professor der Theologie in Padua, so wie als Archäolog. Später im Kloster *S. Gior. e Paolo* lebend, gab er im Jahr 1499 bei *Aldus Manutius* ein Buch heraus, betitelt: *La Hypnerotomachia di Poliphilo* oder *Pugna di amore in sogno;* in diesem Buche führt er dem Leser in Gestalt eines Traums einen Roman vor, durchflochten mit mährchenhaften Beschreibungen wunderbarer, zum grossen Theil ziemlich unausführbarer Gebäude, deren Formen ein wunderliches Gemisch orientalischer, ägyptischer, germanischer und vitruvianischer Elemente sind. So unfruchtbar auch das Lesen dieses Buchs als Beihülfe des Studiums der Architectur sein möchte, so mochte es doch zu seiner Zeit sehr viel Gutes stiften, indem es eben durch jene idealistisch romanhafte Verschmelzung der von *Polifilo* jedenfalls genau gekannten und richtig gewürdigten vitruvianischen Regeln mit den Elementen der romantischen und vorclassischen Style im Publikum, so wie in den etwa schwankenden Architecten die Ueberzeugung befestigte, dass man auch ohne die Regeln des Vitruv sclavisch zu befolgen, bei richtiger Würdigung derselben etwas Schönes hervorbringen könne, dass man einzelne, diesen Regeln fremde Motive mit denselben versöhnen könne, ohne in schrankenlose Willkür auszuarten. Ob er directen Einfluss auf die *Scuola di San Marco*, welche zu jener Zeit im Bau begriffen war, geäussert, muss dahingestellt bleiben. Sein Grab befindet sich im Kreuzgang von *S. Gior. e Paolo* (jetzt Hospitalhof).

FraGiocondo.    *Giovanni Giocondo Monsignore*, der Bruder dreier Maler, ward um 1430, nach Anderen 1435 zu Verona geboren, trat ebenfalls sehr jung in den Dominicanerorden ein, durchreiste ganz Italien, studirte namentlich in Rom die Antike und schrieb ein Werk über Inschriften und Denkmale, über die Rhonebrücke des Cäsar, besorgte Ausgaben des Vitruv, des Plinius, Frontinus etc.; aber nicht blos durch diese Schriften wirkte er auf die architectonische Richtung seiner Zeit, auch als Architect und Ingenieur war er thätig; leider sind die einzelnen Daten seiner Werke ziemlich ungewiss, doch scheint Folgendes wohl die richtigste Reihenfolge derselben zu sein, richtiger wenigstens als die von *Vasari* gegebene, welche vielfach mit historischen Nachrichten collidirt.

Um das Jahr 1490 hatte der Senat die Nothwendigkeit eingesehen, der Brenta, welche man 1438 (S. Band I. S. 284) nach Malamocco zu geleitet, einen andern Weg vorzuschreiben, weil sich zu beiden Seiten ihres Bettes viel Schlamm ansetzte, auch das viele Wasser derselben

häufig Ueberschwemmungen verursachte. *Fra Giocondo*, zu Rathe gezogen, schlug vor, die Hälfte des Brentawassers nach Chioggia zu leiten; in Folge dessen nun ward der Breutone, auch *Taglio norixximo della
Brenta*, gegraben, doch entsprach das Resultat den Erwartungen nicht,
indem bei niedrigem Wasserstande das ganze Wasser der Brenta durch
diesen Canal ging und das Wasser der Lagunen stangirte, worin vielleicht die Ursache der damals so häufigen Ausbrüche der Pest in Venedig zu suchen wäre, bei hohem Wasserstand hingegen die Festland-
theile hinter dem Canal überschwemmt wurden; *Fra Giocondo* ward
nochmals um Rath gefragt. und schlug unter Anderem vor, den Canal- Circa 1506.
damm zu durchbrechen. und das Wasser auf geräderem Wege ins Meer
zu leiten; doch wurde dieser Vorschlag theils aus Misstrauen in die
Kenntnisse *Giocondo's*, theils aus Furcht, dass die Lagunen in der Nähe
Venedigs versanden möchten, nicht ausgeführt; in der Zeit zwischen
1490 und 1506 war *Fra Giocondo* vielfach (namentlich 1494—98) in
der Nähe Maximilians I. und in Verona beschäftigt, wo er den Mittelpfeiler der damals im Bau begriffenen *Ponte della Pietra* durch Schwell-
rost und Balkenzargen vor dem Sinken und Bersten bewahrte. den
*Palazzo del Consiglio* auf der *Piazza de Signori*, das Portal von *S. Maria
della Scala* baute etc. 1496 ward er von Ludwig XII. nach Paris
berufen, wo er zwei Brücken baute, deren bedeutendste die Brücke von
*Nôtre dame* ist; ferner nennt man als von ihm herrührend den *Cour
des Comptes*, die älteren Theile des Schlosses zu Blois und das Schloss
zu Gaillon in der Normandie, welches zum Theil nach Paris transportirt worden ist.

Zwischen 1506 und 1510 legte er im Auftrage der Republik die
Festungswerke von Treviso an, verbunden mit Anstalten zur Ueberschwemmung des umliegenden Terrains.

1505 den 13. Januar brannte der *Fondaco dei Tedeschi* ab, *Fra
Giocondo* lieferte eine Zeichnung zum Neubau und man hat darauf, so
wie auf die Stelle eines Gedichts die Vermuthung gestützt, dass er den
Bau geleitet, aber abgesehen davon, dass das Gebäude durchaus nicht
mit seinen übrigen Arbeiten harmonirt, geht aus einem Senatsdecret
vom 19. Januar 1505 und aus einem Brief vom 19. Juni 1519 aus
dem *Ufficio dei Pregadi* zur Genüge hervor, dass ein Deutscher, Hieronymus (*Girolamo Tedesco*) der Architect dieses Werkes gewesen sei.

Nachdem vom 10—13. Januar 1514 eine grosse Feuersbrunst
Rialto verheert hatte, reichte auch *Fra Giocondo* Pläne zur Restauration
jenes Stadttheils ein; da dieselben aber zu weitgreifend, platzraubend
und kostspielig waren, auch die Verlegung einiger Canäle erforderten.
wurden die von *Scarpagnino* eingereichten Pläne genehmigt und *Fra*

*Giocondo* verliess im Unwillen über das häufige Zurückweisen seiner Vorschläge die Lagunenstadt und wendete sich nach Rom, wo er von Leo X. beauftragt wurde, mit *Raphael* und *Sangallo* den von *Bramante* zu sehr *à la hâte* errichteten Vatican durch Unterfahren der Fundamente vor dem Einsturz zu sichern, auch mit denselben am Bau der Peterskirche thätig war.

Zwischen 1520 und 25 zog er sich nach Verona zurück, baute dort die *Ponte della Pietra* nochmals um und starb daselbst in sehr hohem Alter. Die Meinung Einiger, dass er in Deutschland beim Kaiser Max gestorben sei, wird schon dadurch widerlegt, dass Max 1519 starb, wo *Giocondo* noch in Rom war.

Was nun seine künstlerischen Arbeiten betrifft, so zeugen sie sämmtlich dafür, dass er durch das Studium der Antike durchaus nicht zum sclavischen Anhänger derselben geworden war, vielmehr noch ziemlich fest an der mittelalterlichen Tradition hing, namentlich in den Dispositionen und Verhältnissen, während er das Detail allerdings zu bedeutender, den besten classischen Werken sich annähernder Feinheit ausbildete; seine pariser Arbeiten zeigen vielfach spätgermanische Anklänge und ähneln in manchen Stücken den gleichzeitigen ächtfranzösischen und deutschen Bauten, z. B. dem *Hôtel de Ville* in Paris, dem Heidelberger Schloss etc., der Palast in Verona hingegen erinnert vielfach an die Werke der Lombardei, namentlich in der Behandlung der Fenster, während die Disposition auch hier noch sehr am Mittelalterlichen festhält.

Zu den Männern, welche namentlich durch ihre Schriften auf die damalige Richtung der Architectur, auf das Hinneigen zur Antike von
*Leon Batt. Alberti.* Einfluss waren, gehört unstreitig auch *Leon Battista Alberti*, welcher nicht, wie *Vasari* behauptet, zwischen 1390 und 98 in Florenz, sondern zwischen 1400 und 1404 im Venetianischen, wahrscheinlich in Venedig selbst geboren ward, auch nicht 1483 in Florenz starb und in *Santa Croce* begraben ward, wie *Vasari* und *Quatremère de Quincy* berichten, sondern in Rom 1472, wie *Niccolini* bewiesen hat.[1]) Sein Werk *de Re edificatoria* ist zuerst 1485 in Venedig erschienen.

Unter den theils in Venedig damals arbeitenden, theils auf Venedigs Kunst Einfluss übenden fremden Künstlern muss zunächst als Vorläufer der neuen Richtung erwähnt werden der mailändische Bild-
*Matteo Revetti 1422.* hauer *Matteo Revetti*, welcher im Jahre 1422 ein Grabmal in *Santa Elena* fertigte[2]), welches mit kleinen Figuren, Laubwerk und reichen

[1]) S. dessen Prose. pag. 120 ff.

[2]) S. *Sansonino*, pag. 76 b. Unter dem Grabmal ruht *Alexandro Boromeo* und sein Bruder Graf v. Valtaro und Arquato.

Ornamenten ausgeschmückt, schon vielfach die Spuren der neuern Richtung an sich getragen haben muss, nach den Loberserhebungen zu urtheilen, die es von Schriftstellern des 17. und 18. Jahrhunderts geniesst, welche gothische Arbeiten niemals zu loben pflegten. Wo es jetzt seit Zerstörung der Kirche sich befindet, weiss man nicht. Auch an der Architectur dieser Kirche, obgleich dieselbe im Allgemeinen noch mittelalterlich zu nennen ist, zeigen sich hie und da A'nklänge an die Renaissance; sicheren Nachrichten zufolge wurde sie am 27. November 1418 begonnen und von *Rigo. Cristoforo* und *Ambrogio da Milano* für 1500 Ducaten ausgeführt; auf einige noch erhaltene spätere Theile dieser Kirche werden wir weiter unten zurückkommen; ein besseres Schicksal, wie obiges Denkmal hatte das 1420 auf Kosten der Republik in *San Antonio del Castello* errichtete Grabmal mit einer Statue des *Vittorio Pisani*, welcher im Krieg gegen die Genuesen bei Chioggia 1380 Venedig vom Untergang rettete. Es steht im Arsenal in der *Sala dell' Arme*.

An die oben angeführten Beispiele von gleichzeitiger vermischter Anwendung gothischer und moderner Formen reihen sich noch folgende an sich nicht gerade sehr bedeutende, eben nur in dieser Hinsicht interessante Werke an.

Einige Theile der Kirche *San Apostoli*, noch von dem Bau im ersten Jahrzehnt des 15. Jahrhunderts. namentlich an der Südseite der Kirche, und ein Theil des Chores so wie der untere Theil des Thurmes.

Die um 1480 von *Alessandro Brigajo* für die Kirche *della Carità* gearbeiteten Chorstühle; wo dieselben jetzt sind, ob, wie wohl zu vermuthen, auch dieser *Brigajo* der obenerwähnten vicentinischen Schule von Holzschnitzern angehört, darüber kann ich Bestimmtes nicht mittheilen.

Der Chorschluss und die Seitenfaçade der 1460 als Eremitage erbauten Kirche *S. Francesco della Croce*, später *Santa Croce di Venezia in Luprio* genannt, dem Bahnhof gegenüber am Grossen Canal; der Chorschluss ist achteckig mit niedrigem Umgang; die Fenster in Rundbogen geschlossen. Das Simswerk aber enthält noch mittelalterliche Reminiscenzen. Einiges vom Chor der durch die *Poveri di Sant' Agnese* 1473 begonnenen Kirche *dei Gesuati*; da aber der ganze übrige Bau dem Styl der Lombardei folgt, wird diese Kirche weiter unten besprochen werden.

Der Unterbau der Kirche *della Fava*, 1480 begonnen, zeigt in einzelnen ziemlich unbedeutenden Sockeltheilen noch mittelalterliche Reminiscenzen, welche wohl bei der 1662 stattgehabten Vergrösserung wieder zur Benutzung gekommen oder vom ursprünglichen Bau stehen geblieben sein mögen.

Uhr und Vorhallendach von *S. Giacometto di Rialto* vom Jahr 1410.

Einiges an der Kirche *S. Giacomo del Paludo*, wahrscheinlich vom Jahr 1460, wo selbige den Franziscaner Minoriten von der *Cà Grande aï Frari* übergeben und von diesen wieder in benutzbaren Stand gesetzt ward; die ganze Kirche ist übrigens ziemlich unbedeutend.

Die schon 810 auf Kosten des *Giovanni Tolonico* restaurirte Kirche *S. Giovanni* in Bragora wurde 1475 entweder restaurirt oder von Grund aus neugebaut; da diess aber nicht feststeht, so muss auch dahingestellt bleiben, ob die hier und da an selber vorkommenden mittelalterlichen Formen von diesem Umbau oder von einer früheren Reparatur herrühren, auch ist das Aeussere der Kirche zu uninteressant, als dass es sich der Mühe verlohnen möchte, darüber Erörterungen anzustellen, auf das Innere kommen wir wieder zurück.

*Santa Giustina* wurde 1450 restaurirt, S. Band I. S. 155, aber 1569 neu aufzubauen begonnen, so dass von dem ursprünglichen Bau fast gar nichts mehr erhalten ist, ausser dem wahrscheinlich um jene Zeit errichteten oder mindestens restaurirten Glockenthurm, welcher einen viereckigen und darüber noch einen achteckigen Pavillon mit rundem Spitzhelm trägt. Reicher war der ebenfalls um jene Zeit erbaute 168 Fuss hohe Campanile von *Santa Maria dell'Orto*, der aber 1828, vom Blitz zerschmettert, einstürzte; der Pavillon desselben namentlich hatte orientalisirende Formen, welche noch vielfach an das Mittelalter gemahnten, obgleich an den Fenstern, Simsen etc. Renaissanceformen sich geltend machen.

Die 1497 gebaute Kirche *S. Maria maggiore* (Band I. S. 135) dient jetzt sammt dem zugehörigen Kloster als Caserne und bietet nicht mehr viel Sehenswerthes.

Die *Abbazzia della Misericordia* brannte 1485 ab, wobei fast nur die Band I. S. 264 beschriebenen Thüren übrig geblieben zu sein scheinen.

Die Band I. S. 129 erwähnte Kirche *S. Niccolo della Latuca* ist jetzt nicht mehr zu finden; da nun im 15. Jahrhundert der Bau einer Kirche *S. Niccolo di Castello* erwähnt wird, welche bei dem Kloster *S. Giuseppe* stand, und jetzt nicht mehr existirt, in dem sie gleich der Kirche *S. Antonio di Castello* niedergerissen ward, um die *Giardini pubblici* anzulegen, so glaube ich, dass diese beiden identisch sind. *San Antonio* soll nach Einigen von *Lanfrani* erbaut sein (S. Band I. S. 187), mir scheint dies aber auf eine Verwechselung mit der dort erwähnten gleichnamigen Kirche in Imola zu beruhen, da unsere Kirche schon vor 1320 gebaut ist. Nun wurde sie zwar, wie es scheint, gegen 1480 umgebaut, aber an diesem Bau kann *Lanfrani* unmöglich thätig gewesen sein; wir werden sie übrigens später nochmals in Betracht zu ziehen haben.

*San Pietro di Castello* wurde zwar 1451 zum Patriarchensitz erhoben und in derselben Zeit auch restaurirt, jedoch ist von diesem Bau nichts Bedeutendes mehr erhalten.

1488 wurden in der Gegend von *San Samuele* einige von Freudenmädchen bewohnte Häuser von Benedictinerinnen angekauft, die bis dahin in einem baufälligen Kloster *Santa Margarita* in Torcello gewohnt hatten und nun hierher übersiedelten. Am 23. April desselben Jahres wurde nun durch den Cardinal-Patriarchen *Maffeo Girardo* der Grundstein zur Kirche *S. Rocco e Margarita* gelegt. Die Benedictinerinnen kehrten aber wieder nach Torcello zurück, das neue Kloster ward durch die Wittwe *Stella Balanzano* vollendet, doch ist das jetzt aufgehobene Kirchlein einfach und bietet kein besonderes Interesse.

Ebenso wenig Interessantes bietet das an der Riva gelegene jetzt zur Kaserne umgewandelte Kloster *del Sepolcro*, aus dessen Stiftungs-geschichte jedoch Manches den Lesern interessant sein möchte. Als 1471 Negroponte an die Türken verloren gegangen war, flohen von dort zwei Damen, die Wittwe *Polixena Premarin* und die Jungfrau *Beatrice Venier* nach Venedig, wurden dort von *Antonio Giustinian* und *Pietro Usnag* aufgenommen und bei Begründung eines kleinen Spitals unterstützt, bestimmt zur Aufnahme von Frauen, welche auf der Pilgerschaft zum heiligen Grab Venedig passirten; Vielen davon scheint die Aufnahme hier so gefallen zu haben, dass sie ganz da zu bleiben beschlossen, und so war schon 1484 der Bau eines Klosters nöthig geworden, in dessen Capelle nun eine Grotte als Nachahmung des heiligen Grabes in Jerusalem errichtet ward, in der ein Altar stand, von vier Engeln in der Luft gehalten, geschmückt mit Arbeiten aus feinstem Porphir, mit einem Altarblatt aus Marmor, reich verziert mit feinen Steinen von verschiedenen Farben, flankirt von zwei Statuetten Johannes des Täufers und Petri; im Hintergrund der Grotte stieg man auf acht Stufen in einen geschlossenen Ort hinab, wo eine lebensgrosse Figur des todten Christus verehrt ward, die auf einen Altar ausgestreckt, viel vom Volk besucht wurde. In der Capelle selbst wurden später die Grabstatuen des *Gerolamo Contarini* und *Gio. Batt. Peranda* aufgestellt, auch befanden sich noch viele andere Gräber, so wie Malereien von *Bassano*, *Palma vechio* und *Santo Peranda* hier; eine der Thüren endlich war von dem Haus, welches 1362 von der Republik dem *Petrarca* geschenkt worden war (S. Band I. S. 129) und jetzt nicht mehr existirt, obgleich die Fremdenführer beharrlich den nebenanstehenden

San Sepolcro.

*Palazzo Molin delle due torri*, der circa 1420 gebaut sein mag, als Haus der *Petrarca* bezeichnen.

Die Kirche *San Silvestro* 774 von der Familie *Andrearda*, genannt *Giulij*, gegründet und 1442 umgebaut, war bis 1450 Sitz der Patriarchen von Grado. Von diesem Bau ist aber nichts mehr übrig, sie wurde im 17. Jahrhundert neugebaut.

Von dem 1140 auf der Insel San Spirito nebst einem Hospiz gegründeten Augustinerkloster weiss man, dass es 1409 den Cisterziensern und 1424 den Augustinerchorherrn *Canonici Regulari* übergeben ward, welche es bis 1656 besassen. Auf die in der jetzt in Rede stehenden Periode hier gefertigten Arbeiten werden wir später zurückkommen.

Zu Band I. S. 287 ist eine Berichtigung nöthig. Der Glockenthurm *S. Michele Arcangelo* hatte sich gesenkt und drohte nach der der Kirche abgekehrten Seite zu stürzen; man berief den 1. Sept. 1455 den Ingenieur *Aristoteles Fioravante* aus Bologna, welcher dort einen Thurm 30 Schritt weit transportirt und verschiedene gerade gerichtet hatte, derselbe machte sich anheischig, dieses Experiment hier für 150 Ducaten auszuführen. In der That, durch Wegnahme einer Steinschicht auf den dritten Theil der Thurmbreite, durch Beschwerung mit Blei gelang es ihm; aber schon am 16. December stürzte der Thurm in Folge mangelhafter Unterfahrung ein, *Aristoteles* floh aus Venedig und die Mönche, deren zwei erschlagen worden waren, übergaben nun den Neubau dem *Marco de Furi* (nicht *Turi*) welcher ihn 1456 ausführte. Dieser Thurm wurde 1838 abgetragen.[1]

1455 zwar erhielten die Eremiten von *Santa Maria piena di Grazie* (Band I. S. 135) die Erlaubniss, an die Stelle ihres Oratoriums eine Kirche *San Sebastian* zu bauen, dieselbe wurde auch 1493 am 8. Juni geweiht, der Bau der jetzt bestehenden begann aber erst 1505.

Die reichen Holzschnitzereien der inneren Wände und Decken der einen von der Synagoge Venedigs scheinen in ihrem Gemisch mittelalterlicher und moderner Formen aus der Mitte des 15. Jahrhunderts herzustammen. Die Boisserien der Wände bilden Felder, welche bei Festen mit Damastteppichen behängt werden.

Ausser den einheimischen Traditionen hatte jedenfalls auch die von *Bramante* und *Bramantino* eingeschlagene Richtung Einfluss darauf, dass die Venetianer sich in der 2. Hälfte des 15. und im Anfang des 16. Jahrhunderts freihielten von jener sclavischen Nachahmung der Antike, welche in andern Theilen Italiens um jene Zeit bereits um sich gegriffen hatte und der sich sogar *Bramante* selbst seit seiner Ankunft in Rom nicht

---

[1] S. Cicogna Inscriz. Ven. Vol. IV. S. 684.

zu erwehren vermochte, wodurch auch seine früheren Arbeiten bei weitem origineller und frischer sind, als die in Rom von ihm gelieferten.

Wie schon Band I. S. 285 erwähnt, schliesst die mittelalterliche Richtung am schärfsten sichtbar in den Grabmälern ab, und ziemlich dasselbe gilt, wenn auch nicht mit derselben Schärfe, von andern selbstständigen Bildhauerarbeiten, und zwar zunächst von denen, die der Schule des *Donatello* angehören.

*Donatello*, eigentlich *Donato di Betto Bardi*, geb. 1383 zu Florenz, gestorben ebendaselbst 1466, ist bereits so bekannt, dass es überflüssig ist, hier seinen ganzen Lebenslauf oder ein Verzeichniss der so zahlreichen Arbeiten dieses erstaunlich fruchtbaren Künstlers zu geben; ich beschränke mich vielmehr nur das auszuführen, was unmittelbar auf Venedig Bezug hat. Bereits Band I. S. 281 wurden einige der von ihm in Venedig und Padua vorhandenen Arbeiten genannt; am wenigsten entschieden tritt seine Hinneigung zur Antike an seinen Pferden hervor, indem sowohl das Pferd des *Erasmo da Narni*, genannt *Gattamelata*, als namentlich das kolossale Pferd in der *Sala della Ragyione* (Holzgerüst, mit Gips bekleidet), in der Einfachheit der Bewegung und der conventionellen Behandlung der Beine noch sehr an das Mittelalter erinnern; der heilige Sebastian und das Crucifix, welches von ihm in Padua gefertigt wurde, zeigen in der ascetischen Behandlung des Nackten ebenfalls ein schwaches Haften am Mittelalterlichen, während die fünf Statuetten über dem Crucifix schon viel entschiedener sich der Antike zuneigen, ebenso die Grablegung von gebranntem Thon über einer Thür und die figurenreichen Predellen an zwei Altären in *San Antonio* zu Padua; in Venedig selbst fertigte er ausser jenem Johannes noch ein Grabmal für die Dechanei von *Monte Pulciano* bei Faenza; ausserdem befindet sich in der Sammlung der Akademie eine Tabernakelthür aus der Kirche *dei Servi*, im Hauptfeld ein Kreuz, umgeben von reicher Portalarchitectur, singenden Engeln und Ornamenten, im Sockel eine Kreuzabnahme und Grablegung in Bronzerelief enthaltend, welche zwar nicht nachweislich, aber doch mit grosser Wahrscheinlichkeit dem *Donatello* zugeschrieben werden, indem sie seinem Styl mit grosser Treue folgen, dabei aber doch jene Ungezwungenheit an sich tragen, welche selbst der beste Schüler im Nachahmen der Werke seines Meisters nie wird erreichen können.

Sein Bruder *Simon*, genannt *Fiorentino*, scheint nicht in Venedig gearbeitet zu haben, hingegen mehrere seiner Schüler.

So weilte *Michelozzo Michelozzi* mit *Cosmus v. Medici* 1433 u. ff. in Venedig, wohin jener sich aus Florenz geflüchtet hatte; und soll

*Donatello.*

*Schüler Donatellos.*

dort auf Kosten des Cosmus die Bibliothek und zwei Höfe in dem
Kloster *San Giorgio maggiore* gebaut haben. Dies ist jedenfalls, wie
wir sehen werden, mindestens nicht ganz richtig; alle diese Bauten
wurden erst später begonnen; höchstens könnte er vorläufige Entwürfe
gemacht haben; die Bibliothek schloss sich allerdings gewissermassen
den florentinischen Werken des *Michelozzo* an; das Holzcrucifix auf
dem zweiten Altar rechts, in der Kirche *S. Giorgio maggiore*, welches
von Vielen *Brunelleschi* zugeschrieben wird, ist nach Styl und Arbeits-
weise viel eher dem *Michelozzi* zuzuschreiben, und stimme ich darin
ganz mit *Moschini* und *Selvatico* überein; die Arbeiten des *Brunelleschi* zeigen bei weitem mehr Energie, als hier entwickelt ist.

Ob *Vasari* recht hat, wenn er sagt, dass *Michelozzo* während
seines Aufenthalts in Venedig Entwürfe zu sehr vielen öffentlichen und
Privatbauten geliefert, ist fast zu bezweifeln, denn Nachrichten sind von
keinem solchen Bau erhalten; möglich wäre es aber wohl, und wenn
es wahr ist, selbst wenn keine seiner Entwürfe ausgeführt sind, so
kann er schon durch das blose Einreichen der Entwürfe, ja selbst
durch seinen persönlichen Einfluss sehr viel dazu beigetragen haben,
die Richtung der Venetianer zu bestimmen; wenigstens zeigen einige
der Paläste aus jener Zeit manche Aehnlichkeit mit seinen Bauten in
Florenz.

*Pagno di Lapo Partigiani* aus Fiesole arbeitete unter *Michelozzi*,
ob er mit demselben in Venedig war, ist nicht bekannt.

*Bernardo* und *Antonio di Matteo di Domenico Gamberelli* waren
beide Schüler des *Donatello*; und sind in der Regel unter ihrem Beinamen *Rosellino* bekannt, der aber auch *Roscelli* und *Ruscelli* geschrieben vorkommt. Diess verleitete den *Bottari* in seinen Anmer-
kungen zu *Vasari*, den *Antonio* mit einem *Antonio Roscelli* aus Florenz
zu identificiren, der nach *Sansovino* und nach kirchlichen Urkunden in
der Capelle *Grimani* in *S. Giobbe* verschiedene Bildhauerarbeiten ausführte. Zwar theile ich nun durchaus nicht die Meinung *Cicognaras*
und *Selvatico's*, dass diese Arbeiten so tief unter den in Florenz befindlichen des *Antonio* stehen, dass man sie unmöglich ihm zuschreiben
könne, da es ja recht gut möglich wäre, dass er blos die Modelle
dazu geliefert und die Ausführenden hinter diesen Modellen zurückblieben, welche Hypothese auch dadurch an Wahrscheinlichkeit gewinnt,
dass die in Rede stehenden Arbeiten allerdings in Bezug auf Gliederung
und Anordnung der Gesimse und Ornamente und auf Composition der
Gruppen sehr viele Aehnlichkeit mit den Arbeiten des *Antonio* haben,
der, wie bekannt, sich sehr zu der Manier des *Luca della Robbia*
neigte. Auf der andern Seite ist freilich nicht zu verkennen, dass jene

zarte Anmuth, jene Weichheit der Ausführung, welche die Werke des
*Antonio* auszeichnet, dieser Arbeit gänzlich abgeht; ferner ist auch noch
in Betracht zu ziehen, dass, was allerdings nicht genau nachzuweisen
ist, *Antonio* schon vor 1470 gestorben sein soll. Die in Rede stehende
Capelle kann aber nicht wohl vor 1471 begonnen sein, denn sie ist
augenscheinlich erst nach Vollendung der Kirche an diese angebaut,
und die Kirche ward erst 1471 vollendet; ausserdem wurde sie auf
Kosten des *Pietro Grimani* gebaut, der nicht wohl vor 1460 geboren
sein kann, da sein Vater 1435 geboren war. Dadurch nun wird es
kaum wahrscheinlich, dass diese Capelle vor 1480 gebaut ist. Nach
alledem glaube ich, dass wir es nicht mit einem Werk des *Gamberelli*
zu thun haben, und werde daher auf diese Capelle erst später näher
eingehen.

*Giacomo Vellano*, einer der treuesten, aber leider nicht der fähig-
sten Nachahmer und Schüler des *Donatello*, soll ausser der Statue des
Papstes Paul II. in Perugia, auch Verschiedenes im venetianischen Palast zu Rom und den Leuchter in *San Antonio* in Padua gearbeitet haben.
Er starb kurz nach 1494 im 92. Jahr seines Lebens in Padua, wo er
1488 Broncereliefs in *San Antonio* fertigte, Scenen aus dem alten Testament darstellend, welche so mittelmässig sind, dass die Annahme
der Leuchter sei von ihm, bedeutend an Wahrscheinlichkeit verliert,
welche durch das Datum seines Todes vollends vernichtet wird.

*Andrea del Verrochio*, geb. 1433 zu Florenz, scheint den *Donatello* nach Padua und Venedig begleitet zu haben, wo er den 25. Juni
1488 starb und auf dem Friedhof von *S. Maria dell'Orto* begraben
wurde. Er wird als Architect, Ingenieur, Maler, Kupferstecher, Formschneider, Broncegiesser, Goldarbeiter, Bildhauer und Musiker angeführt, und soll das Abformen der Köpfe nach der Natur in Wachs
wieder in Aufnahme gebracht haben, bei grosser Naturwahrheit fehlt
ihm der höhere poetische Aufschwung; als Techniker war er jedenfalls
ausgezeichnet; 1475 begann er im Auftrag der Republik das Monument des *Colleoni*, hinterliess es aber unvollendet, ja nach *Vasari* hatte
er es sogar verstümmelt, weil er gehört, dass er blos das Pferd, *Vellano* hingegen die Figur machen solle; wir werden bei Betrachtung der
Werke des *Alessandro Leopardo*, der es vollendet, darauf zurückkommen, von seiner Thätigkeit als Architect in Venedig ist keine Nachricht
vorhanden.

Von *Giovanni da Pisa*, ebenfalls Schüler des *Donatello*, ist ein sehr
schönes Terracottarelief, Maria mit einigen Heiligen, in der Kirche *degli
Eremitani* in Padua erhalten, welches hier und da namentlich in Anordnung,
Verhältniss und Ausdruck der Gestalt noch mittelalterliche Anklänge zeigt.

Ob auch der um 1480 als in Padua lebend erwähnte *Jacobo de Porticcia* ein Schüler *Donatello's* gewesen sei und ob noch Arbeiten von ihm erhalten sind. weiss ich nicht; wahrscheinlicher ist dies von *Antonio Marescotti*, der mit *Ypolito Bindelli* aus Verona in seiner Vaterstadt Ferrara die Statue des *Nicolo d'Este* lieferte[1]), und von dem ein Medaillon aus dem Jahre 1447 bekannt ist. Auch *Donatello*, *Vellano*, Medailleurs. *Bertoldo*, *Michelozzo*, *Gentile Bellini* etc., werden als Medailleurs genannt, ebenso arbeitete *Vittore Pisano* in der letzten Zeit seines Lebens (1429—1449) sehr viel Medaillen; sein Schüler war *Matteo Pasti* aus Verona, gleich ihm in den Portraitköpfen der Medaillen ausgezeichnet, obgleich in den Thieren, namentlich in den Verkürzungen derselben seinen Meister nicht erreichend; er arbeitete um 1450 zu Rimini für *Pandolfo Malatesta* als Maler und Bildhauer, und wird auch *Porti*, *Pastino* und *de Pratis* genannt. Wahrscheinlich ist auch das Grabmal des *Pandolfo Malatesta* in *San Francesco* zu Fano, welches *Sigismund Malatesta* 1460 errichten liess, von ihm gearbeitet.

Als Medailleurs aus dem Ende des 15. Jahrhunderts sind zu nennen: *Giulio della Torre* und *Gior. Maria Pomedello* aus Verona, sowie *Giovanni Boldù*, *Johann Bolduc*, aus Uri gebürtig, aber in Venedig sesshaft, der im Anfang des 15. Jahrhunderts bereits anfing, Münzstempel in Stahl zu schneiden und darnach zu prägen; dieses Verfahren wurde schon bedeutend vervollkommnet durch *Vittore Camelio* genannt *Gambello*, welcher zahlreiche Münzen und Medaillen gravirte und prägte, namentlich auf *Agostino Barbarigo* (1486), auf *Gentile* und *Giovanni Bellini*, auf *Francesco Fasuolo* und *Cornelio Castaldo* und endlich auf sich selbst. Er soll auch die *Osella*[2]) des *Andrea Gritti* 1523 gravirt haben. Er war auch als Bildhauer thätig, da aber diese Arbeiten alle in das Ende des 15. Jahrhunderts fallen, so werden wir später auf dieselben zurückkommen müssen.

*Bernardo Ciuffagni*, der vielfach in Lucca und Mantua thätig war, arbeitete 1467 das Grabmal des *Sigismund Malatesta* neben dem seines Vaters (s. oben); auf dem Sarkophag steht eine Portraitfigur ohne besonders hohen Kunstwerth.

Dem *Geremia de Cremona*, einem Schüler von *Brunelleschi*, von dem in *S. Lorenzo* in *Cremona* mehre Broncereliefs und mehrere Marmor-

---

[1]) Das Modell dazu fertigte 1443 *Nicolo di Giovanni Baroncelli*, Schüler des *Brunelleschi*, der daher den Namen *Nicolo del Cavallo* erhielt.

[2]) *Uscello*, später *Osella* hiess eine Münze, wovon jeder Senator in jeder Sitzung ein Exemplar vom Dogen ausgehändigt bekam, wahrscheinlich als Controlemittel für den Besuch der Versammlungen.

arbeiten erhalten sind, wird auch fälschlich das Grabmal des *Bartolomeo Coleoni* vom Jahr 1475 in *S. Maria maggiore* in Bergamo zugeschrieben, obgleich es sich durch Inschrift als Arbeit des *Antonio Amadei* aus Pavia ausweist, der auch das Grabmal der *Medea*, Tochter des *Coleoni* im Jahr 1440 in *Basella* und 1482 ein anderes sehr schönes Grabmal in *San Lorenzo* in Cremona schuf. Das erste dieser Grabmäler ist auf Kosten Venedigs gearbeitet und sehr reich mit Statuen und Basreliefs geziert, die bei sehr natürlichem Ausdruck und correctem Verhältniss hier und da etwas eckige Bewegungen zeigen.

Ob der *Niccolo Schiarone dell' Arca*, der nach Sansovino und nach kirchlichen Urkunden um 1450 das eine Krippe darstellende bunte Terracottabasrelief in der Kirche auf der Insel *San Spirito* bei Venedig arbeitete, identisch ist mit dem Schüler des *Jocobo della Quercia*, *Niccolo di Puglia detto il Dalmata*, der nach dem 1469 ff. von ihm gearbeiteten Denkmal des heiligen *Dominikus* in *San Domenio* in *Bologna* den Beinamen *dell' Arca* erhielt, kann allerdings nicht nachgewiesen werden, doch ist es wahrscheinlich, denn ausser der Namensähnlichkeit zeigt die 1478 von letzterm ausgeführte colossale Madonna am *Palazzo publicco* in *Bologna* allerdings viel Aehnliches mit jenem Relief. *Niccolo* starb 1494 in Bologna und als seine Heimath wird auch *Bari* angegeben, obgleich ich eher glaube, dass er nach dem heiligen *Nicolaus* von *Bari* getauft war.

Auch *Bartolomeo Vivarini* aus Murano, als Maler rühmlich bekannt, versuchte sich in der Sculptur, indem er den Heiligenkreuzaltar in *S. Gioranni* in *Bragora* arbeitete, *Aluise (Luigi) Vivarini* aber lieferte ein Altarbild in Marmor, die Auferstehung darstellend, für dieselbe Kirche; *Antonio Vivarini* wurde 1440 in *San Aponal* begraben.

1468 hatte *Gioranni da Como* den Campanile *S. Giorgio maggiore* vollendet: derselbe kostete über 1100 Ducaten, wurde 1726 erhöht und stürzte bald darauf ein.

1470 berief der Senat den *Gioranni Maria Caraffa* aus Brescia nach Murano, um die dort betriebene Fabrikation von Glasgefässen auf den Weg höherer künstlerischer Ausbildung zu leiten; da man aber sehr eifersüchtig auf die Bewahrung der Fabrikationsgeheimnisse war und dem *Caraffa* (nach dem die Caraffen benannt sein sollen) in dieser Beziehung nicht traute, suchte man sich seines Schweigens zu versichern — er starb an Gift.

Von einem Schüler des *Ghiberti* scheinen die beiden Broncebasreliefs herzurühren, welche, jetzt in der Academie aufbewahrt, von dem Altar, am Grabmale des *Marco* und *Augustino Barbarigo* in der Kirche Carità herrühren, also wahrscheinlich aus den Jahren 1501—5 datiren.

Das eine stellt eine Krönung Mariä dar; die Hauptgruppe besteht aus
Christus, der Maria und dem segnenden Gott-Vater in einer Halbman-
dorla von Engelsköpfen, und ist von vielen musicirenden und singenden
Engeln in zwar symmetrischer, doch ungezwungener Anordnung umgeben;
das zweite, welches darunter war, stellt die in die Höhe schauenden Apostel
dar; das erstere ist unstreitig das schönere, während die Bewegungen
der Apostel hier und da an das Affectirte streifen.

Ehe ich von dieser Betrachtung von einzelnen in Venedig vorhandenen Werken fremder Künstler zu den bedeutenderen in Venedig einheimischen Bildhauern übergehe, will ich mich nun zu denen wenden,
welche theils blos als Architecten, theils als Architecten und Bildhauer
zugleich thätig waren und deren Thätigkeit sich hauptsächlich im Gebiete
der Stadt selbst entfaltete. Leider sind auch hier die Unsicherheiten
und scheinbaren oder wirklichen Widersprüche in den Thatsachen noch so
häufig, dass es ziemlich schwer hält, die Wahrheit herauszufinden und
man oft auf Conjecturen angewiesen ist.

*Dom. Bianco.*     *Domenico Bianco* war um 1470 proto des *Officio dell Sale*, welches
damals die öffentlichen Bauten zu besorgen hatte. Sein Nachfolger
*Nicolo Paini* nahm Theil an Kämpfen zu Wasser und zu Land und
zeigte sich namentlich 1482 bei den Belagerungsarbeiten gegen Ferrara
so tapfer und technisch tüchtig, dass man ihm die Oberleitung der öffentlichen Bauten auf Lebenszeit übertrug; er starb 1492. Was er gebaut
ist nicht bekannt.

*Bartolomeo Buon II.*   **Bartolomeo Buon II.** genannt *il Bergamasco*,[1]) der wie bereits in
Band I Seite 255 erwähnt, gegen 1450 geboren zu sein scheint, wurde
am 20. August 1492 zum Nachfolger Paini's ernannt, welches Amt er
so zur Zufriedenheit der Regierung verwaltete, dass dieselbe bereits 1493
seinen Gehalt von 90 auf 110 Ducaten erhöhte, wobei ihm zugleich
empfohlen wurde, „die Maler anzutreiben," welche also wohl nicht so
thätig und schnell arbeiten mochten, als die Regierung es wünschte; auch
wurden ihm zugleich die Arbeiten am Lazareth mit übertragen. Schon
1496 den 5. Januar indessen wurde er unter Vorbehalt seines Amtes
desselben auf Zeit entbunden, um dem Admiral Melchior Trevisan als
Kriegsbaumeister beigegeben zu werden; bei seiner Rückkehr im Juli
1498 wurde er zum Oberhaupt der Provveditoren des Raths der Zehn
erhoben, 1505 an Stelle des am 1. Juni gestorbenen *Bartol. Gonella*
zum proto der Procuratur von *S. Marco* erwählt.

---

[1]) In seiner Anstellungsurkunde wird er als geborner Venetianer bezeichnet;
er wohnte auf einem Grundstück, welches dann von *Titian* bewohnt ward und dem
Herzog von Mailand gehörte, und scheint des *Bart. I.* oder des *Giovanni* Sohn
gewesen zu sein.

Was nun seine Arbeiten betrifft, so ist es ziemlich schwierig, dieselben festzustellen, erstens wegen der Namensgleichheit mit seinem Vorfahren und zweitens, weil er bald als *Bon proto*, bald als *Mastro Bon*, aber auch als *Mastro Bartolo*, und sogar als *Mastro Bergamasco* aufgeführt wird, wodurch man ihn leicht mit *Guiglielmo Bergamasco* und andern verwechseln kann.

Hier können daher nur diejenigen Arbeiten angeführt werden, bei denen mit grosser Sicherheit seine Autorschaft zu vermuthen steht.

Der Dogenpalast war äusserlich zwischen 1463 und 65 vollendet *Am Dogenpalast.* worden (s. Band I S. 254) aber noch war der Hof in dem der Kirche zugewandten Theil in halb verwüstetem Zustand.

Es wird manchen der Leser interessiren, einige auf die hier durch Brände etc. nothwendig gewordene Reparaturen bezügliche Documente kennen zu lernen; ich gebe die wichtigsten hier im Auszug, entnommen aus dem ersten Berichte der vom Erzherzog Max instituirten Commission, der in Mailand 1859 unter dem Titel: Monumenti artistici e storici delle Provincie venete erschienen ist.

1419 den 7. März Abends 3 Uhr (3 Stunden nach Sonnenuntergang) bei Südostwind flog ein Funken aus einem Schornstein des Dogenpalastes durch die Laterne der kleinen Kuppel; im Laufe der Nacht brannten alle Kuppeln, eine nach der andern ab; da das Blei geschmolzen war und gleich Wasser herablief, konnte sich Niemand nähern und löschen. Des Morgens wurden alle Tischler und Zimmerleute Venedigs herbeigerufen und das Dach in den Stand gesetzt, wie es jetzt ist. Dabei scheinen die hohen Kuppeln erbaut worden zu sein an Stelle der frühern flachen. Die Angaben der Kosten differiren zwischen 15000 und 18000 Ducati. Durch ein Mandat vom 15. Mai 1419 wird dem Procurator ein Credit eröffnet. 1439 den 6. März, Montags, in der ersten Stunde der Nacht wiederholte sich das Unglück nach Sanuto; nach Anderen Schriften wäre dies im Jahre 1429 geschehen. 1452 den 24. Juni beschliesst das *maggior Consiglio*, um die Ehre des heiligen Marcus aufrecht zu erhalten und weil die Ausgaben der Kirche die Einkünfte derselben um circa 400 Ducati (wahrscheinlich jährlich) übersteigen, wie es denn in der Zeit nach dem Brande nothwendig war, für 60000 Ducati Schuldverschreibungen zu veräussern; weil sich ferner die Ausgaben durch Anstellung dreier neuen Procuratoren um 400 Ducati gemehrt haben, auch die Procuratoren de supra für alle andern Procuratoren der Procuraticen *del Sale* und deren Beamten, sowie deren hinzugefügte Häuser bürgen. (Bezieht sich das vielleicht auf die sogenannte Procuratie vecchie?)

Item weil auch der dritte Theil der Zinsen zurückbehalten wird und die Bezahlungen statt halbjährlich nur jährlich geschehen, so dass die Kirche jetzt statt 3 Procent nur 1 Procent einnimmt, so dass wenn die Procuratie nicht anderweit unterstützt wird, sie insolvent werden muss; um diess nun zu verhüten, wird der Procuratie entsprochen, dass sie aus dem Anleiheamt die Zinsen unverkürzt erhalten soll etc. Von 448 anwesenden Rathsherren stimmen 334 dafür, 52 dagegen und 62 unentschieden.

Weil nun aber die Procuratoren vorstellen, dass die Noth immerzu steigt, dass die Arbeiter keine Bezahlung erhalten können, dass die gewölbten Kuppeln und andere Theile sehr der Reparatur bedürften, um vor dem Einsturz bewahrt zu werden, beschliesst der Senat den 26. October 1452 einen Theil der Einkünfte der Gouverneure der Procuratoren zuzuweisen.

Am 31. Januar 1453 setzen die Procuratoren *Michiele Venier*, *Andrea Donà* und *Aloise Loredan* dem Collegio auseinander, dass die Kirche einer schnellen und guten Hülfe bedarf, weil auf der Seite nach der Treppe heraus, auf der man in den Saal der Petitionen steigt (scala di piombo) die Mauerfront nebst der einen Kuppel und den Widerlagern den Einsturz drohe, wenn nicht schnelle Hülfe und Befestigung von aussen geschafft werde, von innen ginge es nicht; nachdem sich nun die betreffenden Räthe durch den Augenschein überzeigt hatten, wurde beschlossen, dass ausser den schon gemachten Arbeiten der *Proveditori del Sale* auf Kosten des Staats einige Strebepfeiler oder andere Verstärkungen auf der Seite nach dem Palast und der neuen Treppe zu gemacht werden sollen, in der Weise wie die Procuratoren es für gut fänden etc.

Um nun die Mittel zur Ausführung dieser Beschlüsse zu beschaffen, wird im Senat am 23 Juni 1454 beschlossen, monatlich 200 Ducati zu verwenden, wozu aber die Procuratoren nach Kräften beisteuern und ihre eignen Ausgaben desshalb möglichst reduciren sollten; es müssen diese Bewilligungen aber doch nicht ausgereicht haben, denn laut am 23. Januar 1472 gefassten Beschlusse benutzte der Senat eine Vacanz in der Abtei *S. Felipe e Giacomo*, um beim Papst um Vereinigung dieser Abtei mit der Markuskirche nachzusuchen, um die Einkünfte jener mit zu den Reparaturen dieser verwenden zu können; da nun der bereits Band I S. 277 und 78 erwähnte Gang in seiner Rückmauer zur Unterstützung der Kirche dient, auch übrigens die betreffenden Strebepfeiler etc. theils enthält theils cachirt, auch nach einem an seinem hintern Ausgang, der *scala dei Giganti* gegenüber befindlichen Wappen bereits unter *Francesco Foscari* begonnen, aber erst unter *Christoforo Moro* 1471 vollendet wurde, so beziehen sich wahrscheinlich alle diese Documente mit auf denselben.

Bei der Decoration des Endtheils dieses Ganges scheint nun die selbstständige Thätigkeit unseres *Bartolomeo*, vielleicht 1477 schon, begonnen zu haben. In diesem Jahre nämlich wurde durch eine Feuersbrunst eine Kuppel von *S. Marco* in Asche gelegt, dabei aber verbrannte zugleich das *Collegio* und *Antecollegio* mit, welche im östlichen Flügel lagen, ohngefähr da wo jetzt die *Scala dei Giganti* liegt. Dabei muss auch der Gang und sein Endpavillon, das damalige Treppenhaus mit gelitten haben.

Bei genauer Betrachtung dieses Pavillons nun kommt man auf die Vermuthung, dass *Bartol.* damals die vielleicht vorher in Spitzbogen durchbrochenen Intercolumnien zugesetzt hat, wenigstens die an der Seite; die untersten sind blos durch Füllungen, die obern aber durch übermässig schlanke Nischen ausgefüllt, flankirt von feinen Halbpilasterchen, oben geschlossen in Muschelform; die Mittelintercolumnie musste wegen der Treppe offen bleiben. Die Capitäle der untern und zweiten Säulenreihe, sowie die Gallerie, welche auf letzterer mittelst Consolen aufruht, scheint er beibehalten zu haben; der obere Theil mag aber zu sehr durch das Feuer gelitten gehabt haben und hier scheint nun in ihm ein lebhafter Zwiespalt entstanden zu sein, und man sieht deutlich an Disposition und Details, dass seine Neigung ihn zur Renaissance trieb, sein Wille aber, oder auch vielleicht der ausgesprochene Auftrag dahin ging, in Harmonie mit den vorhandenen Theilen des Palastes zu bleiben. Das Resultat hiervon konnte nichts Gutes werden und wäre bei einem weniger begabten Künstler sogar jedenfalls geradezu etwas Schlechtes geworden.

Er hat die Seitenintercolumnien als Massen mit Ecksäulen, die Mittelintercolumnien als Rücksprung benutzt, die Capitäle sind flau profilirt, das Blattwerk gothisch disponirt, aber als Akanthus behandelt; auf den Capitälen ruht ein Blätterfries mit Köpfchen, höchst unruhig und dennoch kraftlos, Fig. 2., der sich in jene Rücklage einkröpft und einem Rundbogen als Kämpfersims dient, dessen Gliederung, halb gothisch, halb antik, folgendermassen zusammengesetzt ist: Rundstab, Schrägplättchen, schrägstehende Hohlkehle, Schrägplättchen, Rundstab, Verticalplatte,

*Fig. 2.*

Karnies und Plättchen. Die Zwickel hinter den Bogen sind durch Wappen[1])

---

[1]) Es sind dies die Wappen der *Mocenigo*, demnach muss dieser Theil, der *la torricella* genannt wird, 1485 so weit vollendet gewesen sein, womit übrigens die

ausgefüllt, darüber steht eine Reihe Consolen, dann kommt eine Wiederholung des Blätterfrieses, welche sich aber schon bei weitem mehr
von dem Mittelalter lossagt, auch frischer
bewegt und freier gearbeitet ist, s. Fig. 3,
bedeckt von einigen kraftlosen Gliedern,
auf denen sich dann ein niedriger ein-
wärts geschweifter Helm mit mattprofi-
lirten Kriechblättern und ebenso matten,
im Ganzen aber den mittelalterlichen ähnlichen Kreuzblumen erhebt; über jeder

*Fig. 3.*

Säule steht auf dem untern Blätterfries ein etwas überhobener Würfel
mit hohem glatten Vialenhelm und über den Pfeilermassen, also zwischen
den Vialen, ein etwas grösserer Würfel, verziert durch eine Muschel
und bekrönt durch einen übermässig steilen Helm, der ebenso ausgestattet ist, wie der grosse.  Alle diese Helme nun, im Ganzen 16 bis 18,
sind bekrönt durch theils unmittelbar auf den Kreuzblumen, theils auf
Halbkugeln über jenen stehenden Figuren, theils männlich, theils weiblich; sind nun zwar vielleicht nicht alle diese Figuren noch die ursprünglichen, was sehr erklärlich wird bei Hinblick auf das Erdbeben von
1511 und die Brände von 1573 und 77, so scheinen einige davon
doch noch die alten zu sein, indem sie mit den Kreuzblumen aus einem
Stück gearbeitet sind.  Nun könnte man zwar einwenden, dass ja auch
die Kreuzblumen neue sein könnten; dieser Einwurf wird aber dadurch
beseitigt, dass allerdings die eine Viale bei dem Brand von 1577 be-
denklich beschädigt und ergänzt worden zu sein scheint, aber sie unter-
scheidet sich durch die Behandlung und die Technik des Blattwerks so
wesentlich von den übrigen, dass es kaum zu vermuthen steht, dass
noch andere mit ihr gleichzeitig sind. Was nun die ursprünglichen Figuren
betrifft, so sind sie alle weiblich, auch unter den ergänzten sind einige
weibliche, aber man sieht ihnen so deutlich die Zeit ihres Entstehens
um 1600 an, dass ein Blick genügt, um die alten herauszufinden, die,
mögen sie nun vor 1509 oder nach 1511 gemacht sein, doch jedenfalls
mindestens zum Theil unserm *Bartol.* zuzuschreiben sind.[1])  Bei Betrachtung derselben sieht man nun erst deutlich, dass die Fehler des

---

Angabe des *Selvatico*, dass *Bartol.* die *torricella* im Jahr 1509 ausgeschmückt
habe, ganz gut vereinbar ist, dafern man eine, durch den Kriegszug des *Bartol.*
wohl erklärliche Pause in den Arbeiten annehmen will; die Figuren scheinen allerdings später zu sein, da die eine derselben das Wappen der *Barbarighi* hält;
auch brauchte man jedenfalls zu der Herstellung mehr Zeit.

[1]) Einige derselben, von Anderen alle, werden den Lombardi zugeschrieben,
s. unter den Werken der Lombardi beim Jahr 1511.

Baues selbst nicht einer Unfähigkeit des Meisters, sondern seiner Abneigung gegen den Styl zuzuschreiben sind. Diese Statuen nämlich schliessen sich in Bezug auf die lebhafte, dabei aber doch schickliche und würdige Bewegung an die der *Masegne* in der Markuskirche an, während sie in Schlankheit der Verhältnisse und Innigkeit des Ausdrucks beinahe den Werken des Riemschneider und seiner Zeitgenossen, in zarter Anmuth der Einzelbewegungen (der Hände, des Halses etc.) denen des *Antonio Rosselini* den Rang streitig machen, so dass sie jedenfalls zu den grössten Meisterwerken der Sculptur zu rechnen sein würden, wenn nicht die beinah selbstgefällig scheinende spielende Anordnung des Faltenwurfs in ihrer minutiösen Ausführung mindestens für die grosse Höhe, in der sie stehen, die Wirkung beeinträchtigte.

Vor seinem Kriegszug schmückte er den Saal *del maggior Consiglio* aus, der aber den 10. März 1497 erst fertig wurde.

In wie weit sich die Thätigkeit des *Bartol.* auf den östlichen Flügel des Dogenpalastes erstreckte, ist nicht gut nachzuweisen. Die historischen Nachrichten über diesen Bau sind so vielfach einander widersprechend, dass man kaum weiss, wie man sie versöhnen soll; wie oben S. 11 nach zuverlässigen historischen Quellen angeführt, soll *Marcanton Barbarigo (1485)* den Dogenpalast vollendet, sein Bruder und Nachfolger aber den Bau daran fortgesetzt haben. Diess ist wohl so zu verstehen, dass der Rohbau 1485 beendet war und man dann die Decoration begann, diess liesse sich allerdings sehr wohl denken, da der Kern der Mauer aus Ziegeln besteht und die gesammte Mauerdecoration, mit Ausnahme des zweiten Geschosses der Hofseite, nur angeblendet ist. Ob nun aber der Kern des Baues ganz von *Domenico Bianco* und *Nicolo Paini* herrührt oder auch zum Theil von unserm *Bartolomeo*, und wieweit sich seine Thätigkeit bei der Decoration selbst unter Biancos und Painis Anführung erstreckte, das ist kaum zu entscheiden. Doch sind wir durch Betrachtung der Formen selbst versucht, ihm das zweite Geschoss der Hallen zuzuschreiben; diess besteht aus nicht angeblendeten, sondern in Marmor durchgehend gewölbten Spitzbogen, deren ebenfalls massive Pfeiler mit Ecksäulen versehen sind und in den Capitälen, sowie in der Inconsequenz der Gliederung sich der *torricella* anschliessen; nun ist es allerdings auffällig, dass das Parterre moderner ist; aber ich halte es für später angeblendet und kann desshalb der Meinung des Selvatico nicht beipflichten, dass jene Spitzbogen eine von *Rizzo* herrührende Nachahmung seien. Der dafür von Selvatico angeführte Beweisgrund, dass die Platten des Simses vom Untergeschoss unter die Pfeiler eingreifen, ist meiner Annahme nicht entgegen, welche dahin geht, dass man die beiden Untergeschosse gleich massiv aus Marmor in der an der *torricella* schon betrachteten spätgothischen Weise baute und dann bereits 1485 die Obergeschosse in Ziegelrohbau darauf setzte, die Bekleidung hinweglassend, um nur die Räume schnell der Benutzung zu übergeben. Das Untergeschoss mag ähnlich dem gegenüberstehenden und äussern aus Spitzbogenarkaden in etwas schweren Verhältnissen bestanden haben und vom zweiten durch einen schweren Sims getrennt gewesen sein, der bei der später von *Rizzo* und seinen Zeitgenossen begonnenen Modernisirung zu der jetzigen feineren Gliederung ausgearbeitet wurde; auf diese Modernisirung kommen wir nochmals zurück. Dieselbe hat auch in diesem zweiten Gestock bereits begonnen an den drei Bogen, welche der *Scala dei Giganti* entsprechen, und es ist wirklich zu bedauern, dass sie nicht fortgeführt wurde, denn dieses Stück Mittelalter sitzt eigentlich recht unharmonisch mitten in der feinen Renaissance-façade.

Torre d'Oro-
logio.

  Ob und wieweit *Bart.* bei dem Bau der *Torre d'Orologio (1466—95)* und den ziemlich gleichzeitig begonnenen und 1496 bereits vollendeten beiden Untergeschossen der alten Procuratieen betheiligt gewesen sei, ist kaum zu entwirren, doch scheint es mir in Bezug auf letztere kaum glaublich, da die Verhältnisse und Formen desselben durchaus nicht mit denen seiner andern Werke harmoniren.

  Viel wahrscheinlicher dünkt es mir, dass die *Torre d'Orologio* von ihm entworfen ist, wenn dieser Vermuthung auch einerseits derselbe Grund entgegensteht, den Salvetico gegen die allgemeine Annahme geltend macht, dass *Pietro Lombardo* sie gebaut habe, indem auch *Bart.* 1466 noch nicht im Dienst der Republik gestanden haben kann, da er jedenfalls damals noch zu jung war. Nun ist es zwar recht gut denkbar, dass mehrere Jahre zwischen dem 1466 gefassten Beschluss und dem Beginnen verflossen sind, und dann könnte der Zeit nach eben so gut *Pietro Lombardo* als unser *Bartolomeo* der Erbauer sein; dem widersprechen aber die Formen des Gebäudes. Die Disposition desselben ist ziemlich einfach; der Breite nach zerfällt es in fünf Theile, deren mittelster in der Breite von 18 Fuss etwas vorsteht und in einem Rundbogenportale von ziemlich gedrücktem Verhältniss den Eingang zur *Merceria* bildet; der Kämpfer dieses Bogens kröpft sich um die die Abtheilungen trennenden Lisenen herum und bildet in den Seitentheilen[1])

----

[1]) Diese Seitenabtheilungen scheinen zwar ursprünglich entworfen, aber erst nach 1500 zur Ausführung gelangt zu sein, da sie auf einem dem Albrecht Dürer zugeschriebenen Plan, der ca. 1500 begonnen ist, und auf den wir noch zurückkommen, fehlen; doch scheint ihre Ausführung gleich nach 1500 geschehen zu sein, indem sie in Gliederung und Meisselführung sich genau an den Mittelbau anschliessen.

einen Gurtsims, auf dem unmittelbar die scheitrechten gekuppelten Fenster
einer *Mezzanine* aufsitzen; über denselben und dem obengedachten grossen
Rundbogen läuft abermals ein vollständiges Gebälk, welches sich um die
Lisenen kröpft, auf denen Pilaster stehen, über denen sich abermals ein
Gebälk mit, den Pilastern entsprechenden, Kröpfen befindet, welches eine
Säulchenbrüstung trägt; in den Pilasterfeldern stehen gekuppelte Rundbogenfenster mit aufliegender Verdachung und über diesen kleine beinahe
quadratische Mezzaninefenster, in dem etwas breiteren Mittelbau ist dieses
Pilasterfeld beinahe quadratisch und enthält das Zifferblatt, über diesem
kröpft sich das Gebälk in höchst unorganischer Weise halbkreisförmig
vor. Die durch den Mechanismus des Uhrwerks bedingte Anlage eines
solchen halbkreisförmigen Balkons, behufs des Umziehens der drei Könige
zu gewissen Stunden hätte wohl auch eine bessere Lösung finden können;
von hier aus wuchs der Mittelbau allein in die Höhe; zwei Pilaster,
niedriger und schwer als die untern, tragen ein Gebälk, auf dessen
breiter consolengetragener Kröpfung der Löwe des Markus mit dem
Buch steht (den daneben knieenden Dogen haben die Franzosen wegge-
hauen), abermals von zwei noch niedrigern Pilastern eingeschlossen, deren
Gebälk die Gallerie einer Terrasse trägt, auf der die zwei Bronceriesen
stehen, die die Glocken schlagen; die ganze Höhe ist 87 Fuss; das
Tabernakel hinter jenem halbkreisförmigen Balkon, in dem die Madonna
sitzt, war früher nicht vorhanden, sondern blos eine Nische, auf deren
Schlussstein ein Engel sass und der von Fresken umgeben war. Die
Säulen, welche in den Seitenbauen, zwischen den Lisenen stehend, das
unterste Gesims tragen, sowie die rückstehenden Flügel über den Brüstungen der Seitenbaue sind später; aber wenn man sich alles das hin-
wegdenkt, wird der ganze Bau zwar etwas leichter, aber auch ungra-
ziöser. Was nun die Details anlangt, so sieht man an denselben deutlich das wahrscheinlich unbewusste Bestreben, die Verticaltheilung hervorzuheben; sämmtliche Horizontalsimse sind nicht nur verkröpft, um die
Lisenen in Wirkung zu lassen, sondern auch, mit Ausnahme des untersten
Simses, der übrigens auch gleich jenen Säulen später sein kann, so profilirt, dass sie keinen tiefen Schatten geben. Die Verdachungen und
Kranzgesimse erscheinen von weitem als schräg ausladende Ebenen, indem die Unterglieder zu gross, die Hängeplatten und Karniese zu
klein sind; hierzu kommt noch, dass die Architravstreifen sehr viel
Ausladung bei mässiger Höhe haben und dadurch in ihrer Wirkung
den Kranzgesimsen zu sehr das Gleichgewicht halten.

In den Zwickeln neben den Rundbogen, sowie um das Zifferblatt
sitzen Kreise mit fast mittelalterlicher Gliederung, Lisenen und Pilaster
haben Füllungen und die Pilasterfüsse sind viel zu klein, während die

an sich allerdings sehr schönen Capitäle der Pilaster doch füglich etwas kleiner sein könnten; kurz das Ganze verdient bei weitem nicht das Lob, was ihm gewöhnlich gespendet wird und zeugt in seiner Nüchternheit dafür, dass es ein Architect geschaffen, der den neuen Styl zwar liebte, aber nicht beherrschte, und der, wenn er Besseres zu leisten vermochte, sich durch die vom Mechaniker gegebenen Maasse beengt fühlte und mit Unlust arbeitete. In den Jahren 1493—95 wurde die Uhr aufgestellt, gefertigt von *Giovanni Paolo Rinaldi di Reggio* und seinem Sohn *Gian Carlo*. Es fällt sonach der Beginn dieses Baues in die Zeit, wo *Bartolomeo Bon I.* und *Pantaleone* für den Senat beschäftigt waren, die Vollendung in die Zeit, wo *Bartolomeo II.* Proto war.

San Rocco-kirche.

Ziemlich in dieselbe Zeit fällt der Bau der Kirche *San Rocco*. Nach *Corner* soll diese Kirche bereits 1415 gegründet worden sein; nach Andern wäre um diese Zeit blos der Leichnam des heiligen Rochus nach Venedig gekommen (durch deutsche Kaufleute) und in *San Giuliano* niedergelegt worden. Als nun in Folge der Pest von 1477 und 1485 die Brüderschaft des heiligen Rochus, der bekanntlich als Schutzheiliger gegen die Pest gilt, bedeutend an Zahl und Vermögen gewachsen war, wollte sie sich selbstständig etabliren. Zunächst versuchte man das in *San Rocco e Margarita*, aber die Pest von 1490 brachte so viel Zuspruch, dass auch hier der Raum zu eng ward; da nun auch die Geldmittel der Brüderschaft bedeutend gewachsen waren, so trat sie 1491 mit den Minoriten (ai Frari) in Unterhandlung wegen Abtretung eines Bauplatzes und liess durch *Bartolomeo Buon* diese Kirche bauen. Die Façade, von der Ansichten in alten Kupferstichen erhalten sind, erinnert entfernt an den Uhrthurm. Haupt- und Nebenschiff waren angedeutet, indem die Façade durch vier Pilaster in drei Theile getheilt war, deren Gebälk sich verkröpfte, darüber hob sich der Mittelbau, flankirt durch zwei sehr niedrige Pilaster, zwischen denen eine Rosette stand, und, die ein Gebälk mit ziemlich flachem Giebel trugen, dessen Feld mit Reliefs ausgefüllt und dessen Spitze durch eine Figur bekrönt war; im untern Feld des Mittelbaues stand unter einer zweiten Rosette das Portal, scheitrecht geschlossen und flankirt von zwei Säulchen, die ein Gebälk mit halbkreisförmigem Fronton trugen; ebenso waren die Dächer der Seitenschiffe über schlanken Rundbogenfenstern durch halbkreisförmige Giebel cachirt, auf denen sich Tabernakel erhoben, in denen die Glocken hingen. Diese halbkreisförmigen Giebel, die wir bei den Lombardis wieder antreffen werden, sind noch Reminiscenzen aus dem Mittelalter, ebenso wie die Tabernakel, welche aus vier Säulen bestanden, die auf einem Gebälk eine kleine Kuppel trugen. In Bezug

auf die Füsse und Capitäle der Pilaster, sowie die Profilirung der Gesimse, hatte diese Façade dieselben Fehler als der Uhrthurm.

Da dieselbe später umgebaut, auch das Innere vielfach umgestaltet
wurde, so ist von diesem ganzen Bau nichts erhalten, als die innere
Ostseite mit den sich an sie anlehnenden drei Tribunen, ganz einfach
im Rundbogen geöffnet, mit Pilastern in corinthischer Ordnung; in der
Mitteltribune steht der Hauptaltar, gearbeitet vom Steinmetz *Venturino*,
unter der Leitung des *Buon*; die Vorderseite des auf drei Stufen er-
höhten Altartisches ist reich mit Steinarbeiten in feinem Marmor geschmückt; auf einem niedern Stylobat stehen vier Säulen, deren Gebälk
einen Bogen trägt, in dessen Feld das Grab des Titelheiligen sich befindet, und über dem eine Attika mit Giebel steht. Die Graburne des
Heiligen ist reich mit Ornamenten und Figuren in Basrelief und Malerei geziert. Die Statue des Heiligen auf dieser Urne nun ist von
*Bartolomeo;* sie ist sehr correct gearbeitet, doch wahrscheinlich durch
ein Bestreben nach ernstem Ausdruck kalt und etwas unzart geworden,
auch in Musculatur und Faltenwurf etwas zu minutiös behandelt, wodurch die keusche Einfachheit, die man an dieser Stelle wünschen
würde, verloren ging; auch ist der Kopf auf unzweckmässige Weise
so weit zurückgeworfen, dass man das Gesicht sehr verkürzt sieht.

Die Statuen in den Nischen der Seitenintercolumnien, *S. Punta-
leon* und *Sebastian*, sind von *Francesco Mosca*, genannt *Moschino* und
die oberen vier, die Jungfrau, einen Engel und zwei Heilige vorstellenden,
von *Moschino's* Vater, *Simeon Mosca* oder *Massa* aus Settignano; noch
sind in *San Steffano* Arbeiten eines *Mosca* erhalten, eine Statue des
heiligen *Nicolaus* auf einem Altar vom Jahre 1503 und eine kleine
Figur der *Carità* auf dem Weihbecken, mit welchem Rechte aber die
Führer diesem *Mosca* den Vornamen *Gian Maria* geben, ob es derselbe *Gianmaria Mosca* ist, der 1532 für Sigismund II. eine Medaille
schlug, oder ob der Schöpfer dieser allerdings mehr als mittelmässigen,
aber nicht gerade ausgezeichneten Figur identisch mit einem der beiden in *San Rocco* thätigen ist, ist allerdings nicht mit Bestimmtheit
festzustellen, wohl aber zu vermuthen, da sich eine gewisse Verwandtschaft zwischen diesen Figuren, namentlich in der weichen Behandlung der
wenig gefalteten Gewandung nicht ableugnen lässt; die Art der Anordnung und der Bewegungen bringt mich sogar auf die Vermuthung, dass
*Mosca* gleich seinem Landsmann *Desiderio da Settignano* ein Schüler
*Donatellos* gewesen sei.

Doch kehren wir wieder zu unseren *Buon* zurück!

Im Jahre 1489 hatte der Blitz in den Campanile *San Marco* eingeschlagen, der Kupferknauf war geschmolzen, die Glocken gesprun-

Campanile
S. Marco

gen etc., und man sah sich genöthigt, den obern der beiden Pavillons sammt dem Zeltdach abzutragen. *Bartol.* bekam nun den Auftrag, diesen Aufbau statt in Holz in Stein zu restauriren und dabei zu erhöhen; bis zum Glockenboden ist er 164 Fuss sächsisch hoch und sollte noch einmal so hoch werden. *Bartol.* verband nun zunächst die oberen Enden der Lisenen durch architravirte Rundbogen, deren Felder er mit Muscheln ausfüllte, auf dieselben legte er ein ziemlich hochgestrecktes stumpfgegliedertes Gesims; auf einem durchgehenden Stylobat erheben sich dann breite schwere Eckpilaster, zwischen denen auf jeder Seite vier Bogen, von Säulchen getragen, stehen, in deren Zwickeln Löwenköpfe, s. Fig. 1, sitzen; auf den ausnehmend schweren Capitälen der Eckpfeiler ruht nun ein Gebälk, womöglich noch schwerer als das untere, welches eine ziemlich nackte Balustrade trägt, hinter der sich die Attika mit der Pyramide erhebt. Die Seiten der Attika, durch kein Fenster unterbrochen, sind lediglich als Feld behandelt, in dessen Mitte eine Venetia auf dem Löwenthron sitzt, kaum von unten zu erkennen; ebenso sind die Seiten der abermals durch ein vollständiges Gebälk von der Attika getrennten Pyramiden als Felder behandelt, oben thront ein Engel. Das Ganze ist vom Glockenboden bis zum Engel 152, der Engel selbst 16 Fuss hoch, aber hätte nicht dieselbe Höhe auf viel angenehmere Weise erreicht werden können, wenn die Eckpfeiler weniger schwer, die Gebälke niedriger und leichter, die Bogenöffnungen dafür schlanker, die Postamente höher gewesen wären. Den vielleicht von ihm angestrebten ernsten Charakter hat *Bon* allerdings in diesem Werk erreicht, aber mit der unangenehmen Zugabe der Schwerfälligkeit, die fast an das Plumpe streift.

Am 26. März 1511 war man ziemlich fertig mit der Steinspitze, da stürzte der Obertheil durch das Erdbeben auf die im Bau begriffene Loggetta herab. 5. Oct. 1511 war sie jedoch wieder aufgemauert. Am 8. März 1512 begann die Decoration des Theils vom letzten Sims aufwärts, unter der Aufsicht des *Beneto Bon Qu. Alessandro,* der von dem Procurator angestellt war; vielleicht ein Neffe unsers *Bartolomeo.*

Diese Arbeit dauerte bis 1516, ja der Engel, der aus Holz modellirt und mit Kupfer belegt ist, wurde erst 1517 aufgebracht; ob der Bau während der Abwesenheit des *Buon* unterbrochen ward, ist zwar nicht genau nachweisbar, aber ziemlich wahrscheinlich; denn auf den ersten Abdrücken des Plans von Venedig vom Jahre 1500, erhebt sich über der Balustrade ein sehr leichter Pavillon (Glockenstube), mit Interimsdach.

Inzwischen war 1505 von *Cristoforo del Legnamo* der Bau der S. Geminian. Kirche *S. Geminian* begonnen worden, und *Bartol.* lieferte für den

Hauptaltar derselben drei Statuetten, Johannes des Täufers, *Giminiano* und *Menna*, welche jetzt in der kaiserlichen Villa in Strà sind, während der Altar in der *Commenda di Malta* aufbewahrt wird.

Ferner leitete er den Bau der *Procuratie vecchie*, bei welchem laut Proc. vech. einem von *Cadorin* und *Selvatico* angeführten Decret vom Jahre 1517 *Mastro Guigielomo* (*Bergamasco*) und *Mastro Rocco* angestellt waren, um Steinarbeiten zu liefern, „genau so wie sie an den ersten Häusern zunächst dem Uhrthurm seien", und unter der Bedingung, dass im Falle ihres Ungehorsams *Mastro Buono* vollständige Befugniss haben sollte, sie fortzujagen und nach seinem Belieben Andere anzustellen. Gewiss ein grosses Zeichen von Vertrauen, namentlich von Seiten einer so misstrauischen Regierung. Aber dennoch scheint aus dem Decret hervorzugehen, dass er den Entwurf nicht geliefert, wie auch aus den Formen solches erhellt, s. weiter unten. *Bartolomeo* scheint auch Theil gehabt zu haben an dem Bau von *San Sebastian;* aus den bisher bekannten Kirchennachrichten schien zwar hervorzugehen, dass er erst 1530 begonnen, 1548 vollendet, und von *Scarpagnino* entworfen worden sei; die von *Cicogna* im Klosterarchiv angestellten Forschungen aber haben Documente zu Tage gefördert, aus denen hervorgeht, dass bereits 1506 der Grundstein gelegt wurde, wobei als Maurer ein *Francesco da Castiglione* aus Cremona fungirt, ein Vetter und Arbeitsgeführte des *Mastro Bartolomeo*, ferner kommen in den Rechnungen Nachrichten vor, über Zahlungen, gethan in den Jahren 1511—1519 an *Mastro Bartolommeo*, *Mastro Guiglelmo* (*Bergamasco*), *Mastro Pietro* (*Lombardo*) und an *Scarpagnino*.

Nun vermuthet zwar *Selvatico*, dass der erste Entwurf von *Castiglione* herrühre, und will ich das auch nicht in Abrede stellen, glaube aber, dass später wesentlich von diesem Entwurf abgewichen worden ist, und dass eben nur die Grundrissdisposition von ihm herrührt, indem die Architecturformen durchaus nichts an sich haben, was an die Werke *Bartolomeo's* erinnert, denen sich die des *Castiglione* doch gewiss anschliessen würden; s. übrigens unter den Werken der Lombardi beim Jahre 1506.

Am 11. Januar 1517 übernahm *Bartolomeneo* die Oberaufsicht über die Arbeiten am Bau der *Scuola San Rocco*, zu der am 25. März Sc. Sau Rocco. desselben Jahres der erste Stein gelegt ward; daraus geht doch wohl hervor, dass unser *Bartol.* den Entwurf gemacht habe. Nun wurde er zwar den 20. März 1524 verabschiedet, weil er willkürliche Aenderungen vorgenommen habe, mir scheint aber *Selvatico* ganz Recht zu haben, indem er sagt, dass dies noch kein Grund sei, ihm die Autorschaft am Entwurf abzustreiten, da er ja auch an seinem eignen Ent-

wurf möglicherweise Aenderungen machen wollte, die den Mitgliedern
der Brüderschaft nicht gefielen. Dennoch ist nach diesem ersten Entwurf nichts erhalten, als der untere ziemlich einfache Theil der Hinterfaçade und der Saal im Parterre, welcher durch zwei Reihen frei-
stehender Säulen in drei Schiffe getheilt

*Fig. 4.*

wird; die Postamente dieser Säulen, s.
Fig. 4, zeigen in ihren Gliederungen bedeutende Fortschritte gegen die früheren
Werke *Bartolomeo's*; obgleich die Hängeplatte immer noch zu klein ist und die
schräge Gesammtrichtung des Profils zu
wenig unterbricht.

Das Grabmal des Generals *Pelle-
grino Boselli Grillo* im Sakristei-Corridor
der Kirche *San Rocco* mit Portraitstatue
von 1517 scheint, wenn nicht von *Bartolomeo* selbst, doch wenigstens unter
seinem Einfluss entstanden zu sein, indem es ganz entschiedene Verwandtschaft
mit der Statue des *Rochus* auf dem Altar
hat, auch denselben minutiösen Faltenwurf zeigt, als diese und die Figuren auf
der *Torricella* des Dogenpalastes.

*Gerolamo Tedesco.* Nachrichten über das Leben dieses Mannes
fehlen ganz, ausser den oben S. 25 erwähnten Documenten, die Erbauung des *Fondaco dei Tedeschi* betreffend.

Das Gebäude ist nicht ganz regelmässig, weil der Architect den
alten Bauplatz innehalten musste; die Hauptfronte ist dem Canal zugekehrt und zerfällt in einen breiten Mittelbau und zwei schmälere nur
sehr wenig vorspringende Flügel. Im Mittelbau öffnet sich eine ziemlich
hohe Arkade von 5 Rundbogen auf viereckigen Pfeilern, deren scharf
profilirtes Kämpfergesims an den Flügeln als Sohlbank der scheitrechten
Mezzaninfenster dient, welche hier vor den eigentlichen Parterrefenstern vorherrschen; über den Bogen der Arkaden zieht sich ein
Gurtsims hin, bestehend aus einer kleinen Platte mit sehr grossem Karnies; dieser Sims ladet an den Flügeln weiter aus und dient, auf
Consolen ruhend, als Balkonplatte. Das daraufstehende Geländer besteht aus einer kleinen toscanischen Säulenordnung mit sehr stumpfem
Gebälk, dessen Fortsatz als Brüstungssims den Fenstern des Hauptgeschosses dient; diese sind im Rundbogen geschlossen und ziemlich
schlank; auf einer sehr hohen Uebermauerung folgt ein ziemlich keck

Gerolamo Te-
desco.

profilirter Gurt, auf dem dann unmittelbar scheitrechte Fenster mit Verdachungen aufsitzen, über denen noch eine Reihe scheitrechter Fenster
mit einzelnen Sohlbänken und ohne Verdachungen folgt; über diesen
sitzt nun der Hauptsims, bestehend aus einem Tragloth, sehr einfachen
Consolen, weit ausladender aber niedriger Hängeplatte und grossem
Karnies. Ueber dem Mittelbau standen Zinnen, über den Seitenbauen
Thürmchen; jeder Seitenbau hat ein gekuppeltes und zwei einzelne
Fenster, der Mittelbau vier gekuppelte und zwei einfache Fenster. Wenn
nun schon die ganze Disposition dieser Façade ein gewisses Festhalten
an mittelalterlichen Reminiscenzen zeigt, so tritt dies im Hof noch deutlicher hervor; hier stehen unten weite und hohe Arkaden, deren einer
je zwei in den drei Obergestocken entsprechen, wovon namentlich die
oberen beiden ziemlich schwer sind; die Profilirungen der Capitäle,
Bogen und Gurte mit ihren Rundstäben und Hohlkehlen, die Abfasungen
der Pfeiler etc. sind fast mittelalterlich zu nennen, während sich an den
Details der Aussenseite hie und da bei aller Trockenheit und Mager-
keit der Gliederungen doch das Bestreben, dem neuen Styl gerecht zu
werden, in einer hie und da fast an Falconettos dürftige Weise gemah-
nenden Art zeigt. Bei der grossen, fast peinlich strengen Regelmässigkeit der Eintheilung, mochte das Gebäude früher allerdings trotz dieser
Dürftigkeit nicht den Eindruck des Kahlen, sondern einer edlen Einfachheit machen, da es statt des plastischen Schmucks auf der ganzen
Aussenfläche mit Fresken bedeckt war; diese wurden gleich nach Vollendung desselben von *Giorgione* und *Titian* gemalt (*Giorgione Barbarelli*,
bei Treviso 1478 geboren, starb 1511 am *Campo S. Silvestro* in dem
noch jetzt mit Fresken von seiner Hand geschmückten Hause, und *Titian* am *Campo Rotto* N. 5526.). An den Thürmen der Canalfront
waren Inschrifttafeln. Als aber, vor einigen Jahren das Gebäude zum
Gebrauch der kaiserl. königl. Finanzdirection und Zollbehörde eingerichtet ward, wurden diese Thürmchen abgetragen und dabei nicht nur die
Inschriften, sondern auch die beiden am besten conservirten Fresken
des *Giorgione* zerstört, und zwar, um an die Stelle der Thürmchen in
gleicher Linie mit den alten Zinnen neue solche hinzusetzen, wodurch
das Gebäude bedeutend langweiliger geworden ist.
Die Form dieser Zinnen zeigt Fig. 5.

Ob nun *Gerolamo* noch weitere Bauten in
Venedig geleitet, lässt sich nicht wohl nachweisen, doch ist hier und da die Vermuthung aus-
gesprochen worden, dass wohl die *Procuratie
vecchie* von ihm oder doch unter seinem Einfluss
entstanden sein könnten, welche von einigen dem *Pietro Lombardo*, von

*Fig. 5.*

Procuratie
vecchie.

Andern dem *Hart. Buon* zugeschrieben werden. Die Gründe gegen beide Annahmen sind folgende:

1) Auf einem Bilde des *Gentile Bellini* vom Jahr 1496 in der Academiesammlung sind sie dargestellt, allerdings blos in den zwei untersten Geschossen; aber bei der Grösse des Gebäudes ist anzunehmen, dass es, um 1496 so weit vollendet zu sein, circa 1485 begonnen sein muss.

2) Auf dem schon erwähnten Dürerschen Plane sind sie in demselben Zustand abgebildet, also scheint von 1496—1500 nicht daran gearbeitet worden zu sein.

3) Der Bau stand unter Leitung der Procuratoren von *S. Marco* und diese ernannten erst 1505 den Bartol. zu ihrem Proto; vorher war er von dem *Ufficio del Sal* und dann vom Rath der Zehn angestellt.

4) 1512 im Februar wurden auf Befehl des Procuratoren *Antonio Grimani* die Häuser auf dem Platz für die Procuratieen neben der Uhr abgebrochen; um diese Zeit scheint man also die Verlängerung und Erhöhung desselben beschlossen zu haben.

5) Behufs der Erbauung des Uhrthurms mussten laut zuverlässigen Nachrichten einige der Bogen der damals im Parterre bereits fertigen Procuratieen abgetragen werden. Diess muss spätestens 1485 gewesen sein. (S. o. S. 44.)

6) Im Zusammenhang mit dem Namen des *Bartol.* wird der Bau der Procuratieen nur erst im Jahr 1517 erwähnt, s. o. S. 47.

7) Für die Vermuthung, dass *Pietro Lombardo* den Entwurf geliefert habe, fehlen alle Urkunden.

8) Für die Vermuthung, dass *Bart. Buon I.* diesen Entwurf geliefert habe, welche der Abt *Giuseppe Cadorin* aufstellt, dabei an das Urtheil der Architecten appellirend, kann ich als Architect mich durchaus nicht entscheiden, indem durchaus gar keine Wahrscheinlichkeit aufzustellen ist, dass der geniale Schöpfer der *Porta della Charta* ein solches Gebäude entworfen habe.

9) *Pietro Lombardo* ward, wie wir sehen werden, 1498 von dem Senat als *Proto del palazzo* angestellt und blieb es bis 1510.

10) Die Procuratieen gehörten nicht zu den Gebäuden des Staats, sondern mussten aus dem Vermögen der Kirche gebaut werden, wurden also wahrscheinlich von einem *proto* von *S. Marco* entworfen. Da nun die mir bekannten Namen der mit diesem Amt betrauten Architecten erst mit *Giorgio Spavento* 1499 beginnen, *Pietro Lombardo* dieses Amt gar nicht und *Bartolomeo* erst von 1505 inne hatte, so glaube ich annehmen zu können, dass weder einer von diesen Dreien, noch der oben erwähnte *Bartol. Gonella* die Procuratien entworfen habe; sondern dass

sie bereits zwischen 1480 und 85 entworfen worden seien, und zwar
von dem gerade damals als *Proto di San Marco* fungirenden Architecten;
wer das nun auch gewesen sein mag, so viel scheint mir gewiss, dass
er mit dem Architecten des *Fondacho* dieselbe Richtung gehabt hat; dass
er aber auch mit diesem nicht identisch gewesen sein kann, geht aus
aus einer Stelle des Manuscripts *Diarii di Marino Sanuto* in der Markusbibliothek hervor, wo erzählt wird dass unter den 1514 eingereichten Entwürfen auch einer gewesen sei von „. . . . *Toschan*, welcher den
Entwurf zu den Häusern der Procuratie gemacht hat." Der Name selbst
der vor Toschan gestanden hat, ist leider durch die Zeit ganz unleserlich
geworden. Es wird aber hierdurch wenigstens festgestellt, dass der
Architect der Procuratieen ein Toscaner gewesen sei, folglich kann es
weder *Girolomo Tedesco*, noch *Fra Giocondo*, noch *Pietro Lombardo*,
noch *Bartolomeo Buon* aus Bergamo gewesen sein. Schon die Entdeckung dieses Bruchstücknamens schien uns übrigens wichtig genug,
um sie unsern Lesern mitzutheilen.[1]

Die Façadendisposition der Procuratieen ist
völlig dieselbe, wie die des Hofes im Fondaco;
die Architectur der 50 Bogen der untern Gallerie
ist sehr ähnlich der der 5 Bogen an der Canalseite des Fondaco; ebenso ist der Hauptsims
Fig. 6, sehr ähnlich dem des Fondaco, Fig. 5.

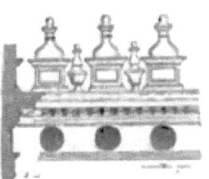

*Fig. 6.*

Die Gurtsimse sind zwar bedeutend reicher
und feiner, als am Fondaco, stehen aber in
ziemlich schlechtem Verhältniss zu den Gallerien; sie sind viel zu hoch;
der Architrav besteht aus hinterwärts geneigten Platten, wodurch seine
Lichter und Schatten sehr grell werden; der Fries ist sehr hoch und
sieht, da er ohne Verzierung oder Inschrift ist, nackt aus, der Obersims ist zu unbedeutend zu diesen beiden Theilen, so dass die Wirkung
dieses Gurtsimses schwer und doch ärmlich ist; ausserdem dient Fries
und Obersims zugleich als Brüstung, ein Beweis von sehr geringem
Verständniss des architectonischen Organismus, der freilich bei den
Lombardis häufig wiederkehrt. Und dennoch macht das Gebäude eine
sehr angenehme und leichte Wirkung, wovon die Ursache wohl zumeist
in der strengen Regelmässigkeit und bewunderungswürdigen Accuratesse
der Arbeit liegt, in der stets sich geltend machenden Macht einer in
ungewöhnlicher Grösse vor uns entfalteten Gesammtheit rythmisch geordnete Theile, in dem sehr geschickt geordneten Verhältniss der Etagen-
höhen zu einander, dann aber auch in den höchst graziösen Verhältnissen

---

[1] Die Stelle ist abgedruckt in Cicogna Inscri. Venet. Vol. II. pag. 298.

und Details der beiden obern Bogenstellungen, welche wirklich musterhaft sein und elegant sind.

Die Procuratie setzte sich früher an der Westseite des Platzes
noch in sechs Jochen fort, von denen fünf ursprünglich waren, das
sechste jedoch erst bei Erbauung der Kirche S. *Geminian* hinzugefügt
ward. Die jetzige Länge der Halle, welche im Erdgeschoss 50, in den
obern je 100 Bogen zählt, ist 152,6 Metres, die Höhe 19,1 Metres mit
den Zinnen.

Noch muss angeführt werden, dass *Maniago* in seiner Storia delle
belle arti Friulane einen Architecten und Steinmetz *Bartollomeo della
Cisterna* erwähnt, welcher 1448 in Venedig war; ob dieser identisch
mit *Bartol. Buon I.* ist oder nicht, ist nicht erwiesen; sollte er vielleicht
Anspruch auf die Ehre haben, die Procuratieen entworfen und begonnen
zu haben? Ueber die Periode ihrer Vollendung ist nichts Genaueres
bekannt, doch scheint sie ohngefähr in das Jahr 1524 zu fallen. S.
übrigens oben S. 44 und unten bei *S. Geminian* unter den Werken
*Sansovinos.*

M. Fiorio.     *Marco Fiorio*, Architect, arbeitete für sich selbst ein Grabmal und
starb 1489; das Grab steht in der innern Vorhalle von *S. Francesco
della Vigna;* in der darauf angebrachten Inschrift nennt er sich
*muraro.*

Fontana.     *Matteo Fontana* erbaute 1498—1501 auf Kosten des *Nicolo More-
sini* den Campanile der Kirche *S. Maria nova dell' Assunta;* derselbe
folgte dem damals gewöhnlichen Typus der Glockenthürme, ohne sich
durch etwas Besonderes auszuzeichnen, ist aber leider 1839 zum grössten
Theil abgetragen worden. Ebenfalls auf Kosten des Morosini, also wahrscheinlich auch durch Fontana wurden 1501 bei *Santa Ternita* 30 Häuser
gebaut, zur Aufnahme armer Edelleute; jedes derselben enthielt 2 Zimmer,
eine Küche, einen Saal oben, unten aber ein Magazin, Keller, Hof,
Brunnen und Gondelanfahrt. Ein *Giovanni Fontana* machte 1507 gemeinschaftlich mit *Aless. Leopardo* den Entwurf zur *Scuola della Misericordia* und wurde 1517—19 nach Udine berufen, um dort das Castell,
d. h. den Palast des Statthalters zu bauen; er soll aus Vicenza gebürtig
und in Venedig wohnhaft, auch der Lehrer Palladios gewesen sein.

Holzarbeiten.     Nicht gerade ausgezeichnet, obgleich sehr sauber gearbeitet, sind
die um 1480 gearbeiteten Chorstühle in *S. Francesco della Vigna* von
*Giovanmarcantonio Canozio* aus Lendinara, dessen Vater *Lorenzo Cunozio* die
Schränke der Sakristei von *S. Marco* fertigte. Die von ihm und seinem Bruder *Christoforo Canozio di Lendinara* gefertigten Chorstühle in *S. Anton*
in Padua (s. S. 20) sind verbrannt; sein Schwiegersohn *Pietro Antonio
da Modena* fertigte 1486 die Chorstühle von *S. Francesco* in Treviso.

*Fra Sebastiano da Rovigo* und *Fra Giovanni da Verona* fertigten 1480 Schränke und 34 Chorstühle in *S. Elena* mit Städteansichten.

Diese Holzarbeiten, sowie die von *Christoforo da Ferrara* um 1445 für die *Vivarini* geschnitzten Bilderrahmen in *San Pantaleone* lehnen sich gewissermassen an die S. 19, 20 erwähnten Arbeiten der Vicentiner Schule an, zeigen aber noch mehr Hinneigung zu der Renaissance, so dass ich fast geneigt bin, hier einen Einfluss der um jene Zeit im Aufblühen begriffenen Holzschnitzer-Schule in Bergamo anzunehmen, deren zahlreiche Arbeiten, in der ganzen Lombardei verstreut, dieselbe Neigung darlegen.

Andere noch unbedeutendere Künstler, welche nicht selbstständig gearbeitet zu haben scheinen, sowie diejenigen, welche zwar selbstständig arbeiteten, aber sich in ihren Werken an die Richtung bedeutenderer Männer anlehnten, werde ich bei ihren Meistern mit anführen.

Bei sehr Vielen ist nicht bekannt, was sie gemacht, während auf der andern Seite wieder viele zum Theil sehr werthvolle Arbeiten erhalten sind, deren Verfertiger man nicht kennt; möglich, dass genauere Forschungen in den Kirchenarchiven Manches hierin noch lichten, wie denn in den letzten Jahren schon Manches zu Tage gekommen und geklärt worden ist; leider aber sind in der unglücklichen Zeit der Franzosenherrschaft in Venedig sehr viele Documente und darunter gewiss auch manche zu Grunde gegangen, die für die Kunstarchäologie werthvoll waren.

So sind uns z. B., wie bereits erwähnt, die Werkmeister der Markuskirche während der grossen Reparatur nach den Bränden von 1419 etc. bis jetzt noch unbekannt.

**Giorgio Spavento** wird zuerst erwähnt als Proto an *San Marco* den 7. März 1499, wo er an der Markuskirche Reparaturen vornehmen und die Ecke des Saals *del gran Consiglio*, welche den Einsturz drohte, vor diesem Einsturz bewahren sollte. G. Spavento.

Im Jahr 1501 reichte er bei dem *Magistrato del Sale* einen Entwurf zu Erbauung einer steinernen Rialtobrücke ein, welcher jedoch ohne thatsächlichen Erfolg blieb.

1505 reinigte er den Markusplatz von den Buden der Gemüsehändler und den Steinmetzbauhütten, welche noch von der Zeit her hier existirten, wo man die Markuskirche und den Dogenpalast zu bauen begonnen hatte; sie waren auch allerdings seit 976—1505 ja fast immer für diese beiden Bauwerke beschäftigt gewesen.

Im Jahre 1506 war er mit Verstärkung des Hafendammes von Malamocco und mit anderen Wasserarbeiten beschäftigt, und wurde zum Oberintendanten der Uferbaue ernannt.

In demselben Jahre aber noch begann er den Bau an *San Salvatore*, nach von ihm entworfenen Plane, mit der Errichtung der Apsiden und der Grundlegung zu den übrigen Theilen.

1507 und 8 arbeitete er in der *Sala d'Audienza* und in der *Cancellaria*, und kurz darauf scheint er gestorben zu sein, wodurch der Bau von *S. Salvator* eine Unterbrechung erlitt.

Ant. Rizzo.    **Antonio Rizzo** oder *Crispo*; bereits Band I. S. 288 ff., ist von diesem Künstler die Rede gewesen[1]. *Matteo Colacio* nennt ihn in einem Briefe von 1475 einen der bedeutendsten Architecten und Bildhauer, und schreibt ihn *Antonio Riccio*; schon vorher, 1464, wird er von *Gregorio Corario* in einem Epigramm gelobt; *Cicognara* und *Cadorin* haben nachgewiesen, dass er mit dem hie und da angeführten *Antonio Bregno* identisch ist, dass er aber weder mit *Andrea Riccio* noch mit *Lorenzo Bregno* verwechselt werden darf. Ob nun *Bregno* sein wirklicher Familienname, und *Rizzo* blos ein Beiname ist, aus *Riccio* entstanden, welches gleich *crispo*, und *Briosco*, den Beinamen des obenerwähnten *Andrea*, die Bedeutung Krauskopf, Lockenkopf hat, das kann ich nicht entscheiden. Was nun unsern *Antonio* anlangt, so arbeitete er, wie im ersten Band erwähnt, an dem Grabmal des *Francesco Foscari* 1457; was er gleich nachher geschaffen und wodurch er sich jenes Lob im Jahre 1464 erworben, ist mir nicht bekannt.

Zunächst finden wir ihn als Ingenieur auf den Kriegszügen des *Aloise Querin* und *Antonio Loredan*, und namentlich 1473 bei der Vertheidigung von Scutari, wo er durch Muth und Geistesgegenwart bei Reparatur der Breschen, und anderen Vertheidigungsarbeiten sich so auszeichnete, dass bei seiner Rückkehr der Senat seiner Familie auf 20 Jahre eine Goldzechine monatlich als Pension aussetzte. Um 1485 wurde er *proto del palazzo*, und empfing ausser dem gewöhnlichen Sold das Versprechen der nächsten freien Sensalstelle an dem *Fondaco della farina*, so dass er sich auf 120 Ducati jährlich stand. Da er aber vorher als selbstständiger Steinmetz sich mehr verdient hatte, wurde auf sein Ansuchen sein Gehalt auf 200 Ducati erhöht; obgleich nun dieser Gehalt für damalige Zeiten sehr bedeutend war, genügte er seiner Habsucht doch nicht, und er unterschlug im Laufe von 13 Jahren 10,000 Ducati von den ihm anvertrauten Geldern. Als 1498 desshalb

---

[1] In derselben Zeit blühte in Venedig ein Goldschmied *Paolo Rizzo*, vielleicht Bruder oder Vetter des *Antonio*, von dem mehrere sehr schöne Arbeiten erhalten sind. Dieselben sind aus Stahlplättchen gefertigt, in welchen Ornamente und Figuren eingeritzt und dann mit Gold- und Silberdraht ausgefüllt sind; die Italiener nennen diese Arbeit *azzimina* oder *alla gemina*; daher auch *Paolo* hie und da *Paolo Azzemino* genannt wird.

eine Untersuchung eingeleitet ward, floh er, sein Eigenthum in der Eile verkaufend, nach Ancona und Fuligno.

Er erfand eine neue Art Windmühlen, welche ihm in Gemeinschaft mit *Giorgio de Jacomedeo da Lugano* privilegirt wurden.

In Vicenza war 1496 die *Basilika* zum Theil eingestürzt; unter den behufs der Reparatur zu Rathe gezogenen Architecten finden sich auch *Antonio Rizzo* und *Giorgio Sparento;* von dem Bau selbst wird unten bei *Palladio* die Rede sein; in Rovigo arbeitete er den geflügelten Löwen, welcher auf der von *Sanmichele* gezeichneten Säule steht. In Venedig selbst nun ist von seinen Arbeiten ziemlich viel erhalten.

Das Monument des Dogen *Nicolo Tròn* aus den Jahren 1473—76 Mon. Tròn. auf der linken Wand der Hauptcapelle in *S. Mareo ai Frari,* also dem des Dogen *Francesco Foscari* gegenüber.

Auf einem Stylobat erheben sich vier Säulenordnungen übereinander. In der Mittelnische des ersten dieser Geschosse steht die Statue des Dogen, welche von *Antonio* selbst gearbeitet ist; diese Statue ist sehr wahr in Ausdruck und Bewegtheit, frei von aller gesuchten Hoheit, die Fleischtheile sind kräftig ohne alle Manierirtheit, der Faltenwurf lebhaft ohne Uebertreibung, ebenso vorzüglich ist die Behandlung der beiden zur Seite stehenden allegorischen Figuren, der Liebe und Klugheit, welche sich von aller Individualität fern halten, und sehr glücklich idealisirten Ausdruck haben; in der zweiten Ordnung ist in der Mitte eine Inschrift, auf den Seiten zwei Basreliefs, Genien, um Blumenvasen beschäftigt und zwei Krieger mit den Wappenschilden der Familie; die dritte Säulenordnung endlich umfasst den Sarkophag mit liegender Portraitstatue, und war mit Medaillons und den Statuetten der Freigebigkeit, Stärke und Klugheit geziert; an den Seiten des Sargs zwei singende Figuren, leider zwei Frauen in antikem, etwas indecentem Costüm; in der letzten Ordnung stehen in Nischen 7 allegorische Figuren; unter dem das Ganze umfassenden Bogen der Auferstandene und auf dem Sims ein Gott-Vater und eine Verkündigung Mariä. Im Ganzen enthält das Monument 19 Statuen, sämmtlich über Lebensgrösse; da aber bei den vielen aufeinander gesetzten Theilen, die Maasse der Architectur natürlich nicht sehr gross werden konnten, so ist das Resultat, dass das Werk keinen Gesammteindruck macht, wenn es eben nicht der des Zerstückelten, Aufgestapelten und Ueberfüllten ist. So gut ein grosser Theil der Arbeiten im Einzelnen ist, so wenig kann das Ganze ansprechen, hie und da zeigen sich auch immer noch einzelne Anklänge an das Mittelalter, wie denn sehr viele Hände daran thätig gewesen zu sein schienen.

*Antonio's* beste Arbeiten nun sind jedenfalls die im Dogenpalast;

zunächst wäre da zu betrachten die beiden Statuen Adam und Eva. in den Nischen der kleinen von *Bartolomeo Bon* gebauten Façade der Riesentreppe gegenüber, durch eine in dem Plinthus der Eva angebrachte Inschrift als sein Werk documentirt. Der Adam ist correct in den Verhältnissen, elegant und doch kräftig gebaut, wahr und lebhaft bewegt, ohne Affectation, während die Eva etwas starke Hüften, zu sehr markirte Taille und überhaupt manche Kennzeichen aufweist, dass sie nach einem etwas sehr geschnürten und nicht mehr jungfräulichen Modell gearbeitet ist; auch hat die Stellung etwas zu viel von der einer Venus. Dennoch wurde sie von seinen Zeitgenossen so bewundert, dass z. B. *Zorenzonio* sie in einem Distichon ansang:

Si tua forma fuit, quae marmore vivit in isto
• Quoi mirum, si vir paruit, Aeva, tibi!

Da nach alten Chroniken diese Statuen, so wie die des Dogen *Ch. Moro*, etwas höher zwischen beiden, noch zu Lebzeiten dieses Dogen aufgestellt wurden, so ist ihre Vollendung in das Jahr 1471 zu setzen.

Nach dem Brand von 1477 war eine abermalige umfassende Reparatur, theilweise sogar Neubau des östlichen Flügels des Dogenpalastes nothwendig; nachdem ich bereits oben S. 41, 42 meine Meinung über die Art entwickelt habe, wie dieser Bau vorgenommen ward, bleibt dem *Rizzo* und seinen Nachfolgern die Ehre der Ornamentation dieses Flügels nebst Zubehör, denn selbst wenn gar keine Nachrichten darüber da wären. so zeigen die Dogenwappen genau die Periode dieses Baues an. Es befindet sich nämlich das Wappen der *Mocenigo* an der zweifach gekuppelten Thür nach dem Rio zu: (*Giovanni Mocenigo* aber starb 1485.) Nicht weit davon an der vierfach gekuppelten Thür, so wie im Hof an den Arkaden des Erdgeschosses und ersten Geschosses ist das Wappen der *Barbarigo* angebracht. dasselbe kehrt im zweiten Geschoss und nach dem Hof zu auch im dritten Geschoss (2 Etagen hoch) wieder. Nach dem Rio im dritten, nach dem Hof zu im vierten so wie an der kleinen Façade nach der Kirche zu findet sich das der *Loredan*, daraus nun resultirt folgende Baugeschichte; kurz vor seinem Tode also um 1485 begann *Gior. Mocenigo* die Decoration des Flügels an seinem südlichen Ende (nach der Riva zu), unter den *Barbarighi* also 1485—1501, wurde das Parterre und die erste Etage vollendet, auch die zweite nach dem Rio zu begonnen; unter *Loredan* 1501—1509 wurde endlich der Flügel vollendet, und die kleine Façade nach der Kirche zu gebaut. Endlich unter *Donato* und *Venier* (1545 bis 1556) wurden die drei Arkaden über der *Scala dei Giganti* verziert,

(als Anfang der Modernisirung der unter Bon erwähnten Spitzbogenreihe)
Hier sind vorläufig nur die vor 1485—98 gebauten Theile in Betracht zu
ziehen, denn in diesen Jahren leitete *Rizzo* den Bau, dem also wohl blos
die zwei untersten Geschosse zuzuschreiben sind. Was nun zunächst die
Ansicht nach dem Rio betrifft, so scheint man darauf bedacht gewesen zu
sein, möglichst viel vom alten Gebäude zu erhalten; diess, sowie die verschiedene Höhe der innern Räume, führte eine grosse Unregelmässigkeit in Bezug auf Grösse und Stellung der Fenster herbei. Um nun
trotzdem eine gewisse Regelmässigkeit in die Disposition zu bringen,
sah sich *Rizzo* genöthigt, das Erdgeschoss in sehr viele kleine Abtheilungen zu zerlegen, indem er zunächst einen etwas mehr als das Dritt-
theil der Höhe einnehmenden Sockel anordnete.

welche ich dem Leser in Figur 7. vorführe[1]).

*Fig. 7.*

über diesem Sockel ziehen sich nun zwei Reihen
von Feldern hin, so dass bald in einem der
oberen bald in einem der unteren ein Fenster
sitzt; leider scheint es, als ob *Rizzo* hier nicht
blos einer Nothwendigkeit sich gefügt, sondern
an diesen vielen Unterabtheilungen sowie an einer
Häufung von Gliederungen Gefallen gefunden hätte.
wie man schon aus den Simsen des Sockels sieht
und wie noch deutlicher daraus hervorgeht, dass
zwischen der oberen und unteren Felderreihe ein
durch gar nichts motivirtes Gebälkchen hinläuft;
auf höchst unorganische Weise sind nun die Portale zwischen diese Sockel und Felder eingeschoben. Das eine besteht aus zwei Bögen, das andere aus vieren, dieselben sind flankirt von Lisenen, die sich auf das ‘in Fig. 7 mit a bezeichnete Postament aufsetzen, aber für diese

Postamente viel zu niedrig sind. Die Lisenen selbst setzen sich ohne
Capitäl unter den Gurtsims; zwischen diesen Lisenen nun sitzen die
Pfeiler und Bogen so vertieft, dass oben eine Reihe Consolchen
unter dem Gurt Platz hat, ein ganz dankbares Motiv; hier aber
in etwas unverdauter Weise verwendet; was nun die Bogen der Portale selbst betrifft, so haben sie etwas gedrückte Verhältnisse. wofür
man aber den *Rizzo* nicht belasten kann; er hatte sich nach den Maassen
des alten Gebäudes zu richten. Die Pfeiler zwischen den Bögen sind

---

[1]) Nach den Ausmessungen meines Freundes und Reisegefährten des Architecten Robert Wimmer in Leipzig.

in höchst ungezwungener Weise doppelt so breit als die Endpfeiler, indem sie sich nach den Maassen der aufsitzenden Bogenchambranle richten,
die ein sehr graziöses Profil hat. Sie ist nicht architravirt, sondern als
vertiefter Fries zwischen einfassenden Gliederungen von höchst zartem
Profil behandelt, die Zwickel sind theils mit Wappen, theils mit Scheiben ausgefüllt.

Die Bogenlaibungen sind auf ziemlich plumpe Weise mit Rosetten in Kreisfüllungen besetzt; die Pfeiler sind in ihrem unteren Theil
glatt, die obere grössere Hälfte des Schafts bildet ein Feld mit äusserst
feiner, zarter und wohlverstandener Ornamentik (eine Vase, aus der
Ranken aufwachsen) in fast raphaelischer Weise; ebenso zart sind die
Capitälchen, welche an die feinsten Pilastercapitäle von Pompeji erinnern. Die Ausfüllung der Bogenfelder ist später.

Je feiner nun diese Theile sind, um so strenger wäre die Anhäufung von Simsen und Unterabtheilungen dem *Rizzo* anzurechnen, wenn
man nicht jene zwingenden Umstände annehmen müsste; diese nun hat

*Fig. 8.*

er in der ersten Etage mit bei weitem mehr
Glück überwunden. Dieselbe ruht auf einem Gurt,
den man als freie Uebersetzung eines Gebälks
bezeichnen könnte und der jedenfalls ebenso eigenthümlich als glücklich gewählt ist, indem er einen
Abschluss giebt, ohne doch zu sehr zu dominiren.
Auf diesem Gurt, Fig. 8, nun, sitzen direct die
Hauptfenster auf. flankirt von Pilasterchen mit
attischen Füssen und langen Füllungen in den
Schäften; die Capitäle haben ein Halsfeld, also
doppelte Halsglieder, und sind an sich ziemlich
niedrig, mit dem Hals aber zu hoch, der überhaupt zu sehr dominirt; diese Pilaster nun mit
darauf ruhenden höchst elegant profilirten Rundbogen bilden die grossen Fenster, welche bald
einzeln, bald in Loggien vereint stehen, wo dann
noch ein zweiter Bogen mit halben Pilastern in
dem Hauptbogen sitzt.

Um nun bei dieser eine ziemlich grossartige Wirkung garantiren-
den Haupteintheilung auch die unregelmässig sitzenden Fenster unter-
zubringen, liess *Rizzo* an den breiten Pfeilern die Capitälglieder als
Kämpfersims durchlaufen und ordnete über und unter denselben Felder
an, welche meist als vertiefte Füllungen erscheinen, während manchmal
eines der unteren, manchmal eines der oberen, hie und da auch beide
in ungeschmücktem Viereck durchbrochen ist, und so jenen kleinen Räu-

men das Licht zuführt, ohne dass dadurch die Disposition der Façade zerstört würde, da man bei der Enge des Rios stets sehr nahe an derselben steht, und nicht auf den Grund der Füllungen sehen, also bei den meisten gar nicht bemerken kann, ob sie ein Fenster enthalten oder nicht. Ueber den Rundbogen nun läuft ein Tragloth mit sehr grossem Eierstab hin, darüber sitzt ein hoher Fries mit Kreisfüllungen, und darüber ein Gurt, der aber als vollkommener Hauptsims behandelt ist, so dass das Gebäude schon hier enden könnte, und in der That endigte es hier für *Rizzo*; das Profil des Simses erinnert sehr an die des *Bon* und gewissermassen auch an die des *Guiglielmo Bergamasco*. Die Unterglieder sind sehr mächtig, die Hängeplatte klein, die daraufliegenden Plättchen und Echinus sehr weit ausladend.

Auf der Hofseite war dem *Rizzo* die Arbeit bedeutend erleichtert, da hier die Unregelmässigkeiten der inneren Eintheilung und die dadurch bedingte unregelmässige Stellung der Thürme und Fenster cachirt wurde, durch die bereits oben unter *Bon* erwähnte Spitzbogengallerie, so dass *Rizzo* nichts zu thun hatte, als diese Gallerie zu modernisiren, welche Aufgabe er in der That auf die glücklichste Weise löste. Anstatt, was ihm wohl bei der damals schon aufkeimenden Richtung zu verzeihen gewesen wäre, seine Zuflucht zu Vitruv zu nehmen, und eine Reihe architravirter Bogen mit, etwa tocanischen, Pilastern und dito Gebälk zu nehmen, wodurch jedenfalls auch mancher der modernen Kunstkritiker höchlichst befriedigt worden wäre, trotz des Unsinns, der darin liegen würde, eine solche Masse, wenn auch blos scheinbar, durch ein Gebälk zu stützen, zog er vielmehr vor, die directe Unterstützung dieser Massen durch die Arkaden selbst sichtbar zu lassen; da er nun aber nothwendigerweise die alte Kämpferhöhe beibehalten musste, und die Rundbogen niedriger sind als die Spitzbogen, so setzte er auf jeden Rundbogen einen Kreis.

Die Säulen umkleidete er mit starken Marmorstücken und verwandelte sie so in achteckige Pfeiler, deren Seiten durch ein einfassendes Glied als Felder gestaltet sind, die auf einer feinen attischen Base mit hohem Plinthus aufstehen; das Capitäl ist sehr klugerweise nicht als Pilastercapitäl behandelt, sondern besteht aus einem allerdings beinahe etwas zu zarten Kämpfersims mit hohem Halsfeld, welches mit ebenfalls etwas zu feinem Ornament ausgefüllt ist. Die Bogenglieder zeigen die Absicht, sich der älteren Form der andern Hofseiten anzuschliessen, über die eingehenden Seiten des Pfeilers legt sich ein glattes schräges Feld herum, während über der Vorderseite des Pfeilers ein von der Mauerflucht durch zwei Karniese abgehobener Rundstab umläuft, der auch, nur etwas schwächer, die Kreisscheiben über dem Scheitel der

Bögen umzieht. Die Räume zwischen diesen Scheiben sind mit ganz
glatten Platten belegt. Der Gurtsims besteht nur aus Viertelstäben,
Karniesen und sehr kleinen Plättchen, ist ziemlich matt und hat wenig
Ausladung, ein Umstand, der mich glauben macht, dass *Rizzo* den alten
gothischen Gurtsims nicht wegnehmen, sondern umarbeiten liess, wodurch es auch erklärlich wird, dass die ihn bildenden Steine unter die
gothischen Säulen der oberen Arkade eingreifen.

Bei der Eintönigkeit einer so langen Arkadenreihe musste es dem
Rizzo sehr angenehm sein, dass er den Auftrag erhielt, dem von *Bon*
gebauten Gang gegenüber eine Freitreppe für die Gelegenheiten zu bauen,
wo der Doge mit seinem Gefolge feierlichst aus dem Palast herabzu-
steigen pflegte; dadurch wurde ihm Gelegenheit, sein Decorationstalent
ohne Beengung durch Vorhandenes zu entfalten und er hat das an der
Scala dei Gi- *Scala dei Giganti* auf die glänzendste Weise gethan; dadurch, dass diese
ganti. Treppe das Wappen der Barbarigo trägt und auch durch Dokumente
steht fest, dass sie unter Rizzo selbst, also 1498, vollendet ward. Die
Disposition der Treppe ist so allgemein bekannt, dass eine Beschreibung
derselben unnöthig ist. Der breite Podest an ihrem obern Ende war
für die Aufstellung des Gefolges nöthig und Rizzo benutzte diesen Umstand, um in einem Risalit die Arkadenarchitectur der Halle in reicherer,
feinerer und zarterer Weise durchzuführen; dieselbe ist hier der an den
Portalen der oben besprochenen Rioseite sehr ähnlich, namentlich in
den Bogenchambranles und Capitälen; da er die Kreise über den Bogen
auch hier beibehielt. so erhielt er zwischen diesen Curven und den
geraden Linien des Simses und Pfeilers Zwickelfelder, in die er Victorien
setzte. Die wegen der Festigkeit an der Ecke nöthige Verbreitung des
Pfeilers machte er durch Abrundung weniger schwerfällig, während er
den obern Theil über dem Kämpfer vollkantig liess; den Kämpfer selbst
aber gestaltete er als Säulencapitäl, wodurch er auf höchst graziöse
Weise den Uebergang aus der Rundung in das Viereck vermittelte.
Was nun die Decoration der Treppenwange selbst anbelangt, so ist sie
allerdings nicht sehr organisch; die untere Reihe gleich hoher horizontal
abgedeckter Felder, läuft beim Anfang der Treppe in ein Postamentchen
aus, auf dem ein Blumenkorb steht; auf der horizontalen Abdeckung
läuft sich äusserlich das Geländer todt, geradezu in einer Spitze endigend,
während es innerlich bis herab an das Postamentchen geht, also in
seinem untern Theil blind ist; diess ist jedenfalls ein Fehler, der vielleicht
durch Rizzos Liebhaberei für viele Abtheilungen herbeigeführt ward; die
Anordnung des Geländers selbst hingegen mit seinen durchbrochenen
Feldern ist originell und in ihrer Einfachheit geistreich; was nun aber
dieser Treppe ihren wohl verdienten Ruhm erworben, ist nicht die Dis-

position, sondern die Ornamentation, worin Rizzo Grosses geleistet; die
Simse sind ungemein reich, ja hier und da vielleicht zu reich gegliedert,
die Lisenen, Streifen und Friese zwischen den Feldern, die Bogenlaibungen
etc. sind sämmtlich mit ungemein reicher Ornamentik besetzt, sogar die
Steigungsflächen der Stufen sind mit laufenden Ornamenten in Blei
ausgelegt.

Und alle diese Arbeiten sind nicht nur sauber, sondern zum über-
wiegend grössten Theil mit wahrhaft künstlerischem Gefühl componirt
und bis zur äussersten Vollendung ausgearbeitet, dabei zeigt sich namentlich in den Genien der Zwickel über den Arkaden des Podestes
manches, was an die Florentiner des vierzehnten Jahrhunderts erinnert.
Da man nun weiss, dass *Domenico* und *Bernardino* von Mantua die
sämmtlichen Verzierungen der Treppe unter Rizzos Leitung arbeiteten,
so steht zu vermuthen, dass diese Mantuaner, ehe sie nach Venedig
kamen, bei einem Florentiner Meister gearbeitet hatten.

Ausser ihnen aber brauchte Rizzo natürlich für die vielen Arbeiten im
Dogenpalast noch mehrere Gehülfen, von einigen sind durch Documente
die Namen auf uns gekommen und darunter befinden sich Einige, die
später durch selbstständige Werke sich Ruf erwarben, wie z. B. *Pietro
Lombardo*, aber auch nachstehende sonst weiter nicht Vorkommende:
*Michiele Bertucci, Giovanni da Spalatro, Michiele Naranza, Alvise Bianco,
Alvise quondam Pantaleone, Maestro Domenico ingegnere, Stefano taglia-
pietra.*

Von der Hand Rizzos finden sich noch hie und da in der Stadt
Arbeiten verstreut, so z. B. zwei Statuen an dem bereits Band I. S. 230
erwähnten älteren der beiden Paläste *Contarini a S. Trovaso.* Bei den
meisten dieser Arbeiten ist aber die Autorschaft Rizzos nicht genau
nachzuweisen und sowohl auf dem statuarischen als dem architectonischen
Gebiete geht die in seinen Arbeiten ausgeprägte Weise so unmerklich
in die der Lombardi, denen er vorarbeitete, über, dass sich die Grenze
zwischen beiden kaum genau bestimmen lässt.

Die Familie der **Lombardi**, oder wenn man will, die Reihe von
Künstlern, die diesen Beinamen führen, ist ziemlich gross. Die Nachrichten über dieselben, sowie über die Werke jedes Einzelnen unter
ihnen sind aber durch *Vasari* so in Unordnung gerathen und diese
Unordnung ist durch die mehr oder weniger getreuen Abschreiber des
Vasari: Milizia, Füssli, Kugler und selbst Lübke noch so vermehrt
worden, dass das Resultat ein Chaos ist, dem man nicht zu entrinnen
vermöchte, wenn nicht die neueren venetianischen Forscher *Cicognara,
Selra, Diedo, Cadorin, Selvatico etc.* aus einer Reihe kostbarer Documente eine Menge authentischer Nachrichten über Werke dieser Künstler

Die
Lombardi.

ans Licht gefördert hätten, die wenigstens einigermaassen einen Faden der
Ariadne in diesem Labyrinth gewähren, obgleich durchaus noch nicht alle
Unklarheiten dadurch gelöst sind.

Mir scheint es daher zweckmässig, ehe wir zur Betrachtung der
zahlreichen Werke dieser Meister und ihrer Schule übergeben, einen
kurzen Ueberblick dieser einander oft so widersprechenden Nachrichten
zu geben, wobei das nachweislich Richtige stets zuerst, das von Jenen
Angegebene und theils nachweislich Falsche, theils wohl Mögliche aber
nicht Nachzuweisende, als Anhang gegeben werden soll.

Pietro L.  **Pietro Lombardo.**  Das Geburtsjahr ist nicht bekannt.  Er arbeitete
nachweisbar:

> zwischen 1464 und 80 die Kirche *San Andrea della Certosa,*
> jetzt demolirt.
>
> nach 1476 das Grabmal des Dogen *Pietro Mocenigo* in *S. Gio-*
> *vanni e Paolo.*
>
> 1462—71 die Altäre S. Jacopo und S. Paolo in *S. Marco.*
>
> 1481 den Palast *Vendramin Calergi* zu Venedig.
>
> 1482 das Grab des Dante nebst einschliessender Capelle bei
> *S. Francesco* in Ravenna im Auftrag des Venetianergou-
> verneurs *Bernardo Bembo.*
>
> von 1484—89 an der Kirche *S. Maria ai Miracoli* in Venedig.
>
> Die Kirche *San Christoforo della pace,* jetzt abgetragen.
>
> Die zwei Säulen auf dem Markt von Ravenna.
>
> Den Löwen an der Porta *S. Tomaso* in Treviso.
>
> 1505—15 an der Capelle Zeno in *S. Marco,* die jedoch nicht
> von ihm entworfen ist.
>
> Eine Reform und Erweiterung des Doms von Treviso.
>
> Zwei Löwen in der Capelle degli Appostoli in der Kirche
> *S. Nicolo* in Treviso.
>
> 1502 den Dom von *Cividale di Friuli.*
>
> 1491 ein Relief mit dem S. Markus im Dom zu Ravenna.
>
> 1511 ff. an der Kirche *S. Sebastian.*
>
> 1499—1511 im Dogenpalast.
>
> Einige Statuetten in *S. Stefano.*

Nicht mit documentarischer Sicherheit ihm nachzuweisen, doch ebensowenig mit Sicherheit Anderen zu vindiciren, ist die von Einigen ihm
zugeschriebene Autorschaft an folgenden Arbeiten:

> Palast *Corner Spinelli* bei *S. Angelo.*
>
> *Torre d'Orologio* am Markusplatz, 1493 vollendet.
>
> *Procuratie vecchie,* s. o. S. 49—51.
>
> Kirche *San Fantino,* 1506 begonnen.

Kirche von *S. Giobbe*, 1462—71.

*Scuola S. Madonna della Misericordia* um 1500.

Kreuzgang von *Santa Giustina* in Padua, nach 1502.

Kirche *S. Maria Mater Domini*, um 1500.

Einige kleine Statuen in dem *Palazzo Correr etc. etc.*

Nachweislich falsch ist es, wenn von Einigen unter seinen Werken nachstehende aufgeführt werden:

Der Campanile von *S. Marco*, s. o. S. 45, 46.

Die Scuola *S. Marco*, s. u. unter Martino Lombardo.

Der *Fondaco dei Tedeschi*, s. o. S. 47 ff.

Die (gothische!) Kirche *S. Giovanni e Paolo*, s. Band I S. 173, 290 und Band II S. 21 ff.

Die Scuola di *S. Rocco* (von Lübke ihm vindicirt), s. o. S. 47. und unten unter *Sante Lombardo*.

**Martino Lombardo.** Nachweisbar von ihm ist: Martino L.

Die *Scuola di San Marco* 1485—95 circa.

Nicht nachzuweisen ist seine Autorschaft

an der Kirche *S. Zaccaria* 1457—1515, an der vielmehr um 1477 ein *Antonio quondam Marco* als proto fungirte.

**Antonio Lombardo.** Von einigen wird die Autorschaft an der Scuola Antonio L. di San Marco einem *Marco Lombardo* zugeschrieben, in Folge dessen hat man die Hypothese aufstellen wollen, jener *Antonio quondam Marco* sei identisch mit *Antonio Lombardo* und *Marco* also als ein bereits 1477 verstorbener Mann zu betrachten, der 1485 noch gebaut? Die Nichtigkeit solcher Aufstellung leuchtet wohl Jedem ein. Ueber Antonios Vater sind übrigens die Gelehrten gar nicht einig, denn Einige nennen ihn ohne Nachweis den Sohn des viel später lebenden *Girolamo Lomb.*, während er nachweisbar *Pietro's* Sohn war. Auch darf er nicht mit dem ebenfalls *Lombardo* genannten, aber erst 1686 in Rom gestorbenen *Antonio Raggi* verwechselt werden. Ob er selbstständig gearbeitet, ist nicht nachzuweisen; mit Sicherheit weiss man, dass er arbeitete:

1520—25 mit *Tullio* zusammen in der Capelle des Santo in *San Antonio* zu Padua.

1515 circa mit *Paolo Milanese* zusammen in *Santa Giustina.*

Mit *Pietro* und *Tullio* vereint an den Gräbern des *Pietro Mocenigo* und des *Zeno*, s. o.

Ferner wird ihm als selbstständige Arbeit zugeschrieben, obgleich ohne Nachweis der Autorschaft:

ein heiliger Thomas von Aquino in der Kirche *ai Frari*,

eines der Reliefs in *S. Antonio* in Padua,

einige der Figuren auf der torricella des Dogenpalastes.

Von *Milizia* wird er *Giulio Antonio* genannt.

**Giulio L.** **Giulio Lombardo** wird von Milizia als der Architect der Kirche *S. Maria Mater Domini* bezeichnet, aber ohne Nachweis; nun wird auch ein *Giulio* als Vater des *Sante* angeführt: ob dies nun eine Verwechselung mit *Tullio* ist, oder wie es sonst zusammenhängt, muss weiterer Forschung überlassen bleiben.

Ausserdem kommt noch ein Frescomaler *Giulio Cesare Lombardo* vor; war auch er mit unseren Lombardi verwandt und in wiefern?

**Girolamo L.** **Girolamo Lombardo** *da Ferrara*, war erst Gelehrter und Diplomat und begann erst im 30. Jahre bei den beiden Sansovin's und Garofolo zu lernen, soll an der *Libreria* und *Loggetta* mit gearbeitet haben, lebte in *Ricanati* und arbeitete 1534—1560 in Loretto die Statuen der Propheten, die Candelaber et.

*Aurelio* oder *Aloise L.*, Bruder des *Girolamo*, dem er in Loretto half.

*Giovanni Giacomo*, Sohn des *Girolamo*, wurde 1520 mit *Carlo Mantegna* nach Genua berufen.

**Moro L.** **Moro**, nach Milizia Sohn des Martino, von Selvatico einmal als Sohn des Martino, einmal als Sohn des Pietro angeführt, auch häufig mit *Tomaso* verwechselt. Mit ziemlicher Sicherheit weiss man, dass er mit *Sebastian da Lugano* die Kirche *S. Giovanni Grisostomo* zwischen 1483 und 1515 ausführte, obgleich auch hier, obwohl nicht nachweisbar, *Antonio quondam Marco* den Ruhm der Autorschaft beansprucht. Ohne documentarischen Nachweis hingegen wird ihm die Kirche *S. Michiele* in Murano zugeschrieben.

**Sante L.** **Sante** (Sanctus) **Lombardo**, geboren in Venedig 1504, Sohn und Schüler des oben erwähnten *Giulio*, starb am 16. Mai 1560.

1524—27 leitete er den Bau der *Scuola di San Rocco*.

Mit Wahrscheinlichkeit schreibt man ihm zu: den Palast *Gradenigo* bei *San Samuele*, der nicht mehr existirt, und den Palast *Trevisan* à *S. Maria Formosa*, fälschlicher Weise aber den bereits 1481 erbauten *Vendramin Calergi*, den *Pietro* baute, und den Entwurf zur *Scuola di San Rocco*.

**Tomaso L.** **Tomaso Lombardo** *da Lugano*, öfters mit *Moro* verwechselt, ist ein Schüler *Sansovino II.* und scheint von 1530 an selbstständig gearbeitet zu haben. Arbeiten von ihm sind:

Ein Grab und ein Altar in *San Sebastian*.

Eine Statue des heiligen Hieronymus in *San Salvatore*.

Einige von den Reliefs etc. an der *Libreria*.

Ausserdem werden ihm zugeschrieben:

> Eine Büste von Carl V., ein Marmorkreuz in *S. Giustina* und Stuccaturarbeiten an der *Libreria.*

**Tullio,** Sohn des *Pietro.* Mit Sicherheit ihm zuzuschreiben sind:

> Nach 1478 das Monument des *Andrea Vendramin,* zum Theil; Tullio L. vier Engel in *S. Martino*; Reliefs in der *Scuola di San Marco.*
>
> Nach 1485 das Monument des *Gioranni Mocenigo* in *San Gioranni e Paolo,* Theile am Monument des *Pietro Mocenigo,* ebendaselbst.
>
> Reliefs in *S. Antonio* in Padua.
>
> Reliefs in *S. Gioranni Grisostomo.*
>
> Statuetten auf dem Altar in *S. Maria dei Miracoli.*
>
> 1525—30 die Capelle *del Sacramento* im Dome zu Treviso.
>
> Das Kreuzschiff der Kirche *Madonna grande delle grazie* in Treviso.
>
> Das Grab des *Capitano Budua* in derselben Kirche.
>
> Drei Capellen und die Orgel in der Nonnenkirche *S. Paolo* in Treviso.
>
> Der grösste Theil des Baues von *S. Salvatore.*

Nach Vasari etc. soll er zwar 1532 in hohem Alter gestorben sein, nach gleichzeitigen Briefen aber starb er erst um 1559. Ohne Nachweis werden ihm zugeschrieben:

> 1491—1520 das Grab des Senators *Augostino Conte d'Onigo* († 1491) in *S. Nicolo* zu Treviso.
>
> Die Statuetten auf der Façade der Kirche *dei Carmini.*
>
> Die Capelle *Cornaro* in der Kirche *Appostoli.*
>
> Der Taufstein in *S. Martino.*

Nachweisbar fälschlich schreibt man ihm zu das Grab der *Agnese* und *Orsola Venier,* s. Band I. S. 260.

**Alfonso Citadella,** geboren 1487, gestorben 1537, Schwestersohn des *Pietro,* lernte erst bei *Nicolo della Puglia* und dann bei *Pietro* und nahm von diesem seinem Oheim und Meister den Namen *Lombardo* an, arbeitete aber blos in Ferrara, Bologna und Rom.

Wenn ich nun zur Besprechung der Arbeiten aus der Schule der Lombardi übergehe, so werden einerseits nicht alle der hier aufgezählten Werke in dieser Besprechung einzuschliessen sein, da einzelne derselben die Richtung der Schule verlassen, und durch genaueres Eingehen auf die vitruvianischen Regeln, demgemäss also durch geringere Originalität in das Bereich der in dem nächsten Abschnitt zu behandelnden Schulen fallen. Andererseits aber existiren eine Menge von Arbeiten, welche zwar keinem der benannten Meister mit Sicherheit oder auch nur mit Wahrscheinlichkeit zuzuschreiben sind, aber doch die charak-

teristischen Merkmale der Schule so ausgeprägt an sich tragen, dass
sie unbedingt in die Besprechung der Lombardi'schen Arbeiten mit ein-
zureihen sind, um ein vollständiges Bild dieser Schule und des Ganges
ihrer Entwickelung zu geben, welches wohl am besten zu erreichen sein
wird, wenn die Betrachtung nach chronologischer Reihenfolge geschieht,
so weit eben die Daten der Werke reichen. Zunächst Kirchen und dgl.

**Corpus Domini.**     1446. Die Kirche *Corpus Domini* ist 1810 aufgehoben und 1815
bis auf ein Mauerstück weggerissen worden; in *Antonio Visentinis
Prospetti di Venezia* ist eine Ansicht davon, aus der sich allerdings blos der ziemlich fein, aber doch noch nicht mit vollständigen
Verständniss profilirte Hauptsims an Langseite und Giebel sehen lässt,
so wie drei auf den Akroterien dieses Giebels ohne Baldachin stehende
Figuren, die ziemlich lebhaft bewegt, aber auf der Abbildung so klein
sind, dass kein genaues Urtheil über sie möglich ist.

**Altar.**     1450 circa ist ein Altar in *S. Pantaleone* gearbeitet, dessen Architectur zwar von noch nicht vollständigem Beherrschen der antiken Formen zeugt, aber in der ausgesuchten Feinheit seiner Ornamentik doch
sehr anziehend ist.

**San Zaccaria.**     1457 wurde der Bau von *San Zaccaria* begonnen, aber erst gegen
1515 zu Ende geführt; über die Autorschaft wurde schon vorhin gesprochen. Bei dem Beginn des Baues hat man augenscheinlich noch im
Sinn gehabt, in ganz mittelalterlicher Weise zu bauen, denn mittelalterlich ist die Disposition: drei Langschiffe, deren mittleres aus drei
Quadraten besteht und dann in halbem Zehneck schliesst; die Seitenschiffe, halb so breit als das Mittelschiff, ziehen sich um jenes Chor-
poligon als Umgang und an die nach aussen gekehrten Seiten lehnt
sich ein Capellenkranz; sehr schlanke Säulen tragen die Wölbung der
Schiffe, die im Spitzbogen ausgeführt ist; die Eckpfeiler des Chorpoligons bestehen aus Bündeln von je vier Säulen, von denen zwei in der
Mauerstärke stehen, und auf Rundbogen die Uebermauerung tragen; auf
die dem Chorcentrum zugekehrte Seite setzt sich ein achteckiger Schaft
der oben durch Vermittlung eines Spitzbogens die Halbkuppel tragen
hilft; die vierte endlich trägt den Scheidebogen, der sich an den Eckpfeiler zwischen den Capellen ansetzt, dieser Eckpfeiler besteht ebenfalls aus drei achteckigen Pfeilern, deren einer jene Scheidbogen auf-
nimmt, während die anderen die Oeffnungsbogen tragen; die Fenster in
der Obermauer des Chorpoligons so wie das Aeussere des ganzen Chor-
baues, die Simse der Anbauten, des Langschiffes etc.. sind noch vollständig gotbisch und erinnern an *San Gregorio*. Die Wölbung der
Seitenschiffe und der beiden ersten Quadrate des Mittelschiffs ist in
Spitzbogenkreuzgewölbe ausgeführt. Auch die Façade ist mittelalterlich

begonnen, wovon namentlich das Sockelprofil, der untere Theil der Bekleidung und die eine Seitenthür zeugt; jenes Sockelprofil besteht aus
einer zwar etwas gehäuften, dennoch aber nicht kraftlosen Folge von
Rundstäben, Hohlkehlen, Schrägfasen etc., und kröpft sich um die vier
Strebepfeiler herum; diese nun sind an ihren Vorderseiten in drei auf-
einanderstehende Quadrate getheilt, welche mit weissem und rothem Marmor friesweise ausgelegt und mit zarten, ebenfalls halbmittelalterlichen
Gliedern umgeben sind; die so entstandenen drei Füllungen sind durch
ein Plättchen mit Schrägfasen geschieden, an den Ecken laufen gewundene Säulchen, genau so formirt, wie wir sie in der Glanzzeit des
Mittelalters fanden, in die Höhe, um welche jener kleine Trennungssims
der Felder als Bund herumgezogen ist; die Säulchen enden nach oben in
vollständig mittelalterlichen Capitälchen; in den grossen Flächen zwischen
den Strebepfeilern, welche den Seitenschiffen entsprechen, sind in die Durch-
kreuzung jener Theilungsglieder grössere Felder eingesetzt, deren Verzierungen sowie sämmtliche übrigen Theile der Façade und die Ornamente
des Innern so durchweg das Gepräge der neuern Richtung, und zwar in
der Weise tragen, wie solche sich erst gegen 1480 herausstellte, dass
ich schon vor Kenntniss des auf *Antonio qu. Marco* bezüglichen Do-
cuments anzunehmen geneigt war, es sei zwischen 1475 und 1480 ein
Wechsel im Werkmeisteramt des Baues eingetreten, indem es geradezu
unmöglich schien, dass derselbe Mann die so nahe aneinanderstos-
senden, allem Augenschein nach mit so kurzem Zwischenraum gearbeiteten Theile so ganz verschieden geformt haben soll, man müsse denn
eine gleichsam über Nacht gekommene Bekehrung zu der neuen Richtung annehmen wollen. Dies Alles werden wir beim Jahr 1477 in
Betracht ziehen.

1460 ward das Landthor des Arsenals gebaut; nun ist zwar die-     Arsenal.
ses Thor, nachdem es bei einer grossen Feuersbrunst im Jahre 1569
bedeutend gelitten, im Jahr 1571 wieder aufgebaut und dabei allem An-
schein nach mannichfach verändert worden, dennoch aber scheint die
Hauptdisposition noch die alte zu sein; ein Rundbogen, flankirt von
gekuppelten Säulen, deren gekröpftes Gebälk eine Attika trägt, welche in
einem Frontispice endigt; doch glaube ich nicht, dass die Attika ursprünglich ebenso unmotivirt und zusammenhanglos wie jetzt auf dem
Gebälke gesessen; obgleich sie gleich ursprünglich so unverhältnissmässig schmal gewesen sein mag.

Was nun die vom alten Thor herrührenden Details anlangt, so haben
die schlanken ganz glatten Säulenschäfte und ihre sehr einfachen Postamente angenehme Verhältnisse. Die Capitäle, mit zwei Reihen Spitz-
acanthusblättern und sehr kleinen Eckschnecken, erinnern in Form und

Technik an die Capitäle aus dem frühen Mittelalter, und sind bei keck
geschwungenem Hauptprofil streng, fast mager in den Einzelnformen,
und unkünstlerisch, fast handwerksmässig accurat in der Ausführung.
Das Gebälk, obgleich eigentlich etwas zu gross im Verhältniss zu den
Säulen, ist gefällig profilirt, nur sind die sämmtlichen sculpirten Glieder,
Blätterreihen, Perlstäbe etc. etwas zu mächtig, Modillonsreihe und Hängeplatte etwas weniges zu klein; jedenfalls ist dies Gebälk das älteste
Beispiel vollständiger Nachbildung der Antike; weniger streng findet
sich dieselbe in den kleinen Pilastern der Attika, auf denen direct ohne
Architrav und Fries das Obergebälke des Frontons ruht, dessen Profilirung mit ihrer bunten Folge von Karniesen, Zahnschnitt, Viertelstäben
und Hohlkehlen nebst der im Giebelfeld sitzenden Muschel bezeugt, wie
wenig der Ausführende in den Geist der Antike eingedrungen, oder
vielmehr, wie wenig ihm daran gelegen, sie zu copiren, denn dass er
sie verstanden, hat er an dem unteren Gebälk gezeigt. Im Gegensatz
zu den Säulencapitälen ist die Arbeit an den Gebälken etc. flott ohne
Keckheit, breit ohne Tiefe, so dass man Nettigkeit und Kraft zugleich
vermisst, wobei jedoch nicht zu leugnen, dass der Mangel an Nettigkeit
weniger aus Unbehülflichkeit als . vielmehr aus zu grossem Selbsver-
trauen des Arbeiters entsprungen zu sein scheint; all dies gilt namentlich auch von dem geflügelten Löwen, der in dem jedenfalls vor dem
Brande grössern Feld der Attika eingepfercht steht; indem Verhältniss
und Bewegung ziemlich correct aber fast gar nicht idealisirt, der Kopf
sogar ordinär ist, während die Behandlung der Mähne an byzantinische
und orientalische Vorbilder gemahnt. Die Flügel scheinen später zu
sein, sie waren vielleicht beim Brande abgebrochen. Was nun die
Thür selbst, sowie ihren Bogen betrifft, so weicht er in Profilirung und
Ausarbeitung so wesentlich von seiner Umgebung ab, dass ich nicht
zögere ihn für später zu halten.

Grab Malipier. 1462 starb der Schöpfer dieses Portals *Pasquale Malipier*; sein
Grabmal steht im linken Seitenschiff von *S. Giovanni e Paolo*, und ist
eines der ersten Werke, denen der Stempel der Lombardi'schen Schule
an der Stirn steht; zwei zarte Pilaster, reich mit Ornamentik besetzt,
tragen ein elegantes Gebälk mit halbkreisförmigem Giebel, auf dessen
Akroterien Statuetten stehen. Im Giebelfeld befindet sich ein Relief,
Christus zwischen zwei Engeln, zwischen den Pilastern hängt ein mar-
morner Vorhang in eleganter Drappirung, unter dem der Sarkophag mit
der liegenden Figur des Todten steht, welche gleich den andern figürlichen Darstellungen zwar eine vorzügliche Technik aber dabei doch
eine gewisse Unsicherheit zeigt, die auf noch nicht vollständig
errungenes Selbstvertrauen, auf noch nicht fest begründete Ueber-

zeugung von der Richtigkeit des eingeschlagenen Wegs zu deuten scheint.

1462—71. Unter *Cristoforo Moro* wurden die beiden Altäre Altäre. S. *Jacopo* und S. *Paolo* in dem Kreuzschiffe der Markuskirche errichtet, die man dem *Pietro Lombardo* zuschreibt. Die Disposition ist sehr einfach. Eine Nische mit der Statue des Heiligen steht zwischen zwei Pilastern, deren gekröpftes Gebälk einen Halbkreisgiebel trägt; die Hauptverhältnisse sind schlank und elegant, aber einzelne Glieder, namentlich die Basen etwas stumpf, die Ornamente der Pilaster etc. fast zu minutiös; während die hier zuerst auftretenden Schneckenscheiben an Anfang und Scheitel des Halbkreisgiebels mit den aus ihnen herauswachsenden Kindergestalten jedenfalls zu gross sind und den Giebel selbst zu sehr belasten. Die Statuen sind in den Verhältnissen correct; die Gesichtszüge mit ihrem kindlich milden Ernst, der breite massige in den Umschlägen hie und da hinreichend weiche, hie und da aber noch fast mittelalterlich knitterige Faltenwurf erinnert fast an die Bilder des *Giovanni Bellini*.

1462—71 ebenfalls unter *Moro* und zwar auf dessen Kosten wurde die Kirche S. *Giobbe* gebaut und war 1466 bis zur Einweihung voll- S. Giobbe. endet. Namentlich reich und graziös ist die Hauptcapelle und ihr grosser Eingangsbogen, dessen Pilaster in der den Lombardis gewöhnlichen Weise in Füllungen mit reicher Ornamentik ausgestattet sind; in den Medaillons der Bogenzwickel befinden sich eine Madonna und ein Engel der Verkündigung, beide einfach edel und sehr ausdrucksvoll componirt und gleich den Ornamenten und Gliederungen mit vollendeter Technik ausgeführt. Die Capelle selbst bildet ein Quadrat, über dessen vier Schildbogen eine Kuppel auf einem Hauptsims ruht, dessen Fries ebenfalls reich sculpirt ist. In den Pendentifs sitzen Medaillons mit den vier Evangelisten, getragen von Engeln; auf dem Erdboden liegt der Grabstein des Gründers († 1471), dessen Ornamentumgebung mit ungemeiner Naturwahrheit gearbeitet ist.

Das Hauptportal der Kirche, verziert durch zwei Pilaster mit verkröpftem Gebälk und Halbkreisgiebel, zeigt ebenso wie jene Capelle, die ausgesuchteste Feinheit im Blattwerk, sehr zarte Profilirung der Simse, und in den drei Heiligenfiguren auf den schneckenförmigen Akroterien Eleganz der Verhältnisse, kindliche Sinnigkeit des Ausdrucks und eine gewisse Breite des Faltenwurfs, die als Anbahnung der an den späteren Werken der Lombardi bemerkbaren Grösse des Styls anzusehen ist; bei weitem nicht so vollendet sind die das Tympanum des Thürgiebels ausfüllenden knieenden Figuren, der heilige Hiob und Franz von Assisi. Es wird vermuthet, aber freilich ohne allen Nachweis, dass

*Pietro Lombardo* an dem Bau mitgewirkt habe. Auf die Arbeiten an der Capelle *Grimani* etc. kommen wir später zurück.

1463—74 wurde der Campanile von *San Pietro di Castello* erbaut, er folgt in der Hauptdisposition den älteren; nur sind die Lisenen in der Mitte ihrer Länge durch einen Gurt unterbrochen; der untere viereckige Pavillon hat auf jeder Seite drei Oeffnungen, deren Säulen in Verhältnissen und Profilformen die elegante Weise der Lombardi befolgen; der obere Pavillon ist achteckig und sehr einfach, der ganze Thurm ist mit istrischem Stein incrustirt.

1464—80 wurde die Kirche *S. Andrea della Certosa* unter *Pietro Lombardos* Leitung gebaut. Leider steht sie nicht mehr; doch muss erwähnt werden, dass *Pietro* gezwungen war, zwischen dem Chor und der Hauptcapelle (also wahrscheinlich im Triumphbogen) antike Säulenschäfte anzuwenden, die für den Platz zu kurz waren, er setzte deshalb unter ihren Anlauf auf die Basen ein Stück runden Schaft mit Fruchtschnüren verziert; diese Anordnung gab ein so gefälliges Resultat, dass *Lombardo* selbst sie später auch da häufig anwendete, wo die Nothwendigkeit nicht vorlag, sondern wo es ihm blos wünschenswerth schien, die Säulen sehr schlank zu machen, so dass sogar solche schlanke durch einen Bund in einen runden cylindrischen Unterschaft und einen verjüngten Oberschaft getheilte Säulen zu den Hauptmerkmalen des Lombardi'schen Styls gehören. Von 1465 datirt ein Relief, welches als Altarblatt auf dem Altar *S. Clemente* in der Markuskirche dient und die Heiligen *Jacobus, Andreas* und *Nicolaus* darstellt mit einem knieenden Dogen. Der Styl ist zwar der lombardi'sche, aber ohne durch besondere Eigenthümlichkeiten an einen der Lombardi selbst zu erinnern.

1466 liess der Abt *Pietro Donà* des Camaldolenserklosters *San* Michiele *Michiele* auf der Insel am Weg nach Murano (daher gewöhnlich *S. Michiel di Murano* genannt), den Bau einer neuen Kirche beginnen, welche um 1478 vollendet worden zu sein scheint.

Die Aussenfaçade markirt in ihren Abtheilungen die Schiffe; im Mittelbau stehen auf dem Gebälk der untern Pilasterstellung kurze Pilaster, die den Giebel des Mittelschiffs tragen, und die Halbgiebel der Seitenschiffe lehnen sich an diese Pilaster an; so ist diese Façade zwar in der Hauptanordnung ziemlich harmonisch, aber die obern Pilaster sind zu kurz, einige der Simse zu mager. Schöner ist das Innere, namentlich das vom Schiff durch einen lettnerähnlichen Querbau getrennte Atrium, dessen gewundene Säulen neben sehr glücklichen Verhältnissen auch durch ungemein feine Profile ansprechen; die Schiffe werden durch sechs Säulen getrennt.

Was nun die Autorschaft dieser Kirche betrifft, so schrieb man sie

bisher dem *Moro Lombardo* zu, gestützt einestheils auf die Aehnlichkeit
der Façade mit der von *S. Giovanni Grisostomo*, anderntheils auf Briefe
eines Mönchs *Pietro Delfino*, welcher einen *Moretto* als *Lapicida cupi-*
*dissimus perficiendae fabricae, quam incepit* und als *fabricae praeceptus*
erwähnt. Inzwischen geht aus anderweiten Niederschriften von der Hand
des *Paolo Donà*, Nachfolger des *Pietro Donà*, hervor, dass ein *Mo-*
*retto di Lorenzo*[1]) 1470 die Thüren und Fenster der Façade gearbeitet
habe; ein *Lorenzo del Vescovo da Rorigno* mit seinem Sohn *Antonio* und
einem *Conradino*, wie es scheint auch seinem Sohn, führten 1473 zwei
Hauptsimse und die innern Bögen der Kirche aus. *Giovanni da Bergamo,*
*Giacomino* (*Giovanni Comino*?) *Domenico di Donato da Parenzo, Simeone,*
*Cristoforo, Giorgio, Ambrogio* und die Brüder *Gasparo* und *Bartolomeo*
arbeiteten mit an der Kirche. Ein *Taddeo*, von dem *Delfino* als ganz
vorzüglich in seiner Kunst bezeichnet, arbeitete 1474—1482 die sechs
Säulen der Schiffe und wahrscheinlich auch den Lettnerbau.

Ferner wird noch in andern Urkunden erwähnt, dass *Ambrogio*
*d'Urbino*, wahrscheinlich der schon erwähnte *Ambrogio* die Verzierungen
des Portals gearbeitet habe. Doch mag man nun jenen *Moretto* mit
dem *Moro Lombardo* als identisch annehmen oder nicht, jedenfalls gehört der Bau der Schule der Lombardi an. Die Art der Simsprofili-
rung, die Disposition der Pforte und vieles andere weist darauf hin.
Das Vorzüglichste ist jedenfalls jener Lettnerbau, welche alle drei
Schiffe durchschneidet und fünf Bogen auf jeder Seite bildet, an deren
Pfeilern reich verzierte Postamente mit kleinen sehr leichten Säulen
stehen, welche ein ebenso leichtes ungemein zierliches Gebälk tragen,
und deren Capitälchen ebenso wie die der grossen Säulen sämmtlich verschieden sind. Die Laibung des Hauptbogens ist mit dem zartesten
Laubwerk in Füllungen besetzt; etwas zu reich ist das Laubwerk des
breiten Bandes, welches auf der Innenseite die Stelle des Gebälks ver-
tritt und etwas lastend wirkt; das Ganze schliesst eine in verschlungenen Linien durchbrochene Brüstung ab.

Die Hauptthür ist von Pilastern mit reicher Laub- und Ranken-
ornamentik flankirt, auf dem Akroterion ihres Frontons steht eine Maria
mit dem Kinde, nicht ganz correct in den Verhältnissen, aber mit sin-
niger Demuth und vieler Anmuth im Antlitz, und mit dem schon mehrfach
erwähnten der Schule der Lombardi charakteristischen breiten Faltenwurf.

1473 begannen die *Poveri di Sant' Agnese*, auch *Gesuati* genannt ai Gesuati.
den Bau einer neuen Kirche; der Doge *Nicolo Marcello* war bei der

---

[1]) Also Sohn eines *Lorenzo* und folglich wohl nicht derselbe mit *Moro Lom-*
*bardo*, der Sohn des *Martino* oder *Pietro* war.

vom Patriarchen *Lorenzo Giustinian* vorgenommenen Grundsteinlegung gegenwärtig, unterstützte den Bau und vermachte bei seinem Tod der Kirche viele Teppiche, Tapeten, Silberzeug, darunter ein silbernes Crucifix, eine Elle hoch, und zwei Jaspiscandelaber. Die Kirche wurde zwar erst 1524 unter dem Titel *del Buon Gesù e della Visitatione della Beata Virgine* geweiht; scheint aber doch nach dem ursprünglichen Plan vollendet worden zu sein.

Was die Façade betrifft, so ist selbe durch vier Pilaster in drei Felder getheilt, deren mittleres das breiteste ist. Die untern Pilaster erheben sich auf ziemlich hohem Stylobat, dessen Kröpfungen gewissermassen Postamente bilden und welches im Mittelfeld weggelassen ist, was aber noch nicht genügt, um den Missklang zwischen der Schwerfälligkeit dieses und der Schlankheit der als Füllung behandelten Seitenfelder aufzuheben.

Das Gebälk dieser Pilasterstellung ist gekröpft, die obern Pilaster sind kürzer, ihr Gebälk ist nicht gekröpft und bildet ein Fronton, auf dessen Akroterien zwar mittelmässig gearbeitete, aber edel bewegte und gut disponirte Figuren stehen. Im Mittelfeld der obern Ordnung steht ein grosses Rundfenster, in den Seitenfeldern schlanke Rundbogenfenster. im Mittelfeld der untern Ordnung das Portal, wie gewöhnlich von Pilastern flankirt, deren hier nicht gekröpftes Gebälk einen Halbkreisgiebel trägt. Das Ganze würde nicht unangenehm wirken, wenn nicht die ganze Unterparthie zu hoch im Vergleich mit der obern wäre; was die Details anbelangt, so treten hier zum erstenmale die bunten Scheiben in der Mitte der übrigens glatten langen Füllungen der Pilasterschäfte auf. Die Capitäle und die Laubwerkornamente an den reich verzierten Portalpilastern und dem Portalgebälk sind mit der gewöhnlichen saubern Eleganz der Lombardi gearbeitet, die Profilirung des obern Gebälks ist frisch und keck, bei dem untern hingegen herrscht der Architrav zu sehr vor, während Hängeplatte und Karnies beinahe stiefmütterlich behandelt sind. Sehr schön sind im Innern die beiden die Orgelbühne tragenden Säulchen mit runden postamentähnlichen Schaftverlängerungen in der gewöhnlichen Manier der Lombardi.

Von 1473 datirt die Façade der 1810 aufgehobenen und um 1830 weg-
gerissenen Kirche *Santa Croce* in *Luprio*, auch *S. Francesco della Croce* genannt, dem Bahnhof schräguber; dieselbe war sehr einfach. Ueber drei Portalen, deren Verzierungen vom Jahre 1583 stammten, lief eine Platte als Gurtband; direct auf demselben standen über den Seitenportalen zwei schlanke Rundbogenfenster und zwischen ihnen, aber bedeutend höher, ein Rundfenster; der Hauptsims, ein Kranzgesims ohne Architrav und Fries umschloss ein Fronton von eleganten Verhältnissen.

1473 wurde die Kirche *San Daniele* restaurirt; das Portal, welches
von dieser Restauration herstammt, trägt das Gepräge der Schule der
Lombardi.

1474 empfing die 1447 datirte *Scuola degli' Albanesi* ein selbst-
ständiges Gebäude hinter der Kirche *San Maurizio;* über dem Portal
sieht man im Relief Pläne und Darstellungen der Belagerungen der
Festung Scutari in den Jahren 1474 und 78; sonst hat die Façade nichts
besonders Hervorzuhebendes.

1474 starb *Nicolo Marcello;* sein Grabmal steht im linken Seitenschiff in *San Giovanni e Paolo;* die Disposition ist die gewöhnliche; ein
weiter Bogen, von Pilastern und zwei freistehenden Säulen getragen,
schliesst den Sarkophag ein, auf dem der Todte liegt.

Leider ist das Ganze in seiner beinahe quadratischen Form etwas
schwerfällig; leider kehrt diese Schwerfälligkeit in den Theilen dadurch
wieder, dass die Säulen zu weit stehen, und dass für ihre kleinen kurzen
Dimensionen, ihre Postamente, sowie auch die Maasse des Ueberbaues,
des Hauptbogens viel zu gross sind; da nun die Details selbst zum
grössten Theil leicht und zierlich gearbeitet sind, so ist durch jene
Mängel die Harmonie des Ganzen gestört.

Die Profile sind elegant, die Ornamente reich und zum Theil sehr
originell; der Sarkophag trägt ein Paradebett, welches in graziös
geschwungenen Linien profilirt ist und so einen angenehmen Contrast
mit den rechtwinkligen Formen des Sarkophags selbst bildet.

Die Säulen sind in der Mitte gebunden, der Unterschaft hat spiral-
förmige, der Oberschaft gerade Cannellirungen, die Postamente sind
rund und nach dem Muster antiker Altäre verziert. Die Ornamente
sind sämmtlich sehr zart und elegant gearbeitet, werden aber noch von
den Sculpturen übertroffen. Wenn schon die liegende Portraitstatue,
sowie die das Wappen haltenden Löwen ein tieferes Naturstudium zeigen,
als fast alle bisher betrachteten Werke, so zeigt das Basrelief des Haupt-
bogenfeldes, eine Jungfrau Maria auf dem Thron, mit dem Kinde auf
dem Schooss, dem Dogen, der vor ihr kniet, freundlich zublickend, der
Heilige Theodor zur Seite, so zeigt, wollte ich sagen, dieses Basrelief
inniges Gefühl und richtige Abwägung der der Situation der handelnden
Personen am besten entsprechenden Ausdrucksweise. Die vier Statuen
der Seitenintercolumnien: Kraft, Gerechtigkeit, Mässigung und Glauben,
sind voll wahren Ausdrucks und wohl geeignet mit allegorischen Figuren
zu versöhnen, namentlich der Glaube mit seinem hoffnungserfüllten ver-
klärten Antlitz; die Halbfigur des Erlösers auf dem Gipfel des Ganzen
ist etwas conventioneller gehalten, obgleich auch ihr eine gewisse Lebendigkeit des Ausdrucks (Milde und Trost) nicht abzusprechen ist.

Die Verhältnisse der Figuren sind ziemlich correct, der Faltenwurf gefällig und leicht.

1475. Die in diesem Jahr erbauten Kirchen S. *Gioranni in Bragora* und S. *Andrea de Zira* oder *Zirade* tragen zwar in den Hauptdispositionen das Gepräge der Schule der Lombardi, haben aber doch nichts besonders Bemerkenswerthes, ausgenommen höchstens den Hauptaltar in S. *Gioranni*.

1476 starb *Pietro Mocenigo*. Sein Grabmal unmittelbar rechts der Eingangsthür in S. *Gioranni e Paolo* beschäftigte den *Pietro Lombardo* mit seinen Söhnen *Antonio* und *Tullio* und mehreren untergeordneten Gehülfen bis um 1488; es ist umschlossen von einem grossen Bogen auf zwei sehr schlanken Pilastern, deren Stylobat durchläuft; auf diesem nun steht das Postament des Monuments, fast etwas zu niedrig und zu zart profilirt. Die Capitälglieder der Pilaster setzen sich in den Flügeln fort, diese Flügel nun enthalten zur Seite der Pilaster je zwei Nischen übereinander und zur Seite des Bogens noch je eine. Der Hauptsims, als vollständiges Gebälk, ruht unmittelbar auf dem Bogen auf und schliesst zugleich die Seitenflügel ab, während sich über dem Mittelbau eine von winzigen Pilastern flankirte Attika mit Segmentgiebel erhebt.

Wenn nun schon das Ganze in dem Verhältnisse der Bogen und Nischen fast übertrieben schlank, in Pilastern, Widerlagspfeilern und Simsen beinahe schwächlich erscheint, so wird dieser Fehler nicht gerade vermindert durch die allerdings damit harmonirende Zartheit der Profilirung und Ornamentik, welche alle Flächen so reichlich überzieht, dass keine einzige kräftige Masse bleibt. Die Arbeit der Details, sowie ihre Eleganz, an sich betrachtet, lässt allerdings nichts zu wünschen übrig; was nun den figürlichen Theil betrifft, so stehen in den sechs Seitennischen Schildträger, welche zwar in den Bewegungen elegant und in den Verhältnissen richtig, dabei aber mit zu wenig Fleisch begabt sind, so dass sie bei dem umgebenden Schatten der Nische fast dürftig erscheinen. Im Hauptbogen stehen drei bei weitem markigere Kriegergestalten, welche den Sarkophag tragen, dessen Vorderseite in drei Felder getheilt ist; das zur Rechten zeigt im Relief die von *Pietro* bewirkte Uebergabe von Famagusta an *Catarina Cornaro*, die zur Linken seinen Einzug in Scutari: auf dem Sarkophag bilden zwei liegende Consolen in nicht ganz befriedigender Weise eine Art Akroteriengruppe; auf den dadurch erzeugten Platten steht in der Mitte etwas erhöht die Portraitfigur des Todten, an der Seite tiefer S. Georg und Theodor. Die Attika ist durch ein Basrelief, die Marien am leeren Grab Christi, ausgefüllt, welches in seiner kindlichen Auffassungsweise beinahe an das Mittelalter erinnert.

Mon. Pietro Mocenigo.

Das Oberglied des Segmentgiebels rollt sich in der beliebten Weise der Lombardi an den Enden zu einer Scheibe auf, an deren Seite eine halbe Palmette herauswächst, so dass sich Akroterien bilden, auf denen Engel stehen, die sich mit auf der Brust gekreuzten Armen in leichter Verbeugung dem auf dem Gipfel stehenden Christus anbetend zuwenden. Diese drei Figuren, sowie die gewissermaassen einen Contrast dazu bildenden drei auf dem Sarkophag, sind jedenfalls die Glanzpunkte der ganzen Arbeit, hier der Doge im stolzen Bewusstsein seiner Grossthaten beinah herausfordernd die Rechte hebend und mit der linken kräftig und frisch den durch jene Bewegung herabgesunkenen Mantel aufraffend, dessen Faltenwurf straff und gerade in den Parthien, fast eckig in den Wendungen ist; die Heiligen neben ihm in ziemlich gleichgültiger Haltung, beinahe nur als ebenbürtige Zeugen seines Triumphs figurirend. Dort der zum Vorwärtsschreiten sich bereitende Christus mit ruhig segnend erhobener Rechten, ebenfalls mit der Linken das Gewand haltend, aber in der Weise einer ruhigen, fast unbewussten Vorsicht; der Faltenwurf ist reich, rund und in viele kleine Parthien getheilt; die Engel neigen sich seinem milden, edle Demuth und doch Hoheit aussprechenden Antlitz zu, nicht bettelnd um Gnade, sondern mit jener Ruhe, die bei aller Demuth doch im Voraus der Erfüllung ihres Gesuches gewiss ist.

1477 den 12. April ging der Proto von *S. Zaccaria, Antonio quon-* S. Zaccaria. *dam Marco* im Auftrag des Staates nach der Levante; es trat also eine Aenderung in der Bauleitung dieser Kirche ein. Für eine unmittelbare Folge dieser Aenderung nun halte ich zunächst innerlich die Form der Capitäle und Postamente an den Schiffssäulen. Die Capitäle zeigen einen Adler mit ausgebreiteten Flügeln als Haupttheil jeder Seite, flankirt von consolenartig profilirten, abwärts wachsenden Blättern unter den Hörnern des geschweiften Abakus, deren Enden durch Festons unter den Adlern verbunden sind. Die Postamente sind doppelt; auf niederm Viereck mit ziemlich stumpfer Profilirung erhebt sich ein schlankes Achteck mit sehr reichem Fuss- und Kranzgesims, welches eigentlich weniger als Postament, wie vielmehr als verstärkte Schaftverlängerung der Säule wirkt.

Die vier Altäre der Seitenschiffe und die beiden derselben entsprechenden Thüren haben gleiche Einfassung, der auch die Architectur des bereits erwähnten Hauptaltars in *S. Giovanni* in Bragora gleicht; zwei schlanke Säulen tragen einen Bogen, darüber steht eine Attika, flankirt von zwei kleinen Säulchen.

An der Façade scheint mir aus der Zeit von 1477—1490 nur das Portal und die unmittelbar darüber stehende Abtheilung zu sein, während die obern Theile jedenfalls erst nach 1490 datiren und desshalb auch erst später besprochen werden sollen.

Das Portal nun hat die schon öfter erwähnte Disposition; eine sehr
schmale Chambranle umschliesst die ziemlich niedrige Oeffnung (2,75 M.
breit auf 4,43 M. Höhe) und ist von zwei Pilastern flankirt; diese haben
kein Postament, sehr niedrige attische Basen, sehr schlanke Schäfte
(0,47 breit bei 3,70 hoch) und nicht sehr hohe Capitäle; die Schäfte
sind mit Plättchen und Eierstab umzogen und enthalten Ornamente, welche
als charakteristisch für die frühlombardische Schule wenigstens einigermassen nähere Besprechung verdienen: aus einem etwas flattrigen Kelch-
blatt (Acanthus spinosa) wächst ein Stengel empor, aus dem zahlreiche
Nebenranken auslaufen; der Stengel selbst artet in Vasen, Amphoren,
Larven, Schalen und Candelaber aus, die Nebenranken tragen Blumen,
Früchte, Vögel, Füllhörner, Panspfeifen, Fackeln, Ketten etc.; der Stengel
des einen Pilasters endet in einen Candelaber, aus dessen Flammen ein
Phönix aufsteigt, während auf der Schale des andern ein Adler sitzt;
also der ganze Apparat heidnischer Tempelornamentik in buntem Gemenge an eines christlichen Gotteshauses Pforte! Die Capitäle zeigen
zwischen zwei breiten Eckblättern einen zierlichen Fruchtkorb, die Voluten drängen sich zwischen der Deckplatte des Capitälkelchs und dem
geschweiften Abakus hindurch und aus derselben Fuge zwängt sich in
der Mitte ein Ueberschlagblatt heraus. Auch hier wieder grosser Unsinn,
nur ohne tieferes Eingehen in die Entstehungsweise antiker Formen
möglich, und dennoch wird man diese Ornamente stets wieder mit Wohlgefallen betrachten, denn sie sind bewunderungswürdig elegant gearbeitet;
die Stengel sind fein und höchst mannichfach, dabei doch immer graziös
bewegt, die Blätter saftig, ohne plump, kräftig eingeschnitten, ohne zerrissen zu sein, die Blumen fast üppig und lebensvoll, die Vasen, Füllhörner etc. im Einzelnen ungemein elegant und zierlich, Früchte, Vögel
etc. höchst naturwahr und Alles bis ins Aeusserste accurat gearbeitet.
Auf den Capitälen nun ruht ein durchlaufendes Gesims, welches auch
die bereits S. 67 geschilderte Felderabtheilung der Front und der Strebepfeiler abschliesst. Dieses Gesims nun hat kein einziges sculpirtes
Glied und bietet so zu dem Reichthum der Pilaster einen sehr angenehm
auffallenden Contrast; seine Gliederungen sind sehr scharf und zierlich,
und selbst die etwas zu kleinen Dimensionen der Hängeplatte und des
Karnieses erscheinen hier, wo das Ganze als Gurtsims wirken soll, ganz
am Platze.

Auf diesem Sims nun erhebt sich als Bekrönung des Portals ein
nicht ganz halbkreisförmiger Giebel, umzogen von einem Tragloth mit
schmalem Fries und dem Obersims des eben besprochenen Gebälks;
auf dem Karniesplättchen aber liegt noch ein Plättchen, welches sich
an den Kröpfen, sowie zu den Seiten des Scheitels zu einer Scheibe

aufwickelt, in der eine Rosette sitzt und aus der eine halbe Palmette aufwächst, wie dies Fig. 9. zeigt. Diese Art der Akroterienbildung ist fast stereotyp bei den Lombardis und ihrer Schule. Zwischen den Scheitelscheiben wächst ein Schaftstumpf auf, mit einem Echinus bekrönt, auf dem eine Statue des heiligen Zacharias steht, die aber erst später zu besprechen sein wird.

*Fig. 9.*

An der ganzen Front nun, sowie an den Strebepfeilervorsprüngen zieht sich, auf jenem Gebälk stehend, eine Arkadenreihe hin; im Mittelbau stehen sieben, in den Seitenbauen zwischen den Strebepfeilern je vier Arkaden. Die sie bildenden Pilaster sind sammt Fuss und Capitäl 2,73 Metres hoch und stehen 1,11 Metres von Mittel zu Mittel entfernt. Die Füsse sind attisch, die Schäfte haben beinahe neun Breiten zur Höhe und tragen je vier Cannellirungen, die Capitäle mit stehenden Eckblättern und Eckvoluten unter dem geschweiften Abakus, übrigens aber sämmtlich etwas verschieden, sind ziemlich schlank. Die Chambranles der etwas überhobenen Bogen sind nicht architravirt, sondern nach Fig. 9. a. profilirt, die Zwickel zwischen ihnen mit allerhand Ornamenten von ungleichmässigem Werth ausgefüllt. In den Bogen nun, zwischen den Pilastern, sitzen sehr flache, aber ungemein schlanke (Breite zur Höhe gleich 1 : 4$\frac{1}{2}$) Nischen, oben durch schöne Muscheln geschlossen. Die Kämpfersimschen dieser Nischen sind, um sie tiefer erscheinen zu lassen, nach der Mitte zu in Bogen abwärts gezogen. Ueber den Bogenscheiteln zieht sich noch ein Leistchen (Karnies und Plättchen) hin und an den Ecken der Abtheilungen, Strebepfeiler etc. herab, so die Zwickel umschliessend; darauf folgt nun wieder ein Gebälk, bei weitem mächtiger, als das untere. Der Architrav hat zwei Streifen, darauf einen Ablauf, Perlstab und einen sehr steil stehenden und ungemein hohen, verkehrt steigenden Karnies; der Fries ist sehr hoch und glatt. Die nun folgenden Unterglieder, Zahnschnitt und Viertelstab, stehen in richtigem Verhältniss mit allem Uebrigen. Die darauf liegende Hängeplatte mit ihrem Karnies aber ist unbedingt etwas zu gross und trägt auch in der Technik der Arbeit und des Versetzens ein so entschieden anderes Gepräge, als die untern Theile, dass ich sie, wie bereits erwähnt, nebst allem darüber Sitzenden für erst nach 1490 entstanden halte, daher später noch mehr davon.

Von 1478 datirt das Grab der *Alidea Tron* in *San Giobbe*.

1478 war *Andrea Vendramin* gestorben, es wurde ihm ein Denkmal in
*S. Maria dei Servi* errichtet, welches jetzt in *S. Giovanni e Paolo* links
in der Hauptcapelle steht und jedenfalls eins der schönsten, wenn nicht
das schönste unter allen Denkmalen Venedigs genannt zu werden verdient. Es wird von *Temanza* und nach ihm von *Cicognara* und *Selvatico* dem *Aless. Leopardo* zugeschrieben, namentlich wegen gewisser
Eigenthümlichkeiten in den Ueberschlägen des Blattwerks, wegen der
Ausbohrung der Augen an den Blättern, wegen der grossen Aehnlichkeit einiger Gliederungen mit denen an der Reiterstatue des Colleoni
und anderer Anklänge an die Werke des *Leopardo*. Trotzdem glaube
ich es hier mit anführen zu müssen, denn trotz der angeführten Umstände zeigt es doch in Disposition und Detail so viele Merkmale der
Lombardi'schen Schule, dass ich mich eher versucht fühlen würde, zu
glauben, Leopardo habe jenes Postament, welches, wie wir sehen werden,
doch eigentlich ausserhalb des Gebietes seiner gewöhnlichen Arbeiten
lag, von einem der Lombardi zeichnen lassen; sollte aber seine Autorschaft an beiden Monumenten wirklich noch documentarisch nachzuweisen
sein, so wäre es ja gar nicht zu verwundern, wenn er der damals
herrschenden Schule in diesen Arbeiten gefolgt wäre, da ja auch seine
übrigen Arbeiten einer durchaus nicht weit von dieser Schule abweichenden
Richtung folgen.

Auf den Stufen erhebt sich ein niedriges Stylobat mit Base und
Krönungssims, besetzt mit einem Ornamentenfries zwischen Scheiben,
auf denen Rosetten sitzen; darauf folgt ein Piedestal mit hoher Sockel
und ornamentirtem Hals, durch Kröpfungen in Postamente und Zwischen-
felder getheilt; im mittelsten halten zwei Genien in fast theatralischer
und etwas hastiger Stellung eine Inschrifttafel, welche das Lob des
Verstorbenen predigt; unter den Seitenintercolumnien sind Basreliefs,
Knaben mit Seepferden und Ziegen darstellend; auf den mit Satyren
etc. etwas unpassend verzierten Postamenten stehen zwei Säulen und
zwei sculpirte Pilaster, so dass die letztern an dem Ende des Werks
stehen; das Gebälk liegt platt von Pilaster zu Säule, kröpft sich jedoch
über der Säule, indem es als Kämpfer für den die beiden Säulen ver-
bindenden Hauptbogen dient. Ueber den Pilastern stehen dergleichen
kleinere jonische, welche den Hauptsims tragen. Im Hauptbogen steht
der Sarkophag, dessen Vorderseite durch sechs Pilaster in fünf Felder
getheilt ist, in denen, sowie an den Stirnseiten des Sarges in Nischen
die sieben Tugenden des Verblichenen stehen, Statuetten voller Wahrheit und Ausdruck, keusch in Bewegung und Gewandung und beinahe
an die Werke des *Mino da Fiesole* hinanreichend; zwei Adler mit ausgebreiteten Flügeln und dazwischen eine geflügelte Scheibe ·tragen das

Todtenbett, auf dem die Portraitstatue des Todten liegt, welche von tiefem Naturstudium zeugt und den sanften Todesschlaf nach stürmischem Leben trefflich darstellt; nur ist die Gewandung etwas dürftig und liegt zu sehr an. Die drei christlichen Cardinaltugenden stehen trauernd am Sarge, Schmerz im Antlitz, aber welchen Schmerz; besser konnte die Trauer eines göttlichen Wesens wahrlich nicht ausgedrückt werden, als in diesen Gestalten. Von lobendem Eingehen auf einzelne Details der Sculptur, muss mich der Leser hier entbinden, denn wo man der Vollkommenheit gegenübersteht, genügt eben kein Lob.

Weniger gelungen, offenbar von einem untergeordneten Gehülfen gearbeitet und sehr conventionell gehalten, ist das Relief des Bogenfeldes, Maria mit Heiligen und zwei knieenden Figuren aus der Familie *Vendramin*, in den Seitentheilen sind über dem Gebälk zwei knieende Engel, unter dem Gebälk zwei Nischen und darüber Medaillons mit Centauren angebracht.

Vorzüglich gearbeitet sind die Aufsätze über dem Hauptsims, eine Mandorla, von Sirenen gehalten, die allerdings schlecht an ein christliches Grabmal passen wollen; die Wappenschilder, Medaillons, Ornamentfriese etc., sind sämmtlich höchst frisch und elegant gearbeitet; die Säulen sind im ersten Drittheil ihrer Höhe mit Festons behängt, welche von Schleifen mit flatternden Enden gehalten werden; leider kehrt auch hier das heidnische Emblem des Seepferds in wenig motivirter Weise, aus den Früchten steigend, wieder.

Aber all diese Ornamente sind so verständig vertheilt, dass sie die Gesammtwirkung durchaus nicht stören, welche trotz des Reichthums beinahe einfach zu nennen, und durch die ausgewählten Verhältnisse eine sehr ruhige ist. Die Entfernung zwischen den Achsen der beiden Säulen ist nur wenig über doppelt so gross, als die von Säule zu Pilaster. Die Höhe der Säulen beträgt 10 Durchmesser, die des Gebälks wenig über 2, die der Postamente etwas über 4, die der Attika $4^1/_2$, die des Obersimses nicht ganz 2 Durchmesser, die Höhe endlich des Hauptbogens ist $2^1/_{10}$ seiner Weite etc.

Die ganze Architectur trägt das Gepräge der Lombardi, auch ist nachgewiesen, dass *Tullio Lombardo* mit an diesen Denkmale arbeitete: er fertigte zwei Statuen, Adam und Eva, für die Nischen der Seitenintercolumnien, welche 1812 bei Uebersiedelung des Denkmals als indecent davon entfernt und im Palast *Vendramin* aufgestellt wurden, bei dessen Betrachtung sie nochmalige Erwähnung finden werden. Am Monument sind sie durch andere ersetzt; doch fehlen leider die zwei Schildhalter, welche auf den Enden des Postaments zur Seite der Pilaster standen und wahrscheinlich ebenfalls von *Tullio* herrühren, sie

stehen im Berliner Museum und sind beinahe lebensgross, wahr, aber
etwas dürftig gearbeitet. Noch ist zu erwähnen, dass viele Theile des
Monuments vergoldet sind, so die Adern der Blätterstäbe etc.

1475—80. In die zweite Hälfte des in Rede stehenden Decen-
niums glaube ich noch folgende Arbeiten versetzen zu müssen.

Die von *Antonio Roselli* oder *Ruscelli* herrührenden, bereits S. 32 ff.
In S. Giobbe. und S. 69 erwähnten Arbeiten in *San Giobbe*, welche aus den S. 33
angeführten Gründen aus jener Zeit sein müssen; eben dort erläuterte
ich, warum dieser *Roscelli* nicht gut identisch mit *A. Rosellino* sein
kann, sondern als Schüler der Lombardi betrachtet werden muss, der
aber, ehe er nach Venedig kam, schon in Florenz gearbeitet hatte.

Zur Linken des Eintretenden befinden sich zwei Capellen; die erste,
auf Kosten des *Pietro Grimani* errichtet, öffnet sich in einem grossen
Bogen, verziert mit Früchten und Laubornament und gestützt auf Pilaster,
deren Gebälk die Capelle auf allen vier Seiten umzieht; auf dem Altar
steht eine Figur des heiligen Lucas, dessen Gebeine seit 1466 in dieser
Kirche ruhen; zu den Seiten stehen zwei Engel und auf der Altar-
brüstung ein Relief, S. Petrus; die folgende Capelle ist ähnlich disponirt,
auch am Eingangsbogen ähnlich, aber nicht ganz gleich verziert; am
Gewölbe sind vier Medaillons mit Halbfiguren, den Evangelisten, ausgeführt in Terracotta in der Manier des *Robbia*. Die Arbeit ist durchweg
gut und erinnert hie und da an die florentinische Weise.

Reliefs. Ueber der Thür des Hofes von *S. Maria degli Angeli* in Murano
steht ein Relief mit der Verkündigung Mariä, welches ebenfalls ein
starkes Hinneigen zur florentinischen Schule zeigt, so dass ich sie fast
für ein Werk desselben *Rosselli* halten möchte.

Aus derselben Zeit scheint ein Basrelief mit drei Heiligen über der
Thür des aufgehobenen Oratoriums *San Gioachino* in der Nähe der
*Giardini pubblici* zu stammen.

Aus dem Jahre 1478 datirt wahrscheinlich die *Scuola dei Calzo-
laji a S. Aniano* bei *S. Toma*, wenigstens trägt ein Relief über der
Thür des sonst sehr einfachen Gebäudes diese Jahreszahl. Es stellt
den heiligen Marcus dar, der einen Schubmacher Anianus in Alexandrien
heilt, und ist mehrfach interessant wegen der vielen Schuhgattungen, die
darauf mit angebracht sind, wegen der Bemalung der Sculptur und endlich, weil es von einem Spitzbogen umschlossen ist, einem Spätling der
mittelalterlichen Kunst, gleich jenen in *San Zaccaria*.

San Nicolo. Um 1476 den 7. April wurde der Grundstein zum Hospital *San
Nicolo di Bari*, genannt *di Castello*, gelegt; die Kirche wurde zwar erst
1503 geweiht, doch scheint die Façade kurz nach 1476 begonnen
worden zu sein, welche freilich niemals vollendet wurde. Die Kirche

ist gleich der nicht weit davon stehenden *S. Antonio del Castello* wegen
der Anlage der *Giardini pubblici* abgebrochen worden. Aus einer Abbildung in *Visentini's Prospetti* geht hervor, dass sie eine Kuppel, ähnlich denen der Markuskirche und drei Portale hatte; das Mittelportal,
seit 1821 als Eingangsportal des neuen Flügels der Kunstacademie
wieder aufgestellt, hat einen Halbkreisgiebel, die Seitenportale hatten
Spitzverdachungen, alle drei aber staunenswerth reich sculpirte Pilaster
und Gebälke; über dem Mittelportal stand ein Loggia mit vier Oeffnungen, über dem Seitenportal unten Rundfenster, oben einfache Rundbogenfenster, das Uebrige fehlte aber noch.

1480 und nicht, wie man hie und da findet, 1550, wurde Kirche Ogni Santi.
und Kloster *d'Ogni Santi* durch Neubau unter der Aebtissin *Eufrosina*
*Belegno* von *S. Maffio* in Mazorbo vergrössert, nachdem die Nonnen
von *S. Marguerita* in Torcello 1472 in die Stadt gezogen waren und
1474 eine Schiffswerft, Weinberg etc. gekauft hatten.

1481 erhielt der bereits 1453 in der Hauptsache vollendete Bau
der *Scuola S. Giovanni Evangelista* seinen Abschluss durch Decoration Sc. S. Giov.<br>Evangelista.
des Vorhofes und des Eingangs in den eigentlichen Hof. Der Vorhof
ist nach der Strasse ganz offen, die andern drei Seiten sind mit can-
nelirten Pilastern besetzt, an der rechten und linken Seite dienen dieselben zur Maskirung unregelmässiger Gebäude, das Gebälk kröpft sich
und jeder Kropf trägt einen vasenartigen Knauf; die zwischen den Pilastern stehenden Fenster sind ganz schmucklos; die letzte Seite ist ebenfalls durch Pilaster in drei Felder getheilt; im mittelsten steht eine Pforte,

deren Chambranle,
reich mit Laubwerk
verziert, unter dem
durchlaufenden Hals-
glied der Pilaster ab-
schliesst, so dass ein
Fries von der Höhe der
Capitäle als Inschrifts-
tafel frei bleibt. Dar-
über läuft das Gebälk,
hier ohne Kropf, durch
und trägt einen halb-
kreisförmigen Giebel in
der gewöhnlichen Form,
dessen Feld ein Adler
einnimmt; auf der Spitze

*Fig. 10.*

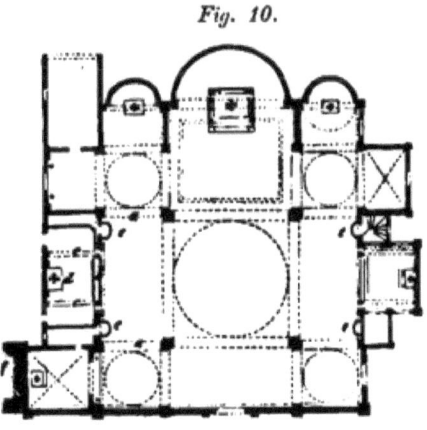

wächst aus den Scheitelrollen ein Kreuz auf, dem sich mit betend aufgehobenen Händen zwei Engel zuwenden, die auf den etwas unruhig wirkenden Doppelkröpfen über den in den Ecken zusammenstossenden Halbpilastern knieen; die Seitenfelder enthalten Fenster, welche mit ihrer übertriebenen schlanken Oeffnung, mit ihren etwas zu schmalen Pilastern und hohen Spitzverdachungen beinahe gequetscht aussehen; über jedem sitzen zwei bunte Scheiben. Die Pilaster dieser Fenster, die Friesflächen des Gebälks, die Platte des als Sockel fortlaufenden Basengesimses sind sämmtlich reich sculpirt, ohne dass jedoch diese Ornamentik durch zu mächtiges Auftreten den einfach edlen Totaleindruck störte.

Im Albergo selbst, wo einst die Versammlungen dieser hochberühmten Brüderschaft stattfanden, der Fürsten und Könige anzugehören nicht verschmähten, steigt in engbeschränktem Raum eine zweiarmige Treppe auf. Auch der Saal und die Nebenzimmer sind reich und elegant im Styl der Lombardi decorirt; namentlich verdienen das zierlich eingetheilte Marmorpflaster und der geschickt angeordnete Altar wenigstens Erwähnung. Es scheint fast, als wenn *Pietro Lombardo* oder einer seiner Söhne der Autor dieses fast niedlich zu nennenden Baues sei.

1481 baute *Pietro L.* den Palast *Vendramin Calergi*, von dem weiter unten bei Betrachtung der Wohnhausbauten die Rede sein wird. In demselben Jahre fertigte er den Löwen und die Figur des *S. Apollinaris* auf den Säulen des Markts zu Ravenna.

*In Ravenna.*

1482 arbeitete er das Grab des *Dante* in Ravenna, welches aber leider später eine sogenannte Restauration, richtiger Corruption erleiden musste.

*S. Giov. Grisostomo.*

1483 ward der Bau von *S. Gioranni Grisostomo* begonnen. Die verschiedenen Meinungen in Betreff seiner Autorschaft wurden bereits S. 64 erwähnt. Diese Kirche nun wird von *Selvatico* als nicht sehr wichtig betrachtet; in Bezug auf das Aeussere gebe ich ihm auch ganz Recht, diess folgt der gewöhnlichen Disposition der Bauten der Lombardi mit nur unwesentlichen Abweichungen, welche namentlich in dem schlankeren Verhältniss der Thüren und Fenster und etwas veränderter Form der Thürverdachung bestehen. Was aber das Innere anlangt, so zeigt dies schon im Grundriss manches Neue, den ich daher dem Leser in Fig. 10 vorlege.

Der Aufbau auf diesem Grundriss nun zeigt deutlicher als mancher andere Bau der Lombardi. wie sehr sie Herren ihres Stoffes waren, wie viele Uebergriffe über die vitruvianischen Regeln sie sich erlaubten, ohne doch je in Unschicklichkeit oder unschöne Willkür zu verfallen. Was zunächst die Hauptverhältnisse unbelangt, so beträgt die Höhe der vier Hauptbogen bis zum Schlussstein das Doppelte der Qua-

dratseite des Grundrisses. Bei ihrer geringen Stärke würden diese Pfeiler leicht zu schlank geworden sein; um dies zu vermeiden, stellten sie
die Künstler auf Postamente, deren Höhe gleich ¹/₅ der ganzen Höhe bis
zum Kämpfer ist, und die sich an allen Pfeilern und Säulen des Innern wiederholen, nur dass sie an den Hauptpfeilern etwas kräftigere
Gliederungen haben als anderwärts; von ihnen aus steigt der Schaft
glatt auf, wird aber von dem Kämpfersims der Bogen a umzogen,
welcher in der Weise des *Buon* profilirt ist; über den etwas überhobenen und im ganzen beinahe drei Weiten zur Höhe habenden Bogen a
läuft ein vollständiges Gebälk hin, welches sich nicht nur in allen vier
Kreuzarmen herumzieht, und so auch die Bogen b überdeckt, sondern
auch die obigen Eckpfeiler umkröpft, wo es, auf einem mächtigen Capitäl aufsitzend, als Kämpfer für die Hauptbogen auftritt, an die sich
unmittelbar die Pendentifs der Kuppel anschliessen; der Kämpfer der
Bogen a zieht sich an der Wand herum, sich um die Eckpfeiler kröpfend,
bei den Säulen von b aber plötzlich die Function eines Gebälks über-
nehmend, und als solches bei c freiliegend, wo es sogar als Widerlager
für das Tonnengewölbe der Cupelle dient; während alle übrigen Eckpfeiler als Lisenen bis an jenen Kämpfer laufen, dessen Kropf als Capitäl benutzend, tragen diese Säulen nebst den neben ihnen stehenden
Pilastern die betreffenden Kröpfe auf zierlichen schlanken Capitälchen;
der Schaft des Pilasters ist 9 Durchmesser hoch und glatt; die Säule
aber ist noch schlanker und desshalb mit einem sehr zierlichen Kranz-
knauf gebunden, blos der Oberschaft ist verjüngt, der untere cylindrisch
und gleich einer Ara mit Festons verziert; an den Seitenwänden der Capelle nun läuft nicht der Sims des Postaments, wie aussen in der Kirche,
sondern dieser Knaufsims herum, so die Wand mit hohem Lambrequin
versehend; auf dem Kropf, der von jenen Säulen getragen wird, setzt sich
der Bogen b auf, über dem Pilaster hingegen ein Pilasterchen ohne
Fuss, das auf seinem Capitäl das obenerwähnte Gebälk trägt. Der
Zwickel zwischen diesem Pilaster und dem Bogen ist mit einer Scheibe
ausgefüllt; eine solche sitzt auch an dem grossen Schild über b; der
Altar bei d ist durch grössere Pilaster flankirt, deren Schäfte ebenfalls
Scheiben haben.

So dient der eine Sims hier bald als Kämpfer, bald als Bogen-
überdeckung, bald als Gebälk, der andere bald als Säulenbund, bald
als Lambrequinbedeckung, der dritte bald als Kämpfer, bald als Capitäl, bald als Gebälk; und dadurch ist ein so angenehmer Wechsel in
den Höhen, eine so grosse Freiheit der einzelnen Parthieen, bei doch
nicht ganz aufgehobenem Zusammenhang unter derselben erreicht, dass
diese, man möchte fast sagen liebenswürdig naive Behandlung, verbun-

6*

den mit der durchgängig sehr leichten und doch nicht schwächlichen Maassvertheilung und der ungemein geschickt abgewogenen, grösstentheils höchst eleganten und dennoch feinen Profilirung den Beschauer die hie und da mit untergeschlichenen kleinen Mängel vergessen lässt.

Noch sind die auf dem Grundriss angedeuteten vier Kanzeln an den Seiten der Bogen b zu erwähnen, sie sind balkonartig in halbem Achteck aus der Wand vorgebaut und ruhen auf einem ebenfalls in halbem Achteck in vielen Gliedern allmälig vorkragenden Consol; hinter der Brüstung öffnet sich eine Thür, verziert durch Pilasterchen mit einem kleinen Gebälk, auf dem zwei liegende Consolen eine Palmette einschliessen, über der ein Consol eine kleine sehr niedliche Statuette trägt; das Motiv ist sehr glücklich, die Durchführung aber und die Formen der Gesimse etc. geradezu dürftig zu nennen.

Mon. Mar-<br>cello. 1484 liessen *Ludovigo* und *Pietro Marcello* ihrem Vater, dem bei Gallipoli gefallenen Seehelden *Jacobo Marcello*, im rechten Kreuzarme in *S. Maria aï Frari* (bei 18 Fig. 53 Band I. S. 171) ein Denkmal setzen, welches ebenfalls der Schule der Lombardi angehört. Drei Figürchen in der Volkstracht der Venetianer tragen eine Urne, bedeckt mit üppigem Laubornament, auf der sich die Statue des Helden, die Fahne haltend, erhebt; zwei Genien stehen als Schildhalter ihm zur Seite.

Mon. der Ge-<br>nerosa Zeno. Ziemlich aus derselben Zeit scheint das Denkmal zu sein, welches in derselben Kirche *Luca Zeno* seiner Frau *Generosa*, gebornen *Orsini* und seinem einzigen Sohn *Maffeo* setzen liess, und welches im Grossen eine Wiederholung der an den Privatbauten der Lombardi'schen Schule so oft wiederkehrenden aufgehängten Medaillons ist; hier wird das grosse Medaillon von einem zweiköpfigen Adler mit geflügeltem Löwen auf der Brust von unten und zur Seite von zwei Engeln gehalten. Im Medaillon steht auf zwei Consolen in Form etwas schwächlicher jonischer Capitäle der Sarkophag, reich mit Laubwerk verziert, und von zwei Löwen flankirt; auf dem Deckel liegt eine Decke, mit Schuppen und Laubwerk verziert, und darüber erhebt sich eine Madonna im Vollrelief. Das Medaillon ist oben durch eine Schrifttafel mit den bei den Lombardis so beliebten, hier sehr leicht und zierlich ausgeführten liegenden Consolen geschlossen, deren Curven einen sehr angenehmen Contrast mit der Kreislinie des Ganzen bilden. So wenig dieses Grabmal auch im Charakter den an ein christliches Grab, ja an ein Grab überhaupt zu stellenden Anforderungen entspricht, so ausgezeichnet ist es, von rein ornamentistischem Standpunkt aus betrachtet.

S. Mar. d. Mi-<br>racoli. *S. Maria dei Miracoli.* Im Jahre 1480 begann ein Madonnabild, welches auf der Kreuzblume der Thür der *Corte delle Monache* (Band I.

S. 210) stand, welche damals *Corte Nuora* hiess, und der gegenüber
sich das Haus *degli Amadi di S. Marina* befand, Wunder zu thun; um
Unglück bei dem entstehenden Volksandrang zu verhüten, übertrug man
das Bild auf einen zum Almosenstock eingerichteten Säulenstumpf in
dem Hof des genannten Hauses und ernannte Procuratoren zur Verwal-
tung der durch die Wunder einzunehmenden Gelder, welche schon nach
einigen Monaten auf die Summe von 30,000 Ducati angewachsen waren.
Mit diesen nun kaufte man die *Corte nuova*, welche den Familien *Bembo*
und *Querin* gehörte, und später die *Corte Barozza*; auf dem Terrain
der letzten wurde das Kloster für einige Nonnen aus *S. Chiara* erbaut; auf dem Terrain der ersten aber begann man schon 1481 den
Bau der Kirche. Behufs Erlangung eines Plans war eine Concurrenz
ausgeschrieben worden, und in Folge derselben übergab man den ganzen Bau dem *Pietro Lombardi* in Accord für eine Summe, für die er
sich anheischig machte, den Bau von den Fundamenten bis an den
ersten Sims auszuführen, mit drei Thüren und vergitterten Fenstern,
genau nach der Zeichnung, welche bei *Pietro Francesco Zen* deponirt,
aber, wie aus dem betreffenden Documente hervorzugehen scheint, vielleicht nicht von *Pietro* gefertigt war; doch scheint diese Zeichnung
nicht vollständig gewesen zu sein, denn 1484 übertrugen die Procuratoren dem *Lombardo* die Anfertigung eines Plans für das Sanctuarium,
das Gewölbe etc., worauf ihm die Leitung des Baues mit einem Gehalt von 60 Ducati jährlich übertragen ward. Das Schiff ist ein
Rechteck, dessen Breite sich zur Länge verhält wie 2 : 5; das letzte
Fünftheil nimmt eine Terrasse ein, zu der eine in die Terrasse einge-
schobene Treppe von 12 Stufen aufwärts führt; hinter der Terrasse
liegt das Sanctuarium, quadratisch, mit angebauter Altarnische, und
durch eine Kuppel überdeckt, darunter liegt die Sakristei, zugänglich
durch die Wendeltreppe des kleinen achteckigen Campanile, welche
auch nach der Orgel und dem Boden führt. Die Disposition der Façade ist nicht gerade gelungen, dieselbe ist durch Pilaster in fünf Felder getheilt, deren mittleres die Thür einnimmt. Das Gebälk kröpft
sich über den Pilastern und trägt über der Thür ein segmentförmiges
Fronton; auf den Kröpfen steht noch eine Reihe Pilaster, welche Bogen
tragen, deren Felder theils Fenster, theils von Marmor eingelegte Figuren einnehmen; über den Bogen liegt ein Gebälk, auf dem ein grosser
halbkreisförmiger Giebel sitzt, der ziemlich schwer auf das Gebäude
drückt und auf höchst unorganische Weise mit Rundfenstern und Scheiben besetzt ist; nur die reiche Verzierung der untern Pilaster, der
Friese etc. mit Laubwerk, die edlen und feinen Details der untern corinthischen und obern cannellirten jonischen Pilaster, des Portals etc.

und die saubre, accurate Arbeit an diesen feinen Details, können mit
diesen Fehlern der Hauptdisposition versöhnen, die übrigens nach dem
oben Mitgetheilten wahrscheinlich nicht dem *Pietro* zur Last gelegt werden können, während das, was jedenfalls von ihm herrührt, das Innere,
ihm zu hoher Ehre gereicht; nach dem ursprünglichen Plan war das
Innere sehr einfach, indem die ganze Höhe bis zum Widerlager durch
einen Sims in zwei Parthieen getheilt und in viereckigen Feldern mit Marmorplatten belegt war. *Lombardo* hingegen in dem von ihm gezeichneten Sanctuarium, wich ganz von dieser Anordnung ab; den Eingangsbogen flankiren zwei Pilaster mit Piedestalen, corinthischen Capitälen und
reichem Gebälk, welches, den Eingangsbogen so wie den andern drei
Schildbogen als Kämpfer dienend, die Seitenwände und die Chornische
umzieht. Ueber diesen vier Bögen nun erhebt sich ein Tambour mit
voller Kuppel, äusserlich durch eine höhere Holzkuppel überbaut.

Die Terrasse nebst Treppenwange ist von einem Doggengeländer
mit quadratischen Eckpfeilerchen umzogen; über den Doggen und Pfeilern zieht sich ein Halsglied und Fries mit Rankenornament hin, und
auf den Ecken stehen betende und singende Halbfiguren. An den
Enden des Geländers nach der Mauer zu bauen sich in halbem Achteck
Kanzelbrüstungen aus, unter deren wohl eben dadurch etwas zu niedrig
ausgefallenen Consolen die Sakristeithüren in der Vorderwand des Po-
diums stehen. Zwischen diesen Kanzeln und der Treppenecke in der
Mitte ladet das Gesims in halben Achteck aus, von einem Engelkopf getragen und das so entstandene Consol trägt eine Heiligenfigur. In der
Mitte der Capelle steht der Altar isolirt, umgeben von Cancellen, die
in quadratische Felder getheilt, und in diesen in der Art durchbrochen
sind, dass im Quadrat ein Kreis sitzt, ausgefüllt mit einem festen Mittel-
medaillon, welches von acht durchbrochenen und sich verschlingenden
Kreisen umschlossen ist; in den Zwickeln sitzen ebenfalls durchbrochene
akroterienähnliche Verzierungen.

Das Tonnengewölbe des Schiffs ist von Holz construirt und in
50 quadratische Cassetten getheilt, welche durch kleine Cassetten von
verschiedener Form von einander getrennt werden; es ist reich vergoldet und jede der grossen Cassetten enthält eine gemalte Halbfigur; über dem Haupteingang befindet sich der geschlossene Chor, in
den die Nonnen auf einer Brücke über der Strasse aus dem Kloster
gelangten; der Fussboden des Chors liegt in gleicher Höhe mit dem
Theilungssims der Langwände und wird von zwei ebenfalls reichver-
zierten Pilastern gestützt.

Was nun die Details betrifft, so sind die Gliederungen und namentlich die Gebälkprofile voller als die bisher betrachteten dieser Schule, der

Wechsel der Glieder ist sehr harmonisch, sie stehen in Bezug auf Maasse und Geltung in vollständig richtigem Gleichgewicht, und in den mehrtheiligen Simsen, Feldern etc. sind die verschiedenen Farben des Marmors und Porphyrs, Weiss, Gelb, Grau, Grün, Roth und Schwarz, in sehr mannichfacher und richtig abgewogener Weise zusammengestellt.

Die Laubornamente sind ähnlich denen am Portal von *S. Zaccaria*, doch ist bei vielen statt des exotischen Akanthus, Wein und Feigenlaub etc. verwendet und mit ungemeiner Naturwahrheit gearbeitet; die figürlichen Theile der Ornamentik, Knaben im Hemd, Engelsköpfe, die bei den Haaren angebunden sind, Sirenen mit Flügeln die in Blätter auswachsen etc., enthalten sämmtlich viel Unsinn, sind aber mit lieblicher Grazie und leichter Naivetät gearbeitet, welche jenen Unsinn bald vergessen lässt.

Die selbstständigen figürlichen Darstellungen nun sind nach *Sansorino* theils von *Pietro*, theils von *Tullio Lombardo* gearbeitet; auch *Antonio* scheint mit daran thätig gewesen zu sein. Die meisten dieser Figuren sind etwas kurz im Oberkörper, übrigens aber correct in den Verhältnissen, würdig, doch nicht steif in den Bewegungen, mild und sinnig im Ausdruck der Gesichter; der Faltenwurf ist ziemlich einfach angeordnet, aber ohngefähr so, als wenn er nach nassen Stoffen gearbeitet wäre, obgleich dieser Fehler weniger auffällig ist, als an frühern Arbeiten derselben Schule.

Die Kirche wurde 1489 am Sylvester geweiht. Das Kloster wurde 1483 begonnen und ist sehr einfach, die Fenster haben Segmentverdachungen.

Aus jener Zeit stammen auch augenscheinlich die vier Engel auf einem Altar der Kirche *San Martino*, welche von Tullios Hand sind, in S. Martino. ihm aber nicht viel Ehre machen würden, wenn er nicht durch andere Arbeiten sich dieselbe errungen hätte. Diese Engel, jedenfalls eine Jugendarbeit des Tullio, zeigen in der Gleichmässigkeit ihres Faltenwurfs, ihrer Gesichter und Bewegung noch von wenig freier Phantasie.

Der ihm ebenfalls zugeschriebene Taufstein derselben Kirche ist zwar geschmackvoll angeordnet, aber ebenfalls nicht unter seine besten Arbeiten zu rechnen, wenn anders er wirklich von ihm herrührt.

Der 1486 gestorbene *Marc. Anton. Barbarigo* wurde zwar in *S. Maria della Carità* begraben, da er aber mit seinem 1501 verstorbenen Bruder in gemeinschaftlichem Grabe ruhte, so wird das betreffende Grabmal, oder vielmehr das Wenige, was noch davon erhalten ist, erst bei 1501 zu besprechen sein.

Von dem dem Pietro zugeschriebenen Palast *Corner Spinelli* wird bei Betrachtung der Wohnhausbauten die Rede sein.

1485 starb *Giovanni Mocenigo*; sein Grabmal, zur Linken der Hauptthür von *S. Giovanni e Paolo*, scheint den *Tullio Lombardo*, von dem es
herrührt, bis gegen 1500 beschäftigt zu haben. Auf einem Sockel, auf
dessen Vorderseite burgartige Gebäude dargestellt sind, erheben sich
vier Säulen corinthischer Ordnung mit zwei Blattreihen am Capitäl (das
älteste Beispiel dieser Art in Venedig); im Mittelbogen steht ein höchst
elegantes Paradebett, ähnlich disponirt dem am Grabe des *Andrea
Vendramin*; auf demselben liegt die Portraitstatue des Dogen, hinter
demselben, auf der Rückwand der Blende, ist ein Relief einer sitzenden
Maria mit dem Kinde; auf der einen Seite führt ihr Johannes der Täufer
den Todten zu, auf der andern nimmt der heilige Theodor die Dogenkrone von einem Engel in Empfang. In den Seitenintercolumnien stehen
zwei allegorische Gestalten, im Stylobat ist rechts die Taufe Christi,
links die Taufe des Anian durch Markus dargestellt. Die Figuren sind mit
beinahe classischer Vollendung entworfen und gearbeitet, höchstens könnte
man dem Faltenwurf einen etwas grössern Styl wünschen. Die Reliefs
sind etwas weniger sorgfältig ausgeführt, enthalten auch hie und da,
namentlich in den Verkürzungen, Incorrectheiten.

Aus dem Jahre 1488 datirt der Holzrahmen eines Altarblattes von
*Gian Bellin* in der Kirche *ai Frari*, der in höchst feiner, zarter und
fast liebenswürdig zu nennender Behandlung das Modell eines Lombardi'schen Portals zu sein scheint und wirklich so charakteristisch für
die Schule ist, dass er hier erwähnt werden musste.

Aus dem Jahre 1489, als dem Vollendungsjahr der Kirche *ai Miracoli* mögen wohl die daselbst auf dem Hauptaltar stehenden Statuetten,
von Tullio gearbeitet, datiren.

1490 begann der Wiederaufbau der am Gründonnerstage 1485 ab-

gebrannten *Scuola di San Marco*. An diesem Gebäude nun fungirte
*Martino Lombardo* als Architect. *Tullio* und *Moro* als Bildhauer, und
hier sehen wir die Architectur der *Lombardi* sich in vollem Pomp ent-
falten; hier zeigt sich, wie feine Zierlichkeit mit ruhiger Kraft, unbe-
schränkter Reichthum der Verzierungen mit schlichter Einfachheit der
Disposition, malerische Ungenirtheit in der Gruppirung mit höchster
Eleganz in der Durchführung sich vereinigen, sowie die befriedigendste
Eurithmie auch ohne Befolgen vitruvianischer Regeln, wie classische
Formen auch ohne Copiren antiker Vorbilder sich erreichen lassen. Die
Façade der *Scuola di San Marco* ist jedenfalls das stichhaltigste und
gelungenste Muster für die einzige Methode, nach der es möglich ist, antike
Formen für moderne Zwecke zu vollständiger Befriedigung verwendbar
zu machen; ausser dieser von den Lombardi im Allgemeinen mit vielem
Glück gelösten Aufgabe ist hier aber noch eine zweite ebenso glücklich

gelöst. Der Character einer Scuola, also eines blos halbkirchlichen
Gebäudes. ist sehr gut getroffen. Die Architectur ist repräsentativ gehalten, ohne sich doch geradezu auf das Gebiet der Kirchenarchitectur
überzuspielen. Die Scuola besteht aus zwei in rechtem Winkel zusammenstossenden Gebäuden. Das längere streckt seine einfache Langfaçade
den Rio entlang und zeigt den Giebel an der Hauptseite. von dem rechts
das andre Gebäude sich anlehnt; die Giebelfaçade nun ist durch vier
Pilaster in drei Parthieen getheilt, die doppelt auf einander stehen. Die
untere Pilasterordnung hat einen sehr niedrigen Stylobat und fast etwas
zu kleine Basen. die gleich dem Stylobat als Sockel weiterlaufen; die
Schäfte enthalten Füllungen mit bunten Scheiben im Mittel und sind fast
zu breit für das ungemein zierliche Gebälk, welches sich über den Capitälen verkröpft. während zwischen den Pilastern in dem durch Architrav
und Halsglied begrenzten Streifen reiche Ornamentenfriese sitzen; dieselbe Ordnung läuft auch an dem die Flucht dieses Giebels innehaltenden
Seitenbau hin, jedoch sind hier die Pilasterfelder schmäler; das Mittelfeld
jeder von diesen beiden Gruppen nimmt eine Thür ein. Die Thür im
Giebelbau ist durch einen auf reich in Füllungen ornamentirten Pilastern
ruhenden Rundbogen geschlossen und von zwei Pilastern flankirt, welche
etwas unschön unmittelbar neben den Hauptpilastern sitzen, jedoch fast
gänzlich durch die davorstehenden Säulen gedeckt sind; diese Säulen
nun sind bedeutend schwächer, als die Pilaster und mussten es sein,
damit die auf ihnen ruhenden Kröpfe des Simses, die die Halbkreis-Ver-
dachung trugen, sammt dieser leicht werden konnten. Um die so nöthig
gewordene geringe Stärke mit der Höhe in Einklang zu bringen, ist bei
diesen Säulen in die Schafthöhe der Pilaster ein nicht sehr schlankes
viereckiges Postament und ein cylindrischer Unterschaft eingeschoben,
der etwas stärker als der glatte mit Entasis versehene Säulenschaft und
reich sculpirt ist; auf ähnliche Weise ist beim Capital in die Capitalhöhe
der Pilaster noch ein Hals mit Festons eingeschoben; in den Zwickeln
hinter den Bogen sitzen Scheiben, die Verdachung ist von einem durchbrochenen höchst zarten Rankenstreif umzogen, der auf den Kröpfen aus
Greifen auswächst. auf deren Köpfen Akroterienplatten liegen. Oben
am Scheitel enden die Ornamente in Engel, die ein Akroterium halten;
auf diesen Akroterien stehen die bereits Band I. S. 264 erwähnten Figuren,
die dem *Bartol. Bon* zugeschrieben werden. Im Bogenfeld dieses Giebels
steht ein Relief, Markus zwischen Mitgliedern der Scuola; der Thür-
bogen selbst hat einen Schlussstein in Consolenform. auf dessen Unter-
rolle ein Engel mit Füllhorn sitzt, so viel mir bekannt das älteste
Beispiel in Venedig für die Markirung eines Schlusssteins, auch hier an
diesem Gebäude das einzige, bei allen anderen Bögen geht die Cham-

branle ununterbrochen durch. Das Portal in dem andern Façadentheil
ist so niedrig, dass es sammt seiner Segmentverdachung noch nicht an
das Halsglied der grossen Pilaster reicht; die Oeffnung ist scheitrecht
und das auf den Gewändpilastern ruhende Gebälk nicht gekröpft. Zu
den Seiten der Portale nun sind die Felder der Wand durch fingirte
Eingänge in Hallen ausgefüllt, die perspectivisch in dem Marmorbeleg
nachgeahmt sind, und zwar mit grosser Virtuosität, so dass sie allerdings
eine momentane Täuschung hervorbringen, die noch durch die ebenfalls
mit meisterhafter Berücksichtigung der Perspective gearbeiteten, sich
scheinbar in diesen Hallen bewegenden Gestalten vermehrt wird. Diess
sind zu den Seiten des Hauptportals zwei Löwen, zu den Seiten des
Nebenportals die schon erwähnten Wunder des Markus; aber je mehr
wahrhaft künstlerische Vollendung diese Reliefs zeigen, um so mehr muss
man es bedauern, dass solch ein Künstler sich herabwürdigte, behufs
der ornamentalen Ausfüllung einer Mauerfläche zu solchen Kindereien
seine Zuflucht zu nehmen, als steinerne Perspectivreliefs sind.

Was nun das obere Geschoss anbelangt, so ist diess eine Kleinig-
keit niedriger, als das untere; der Stylobat ist hier kaum etwas höher,
als die Breite der Pilaster beträgt, deren Schäfte cannellirt sind; die
Capitäle haben entschiedenere Bewegungen, als die untern; der Halsfries
fehlt, das Gebälk ist (sehr richtig berechnet) in den Verhältnissen etwas
leichter, in den Ausladungen markirter und in der Behandlung bedeutend
einfacher, als das unten. Das Mittelfeld des Giebelbaues über dem
Portal, zum Theil durch dessen Giebel eingenommen, ist blos durch
eingelegte dunkle Streifen getheilt, die benachbarten Pilasterfelder aber
werden ganz durch Fenster ausgefüllt. Die eigentlichen, den Bogen
tragenden Gewändpilaster liegen in der Mauer eingetieft und werden zur
Hälfte durch eine Säule verdeckt, die vorn nur sehr wenig vor der
Flucht vorsteht und von der glatten Mauerfläche durch einen Streifen
getrennt wird, der allerdings als Pilaster ausgestattet ist (mit Base und
Capitäl), bei seiner übertrieben geringen Breite aber füglich diesen Namen
kaum verdient. Sein Abakus vereinigt sich mit dem der Säule zu einer
Platte, welche zwei kurze jonische Pilasterchen trägt; auf diesen nun
ruht der Kropf eines Gebälks, welches sich auf die sehr schmalen Bogenchambranles auflegt und die Segmentverdachung trägt, welche von Rollen,
ähnlich den bereits besprochenen (s. Fig. 9) flankirt ist; auf dem Gipfel
des Segments steht zwischen den Halbpalmetten statt der Rollen eine
ziemlich ungeschickte Vase. Im Seitenbau enthält das Feld über der
Thür ein Medaillon mit der Büste eines geflügelten Löwen en face, umgeben von vier andern Medaillons in dunklem Marmor, die sämmtlich
durch ein umgelegtes Band verbunden sind, ein Motiv, welches schon an

der Façade *ai Miracoli*, sowie in den Perspectiven zur Seite der Hauptthür vorkommt und bald bei den Lombardis sehr heimisch ward; es
erinnert an die romanischen und normannischen Mosaiksysteme der Fussböden; die Fenster der beiden Nebenfelder, sehr schlanke Rundbogen,
flankirt von ebenso schlanken Pilastern, welche Gebälk mit Spitzverdachung tragen, sehen beinahe noch gequetschter aus, als die von *S.
Gioranni Ecangelista* und sind wohl das einzige geradezu Misslungene
an diesem Bau, dessen obern Abschluss wir nun noch zu betrachten
haben. Am Giebel steht nämlich auf jedem Kropf des Gebälks ein
kurzer Pilaster, flankirt von zwei Säulchen (sammt Base und Capitäl
blos ¹/₅ der untern Pilaster hoch); in der Mitte des Pilasterschafts sitzt
ein Löwenkopf, auf den im Verhältniss zu den Schäftchen ziemlich
grossen Capitälen liegt als Architrav eine Platte mit Perlstab und Plättchen,
welche in der Mitte des Mittelfelds sich verkröpft und so zur Hängeplatte eines Gesimses wird, unter die sich im Fries fünf Consolen und
darunter ein Architrav legt, der auf fünf Säulchen ruht, die auf dem
grossen Gebälk aufstehen. Diese ganze Vorrichtung dient als Stütze
für einen ziemlich grossen, seitwärts stehenden, geflügelten Löwen mit
dem Evangelium, hinter dem sich über den beiden äussersten der ge-
dachten fünf Säulchen zwei sculpirte Pilasterchen erheben; über den
beiden das Mittelfeld flankirenden kurzen Pilastergruppen stehen ganz
genaue Wiederholungen derselben (je ein Pilaster von zwei Säulchen
flankirt, ¹/₅ so hoch als die Pilaster der zweiten Ordnung) und tragen
die Kröpfe eines auf den hinter dem Löwen emporsteigenden sculpirten
Pilasterchen aufliegenden Gebälks, welches aus niedrigem Architrav, sehr
hohem Fries und leichtem, aber doch kräftigem Obergesims besteht;
darüber nun steht ein Halbkreisgiebel, umzogen von dem vollen Profil
dieses Gebälks, aber blos so breit, dass auf der Mitte der Gebälkkröpfe
über jeder Pilastergruppe eine Statuette neben dem Giebel Platz hatte.

Ueber jedem der grossen Fenster stehen in dem Feld zwischen
der Pilastergruppe auf dem Hauptgebälk zwei sculpirte Pilasterchen und
zwischen ihnen eine Rundbogennische mit Statuette. Hier dient der
schon erwähnte Architrav ohne Obergebälk als Auflage für den etwas
kleineren Halbkreisgiebel, dem zur Seite auf dem Kropf über der äussersten Pilastergruppe eine Statuette steht, während auf der der Mitte
zugekehrten Seite, wie schon erwähnt, eine Wiederholung dieser Pilastergruppen aufsteigt, um den Mittelgiebel zu tragen. Die Gipfel sämmtlicher
drei Giebel nun tragen die gewöhnlichen Rollen mit etwas grösserer
Statuette, unter denen wiederum die des Mittelgiebels, *S. Marcus*, die
grösste ist. Dieser Giebelbau ist jedenfalls der Glanzpunkt des ganzen
Werks, denn wenn Cicognara tadeln zu müssen glaubt, dass eine so kleine

Säulenordnung auf die grosse gesetzt ist, so kann man darauf erwidern,
dass diese Pilastergruppen durchaus nicht als Säulenordnung, sondern
vielmehr als verzierte Bündepfeiler einer Attika, oder als Widerlagspfeiler
für die Bogen der Giebel wirken und dass es ohne dieselben schwerlich
möglich gewesen sein würde, dieser im Haupteindruck fast an mittelalterliche Giebelformationen erinnernden Gruppe den leichten, nicht blos auf-
strebenden, sondern beinahe schwebenden Character zu geben, und zwar
lediglich mit Hülfe von aus der Antike entnommenen Formen, die freilich hier nicht aus den Schematas des Vitruv geschöpft, auch nicht nach
obligater Gebrauchsanweisung von Vignola und Genossen verwendet,
sondern von einem fähigen, mit selbstständiger Erfindungsgabe reichbe-
gabten Künstler dem noch gar sehr von mittelalterlichen Anschauungen
durchdrungenen Zeitgeist angepasst und in das ebenfalls noch halbmittelalterliche Hauptgestelle nicht etwa eingezwängt, sondern auf so geschickte
Weise eingefügt worden sind, dass es scheint, als wären dieselben durchaus
nicht aus dem Rüsthaus der classischen Vorzeit entnommen, sondern erst
direct für die Zeit entworfen, oder aus mittelalterlichen Motiven nach Analogie der classischen Kunst umgewandelt. Bei Einigen ist diess auch
wirklich der Fall. Dahin gehören nicht nur die Pilaster mit den flankirenden Säulchen, welche an die spätromanischen Pfeilerbündel erinnern,
die Halbkreisgiebel, die an byzantinische Vorbilder gemahnen; ganz neu
hingegen sind die bei den Lombardi zuerst vorkommenden Schaftverlängerungen der Säulen und die Disposition der grossen Fenster, für
die es in der Antike kein Vorbild giebt; offenbar auch direct von den
Lombardis geschaffen sind sehr viele der Detailformen, die zwar in der
Antike vorkommen, aber ihnen nicht bekannt sein konnten, da sie natürlich weder Pompeji kannten, noch auch das goldene Haus des Nero und
andere Alterthümer Roms, welche erst mehrere Jahre später Raphael
entdeckte; ihre Kenntniss von antiken Gebäuden konnte sich höchstens
auf den Palast des Diocletian in Spalatro, auf die Ruinen von Verona
und Pola und auf die Tempel, Thore und Triumphbogen Roms erstrecken,
denn selbst die Villa des Hadrian in Tivoli war noch nicht entdeckt.
Die eben genannten, damals bekannten antiken Gebäude aber zeigen
alle weniger reine Formen, nicht jene feine Durchbildung des Details,
nicht jene Mannichfaltigkeit der Verzierungen, nicht jene geradezu clas-
sisch zu nennende Eleganz der Behandlung, welche wir in den Werken
der Lombardi, sowie ihres Vorarbeiters Rizzo und ihrer Schüler mit
Bewunderung finden und unter bewandten Umständen nicht als gelungene
Copien alter Vorbilder, sondern als Originalausflüsse ihres schöpferischen
Talents ansehen müssen, entstanden allerdings in Folge der befruch-
tenden Anregung, die ihnen aus verständiger Betrachtung der ihnen be-

kannten Antiken erwachsen war und sie befähigt hatte, durch Analogie aus den ihnen bekannten Formen auf die ihnen noch verborgenen zu schliessen.

Ueber den drei Feldern des Seitenbaus nun liegen direct auf dem Gebälk drei einfache Halbkreisgiebel, zwischen und auf denen statt der Figuren vasenähnliche Knäufe stehen, bei grösserer Leichtigkeit und Feinheit denen ähnlich, die wir zwischen den Zinnen der Procuratieen fanden. Ausser dem sehr geschickt benutzten, verschiedenfarbigen Marmor diente nun zur Hebung des Glanzes dieser Façade auch noch ziemlich reichlich verwendete Vergoldung.

Dem Reichthum des Aeussern entsprach die Pracht des Innern. Der untere Saal ist durch zwei Reihen schlanker Säulen auf hohem Piedestal in drei Schiffe getheilt, eine grossartig disponirte doppelarmige Treppe mündet auf dem obern Vorsaal, von wo man durch ein Bogenportal in den Hauptsaal tritt, in dessen Hintergrund eine Capelle durch eine Quersäulenstellung abgeschnitten ist; die Decken sowohl dieser Säle, als der Nebenzimmer, bezaubern durch ihren grossen Reichthum bei bewundernswerther Einfachheit und Natürlichkeit der Eintheilung des in Folge dessen bei allem aufgebotenen Luxus doch durchaus nicht überladen wirkenden Cassettensystems.

In die Zeit von 1485—95 fallen nun, obgleich nicht näher bestimmbar, noch verschiedene Arbeiten der Lombardi, von denen ich hier nur die dem Pietro zugeschriebene Kirche *San Cristoforo della Pace* und das Grabmal des *Federico Cornaro* in der Kirche *aï Frari* nennen will. *In Ravenna u. Treviso.*

Von 1491 datirt, wie schon erwähnt, ein dem Pietro zugeschriebenes Relief im Ravenna, den heiligen Markus darstellend. Auch die oben S. 62 aufgezählten Arbeiten des Pietro in Treviso, sowie das vorgeblich von Pietro und Tullio herrührende Grab des Bischoffs *Zanetti* im Dom von Treviso können ebenfalls nur in der Zeit von 1491 bis 1499 entstanden sein, da er vorher, wie wir gesehen haben, mit dem Bau von *S. Maria Miracoli* beschäftigt war, im Jahre 1499 aber, wie wir sehen werden, angestellt ward. Dieser letztere Umstand bewegt mich, auch die Anfertigung des von ihm herrührenden Planes zu dem 1502 begonnenen Dom von *Ciridale* spätestens in das Jahr 1498 zu rücken, was auch ganz gut möglich ist, da man bei einem solchen Bau jedenfalls die Zeichnungen zeitig bestellte. Auf eine Beschreibung der ausser Venedig liegenden Werke kann ich hier nicht näher eingehen, es würde diess leicht zu weit führen.

Von kleineren Arbeiten des Pietro in Venedig sind erhalten: In der Kirche *San Steffano* zwei Statuetten des heiligen Hieronymus und in der Sakristei ein Johannes der Täufer und ein Antonius von Padua. Alle zeigen angenehme Bewegung, lebhaft ohne Uebertreibung, richtige *Statuetten.*

Verhältnisse und guten Faltenwurf; die drei ersten aber sind leider
etwas gedankenlos, während der letzte einen wahrhaft frommsinnigen
Ausdruck zeigt.

Im Museo *Correr* befindet sich eine kleine Statuette, einen knieenden Dogen darstellend, welche ebenfalls dem Pietro zugeschrieben wird,
und nach der Art der Arbeit ziemlich gleichzeitig mit den Statuetten in
*S. Steffano* sein mag.

Unter den vielen unbedeutenderen Sculpturen Venedigs, welche mehr
oder weniger ausgeprägt den Stempel dieser Schule tragen, nenne ich
nur das von *Cicognara*[1]) in Abbildung gegebene Relief über der Thür
eines Hauses, welches zuletzt der Familie *Moro-Lin* gehörte und in *Rio
terra* bei *S. Augostino* liegt; es stellt das Wappenschild der *Contarini*
dar, denen früher das Haus gehörte, flankirt von zwei sitzenden weiblichen Gestalten, Gerechtigkeit und Frieden. Die nicht vollkommen
sitzende Stellung und die schlanken Verhältnisse der Figuren streifen
noch an das Mittelalterliche, die Meisselführung ist sicher, die Ausführung höchst natürlich und einfach.

Den vollständigsten Ueberblick über den Entwickelungsgang der
Schule gewähren jedenfalls die zahlreichen Sculpturen der *Capella dei
Profeti*, oder *dei Giustiniani*, links beim Eingang in die Sakristei in
*S. Francesco della Vigna*, welche bei dem Neubau der Kirche stehen
blieb. Der Altar ist von oben bis unten reich verziert und mit Reliefs bedeckt; statt des Altarblatts dient ein jüngstes Gericht, ein Marmorrelief mit unzähligen Figürchen, bekrönt durch durch Statuetten etc.;
diese Arbeit, vielleicht um 1470 zu setzen, repräsentirt die erste Periode der Lombardi, und zeigt das noch nicht vollständig gelungene
Lossagen von dem Mittelalter; die auf den Wänden angebrachten acht-
zehn Tafeln, Scenen aus dem neuen Testament, namentlich aus der
Passionsgeschichte, und darunter eine Reihe Brustbilder, die Propheten
darstellend, und vielleicht um 1480 entstanden, zeigen schon einen flot-
teren und breiteren Styl, aber noch etwas Befangenheit und Unsicherheit,
namentlich in der Composition, die hie und da sogar an das Kindische
streift. Bedeutend kecker im Relief, sicherer in der Meisselführung, gra-
ziöser in den Bewegungen und individueller im Ausdruck der Köpfe
sind die Brustbilder der Evangelisten, unter denen namentlich der jugend-
lich heitere, voller Vertrauen zu Gott freudig aufblickende Johannes
ganz meisterhaft ist. An diesen Brustbildern ist sogar der Faltenwurf
ziemlich frei von dem schon mehrmals erwähnten Mangel der scheinbaren Nässe des Gewandes.

Cap. dei Pro-
feti.

---

[1]) *Storia della Scultura*, Vol. II. Taf. LXXIV.

Ich glaube dieselben und damit die Vollendung der ganzen Capelle um das Jahr 1495 annehmen zu müssen.

1491 liess *Niccolo Cappello*, der gegen Bajazet kämpfte, einen Altar in *S. Antonio dell' Castello* aufrichten, um diese Zeit scheint also der S. Antonio. Bau dieser Kirche in der Hauptsache beendet gewesen zu sein. Zwar werden wir sehen, dass die Façade[1]) später decorirt ward, auch steht die Kirche gar nicht mehr, aber aus einer alten Abbildung ersehe ich, dass das Portal, wahrscheinlich noch von jenem ersten Bau her-rührend, in der Disposition den schon besprochenen folgte: eine scheit-rechte Thür, flankirt von Pilastern auf ziemlich hohen Postamenten, die auf einem Gebälk einen Halbkreisgiebel tragen, dessen Feld eine Sculptur ausfüllt.

Die Kanzel in *S. Giacomo dell'Orio* scheint ebenfalls aus den letz-ten Jahren des 15. Jahrhunderts zu stammen; die achteckige, ziemlich glatte, nur mit Consolen versehene Brüstung steht auf einem docken-artigen Fuss. Ueberhaupt sind aus der Zeit der Lombardi auffallend wenige Kanzeln in Venedig zu finden.

Noch sind in der Capelle des Klosters *S. Maria della Salute*, der frühern Kirche *della Trinità* viele Sculpturen aus dem letzten De-cennium des 15. Jahrhunderts erhalten, darunter namentlich das Grab-mal des *Antonio Cornaro* und ein kleiner sehr zart und sorgfältig ge-arbeiteter Altar in der Sakristei.

Die *Scuola della Misericordia* war 1485 abgebrannt und soll der Neubau von *Pietro Lombardo* begonnen worden sein; da aber andere Schriftsteller den Beginn dieses Neubaues nicht nur in das Jahr 1508 setzen, sondern auch den Erbauer *Alessandro Lombardo* nennen, wo-mit nur *Leopardo* gemeint sein kann, da ferner die alte *Scuola* trotz des Brandes noch steht, so glaube ich annehmen zu müssen, dass *Pietro* nur mit Restauration der alten beauftragt wurde.

Oberthel der Façade von *S. Zaccaria;* die bereits oben S. 77 als S. Zaccaria. erst nach dem Jahre 1490 aufgelegt bezeichnete Hängeplatte, schliesst mit ihren Kröpfen die Strebepfeiler ab, und trägt einen ziemlich nie-drigen Stylobat, welcher diesen Kröpfen folgt; auf jedem derselben er-heben sich zwei gekuppelte Säulen (über den Eckstrebepfeilern sind sie auch nach der Seite hin gekuppelt, also 3). Im Mittelfeld stehen zwi-schen diesen Säulen 4 Pilaster mit 3 sehr schlanken Fenstern, in den Seitenfeldern je 2 Pilaster mit einem Fenster; Säulen und Pilaster

---

[1]) Diese Façade wird ganz ohne Grund dem *Giacomo Lanfrani* zugeschrie-ben. Es ist diess wahrscheinlich blos eine Verwechselung mit der Bd. I. S. 187 erwähnten Kirche *S. Antonio* in Imola. S. a. Bd. II. S 28.

könnten etwas schlanker, die Fenster etwas breiter sein, während das
darauf ruhende ebenfalls wieder die Kröpfe verfolgende Gebälk jedenfalls zu hoch ist; auf den mittleren beiden Kröpfen stehen gekuppelte
Lisenen, im Mittelfeld 3 Paar dergleichen, welche zwei wirkliche und
zwei blinde ziemlich gedrückte Rundbogenfenster einschliessen, und einen
fast zu kräftig ausladenden Sims tragen, der sich von den Kröpfen in
Form eines halben Stichbogens nach den Endkröpfen des Säulen-
gebälks hinabzieht, so das Dach des Seitenschiffs cachirend; an dem Fuss
jedes der so gebildeten höchst unglücklichen und noch zum Ueberfluss
mit einem blinden Rundfenster besetzten Halbgiebel, steht auf der gewöhnlichen Akroterienrolle ein Engel mit einer Lanze.

Das nächste blos noch im Mittelbau aufsteigende Geschoss folgt
genau der Disposition des vorigen, nur treten an die Stelle der Lisenen
hier Säulen, deren Füsse man, da sie keine Plinthen haben, von unten
gar nicht sieht, und die zu niedrig sind, wie auch die zwischen ihnen
stehenden Fenster, auch ihr Architrav ist zu niedrig, höher aber der
Fries, dessen Verzierung mit einzelnen, aber sehr verschiedenen Medaillons
nichtssagend ist. Das Kranzgesims hat zu viele und zu grosse Unterglieder und zu kleine Oberglieder. Auf seinen Kröpfen fusst ein Halbkreisgiebel, der das volle Gebälk umzieht, nach innen noch um mehrere
sehr tief hintergehende Glieder vermehrt, welche den Giebel unsäglich
schwer machen. Sein Feld ist mit einem Rundfenster besetzt; auf den
Seitenrollen stehen Engel mit Säule und Schwert; auf der Scheitelrolle
ein Johannes der Täufer mit der Kreuzfahne. Die sämmtlichen Details
sind ohne Abwägen ihrer gegenseitigen Functionen entworfen; die Gliederungen der Simse durchgehend kräftig, ja stellenweise plump, die
Capitäle etc. schwächlich; die vielen wagerechten Unterabtheilungen sind
nicht blos lügenhaft, weil dahinter keine Geschosse liegen, sondern auch
als rein decorative Theile schädlich; die Fensteröffnungen sitzen nicht
organisch übereinander.

Der Vermuthung Temanzas, dass *Martino Lombardo* der Autor
dieser Façade sei, kann ich mich durchaus nicht anschliessen; wenn
auch nicht zu läugnen ist, dass beide, wie eben alle hier besprochenen
Gebäude dem Styl der Lombardi folgen, so ist doch die Auffassung des
Styls bei beiden so verschieden, dass sie unmöglich von demselben
Mann entworfen sein können; der Künstler, welcher die *Scuola di San
Marco* schuf, hätte die an *San Zaccaria* soeben gerügten Fehler gewiss
nicht gemacht, denn sie sind zum Theil sehr stark und waren zum
grössten Theil sehr leicht zu vermeiden.

Gleichzeitig mit Vollendung dieser so oft übermässig gelobten Façade mögen wohl auch die nördlich sich an dieselbe anschliessenden

jetzt vermauerten Arkaden des Platzes sein, welche mit dem Untergeschoss der Procuratie vecchie und der Landungshalle am Fondaco dei Tedeschi sehr viele Verwandtschaft zeigen.

1498 hatte sich, wie bereits S. 54 u. 55 erwähnt, *Antonio Rizzo* durch die Flucht der Untersuchung wegen der ihm schuldgegebenen Unterschleife entzogen. *Pietro Lombardo* wurde, wie es scheint, zuvörderst zur Probe mit der Function Rizzos betraut, und da er sich als „in seiner Kunst höchst zufriedenstellenden Mann" zeigte, unter dem 14. März 1499 definitiv angestellt mit einem Jahrgehalt von 120 Ducati, welcher vom 16. März an lief; er behielt diese Stelle bis zum Jahre 1511; von da an fehlen sichere Nachrichten über ihn. Unverbürgt ist die Nachricht, dass er im Jahre 1519 gestorben sei. Im Dogenpalast.

Nun habe ich oben S. 56 erörtert, dass 1501—9 der Ostflügel des Palastes vollendet und die kleinere Façade nach der Kirche zu gebaut ward, so weit sich aus den an diesen Gebäuden angebrachten Wappen schliessen lässt. Demnach wären die beiden obern Etagen des Ostflügels, sowie jene kleine Façade unserm Pietro jedenfalls zuzuschreiben. Was nun zunächst die Façade nach dem Rio hinaus anlangt, so setzte er seine Fenster unmittelbar auf den Gurt auf, den er sogar behufs Anbringung eines Balkons durchbrechen musste. Die Fenster sind sehr schlank und durch einen Rundbogen geschlossen, dessen architravirte Chambranle gegen die Mauerflucht zurückliegt und zu jeder Seite auf einem ebenfalls zurückstehenden Gewändpilaster ruht, der durch einen nur wenig vor der Mauerflucht vorspringenden Pilaster flankirt wird, auf dessen Capitäl ein Lisenenstück aufsitzt; diese Lisenenstücke tragen einen auf der Bogenchambranle aufsitzenden Sturz, welcher nach unten durch ein Rundstäbchen, nach oben durch ein Plättchen mit Karnies eingefasst, an der Seite des Fensters sich nur wenig verkröpft und durch die ganze Façade durchläuft, über jedem einzelnen Fenster eine Segmentverdachung tragend, welche an das erste Glied des obern Gurtgesimses anstösst; da, wo mehrere Fenster zu einer Loggia vereinigt sind, treten an die Stelle der flankirenden Pilaster Dreiviertelsäulen, welche an den Enden der Loggien noch einen sculpirten Pilaster neben sich haben und durch höchst zierliche Bänder mit Behängen

*Fig. 11.*

aus Perlenschnüren, Köpfchen, Quästchen etc. gebunden sind. Die Ornamente der Pilaster bestehen in Schildern, Waffen etc., an einem Band

aufgehängt, welches am obern Ende des Schaftfeldes mit Schleifen an
einen Knopf gehängt ist.

Das Balkongeländer von der einen viertheiligen Loggia ist in fünf
längliche Felder getheilt durch Postamentchen, welche nur wenig vorstehen
und deren Sockel und Hauptglieder auch an den Feldern fortlaufen.
Die Fussbodenplatte läuft glatt durch, ihre Glieder sind zwei auf
einander gesetzte verkehrte Karniese und ein Plättchen. Jedes Postament steht auf einem Consol, s. Fig. 11, die Felder sind durchbrochen. Das Dessin besteht aus einer Riemenverschlingung, in runden und geraden Linien auf sehr klare, doch durchaus nicht steife
Weise und so angeordnet, dass die Oeffnungen ziemlich gleich gross
sind; die beiden Füllungen an dem Ende des Balkons tragen das
Wappen der Loredan. Der Gurtsims zwischen dieser und der nächsten
Etage hat statt des Architravs eine Art Tragloth, bestehend aus umge-
kehrtem Karnies, Plättchen, Rundstab, Plättchen und Aulauf; der Rundstab ist mit Quercannelüren versehen. Der Fries ist ziemlich hoch und
ganz glatt. Das Obergesims besteht aus Ablauf, Plättchen, Karnies,
Plättchen, Zahnschnitt mit sehr geringer Ausladung, verkehrtem Karnies,
Plättchen und ziemlich grossem Karnies und erinnert an die Werke des
*Guiglielmo Bergamasco.*

Bei dem Balkon der viertheiligen Loggia laufen blos die Unterglieder bis mit dem Zahnschnitt als Sims der Bodenplatte durch. Die
Durchbrechungen des Geländers sind ziemlich plump und scheinen später
eingesetzt zu sein; die Anordnung der Loggia ist beinahe wie unten,
nur stehen in der Laibung Säulen, zwischen den Bögen aber Pilaster,
beide auf einer besondern, sehr niedrigen Postamentgruppe ruhend; auf
den Capitälen sitzt als besonderer Kämpfer noch ein Architrav, der zu
den Seiten der Loggia als Sturz der niedrigen Fenster fortläuft, gestüzt
von jonischen Pilastern, mit gekröpftem viel höherem Stylobat; auf den
Lisenenstücken zwischen den Bogen der Loggia und auf diesen Bogen
liegt das Unterglied des Hauptgesimses, bestehend aus einer Platte mit
Pfeifen, auf deren Ablauf ein Eierstab mit Plättchen folgt. Der Fries
ist glatt. Das sehr einfache Kranzgesims ist zwar gut profilirt aber zu
klein, da es doch den ganzen Bau abschliessen soll; überhaupt hat
diess ganze Geschoss etwas rohes und unfertiges, so dass man fast
vermuthen möchte, es sei nach *Pietros* Weggang oder Tod von einem
untergeordneten Schüler desselben ausgeführt.

An der Hoffaçade scheint seine erste Arbeit das Gebälk über der
Spitzbogenreihe gewesen zu sein, dafern es nicht etwa noch von *Rizzo*
herrührt: auf einem ziemlich regelrechten jonischen Architrav liegt ein
sehr hoher Fries, in welchem Scheiben sitzen, von sculpirten Rund-

stäben umzogen, zwischen diesen Scheiben hängen an fliegenden Schleifen Fruchtschnüre; die Räume über denselben sind durch concave
Scheiben mit radialen Cannelüren ausgefüllt; die Oberglieder sind:
verkehrter Karnies, Plättchen, Eierstab, Plättchen, Perlstab, Plättchen,
Karnies und Plättchen. Nun folgt ein Geschoss von derselben Disposition wie auf der Canalseite, aber viel reicher verziert. Die Felder,
welche, von den Pilastern und den als Kämpfer durchlaufenden Capitäl-
gliedern eingeschlossen, die ungleichen Räume zwischen den Fenstern
ausfüllen, sind bedeutend ausgetieft und sehr reich und zierlich ornamentirt; in den meisten bildet den Mittelpunkt dieser Ornamentirung
eine Scheibe, in deren einer das Wappen der *Barbarighi* sitzt, dieser
Theil der Façade muss also bereits 1501 fertig gewesen sein. Das
nun folgende Gurtgesims gleicht dem auf der Canalseite, nur ist der
Fries hier nicht glatt, sondern enthält Scheiben und dazwischen reiches,
gutgearbeitetes, aber freilich etwas unklares, fast verworrenes Laubornament.

Auch das Obergeschoss ist ebenso disponirt als an der Canalseite,
aber durch bedeutend feinere Durchführung der Glieder und durch eine
unglaublich reiche Ornamentirung mit Festons, Bouquets, Trophäen,
Rankenornamenten etc. vor jenem ausgezeichnet; im Fries des Hauptsimses sitzen Scheiben, abwechselnd leer, oder mit Löwenköpfen besetzt.

Wenn nun auch in diesen vielen Ornamenten, namentlich aber in
der kecken und eleganten Weise, in der sie gearbeitet sind, *Pietro
Lombardo* sein Talent bekunden konnte, so musste er sich doch in der
Disposition an die von *Rizzo* bereits erbauten Etagen anschliessen, um
die Harmonie nicht zu stören. Bei weitem mehr Freiheit hatte er in
der Decoration der nördlichen Seite des Senatorenhofs zwischen der
*Scala dei Giganti* und der Markuskirche, wo die 1112 gegründete Hauscapelle der Dogen zu *S. Nicolo* sich befindet, die *Leonardo Loredan*
restauriren liess. Doch war er auch hier gewissermassen gebunden;
das Parterre war bereits errichtet, ganz so wie am östlichen Flügel;
zwischen diesem nun und dem ebenfalls von dort aus sich herumziehen-
den Gurtsims mit den Scheiben und Festons, setzte er an die Stelle
der mehrfach erwähnten Spitzbogenreihe fünf Fenster ein; die Oeffnungen derselben, durch architravirte Rundbogen auf glatten Pfeilerchen
mit niedrigem Kämpfergesims geschlossen, sind sehr schlank (1 : 2$^3$/$_4$),
sie werden flankirt von fast freistehenden schlanken Säulchen mit kurzen, etwas stärkeren cylindrischen Unterschäften, die mit Festons be-
hangen sind; dieselben stehen auf Kröpfen des feinen Brüstungsgesim-
ses, welche wiederum von Consolen in Form von, unter dem Halsglied

7*

conisch geschlossenen. jonischen Pilastercapitälen getragen werden; die
Brüstungsfelder selbst haben erhöhte Füllungen.

Die Schäfte der Säulen sind glatt und ohne Entasis verjüngt, die
Capitäle corinthisch mit einer Blattreihe und ziemlich niedrig, sie tragen
ein (seltner Fall bei der Lombardi) vollständig corinthisches Gebälk mit
Giebelverdachung. Im Fries und Giebelfeld sitzen Scheiben von dunklem Marmor. Zwischen den Fenstern sitzen grössere etwas erhöhte
Scheiben, an fliegenden Bändern aufgehängt. Im Fries des Hauptsimses, der wie gesagt, den über den Spitzbogen des Ostflügels liegenden
Gurt in den Gliedern genau fortsetzt, sind jedoch die Festons etwas
länger, auch lockerer und zarter behandelt, als dort. Ein fortlaufen-
des aus verschlungenen Kreisen bestehendes durchbrochenes Geländer
steht auf diesem Gesims und bildet die Brüstung für eine Terrasse,
welche als Garten zu der in dem hier anstossenden Theil des Ostflügels befindlichen Wohnung des Dogen gehörte. Das Ganze ist höchst
elegant und kann als Muster für Wohnhausarchitectur dienen.

Ausserdem versah *Lombardo* während seiner Dienstzeit die Theile
des neuen Ostflügels, wo die *Avvogaria del Commun*, und der Saal des
Raths der Zehn sich befanden, mit Bleidach, weil das in der Eile nach
dem Brand von 1477 aufgelegte Dach nicht dicht war.

Ferner legte er das Pflaster der *Pescheria* und besorgte die Restauration des Arsenals und des Archivs nach dem Feuer von 1509 so
wie mehrere andere vom Staat unternommene Bauten, die aber theils
in den betreffenden Nachrichten nicht näher benannt, theils nicht erhalten sind, theils auch noch in Folgendem Erwähnung finden werden.

Dass er in grossem Ansehen stand, erhellt daraus, dass er im
S. Antonio. Namen und als Bürge (vielleicht sogar als Principal) von *Giovanni di
Giacomo da Como*[1]) und *Andrea di Bassan da Cremona* am 12. Mai
1480 einen Contract unterschrieb, welchen diese Künstler mit dem Kloster
*S. Antonio* abschlossen, wegen Erbauung des Refectoriums, der Kirche
etc. S. Cicogna Inscrizione, Vol. I. pag. 364; in der Unterschrift nennt
er sich Vater des *Tullio*; ebendaselbst sind noch andere Arbeiten für
dieses Kloster erwähnt, ausgeführt von Leuten, welche jedenfalls der
Schule des *Lombardo* angehörten, oder gleich den Obengenannten gewissermassen von ihm abhingen. Vom 23. Oct. 1503 bis 22. Nov.
1504 arbeitete ein Steinmetz *Bernardino Quatrin* am Kreuzgang; den
7. Januar 1504 übernahm der Steinmetz *Sebastian*, wohnhaft bei *S. Angelo*, die Ausführung eines Lettners, mit Säulen, Bögen, Cassetten etc.

---

[1]) Höchstwahrscheinlich identisch mit dem S. 35 erwähnten *Giovanni da
Como*.

ebenso übernahm den 6. Juli 1506 der Maurer *Antonello de Bonomo*
ein Stück Dormitorium auszuführen etc.

Das obenerwähnte Refectorium brannte 1687 ab, sammt der darüber
befindlichen Bibliothek.

Vom 22. April 1489 datirt ein Accord zwischen demselben Kloster
und einem Bildhauer *Guido Mazon*, welcher ein Grabmal zu ermässigtem
Preise, nur unter der Bedingung liefern will, dass er seinen Namen und
Wappen an dem Grabmal anbringen dürfe, mit der Bemerkung, dass er
es gefertigt; wahrscheinlich war er ein ziemlich untergeordneter Künstler.

Die Art und Weise nun, wie der Name unseres *Lombardo* in den
ersterwähnten Accorden vorkommt, und die bereits S. 95 erwähnten
Anklänge an den von ihm befolgten Styl, lassen schliessen, dass er
den Bau von *S. Antonio* leitete. Da nun einige der eben genannten
Arbeiter auch an den Bauten von *S. Giorgio maggiore* thätig waren, s. Giorgio
so lässt sich vermuthen, dass er auch dort directen oder indirecten Ein- maggiore.
fluss geübt, namentlich da das Wenige noch von diesen Bauten erhaltene diese Vermuthung zu bestätigen geeignet ist. Da aber bei den
vielen späteren Umbauten eben nur sehr wenig von den Bauten jener
Zeit in dem Kloster *S. Giorgio maggiore* erhalten ist, so werde ich
eine Beschreibung derselben nicht unternehmen, sondern mich in diesem
Falle begnügen, einige der interessantesten Daten aus den den Bau betreffenden Documenten hier mitzutheilen, soweit sie der in Rede stehenden Periode angehören.

1444 beginnt der Ingenieur *Thomas* den Bau der Orgel nach dem
Muster der in *S. Pietro del Castello* aufgestellten.

1449 wird die Insel ausgemessen und von dem Holzhändler *Justo
Zuchato* Material für das Dormitorium und den Garten bezogen; der
Schmid *M. Nicolo* liefert Eisenzeug für den Bau des Dormitorium.

1467 Beginn des Bibliothekbaues, oder vielmehr, wie es scheint,
eines Anbaues an eine ältere Bibliothek.

1478 Abschluss der Rechnungen über diesen Bau; als Lieferanten
fungiren unter Anderen ein Tischler *Zorzi* und ein Maler *Marcho*, der
die Schränke und Decken malte. Diese Bibliothek war sehr splendid
decorirt. Die Wände waren mit bemaltem Täfelwerk bedeckt, die hölzerne bogenförmige Decke war reich vergoldet und mit „nicht gewöhn-
licher" Malerei verziert. Die Thürflügel waren von Nussbaum, eingelegt und mit zwei Broncegittern behufs der Ventilation versehen.

1468 Vollendung des Campaniles durch *Giacomo da Como*.

1468 verpachten die Mönche für 50 Ducati jährlich einen mit Mauern
umgebenen Weinberg bei der Insel S. Erasmo an den Staat; es wird
daselbst das *Lazaretto nuovo* gebaut (1472 vollendet).

1480 trat die Congregation *Santa Giustina* dem Kloster *S. G. M.*
die Abtei *S. Maria* zu Pero bei Treviso ab; dieselbe war jedoch in
so traurigem Zustand, dass der in Pero wohnende *Aloyse Contarini* die
Sakristei als Stall benutzte und im Thurme seine Schweine und Hühner
verwahrte, ja sogar in ein auf der Wand der Sakristei gemaltes Crucifix Nägel eingeschlagen hatte zum Aufhängen von Geräthschaften. Die
Mönche beschlossen eine umfängliche Restauration.

1484 liess der Abt *Antonio Moro* die Chorstühle in der alten
Kirche machen, dieselben wurden 1488 beendigt; die Kirche war dreischiffig und hatte am Ende jeden Schiffs eine halbkreisförmige Tribune;
an die Seiten der Seitenschiffe lehnte sich bei jedem Joch ebenfalls eine
halbkreisförmige tribunenartige Capelle; sie war 1419 geweiht worden, und stand an Stelle einer 790 geweihten; die erwähnten Chorstühle wurden später in dem *coro della notte* der neuen Kirche verwendet.

1488. Abt *Cornaro* besorgt den nöthigen Marmor für die Nord-
façade des neuen Dormitoriums.

1494 den 11. Dec. liefert *Maestro Bernardo* gestickte Messgewän-
der und Altartücher ab.

In demselben Jahre hatte man eine bedeutende Vergrösserung des
Dormitoriums beschlossen, und desshalb bereits am 16. Juni Accorde
mit dem Steinmetz *M. Pasqualin de Boneto* und dem Maurer *M. Andrea de Cirabelli* abgeschlossen; den 22. Oct. wurde dem *M. Zuane
Buora* und seinem Compagnon *Bartolomeo di Domenigo* die Bauleitung
übertragen. Ausserdem finden sich in selbem Jahre die folgenden Lieferanten und Arbeiter für den Bau: *M. Antonio dai pozzi, Antonio
Volpon, M. Bartolomeo Burchiela, M. Domenigo Schietto,* Ingenieur *Silvestro Bernardo de Zuane;* ferner 1495 die Steinmetzmeister *Maffio,
Sebastian, Cristoforo,* der Schmid *Matio,* der Maurer *Ambrosio piemon-
tese; M. Zuan da Lodi* macht die Consolen.

1496 arbeitet man ebenfalls am Dormitorium; dann scheint der
Bau bis 1501 geruht zu haben. 1496 aber baute das Kloster an der
Merceria einige Miethhäuser für Geschäftslocale, welche noch jetzt stehen
und den heiligen Georg als Insignie tragen.

1507 beginnt man die neue Decoration der Façade des Dormi-
toriums nach Norden. Es arbeiten daran: der erwähnte *Zuane Buora,*
Steinmetz bei *S. Vidal,* die Steinmetzen *Bernardin Quatrin* und *Innocenzo
Vecchio,* die Maurer *Andrea* und *Pasqualin,* der Tischler (*marangon*[1])

---

[1]) *Marangon* hiessen Gewerken, welche zugleich Tischler- und Zimmermanns-
arbeit machten. Die Balken waren stets gehobelt, oft gekehlt.

*Bernardo*, der Schmid *Antonio* und der Maler *Nicolò* von Padua, welcher einen zwei Fuss breiten Fries malt.

1508 wird die Façade nach dem Canal zu nach der Zeichnung des *Zuane Buora* vom Maurer *Andrea* und Steinmetz *Francesco* ausgeführt. Ausser den Genannten arbeiten daran die Steinmetzen *Bernardo Sorella*, *Domenigo*, *Andrea*, *Zuan Contento*, *Francesco da Porlezo* und *Antonio da S. Zuane Evangelista*, der Tischler *Benetto* und der Canalgräber *M. Cristoforo da Brescia*.

1508 den 11. Oct. Accord mit dem Steinmetz *M. Zuan batista* bei *S. Severo*, einen heiligen Georg zu Pferd in Hautrelief zu fertigen mit Drachen und Jungfrau 4¼ Fuss hoch, 5 Fuss breit (welcher gut sein, Grazie in sich haben und gut gearbeitet sein soll) für 28 Ducati incl. des Steins und andrer Auslagen. Dieser St. Georg ist noch heute auf der Seite nach dem grossen Canal zu sehen und wirklich ein Kunstwerk zu nennen, wenn er auch mit den Arbeiten des *Tullio* nicht wetteifern kann, dessen Manier er in vielen Beziehungen folgt. 1509 verliessen die Mönche die Stadt wegen des Interdicts.

1512, 16. Febr. Accord mit *M. Christin* über Incrustirung der Façade mit istrischem Stein.

1513 den 22. Nov. Accord mit dem Steinmetz *M. Simon* über Thürgewände zu 32 Cellenthüren für 489 Lire (circa 80 Ducati). Die Façade und der heilige Georg werden bemalt. Die Maurer *M. Francesco* und *Christin* und Schmid *Antonio* arbeiten am Bau nach den Zeichnungen des *Buora*.

1516 4. März Accord über Stickereien der Bilder auf den Dalmatiken (Messgewändern); in demselben Jahr wird der Kreuzgang beim Dormitorium begonnen: es ist diess der mit einer Säulenreihe auch *chiostro delli Allori* genannt von den daselbst gepflanzten Lorbeerbäumen, die allerdings jetzt nicht mehr vorhanden sind. Die Architectur des Hofs soll dem *Jacobo Sansovin* angehören, daher später davon; 1516 werden mehr als 20 Säulen aufgestellt, 1517 12 Säulen, 1518 20 Säulen durch *Andrea Buora*, Sohn des *Zuane*, geliefert.

1520 Accord mit dem Tischler *Benetto* über die Holzarbeiten in den Zellen des Dormitoriums unter Leitung des *Zacharia Trevisan*.

1522 Arbeiten des Maurers *Francesco da Brescia*. 1523 im März wurde das neue Capitalhaus begonnen.

1524 wurde *Marco Cornaro* in der alten Kirche begraben.

1524 arbeiten ausser *Franc. da Brescia* die Steinmetzen *Demiano*, *Agostino Pasqualino*, *Andrea*, ferner *Mosca* (der Bildhauer), *Ambrosio dell' Ferro*, der Tischler *Bortolo* etc. etc.

1525. Die Freitreppe nach dem Garten zu wird bestellt, ebenso

10 Säulen für den Hof, der Gurtsims unter den Fenstern, Simse, Fenster, Verdachungen etc., für den Kreuzgang; auch wird der Tischler *Benetto* beauftragt, das alte Dormitorium abzutragen.

1526. Der Maurermeister *Zulian* erhält 1786 Lire für 10 Säulen
mit zugehörigen Bogen etc. im Kreuzgang, sowie Zahlung für 6 Fenster an der Steintreppe des Dormitorium.

1527. Die Maurer *Francesco* und *Zuane* arbeiten am Dormitorium.

1532 und 33 wird endlich das Gebäude eingedeckt.

1537 ist es zum Beziehen fertig; im Kreuzgang werden 8 Mar-
morthüren errichtet, 1540 werden dieselben mit Einlagen von rothem
Stein verziert; auch wird in demselben Jahre das Pflaster der Medi-
cäischen Bibliothek neu gefertigt.

An der Ecke nach Nordwesten stand ein alter Palast, theils im
Styl des 14. Jahrhunderts, theils noch aus dem 10. Jahrhundert stam-
mend, welcher die Handmühlen für den herzoglichen Haushalt enthielt,
auch in frühern Zeiten vorübergehend von den Dogen bewohnt worden
war, der aber vom Kloster stets in Stand gehalten, auch als Eigenthum
betrachtet worden war.

1509 benutzte die Regierung die Abwesenheit der Mönche, um den
Markuslöwen an den Palast zu befestigen und ihn so als Staatseigenthum zu bezeichnen. Die Mönche liessen ihn nun verfallen und begannen
nen 1521 ihn abzutragen; da entspann sich ein Process, dessen Resultat war, dass die Mönche verloren und der Palast confiscirt und ver-
loost werden solle. Nun verstanden sie sich endlich dazu, ihn
für 3000 Ducati zu kaufen (1533), und rissen ihn sofort zum grossen
Theil nieder, um Platz für die neue Kirche zu gewinnen; der stehen-
bleibende Theil wurde zu Magazinen eingerichtet.

1534 liess *Gerolamo Priuli* das Capitelhaus auf seine Kosten aus-
schmücken, es war gewölbt, mit weissem und rothem Marmor gepflastert, in dessen Mitte eine Inschrift eingelegt war: *Dic tu prior ini-
quitates tuas ut justificeris;* Sitze umzogen die Wände, an deren einer
die Ehebrecherin von *Rocco Marconi* hing; das Gebäude hat ein sehr
schönes Portal nach dem Kreuzgang zu; über dem Capitelsaal war ein
Saal, wo die Mönche sich im Winter vereinigten.

Die späteren Arbeiten an Kloster und Kirche gehören sämmtlich der Schule des *Palladio* an.

Eine ähnliche Reihe von Documenten liegen über den Bau von
*San Sebastian* vor. Die 1493 geweihte Kirche mochte zu klein sein,
war vielleicht auch blos provisorisch gebaut, von ihr ist höchstens die
Capelle der *Beata Vergine della Pietà* erhalten; der Neubau wird fälschlicherweise in Bezug auf das Aeussere dem *Jacobo Sansovino*, auf das

San Seba-
stian.

Innere dem *Sebastian Serlio* zugeschrieben. Abgesehen davon, dass die Formen durchaus nicht an diese Künstler erinnern, dass die Zeit nicht stimmt, kommt auch keiner von Beiden in den Documenten vor, von denen wir hier nur einige mittheilen, welche, zusammengehalten mit den Obigen, wohl geeignet sind, ein ziemlich deutliches Bild von der Art und Weise zu geben, wie damals ein Bau betrieben ward.

1505 im December wird dem Kloster ein Vermächtniss des *Girardo Rizardo* ausgezahlt, bestimmt zu dem Bau. Die erste Ausgabe ist: 1506 den 31. Januar für das Zutragen von Seifenerde zum Hinterstopfen der Fundamente Lire 13, 10.

1506 den 27. März Accord mit *Maestro Francesco du Castiglione Cremonese*. Die Hauptpunkte dieses Contracts sind:

Die Mauern seien auf gutes Terrain gegründet, im Grund 5 Fuss breit, auf der Erdgleiche sich um 2 Fuss reducirend. Von da an ist die Mauerstärke nach Bedarf zu reguliren; die Arbeit wird bezahlt mit 4 Lire pro Schritt Länge, starke und schwache Mauern zu gleichem Preis. Das Kloster liefert Steine, Sand, Wasser und Seifenerde. Die Mauer über der Erde kostet pro 3 Schritt einen Ducaten, ebenso viel die Bogen, in plano gemessen. Das Täfelwerk (Deckenschalung) in der Kirche 7 Solde, in den übrigen Gebäuden 6 Sold pro Schritt. Die Fundamente des Klosters sollen unten 3 Fuss breit sein und kosten 3¹/₂ Schritt einen Ducaten etc. etc.

Die alten Gebäude verpflichtet sich *Franc.* gratis abzutragen, verspricht praktische Menschen als Gesellen, geübte Werkmeister und keine Faullenzer und Raufbolde auf den Bau zu stellen. Er verspricht das Gebäude fertig zu übergeben, mit Abputz, Verzierungen, Simsen, Stufen, Altären, Gerüsten, Dachziegeln und allem Zubehör. Die Mönche behalten Hinzufügungen etc. sowie die Befugniss vor, einen andern Meister zu ernennen. Den 4. April folgt bereits eine Zahlung.

Im Jahre 1506 wird ein *Mistro Bartolomeo*, Vetter des *Francesco* erwähnt, vielleicht *Bartolomeo Buon*.

Von 1506—1549 verschiedene Quittungen von *Antonio Sçarpagnino*, in der ersten nennt er sich *tajapiera proto del fundigo de Tedeschi*, 1532 aber *proto al' ofiziodel Sal*. 1506—20 *Gulielmo, Compagno di M. Antonio*, auch *Vielmo de Antonio* genannt, vielleicht *Guigliemo Bergamasco*.

1506—8. Der Marangon (Tischler) *Domenigo;* er liefert den 7. März 1506 das Modell der Kirche ab, liefert später Balken, Breter etc.

Die Steinmetzen *Andrea del Lago di Lugan, Martin à San Tomao, Simon de Mafio à Sancto Angelo,* welcher 12 Säulen von 7 Fuss Länge liefert; ferner *Mistro Piero, Tajapiera compagno de mistro Antonio proto* etc., diess kann wohl *Pietro Lombardo* sein.

1508—11 finden sich ein Sandhändler *Vicenzo*, ein Schmid *Antonio*, ein Brethändler *Alexandro di Martini*, ein Marangon *Jacomo*.

1511 ein Maurer *Alvise*, welcher die Kirche eindeckt, *Polonio* der die Dächer abputzt, ein Terrazzomacher *Zoane*.

1511, 31 und 32 ein Steinmetz *Zuliano*.

1512 ein *Mistro Zuane*, der 2 Steinthüren liefert, *Mistro Olivo*, der die Kirche weisst, ein Schmid *M. Pietro*.

1521 ein Maurer *Francesco Lurano*, 1531 ein Steinmetz *M. Jacomo*.

1535 ein Schmid *Zorzi*; 1543 *Lucha marangon*, welcher die Holz-plafonds der Sakristei und der Kirche nach der vorgelegten Zeichnung zu liefern verspricht; ferner schlossen die Mönche 1548 einen Contract mit *Antonio Scarpagnino* über gearbeitete Steine zur Façade der Kirche.

1522 war bereits der Hauptaltar geweiht worden, nebst Kreuz-gang etc.

1548 war die Kirche brauchbar, 1562 aber erst wurde sie ge-weiht, indem bis dahin der Ausbau aufhielt. Ueber diesen führen wir folgendes aus den Documenten an.

1554, 57, 59 *M. Antonio qu. Christofalo di Gasin*, Steinmetz von *S. Vital*, liefert das Pflaster der Kirche.

1555 und 56 der Vergolder *Bartolomeo del Bologna*, arbeitet an den Plafonds, 1558 der Holzschnitzer *Jacopo*.

1558 arbeitet der Marangon *Domenico Trevisan* am Chor. 1559 der Holzschnitzer *Francesco Fiorentino* an den Sitzen des oberen Chors und unter der Orgel.

1560 der Marangon *Jacopo di m°. Pietro* am Plafond.

1564 und 67 verschiedenes Holzwerk, geliefert durch *Isepo (Giu-seppe)* Marangon aus Treviso.

Noch finden sich Arbeiten von *Tomas Lombardo* 1547, von *Gero-lamo Campagna* 1552, von *Jacob Sansovino* 1555.

Aber die schönsten Zierden erhielt die Kirche durch den gewal-tigen Pinsel des *Paolo Veronese*, welcher auch nach seinem nach Er-kältung bei einer Procession am 19. April 1558 erfolgten Tod hier begraben ward. Die Reihe seiner Malereien beginnt 1555 mit dem Pla-fond der Sakristei, für den er 150 Ducati bekam.

1556 half ihm sein Bruder *Benedetto*, auch ein Maler *Antonio*.

1558 empfängt *Paolo* abermals 105 Ducati; ferner malte er die Soffiten der Kirche, die Façade, grosse Bilder an den Wänden etc., beaufsichtigte auch die oben angeführten Arbeiten des Ausbaues, ja es lässt sich aus den Documenten schliessen, dass er die Plafonds auch in

Bezug auf die Cassettirung etc. entworfen und die Arbeiten des *Francesco Fiorentino* beaufsichtigt hat.

1560 malte er die Orgel; 1567 entwarf er die Bänke des Refectoriums. welche obengenannter *Iseppo* ausführte. 1570 schliessen seine Arbeiten erst ab.

Auf einige unter den hier aufgezählten Arbeiten werden wir im nächsten Abschnitt zurückzukommen haben: hier könnte vorläufig nur der eigentliche Bau in Betracht kommen, so weit er in den Jahren 1505—11 ist vollendet worden, ja selbst die Betrachtung dieser Theile müssen wir noch verschieben, um nach der langen Abschweifung, wieder zu den Arbeiten der Lombardi zurückkehren, welche wir gerade am Schluss des 15. Jahrhunderts verlassen hatten.

1500—1505. Die Kirche *S. Maria Mater Domini*, dreischiffig mit S. Mar. M. Dom. Kreuzbau und drei Tribunen in Halbkreisform; da aber jedes Joch der Seitenschiffe als Capelle benutzt ist, so wird die Kirche in der Regel einschiffig genannt; augenscheinlich ist nur die erste Anlage von *Pietro* oder *Giulio*, die Ausschmückung aber und Vollendung, namentlich der Façade von *Jacob Sansovino*; doch scheint der Rohbau fast bis zur Benutzung unter den Lombardi vorgeschritten zu sein, denn einer der Altäre ist ganz in ihrer Weise ausgeführt und gleicht in der Disposition vollständig den S. 75 angeführten. Auch sonst zeigen die allerdings hie und da etwas zu weit ausladenden Simse und sonstige Architecturtheile des Innern vielfach die zarten, keuschen und doch kecken Formen der Schule der Lombardi.

Die in vieler Beziehung ähnliche Kirche *San Felice* legt auch in San Felice. der Façade, namentlich im Portal noch Zeugniss von den Vorzügen dieser Schule ab; die Thüren sind ungemein elegant. Innerlich ist Vieles verändert worden, auf einem Altar in der Sakristei aber hat sich ein Basrelief aus dem Anfang des 16. Jahrhunderts erhalten, welches an die Arbeiten des *Tullio* gemahnt, jedoch etwas lebhafter in den Bewegungen gehalten ist.

Die Façade der Kirche *Spirito santo* ist nicht sehr glücklich dis- Spir. Santo. ponirt. Die untere Ordnung ist zu hoch im Vergleich zu der obern, welche leider kein volles Gebälk, sondern blos ein Kranzgesims trägt, das auch den Giebel umzieht und im Vergleich zu dem ziemlich hohem gekröpften Gebälk der untern Ordnung dürftig erscheint. Die obere Ordnung hat gar keine Postamente, während die der untern sehr hoch sind, ferner sind die vier Pilaster jeder Ordnung so vertheilt, dass das Mittelfeld viel zu breit im Verhältniss zu den Seitenfeldern erscheint, in denen demnach die Fenster zu sehr beengt stehen; die untern Fenster, ähnlich disponirt als die der kleinen Façade im Dogenpalast aber mit

Rundbogenöffnung, sind sehr graziös, die obern sehr einfach und offenbar zu schlank; in der Mitte sitzt unten ein schönes Rundbogenportal, durch Pilaster mit Postamenten und glattem Gebälk noch schwerer gemacht, darüber ein übertrieben grosses Rundfenster.

Etwas glücklicher ist bei derselben Disposition die Façade der *Scuola del Spirito Santo* gelöst, welche gleich daneben steht; hier ist das Untergebälk nicht gekröpft, bildet aber über dem Mittelfeld einen Fronton, unter dem ein glattes Rundbogenportal steht; das Rundfenster sitzt im Giebel; die Fenster sind sämmtlich sehr einfach.

Mon. Barbarigo. 1501 nach dem Tode des *Agostino Barbarigo* wurde derselbe an der Seite seines Bruders in der *Capella del gioiellioro* der Kirche *della Carità* begraben. Das gemeinschaftliche Grabmal beider ist leider nicht mehr erhalten. Nach *Francesco Sansorinos* Beschreibung bestand es aus drei Bogen, welche, an die Mauer gelehnt, von gekuppelten Säulen getragen wurden; im Mittelbogen stand ein Altar, zu dessen Seiten knieende Statuen der Dogen sich befanden, die Seitenbogen waren ausgefüllt durch Sarkophage mit liegenden Statuen der Dogen.

An dem Altar nun befanden sich die oben S. 35 bereits erwähnten Broncereliefs aus der Schule des *Ghiberti*; bei der Zerstörung so vieler Kunstdenkmale durch die Franzosen, fand auch dieses Grabmal seinen Untergang. *Moschini* jedoch rettete wenigstens die Statue des *Agostino*, welche sich seitdem in dem Kreuzgang des Seminars *della Salute* befindet. Die knieende Gestalt, mit betend erhobenen Händen in Dogentracht, ist namentlich in Gewandung und Fleischtheilen so elegant gearbeitet, dass man sie für florentinische Arbeit zu halten versucht wird. Eben daselbst befindet sich auch ein Marmorbasrelief, die Krönung der Maria, die an den Styl der Lombardi erinnert, aber freilich weniger graziös ist, als manche der betrachteten Arbeiten.

Padua. 1501 wurde die alte Kirche *Sa. Giustina* in Padua niedergerissen; 1502 begann der Neubau nach Angabe des Benedictiners *Girolamo da Brescia*. Da aber der Grund bereits Unmassen von Steinen verschlungen hatte, berief man den *Sebastian de Lugano* aus Venedig, sein Plan war aber zu kostspielig; ob nun von ihm oder wie Einige wollen, von *Pietro Lombardo* der Kreuzgang und ein Theil des Klosters ausgeführt worden, ist nicht nachzuweisen, auch ziemlich gleichgiltig, da *Sebastian* die Richtung der Lombardi verfolgte.

Krakau. 1501—5, aus dieser Zeit ist das Grabmal des 1501 verstorbenen Königs Johann Albrecht von Polen im Dome zu Krakau, gesetzt auf Kosten seines Bruders, des Herzogs Sigismund, der häufig in Venedig war; gekuppelte Pilaster mit reichen corinthischen Capitälen tragen auf den Kröpfen ihres Gesimses einen Rundbogen; sie stehen auf hohem

Stylobat mit Festons, und zwischen ihnen auf dem Stylobat steht ein
Sarkophag mit liegender Portraitstatue. Die Bogenlaibung ist in Cassetten getheilt, das Bogenfeld enthält Wappen mit Ornamentumgebung;
Gesimsprofile, Behandlung der Ornamente etc. deutet auf das Entschie-
denste auf die Schule der Lombardi.

Aus derselben Zeit stammen die Reliefs auf dem Dossale des ersten Al-
tars links in *S. Gervasio e Protasio*, singende Engel in drei Reliefs; schäd- In S. Gervasio
lich wirkt hier die perspectivische Behandlung des Hintergrunds, indem die e Protasio.
sämmtlichen Engel, auf dem perspectivisch dargestellten Fussboden auf-
stehend, schiefe Füsse haben. Die Gewandung ist fast manirirt bewegt, die
lebhafte Bewegung der Figuren aber nicht ohne Grazie und ziemlich fein, obgleich der Raum beinahe überfüllt ist, dabei zeigt das Ganze ein bedeutendes Anlehnen theils an Werke des *Donatello*, theils an die des *Antonio
Rizzo*, in der an die Antike streifenden Schärfe und Sicherheit der
Technik aber Einflüsse der Lombardi, an deren Schule auch die Architectur des Altars, die Reliefs an der Brüstung des vierten Altars rechts,
endlich auch die Disposition und einzelnen Architecturtheile des Innern
der Kirche erinnern.

1503 wurde *San Nicolo del Castello* geweiht, s. S. 80 u. 81. In dem-
selben Jahre wurde der Campanile der *Madonna dell' Orto* vollendet.
Die vier Seiten der Glockenzelle trugen halbkreisförmige Giebel in der
Manier der Lombardi.

Eine Verkündigung Mariä, Marmorrelief aus der Kirche *S. Nicolo*
und eine Madonna aus *San Filippo e Giacomo* haben bei Demolirung
dieser Kirchen in *Sa. Maria della Salute* ein Asil gefunden; die erstere
in der Sakristei der Seminarcapelle, die zweite am linken Seiteneingang
der Kirche selbst.

1505 wurde dem *Pietro Lombardo* die Oberleitung und Verant- Capelle Zeno.
wortung über die Arbeiten am Monument des Cardinal Zeno im Vestibule der Markuskirche (s. Band I. S. 74 Fig. 45 bei O) übertragen.
Ursprünglich waren *Antonio Lombardo* und *Alessandro Leopardo* damit beauftragt gewesen, da sich aber Streitigkeiten zwischen ihnen ent-
spannen, wurde *Alessandro* der Theilnahme an dieser Arbeit enthoben
und an seine Stelle *Giovanni Alberghetti* und *Pietro Giovanni delle Campane* dem *Antonio* beigesellt, alle drei aber unter *Pietro Lombardos*
Aufsicht gestellt, welcher auch einiges von den Figuren modellirte.

An dem Grabmal selbst scheint er nicht viel gethan zu haben,
wenigstens der Styl der Figuren und Ornamente deutet auf *Leopardo*;
auch der Entwurf kann nicht von ihm herrühren, da der Guss schon
begonnen gewesen zu sein scheint, als die Aufsicht ihm übertragen
ward. Auf dieses Denkmal kommen wir daher bei den Werken des

*Leopardo* zurück.   Anders verhält es sich augenscheinlich mit der Architectur der Capelle; der Bogen bei V auf Fig. 45 wurde in seinem untern
Theil geschlossen und diess geschah nun nicht etwa in einer zum Styl des
Gebäudes passenden Weise, sondern durch eine Wand mit Halbsäulchen
und Giebel (s. Fig. 52 in Band I,) an die sich innerlich der Altar mit
seinem von zwei Pilastern und zwei Säulen getragenen Tabernakel anlehnt.  Die Säulen mit ihren runden Piedestalen sind fast übertrieben
schlank, und stehen jedenfalls zu weit auseinander.   Pilaster und Chambranle des Bogens zwischen den Säulen sind fast zu schmal und leicht,
das Gebälk etwas hoch, auch ist es jedenfalls ein Missgriff, dass diess
Gebälk gekröpft ist und dennoch einen Giebel trägt; in seiner Profilirung erinnert es namentlich durch die schräg nach unten vorgehenden
Architravstreifen an die Gurtsimse der Procuratien.

Nun ist zwar diese Profilirung sehr graziös und gut abgewogen,
aber die Ueberhäufung der Glieder mit Ornamenten aller Art, welche
soweit geht, dass die Säulenschäfte mit Weinlaub und Fruchtranken bedeckt sind, lässt trotz der zarten fast bescheidenen Ausführung dieser
Ornamente die Eleganz der Gliederung nicht zur Wirkung kommen,
und zieht zugleich den Blick von den Statuen ab.  Diese, eine sitzende
Madonna[1]), umgeben von Petrus und Johannes dem Täufer, sind zwar
gar nicht idealisirt, doch wenigstens in der Einfachheit ihrer Haltung
ernst und würdevoll, so dass sie zwar nicht zu den besten Arbeiten der
Schule gerechnet werden können, doch aber mehr als mittelmässig genannt werden müssen.  Die Körperverhältnisse sind correct, der Faltenwurf ungezwungen und doch elegant.  Die Madonna ist freilich etwas
zu sehr als blos menschliche Mutter aufgefasst; das Relief des Altars
selbst, der auferstandene Christus zwischen den Kriegsknechten ist fast
kindisch zu nennen, die fackeltragenden Genien in den Bogenzwickeln
sind sehr conventionell gehalten; die Piedestale, der Altartisch und der
Architrav sind von Marmor, alles andere von Bronce.  Abweichend von
andern Werken der Lombardi haben hier die Capitäle zwei Reihen
Blätter übereinander.

In Padua.   Vom Jahre 1505 datirt das 7. der Reliefs in *San Antonio* in
Padua, welches von *Tullio Lombardo* gearbeitet ist; es stellt das Wunder der Heilung eines Beins durch den heiligen Antonius dar; die Figuren haben lebhafte, dabei aber einfache und natürliche Bewegungen,
die Composition ist edel und zeigt wohlabgewogene Massenvertheilung.
Der Faltenwurf ist zwar in grosse Parthien gesondert, die Einzeln-

---

[1]) Von dem goldenen Schuh des einen etwas vorgestreckten Fusses *Madonna
della scarpa* genannt.  Abgebildet bei *Cicognara storia della sc.* Vol. II. Taf. XLI.

behandlung streift aber hie und da an das Minutiöse, die Körper sind in ihren Verhältnissen correct, die Zeichnung erinnert vielfach an die Werke des *Bellini*, die edle, dabei aber doch deutliche und kräftige Weise, wie die Leidenschaften und Gemüthsregungen zum Ausdruck gebracht sind, an Werke des *Donatello*; als wirklichen Mangel findet man in diesem schönen Werk nur eine gewisse Schwächlichkeit mancher Figuren und hie und da eine unsichere hinfällige Stellung, z. B. bei dem Knaben mit der Weintraube.[1]

Was in den Jahren 1505—11 an *San Sebastian*, s. oben S. 105, gearbeitet, also 1505 entworfen wurde, stand unbedingt, mag nun der Entwurf von *Francesco da Castiglione* oder von dem damals noch sehr jungen *Scarpagnino* herrühren, unter dem Einfluss der Lombardi; die Disposition des Grundrisses ist sehr einfach, die Kirche hat ein einziges Schiff, dessen Länge beinahe der doppelten Breite gleicht; im Osten lehnen sich daran drei Capellen, die mittlere, breiteste, bildet ein Quadrat, an welches sich eine halbkreisförmige Apsis anlehnt und über dem sich ein runder Tambour mit Kuppel erhebt. Die Seitencapellen sind, wie gesagt, schmäler, aber ebenso tief als die Hauptcapelle, in Tonnengewölbe überdeckt und ebenfalls durch Halbkreistribunen geschlossen. Nach dem Schiff zu öffnen sich alle drei Capellen in Rundbogen, deren Kämpfer, als vollständiges Gebälk gestaltet, sich in den Seitenwänden der Capelle und Apsiden herumziehen, und vereint mit dem sehr hohen Sockellamprequin und dem Pilaster als Einfassung für die Wandbilder dienen. Die Glieder, dem gewöhnlichen Systeme der Lombardi folgend, sind fein und ausdrucksvoll profilirt. Alles Uebrige an der Kirche ist etwas später, und wir werden noch mehrfach darauf zurückkommen müssen.

Von 1506 datirt die Kirche *S. Fantin*, ein einfaches Bauwerk, von sehr eleganten Verhältnissen, welches trotz der grossen Einfachheit des ursprünglichen Baues und trotz der späteren Zuthaten dennoch immer noch vielfache Spuren der Lombardi an sich trägt; dahin ist namentlich das Portal, ein Rundbogen, flankirt von zwei Halbsäulen auf Postamenten, bedeckt mit einem Fronton auf zierlichen, nicht verkröpftem Gebälk, und der Gurtsims des Thurms mit seinen auf Consolen ruhenden Kröpfen zu rechnen. *S. Fantin.*

Die 1507—1513 im Kloster *San Giorgio maggiore* gefertigten Arbeiten sind bereits oben aufgezählt worden. Infolge der späteren grossartigen Umgestaltung dieses Klosters ist nur wenig von diesen Arbeiten erhalten, dieses Wenige aber ist hinreichend, um zu bekunden, dass die *S. Giorgio maggiore.*

---

[1] Das Relief ist abgebildet in *Cicognara storia della Scultura* Vol. II. Taf. XXVII.

Lombardi entweder directen Einfluss darauf geäussert haben, oder dass *Zuane Buora* und *Bernardin Quatrin* Schüler derselben gewesen sind.

1507 starb *Bartolomeo Bragadino*, „„den Musen theuer““, wie sich Cicoguara ausdrückt. Sein Grabmal, eine höchst elegant profilirte Urne, steht links vom Haupteingang in *S. Giovanni e Paolo*, und ist ganz aus feinem Marmor zusammengestellt.

Der 1508 gestorbene Senator *Giambattista Bonzio* ruht ebenfalls in dieser Kirche; sein Grabmal steht im linken Kreuzarme, ziemlich hoch an der Wand und ist sowohl durch seine feine Ornamentik, als durch die grosse Naturwahrheit des Bildnisses, und durch die Eleganz der Gliederung bemerkenswerth.

1510 erhielten zwei Generäle der Republik in derselben Kirche ihre Gräber; eins davon gehört jedenfalls der Schule der Lombardi an, nach den Gliederungen des 'Sarkophags zu schliessen, welcher im rechten Kreuzarme an der Wand befestigt ist, und geschmackloserweise eine übrigens ziemlich mittelmässig gearbeitete Reiterstatue aus vergoldetem Holz trägt; es ist das Grab des *Nicolo Orsini, Conte de Pitigliano*, s. S. 15. Zu seinen Seiten stehen die Klugheit und Treue, zwei ganz im Styl der Lombardi gearbeitete Figürchen.

1511 fiel *Leonardo da Prato*, Ritter von Rhodus, s. S. 16; auch ihm setzte der Senat eine Reiterstatue auf den Sarg, der im linken Seitenschiff an die Wand angebracht ist; das Denkmal ist zwar reich verziert, zeichnet sich aber nicht durch etwas Besonderes aus.

Die 1511 und ff. für *San Sebastian* gelieferten Thüren sind ziemlich einfach; die eine an der Seitenfaçade ist aber insofern originell, als zu den Seiten ihres Sturzes zwei sehr weit ausladende Consolen stehen, welche ein halbkreisförmiges Tonnengewölbe tragen, dessen Stirn so verziert ist, wie wir diess bereits mehrfach an den halbkreisförmigen Giebeln der Lombardi gefunden haben, indem auf dem Scheitel die Akroterienrollen mit Palmetten sitzen. Die Thür gewährt einen sehr malerischen Anblick, auch ist ein solches Vordach natürlich sehr praktisch.

Auch die Kirche *ai Frari* hat ein Grab aus dieser Zeit, welches, der Schule der Lombardi angehörend, dennoch den Zauber der andern Werke dieser Schule nicht erreicht, indem es fast zu einfach ist im Vergleich zu seiner ziemlich pretentiösen Disposition. (Es steht bei 19, s. Fig. 53, Band I. S. 171.) Es ist diess das Grab des Professor *Benedetto Brugnolo*, † 1505. Zwischen 21 und 22 steht das Grabmal des *Jacobo Barbarigo*, welches etwas eleganter ist, und vom Jahre 1511 datirt.

Auch in *San Zaccaria*, rechts über dem Seitenportal ist an der Wand ein Sarkophag dieser Zeit befestigt. Es ist das im Jahre 1509 vollendete Grab des 1505 verstorbenen *Marco Sanudo*, dessen Portraitstatue auf dem höchst eleganten Sarg liegt, welcher vielfach an das Monument des *Andrea Vendramin* erinnert.

Da 1511 das Erdbeben stattfand, so mögen wohl die Statuen der *Torricella*, welche man dem *Antonio Lombardi* zuschreiben will, in den Jahren 1511—15 gearbeitet sein. Bestimmter sind sie allerdings nicht bezeichnet, auch sind unter diesen vielen Statuen nur drei, welche an die Manier des *Antonio* erinnern, der leider in seinen Figuren den Fehler beging, den Faltenwurf viel zu kleinlich zu machen; ob er das etwa von den Statuen des *Bartolomeo Buon* angenommen, die denselben Fehler tragen (s. oben S. 41), die sich aber vor denen des *Antonio* durch ihren schon dort erwähnten sinnigen Ausdruck und durch grosse Correctheit der Verhältnisse auszeichnen; *Antonio* soll auch in jener Zeit den Thomas von Aquino in *S. Maria ai Frari* gearbeitet haben. Im Dogenpalast.

1515 wurde die Kirche *S. Giustina* vollendet; die Façade ist zwar später fast ganz umgebaut worden, man sieht aber an dem vom früheren Bau gebliebenen halbkreisförmigen Giebel der Mittelparthie, sowie an andern kleinern Ueberbleibseln, dass sie sehr der *Scuola di S. Marco* geähnelt haben mag; leider ist sie 1806 säcularisirt und seitdem zu Magazinen eingerichtet worden, so dass innerlich nichts mehr zu sehen ist; auf dem reich mit Marmor verzierten Altar der Familie Dolce standen zwei Statuen, von *Antonio Lombardo* und *Paolo Milanese* in parischem Marmor gefertigt. Statuen etc.

Das Grab des *Bart. Ariano* in *S. Steffano* vom Jahr 1515 gehört ebenfalls den Lombardi an.

Etwa um 1515 — 17 fertigte Tullio die Reliefs in *S. Giovanni Grisostomo*, eine Krönung der Jungfrau und die zwölf Apostel darstellend; ausser dem häufig schon erwähnten Fehler des scheinbar nassen Faltenwurfs haben diese Reliefs grosse Vorzüge. Die Composition ist lebendig und frisch, die Bewegungen ungezwungen. Die Körperverhältnisse zwar nicht idealistisch edel, aber correct, die Verkürzungen richtig und selbst die am Paduaner Relief gerügte Schwäche in den Beinen ist hier nicht so auffallend.

Die Statuen Tullios, welche am Monument Vendramin, s. S. 78 ff. standen, Adam und Eva darstellend, befinden sich jetzt im *Palazzo Vendramin Calergi*, Eigenthum der Herzogin von Berry. Die Eva ist etwas schwächlich und erinnert an das Paduaner Relief, der Adam aber ist ganz vortrefflich.

Von 1517 datiren zwei Grabmäler in *San Fantin*, das des *Bernardino Martini* und des *Vinciguerra Dandolo*; wenn ersteres nichts Auffallendes hat, so zeigt letzteres schon recht deutlich die ersten Gräber in S. Fantin.

Spuren von den Abwegen, auf welche die Kunst gerathen musste, da
sie sich in der Symbolik von dem christlich-mittelalterlichen Systeme
entfernt hatte; während man nach diesem gewöhnt gewesen war, auf
Grabmalen durch Engel. Augen Gottes, Darstellungen des Weltgerichts,
Scenen aus dem Leben der Verstorbenen etc. auf das Leben nach dem
Tode, auf die Vergeltung der menschlichen Thaten und die Vergebung
durch die Gnade Gottes hinzuweisen, musste die ganze Richtung der
modernen Kunst zu einer heidnischen und materiellen Auffassung des
Gedankens „Tod" hinleiten: schon an frühern Denkmalen fanden wir
Sphinxe, Serapiszeichen, Saturnussymbole und andere Andeutungen auf
die Vergänglichkeit des Lebens und das Geheimnissvolle des Todes. Um
nun dem Volke verständlicher zu werden, griff man jetzt zu dem, was
wohl der christlichen Auffassung des Begriffs „Tod" am schroffsten
entgegen steht: man fing an, auf das Grauenhafte des Todes anzu-
spielen.

Das Grab des Dandolo besteht nämlich aus einer Urne, gestützt
auf drei Todtenschädel; über dem Sarg aber stehen, wohl gar als An-
spielung auf den unsterblichen Apollo, zwei Delphine, die einen Adler
mit ausgebreiteten Flügeln, ebenfalls heidnisches Symbol der Unsterb-
lichkeit, zwischen sich haben.

1519 soll, freilich nach unverbürgten Nachrichten, *Pietro Lombardo*
gestorben sein; wenn noch sichere Nachrichten über sein Todesjahr
existiren, so müssen solche in den Catastern von *S. Samuele* und *S.
Steffano* gesucht werden, denn in diesen beiden Kirchen hatte die Familie ihre Grabmäler.[1]

In Padua.        1520 fertigte *António Lombardi* das neunte unter den schon erwähnten Reliefs in *San Antonio* in Padua; die Gruppirung ist gut,
spricht aber den Gegenstand nicht richtig aus; der heilige Antonius gibt
einem neugebornen Kinde die Sprache, statt dessen macht das Ganze
den Eindruck einer Anbetung der Hirten. Die Gewandung lehnt sich
an römische Statuen der späten Kaiserzeit an und hat unendlich viele
klein manierirte Falten, den Erwachsenen sind die Knie durchgebrochen,
die Kinder sind plump und scheinen geschwollene Füsse zu haben.[2]

In San Leone.        Aus derselben Zeit datirt die reiche Capelle *Gussoni* in *S. Leone.*
Ihre Hauptzierde ist eine von vier Heiligen umgebene Pietà auf dem
zierlichen Altar. Der Schmerz der Maria ist durch den verzerrten
Mund etwas zu grell ausgedrückt; auch der todte Christus ist etwas
carrikirt; lebhaft bewegt und correct sind die Figuren der Heiligen, na-

---

[1] S *Temanza vite degli scultori,* p. 125.

[2] Abbildung bei *Cicognara storia della scult.* Vol. II. Taf. XL.

mentlich sind die Fleischtheile, Hände und Füsse meisterhaft gearbeitet.
Auf dem Fronton steht eine Statue des Auferstandenen und auf den vier
Seiten des auswärts gewölbten Tabernakeldachs sind die vier Evangelisten
dargestellt. Alles diess zeigt, namentlich in der Art der Ausführung, so viel
Aehnliches von dem siebenten Relief in S. Antonio in Padua und anderen
Werken des Tullio, dass man diese Arbeiten ihm wohl mit Recht zu-
schreibt. In der Disposition gleicht diese Capelle der Hauptcapelle in
S. Giobbe, s. S. 69, auch in den Details hie und da; jedoch sind die
Pilaster etwas kurz, wodurch das Ganze etwas Gedrücktes bekommt.

1523 den 8. August starb *Giumpetro Stella* und wurde in *San* — Grab.
*Geminian* begraben, wo ihm eine höchst elegante, ziemlich kleine Urne
über der Thür zur Capelle der Sonsovin gesetzt wurde; es ist dieselbe,
welche jetzt das Grabmal des Sonsovin, s. unten, schmückt.

1524 wurde *Sante Lombardo*, damals 20 Jahr alt, als Werkführer Sc. S. Rocco.
an der *Scuola di S. Rocco* angestellt, aber bereits 1527 wieder ent-
lassen, weil er gewagt hatte, Veränderungen im Entwurf machen zu
wollen. Demnach scheint er keinen Theil an der Façade zu haben, s.
S. 47 und 48. Wir werden aber sehen, dass sich die Mönche dennoch
bequemten, von dem ältern Entwurf abzugehen. Santes Thätigkeit scheint
sich auf Vollendung des Rohbaues beschränkt zu haben.

1525—30 arbeitete Tullio in Treviso und Padua. In Treviso soll In Treviso.
er die von Pietro begonnenen Arbeiten vollendet und einige neue hinzugefügt haben. Man zählt dahin das Grab des *Conte d'Onigo* in *S. Nicolo*,
die Capelle *Budua* in *S. Maria maggiore*, das Grab des Bischoffs Zanetti
im Dom, wo namentlich ein Adler mit ausgebreiteten Flügeln von seiner
Meisterhand sein soll. Ferner werden ihm zugeschrieben drei Capellen
in *San Polo* und die herrliche Capelle *del Sacramento* im Dom; die
dort stehenden Statuen sind wohl die besten, die er geschaffen.

Seine grösste Arbeit aber in Treviso war der Umbau der Kirche
*Madonna delle grazie*, deren Kreuzschiff er neu aufführte und 1530 be-
endigte. In Padua fertigte er noch ein Relief in *S. Antonio*, von dem
dasselbe gilt, wie von dem schon erwähnten. S. übrigens S. 65.

Um diese Zeit begann auch *Tomaso Lombardo* zu arbeiten, dessen
Werke wir aber, da sie bereits einer andern Richtung angehören, erst
später betrachten werden, ebenso das, was *Girolamo Lombardo* und
seine Genossen etwa um jene Zeit in Venedig arbeiteten.

1528 war *Alvise Trevisan* gestorben; sein Grab, eine Nische mit Grab.
Sarkophag, auf die gewöhnliche Weise decorirt, steht im linken Seitenschiff in *S. Giovanni e Paolo*.

1528 brannte der Kreuzgang des Klosters *San Steffano* ab, wobei S. Steffano.
auch die Kirche zum Theil mit beschädigt wurde. Der dadurch verur-

sachte Neubau des Kreuzgangs geschah in den Jahren 1529—34 durch
Fra Gabriele. den Augustinermönch *Fra Gabriele*, jedenfalls einen Schüler der Lombardi. Die Säulchen des Kreuzgangs sind freilich etwas mager, stehen
auch zu weit, wodurch das Ganze etwas Gebrechliches und Gedrücktes
hat. Den Hauptreiz erhielt es durch die jetzt leider zum grössten Theil
verblichenen Fresken des Pordenone. Von diesem Bau, also von Fra
Gabriele, stammt auch die Thür, welche aus der Kirche in die Sakristei
führt, sowie die hinter dem Hauptaltar, deren Gewände etc. mit zier-
lichem Ornament in guter Arbeit bedeckt sind.

S. Salvatore.    1530 beschlossen die Canonici regulari von *S. Salvatore*, den Bau
ihrer Kirche, s. S. 54, wieder in Angriff zu nehmen; da nun Tullio
in Treviso zur grössten Zufriedenheit für denselben Orden gearbeitet,
so fiel die Wahl auf ihn; wir haben gesehen, dass nur wenig unter
*Sparento* gebaut worden war.

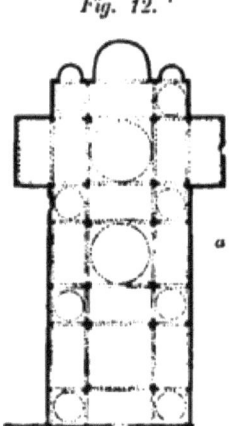

*Fig. 12.*

Den Grundriss macht Fig. 12 deutlicher,
als diess eine Beschreibung vermöchte; die
Parthien bei a sind kurze Tonnengewölbe oder
breite Gurtbogen, wie man es nun nennen
will; da die kleinen Bogen zwischen den einander näherstehenden Pfeilern nicht in diese
grösseren Bogen einschneiden, sondern das
Widerlager dieser letztern als Krönungssims
der kleinen Bogen dient, demgemäss aber die
kleinen Kuppeln bedeutend tiefer sitzen, als
die grossen, da ferner die Kreuzungskuppel
sich noch ansehnlich höher erhebt, als die
andern, so gewährt das Ganze, gewissermaassen drei Kreuzschiffe bildend, einen sehr
belebten reichen Anblick; wir finden hier dieselben Motive, die in *San Marco* in grie-
chischer Weise verwendet sind, zu einem Patriarchenkreuz zusammengestellt; die Höhenverhältnisse sind ungemein schlank, die Hauptpfeiler
sind mit corinthischen Pilastern auf Postamenten besetzt, auf deren
Gebälk hier zum erstenmale eine Attika sitzt, welche die Hauptbogen
trägt; so wenig sonst wohl diese Anordnung zu billigen ist; hier ist
sie ganz am Ort, um auf ungezwungene Weise den Unterschied zwischen
den Widerlagshöhen der grossen und kleinen Bögen auszugleichen,
welche letztern von jonischen Pilastern gestützt werden, die sich an
jene grössern corinthischen anschliessen. Wenn auch in den Details
diese Kirche manches gegen die „„Regeln strenger Aesthetik““ ver-
stösst, die Hauptanlage ist grossartig concipirt, der Aufbau schlank und

edel gelöst, und dabei das Ganze von jenem Hauch des Poetischen durchwebt, was man in den Kirchen der palladianischen Schule oft so schmerzlich vermisst. Bei der Ausführung der Kirche sowohl, als des anstossenden Klosters wurde *Tullio* von *Giulio* unterstützt; dort sind namentlich Kreuzgang und Refectorium reich mit Säulen. Bogen etc. verziert. Wie lange *Tullio* an diesem Bau gearbeitet, ist nicht genau zu ergründen. Nach Einigen scheint es, als wenn er bereits 1532 gestorben sei, nach Andern als wenn er bis 1558 gelebt; doch ist ersteres wahrscheinlich, denn da er 1476 bereits mit arbeitete, so muss er doch spätestens 1460 geboren sein, wäre also 1558 beinahe 100 Jahre alt gewesen, was freilich unter den Künstlern damaliger Zeit öfter vorkommt. Zu seinen letzten Arbeiten scheinen die in *S. Martino* (vier Engel und Taufstein) und die Figuren auf dem Altar in *S. Maria dei Miracoli* zu gehören.

Auch jenseits des Jahres 1530, welches wir als Grenzpunkt der in Rede stehenden Periode bezeichneten, finden sich noch einzelne Werke, welche dem Style der Lombardi sich anschliessen, die Regeln der Antike weniger streng befolgend, namentlich aber in Sculptur und Ornamentik den eben betrachteten Werken gleichend. Hier seien noch die interessantesten davon genannt.

Das Denkmal des Admirals *Girolamo Canale* in *S. Giovanni e Paolo* vom Jahr 1535, edel in der Profilirung, elegant in den Verhältnissen, einfach, ohne Aermlichkeit in der Ausschmückung. Das Denkmal des *Aloyse Malipier* aus dem Jahre 1537; aus der Capelle *S. Francesco* in *S. Maria maggiore* wurde es 1835 nach *S. Maria della Misericordia* gebracht, während der zugehörige Altar seit 1829 in *S. Maria mater domini* aufgestellt ist; es besteht aus einer Rundbogennische, flankirt von zwei offenbar zu breiten Pilastern mit jonischen Halscapitälen. Der Kämpfersims ist ziemlich schwer und auf der Platte à la gree verziert; nur der Sarg bleibt der eleganten Weise der Lombardi vollständig treu, sowie auch die Reliefs, deren eins die Heiligen Aloysius, Bernhardinus, Anton von Padua und zwei Nonnen vorstellt, während das andere im Tympanum Gott-Vater, umgeben von Knaben und Engeln darstellt.[1]

Im Jahre 1540 wurde die Capelle *Cornaro* vollendet, wohl das jüngste, jedenfalls eins der schönsten unter den Werken der Lombardi'schen Schule; diese Capelle, an der Südseite der Kirche *S. Appostoli* angebaut, bildet ein Quadrat von einer Kuppel überdeckt, die sich ohne Tambour auf die Pendentifs und die Scheitel der Schildbogen

*Gräber.*

*Cap. Cornaro.*

---

[1] Abgebildet ist das Grabmal in *Em. Cicogna Inscriz. ven.* Vol. II. S. 429.

aufsetzt, die wiederum unmittelbar auf den Kröpfen eines Gebälks aufstehen. Jeder dieser Kröpfe ruht auf einer Säule, die frei in der Ecke
des Raumes steht; das Gebälk selbst wird von je drei Consolen getragen.
An der nach der Kirche gekehrten und der gegenüberstehenden Seite
bildet die mittelste dieser Consolen zugleich den Schlussstein eines
Rundbogens; der nach der Kirche zugekehrte ist offen, der nach der
entgegengesetzten Seite zu, als Tonnengewölbe verlängert, überdeckt
einen quadratischen Anbau, an dessen Rückwand der Altar steht.
Das Kämpfergesims des Tonnengewölbes setzt sich auch an dieser
Rückwand fort und wird, sich vorkröpfend, von einem Fronton
bekrönt und von zwei schlanken Säulen getragen, welche einen Rundbogen einschliessen, der dem Altarbild als Rahmen dient; über dem
Altar sitzt ein Rundfenster, in den Seitenwänden schlanke Rundbogenfenster; das Tonnengewölbe ist mit Castellen besetzt und aussen direct
mit Blei belegt, so dass der Giebelhals kreisförmig ist, ganz nach Weise
der Lombardi verziert; diese Gestalt des Anbaues, verbunden mit der
ebenfalls direct mit Blei belegten Kuppel und der fast horizontalen Blei-
eindachung der Pendentifs und Mauerstärke, giebt dem Ganzen äusserlich
etwas Orientalisches. Was nun das Innere des Hauptraumes betrifft,
so empfängt es sein Licht blos durch Rundfenster in den Schildbogen;
die schon erwähnten Säulen haben höchst elegante corinthische Capitäle;
die Oberschäfte sind cannelirt und gehen so weit unter die Höhe
des Kämpfers der Hauptbogen herab, dass der diesem Kämpfer genau
entsprechende, die Säule umziehende Doppelbund den Schaft in zwei
ungleiche Hälften theilt (oben zu unten wie 3 zu 2). Dabei sind die
Cannelüren bei zwei der Säulen oben geradlinig, unten spiralförmig, bei
den beiden andern umgekehrt. Die beschriebenen Schäfte sitzen vermittelst eines eleganten Fusses auf runden, sehr schlanken, mit Adlern
und Festons verzierten Postamenten. So willkürlich nun die ganze
Formation dieser Säulen ist, so ist sie doch nicht nur sehr elegant,
sondern erreicht auch auf die ungezwungenste Weise ihren augenschein-
lichen Zweck; die Säulen sollten jedenfalls nicht zu sehr dominiren und
desshalb schwach werden, sich mit dem Rundbogen in organischen Zusammenhang setzen und doch weder kleinlich noch gestreckt aussehen.
Auf den Seitenwänden nun sitzen zwei ganz gleiche Grabmäler, dem
*Giorgio* und *Marco Cornaro* im Jahre 1540 geweiht. Der elegante
Sarkophag mit liegender Statue steht auf einem Postament, welches
durch drei Pilasterchen in zwei breite Felder getheilt ist und durch zwei
auf drei Consolen ruhende Rundbogen gestützt wird; die Arbeit ist
sauber, die Gliederung zierlich und scharf, die Ornamentirung leicht und
nicht überhäuft.

Diese Capelle wird von Vielen dem *Guiglielmo Bergamosco* zugeschrieben. Die Simse sind aber viel leichter und lebhafter profilirt, die Verhältnisse feiner abgewogen, als an den Arbeiten dieses Meisters, die wir später kennen lernen werden.

Nachdem wir nun die öffentlichen, namentlich kirchlichen Werke betrachtet haben, welche der Schule der Lombardi ihre Entstehung verdanken, wenden wir uns zu der Profanbaukunst. Hier kann allerdings, das muss vorausgeschickt werden, wegen des fast gänzlichen Mangels an zuverlässigen Nachrichten Autorschaft und Bauzeit nur in sehr wenigen Fällen festgestellt werden. Auch übten Tradition und Localverhältnisse auf die Privatbauten natürlich einen so starken Einfluss aus, dass ihre Gestaltung bei weitem allgemeinere Typen annahm, bei weitem weniger die Individualität des Schöpfers hervortreten liess, als bei öffentlichen Bauten, mit Ausnahme einzelner, besonders reich ausgestatteter Paläste. Es wird daher die nachstehende Aufzählung nicht blos Werke der Lombardi und ihrer unmittelbaren Anhänger, sodann auch manches Werk anderer Meister und ihrer Schüler enthalten, welche aber dann immer wenigstens im weitern Sinne des Worts zu der Schule der Lombardi gehörten, die ja doch in jener Zeit die herrschende war.

Wie schon mehrfach erwähnt, blieben mittelalterliche Reminiscenzen noch lange in Kraft, namentlich in Bezug auf die Disposition; nach der allmäligen Ummodelung derselben und nach dem Grad, bis zu welchem sich die antiken Formen Geltung verschafften, könnte man wohl am besten für die Wohnhausbauten eine chronologische Reihenfolge, wenigstens mit einiger Wahrscheinlichkeit, aufstellen und danach dieselben in Gruppen vertheilen. *(margin: Wohnhäuser.)*

In die Jahre 1440—60 würden demnach eine Reihe von Wohnhausbauten gehören, welche noch ziemlich genau die mittelalterliche Disposition festhalten. In ganz glatter Mauerfläche sitzt eine Loggia und an den Seiten einzelne Fenster mit Balkons; die Oeffnungen sind grösstentheils in etwas gestelztem, hie und da wohl auch ein wenig eingezogenem Rundbogen geschlossen, so dass sie entfernt an die Band I. Seite 57 ff. geschilderten Bauten erinnern. *(margin: 1440—60.)*

Als Beispiele mögen hier folgende angeführt werden:

Ein kleines Haus am *Canarreggio* neben dem Palast *Savorgnan*. Die Loggia des einzigen Geschosses ist nur zweitheilig; zu jeder Seite derselben stehen zwei Fenster, im Erdgeschoss eine grosse Rundbogenthür und zu den Seiten Kaufläden; diese sind nach der Strasse zu nicht mehr so ganz offen, wie wir das an den mittelalterlichen Häusern fanden, sondern in einer scheitrechten Thür und einem sehr breiten, niederen, ebenfalls scheitrecht überdeckten Fenster.

Die *Casa Ferro* (s. Band I. S. 229). Das erste Geschoss hat unter *(margin: Casa Ferro.)*

dem am angez. Orte besprochenen *Pergolo* drei niedrige breite Rundbogenfenster; in dem Bogen eines jeden sind zwei etwas rückstehende
Rundbogen, durch ein Säulchen gestützt, eingesetzt, so dass zwei sehr
schlanke Oeffnungen entstehen, ein ganz romanisches Motiv; das
Säulchen hat eine Blattreihe, Eckvoluten und geschweiften Abakus, die
Pfeiler der Hauptbogen sind als Pilaster gestaltet; zu den Seiten sitzen
Fenster, in Grösse und Höhe der Halböffnung jener gekuppelten gleichend,
mit sehr schmaler Bogenchambranle auf den Kämpfercapitälchen der
ebenfalls sehr schmalen Gewändchen; die Sohlbank, mittelalterlich gegliedert, ruht auf zwei kleinen Consolchen; das dritte Geschoss hat in
der Mitte, dem zweiten entsprechend, einen viertheiligen Pergolo, dessen
Rundbogen auf drei schlanken Säulchen und schmalen Eckpilasterchen
stehen; die Brüstung sitzt in dem Lichten, besteht aus Doggen, gleich
denen in *S. Maria ai Miracoli* und steht direct auf dem Gurtsims;
dieser besteht aus einem Tragloth, einem ziemlich hohen Fries mit
Pfeifen und einer Hängeplatte mit ziemlich grossen Untergliedern und
sehr kleinem Karnies; Hauptsims, Ecksäulchen etc. sind mittelalterlich,
doch zeigen die Capitälchen der Ecksäulchen schon modernere Formen,
so dass das Ganze den Uebergang, das Schwanken zwischen Gothik
und Renaissance recht deutlich charakterisirt. Das Erdgeschoss hat in
der Mitte eine hohe Entrada mit schlanker Rundbogenthür, flankirt von
zwei grossen Rundbogenfenstern; an den Seiten kleine Stichbogenfenster
und ziemlich grosse scheitrechte Mezzanafenster mit Verdachungen, die
ohne Fries auf dem Sturz aufliegen.

*Pal. Vendramin alla Giudecca.* Erdgeschoss und Mezzana scheinen
Veränderungen erlitten zu haben, nur einige Fenster der Mezzana,
scheitrecht mit aufliegenden Verdachungen und glatter Chambranle
scheinen ursprünglich zu sein; die beiden Hauptgeschosse aber haben
sich unverändert erhalten. Ein sechstheiliger Pergolo mit Balkon von
je drei einfachen Fenstern zu jeder Seite flankirt. Die Oeffnungen sind
sämmtlich sehr schlank und im Rundbogen geschlossen. Die Säulen des
obern Perzolo sind jonisch; die Balkonbrüstung besteht aus Säulchen
mit kleinem, aber unvollständigem Gebälk. Die Sohlbänke der Fenster
ruhen auf Consolchen, Gewände und Bogen sind schmal und einfach,
letztere ruhen auf dem kleinen seblichten Capitälchen der Gewände;
reicher ist das untere Geschoss, hier sitzen nämlich auf dem Scheitel
der Chambranlen kleine schuppenähnliche Akroterien, flankirt von bunten Scheiben, wodurch diese Fenster dem früh mittelalterlichen sehr
ähnlich werden; dasselbe wiederholt sich am Pergolo, dessen schlanke
Säulchen corinthische Capitäle haben; an den breiten Fensterschäften
sitzen grössere bunte Marmorscheiben.

*Palazzo Dario*, am *Canal grande* bei *S. Gregorio*, jetzt dem Gra- Pal. Dario.
fen Zichy-Kolowrat gehörig, 1450 gebaut, mit der Inschrift: *Genio urbis*
*Joannes Darius*, also jedenfalls mit einer gewissen Prätension, vielleicht
sogar mit der Absicht erbaut, ein Muster aufzustellen, dürfte wohl als
der erste anzusehen sein, an dem Pergolo und Fenster nicht mehr blos
in die glatte Wand eingesetzt erscheinen, sondern die Hauptabtheilungen,
d. h. der Mittelbau mit dem Pergolo und die Seitenbaue mit den einzelnen Fenstern durch Pilaster gesondert sind, welche die als Gebälke
gestalteten Gurtsimse tragen, so dass hier nicht blos antike Formen,
sondern schon bedeutendere Theile des römischen Bausystems Anwendung gefunden haben; ausserdem ist noch eine Menge von Marmorscheiben etc. zur Verzierung des Gebäudes verwendet; leider haben die
Pilaster, Gebälke etc. ziemlich schwere Verhältnisse und nur in der
Ausführung der eigentlichen Ornamentik bekundet sich die gewöhnliche
Eleganz der Lombardi.

Wenn nun auch dieser Palast eben durch die Anbringung der Pilaster etc. schon in die nächstfolgende Gruppe übergreift, so zeigt er
sich durch die unfertige Behandlung als verfrühtes Erzeugniss.

Folgerichtiger bilden den Uebergang zur nächsten Gruppe folgende
Bauten:

*Palazzo Valier* am *Canarreggio* mit einem Pergolo von 14 Bogen, Pal. Valier.
flankirt von je zwei Fenstern, mit einem einzigen Obergeschoss. Die
Säulen des Pergolo sind jonisch, die schlanken Fenster im Rundbogen
geschlossen, und gleich den Bogen des Pergolo mit einer sehr leichten
geraden Verdachung versehen, die Thüren und Fenster des Erdgeschosses und der Mezzana sind scheitrecht mit aufliegender Verdachung;
statt der Ecksäulchen wird die Façade von Pilastern flankirt, die den
Gurt und den Hauptsims stützen; der Oberbau ist viel später.

Der untere *Pergolo* am *Pal. Pasqualigo* (s. Bd. I. S. 227) mit
vier Rundbogen, von jonischen Säulen gestützt, zwischen denen eine
Brüstung mit Doppeldoggen, gleich denen in *S. Maria ai Miracoli*, steht;
die Verhältnisse sind gut, die Arbeit nicht sehr fein.

*Palazzo Piorene* am *Tragitto della Maddelena* (circa 1460); die Fa- Pal. Piorene.
çade ist unsymmetrisch; jedes der beiden Hauptgeschosse enthält einen
dreitheiligen Pergolo, rechts zwei Fenster, links blos eines; blos der
Pergolo des ersten Geschosses hat einen Balkon, der, durch eine flache
Hohlkehle an Stelle der Consolen getragen, gewissermaassen als weit-
ausladende Verdachung des Portals behandelt ist, obgleich der dadurch
zum Halsglied gewordene Sims über den Portalbogen schon als Verdachung genügt haben würde; der Kämpfersims der Portalpfeiler zieht
sich auf der ganzen Gebäudelänge hin, ebenso der Sockelsims; der

Raum zwischen beiden, die ganze Höhe des Parterres, ist in Felder getheilt und als Unterbau für die Façade behandelt. In den Feldern
selbst sitzen unschöne, durch zwei Segmente begrenzte Fenster. Der
Oberbau enthält nun zunächst die scheitrechten Mezzanafenster mit aufliegenden Verdachungen und darüber die beiden Hauptgeschosse; an
den breiten Pfeilern erscheinen runde und viereckige Tafeln von buntem
Marmor an flatternden Bändern aufgehängt; die Fenster des ersten
Hauptgeschosses sind ungemein schlank und zierlich; die Chambranles
ruhen auf den Kämpfersimsen der schmalen Fensterpfeilerchen und
und tragen direct auf dem Scheitel Verdachungen; die Sohlbänke ruhen
auf Consolchen; die Bogen des Pergolo ruhen zwar auf Säulchen mit
jonischen Capitälen, aber nicht direct, sondern durch Vermittelung eines
Gebälkwürfels, der ganz dem Kämpfercapitäl der Eckpfeiler und der
Fenster gleicht. Die Balkonbrüstung besteht aus Marmorplatten, nach
den mannichfachsten Linienverschlingungen durchbrochen.

Das obere Geschoss ist ähnlich, doch ohne Balkon; auch sind die
Oeffnungen hier nicht so schlank und die Verdachungen fehlen, indem
an ihre Stelle der Architrav des Hauptsimses sich auf die Bogen auflegt. Der Fries des Hauptsimses ist sehr hoch, das Kranzgesims nicht
mächtig genug; so bietet diese Façade allerdings viel Unfertiges und
Unmotivirtes; wirkt aber doch sehr angenehm durch die ungemein leichten Verhältnisse, durch die Anspruchslosigkeit der Disposition und durch
die Zierlichkeit und Accuratesse der Details.

1460—75.     1460—75. Die aus dieser Zeit stammenden Wohnhausfaçaden
machen sich nun schon etwas freier von den mittelalterlichen Reminiscenzen. Die Verdachungen werden zahlreicher und zeigen sich nicht
nur kräftiger, sondern auch auf mehr organische Weise den Umschlies-
sungen der Oeffnungen angefügt. Die Dispositionen werden etwas ge-
regelter, die Oeffnungen werden durch architectonische Scheidungen in
Gruppen vertheilt, aber dennoch geschieht all diess noch nicht consequent, hie und da siegt noch die traditionelle Weise, sich bei der
Vertheilung der Fenster blos nach der Inneneintheilung zu richten.
Ja hie und da zeigt sich auch sogar noch in der Behandlung der Fenster etc. dieses Festhalten an der Tradition, z. B. an einem Haus am
*Rio dei Greci,* dessen Fenster in einem mit dem Doppelzahnschnitt
umzogenen Viereck sitzen, während Gliederungen der Fenster, Gurtsimse etc. den Styl der Lombardi bekunden.

In jener Zeit scheinen übrigens einige Neubaue als Restaurationen
vorgenommen worden zu sein, auch viel Besitzwechsel stattgefunden zu
haben; man findet namentlich an vielen Gebäuden Theile aus dieser
Zeit, an denen Wappen angebracht sind, während an andern nicht viel

älteren Theilen andere Wappen sitzen.   Erklärlich wird dieser Umstand
durch die kriegerischen Zeiten, in denen jedenfalls manche Familie ver-
armte, während andere emporblühten.

So stammen z. B. aus dieser Zeit die Mezzanafenster am Palast
*Priuli*, jetzt *Zorzi*, s. Band I. S. 147, diese sind scheitrecht ohne Ver-
dachung, und gehen bis auf den Fussboden; im Lichten sitzt dann eine
Säulchenbrüstung.

Etwas reicher ist die Mezzana des Palastes *Braganza-Zaguri* (s.
Band I. S. 208) ausgestattet; hier sind die Chambranles ziemlich breit
und mit Füllungen besetzt, die durch bunte Scheiben getrennt werden,
auch sind einige der Fenster mit Balkons versehen.

Am *Palazzo Molin* (Band I. S. 148) wurde 1468 manches ver-   Pal. Molin.
ändert.   Unter die damals neuangebrachten Theile gehört zunächst ebenfalls die Mezzana, den oben besprochenen ähnlich, nur in etwas leich-
teren Verhältnissen, dann aber auch die Tafeln mit Wappen an den
Fensterschäften; ein fast quadratisches Feld, das Wappen enthaltend,
wird von zwei Pilasterchen flankirt, auf deren Gebälkchen ein Halb-
kreisfronton sitzt, mit den gewöhnlichen Scheibenakroterien besetzt, und
durch eine Muschel ausgefüllt: die Pilaster stehen auf einem Plättchen,
welches durch zwei flach an der Wand anliegende, nach den Seiten hin
aufsteigende Consolen getragen wird.   Aehnliche Tafeln, so wie auch
Nischen, genau in dieser Weise verziert, nur schlanker, kommen an
vielen Orten in ganz Venedig verstreut vor, z. B. am Palast *Durazzo*
bei *S. Maria dell' Orto* und am Palast *Contarini* bei *S. Trovaso*, an
letzterm von *Antonio Rizzo* mit Figuren versehen.

Man versuchte auch wohl die Paläste dadurch zu modernisiren,
dass man die Ecksäulchen in Pilaster umwandelte, die Simse umarbei-
tete etc.; zu den Resultaten solcher Bemühungen gehören z. B. Sockel,
Gurtsimse, Hauptsimse und Eckpilaster des übrigens gothischen Palastes
*Pisani Moretta*, s. Band I. S. 221 und 24.   Die erwähnten Theile sind
an sich sehr schön, namentlich der Sockelsims und die Capitäle der
Eckpilaster, sind aber eben nicht an ihrem Platz.

Wichtiger aber, als die in der ganzen Stadt vielfach verstreuten
Veränderungsarbeiten an Balkons, Mezzanine, Wappentafeln, Nischen
etc., wichtiger als die veränderte Gestaltung der Fensterchambranles,
der Balkonbrüstungen, Consolen etc. ist jedenfalls für die Geschichte des
venetianischen Profanbaues der Umsturz, den die Gestaltung der Treppen
in jener Zeit zu erleiden hatte.

Durch das ganze Mittelalter hindurch legte man die Treppe fast   Treppen.
stets äusserlich an das Gebäude an, und zwar in der Regel im Hof,
und gestaltete sie als Podesttreppe; mochte nun eine Verzärtelung des

Volks, oder ein anderer Grund darauf hinleiten, kurz, man begann um
1460 die Treppen zu überbauen und legte sie, statt wie bisher, in
langen geraden Armen, als Wendeltreppen an. Zwei der ältesten Beispiele solcher Treppen sind noch erhalten.

Die Eine ist die sogenannte *Scala dei Maltesi*, in der *Corte dei
risi, Calle delle Locande* bei *San Paternian*, welche augenscheinlich nach-
träglich an den gothischen Palast *Emery* angebaut ist; sie macht in einem
runden Thurm auf jedes Geschoss zwei volle Windungen, auf jeder
Stufe steht eine Säule mit attischem Fuss, glattem Schaft und ziemlich
hohem Capitäl mit Eckblättern und Voluten; die Capitäle sind durch
steigende Bogen verbunden, welche die nächste Stufenreihe tragen; die
Brüstung sitzt, von kleinen Säulchen getragen, etwas unmotivirt zwischen
jenen grösseren Säulen. In jedem Geschoss ist die Treppe mit dem Corps
de Logis durch eine Loggia von drei Bogen verbunden; in den beiden obern
Geschossen sind diess Stichbogen, in den untern aber eigenthümlicher Weise
Rundbogen, nach unten etwas eingezogen, sich also dem Hufeisenbogen
nähernd, wie denn überhaupt der ganze Treppenthurm so viel Anklänge
an das frühe Mittelalter zeigt, dass ihn Viele für ein Werk des 12. Jahrhunderts halten[1]), obgleich Gliederungen, Capitäle etc. die in Rede
stehende Periode deutlich genug zeigen.

Ursprünglich viel reicher verziert, aber leider sehr schlecht conser-
virt ist die Wendeltreppe im *Palazzo dei Mori* bei *S. Maria dell' Orto*;
das Thürmchen, äusserlich im Achteck gebaut, steht so in eine Ecke
des Hofes gedrückt, dass nur zwei Seiten noch frei sind. Diese nun
zeigen vermauerte Rundbogen mit den gewöhnlichen Schneckenakroterien,
gekehlte Stufenenden, einzelne als Füllungen gestaltete Brüstungsplatten
mit eingelegten Scheiben und Rankenornamenten und Stücken kurzer
Säulenschäfte von abenteuerlich orientalisirenden Formen, aber mit Re-
naissanceverzierungen besetzt.

Eine schöne Podesttreppe aus derselben Zeit ist in einem Hause
der *Barbaria delle Tavole* erhalten; dieselbe hat namentlich in den
Bogenlaibungen ausgesucht feine Ornamente.

Pal. Cappello.  Der kleine Palast *Cappello* bei *San Cassiano* am *rico di Caram-
pane*, unweit vom *ponte storto*, Geburtsstätte der berühmten *Bianca Cappello*, welche von hier aus entführt ward und später als Grossherzogin
von Toscana starb; das Palästchen ist äusserlich ziemlich unbedeutend,
hat aber eine sehr schöne Entrada.

Pal. Zorzi.  *Palazzo Zorzi à S. Severo*, ein weitläufiges Gebäude, enthält namentlich

---

[1]) S. z. Beisp. Allgemeine Bauzeitung (Wien, Förster) 1844, wo auch die
Treppe abgebildet ist.

in Hofe sehr schöne Ornamente, Säulen etc. aus der Schule der Lombardi,
die Façade aber ist zur Zeit des Scamozzi ziemlich ganz verdorben worden.

Eins der reichsten Bauwerke aus jener Zeit ist der *Palazzo Anga-* Pal. Manzoni.
*rini,* später *Manzoni,* gebaut circa 1465 am grossen Canal in der Nähe
von *S. Vito.* Die Haupttheile der Façade sind durch Pilaster getrennt.
Leider sind auch hier, wie bei dem ähnlichen *Pal. Dario* die Capitäle
der Pilaster, sowie die Gliederungen, namentlich des untern Gebälkes
zu schwer, auch ist letzteres durch die Adler und Vasen mehr belastet
als geziert, aber desto feiner und leichter sind die Verhältnisse und
Ornamente der fünftheiligen Loggien in den beiden Hauptgeschossen;
auch ist die Arbeit der Ornamente rein und mit feinem Gefühl ausgeführt; die bunten Marmormedaillons etc. sind mit vielem Tact vertheilt.
Das Portal aber ist zu schwer. So viel ich weiss, gehört er jetzt dem
Fürsten Esterhazy und dürfte wohl derselbe sein, welchen nach Füssli
*Angelo Procaccio* um 1470 für die Familie *Contarini* baute, da auch
dieser bei *S. Vito* gelegen haben soll und nach alten, freilich nicht zuverlässigen Abbildungen ihm sehr ähnelt, auch in der Nähe kein ähnlicher Palast steht. Der Boden war Staatseigenthum und blos lehnsweise
an die Besitzer gegeben, daher der häufige Besitzwechsel.

1475—85. Der in diese Jahre zu verlegenden Gruppe gehören
eine grosse Reihe von Bauten an, welche sämmtlich ein schon bedeutend
tieferes Eingehen in die antiken Formen zeigen, ohne jedoch das Traditionelle ganz fallen zu lassen.

*Palazzo Grimani à S. Polo,* am grossen Canal unweit des *Palazzo* Pal. Grimani.
*Balbi,* ein ziemlich hohes Gebäude; trotz der auch hier noch unangenehm
auffallenden Schwerfälligkeit der Gebälke hat dieses Gebäude doch
viele Vorzüge, namentlich in den Details, unter denen sich besonders
die Capitäle vortheilhaft durch seine Nachbildung der Antike auszeichnen.

*Palazzo Tiepolo cá grande à S. Tomá* zeichnet sich weniger durch Dis- Tiepolo.
position und Verhältnisse als durch Feinheit und Eleganz der Profile aus.

Am *Palazzo Vendramin* am *rio Santa Fosca* ist namentlich das Portal Vendramin.
bemerkenswerth; die ziemlich breite Chambranle ist mit vertieften Füllungen besetzt, welche auf der Mitte jeden Gewänds, sowie des Sturzes
eine Rosette in kreisförmigem Feld enthalten. Zur Seite der Gewände
aber etwas entfernt davon, stehen sculpirte Pilaster mit sehr feinen
Capitälen; der Raum zwischen den Gewänden und diesen Pilastern ist
durch ein hohes Feld ausgefüllt, in dessen Mitte ein kreisförmiges Fensterchen sitzt; das Gebälk der Pilaster legt sich auf den Sturz auf,
kröpft sich aber zwischen den Pilastern und dem Sturz über jenem Feld
rückwärts; der Fries ist ziemlich hoch und enthält reiche Ornamentik,
sowie drei kreisförmige Fensterchen, eins über der Mitte des Sturzes,

je eins in der Rückkröpfung; auf ungezwungenere Weise konnte das
Nothwendige mit dem Schönen nicht vereinigt werden, als es hier geschehen ist, wo diese kleinen Fenster so ungemein geschickt in den
Organismus der Verzierung eingeflochten sind, dass sie selbst als inte-
grirender Theil derselben erscheinen

Pal. Braga-
din.

　　　*Palazzo Bragadin*, jetzt *Bigaglia* in der *Barbaria delle Tarole* bei
*S. Giovanni e Paolo*; von der ursprünglichen Architectur ist nicht viel
erhalten; interessant ist darunter nur das Portal und über demselben
ein Relief, Daniel in der Löwengrube, welches sehr an die Manier des
*Tullio Lombardo* erinnert.

In Verona.

　　　Noch sei hier erwähnt der ebenfalls im Style der Lombardi errichtete *Palazzo Lisarti* oder *Mazzagatti* zu Verona; die unregelmässige
Disposition hat Vieles von den ebengenannten, doch fehlt die Abtheilung durch Pilaster. Ungemein reich und sehr fein ausgeführt sind
die Ornamente der Pilaster und Säulenschäfte, die Capitäle, Chambranles
und Schneckenakroterien. Während die eigentlichen Wandflächen ganz
glatt gelassen sind, sind alle die genannten Theile, bis auf die Wülste
der Pilasterfüsse, die Sohlbankplatten etc., reich verziert; einen seltsamen
Contrast mit diesen ungemein zarten Ornamenten bilden die ziemlich
plumpen guelfischen Zinnen, welche das Ganze bekrönen.

　　　Noch sind zu erwähnen als Beispiele der bisher geschilderten
Manier, zwei blos theilweis erhaltene Häuser am *ponte S. Antonio* und
beim *Ponte S. Polo*, sowie namentlich der kleine, aber ungemein
zierliche *Palazzo Guizetti*, jetzt *Reali* am *rio della Fava*, ein wahres
Cabinetstückchen; besonders zierlich ist das durchbrochene Balkongeländer,
sowie der Träger und der Kopf des Schornsteins. Hier wie bei einem
grossen Theil der schon betrachteten und ausserdem an den nicht vollendeten Palästen *Bernardo* und *Barbarigo della Terrasse* am grossen
Canal, sind die Fenster schlank, begrenzt durch schmale Pfeilerchen,
auf deren Kämfercapitälchen eben so schmale Bogenchambranles ruhen,
über welche sich dann eine leichte Verdachung legt; die Mezzanafenster
sind scheitrecht und, wie schon mehrfach erwähnt, ausgestattet, die eigentlichen Parterrefenster niedriger als breit und sehr untergeordnet behandelt.

　　　Die Mauermasse der Façade ist glatt und nur an den Ecken, höchstens noch an den Grenzen der Hauptabtheilungen mit Pilastern oder
Lisenen versehen; wie sehr man hie und da sich bestrebte, mittelalterliche Formen festzuhalten, dafür zeugt die Zinnenbekrönung eines
Hofeinganges in *Barbaria delle Tavole*, s. Fig. 13; dieselbe ist in Form-
ziegeln und glasirtem Thon ausgeführt.

Pal. Cornara
Spinelli.

　　　Eine etwas andere Behandlung wurde der Façade des Palastes zu
Theil, welcher früher der Familie Cornaro, später den Spinelli gehörte,

in der Nähe des Theaters *S. Angelo* am grossen Canal steht und in
der Regel *Corner-Spinelli* genannt wird.[1])

Der Architect desselben wollte augenscheinlich die traditionelle
Disposition nicht verlassen, sondern mit Hülfe der neuen Formen neu
beleben. Erdgeschoss und Mezzana vereinigte er zu einer Masse, welche
leider zu hoch im Verhältniss zum Oberbau ausfiel; dieselbe erhebt sich
auf hohem bossirtem Unterbau, von demselben getrennt durch eine reich
sculpirte Sockel, der an den Enden der Façade auf Kröpfen zwei sehr
grosse, doch schlanke jonische Pilaster trägt; die ganze Masse zwischen
diesen Pilastern ist mit Bossenquadern ausgefüllt, zwischen denen Portal und Fenster sitzen. Die etwas zu niedrige Oeffnung des Portals
ist durch einen architravirten Rundbogen geschlossen, der auf ziemlich
kurzen Pilastern mit corinthischen Capitälen aufsitzt und auf dem Scheitel
eine schlanke Palmette trägt. An den Pilastern aufwärts und über der
Palmette herüber zieht sich ein einfassendes Leistchen und darüber sitzt
eine Verdachung. Durch diese Anordnung aber ist die Uebermauerung
des Portals unverhältnissmässig erhöht und drückt das ohnehin schwere
Portal noch mehr zusammen; die Fenster sind unglücklich vertheilt, je ein
Mezzanafenster mitten über zwei Parterrefenstern und, jedenfalls ein
Missgriff, für Parterre und Mezzana ganz gleich behandelt: eine ziemlich
niedrige Oeffnung, umschlossen von einem Rundbogen auf kurzen Pilastern mit corinthischem Capitäl, das ganze Viereck umzogen von
einem Leistchen, auf dem noch eine zu unbedeutende Verdachung liegt.
Die ganze Masse erhält ihren Abschluss durch einen für die riesigen
Pilaster und die grosse Rustikfläche viel zu schwächlichen Gurt, der
zugleich als Balkonplatte dient, indem die Consolen des Balkons
auf ganz unmotivirte Weise zwischen die Quadern der Bossen eingesetzt sind. Die nun folgenden beiden Obergeschosse sind ungleich
besser gelungen. Die Fenster sind sehr breit, ein Rundbogen auf zwei
Pilastern mit sculpirtem Capitäl ist von einer Leiste im Viereck umschlossen; in den so entstehenden Zwickeln sitzen bunte Scheiben, im
Rundbogen sitzen noch zwei kleinere, getragen von einem ganzen und
zwei Halbsäulchen. In dem durchbrochenen Raum zwischen dem
grossen und dem kleinen Bogen ist ein Ring eingesetzt, der aber, nach
unten offen, in Nasenform zwischen die kleinen Bogen eingreift: dadurch erscheint das ganze Fenster mittelalterlich, trotz der Renaissance-
details; in der Mitte jeden Geschosses sitzen nun zwei solche Fenster
ganz nahe beisammen und bilden so ein Pergolo; zu jeder Seite sitzt

---

[1]) In manchen Werken findet man ihn Palast *Era dei Cornari* genannt, eine
falsch verstandene Uebertragung des Italienischen: „„gehörte früher den *Cornari*““,
aus Mangel an Sprachkenntniss entstanden.

eines dergleichen; an den glatten Schäften zwischen den Fenstern sind
bunte Scheiben mit Bändern, Adlern etc. aufgehängt; die Gliederungen
der Balkonbrüstung setzen sich am Mauerwerk fort und bilden an den
Ecken der Façade die Postamente für breite und schwere Pilaster,
deren Capitäle zwar schön gearbeitet, aber jedenfalls zu gross sind.

Im ersten Geschoss liegt vor dem Pergolo ein eckiger Balkon, an
jedem Seitenfenster aber ein Balkon, dessen Grundriss ein halbes Vier-
blatt ist, eine originelle, aber sehr angenehm wirkende Anordnung.
Zwischen beiden Geschossen, auf die Pilastercapitäle und die rechtwinkligen Umfassungen der Fenstermassen direct aufgelegt, läuft ein nach
seinen Stützen gekröpftes Gebälk mit geneigten Architravstreifen und zu
Zahnschnitten durchbrochener Hängeplatte; diess Gebälk, als solches
offenbar zu klein, ist jedoch als Gurtsims gross genug; in seinem Fries
sitzen die Consolen, sein Kranzgesims dient als Platte für die viereckigen Balkons der Seitenfenster im Obergeschoss, dessen Pergolo durch
eine in das Lichte eingesetzte Doggenbrüstung geschlossen ist; eben solche
Doggenbrüstungen haben sämmtliche Balkons.

Auf die Fensterumschliessung und Pilaster dieses Geschosses legt
sich nun ebenso direct wie unten, aber ohne Kröpfe, ein Gebälk von
ziemlich grossen Dimensionen und sehr glücklichem
Profil, in gutem Verhältniss zur ganzen Masse,
der es als Hauptsims dient. Nur die von Consolen
getragene Hängeplatte könnte etwas mächtiger sein,
indem sie so, wie sie ist, von dem Karnies und
den Untergliedern etwas gedrückt wird.

Fig. 13.

Wenn nun auch, wie wir gesehen, so manche Fehler in dieser
Façade zu finden sind, so werden dieselben theils durch die nicht zu
leugnenden Schönheiten der grossen Fenstermassen, theils durch die ungemein elegante Ornamentik der Consolen und Capitäle, namentlich
aber der Festons in den Felderchen der Sockel, sowie im Fries des
Hauptsimses vollständig aufgewogen, welche die schon bei dem Portal
von *San Zaccaria* erwähnten Vorzüge theilen, in dem die Stengel
schlank und zart, dabei aber nicht schwächlich, die Blätter und Blumen
saftig und kräftig, dabei aber nicht plump sind. In dieser Ornamentik
erreichen die Lombardi beinahe den Grossmeister Raphael und werden
ausser von diesem vielleicht nur von *Aless. Leopardo* übertroffen.

Das Innere dieses Palastes ist umgeändert worden; äusserlich ist
er wohl der letzte, welcher in der Disposition noch mittelalterliche Reminiscenzen in leicht erkenntlicher Weise bewahrt und das schon
mehrfach erwähnte Streben bezeugt, diese Reminiscenzen mit den Formen
des neuen Styls zu versöhnen.

Den ersten entschiedenen Schritt auf einer ganz neuen Bahn für
den Wohnhausbau Venedigs that aber *Pietro Lombardo*, indem er
im Jahre 1481 für Andrea Loredan einen Palast entwarf, welcher 1581 von den Erben des Loredan für 60000 Ducati an den
Herzog von Braunschweig verkauft wurde, der ihn nach wenigen Jahren
an den Herzog von Mantua verkaufte. In Folge eines Processes wurde
er 1589 versteigert und von *Vittore Calergi* erstanden für 36000 Ducati.
Da die Familie *Calergi* ausstarb, ging er an die Seitenlinie *Grimani-
Calergi* und endlich an die *Vendramin-Calergi* über, welche ihn für
33000 Gulden an die Herzogin von Berry verkauften (circa 1842).[1]

*Pal Vendra-
min Calergi.*

*Fig. 14.*

Die Façade ist 78 Fuss lang und 63½ Fuss hoch; Verhältnisse und
Disposition erhellen am besten aus Fig. 14. Leider ist der Maassstab

---

[1] Der Kaufpreis des ganzen Grundstücks mit Garten, Gemälden, Meubles etc.
war 170,000 Zwanziger = 56,666 Gulden, darin waren u. A. auch die bereits
erwähnten beiden Statuen, Adam und Eva, von *Tullio Lombardo* inbegriffen,
von denen aber nur der Adam des *Tullio* würdig erscheint; die Eva ist kaum mittelmässig zu nennen.

dieser Abbildung zu klein, als dass es möglich gewesen wäre, durch dieselbe eine auch nur annähernde Idee von der Eleganz und Präcision der Profile, von der Zartheit der Ornamentik, von der künstlerischen Vollendung der Ausführung zu geben, welche sich gleichmässig über alle Theile dieser schönen Façade erstrecken, indem vom Sockelsims bis zum Karniese alle, auch die geringfügigsten Theile mit gleicher Sorgfalt gearbeitet sind. Die Hauptmasse besteht aus dem harten, grauen istrischen Stein, die kleinen Säulchen der Fenster jedoch aus weissem geaderten griechischen Marmor, ebenso die Füllungen zwischen den gekuppelten Säulen; die Medaillons etc. aber aus Porphyr, Serpentin und buntem antikem Marmor.

1485—1500. Schnell schritt man nun auf der einmal von *Pietro* betretenen Bahn vorwärts; er hatte gezeigt, auf welche Weise man die durch das Bedürfniss vorgeschriebene traditionelle Disposition der Wohnhausfaçaden in organischer Durchbildung mit dem System der Antike versöhnen könne. Natürlich aber konnte ein plötzliches Lossagen von dieser Tradition nicht erreicht werden und wir begegnen daher auch in den noch zu betrachtenden Palästen vielfach den älteren Motiven; aber die Auffassung ist bei weitem classischer, als früher, obgleich sie sich stets von sclavischer Nachahmung frei hält.

Namentlich in der Ornamentik zeigte sich diese Richtung in ihrer vollen Glorie; so in den Weihbecken einiger Kirchen und Klöster und in den Caminen vieler Privatwohnungen, namentlich aber in den fünf höchst eleganten Caminen in den Zimmern der *Signoria* im Dogenpalast.

Camine. Die Hauptanordnung ist bei allen gleich; zwei doggenähnliche Säulchen stützen ein Paar zarte, weit ausladende Consolen, auf dem ein Gebälk ruht; Säulchen und Consolen sind zusammen über mannshoch, so dass man bequem unter den Sims treten kann. Namentlich die beiden in der *Sala degli Scarlatti* und dem Nebenzimmer sind mit sehr feinem Tact und dennoch nicht überladen ornamentirt, die Profile sind ungemein graziös, die Ornamentik reich und elegant im höchsten Grade. Der Fries des Gebälks enthält Füllhörner, Palmetten etc. Die Doggensäulchen mit geschweiftem, akanthusbesetztem Unterschaft, gewundenem Oberschaft und jonischen Capitälen, können als Muster der Leichtigkeit und Eleganz aufgestellt werden. Die andern drei variiren namentlich in der Decoration der Friese, welche Kinder, Sirenen, Allegorien etc. enthalten.

Brunnen. In der ganzen Stadt verstreut, auf Plätzen und Höfen, finden sich Brunnenmündungen aus jener Zeit; in der Regel sind sie als Capitäle mit achteckigem Abakus gestaltet, so dass unter jeder Ecke ein langes schlichtes Blatt sitzt, über dessen Spitze sich ein Kopf oder dergleichen befindet; die Zwischenräume sind mit Festons, Candelabern, Vasen, Vögeln etc. ausgefüllt.

Aus dem Jahre 1500 stammt eine Nische an der *Casa Bembo* Nr. 5829 auf dem *Cumpo Santa Maria nuova*; dieselbe enthält die Statue eines ganz behaarten Wilden, der eine Sonne in den Händen hält und ist von zwei toscanischen Pilastern flankirt, welche ein einfaches, aber elegant profilirtes Gebälk mit Spitzverdachung tragen und ihrerseits von zwei nicht gerade zierlichen, aber doch geschickten und sauber gearbeiteten Consolen getragen werden, welche durch Vermittelung einer ornamentirten Platte auf einem mit drei Köpfen besetzten Kragstein aufruhen. Die Arbeit ist sauber und trägt viele Spuren Lombardi'scher Weise, ohne gerade zu den besten Arbeiten zu zählen.

1501—30. Von den zahlreichen aus dieser Zeit stammenden Profanbauten der Lombardi'schen Schule seien hier nur einige wenige erwähnt.

*Pal. Contarini à San Samuele*, am grossen Canal gelegen; derselbe wurde 1504 begonnen und war 1546 vollendet, scheint aber in der Hauptsache schon viel eher vollendet gewesen zu sein. Erdgeschoss und Mezzana sind in eine Masse vereinigt, über der sich zwei Hauptgeschosse erheben, so dass die ganze Höhe in drei fast gleichhohe Theile zerfällt. Jedes Geschoss ist durch vier Pilaster in drei Parthieen getheilt; die mittlere enthält unten nur das schwere Portal, ein Rundbogen, von Säulen getragen, über dessen Verdachung Halbfiguren den Balkon des ersten Hauptgeschosses tragen; die Pilaster dieses Geschosses tragen ein Gebälk mit übertrieben hohem Fries; der Architrav dieses Gebälks dient als Balkonplatte, der Fries, als Brüstung benutzt, ist durchbrochen. In jeder Seitenabtheilung sitzen zwei Fenstermassen, bestehend aus einem quadratischen Parterrefenster und einem im Rundbogen geschlossenen Mezzanafenster, nach der Weise des Bramante behandelt. An den breiten Pfeilern zwischen den Fenstern hängen Tafeln mit Bändern und Engelköpfen; in der Mittelabtheilung des ersten Hauptgeschosses steht ein Pergolo, bestehend aus vier Rundbogen auf Pfeilern mit davorgesetzten Säulen, deren Gebälk einen breiten und sehr niedrigen Fronton trägt. In jeder Seitenabtheilung sitzen zwei Rundbogenfenster, flankirt von Säulen mit etwas spitzerem Fronton. Der Pfeiler trägt eine Trophäe; das Gebälk ist über den Pilastern, ausserdem aber dreimal in der Mittelabtheilung gekröpft, auf diesen drei Kröpfen, zwischen denen der Fries, als Brüstung dienend, durchbrochen ist, stehen drei Säulchen, welche die Bogen des Pergolo für das zweite Hauptgeschoss tragen, die Fenster der Seitenabtheilungen sind durch Rundbogen auf Pfeilerchen geschlossen und in viereckige Schilder eingesetzt; direct auf

9*

diesen und auf den Capitälen der Pilaster liegt der Hauptsims, ein
Kranzgesims ohne Architrav und Fries, die Pfeiler tragen Scheiben, an
einem Ornamentenstamm mit Seitenranken angehängt, mit Adlern, Candelabern etc. Es lässt sich nun allerdings nicht leugnen, dass diese Façade
ein eigenthümliches Gemenge von traditionellen und antiken Formen bietet,
dass namentlich den letzteren in vielfacher Beziehung Gewalt angethan
ist, dass die Thür gänzlich misslungen zu nennen ist, dass die Säulen
des ersten Hauptgeschosses übertrieben schlank, die Simse vielfach zu
unentschieden profilirt sind, dass der Hauptsims viel zu klein und
kraftlos, ja geradezu unbedeutend ist; aber auf der andern Seite sind
die drei Hauptmassen vollständig im Gleichgewicht, die Verhältnisse der
Oeffnungen, jede für sich, so wie auch in ihrer gegenseitigen Beziehung
ganz gelungen, die Ausführung der Ornamente aber geradezu vortrefflich, so dass trotz jener Fehler dieser Palast zu den schönsten Gebäuden Venedigs zu rechnen ist.

　　Noch scheinen zwei kleinere und einfachere Gebäude, der *Palazzo
Fontana*, jetzt *Rech* und *Leon Cacassa* in der Nähe der Kirche ai *Frari*
aus dieser Zeit zu sein. In Fig. 15 geben wir eine Probe von der Or-
mentik im Styl der Lombardi.

**Basreliefs.**　　Aus den ersten Jahren des 16. Jahrhundert stammt ein Basrelief
in der obern Halle des Dogenpalastes, am Ende derselben, nach dem
*Rivo delle Prigione* zu; es stellt eine Halbfigur der Madonna mit dem
Kinde dar, von Engeln umgeben; das Ganze ist höchst graziös, namentlich aber sind die Gewänder und die Hände mit ungemeiner Feinheit
bewegt und und höchst sauber gearbeitet; ebenso fein, und dabei sehr
gefühlvoll ist ein Relief über einer Thür in der *camera degli Scarlatti*
im Dogenpalast, welches den *Cristoforo Moro*, vor der Jungfrau knieend,
und drei Heilige darstellt; die Vermuthung liegt sehr nahe, dass diese
Reliefs von *Pietro Lombardo* sind, der ja damals dem Bau des Dogenpalastes vorstand; unter seiner Leitung mögen auch viele der Brunnen
in der Stadt gearbeitet worden sein, da aus dem Jahr 1509 ein Befehl
des Senats datirt, die Stadt auf Staatskosten mit Brunnen und Cisternen
zu versehen und damals war *Pietro Lombardo* noch im Dienst.

**Pal. Contarini
a S. Luca.**　　*Palazzo Contarini à S. Luca*, auch *Cont. delle porte* genannt, am
*Rive delle porte*, jetzt *Pal. Mocenigo*, aus der Zeit von 1520—25; derselbe hat nur an den Ecken Pilaster, welche aber zu schwach sind.
In Bezug auf die Form der Fenster bleibt hier manches zu wünschen,
namentlich im ersten Hauptgeschoss, wo sich über der dürftigen Verdachung der eigentlichen Fenster noch quadratische Oeffnungen befinden,
der Hauptsims ist von guter Wirkung und steht im richtigen Verhältniss mit der ganzen Masse, die Fenster des obersten Geschosses sind

besser, als die des ersten; die zahlreichen bunten Scheiben und Felderchen in den Friesen der Gebälke und an den Pfeilern sind sehr gut
vertheilt, die reiche Ornamentik ist vortrefflich gearbeitet, all diess lässt
die gerügten Fehler bald vergessen.

*Fig. 15.*

*Pal. Malipier.* dann *Trevisan*, jetzt *Cechini*, am *Campo Sa. Maria* Pal. Malipier.
*formosa* am *ponte di Rugagiuffa*, soll von *Sante Lombardo* erbaut sein,
und würde demnach aus der Zeit von 1525 — 35 datiren. Dieser Palast besteht wie gewöhnlich aus dem Erdgeschoss, mit der Mezzana zu
einer Masse vereint und zwei Hauptgeschossen, auch hat er blos an den
Ecken Pilaster; die Gebälke derselben sind auch hier wie bei mehreren
der schon erwähnten als Brüstungsgurt benutzt und zu diesem Zwecke
dadurch qualificirt, dass dem Architrav wenig Höhe und viel Ausladung,
dem Fries sehr viel Höhe, dem Obergesims aber nur sehr geringe Dimensionen in Höhe und Ausladung gegeben sind; dabei sind hier in
den Fries zwischen den Geschossen, da wo er den Fenstern und Balkons als Brüstung dient, Doggen eingesetzt; freilich wäre es conse-
quenter gewesen, den Architraven und Obersimsen, wenn man sie einmal ihrer ursprünglichen Bestimmung entfremdete, auch gleich ganz veränderte Profile zu geben, wie sie ihrer neuern Bestimmung entsprächen,
und dass diess nicht geschehen, mag wohl die Ursache der gewöhnlich
sehr unbefriedigenden Wirkung dieser Simsgruppen sein. Besser ist das
letzte als Hauptsims dienende Gebälk, in dessen Fries bunte Medaillons
je über den Mitten der Oeffnungen der Hauptgeschosse eingesetzt sind,
diese enthalten nämlich in der Mitte einen viertheiligen Pergolo, zu jeder
Seite zwei Fenster, getrennt durch einen breiten Schaft; dieser ist im
ersten Hauptgeschoss durch eine Nische, flankirt von Säulen mit Fronton, im zweiten und im Erdgeschoss durch aufgehängte Scheiben und
Tafeln ausgefüllt; die Mezzanafenster sind quadratisch und haben eine

Giebelverdachung. Der Portalbau vereinigt unter einer Verdachung drei
Oeffnungen, deren mittelste, den zwei Mittelöffnungen des Pergolo entsprechend, einer Erhöhung bedurfte, weil sie einer gerade auf den Palast führenden Brücke entspricht; der Architect half sich auf eine allerdings leichte aber nicht sehr graziöse Weise, indem er die den Seiten-
öffnungen gegebenen Bogen herausschnitt und so die Oeffnung bis an
die Verdachung stossen liess; diess gibt dem Portal etwas Gebrechliches.
Bei den vielen ornamentalen Schönheiten der Façade ist zu bedauern,
dass dieselbe nicht fehlerfrei ist, so wirken z. B. die Mezzanafenster
nahezu plump, die Nischen sind zu niedrig und durch darüberhängende
Medaillons noch mehr bedrückt; ferner wirkt hier die bereits beim Palast Piovene bemerkte Anbringung von Gebälkwürfeln zwischen den
Säulen und Bogen des Pergolo unangenehm, weil dieselben zu sehr in
die ohnehin schon schmalen Oeffnungen einschneiden, auch die Säulen
dadurch sehr verkürzt und mithin unbedeutend werden.

Noch soll *Sante Lombardo* um dieselbe Zeit einen *Palazzo Gradenigo à S. Samuele* gebaut haben, der aber wohl nicht mehr existirt;
wenigstens habe ich ihn nicht auffinden können.

3 Pal. Zeno. Im Jahre 1531 wurden die drei Paläste *Zeno* zwischen den Kirchen *S. Caterina* und *ai Gesuiti* von *Francesco Zeno* gebaut, dieselben
sind zwar nicht schön, aber insofern interessant, als sie, vom Bauherrn
selbst, obgleich mit dem Beirath von Architecten, entworfen, recht deutlich zeigen, wie schwer sich die Venetianer von den Traditionen trenn-
ten. Die Portale sind im Rundbogen geschlossen, und tragen auf zwei
den Bogen flankirenden schlanken Consolen zwei andere umgekehrt ge-
rollte (ähnlich der Fig. 11), die den Balkon stützen; diese Theile sowie die Medaillons etc. erinnern an die Lombardi, die Gebälke und
ihre Pilaster zeigen schon eine strenge Befolgung der Antike und dürften
vielleicht von *Sebastian Serlio* herrühren[1]); die Fenster des Hauptgeschosses aber sind, obgleich mit antikisirender Gliederung, ja sogar
mit corinthischen Kämpfercapitälen versehen, in geschweiftem Spitzbogen
geschlossen, auf dem statt der Kreuzblume eine Palmette sitzt; dass
solche Versuche, mittelalterliche Formen mit antiken zu versöhnen, ver-
unglücken mussten, ist sehr natürlich, dass sie aber stattfanden, beweist,
wie schwer man sich von jenen Traditionen trennte.

Indem ich nun hiermit die Betrachtung der Werke aus der Schule
der Lombardi abschliesse und zu denen anderer Künstler derselben
Periode mich wende, muss ich noch vorausschicken, dass auch diese

---

[1]) *Moschini* führt im *Giuda di Venezia*, tom. I, pag. 670 Documente an, aus
denen hervorgeht, dass *Seb. Serlio* an dem Palast mit thätig war.

mehr oder weniger von den Lombardi's beeinflusst erscheinen, sich aber
doch in vieler Beziehung so selbstständig in der Behandlung zeigen,
dass man ihnen Unrecht thun würde, wenn man sie Schüler der Lombardi im strengsten Sinne des Worts nennen wollte.

Antonio Scarpagni, gewöhnlich *lo Scarpagnino*, von Vasari und Scarpagni.
Milizia *Zanfrignino* genannt, scheint um 1490 geboren zu sein, da bei
Gelegenheit seiner Anstellung als Proto del Sal seiner grossen Jugend
gedacht wird.

Er war als Steinmetz etablirt, scheint aber als Werkmeister am
Bau des *Fondaco dei Tedeschi* fungirt zu haben; wenigstens wird er als
proto del Fondico im Jahr 1506 bei *S. Sebastian* (s. S. 105) erwähnt;
bereits gegen 1512 jedoch wurde er als Proto del Sal angestellt.

1511—48. Was seine Thätigkeit bei dem Bau der Kirche *San* San Seba-
*Sebastian* anlangt, so kann man ihm mit Sicherheit nur die Autorschaft ˢᵗⁱᵃⁿ.
an der Façade zuerkennen; dieselbe wurde zwar erst 1548 beendet und
wird von Vasari, der dem *Scarpagnino* nicht hold war, ihm abgesprochen;
aber die S. 105 ff. aufgeführten Urkunden bezeugen nicht nur, dass er sie
geliefert, sondern auch, dass sie bereits 1511 begonnen, also eine seiner
ersten Arbeiten ist. Die Disposition ist sehr einfach; der etwas zu
hohe Stylobat bildet zwei breite Kröpfe; auf jedem derselben stehen auf
hohem Plinthus zwei Säulen, deren Gebälk als Gurtsims durchläuft;
zwischen diesen Säulengruppen steht das Portal, scheitrecht geschlossen
mit einer Segmentverdachung, die auf Consolen ruht, flankirt von zwei
übertrieben schlanken Rundbogenfenstern mit sehr schmalen Pilastern
und Segmentverdachungen; über dem Gurtgebälk wiederholt sich dieselbe
Anlage, nur dass hier die Säulen auf Postamenten stehen und die Mitte
ein grosses Rundfenster einnimmt, über dessen Scheitel eine Console den
Architrav des Gebälks stützt, dessen Obergesims den Fronton umzieht.
Im Felde dieses Frontons steht ein kleineres Rundfenster, die Akroterien
tragen Statuen. Wenn nun auch die Disposition und Verhältnisse des
Ganzen dem *Scarpagnino* nicht vollständig gelungen sind, so hat er sich
doch in den Details, namentlich in den Simsprofilen und Capitälen, so
wie in den zwischen den Säulen aufgehängten Tafeln und Medaillons
mit vielem Glück an die Manier der Lombardi angelehnt.

Die Seite 16 erwähnte Feuersbrunst hatte ausser beinahe 2000 Fabbriche
Wohnhäusern auch die Rialtobrücke, die öffentlichen Markthallen, die vechie del
Kirche *S. Maria dei Crocechieri* etc. verheert. Für den Wiederaufbau Rialto.
der öffentlichen Gebäude wurde eine Concurrenz ausgeschrieben; unter
den sieben Architecten, welche Zeichnungen einreichten, werden genannt:
*Fra Giocondo*, s. S. 25, . . . *Toschan*, s. S. 51, *Alessandro Leopardo*
und *Scarpagnino*, dessen Entwurf laut Senatsbeschluss vom 26. August

1514 angenommen ward. Hatte schon seine Ernennung zum proto del
Sal ihm Neider gemacht, so vermehrte dieser Erfolg noch die Zahl
derselben.

Vasari schmäht denselben sehr; die Brücke scheint von Holz, aber
mit Kaufläden besetzt gewesen zu sein und bis gegen 1570 gestanden
zu haben.  Die 1522 vollendeten *Fabbriche*, Kaufhallen, stehen noch,
und werden zum Unterschied von den von *Sansovino* erbauten *Fabbriche vecchie à Rialto* genannt.  Ein Blick auf dieselben genügt, um
den Tadel Vasaris zu entkräften, namentlich wenn man bedenkt, dass
der Staat, um möglichst zu sparen, darauf drang, die vom Feuer ver-
schont gebliebenen Theile beizubehalten; diess hatte zur Folge, dass die
mit Rustik bekleideten Bogen des Erdgeschosses von verschiedener
Weite sind.  Hinter diesen Bögen liegen Kaufläden,· über jedem im
Halbgeschoss ein Comptoir; da nun die Hallen dieses Halbgeschoss ebenfalls mit umfassen, so sind sie beinahe zu schlank.

Der Oberbau ist in zwei Geschosse getheilt, welche beide in etwas
grossen Abständen mit Pilastern besetzt sind, zwischen denen scheitrechte Fenster mit Spitzverdachungen sitzen; die Gesimse etc. sind elegant profilirt; leider aber ist der Oberbau zu niedrig im Verhältniss
zum Unterbau (wenn man die Höhe des letztern in fünf Theile theilt,
so kommen drei solche Theile auf das erste, zwei auf das zweite Obergeschoss).  Besser sind die Verhältnisse an den 1520 und 1521 errichteten Gebäuden, welche den Platz von *S. Giacomo* und die *Ruga degli
Orefici* einfassen; hier sind die Pfeiler schmäler und niedriger, die Bogen
sitzen auf ziemlich zierlichen Kämpfersimsen, die Obergeschosse sind
etwas höher, die Pilaster und Bossagen fehlen, an Stelle der Gebälke
sitzen leichte Gurtsimse und auch die Fenster sind leichter, nur ist dieser Theil fast·etwas zu einfach.  Leider sind diese Gebäude jetzt zum
grössten Theil in Privatbesitz und geben in Folge von Vernachlässigung
ihrem Untergang rasch entgegen.

S. Giovanni    Durch dieselbe Feuersbrunst war auch die Kirche *S. Giovanni
Elem.     Elemosinario di Rialto* (*S. Zuane di Rialto*) zerstört worden, 1523 beauftragte *Andrea Gritti* den *Scarpagnino* mit dem Neubau derselben.
Der Grundriss bildet ein griechisches Kreuz mit Mittelkuppel; die um
fünf Stufen erhöhte Hauptcapelle ist sehr tief; unter ihr befindet sich
ein Requisitenraum, neben ihr zwei sehr kurze Nebencapellen, durch
den Bauplatz bedingt; die Kirche ist nämlich, ganz in der Nähe der
*Fabbriche*, zwischen Privathäuser eingebaut; vor dem Portal steht ein
Atrium mit Tonnengewölbe; die Details sind mit Ausnahme des Hauptportals ziemlich nüchtern, aber nicht unelegant; auch der Campanile
hat elegante Verhältnisse; der Bau wurde 1527 vollendet.

Von Einigen wird ihm die Kirche *S. Giovanni in oleo (nuovo)* zugeschrieben, welche 1463 gebaut, allerdings 1520 eine Restauration erfuhr, aber durch *Bernardino Conti*.

Am 20. Mai 1527 verabschiedete die *Confraternità di San Rocco* den *Sante Lombardo* (s. S. 115), weil er Aenderungen am Entwurf der *Scuola* beabsichtigte. Am 5. October 1527 erwählte das Capitel der Brüderschaft an seine Stelle den *Ant. Scarpagnino* zum proto; er beendete laut den im Archiv befindlichen Nachrichten[1]) die Hinterfaçade des Gebäudes, welche *Lombardo* unvollendet verlassen, fertigte die sämmtlichen Hauptsimse derselben, brachte es unter Dach, deckte diess mit Blei, baute das Albergo von Grund auf neu, unten mit Zimmern und Geräthkammern, und änderte die 1517 erbaute Treppe ab, nachdem darüber mehrere andere Architecten befragt und die Vergrösserungspläne vom Capitel den 21. Juni 1545 genehmigt worden waren; er entwarf die Façade, welche er aber so einrichten musste, dass nichts von dem schon Gebauten wieder abgetragen zu werden brauchte; nicht ganz klar ist, ob er die schöne Thür des Albergo ausführte, die ihm im Juni 1547 aufgegeben ward; ebenso ist nicht nachzuweisen, ob der Plafond des Albergo von ihm ist; doch ist es zu vermuthen, da er bis an seinem 1558 erfolgten Tod als Proto der Brüderschaft fungirte. Was nun seine eben aufgezählten Arbeiten anlangt, so ist die Treppe allerdings ungemein grossartig und dabei bequem angelegt, aber nicht ganz organisch in der Decoration, namentlich der Kuppel, doch ist *Scarpagnino* wohl dafür kaum zu belasten, da er sie blos abänderte, nicht neu baute. Sehr schön sind die Sculpturen der Säulen am obern Ende der Treppen, Scenen aus der Bibel; der obere Saal, 122 Fuss lang, 42 Fuss breit und 31 Fuss hoch, ist grösstentheils später decorirt; der Plafond des Albergo ist sehr geschickt eingetheilt, aber doch nicht ganz so folgerichtig durchgebildet, als die Plafonds der Lombardi in der *Scuola di San Marco*, indem das grosse Mitteloval nicht ganz mit der übrigen Eintheilung harmonirt. Die Hinterfaçade ist übertrieben reich ornamentirt, ohne Organismus; freilich haben an derselben drei verschiedene Architecten gearbeitet; die Bekrönung mit einem Segmentgiebel ist leicht, die Mittelnische des Obergeschosses zierlich, die Ausführung der Simse und Reliefs elegant und correct; doch sind die Delphine, Füllhörner, Adler und geflügelten Scheiben etwas zu häufig und in unmotivirter Weise angebracht; die Seitenfaçade ist etwas einfacher, und würde einen sehr guten Effect machen, wenn nicht der durchlaufende Stylobat, auf dem die Fenster sitzen, sich mit dem als Gurt

___
[1]) S. *Giamb. Soravia Chiese di Venezia*, 1824. s. a. O.

dienenden Gebälk, auf dem er ruht, zu einer etwas schweren Masse
verbände, die vielleicht weniger drückend wirken würde, wenn zwischen
den Fenstern Pilaster ständen. Die Parterrefenster sind sehr breit,
im Rundbogen geschlossen und durch zwei kleine auf einer Säule
ruhende Rundbogen getheilt; die oberen Fenster sind von Säulen flankirt, welche auf consolengetragenen Kröpfen des Stylobatsimses stehen
und ihrerseits Spitzverdachungen tragen.

   Der Glanzpunkt des ganzen Gebäudes, zugleich auch die gelungenste Arbeit des *Scarpagnino* ist jedenfalls die Vorderfaçade. Die
Disposition lässt allerdings Manches zu wünschen übrig, aber sie war
gegeben, der Höhe nach durch die Nothwendigkeit, die Gebälke der
andern Façaden herumzuführen, der Breite nach durch die schon bestehenden Fensteröffnungen; darnach zerfällt sie in fünf Theile, von
denen der zweite von links aus grösser ist als die übrigen. Zwar entspricht dieses der Mitte des Saals, dessen Breite den ersten drei Theilen entspricht; aber *Scarpagnino* hat nach meinen Dafürhalten diesen
Saalbau nicht genug von den andern beiden Feldern getrennt, denn die
einzige Verschiedenheit ist, dass hier vor den Pilastern noch freie Säulen stehen. Die Thür in der letzten Abtheilung, durch die man zur
Treppe gelangt, ist scheitrecht, von Pilastern flankirt und mit einem
Halbkreisgiebel bekrönt, und scheint noch von den Lombardi zu
stammen.

   Die Thür im zweiten Feld, der Eingang zum untern Saal, ist im
Rundbogen geschlossen, von zwei glatten Säulen auf achteckigem Posta-
ment flankirt, die ein Gebälk mit Spitzverdachung tragen. Diess Gebälk ist etwas stumpf profilirt; Pfeiler und Bogen der Thür mit schräg-
eingehender Laibung erinnern sehr an die Parterrearkaden des *Rizzo*
im Hof des Dogenpalastes; das Portal ist etwas zu breit, so dass die
Säulchen zu nahe an den Hauptpilastern ansitzen. Die übrigen drei
Pilasterfelder nun sind fast quadratisch; in jedem derselben sitzt ein
Fenster, ringsumgeben von Füllungen mit bunten Marmorscheiben, diese
Fenster gleichen denen am Palast *Vendramin Calergi*, s. Fig. 14, nur
sind sie etwas niedriger, ja fast zu niedrig, freilich ohne Schuld des
*Scarpagnino*; auf dem Gebälk ruht ein Stylobat, nur wenig niedriger als
der untere, welcher gleich diesem Pilaster und Säulen auf seinen
Kröpfen trägt; in jedem Feld sitzt ein gekuppeltes Fenster, dessen
Rundbogen auf Pfeilern ruhen, die von Säulen flankirt sind, diese, bei
jedem Fenster drei, stehen auf Consolen, die in den Stylobat eingesetzt
sind, und tragen ein Gebälk mit Spitzverdachung; in dem breiten Feld
hat sich leider *Scarpagnino* nicht recht zu helfen gewusst, er hat blos
den Mittelpfeiler des Fensters breiter gemacht und zwei Säulen davor-

gestellt, übrigens aber die Fenstergruppe ganz so behandelt wie die andern. Der breite Pfeiler aber macht das Fenster kahl und lastet ungebührlich auf dem darunterstehenden Portal; die Anordnung eines dreitheiligen Pergolo wäre mehr am Platz gewesen; was nun die Details anbelangt, so sind die Säulchen der Fenster glattschäftig und ungemein schlank, was aber dadurch ausgeglichen ist, dass sie etwas unter dem ersten Drittel der Schafthöhe durch einen Anlauf mit Rundbogen umzogen werden; der so getrennte Unterschaft ist mit keck gearbeiteten Fruchtgehängen und Löwenköpfen reich verziert; die Consolen haben einen geschweiften Abakus, der nicht ganz glücklich wirkt; die Hauptsäulen sind ungemein schlank (Schafthöhe zwischen 9 und $9^1/_2$ Durchmesser) mit etwas starker Entasis und mit Cannellüren ohne Stege versehen; dieses Verhältniss verlangte eine Unterbrechung des Schafts; zur Anbringung des gewöhnlichen lombardi'schen Unterschafts aber ist es nicht schlank genug. *Scarpagnino* fand das richtige Auskunftsmittel, indem er die Schäfte der untern Säulen im ersten Drittheil ihrer Höhe mit Kränzen umlegte, die aus enganliegenden sich kreuzenden Ranken von Wein, Lorbeeren, Eichen und Oliven bestehen, während an den oberen Schäften an straff gespanntem Bande etwas mehr ausladende Fruchtschnuren mit Löwenköpfen etc. hängen; die Capitäle sind sehr verschieden. Diejenigen der unteren Fenster sind corinthisch mit ziemlich grossen Schnecken und zwei Blattreihen; die der untern Säulen haben corinthischen Kelch und Abakus, statt der Blätter etc. aber stützen den Abakus vier Tritonen, deren Unterkörper in Blättern und Ranken auslaufen, die den Raum zwischen den Gestalten ausfüllen. Die Capitäle der oberen Fenstersäulen sind sehr niedrig und mit vier ziemlich grossen Voluten über einer stehenden Blattreihe verziert. Die der oberen Hauptsäulen endlich sind rein corinthisch in höchst genialer leichter Auffassung. Das untere Gebälk hat zur Höhe $^1/_4$ der Gesammtsäulenhöhe und ist gar nicht sculpirt, aber mit Ausnahme der zu stark geneigten Architravstreifen höchst elegant und scharf profilirt; der Fries enthält Füllungen mit kaum angedeuteten Umfassungsgliederchen und bunter Marmoreinlage, das obere Gebälk, ($^1/_5$ der Säulen hoch) hat im Verhältniss zu den Säulen allerdings etwas zu viel und zu starke Oberglieder, was aber bei seiner Function als Hauptsims für die ganze Masse nothwendig war; Fries und Oberglieder sind reich sculpirt, die Hängeplatte von eleganten Modillons getragen.

Die ganzen Details nun stehen in so inniger Harmonie und sind in dem harten istrischen Stein mit so ungemeiner Sauberkeit, dabei aber doch mit so ungezwungener Virtuosität gearbeitet, dass das Auge nicht müde wird, diese reizende Façade zu betrachten; dabei ist der fast überschwenglich zu nennende Reichthum der Ornamentik so glücklich vertheilt, dass er die Wirkung der Hauptmassen durchaus nicht beeinträchtigt, während man bei genauerem Eingehen auf die Einzelnheiten immer neue Zierden entdeckt, und zuletzt allerdings kaum weiss, was man mehr bewundern soll, ob die Geschicklichkeit des Künstlers im nichtstörenden Anbringen von Luxus, oder den freigebigen Reichthum der Brüderschaft im Bezahlen desselben. Von den Kosten des Baues kann man sich einigermassen einen Begriff machen, wenn man bedenkt, dass blos das Pflaster des Albergo 2193 Ducati kostete. Dasselbe besteht aus verschlungenen Figuren von Marmor, Porphyr, Blutjaspis, Verdeantico etc.

Uebrigens ist das Gebäude auch in Bezug auf die Construction höchst sorgfältig ausgeführt, und hat bis jetzt keiner bedeutenden Reparatur bedurft.

*San Sebastian.*     Inzwischen war fast immer an der Kirche *San Sebastian* gearbeitet worden; die Façade ging ihrer Vollendung entgegen; im Innern hatte man Abtheilungen für Capellen und einer Vorhalle nöthig gefunden, und zu diesem Behufe an der Façadenwand innerlich fünf Kreuzgewölbe angelegt, die mittelsten drei öffnen sich nach dem Schiff zu in Bogen, denen sich an jeder Langwand drei ähnliche anschliessen, deren jeder in eine mit Tonnengewölbe überdeckte kleine Capelle führt; diese Bogen erreichen nicht die halbe Höhe des Schiffs und tragen auf ziemlich hoher Uebermauerung ein zugleich als Brüstung dienendes Gebälk, welches am Ende dieses Emporkirchenbaues durch einen Pilaster gestützt wird, über dem auf dem Kropf des Gebälks eine Statue steht. Die Gliederungen sind etwas scharf profilirt, doch nicht ungefällig.

Vom 15. September 1544 nun datirt ein Contract, in welchem *Bertolo degli Albertini*, Ziegler (*scudelaro*) in Argenta verspricht, 4700 *pignoli* (pinienförmige Backsteine) mit weisser, grüner, gelber und blauer Glasur zur Pyramide des Glockenthurms zu liefern, welcher unter Leitung des *Antonio Scarpagnino* und seines Sohnes *Marcho* erbaut und am 21. Mai 1546 vollendet ward. Weitere Nachrichten von diesem *Marco* sind nicht vorhanden. 1548 ward die Façade vollendet.

*Am Dogenpalast.*     Laut Angabe einer alten Chronik wurde im August 1546 unter *Francesco Donato*, auf Befehl der Signoria von Venedig begonnen, das am Dogenpalast noch Fehlende zu bauen und zwar unter den Proto *Antonio Scarpagnino*; im September 1550 wurden diese Arbeiten vollendet und das Bleidach aufgebracht; der Doge liess an den unter ihm erbauten Theilen sein Wappen anbringen; nach diesem Wappen nun

zu urtheilen, erstreckte sich die Thätigkeit unseres *Scarpagnino* nur auf
Kleinigkeiten, die noch an dem Bau fehlten; dahin gehören einige Fenster des zweiten Obergeschosses nach dem Rio, welche grösser sind,
als die übrigen und etwas unorganisch zwischen dieselben hineingesetzt
sind; sie sind im Rundbogen geschlossen, welcher oben von dem Tragloth des Gurtsimses, an den Seiten von kleinen Lisenen eingeschlossen
ist, welche auf Pilastern sitzen, deren Capitäle etwas zu kurz sind; dahin gehört aber auch die schon S. 56 erwähnte Decoration der drei
Bogen auf dem Podest der Riesentreppe; hier sind die ursprünglichen
gothischen Säulenbündel dergestalt umkleidet, dass die Laibung recht-
winklig durch die ganze Mauerstärke durchgeht und der Höhe nach in
zwei Füllungen getheilt ist, die mit Ornamentik ausgefüllt sind; nach
aussen ist ein Vorpfeiler in halbem Sechseck angesetzt. das Capitäl ist
mit langen vom Halsglied aufsteigenden Eckvoluten und dazwischen mit
sehr feiner ausdrucksloser Ornamentik besetzt, die Bogenlaibungen enthalten Löwenköpfe in Kreisfüllungen, die Chambranles sind sehr fein
profilirt und reich sculpirt, ebenso die Bogenzwickel, deren Ornamente
sich um Trophäen gruppiren; über dem Mittelbogen stand auf Kröpfen
der Architravstreifen des Gurtsimses ein Löwe mit davorknieendem
Dogen, der aber unter Napoleon abgeschlagen ward; zu beiden Seiten
sitzt das Wappen des Dogen *Donato*; die Ausführung ist ungemein zart
und fein, auch scheint die Fortführung der Neugestaltung durch das
ganze Geschoss beabsichtigt gewesen zu sein, s. S. 56, ja hie und da
ist sie schon an den Capitälen begonnen.

Während seiner Thätigkeit am Dogenpalast wurde *Scarpagnino*
mit *Bernardino Righetto, proto dei Proveditori di Comun,* beauftragt die
nach dem Einsturz 1546 von *Sansovino* restaurirte Ecke der *Libreria*
in Bezug auf ihre Solidität zu prüfen, wie er denn überhaupt als Con-
structor in hohem Rufe stand.

Der *Palazzo Tiepolo*, jetzt *Comello* am grossen Canal in der Nähe  Pal. Tiepolo
von *S. Polo*, hat in seinen feinen, höchst correct und elegant gearbeiteten Gliederungen so viel Aehnliches von den besprochenen Werken,
dass ich ihn dem *Scarpagnino* zuschreiben zu müssen glaube.

**Guglielmo Bergamasco** wurde bereits als unter *Buon* an den  Gugl. Berga-
*Procuratien* arbeitend angeführt, doch führte er auch selbstständige Ar-  masco.
beiten aus.

Ob der von *Donna Verde* 1364 (nach Andern 1374) gewidmete  Altar Verde.
bereits Band I. S. 189 erwähnte Altar sogleich ausgeführt und später
verändert, aber 1528 in der Kirche *ai Serri* vollendet und später erst
nach *S. Giovanni e Paolo* übertragen, oder ob diese Uebertragung
schon damals geschehen sei, weiss ich nicht, so viel jedoch steht fest,

dass die *Procuratori de Citra* als Testamentsvollstrecker im Jahre 1525 dem *Guglielmo Bergamasco* den Auftrag zur Fertigung des Altars ertheilten, dass diese Arbeit bis 1528 beendet war, und excl. des Materials mit 145 Ducati honorirt wurde; über dem Altar erhebt sich ein grosser Bogen, von zwei Säulen gestützt, welche elegante, fast strenge Verhältnisse haben. In der Mitte des Bogens stand ursprünglich eine ebenfalls von *Guglielmo* gearbeitete Statue der heiligen Magdalena, welche jetzt auf einen andern im Style der Lombardi gearbeiteten Altar steht, während sie hier durch einen Hieronymus von *Al. Vittoria* ersetzt ist.

*Capella Emiliana.*     *Emilia Vitturi*, Wittwe des *Giovanni Miani*, hatte ein Vermächtniss zur Erbauung einer Capelle bei *S. Michiele di Murano* gemacht, die *Procuratori de Citra* übertrugen die Ausführung 1530 dem *Guglielmo*; es ist die *Capella Emiliana* ein Sechseck von circa 20 Fuss Durchmesser, mit der Kirche durch eine fünfeckige Vorhalle verbunden; von den Wänden stossen zwei an die Kirche etc. an, die übrigen haben ganz gleiche Façaden: innerlich sind drei der Wände mit Thüren, die andern drei mit Altären besetzt. Die Seiten des Hauptaltars und der Eingangsthür sind etwas grösser als die übrigen. Auf Piedestalen stehen cannelirte Säulen, deren Gebälk Bogen trägt, in deren Schildern jene Thüren und Altäre sich befinden, und über denen eine runde Kuppel sitzt. In der fünfeckigen Vorhalle tragen gewundene Säulen mit jonischen Capitälen eine kleine Kuppel. Die Profile sind etwas mager, und die Fenstergewände, Friese, Füllungen etc. etwas zu reich mit Ornamenten besetzt, so dass das Ganze fast überladen erscheint; dazu kommt, dass die an den Ecken der Façade stehenden Säulen, flankirt von Halbpilastern, fast etwas zu schlank sind; dass das Gebälk dieser Säulen zu weit vor der Grundfläche der Seiten vorspringt, dass endlich auch die Kuppel äusserlich ähnlich der des Choragischen Denkmals des Lysikrates, mit Schuppen decorirt ist, welche etwas sehr lasten. Diese Mängel thun allerdings der Wirkung des Gebäudes vielfach Abbruch, so dass es nicht gerade das gelungenste unter den Werken des *Guglielmo* genannt werden kann, und denen der Lombardi nicht gleich kommt, obgleich die Disposition glücklich gewählt, die Arbeit der Details keck und frisch genannt werden muss.

*Palazzo del Camerlinghi.*     Im Jahre 1525 unter *Andrea Gritti* wurde der *Palazzo dei Camerlinghi* vollendet, welcher jetzt als k. k. Appellhof dient. Die Autorschaft des *Guglielmo* für dieses Gebäude ist zwar nicht urkundlich nachgewiesen, jedoch mit grosser Gewissheit zu vermuthen, da sich in den Gliederungen desselben eine sehr grosse, auf gemeinschaftlichen Ursprung deutende Aehnlichkeit mit denen der *Capella Emiliana* zeigt.

In die Lobeserhebungen, welche man diesem Gebäude in der Regel wegen guter Benutzung des unregelmässigen Platzes ertheilt, vermag ich nicht mit einzustimmen, da man die Art, wie das Gebäude auf diesen unregelmässigen Platz angelegt ist, viel eher ein verständiges oder nüchternes sich Fügen in das Unvermeidliche, als ein geniales Ueberwinden der Schwierigkeiten nennen kann; die Hauptansicht, nach der Rialtobrücke zugekehrt, ist ziemlich grossartig disponirt, während die andern Ansichten fast trocken zu nennen sind.

Doch auch an jener Hauptansicht sind die Seitentheile, von Pilastern flankirt, etwas zu schmal und der breite Mittelbau durch den gänzlichen Wegfall der Pilaster fast leer. Auch gibt der Umstand, dass Parterre und Mezzanine zu einem Geschoss vereinigt sind, und dadurch eine höhere Pilasterstellung haben, als jedes der beiden Obergeschosse, so dass die Geschosshöhe von unten nach oben abnimmt, dem Ganzen etwas Schwerfälliges, namentlich da die obern Pilaster ebenso breit sind als die untersten. Was nun die Details anbelangt, so würde das durch die Mezzanine durchgreifende Hauptportal sehr schön sein, wenn nicht die dasselbe flankirenden corinthischen Säulen durch ihre Stellung auf Postamenten und durch ihre schlanken leichten Verhältnisse ausser aller Harmonie mit den übrigen Theilen der Façade ständen, und wenn nicht das auf diesen Säulen ruhende Gebälk namentlich in seinem Obersims gar so kraftlos wäre.

Die Pilaster sind sämmtlich mit einer langen Füllung versehen, in deren Mitte ein Kranz mit bunter Scheibe sitzt. Die Capitäle sind recht gut und elegant, aber im Erdgeschoss leichter als in den folgenden. Die Gebälke dieser beiden Geschosse sind ganz gleich, selbst in der Verzierung, wodurch eine bedeutende Eintönigkeit erzeugt wird. Die sehr hohen Friese sind nämlich mit Kränzen und Festons von ziemlich nüchternen Formen besetzt. Den an sich zu kleinen Obergesimsen dieser Gebälke fehlt die Hängeplatte ganz, ein grosser Karnies ist das Hauptglied; dadurch wird die Schattenwirkung matt. Bedenkt man nun dazu noch, dass die im Rundbogen geschlossenen Fenster übermässig schlank sind, und auf den Gebälken direct aufstehen, dass sich diese Gebälke auf den Pilastern verkröpfen, so wird man leicht finden, dass der Ausdruck der Façade durch den eigenthümlichen Contrast so heterogen zusammengestellter Theile ein durchaus unharmonischer ist. Am besten ist jedenfalls das oberste Geschoss gelungen; hier sind die Fensteröffnungen nicht so gar hoch, die Pilaster oder eigentlich Lisenen, haben keine Capitäle und keinen Architrav; der Fries des Hauptsimses, der sich auch hier verkröpft, sitzt blos auf einem Tragloth; auf den Fries folgen dann ziemlich starke Unterglieder und von Consolen getragen eine Hängeplatte mit Karnies; wenn auch nicht tadelfrei, so ist dieser Sims doch von angenehmer Wirkung und jedenfalls mit Ausnahme der Pilastercapitäle und der sehr gut angelegten bequemen Treppe das beste am ganzen Bau.

Ebenfalls nicht nachweisbar von *Guglielmo*, aber doch ihm zugeschrieben, sind zwei Altäre in *S. Salvator*.

Der Hochaltar hat zwei Säulen aus Verdeantico; zeigt aber nichts Besonderes, was wohl daher kommen mag, dass der Künstler die Form desselben einem silbernen Basrelief aus dem Jahr 1290 anpassen musste, welches allerdings für gewöhnlich durch eine Verklärung Christi von Titian verdeckt ist, aber dennoch berücksichtigt werden musste.

Der Altar des St. Hieronymus ist bei weitem feiner entwickelt; zwei concentrische Bogen, davon der äussere weiter vorsteht, werden von vier Säulen getragen (wie diess bei romanischen Portalen der Fall ist), zwei andere Säulen flankiren, etwas zurückstehend, dieses Portal, welches von einem mächtigen aber gut profilirten Hauptsims mit Giebel bekrönt ist; im Hauptbogen steht eine Figur, die nicht von *Guglielmo* herrührt, von dem aber das Basrelief im Tympanum, Gott-Vater mit einem Gefolge von Engeln, herrühren soll. Die Vorderseite des Altars, mit einem Schild in der Mitte, ist elegant entworfen und sauber ausgeführt, während die Bogenlaibungen mit ihren Füllungen und Engelsköpfen etwas überladen erscheinen; überhaupt werden die Haupttheile des Werks, die Bogen und Säulen beinahe erdrückt, jene durch die gehäuften sie umgebenden Verzierungen, diese durch die allzugrossen Postamente, auf denen sie stehen. Das Tabernakel in der Capelle *S. Domenico* in *San Giovanni e Paolo* soll ebenfalls von *Guglielmo* herrühren.

*Temanza* schreibt dem *Guglielmo* die Paläste *Fabris, Rioda* und *Tasca* in Portogruaro zu, von deren letzterem das Hauptportal bei einem Umzug der Familie mit nach Venedig transportirt und an dem Haus der Familie zur Linken des *ponte della Guerra* beim Eingang des *campo S. Maria Formosa* eingefügt ward; ein reichverzierter Bogen, von zwei Säulen flankirt, bildet das Portal, dem die Thüren von *San Tommasso* in Treviso und vom *Portello* in Padua so ähnlich sind, dass sie wohl nicht ohne Wahrscheinlichkeit dem *Guglielmo* zugeschrieben werden können, während die von Einigen ihm vindicirte Autorschaft an der Capelle *Cornaro* in der Kirche *Sti. Appostoli* (s. S. 117) und an der kleinen Façade im Dogenpalast (s. S. 99) zu bezweifeln sein dürfte; wenn er am Dogenpalast etwas gearbeitet hat, so mag es die Restauration der Zinnen und Figuren nach dem Erdbeben gewesen sein, welche unter *Andrea Gritti*, also in der Zeit wo *Guglielmo* blühte, vorgenommen wurde; unter die damals gefertigten Theile gehören einige der Figuren und Details an den grossen Fenstern der Façaden (s. Band I. S. 276 und 281), welche übrigens noch mehrfache Ergänzungen und Reparaturen haben erfahren müssen.

Endlich dürfte, nach der Weise der Profilirungen etc. zu schliessen, Pal.Trevisan. der *Palazzo Trevisan* am *Rio di Canonica* hinter dem Dogenpalast von ihm herrühren; diesen Palast kaufte 1577 die berühmte *Bianca Cappello* von der Familie *Trevisan*, und schenkte ihn 1578 ihrem Bruder *Vittore*, später kam er an die Grafen *Collalto*, dann an die Familie *Moro*, und jetzt gehört er der *Società Orfeï*, und enthält eine Modewaarenhandlung.

Das Gebäude enthält ein Parterre und drei Obergeschosse, äusserlich sämmtlich durch Gebälke geschieden. In jedem Geschoss stehen blos vier Pilaster, welche die Façade in einen Mittelbau und zwei Seitenbaue theilen; jener enthält in jedem der drei Obergeschosse einen sechstheiligen Pergolo, im Erdgeschoss den Haupteingang, im Rundbogen geschlossen und von zwei kleinen hochstehenden, sowie zwei grossen scheitrechten Fenstern flankirt; jede Seitenabtheilung enthält in den Obergeschossen je zwei Fenster, und in dem breiten Mittelpfeiler noch ein hochstehendes Rundfenster, im Erdgeschoss eine Rundbogenthür und ein scheitrechtes Fenster. Die Unregelmässigkeit des Erdgeschosses ist durch die innere Eintheilung veranlasst, daher zu entschuldigen; die Fenster und Pergoli der zwei ersten Obergeschosse haben angenehm schlanke Oeffnungen und Balkons mit sehr hübschen Säulchenbrüstungen, deren Deckglieder als Stylobatsims fortlaufen, auf dessen Kröpfen die Pilaster ohne Basis aufsitzen; am Obergeschoss fehlt dieser Stylobat und die Sohlbänke treten als Kröpfe des Gebälkobersimses vor, getragen von Consolen, die im Fries dieses Gebälks sitzen, gerade wie in den Untergeschossen die Balkonconsolen. Die Bögen sind von kleinen Scheiben flankirt, die breiten Pfeiler mit Reliefs und bunten Scheiben etc. besetzt, und sämmtliche Felder mit schmalen schwarzen Streifen umzogen; wenn nun gleich diess Alles durch Eintheilung und Anordnung an die Schule der Lombardi erinnert, so glaube ich doch keinen derselben, sondern den *Guglielmo* als Architecten dieser Façade annehmen zu müssen, indem die Gestaltung sämmtlicher Details die feine Eleganz der Lombardi bei weitem nicht erreicht, sondern sich an die Werke des *Guglielmo* anschliesst. Die Pilaster sind ziemlich breit und haben schwunglose jonische Capitäle; die Bogeneinbramungen sind architravirt und haben, gleich den Architraven der Gebälke, zu viel Ausladung, die Kämpfer und Obergesimse hingegen haben stumpfe Profile, sehr grosse Unter-

glieder und kleinliche Hängeplatten, die die Gesammtschräglinien zu
wenig unterbrechen; die Arbeit ist sauber und nett. Auf den Kröpfen
des Hauptsimses stehen schlanke vasenartige Aufsätze; das Geländer
der innern Treppe gleicht, obgleich bei weitem einfacher, dem der
*Scala dei Giganti.*

**Alessandro Leopardo**, genannt *Al. del cavallo;* blühte von 1480
circa bis 1540 circa; 1484 den 27. Febr wurde er als dritter *Maestro,*
aber ohne Gehalt, jedoch unter dem Versprechen, bald solchen zu bekommen, neben *Luca Sesto* und *Antonelli orefice* an der Zecca angestellt, und beide mussten als Probestück den Avers einer Münze gra-
viren, einen Christus darstellend, während *Pasqual Veramonte* und
*Silvestro,* Sohn des *Antonio,* den Revers mit einem Mercur zu fertigen
hatten; den 21. März 1487 wird ihm ein Gehalt von 30 Ducati jährlich zugesprochen. An demselben Tage erhält *Vittorio di Antonio
Camelio à S. Zaccaria* 80 Ducati, *Silvestro* 50 Ducati.

Vor seiner Anstellung mochte *Al.* wohl schon vielfach privatim beschäftigt gewesen sein; jedoch fehlen Nachweise über diese Thätigkeit;
z. B. für seine Theilautorschaft an dem Monument *Vendramin* s. S. 78.

Nachdem im Juni 1488 (s. S. 33) *Andrea del Verrochio* gestorben
war, fand man in seinem Testament eine Bitte an den Senat, derselbe
möge erlauben, dass *Lorenzo Credi,* sein Schüler und Testamentsvollstrecker, das Modell und den Guss der Reiterstatue des *Bartolomeo
Colleoni* vollende etc. etc. Der Senat freilich kehrte sich wenig an
diese Bitte, sondern übertrug dem *Alessandro* die Vollendung des ganzen Werks. *Bartolomeo Colleoni* hatte dem Senat 216,000 Ducati vermacht unter der Bedingung. dass ihm zur Ehre eine Reiterstatue auf
dem Platze *San Marco* errichtet werde; da nun die Venetianer der
Errichtung von Denkmalen auf öffentlichen Plätzen nicht hold waren,
so half man sich dadurch, dass man das Denkmal auf dem Platze vor
der *Scuola S. Marco* aufrichtete.

Ob nun *Leopardo* das Modell, so weit es fertig war, unverändert
beibehalten oder nicht, das ist wohl kaum zu entscheiden; denn wenn
*Selvatico* für die erstere Meinung dadurch gewonnen wird, „„dass das
Pferd in seinen Formen an die florentinische Weise erinnere, welche
mehr als die venetianische sich der antiken Correctheit nähere,"" so
könnte man dagegen anführen: 1) andere Pferde, in derselben Zeit in
Venedig von guten Meistern gearbeitet, fehlen, an denen man diese
„„Venetianische Weise"" studiren könnte; die auf einzelnen Grabmalen
stehenden kann man kaum rechnen, denn sie sind augenscheinlich von
sehr untergeordneten Künstlern gemacht.

2) Das in Rede stehende Pferd lehnt sich gar nicht so merklich

an die florentiner Arbeiten an, der Kopf ist bei weitem kleiner als an jenen, selbst an antiken Pferden. Die Groupe des Pferdes, bei weitem feiner behandelt, als an dem des *Donatello* in Padua, erinnert fast an *Wouverman's* Pferde, ist aber weit entfernt von Aehnlichkeit mit der Antike.

3) Die Bewegung ist zwar naturgemäss, aber durchaus gar nicht, also auch nicht in der so ruhig würdevollen Weise der Alten, idealisirt, im Gegentheil ist sie fast etwas zu unruhig, auch bleiben die stützenden Beine in ihrem Unterende etwas zu weit zurück, so dass es fast scheint, als wolle der Rumpf vorn überschieben.

Im unangenehmen Contrast mit dieser Bewegung des Pferdes steht der für einen Geharnischten fast zu weit zurückgebogene Oberkörper des Reiters, der übrigens sehr gut ist, namentlich in der Auffassung des Charakters als Krieger, der kein feiner Feldherr, auch kein heroischer Vaterlandsvertheidiger, sondern ein tapfrer Haudegen und geschickter Manoeuvreur, dabei aber Miethling der Meistbietenden und ehrsüchtiger Abentheurer war; das Postament könnte allerdings füglich etwas niedriger sein, ohne durch die umstehenden Gebäude zu sehr gedrückt zu werden. Es besteht aus einem doppelten Stylobat, auf dem sechs ziemlich niedrige Postamente mit zierlichen aber sehr weit ausladenden Simsen stehen; die Felder an und zwischen den Postamenten sind reich mit Trophäen besetzt. Auf denselben nun erheben sich sechs ziemlich schlanke Säulen mit glatten Schäften, deren Entasis aber jedenfalls viel zu stark ist. Die Capitäle haben eine Blattreihe, zwischen dem Kelchoberglied (Eier-echinus) und dem Abakus wachsen ziemlich grosse Eckvoluten aus, an die sich je zwei von der Spitze jener Blätter auswachsende Delphine anlehnen. Durch die weite Ausladung dieser Parthieen und die kecke Durchbrechung zwischen Schnecke und Kelch bekommen die Capitäle etwas ungemein Frisches und Kühnes. Zwischen den Säulen sitzen hohe Füllungen mit Wappen, Inschriften, Trophäen etc., auf den Säulen ruht ein Gebälk; der Architrav ist ziemlich niedrig, aber kräftig gegliedert, der Fries mit reicher Ornamentik besetzt, von der in Fig. 16. eine Probe vorliegt.

Noch ehe *Leopardo* an diesem Denkmale arbeitete, hatte er, um der Schuldforderung eines Schiffers *Marino Bernardo*, der ihm Steine geliefert, zu entgehen, dessen Handschrift gefälscht, und war in Folge dessen durch Urtheil vom 9. August 1487 aus Venedig verbannt worden.[1] Doch wurde die Ausführung dieses Urtheils um sechs Monate verschoben, „„damit er das Pferd beenden könne““; inzwischen scheint

---

[1] S. Cicogna, Inscriz. Ven. II. pag, 222 und 223, 297—300.

später ein wiederholter Aufschub oder gar Begnadigung stattgefunden
zu haben, denn er blieb nicht nur in Venedig, sondern sein Gehalt
wurde, nachdem am 21. März 1496 das Denkmal des *Colleone* ent-
hüllt worden war, noch im selben Jahr auf 100 Ducati erhöht, 1506
den 14. März jedoch wieder bis auf 80, ja den 29. Oct. 1510 sogar
bis auf 40 Ducati reducirt, wahrscheinlich blos aus Geldmangel, da er
in demselben Jahre Einiges an den Befestigungen Venedigs, namentlich
aber das Fort von Treviso zu grosser Zufriedenheit der Regierung gebaut hatte. Weniger zufrieden war man mit ihm in Betreff der Arbeiten für das Monument des Cardinals Zeno in der Markuskirche s.

Mon.
Zeno.

*Fig. 16.*

darüber S. 109. Das Grabmal selbst scheint von ihm herzurühren, auch
zum grössten Theil von ihm mit Hülfe eines Bildhauers *Paolo Sarii*
ausgeführt zu sein.

Auf einem Sarkophag liegt die Portraitstatue des Todten. Die
Seiten sind in der Weise von Caryatiden mit sechs Figuren (Tugenden)
besetzt, die leider in Bewegung und Drappirung etwas zu sinnlich, nicht
ernst genug sind; dabei aber leuchtet gerade aus dieser Drappirung, so

wie aus den leichten und zierlichen Verhältnissen der Figuren selbst ein so glückliches Studium der Antike, dass man nur mit Bedauern sieht, wie ein Mann, der solche Studien gemacht, Gestalten an ein Grabmal stellte, die so gar nichts Ernstes an sich haben. Als er 1505 seiner Theilnahme an diesen Arbeiten enthoben ward, vollendete er die 1501 begonnenen Standartenhalter auf dem Markusplatz. Wenn auch nicht Jeder das Hauptprofil dieser Standartenhalter loben wird, wenn man auch zugestehen muss, dass die kräftigsten Verzierungen lieber an der untersten, als an der zweiten Abtheilung angebracht sein sollten, so sind doch die Ornamente so graziös bewegt, so geschickt in die Räume eingeordnet, so zwanglos gelegt, und so elegant und maassvoll bis ins äusserste Detail ausgeführt, dass man darüber das Unorganische der Hauptform und das Unsinnige mancher unter den Ornamenten (z. B. Löwen mit 2 Füssen, 2 Flügeln und 2 Schwänzen) vergisst; die Technik des Gusses etc. ist ausgezeichnet. Sehr zu bedauern ist, dass der Senatsbeschluss von 1496, durch *Leopardo* Bronceflügel für die *Porta della Charta* machen zu lassen, nicht zur Ausführung kam. Er goss auch drei candelaberähnliche Untersätze für die Stimmbüchsen in dem Wahlsaale des Dogenpalastes, welche jetzt in der Broncensammlung der Academie stehen; sie sind kräftig gehalten, dabei aber doch nicht schwerfällig, auch äusserst elegant ornamentirt und sehr sauber ausgeführt. Bauten L's.

Standartenhalter etc.

1507 am 5. August beschloss die Brüderschaft *della Misericordia* den Bau ihrer neuen *Scuola* dem *Leopardo* zu übertragen, dessen Zeichnung den Vorzug vor der seines Mitarbeiters *Giovanni Fontana* erhalten hatte; der Bau begann auch sofort, *Al.* wurde aber im December 1515 von den Mönchen der Bauleitung enthoben, obgleich der Bau noch nicht vollendet war.

1510 richtete er selbst sich sein Begräbniss in *S. Giovanni in Olio* ein, leider ist dasselbe zerstört, die grosse Inschriftsplatte aber nach Abarbeitung der Inschrift als Tischplatte im öffentlichen Schlachthaus bei *San Giobbe* verwendet worden. Ueber sein Todesjahr ist nichts Genaueres bekannt.

1514 betheiligte er sich bei der Concurrenz behufs der Bauten am Rialto, s. oben S. 135 ff.

1521 kommt er noch in dem Register des Raths der Zehn unter den Münzbeamten vor. 1541 erwähnt ihn *Pietro Contarini* in einer Weise, welche vermuthen lässt, dass er damals noch gelebt habe.

Nach 1520 leitete er den Bau von *Sa. Giustina* in Padua, nach den Zeichnungen des *Andrea Briosco*, s. unten S. 154.

Ihm zugeschrieben, aber ohne Nachweis, obgleich in künstlerischer Hinsicht mit vieler Wahrscheinlichkeit werden folgende Werke:

Mon. Suriano. Grab des Arztes *Jacobo Suriano* (zwischen 1535 und 50) in der Kirche *S. Steffano*. Ein ziemlich hoher Stylobat, mit Festons, Trophäen, ausgelöschten Fackeln und — Todtenköpfen (!) verziert, wird durch zwei schlanke Postamentchen flankirt, deren Flächen mit Candelabern etc. verziert sind, und die zwei sehr feine corinthische Säulchen tragen; das Gebälk kröpft sich zurück und trägt einen Rundbogen, auf dem sich eine gerade Verdachung anlegt; die Akroteriengruppe ist so gross, dass sie fast als Fronton auftritt. Die Zwickel zwischen Bogen und Verdachung enthalten Wappen; die Bogenlaibung ist mit Cassetten besetzt, die Schildfläche mit einem Relief, Madonna mit einem Anbetenden (dem Todten) und zwei Heiligen, welches mit vieler Grazie und Naturwahrheit gearbeitet ist. Der Sarkophag ist muldenförmig gerundet und liegt auf dem Rücken zweier Greifen, welche gleich den die Inschrift haltenden nackten Genien und der Portraitstatue zwar viele Naturwahrheiten, aber wenig poetischen, gar keinen christlichen Sinn zeigen.

Mon. Bernardo. Grab des *Pietro Bernardo* († 1538), eines Sonderlings, der dieses Grab noch bei seinem Leben 1525 beginnen liess, auch in seinem Testament allerlei Verfügungen über die Inschrift an diesem Grab und die Pflege desselben getroffen hatte; es steht in der Kirche *ai Frari*, links vom Haupteingang. Der von zwei Löwen getragene Sarkophag ist an sich sehr schön, die vielfachen Untersätze desselben aber, die Consolen in Form von jonischen Capitälen, die Adler, Medusenhaupt etc. sind in so unorganischer Weise gehäuft, dass das Ganze keinen angenehmen Eindruck macht, obgleich sämmtliche Theile mit bewundernswerther Vollendung gearbeitet sind.

Vittore Gambello. Vittore Gambello, genannt *Camelio*, schon Seite 34 als Medailleur erwähnt, erhielt den 21. März 1487 80 Ducati jährlichen Gehalt, welcher aber 1510 auf 60 Ducati reducirt ward. Von seinen Arbeiten als Bildhauer sind namentlich folgende zu erwähnen:

Zwei kleine Broncebasreliefs von dem Grabmal des Generals Briamonte, welches im Kreuzgang *della Carità* sich befand, sind jetzt in der Kunstacademie aufbewahrt; sie stellen Kampfscenen dar, und wenn sie auf der einen Seite Bewunderung wegen der grossen Lebhaftigkeit der Composition, und der meisterhaften Ausführung der Verkürzungen, sowie der starken kühnen Ausladungen verdienen, so lässt sich auf der andern Seite nicht leugnen, dass der Verfertiger mit seiner Fertigkeit in diesen Sachen etwas zu sehr geprahlt hat.

In S. Steffano. Die zwölf Apostelstatuen, in Marmor lebensgross ausgeführt, in der Hauptcapelle von *S. Steffano*: dieselben standen ursprünglich auf einem Lettnerbau, erreichen in Bezug auf Ausdruck und Entwurf der

Bewegungen die Apostel der Massegne auf dem Lettner der Markuskirche bei weitem nicht, während sie in Correctheit der Verhältnisse, in der Form etc. bei weitem höheres Lob verdienen; wahrscheinlich sind auch die vier Heiligen und übrigen Sculpturen dieses Lettnerbaus von ihm, welcher bei Zerstörung des Chors dazu verwendet ward, die Wände der Tribune zu verzieren.

Die Statuen der zwölf Apostel, der Maria und des Johannes auf den hohen Chorcancellen in der Kirche ai *Frari*, in ²/₃ Lebensgrösse Ai Frari. ausgeführt, haben sehr viel Aehnliches von denen in *S. Steffano*, und dürften daher wohl ebenfalls mit vieler Wahrscheinlichkeit dem *Camelio* zuzuschreiben sein, sie stammen aus der Zeit um 1500.

*Vittore Camelio* versuchte sich auch in der Dichtkunst, war 1523 noch im Amt an der Zacca und starb wahrscheinlich gegen 1530.

**Cristoforo del Legname,** Bildhauer und Architect, hatte um 1505 Crist. del Legname. die Kirche *San Giminiano*, s. S. 46, zu bauen begonnen; der Grundplan bildete ein griechisches Kreuz mit offnen Armen, und war ziemlich ähnlich den von *S. Gioranni Grisostomo*, s. Fig. 10 S. 81; nur die Tribune war etwas mager, das Uebrige folgte der Manier der Lombardi in zierlichster Weise.

Unter den von *Cristoforo* für diese Kirche gelieferten Arbeiten wird namentlich eine Büste des 1523 verstorbenen *Matteo Eletto*, Plebans der Kirche gerühmt; wo dieselbe jetzt ist, weiss ich nicht.

**Pirgotele,** ein um 1500 blühender Bildhauer aus der Familie *Lascari*, Pirgotele. gab sich selbst den Namen *Pirgotele* (Praxiteles); es giebt nur zwei Werke von ihm, da seine von den Zeitgenossen so sehr gerühmte Venus nicht erhalten ist.

Die Madonna über dem Portal der Kirche *Sa. Maria dei Miracoli*, weicht von den frühern Madonnen durch ihre sehr seitwärts gebeugte Stellung ab; die Verkürzungen sind geschickt gemacht, nur der eine Arm des Christkindes ist verrenkt, das Gesicht des Kindes ordinair, der Faltenwurf geschickt und breit.

Die Statuette der heiligen *Giustina* auf dem einen Weihbecken in *S. Antonio* in Padua hat fast dieselben Vorzüge, aber auch dieselben Fehler.

**Cristoforo Solari,** genannt *il Gobbo*, nicht zu verwechseln mit Cristoforo Solari. *Cristoforo Lombardo*, genannt *il Lombardino*, arbeitete gegen das Jahr 1540 hier die Reliefplatte etc. an dem Altar St. Georg in der Kirche *alla Carità*, welcher von Denen, die ihn noch aufrecht gesehen, sehr gelobt wird, aber leider dem Untergang auch nicht einmal theilweise entgangen ist.

Die Bregni.    **Familie oder Schule der Bregni.** Wie bereits mehrfach[1]) erwähnt, herrscht über die Namen *Bregno*, *Briosco*, *Crispo*, *Riccio*, *Rizzo*, etc. noch ein gewisses Dunkel, indem es bald scheint, als wenn unter zweien dieser Namen blos ein Mann gemeint sei, bald umgekehrt; so kommt *Antonio Rizzo* unter verschiedenen S. 54 genannten Namen vor, so kommt aber auch ausser dem *Bartolomeo Rizzo*, welcher Band I. S. 289 erwähnt ist, ein *Bartolomeo Riccio* vor, der, wie es scheint, eigentlich *Neroni* hiess, Schüler des *B. Peruzzi* und *Ant. Vercelli* war und den Beinamen *il Sanese* führt. Ferner wird statt des Band I. S. 289 genannten *Pietro* von Einigen der Entwurf zum Grab *Foscari* einem gewissen *Paolo* zugeschrieben. Hierzu kommt nun noch Folgendes:

In den Jahren 1500—1530 blühte ein *Lorenzo Bregno*, dessen Werke wir sogleich betrachten werden.

1506 starb in Rom ein Bildhauer *Andrea Bregno*, auch *Briosco* genannt, der aus Como gebürtig war, im Alter von 75 Jahren.

*Andrea Riccio*, auf den wir bald näher eingehen müssen, findet sich auch *Briosco*, *Bregno* etc. genannt, lebte 1480—1532.

Ein dritter *Andrea Riccio*, eigentlich *Soncino*, arbeitete 1580 in Stuck und Marmor in Rom und Neapel.

Dass bei solcher Gleichheit oder Aehnlichkeit des Namens oder Beinamens (denn *Riccio* etc. ist, wie bereits S. 54 erwähnt, ein Beiname, vulgo Spitzname) leicht Wirrwarr in die Nachrichten von den Werken der betr. sich einschleicht, ist natürlich, wir werden daher hier nur die ziemlich genau nachweisbaren Werke des *Lorenzo* und *Andrea* erwähnen.

Lorenzo Br.    *Lorenzo*, Sohn oder Neffe des *Antonio Rizzo*, dennoch aber gewöhnlich *Lorenzo Bregno* genannt, fertigte das Grabmal des Generals *Benedetto Pesaro* († 1503); es steht in der Kirche aï *Frari* im rechten Kreuzarm über der Sakristeithür. Die Hauptfigur, Portraitstatue des Helden, soll *Lorenzo* selbst gearbeitet haben; der Held erscheint hier in voller Rüstung mit dem langen Admiralsmantel. Die Rüstung ist vollkommen zeittreu, die ganze Gestalt überhaupt sehr streng der Natur nachgebildet, ungemein correct, aber weniger fein gearbeitet; die Architectur, wahrscheinlich auch von *Lorenzo* entworfen, umschliesst die Sakristeithür, indem diese von je zwei Säulen flankirt erscheint. Die Capitäle haben eine Blattreihe bei corinthischer Anordnung. Die Intercolumnien enthalten Inschriften, Trophäen und Scheiben mit dem Markuslöwen, ganz in lombardischer Weise angeordnet.

---

[1]) S. Band I. S. 288, Band II. S. 54.

Der Fries des Gebälks ist reich sculpirt und das Gebälk trägt eine Attika, in deren Feldern Schiffe, Festungen etc. dargestellt sind, während die diese Felder trennenden Postamente mit Waffen und Trophäen verziert sind. Die beiden mittleren dieser Postamente tragen Säulen, zwischen denen jene Statue steht, bedeckt von einer Spitzverdachung, die auf den Säulen ruht, und durch eine Madonna geziert ist. Die beiden äusseren Postamente tragen Statuen: links ein Mars, gefertigt um 1510 von *Baccio da Monte Lupo*, der also wohl entweder unter oder mit *Bregno* hier gearbeitet hat; die Figur ist zwar mit mehr Mässigung, dafür aber auch mit weniger Frische gearbeitet, als die übrigen dieses Meisters. Wenn sonach die Statue nicht die beste dieses Künstlers ist, so ist sie doch bei weitem besser, als die ihr hier zum Pendant dienende des Neptun mit ihren theatralischen Bewegungen, deren Verfertiger zu seinen eignen Heil unbekannt ist.

Die Architectur erinnert, wie schon gesagt, in der Anordnung an die Lombardi, erreicht aber die Werke derselben nicht in der Feinheit der Formen, und die Aufführung ist zwar correct, aber doch etwas handwerksmässig.

*Lorenzo* fertigte auch drei Marmorfiguren für den Hauptaltar in *Santa Marina*, welche leider bei Aufhebung der Kirche ins Ausland verschleudert wurden. Auch die Reiterstatue für das Grab des *Taddeo dalla Volpe de Imola* († 1534), welches in derselben stand, soll er gearbeitet haben; auch sie ist verschwunden.

Besseres Schicksal hatte bis jetzt wenigstens der Altar *Sa. Catterina* in *S. Maria Mater Domini*; es ist diess der erste Altar rechts, datirt zwischen 1501 und 1510, folgt in der Disposition der Weise der Lombardi und hat statt des Bildes ein Basrelief, welches ebenfalls von *Lorenzo* sein soll, jedoch nicht so gut ist, als die drei Statuen des Andreas, Paulus und Petrus, die *Lorenzo* begann, und *Antonio Minello de Bardi* vollendete; dieselben sind allerdings etwas magerer und trockner, als die Statue des *Pesaro*, haben aber einen wahren und lebendigen Ausdruck.

Das Denkmal des *Dionigi Naldo da Brisighella*, Infanteriegenerals, vom Jahr 1510, im rechten Kreuzarm von *S. Giovanni e Paolo* über der Ausgangsthür befestigt, ist ebenfalls von *Lorenzo* gearbeitet, der aber auch in der an diesem Grab angebrachten Portraitstatue bei vieler Correctheit und Naturwahrheit dennoch die Lombardi bei weitem nicht erreicht.

*Andrea Bregno*, häufiger *Riccio* und *Briosco* genannt, um 1480 in Padua geboren, studirte nach den Werken des *Donatello*[1]) und starb

---

[1]) S. A. a. O. Morelli Notizie d'opere di disegno. Bassano 1800.

1532, 52 Jahre alt in seiner Vaterstadt; seine Hauptwerke sind folgende:

Candelaber in Padua. 1505—1515. Der grosse Broncecandelaber in *S. Antonio* in Padua; dieser vielfach, jedenfalls oft zu sehr gelobte Candelaber besteht bei 11 Fuss Höhe aus 3 Altären und 2 Candelabern, die in ziemlich unorganischer Weise aufeinander gesetzt sind.

Auf den Feldern des Sockels sind Astrologie, Harmonie, Geschichte und Cosmographie in beinahe drolliger Weise allegorisirt, indem mythologische Figuren, mit einer Unmasse Emblemen versehen, sich auf den Feldern in etwas wilder Weise herumtummeln; die Felder der daraufstehenden Ara enthalten die Anbetung der Könige, die Grablegung etc.; während diese Reliefs in dem grössten Theil der Figuren einfach und würdig gehalten sind, erinnern die Teufel in ihrer ganz kindischen Darstellung lebhaft an die der Pisaner. Weiter hinauf sind Klugheit, Mässigung, Gerechtigkeit und Stärke in Figürchen, und auf den Seiten des dritten Altars Religion, Tröstung, Einfalt und Ruhm in Gruppen dargestellt. Die Auffassung dieser Aufgaben ist nur bei wenigen gelungen, die Bewegungen sind meist nicht frisch genug.

Was nun die Ornamentik anbelangt, so findet man in buntem Gemisch echt griechische Eierstäbe und Palmettenfriese, frührömisch gehaltene Widderköpfe, Altarhörner und Fruchtfestons, Engel und Engelsköpfchen mit ganz christlichem Ausdruck, Satyren, Faunen, Syrenen, Centauren etc. in der üppigsten spätrömischen Auffassung und die abentheuerlichsten Verzerrungen und Verkrüppelungen von Consolen, Akroterien etc.; und all' diess nicht etwa mit schwungvoller Phantasie durcheinander gearbeitet, sondern eben nur ohne allen Zusammenhang nebeneinander gestapelt, um die Flächen zu füllen. Die Ausführung ist allerdings gut; 1515 erst konnte der Candelaber als ganz vollendet aufgestellt werden.

Reliefs. 1515—20. Zwei Reliefs im Presbiterium derselben Kirche, Davids Kampf mit Goliath, und Davids Gesang vor der Bundeslade; die landschaftlichen Hintergründe sind beinahe ebenso schlecht, als an den Arbeiten *Vellanos;* die Bundeslade gleicht dem Modell eines Gebäudes nach Lombardi's Entwurf; Einige unter den Juden, welche sich vor dem Leichnam Goliaths entsetzen, sind geradezu Carrikaturen; während andere von den Gestalten, namentlich des zweiten Reliefs für bedeutende Fortschritte zeugen.

Sa. Giustina. 1520—25 Bau der Kirche *Santo Giustina* in Padua; sein Plan wurde nach langer Ueberlegung den früher von *Girolamo da Brescia* und *Sebastian di Lugano* gefertigten vorgezogen; die Kirche hat ungemein grosse Dimensionen. Das Hauptschiff ist 370 Fuss lang, 42 Fuss

breit, 83 Fuss hoch. Das Kreuzschiff ist 252 Fuss lang; die Breite
des Hauptschiffs inclusive der Seitenschiffe beträgt 98 Fuss; die grösste
der 8 Kuppeln ist 176 Fuss hoch. Wenn nun auch diese Maasse
nicht geradezu unharmonische Verhältnisse ergeben, so ist doch das
Ganze viel zu nackt und kalt gehalten, als dass hier die Grösse auf
angenehme Weise wirken könnte, wie etwa bei der ganz ähnlich disponirten Antoniokirche. Dabei ist das Innere viel zu farblos und zu
licht; nirgends ein tiefer Schatten, nirgends eine bunte Fläche, kurz
nirgend ein Anhaltepunkt für das Auge; diese consequente Ruhe wirkt
beunruhigend.

1525 — 30 schuf *Andrea* das Grabmal der Familie *della Torre*
(*Mon. Torriano*) in *San Fermo maggiore* in Verona. Auf drei Stufen
steht ein länglicher Würfel, an allen vier Ecken mit Säulchen besetzt,
die in ihrem unteren Theil doggenartig ausgeschweift, im obern cannellirt sind, und auf sehr fein behandelten jonischen Capitälen ein Gebälkchen tragen; die Maasse sind ziemlich klein. die unterste Stufe ist
2$^m$,826 lang und 1$^m$,714 breit; der bis jetzt beschriebene Theil, aus
weissem veroneser Stein (sogenannten *Bronzino*) gearbeitet, ist 1$^m$,760
hoch. Darauf nun sitzen vier Sphynxen von Bronce unter den Ecken
eines Sarkophags, auf dessen Deckel zwei trauernde Genien mit Fackeln
sitzen, an den Ecken des Deckels kauern vier kleine Amoretten mit
Larven etc. (an einem Grabmal!!) In der Mitte erhebt sich ein kleines
Tabernakel mit zwei Köpfen, so dass das Ganze 3$^m$,543 hoch ist.
An diesem Grabmal nun befanden sich acht Reliefs, welche, von den
Franzosen geraubt, jetzt im Louvre als Thürfüllungen dienen und im
Katalog für eine Geschichte der Semiramis und des Mausolus ausgegeben werden, während sie die Krankheit und Todesgeschichte eines
berühmten Arztes aus der Familie *della Torre* vorstellen sollen; so weit,
dass eine solche Verwechselung möglich ist, hatte sich Andrea schon
von der „„Mode"" zur Nachahmung der Antike im Beiwerk hinreissen
lassen; die Figuren, welche die acht Platten übermässig füllen, tragen
alle römische Gewandung; bei der Darstellung der Leichenfeier (eines
christlichen Arztes!) werden Opferthiere herzugeführt, Minerva und andere mythologische Figuren zeigen sich; die Ausführung erinnert hie
und da an *Donatello*, ohne denselben jedoch zu erreichen.

Ihm zugeschrieben sind unter Andern vier Reliefs in der Bronce-
sammlung der Academie zu Venedig, welche zu der S. 31 beschriebenen Tabernakelthür des *Donatello* gehören und Scenen aus der Geschichte Constantins und der Helena vorstellen. Auch an diesen Reliefs
ist die Landschaft, aus Bergen bestehend, gänzlich unbeholfen, die Composition lebendig, aber zu gefüllt.

**Antonio Dentone.** Von diesem Bildhauer. der jedenfalls höher
steht als *Lorenzo Bregno*, wenn er auch den *Donatello* nicht erreicht,
sind leider nur wenige Arbeiten erhalten. Das Denkmal des *Orsato
Giustinian*, welches er 1464 fertigte, ist mit der Kirche *S. Andrea della
Certosa*. in der es stand, zerstört worden; es war in Marmor ausgeführt und genau so disponirt als das des *Zeno* in *S. Marco* s. S. 148;
nur eine der sechs Figuren ist glücklich vor der Zerstörungswuth der
modernen Vandalen gerettet worden, und befand sich noch vor wenigen
Jahren im Besitz des Abtes *Bruno Stiore* in *San Pietro di Castello*.

Eine heilige Catherina, die den Kopf des Maximinus mit Füssen
tritt, befand sich in der Kirche *Santi Appostoli* und soll sehr schön
gewesen sein; sie wurde behufs Anbringung eines zopfigen Altars beseitigt und zertrümmert.

Eine andere Arbeit ist nur mit Mühe vor einem ähnlichen Schicksal gerettet worden, es ist diess ein Portal von der Kirche *Santa Elena*,
welches 1467 ff. von *Antonio Dentone* zugleich als Grabmal des *Vit-*
*tore Cappello* verziert ward; bei Zerstörung der Kirche wurde die Arbeit zerstückelt; der Rumpf derselben, das Portal selbst, ist jetzt wieder aufgestellt und zwar an der Kirche *S. Apollinare*. Zwei schlanke
Säulchen, auf etwas zu hohen Postamenten. flankiren die Thür und
tragen ein Gebälk, welches in Fries und Platten einfach ist, während
es in den Gliederungen fast zu reich mit Eierstäben etc. ausgestattet
ist; der Architrav ist zwischen den Säulchen durch kleine Consolen gestützt; darüber erhebt sich ein halbkreisförmiger Giebel, in dessen Feld
der Held vor der heiligen Helena knieend sich befand; diese beiden
Figuren harren nun schon seit langer Zeit ihrer Wiederaufstellung und
stehen einstweilen in *S. Giovanni e Paolo*; sie sind beide mit ungemein sorgfältiger Nachahmung der Natur gearbeitet; namentlich ist das
Costüm des alten Helden mit bewundernswerthem Fleiss gearbeitet;
das Gesicht aber jedenfalls vollständig portraitähnlich. Weniger gelungen ist die Helena, welche *Dentone* augenscheinlich hat idealisiren
wollen; das Gesicht ist über diesem Bestreben ausdruckslos geworden,
die Achseln sitzen zu hoch, der Faltenwurf ist etwas steif. Jedenfalls
ist diese Arbeit eine der ersten, wo die Künstler bei Portraitdarstel-
lungen das Costüm der Zeit verliessen und die Tracht der letzten römischen Kaiserzeit dafür adoptirten. Die Vase, welche den Scheitel
dieses Frontons zierte, steht jetzt auf dem Altar des Oratoriums im
*Seminario patriarcale;* sie ist nicht schön, aber freilich jetzt auch nicht
am richtigen Platze; zwischen den Akroterienscheiben herauswachsend,
möchte sie wohl günstiger wirken.

Ferner wird dem *Dentone* noch eine kleine Kreuzabnahme zugeschrieben, welche sich im Vorzimmer der Sakristei von *S. Maria della Salute* befindet.

Ebenso soll von ihm herrühren das Grabmal des *Melchior Trevisan* (1500) in der Kirche *ai Frari* (in 11. Fig. 53 Band I. S. 171); auf zwei kleinen Pilastern ruhen zwei Consolen, die oben in Capitälen auslaufen und so ein Gebälk tragen, auf welchem ein ziemlich plumper Sarkophag steht, der ein Standbild des Helden in voller zeitgemässer Rüstung trägt; die Ornamente sind theils mager, theils zu hastig ausladend, dadurch aber höchst unruhig in der Wirkung.

Wenn diess Denkmal eine Arbeit *Dentones* sein sollte, so müsste er durch Altersschwäche sehr unfähig geworden sein; denn die Gruppe des *Cappello* ist bei weitem besser. Auch hätte wohl *Dentone* die zeitgemässe Rüstung nicht beibehalten; sollte diese Arbeit nicht vielmehr dem *Lorenzo Bregno* zuzuschreiben sein?

Ehe wir nun zu den strengen Anhängern der neuen Richtung übergehen, seien hier noch eine Reihe von Nachrichten aufgeführt, welche Künstler dieser Zeit betreffen, die theils nur geringere Bedeutung sich errangen, theils auch ausserhalb Venedigs arbeiteten etc., sämmtlich aber nicht wohl sich in eine der eben betrachteten Schulen einfügen liessen.

1438—1447 finden wir einen Bildhauer *Nicolo de Cornedo* in Trissino, Cornedo und Priabona beschäftigt. <small>Nicolo de Cornedo.</small>

1448 arbeitete ein *Antoninus quondam Nicolai* aus Venedig zu Vicenza im Dom das Altarrelief für die Capelle *della Incoronata*, sowie Statuen in *S. Lorenzo*. Ob und was er in Venedig gearbeitet, ist nicht bekannt. <small>Antonino del fu Nicolo.</small>

1465 arbeitete ein *Marino Citrino Veneto* zu Forli das Hauptportal, die Pilaster und Cancellen, und an den schönen Arbeiten der Capelle *dei Ferri* in *San Mercuriale* ebendaselbst liest man die Inschrift: *O. Ja: CJ. Venet. 1538. (Opus Jacobi Citrini Venetii)* Diese Arbeiten wetteifern an Sauberkeit mit denen von *S. Michiele* in Murano. <small>Citrino.</small>

1493 baute *Annibal Bassano* die *Loggia del Consiglio* in Padua und das Haus, genannt *degli Specchy* bei Porta *S. Giovanni* ebendaselbst; *Alessandro*, sein Neffe, setzte den Bau der *Loggia* fort. <small>Bassano.</small>

Zu den bereits Band I. S. 252 gegebenen Notizen über die Familie **Moranzone** ist nachzutragen, dass von *Caspar* noch zwei Altartafel-ornamente erhalten sind, und zwar auf dem Altar des heiligen Hieronymus in *S. Steffano* vom Jahre 1440 und auf dem Altar des heiligen Andreas in *S. Giobbe*; beide sind im Styl der Lombardi gehalten, zeigen aber noch mittelalterliche Reminiscenzen, ebenso wie die von *Francesco Moranzone* 1460 gefertigten Bilderrahmen in *S. Samuele*; der Band I. <small>Moranzone.</small>

S. 252 erwähnte *Jacob* hatte einen Sohn *Andrea*, der in *S. Elena* malte, 1455 geboren war und 1525 starb. *Francesco* arbeitete ihm das Grab in *S. Maria aï Servi*; dieser *Francesco* hatte einen Sohn, der ebenfalls *Jacobo* hiess und 1500 nach Udine berufen ward, um dort Bilderrahmen zu schnitzen; darin scheint die Familie besonders excellirt zu haben.

z. P.     Z. P. 1495 ist ein Relief in *S. Pietro e Paolo* in Murano bezeichnet; es stellt den Erlöser dar, getragen von Engeln, und folgt dem Styl der Lombardi ebenso, wie die 1483 in *S. Maria aï Servi* aufgestellte Statue des *Giovanni Emo*, welche 1818 vom Grafen *Girolamo Velo* angekauft und nach seiner Villa in Velo bei Vicenza geschafft worden ist. Der Künstler dieser Statue ist unbekannt, wie bei vielen der besten Arbeiten jener Zeit; auf der andern Seite sind wieder Namen von Künstlern erhalten, deren Arbeiten wir nicht kennen. Dahin gehört unter Andern ein Venetianer *Domenico*, der bei dem berühmten *Giulio Campagnola* in Padua die Kunst des Broncegiessens lernte.

Camillo Alberti.     Ein Schüler des *Leopardo*, *Camillo Alberti*, lieferte im Jahre 1520 die beiden Broncecandelaber, welche auf dem Altar der Madonna im Kreuzschiff der Markuskirche leider bei sehr schlechter Beleuchtung stehen, so dass man nur mit grosser Anstrengung die ungemein minutiös und mit sehr geringem Relief gearbeiteten Verzierungen erkennen kann, wobei man sich dann allerdings überzeugt, dass der Schüler seinem Meister beinahe gleich gekommen ist in der ungemeinen Grazie und Nettigkeit des Ornaments.

Leider sind sehr viele der schönsten Broncearbeiten aus jener Zeit theils ganz verloren gegangen, theils durch Vernachlässigung ruinirt worden; dahin gehören unter andern eine sehr grosse Anzahl von Thürklopfern, welche zum Theil als Sterne, in geometrischen Linien durchbrochen, zum Theil aber als Figurengruppen gestaltet sind.

Ferner gehören dahin die broncenen Gondelbeschläge, namentlich Laternenhalter und Rudergabeln in Form von Syrenen, Tritonen, die auf Muscheln blasen, Wappen etc., welche theils an alten Gondeln, theils bei Trödlern noch hie und da zu finden sind, wo man namentlich auch noch schöne Broncegefässe, Lampen und Laternen trifft, doch wird in dieser Beziehung viel Betrug getrieben, und wer nicht genaue kunsthistorische Kenntnisse hat, der hüte sich, zu kaufen. Bei dem ungemeinen Luxus, der damals getrieben ward, war es ganz natürlich, dass auch die gewöhnlichen Gewerke eine künstlerische Richtung einschlugen, sowie dass man auch in der Technik rasche Fortschritte machte; so z. B. hob sich durch *Alessandro Leopardo* Einfluss auch die Stück- und Glockengiesserei in jener Zeit bedeutend, und obgleich nicht streng in das Bereich dieses Werks gehörig, würden doch, so

glaube ich, manchem unserer Leser einige dahin einschlagende Personal-
nachrichten nicht ganz ohne Interesse sein; dieselben erstrecken sich
zugleich noch über einige Branchen der Arsenalthätigkeit; die betreffenden Arbeiten blieben oft lange in einer Familie.

So finden wir 1487 einen *Alberghetto Alberghetti* als Stückgiesser  Alberghetti<br>u. Bressan.
im Arsenal. 1490—1500 seinen Sohn *Sigismund Alberghetti* zugleich
mit einen *Francesco Bressan* und mit *Aless. Leopardo* im Geschütz-
giessen thätig; *Franc. Bressan* erfindet die *Galea basturda* (ein leichtes
Kriegsschiff). 1505—10 ein *Giovanni Alberghetti*, s. S. 109. 1516
wird *Matteo Bressan proto di albori* (Werkmeister bei der Mastbaum-
anfertigung) *Lunardo Bressane* bekleidet ein ähnliches Amt, zugleich
fungirt *Luca Manega* als Werkführer der Calfaterer, *Zan di Raffaelle
Bressan* als Werkführer der Rudermacher, *Nicolo Bressan* hat ein ähnliches Amt. 1529 wird ein *Alberghetto Alberghetti*, 1534 ein *Camillo*,
1549 ein *Fabio*, sämmtlich als Söhne des *Sigismund* und als Stückgiesser erwähnt.

1557 kommt ein *Emilio* als Sohn des *Alberghetto*, in demselben
Amt stehend, vor, 1566 ein *Sigismund*, Sohn des *Emilio*, 1582 ein
*Giusto Emilio*, Sohn *Sigismunds* und so weiter in ganz directer Linie
bis 1829, wo *Francesco Alberghetti* als Rüstmeister 2. Classe im Arsenal angestellt ward. Einige dieser *Alberghetti* sind sehr hoch gestiegen, so fiel z. B. der erwähnte *Giusto Emilio* 1616 als Artilleriegeneral
bei Gradisca.

Was Glocken anlangt, so finden sich deren:  Glocken.

Aus den Jahren 1384, 1407, 1424 von *Antonio del fu Vittore di
Venezia.*

Aus den Jahren 1330 und 1354 von *Nicolo Vicenzo da Venezia,*
die erste in *San Zaccaria*, die letzte in *San Salvatore.*

Aus dem Jahr 1460 vom Broncegiesser *Giannantonio Franchi* in
*San Angelo.* Ob dieser *Franchi* auch Kunstwerke in Bronce geliefert,
wissen wir nicht. Auf ziemlich hoher Stufe scheint aber die Familie
*Campanato* oder *dalle Campane* gestanden zu haben. Ein *Pietro Gio-*  Campanato.
*ranni* wurde bereits S. 109 erwähnt, er starb den 18. October 1542
und wurde in *San Sebastian* begraben, einer seiner Söhne *Pietro de
Zuane* arbeitete um 1562 für *Sansovino*, der Andere, *Giambattista*, auch
Giesser, heirathete *Isabella Gambelli*, die Tochter des *Vittore Camelio.*

Noch kommt um 1563 ein Glockengiesser *Zan Paulo Campanato*
vor. Ein *Girolamo Campanato* erfand im Jahre 1520 eine Baggermaschine; in Folge eines desshalb von ihm am 9. Febr. 1520 eingereichten Gesuches erhielt er unter dem 17. Sept. ein Patent auf dreissig
Jahre, bekam jedoch trotz dieses Patents bereits 1536 Concurrenten,

da in diesem Jahre *Giovanni Belloni* aus Modena und *Anton Colb* aus Nürnberg ebenfalls eine Baggermaschine erfanden.

1529 erhielten die Tischler *Mark Feter*, *Jacob Philegli* und *Bernhard Moch* ein Privilegium auf achtzig Jahre auf eine von ihnen erfundene Handmühle. 1533 erhielt *Ventura* aus Verona ein ähnliches Privilegium, ebenfalls auf eine Handmühle.

Diese Fortschritte in der Technik begünstigten nun zwar auf einer Seite die Kunst, indem sie dieselbe von manchen Schwierigkeiten befreiten; freilich hatte das auch seinen Nachtheil, denn wenn wir zu Anfang der eben besprochenen Periode häufig eine gewisse, durch nicht vollständiges Beherrschen des Materials herbeigeführte Trockenheit der Formen bemerkten, so tritt zu Ende derselben hie und da eine fast zu peinliche Ausführung des Details und, fussend auf Sicherheit in der Construction, eine zu grosse Mächtigkeit des Getragenen im Verhältniss zum Tragenden unangenehm auf. Das Ornament ist oft maasslos gehäuft und die sculpirten Theile beeinträchtigen häufig die Wirkung der architectonischen Linien; bei alledem lässt sich aber doch behaupten, dass die Künstler dieser Periode, wie schon erwähnt, die alleinrichtige Weise gefunden hatten, antike Formen modernen Verhältnissen anzupassen, dass die rein decorative Art der Verwendung solcher Formen, welche sie wählten, ihren Bauten oft eine grosse Harmonie, immer aber einen frischen lebendigen Ausdruck gab. Sehr zu wünschen wäre desshalb, dass diese Bauten mehr studirt würden, als bis jetzt geschehen ist, indem die Befolgung der in ihnen niedergelegten Maximen zu ungleich günstigeren Resultaten führen würde, als die chablonenmässige Nachahmung der Antike.

# VIERTER ABSCHNITT.

## Die Cinquecentisten.

Wissenschaften und Künste wenden sich zur Nachahmung der Antike; Studium des Vitruv; Falconetto, Sanmichell bis Antonio da Ponte und deren Schüler und Nachahmer.

Der in dem vorigen Abschnitt geschilderte Entwickelungsgang der Künste wurde in Venedig, wie überall, fast gewaltsam unterbrochen durch die übergrosse Begeisterung für die Antike, welche immer mehr überhand nahm, je genauer man das System der antiken Kunst kennen und natürlich auch bewundern lernte; lange Zeit gingen die beiden Richtungen nebeneinander hin, die consequentere Nachahmung der Antike aber musste allmälig siegen. Die Gründe für diesen Sieg liegen ziemlich nahe und dürften wohl die wichtigsten folgende sein:

1) Die überzeugende Kraft, welches jede consequent durchgeführte System hat.

2) Die allgemeine Liebhaberei für classische Studien, wie wir sie schon in der Einleitung geschildert haben.

3) Die grosse Bequemlichkeit, welche mittelmässige Talente darin finden mochten, zu copiren, statt zu entwerfen.

4) Der auch schon in der Einleitung erwähnte Umstand, dass die Künstler, mehr und mehr dem Volk entfremdet, den Fürsten näher treten, dass sie gelehrt wurden und mit dieser Gelehrsamkeit prunken wollten.

Diese vier wichtigen Motive, vereint noch mit vielen andern, brachten es dahin, dass man sich selbst die Unmöglichkeit abzuleugnen

Mothes, Baukunst. II.                                                                11 versuchte, das antike Bausystem mit der Erfüllung modern-christlicher Bedürfnisse in vollständigen organischen Einklang zu bringen. Wie man in der Politik mehr und mehr dahin kam, den Mangel einer wirklich gutgeordneten Staatsverfassung hinter scheinbar gut organisirtem Formenwesen zu verbergen, so kam man in der Kunst auf ähnliches Trugwerk, zu dessen Herstellung sich hier wie dort die Formen der römischen Kaiserzeit ganz vortrefflich eigneten.

Nicht geringen Einfluss hatte auch die Buchdruckerkunst auf die neue Wendung der Dinge, indem sie die Verbreitung litterarischer Kenntnisse erleuchtete; die Litteratur aber ermahnte schon seit langer Zeit das Publikum, sich den Formen des alten Rom zuzuwenden. Die Ausgaben und Commentare des Vitruv vermehrten sich, und je deutlicher derselbe erklärt ward, je leichter es wurde, nach seinen Regeln zu bauen, um so grösser wurde die Verführung, es zu thun, unwiderstehlich aber wurde dieselbe, als durch Uebersetzungen auch dem minder Gelehrten das Verständniss dieser Regeln erleichtert ward; in dieser Beziehung wirkte namentlich die 1521 erschienene Uebersetzung des Vitruv durch *Cesare Cesariano* Erstaunliches; auf dem Gebiete Venedigs mag wohl *Andrea Mantegna* († 1517 in Padua) durch seine Schriften auch wesentlich zu der Wendung des Geschmacks beigetragen haben.

Ehe wir nun aber auf das Wirken des Falconetto und Anderer näher eingehen, wird es gut sein, den Gang der Geschichte Venedigs während der in Rede stehenden Periode wenigstens in flüchtigen Umrissen zu schildern, indem wir den Faden beim Jahr 1530 wieder aufnehmen, wo wir ihn Seite 18 haben liegen lassen.

Geschichtliches.
Die Republik liess es sich dringend angelegen sein, den so schwer errungenen Frieden möglichst lange zu bewahren, namentlich aber bei den Kämpfen zwischen den Ottomanen und Oestereich neutral zu bleiben, und zugleich zu erlangen, dass die Kaiserlichen Italien räumten; zu diesen Zwecken wurden häufig Gesandte an Soliman geschickt, der Kaiser Karl V., als er 1533 bei einer Reise nach Italien das venetianische Gebiet passirte, auf das Glänzendste bewirthet und dem Herzog von Mailand 150,000 Maass Salz geliehen, damit er seine Schulden an den Kaiser bezahlen könne und so die kaiserlichen Truppen los werde. 1535 starb Sforza, Frankreich machte abermals Ansprüche auf Mailand und der Kampf entbrannte von Neuem; die Kaiserlichen vertrieben die Franzosen und drangen bis Arles und Marseille vor.

Auch die Venetianer wurden vom Kaiser genöthigt, 6000 Mann zu seiner Unterstützung in die Gegend von Brescia zu senden. Franz I. hatte inzwischen dem Soliman begreiflich zu machen gesucht, dass es vortheilhafter sein würde, die Venetianer zum Kampf gegen den Kaiser zu bewegen, wodurch diese in die peinlichste Verlegenheit kamen. Sie mussten rüsten und sahen sich aufs Neue, um Geld zu erlangen, zum Verkauf von Aemtern genöthigt. Die Flotte, aus 100 Galeeren bestehend, wurde getheilt; 54 Galeeren unter *Gerolamo Pesaro* kreuzten vor Corfu; 46 Galeeren unter *Giovanni Vitturi* blieben im Golf. Durch unglückliche Missverständnisse entspann sich im Frühjahr 1537 der Seekampf zwischen Türken und Venetianern ohne Kriegserklärung, bestand aber eigentlich blos in gegenseitigen Neckereien und Plünderung.

1538 verbündete sich Venedig mit Kaiser und Papst gegen die Türken. Um Geld zu diesem Krieg zu erhalten, sah sich die Regierung genöthigt, die rückständigen Steuern mit furchtbarer Strenge einzutreiben, Senatsstellen zu verkaufen, eine Anleihe zu machen etc.

Die Flotte des Papstes unter *Marco Grimani*, Patriarchen von Aquileja vereinigte sich mit der venetianischen Flotte unter *Vincenzo Cappello* und am 28. September fand eine Seeschlacht bei Corfu statt, die aber ziemlich unentschieden blieb, weil der spanische Admiral Doria zu zeitig das Gefecht abbrach; nachdem man noch *Castel Nuovo* belagert und Dalmatien von den Türken gesäubert hatte, endete der Feldzug, in dessen Verlauf der General *Francesco Maria della Rovere,* Herzog von Urbino, gestorben war, wie man vermuthet an Gift. Den 27. December 1538 starb *Andrea Gritti* und wurde in der Kirche *San Francesco della Vigna* begraben, welche unter ihm begonnen worden war. Noch sind folgende Ereignisse unter seiner Regierung zu erwähnen:

1528 Feuer im Kloster *S. Maria delle Grazie.*

1531 die *Scuola Grande della Misericordia*, begonnen unter dem Guardian *Francesco Teletto.*

1532. Die Nonnen von *San Secondo* werden auf die *Giudecca* nach *San Cosmo e Damiano* versetzt, und *San Secondo* den Observanten übergeben. Bedeutende Feuersbrunst im Hause *Cornaro della Regina* bei *San Mauritio.*

1533. Grosse Feuersbrunst im Arsenal.

1535. Ueberschwemmung in der Stadt selbst.

1536. Die *Libreria nuova*, dem Dogenpalast gegenüber, wird begonnen.

Den 20. Januar 1539 wurde der 77jährige *Pietro Lando* zum Dogen gewählt; man nahm den Sohn des *Francesco Maria*, *Guido Ubaldo*, Herzog von Urbino, als General in Sold, *Vincenzo Cappello* hatte aus Gesundheitsrücksichten den Abschied genommen und ward durch *Giovanni Moro* und nach dessen bald bei einer Meuterei erfolgtem Tod durch *Tomas Mocenigo* und *Giovanni Vitturi* ersetzt.

Pietro Lando Dog. 1539.

11 *

1539 vertheidigte *Matteo Bembo* die Stadt Cattaro gegen die Türken, welche dieselbe trotz des Waffenstillstandes angriffen.

Im Mai 1540 wurde der Friede durch Abtretung von Malvasia
und Napoli di Romagna etc. und 300,000 Ducati Kriegsentschädigung
erkauft.

In dieser Zeit war eine grosse Theurung in Venedig, dessen Wohl-
stand sich aber wieder etwas hob, da es gelang, neutral zwischen
Karl V. und Franz I. zu bleiben, obwohl man stets eine Flotte unter
*Steffano Tiepolo* gerüstet erhielt.

Den 11. November 1545 starb *Pietro Lando* und wurde in der
von ihm gestifteten Capelle der Madonna in *S. Antonio* begraben.
Unter ihm wurden die Hafeneingänge des Lido befestigt.

Unter seinem Nachfolger *Francesco Donato* genoss Venedig äussere
Ruhe; der Doge selbst war sehr kunstliebend, und während seiner Re-
gierungszeit wurde daher viel gebaut. Auch schlug der Blitz in den
Campanile von *San Marco* und in *San Zaccaria* ein. Die venetianische
Flotte unter *Cristoforo Canale* züchtigte die türkischen Seeräuber.

Den 23. Mai 1553 starb *Donato* und wurde in *S. Maria ai Servi*
begraben.

*Marc. Antonio Trevisan*, den 3. Juni 1553 gewählt, starb schon
Ende Mai 1554 in Folge zu strenger Brustübungen, und wurde in
*S. Francesco della Vigna*, nach Andern in *S. Giovanni e Paolo* be-
graben.

Sein Nachfolger *Francesco Venier*, starb schon im Juni 1556 und
wurde in *San Salvadore* begraben.

Unter *Lorenzo Priuli* brach eine Pest aus, gefolgt von einer
Hungersnoth. Um beiden Uebeln für die Zukunft zu steuern, wurden
die noch seit dem letzten Krieg überschwemmten Ländereien trocken
gelegt und urbar gemacht. Die Gemahlin des Dogen *Zilia Dandolo*
wurde feierlich gekrönt. Er starb 1559 und wurde in *S. Salvador*,
nach Andern in *S. Domenico* begraben. Unter ihm hatte Venedig eine
Flotte unter *Tomas Contarini* aus Vorsicht gegen die Türken gerüstet;
zwischen Brescia und Cremona war eine Fehde ausgebrochen, aber
bald geschlichtet worden; die Regierung hatte unter *Vincenzo Gustinian*
und *Pandulfo Contarin* Galeeren gegen türkische Seeräuber ausgesandt.
Weil aber der letztere zu energisch aufgetreten war und die Räuber
bis in den Hafen von Durazzo verfolgt hatte, wurde er, um mit den
Türken in Frieden zu bleiben, abberufen und durch *Cristoforo Canale*
ersetzt. Eine grosse Galeere war gesunken und konnte trotz der Bemühungen des Ingenieurs *Bartolomeo Campi* nicht wieder gehoben werden. Die *Scala d'oro* und der Saal *del gran consiglio* wurden decorirt.

*Girolamo Priuli,* Zwillingsbruder des vorigen, liess die Giganten auf der nach ihm benannten Treppe aufstellen. Unter ihm wurde die Censur eingeführt, die Aufwandgesetze und Spielgesetze verschärft, Bergamo, Udine etc. befestigt.

Den 4. Nov. 1567 starb *Girolamo* und wurde in *San Domenico,* nach Andern in *S. Salvatore* begraben.

Sein Nachfolger war *Pietro Loredan.* Unter ihm brach im Jahre 1569 eine Theurung in Venedig aus, im Arsenal entstand den 7. Sept. eine Feuersbrunst durch Explosion des Pulverthurmes, die auch die Kirche *Sa. Celestia* zum grossen Theil verheerte, sowie viele Häuser der Umgegend. Auch der Dogenpalast musste in Folge einer Feuersbrunst mit neuer Dachung versehen werden. Einige Zwistigkeiten mit dem Papst gingen ohne ernstere Folgen vorüber, aber der verhängnissvolle Krieg der Türken gegen Venedig um das Königreich Cypern begann kurz vor dem Tode *Loredans;* dieser erfolgte den 3. Mai 1570. Als Ort des Begräbnisses wird von Einigen *S. Giobbe,* von andern *S. Giovanni e Paolo* angegeben.

Aus diesem Ueberblick, zusammengehalten mit dem Seite 15—18 gegebenen, wird man hinreichend die Zustände erkennen, unter denen die nun aufzuzählenden Künstler wirkten.

**Giovanni Maria Falconetto,** 1458 in Verona geboren, 1534 gestorben war zuerst Maler, ging aber, seine geringe Befähigung zu dieser Kunst einsehend, zur Architectur über, studirte die antiken Bauten Veronas und ging dann nach Rom, wo er zwölf Jahre mit Ausmessungen, Ausgrabungen und Studien alter Werke verbrachte. Nach Verona zurückgekehrt, arbeitete er dort für den Kaiser Max, musste aber als Anhänger desselben Verona fliehen, als diese Stadt wieder unter venetianische Herrschaft kam. Er ging nach Trient und dann nach Padua; dort baute er im Jahre 1524 für seinen Schüler *Luigi Cornaro*[1]) einen Palast, den jetzigen Palast *Giustiniani* mit reich geschmückter Loggia, ferner das Portal des *Palazzo del Capitanio,* die Thore *S. Giovanni* (1528) und *Savonarola* (1530) eine kleine Rotunde zum Gebrauch als Odeum, in Verona die Capelle *S. Biagio* bei *S. Nazario e Celso,* achteckig mit Kuppel, machte auch einen Entwurf zu dem Grab der *Cattarina Cornaro,* der aber nicht ausgeführt ward. Ohne Nachweis wird ihm noch der Bau der jetzt demolirten Kirche *S. Maria delle Grazie* in Venedig zugeschrieben, die 1528 sammt zugehörigem Kloster abbrannte.

---

[1]) Dieser Dilettant soll die *Villa Cornaro* in Luvignano bei Padua selbst entworfen haben.

Unter den eben aufgezählten Werken sind die Loggia des Palastes *Cornaro* und das Portal des Capitaniats unstreitig die besten, aber auch diese sind nüchterne und phantasielose Specimens der Säulenordnungen, aufgefasst in einer so traurig pedantischen Weise, wie es wohl keinem Architecten zur Zeit des Cäsar und Augustus eingefallen wäre.

Dieser *Falconetto* war übrigens auf sein Wissen sehr stolz, und hatte desshalb viele Streitigkeiten; auch entwarf er häufig grosse ideelle Gebäude, und wiess um dieser brodlosen Beschäftigung willen mehrere sehr annehmbare Aufträge von sich; in Folge dessen starb er arm im Hause seines Gönners *Luigi Cornaro*, der ihn auch in seiner Familiengruft beisetzen liess.

Familie Sam-
micheli. **Familie Sammicheli.** Kurz nach der Mitte des 15. Jahrhunderts lebten in Verona zwei Brüder *Giovanni* und *Bartolomeo Sammicheli*, beide Architecten; von ihren Bauten sind sichere Nachrichten nicht auf uns gekommen; doch mögen sie wohl dieselbe Bauweise befolgt haben wie *Fra Giocondo* und seine Zeitgenossen. Dem *Giovanni* nun ward 1484 ein Sohn geboren, der den Namen *Michele* in der Taufe empfing; früh schon zeigte er viel Talent, welches sich unter Leitung seines Vaters und Oheims bald so ausbildete, dass diese Leitung ihm nicht mehr genügte. Bereits im 16. Jahre ging er daher nach Rom, und ergab sich dort einem gründlichen und tiefen Studium der Antike, namentlich in Bezug auf die Construction.

Bald erwarb er sich einen grossen Ruf, in Folge dessen er nach Orvieto berufen ward, und wo er Einiges am Dom und an *San Domenico* arbeitete; dann baute er die Cathedrale von *Monte Fiascone*, einen achteckigen Centralbau mit Kuppel und mehrere Privathäuser in *Monte Fiascone* und in Rom. Endlich beauftragte ihn der Papst in Gemeinschaft mit *Antonio San Gallo* dem Aelteren, die Festungswerke des Kirchenstaats zu inspiciren und zu restauriren; nachdem er namentlich in Parma und Piacenza mit grosser Gewissenhaftigkeit der Erfüllung dieses Auftrags obgelegen, besuchte er seine Vaterstadt, vom Heimweh getrieben; von hier aus machte er, getrieben von Wissbegierde, eine Tour zur Besichtigung der Festungswerke von Treviso und Padua, wo er aber als Spion verhaftet ward. Da man ihn aber unschuldig befand, suchte man ihn für den Dienst der Republik zu gewinnen, worauf er vom Papst seinen Abschied erbat. Er war der Erste, der vollständig von der Poliginalbefestigung auf das bereits seit 1518 hie und da angedeutete System der Bastionen und Courtinen überging und so dem Vauban vorarbeitete. Er begann 1527 die Befestigung Veronas nach dem neuen System mit der Bastion *delle Maddelene*. Ausser Verona schuf er Festungswerke in Legnago, Orzi Nuovo, Castello; dann wurde er auf inständiges Bitten des *Francesco Sforza* von Mailand demselben auf drei Monate geborgt, und visitirte *Casale di Monferrato*, dessen Castell von seinem Cousin *Matteo Sammicheli* erbaut worden war, der auch in der dortigen Kirche *San Francesco* ein elegantes Grabmal errichtet hatte. Fürstlich belohnt und mit Ehrenbezeugungen überhäuft, kehrte er nach Venedig zurück, und bereiste nun das ganze Gebiet der Republik, um die Festungswerke zu revidiren und da nöthig zu verstärken; in Zara liess er zur Ausführung seiner Entwürfe seinen Neffen und Schüler *Gior. Girolamo Sammicheli* zurück, befestigte dann Corfu, Cypern, Caudia, Canea, Retimo, Napoli di Romagna, schuf zwei Bastionen in Padua, verstärkte die Befestigungen von Brescia, Peschiera und die Clause, endlich aber das Lido, namentlich durch das *Castello di San Andrea*. Seine Neider hatten die Behauptung aufgestellt, dass dieses Fort die Last der Geschütze nicht aushalten würde; auf sein Bitten wurden sämmtliche Schiessscharten mit den schwersten Geschützen des Arsenals besetzt und diese alle zugleich gelöst, und siehe, es zeigte sich kein Risschen! Sein Ruf war dadurch so gestiegen, dass Franz I. und Karl V. sich beeiferten, ihn oder seinen Neffen für ihren Dienst zu gewinnen, doch blieben Beide der Republik Venedig treu, *Michiele* befestigte noch Murano und wurde darin, wie in seinen frühern Arbeiten treulich von seinen Neffen *Gior. Girolamo* unterstützt, der selbstständig die Befestigung von *S. Nicolo* am Eingang des Hafens von *Sebenico* ausführte, und ihn wohl noch an Ruhm übertroffen hätte, wenn er nicht auf Cypern im Alter von 45 Jahren gestorben wäre, worüber *Michiele* so betrübt war, dass er wenige Wochen nachher ebenfalls starb, in Corfu; auf seinen Wunsch wurde er nach Verona geschafft und dort in *San Tomà* begraben.[1] (1549, nach Andern, mit mehr Wahrscheinlichkeit 1558.) Alle seine Werke auf dem Gebiete der Kriegsbaukunst sowohl, als der Civilbaukunst zu beschreiben, würde viel zu weit führen. Es mag hier ein möglichst kurzes Verzeichniss derselben folgen, und nur die wichtigsten seiner Bauten in Venedig, Padua und Verona sollen etwas nähere Besprechung finden.

Die Kirche *San Tomaso* in Verona; die Capelle *Guareschi*, später *Bauten in Verona.* *Pellegrini* in *San Bernardino* in Verona, ein rundes corinthisches Tempelchen; *Santa Maria* in Organo in Verona, erst nach seinem Tod ausgeführt. An *San Giorgio* in Verona verstärkte er die Mauern behufs Auf-

---

[1] Noch wäre hier zu erwähnen der Schwager des *Gior. Girolamo Sammicheli, Luigi Brugnoli*, Architect in Verona, dessen beide Söhne ebenfalls Architecten wurden; der älteste derselben, *Bernardino*, baute den Glockenthurm der Cathedrale und einen Altar in *S. Giorgio* in Verona.

stellung der Kuppel; der Glockenthurm, von ungeschickten Leuten in seinem Auftrag ausgeführt, stürzte ein, so dass er ihn von Neuem aufbauen musste.

Die Kirche der *Madonna di Campagna* in Verona, kreisrund mit Peripteron, wurde, ebenso wie das Lazareth bei der Ausführung theilweise verdorben.

Die Capelle der Familie *della Torre* in ihrer Villa bei Verona, die Paläste *Canossa*, *Pellegrini*, *Maffei*, die Thore am Prätoriat und der Präfectur (*Palazzo pretorio* und *prefettizio*), ebenfalls in Verona. Ferner verfasste er Gutachten über den Hafen von Malamocco und die Regulirung der Brenta, welche zum Theil befolgt wurden.

1527 begann er, wie schon erwähnt, die Bastion *delle Maddelene* in Verona.

Von 1532 datirt das Portal am *Palazzo del Podesta* zu Verona: ein etwas niedriger, fast schwerer Rundbogen, wohl durch die Umstände so bedingt, hat zu jeder Seite eine Dreiviertelsäule und 2½ Durchmesser davon entfernt steht ein Pilaster; Säulen und Pilaster sind cannelirt und tragen auf jonischen Schneckencapitälern ein leichtes, correct jonisches Gebälk, welches sich zwischen Säulen und Pilastern zurückkröpft, zwischen den Säulen aber glatt durchläuft, vom consolenförmigen Schlussstein des architravirten Bogens getragen, und mit einem Fronton in sehr edlen Verhältnissen bekrönt, über dem sich auf postamentartigen Akroterium der Löwe des Markus erhebt, während auf den Gebälkkröpfen über den Pilastern allegorische Figuren, Friede und Ueberfluss, stehen. Die Bogenzwickel sind mit sitzenden Victorien ausgefüllt. Der Kämpfer geht zwischen Säulen und Pilastern durch; die so entstehenden Felder enthalten Trophäen und Wappen; die Verhältnisse der Säulen und des Gebälks sind leicht und zart, die Profile der attischen Basen, der Gebälke, der Bogenchambranle etc. sind sehr fein, die Trophäen und Embleme waren etwas zu mächtig, aber gut gearbeitet; leider sind sie 1797 arg verstümmelt worden. Der Löwe sammt Postament, ebenfalls zu mächtig, hat dasselbe Schicksal gehabt.

1533 begonnen aber erst 1540 beendet, ist die *Porta nuova* zu Verona. Hier versuchte *Sammicheli* zuerst die Rustik nicht blos in den glatten Mauerflächen, sondern auch an Säulen und Pilastern anzuwenden; dieser an sich schon unglückliche Versuch musste um so schlechter ausfallen, je feiner er Capitäle und Gebälk in römisch-dorischer Weise durchführte, obgleich der ihm nicht abzusprechende künstlerische Tact ihn veranlasste, den Säulen keine Basen zu geben; die ebenfalls in Rustik ausgeführte Attika ist offenbar zu schwer; die Thüröffnungen sind etwas zu niedrig und die Schlusssteine zu gross, namentlich zu

hoch; leider haben gerade diese Missgriffe zahlreiche Nachahmer gefunden.

1535 begonnen, trägt die *Porta San Martino*, genannt *Porta
stuppa* in Legnago dieselben Fehler, obgleich etwas gemässigter; die in Legnago.
Säulen und Pilaster sind hier etwas schlanker, das dorische Gebälk
etwas kräftiger, auch die Attika etwas leichter; der Sims der Attika,
der über dem, den Markuslöwen im Relief enthaltenden, Mittelfeld, ein
Fronton bildet, ist fast zu leicht, der glatte Schlussstein des Thor-
bogens auch hier zu hoch, die Seitenintercolumnien sind zu breit.

1530—40 mögen auch die nachstehenden Paläste in Verona ent-    Paläste in
Verona.
standen sein.

*Palazzo Guasta rerza.* Im Erdgeschoss bilden fünf ziemlich schlanke
Bogen auf breiten Pfeilern eine durchgehende Halle. Pfeiler und Bogen
sind mit Rustik besetzt, die in nicht ganz angenehmem Contrast mit
dem ziemlich feinen Kämpfersims steht; die mit Köpfen besetzten Schlusssteine wirken gut; der Gurtsims, bestehend aus Architrav, hohem Fries
und Borte, hat fast keine Ausladung und ist dadurch schwächlich. Der
Oberbau besteht aus Hauptgeschoss und Mezzana, zu einer Masse vereinigt; jedem der unteren Pfeiler entspricht ein Pilaster. Diese Pilaster
sind offenbar zu mächtig, haben nackte Postamente, die ohne Motivirung
auf dem Gurt stehen, attische Füsse, Cannellirungen und römisch-dorische Halscapitäle. Zwischen ihnen stehen sehr schlanke Fenster; die
Brüstungen sind gleich den Pilasterpostamenten behandelt; die Gewände,
als schlanke Pilasterchen gestaltet, tragen architravirte Bogen, über die
sich zarte Gebälkchen mit Frontons (abwechselnd spitz- und segmentförmig) legen, aus diesen wächst eine Attika, deren Sims als Sohlbank
für die Mezzanafenster dient, deren Umgebung geradezu kahl ist. Das
Gebälk besteht aus einem jonischen Architrav mit ziemlich hohem Fries,
in dem fein behandelte Consolen sitzen, die den Obersims tragen; dieser Hauptsims ist offenbar das gelungenste an der Façade, von guter
Wirkung ist auch der Balkon, der leider nicht ganz durchläuft, sondern
blos vor den drei mittelsten Fenstern liegt; das Geländer besteht aus
zierlichen Doppeldoggen. Die Consolen sitzen im Fries des Gurtsimses
und sind kräftig ohne schwer zu sein. Die Eintheilung war durch den
unregelmässigen Bauplatz bedingt.

*Palazzo Lavezzolo*, jetzt *Pompei*. Das Parterre enthält eine Thür
und sechs Fenster, in Rundbogen geschlossen, ohne Kämpfer und Chambranle, consequent in Rustik durchgeführt und desshalb von kräftiger
und einfacher Wirkung, und in schicklicher Weise durch eine einfache
Platte abgeschlossen. Das Obergeschoss ist mit einer dorischen Säulenstellung verziert; an den Ecken stehen neben den letzten Säulen noch

Pilaster; die Brüstung bilden Doggen zwischen den sehr einfachen Postamenten, über denen die Säulen auf doppeltem Plinthus stehen; dieser
doppelte Plinthus, die etwas zu breiten Pfeiler und Chambranles der
Bogen, die etwas zu hohen mit Köpfen verzierten Schlusssteine sind
die einzigen Fehler dieser Façade; Säulen und Gebälke sind sehr gelungen und der Nachachtung werth; nur ist zu bedauern, dass *Sammicheli* die über dem Gebälk noch befindlichen Mezzanafenster offenbar
vernachlässigt und, statt sie in einer Attika zu verwenden, nackt gelassen, auch die Dachausladung darüber mit gar keinem Gesims verseben
hat. Wahrscheinlich wollte er sich dadurch hüten, in den Uebelstand
des vorigen Palastes zu verfallen, und hat sich eben nicht zu helfen
gewusst. Die Eintheilung ist grossartig, namentlich ist der Durch-
blick nach dem mit Säulenstellung versehenen Hof von imposanter
Wirkung.

Bei Castel-
franco. Das Landhaus *La Soranza* bei *Castelfranco* besteht aus drei Gebäuden; das Hauptgebäude hat in der Mitte eine durch hohe Rampe
zugängliche Loggia mit fünf Bogen, flankirt von zwei Flügeln mit je
drei Fenstern. Diese sind im Souterrain scheitrecht, im Hauptgeschoss
in Rundbogen geschlossen, darüber erhebt sich noch eine Mezzana mit
niedrigen scheitrechten Fenstern. Die etwas vom Hauptgebäude ent-
fernten Diensthäuser zeigen blos ein Geschoss von je elf Arkaden in
gefälligen Verhältnissen. Das Ganze ist in Rustik behandelt, offenbar
ein Missgriff bei einem Landhaus.

In Zara. Von 1541 datirt die *Porta di terraferma* in Zara, sie erhebt sich
auf mächtigem, geböschtem Unterbau; die dorischen Säulen stehen ·auf
übertrieben hohen Postamenten, deren Deckplatte dem Hauptbogen als
Kämpfer dient; dadurch sah er sich gezwungen, die übermässig hohe
Uebermauerung zwischen den Säulen durch einen Mäandergurt zu unterbrechen und mit Inschriftstafeln, Wappen und einer Reliefplatte mit dem
Markuslöwen auszufüllen, die ihrer Aufgabe aber doch nur unvollkom-
men entsprechen. Die Architectur gleicht der an der *Porta San Martino;* übrigens dürfte dieses Thor, wenn es nicht von *Gior. Girolamo*
herrührt, als die schwächste Arbeit *Sammichelis* zu bezeichnen sein.

In Verona. 1541—42 erbaute er die *Porta San Zeno* in Verona; die Aussen-
fronte ist ähnlich disponirt, als die vorige, aber in der Durchführung besser
gelungen; die hohen Postamente sind als fortlaufender Unterbau behandelt, die Rustik nicht über die ganze Mauerfläche fortgeführt, aber leider auch hier den corinthischen Pilastern angefügt, die übrigens sammt
dem Gebälk sehr elegante Verhältnisse haben. An der Stadtseite sind
diese Pilaster weggelassen, und diese Fronte ist in ihrer Einfachheit
sehr gelungen, hat auch durch die an fliegenden Bändern aufgehängten

Wappen und Lorbeerkränze mit Markuslöwen einen leichten und statt-
lichen Schmuck.

1544 oder 1545 vollendete er das Castell *di San Andrea* am Lido, Am Lido.
gegenüber dem alten Thurmfort von *San Nicolo*; die vorbereitenden
Gründungsarbeiten zu besprechen, würde hier zu weit führen, auch erlassen uns unsere Leser gewiss gern ein tiefes Eingehen auf die technischen und militairischen Vorzüge dieses Werkes; was nun den artistischen Theil, d. h. das Portal, anbelangt, so besteht dieses aus drei
ziemlich niedrigen Bogen, deren Pfeiler mit dorischen Säulen und an
den Ecken noch mit Pilastern besetzt sind; auch hier ist leider die
Bossage selbst um die Säulen und Pilaster herumgeführt, Kämpfer und
Capitäle für diese Umgebung zu zart, die Schlusssteine, mit Köpfen verziert, etwas zu gross, Verhältnisse und Profile des Gebälks gut.    Aus
alledem erhellt, dass die häufigen grossen Lobsprüche, welche diesem
Bauwerk gezollt werden, mindestens etwas übertrieben sind.    Die späteren Theile sind von gar keiner künstlerischen Bedeutung.

Aus ziemlich derselben Zeit stammt wohl auch der *Palazzo Beri-* In Verona.
*laqua* in Verona; das Parterre ist durch dorische Pilaster in drei
weite und vier enge Intercolumnien getheilt, die mit einander wechseln;
in den weiten sitzen niedere Bogen, in den engen Fenster; die über
alles verbreitete Rustik, die zarten Kämpfer und Capitäle, die grossen
Schlusssteine (hier mit Halbfiguren besetzt), die colossalen Sohlbänke
kehren auch hier wieder; die Triglyphen sind consolenartig vorgekragt
und tragen einen durchlaufenden Balkon mit Doggen, über dessen Postamenten noch einmal Postamente emporragen, auf dem die Halbsäulen
des Oberbaus stehen; dieser ist sehr hoch.    In den drei grossen Intercolumnien stehen grosse hohe Rundbogen mit blindem Täfelwerk, in
seinem unteren Theil zu scheitrechten Fenstern geöffnet; die Kämpfer-
simse dieser Bogen laufen als Verdachungssims über die in den schmalen Intercolumnien sitzenden schlanken Rundbogenfenster hin, über jedem
derselben ein Fronton bildend, abwechselnd spitz- und segmentförmig,
deren Attika als Sohlbank für die höchst gedrückten Mezzanafenster
dient, (diese Fenster sind doppelt so breit, als hoch) über denen im Halsfries zwischen den Capitälen Festons hängen.    Die grossen Bogen haben
Köpfe in den Schlusssteinen und sitzende Victorien in den Zwickeln;
die schlanken Säulen mit ihren feinen, theils geraden, theils spiralen
Cannelliren, die sehr correcten corinthischen Capitäle, das meisterhafte
reich sculpirte, vollständig nach classischen Vorbildern gearbeitete Gebälk söhnen mit den vielen Fehlern an den übrigen Theilen der Façade wieder aus.

1547.  Grabmal des *Pietro Bembo* in *San Antonio* in Padua; auf in Padua.

schlichtem, breitem Postament steht ein mit Festons und Ornamenten verzierter Stylobat, dessen breite Kröpfe gekuppelte corinthische Säulen tragen, auf denen wiederum ein corinthisches Gebälk mit Fronton ruht; zwischen den Säulen steht eine Nische mit der Büste des Todten. Die Verhältnisse sind leicht und gefällig, die Ornamentik gut angeordnet, die Profile und Details trefflich.

In Venedig
P. Corner
Mocenigo.

1548. *Palazzo Corner à S. Polo*, auch *Corner Mocenigo* genannt, jetzt *Direzione del Censo*; die Hauptfaçade ist dem *Rio S. Polo* zugekehrt. Das Erdgeschoss ist in Rustik verziert und hat drei Rundbogenthüren und zwei scheitrechte Fenster in sehr grossen Verhältnissen; dann folgt ein Geschoss mit ziemlich kleinen und leichten scheitrechten Fenstern mit Verdachungen, drei in der Mitte ziemlich nahe aneinander, zu jeder Seite zwei einzelne. Die zwei nun folgenden Hauptgeschosse haben ganz gleiche Disposition. In der Mitte sitzt ein schlankes Rundbogenfenster, welches durch die ganze Höhe des Geschosses hindurchgreift. Der Kämpfer ist als Gebälkchen profilirt und läuft weiter; unter dieses Gebälk setzen sich die Pilaster, welche die sämmtlich in Rundbogen geschlossenen und mit Doggenbrüstung versehenen Fenster einschliessen.

Wenn sich nicht noch über jedem solcher Fenster auf das Gebälkchen ein fast quadratisches Mezzanafenster setzte, und wenn der Gurt zwischen beiden Geschossen sowie der Hauptsims etwas kräftiger wäre, würde diese Façade eine der besten Venedigs sein. Jedenfalls zeigt sie grosse Herrschaft über die classischen Formen und eine sehr selbstständige Anwendung derselben.

Pal. Corner
Spinelli.

*Sammicheli* veränderte um diese Zeit manches im Innern des Palastes *Corner Spinelli*. Das Atrium z. B. mit Säulen, Terrasse etc. soll von ihm herrühren. Die Disposition ist sehr gut, die Verhältnisse auch, aber die unglückliche Vorliebe für Bossage hat ihn auch hieher verfolgt, wo sie nun gar nicht am Platze ist.

al. Grimani.

Besser gelang ihm der Hof des allerdings von ihm vom Grund aus erbauten *Palazzo Grimani à S. Luca*, am grossen Canal, jetzt *Direzione delle Poste*, den in jedem Geschoss Säulenhallen umziehen. Auch die Säle und Zimmer dieses Palastes sind sehr geschickt den unregelmässigen Formen des Bauplatzes angepasst; die Façade finden die Leser in Fig. 17 wiedergegeben; das oberste Geschoss ist erst nach *Sammichelis* Tode und nicht genau nach seinen Zeichnungen aufgerichtet worden.

Mon Ferreto.

Von 1551, nach Andern 1557 datirt das Grabmal des *Giovanni Battista Ferreto* in *San Steffano*, welches man ebenfalls dem *Sammicheli* zuschreibt; es besteht aus einem von zwei Consolen getragenen Sarkophag, auf dessen Deckel eine Büste steht. Profil und Ornamentirung zeigen den Styl der Lombardi. Die Büste ist von *Alessandro Vittoria.*

Von 1555 datirt das Grabmal des Generals *Alessandro Contarini* In Padua. in *San Antonio* in Padua, entworfen von *Sammicheli*, ausgeführt von *Alessandro Vittoria* und mehreren seiner bedeutendsten Zeitgenossen. Die Disposition ist originell. Auf hohem Plinthus, die mit Schiffen *en relief* geschmückt ist, stehen zwei Paar Sclaven zu den Seiten einer Inschrifttafel und tragen eine starke Platte, die mit Trophäen reich be-

*Fig. 17.*

setzt ist; auf dieser Platte stehen drei Postamente; das mittelste, sehr breit und mit Festons, Genien etc. verziert, trägt eine Pyramide, auf deren Spitze auf einer Kugel eine Fama steht; in der Mitte der Vorder-fläche steht in einer Kreisnische die Büste des Verstorbenen. Die Seitenpostamente sind mit Tritonen verziert und tragen allegorische Figuren; das Ganze könnte man ebensogut, wenn man die Inschrifts-platte wegnimmt, für ein Camin halten, als für ein Grabmal.

1557 vollendete er die *Porta del Palio* in Verona. An der Front In Verona. nach der Stadt bildet dieses Thor eine Halle von fünf Bogen, an deren breiten Pfeilern je zwei dorische Säulen stehen, die trotz der sie verstärkenden Rustik noch zu schlank sind; das Gebälk ist wie gewöhnlich in Verhältnissen und Profilen sehr gut. An der Seite nach aussen hat sich *Sammicheli* selbst verleugnet; die dorischen Säulen sind hier cannellirt; die drei Bogen dazwischen allerdings mit riesiger Bossage und ebenso grossen Schlusssteinen versehen, aber scheitrecht geschlossen. In den Mittelbogen ist noch ein etwas kleinerer scheitrechter Bogen mit obligater Rustik eingesetzt, in den Seitenbogen sitzen Thüren mit consolengetragenen Spitzverdachungen, welche freilich im Verhältniss zu den Bogen zu gross sind, dennoch aber bleibt dieses Thor das leichteste unter allen den Thoren *Sammichelis;* die dorische Ordnung, in der er überhaupt so stark war, hat er hier in einer so frischen reinen Weise wiedergegeben, wie diess nur sehr selten gelungen ist.

Schule des Sammicheli. Dem *Sammicheli* zugeschrieben, allerdings ohne Nachweis, sind folgende Werke, welche, dafern nicht ihm selbst, wenigstens einem seiner Schüler zugehören mögen, da sie ganz das Gepräge seiner Manier tragen. Die *Porta del Bucintoro* im Arsenal, nach dem Feuer von 1533 erbaut, dorisch, mit der Rustik besetzt, welche er so sehr liebte, keck in den Profilen, zart in den Gliedern, breit und mächtig in der Eintheilung, wie wir diess an allen Thoren des *Sammicheli* fanden; in den Seitenintercolumnien stehen zwei weite Fenster. Die Attika enthält eine Venetia mit der Wage der Gerechtigkeit. Theilweise Umänderung des *Palazzo Bragadin,* jetzt *Bigaglia* in *Barbaria delle Tavole,* unweit *Santa Marina.*

Das Kloster *San Biaggio e Castalio* auf der *Giudecca,* jetzt aufgehoben. *Palazzo Gussoni* an der Ecke des Rios beim *Ponte di Noale.* Der schöne Bogen, welcher jetzt am Eingang der *Giardini pubblici* steht, und von 1544—1801 die von *Pietro Lando* gegründete Capelle *della Madonna* in *San Antonio* zierte, seit 1822 aber an seinem jetzigen Ort aufgestellt ist und dabei die Inschrift erhielt: „„*artium genio restitutum.*"" Auch hier ist die dorische Säulenordnung mit all der Schärfe, dem Reiz der Profilirung und der Correctheit der Verhältnisse angewendet, die *Sammicheli* allen seinen dorischen Werken zu geben wusste.

Pal. Grimani? Sehr Unrecht aber thun ihm Diejenigen, welche ihn für den Urheber des *Palazzo Grimani* in *Ruga giuffa à Santa Maria Formosa* ausgeben, welche im Allgemeinen barock, in dem von den Fremdenführern so sehr gepriesenen Portal aber geradezu zopfig zu nennen ist; diese Thüre wird bald unserm *Sammicheli,* bald dem *Sebastian Serlio* oder *Longhena,* bald sogar dem *Raphael* zugeschrieben; wenn es einmal ein berühmter Meister sein soll, sollte man sie wenigstens dem *Bor-*

*romini* [1]) zuschreiben, dessen corrupte Manier sie vollständig an sich trägt, mit den verdrehten Simsen, den offenen Frontons, den verkehrten Consolen etc. *Sammicheli* starb in hohem Alter, nicht blos von seinen Freunden und Verwandten, sondern auch von der Regierung, der er gedient, und von zahlreichen Armen, die er unterstützt, auf das Innigste betrauert, auf das Schmerzlichste vermisst. Er war treu in seiner Freundschaft, leutselig im Umgang und gewissenhaft in Ausführung der ihm gewordenen Aufträge.

**Die Sansovino.** Diesen Beinamen führten unter Andern die Maler *Veltroni* und *Michiele Tata*, sowie der Modelleur und Maler *Nicolo Soggi* (1474—1554), endlich auch zwei Architecten:

*Andrea di Domenico Contucci* aus *Monte Santa Sabina* oder *Sansorino*, 1450 geboren, fing als Hirtenknabe an, seine Thiere in Thon nachzubilden, wurde dabei durch einen Florentiner überrascht und zu *Antonio del Pallajuolo* gebracht, arbeitete später als Architect und Bildhauer in Florenz, Lissabon, Genua, Rom und Loretto und starb 1529 in Sansorino. Auf venetianischem Gebiet ist von ihm ein Theil des *Palazzo Communale* in Brescia, der an die Lombardi erinnert. Schüler von ihm waren *Girolamo Lombardo*, *Simone Cioli*, *Domenico da Sansorino* († 1530) *Lionardo del Tasco*, vor Allem aber *Jacobo Tatti*.

*Giuliano di San Gallo*, 1443 als Sohn des Architecten *Francesco Giamberti* geboren, war gleich seinem Bruder *Antonio* erst Kupferstecher, Holzschnitzer und Ingenieur und baute nachmals viel in Florenz und Cajana für die Medici, dann die Befestigungen von Ostia für den dortigen Bischof. Als dieser unter dem Namen Julius II. den päpstlichen Stuhl bestiegen hatte, berief er den *Sangallo* nach Rom.

Inzwischen war **Jacopo Tatti** im Juni 1479 in Florenz geboren worden. Sein Vater *Antonio Tatti* that ihn, da er schon als Knabe grosses Talent zur Bildhauerei und Architectur zeigte, zu *Andrea Contucci* in die Lehre, dem er sich bald so innig anschmiegte, dass er sogar dessen Beinamen *Sansorino* annahm. *Giulian Sangallo* fand solchen Gefallen an ihm, dass er ihn (circa 1505) mit sich nach Rom nahm. Dort schloss er sich an *Bramante* an und wurde bald rühmlichst bekannt und viel beschäftigt. Wegen seiner Gesundheit kehrte er nach Florenz zurück (gegen 1512). Aus Verdruss über die Zurückweisung seines Entwurfs zu der Façade von *San Lorenzo* ging er wieder nach Rom, baute dort die *Loggia Coscia* an der *Porta del Popolo*, die

---

[1]) Die meiste Wahrscheinlichkeit hat die Meinung *Morellis*, dass dieser Palast das Werk eines Dilettanten, des um 1540 lebenden Patriarchen *Giovanni Grimani* sei, s. *Morelli Notizie d'op. di Disegno*, pag. 218.

Kirche *San Marcello* und den *Palazzo Gaddi*, jetzt *Nicolini*, begann auch den Bau *San Giovanni dei Fiorentini*. Obgleich er bei der Bewerbung um diesen Bau den Sieg über *Raphael*, *Antonio Sangallo* und *Balthasar Peruzzi* davongetragen, war er doch den eintretenden Terrainschwierigkeiten nicht gewachsen, benutzte daher ein in Folge eines Falles vom Gerüst eingetretenes Unwohlsein, und ging nach Florenz und von da bei Ausbruch einer Pest nach Venedig, da der inzwischen zum Papst erhobene Hadrian VI. ihm nicht günstig gestimmt war.

In Venedig. Es war im Jahre 1523; die Kuppeln von *S. Marco* waren bereits seit 1452 (s. S. 37 und 38) mehrfach abgestellt und drohten den Einsturz. Der Doge *Gritti*, der von seiner Wohnung aus den Fortschritt der Gefahr beobachten konnte, befand sich in der peinlichsten Verlegenheit; da meldete ihm der Cardinal *Domenico Grimani* die Ankunft *Jacopo Tattis*, der sofort in den Palast berufen, feierlichst empfangen und im Namen der Republik gebeten ward, die nöthigen Reparaturen anzuordnen. Obgleich er es versprochen hatte, reiste er kurz darauf wieder nach Rom, wo inzwischen Papst Hadrian gestorben war, und die Thronbesteigung Clemens VI. den Künstlern neue Hoffnungen erweckte. Als aber 1527 die Kriegsnoth Roms begann, kehrte *Sansovino* nach Venedig zurück, und wollte von dort aus nach Frank-

Anstellung 1529. reich gehen, wohin Franz I. ihn berufen. Da sich aber dieser Plan zerschlug, nahm er am 7. April 1529 die durch den Tod des *Bartolomeo Buon* freigewordene Stelle eines *proto de supra* mit 80 Ducati Gehalt an, und bezog die Amtswohnung in den *Procuratie vecchie* zunächst dem Uhrthurm. Diese Stelle, die er bis an seinen Tod verwaltete, machte ihn zum Oberaufseher über die Baulichkeiten an der Markuskirche, dem Campanile, dem Platz, und allen umliegenden öffentlichen Gebäuden mit Ausnahme des Dogenpalastes, sowie an allen Abteien, Kirchen, Spitälern etc. die unter dem Patronat der Regierung standen. War dieses Amt auf der einen Seite mit vielen Anstrengungen und Verantwortlichkeiten verbunden, so sicherte es ihm auf der andern Seite einen überwiegenden Einfluss, der sich auch bald geltend machte, indem die von ihm eingeschlagene Richtung maassgebend für Venedigs Architectur ward. Hatte er in Florenz sich ein reges Gefühl für poetische schöne Formen angeeignet, so war er später durch seine Freundschaft mit *Cesare Cesariano* zum Studium des Vitruv hingeleitet worden, und hatte auch, leider nicht zum Vortheil seiner Arbeiten, manches von den Manieren des *Michelangelo* angenommen; nicht ohne Einfluss auf seine Schöpfungen mag auch seine intime Freundschaft mit *Titian* und *Pietro Aretino* gewesen sein; ein Kleeblatt, in dem sich die schönen Künste auf die würdigste Weise vertreten fanden; er wird geschildert als ein kräftig gebauter Mann von schönem Antlitz und vornehmer Haltung, lebhaft und unterhaltend, heiter, schnell und pünktlich; in Nachstehendem werden wir seine Arbeiten nennen, aber nur auf einige derselben beschreibend eingehen; er hat so viel geschaffen, dass ein vollständiges Verzeichniss seiner Werke schon mehr Raum beanspruchen würde, als hier zur Verfügung steht.

1527—30. Reparaturen an *San Marco*; er stützte die ganzen An S. Marco. Kuppeln durch ein sternförmiges Gerüst, auf dem sie vollständig aufruhten, dann umlegte er sie mit Ketten und Reifen, verstärkte die Widerlagsmauern, unterfuhr die Pfeiler mit neuen Fundamenten etc. Der grosse eiserne Reif, durch mächtige Schrauben und Klammern zusammengezogen, wird noch jetzt in Venedig *cerchio del Sansorino* genannt; die Regierung war mit diesen Reparaturen so zufrieden, dass bei der Vollendung derselben 1530 der Gehalt *Sansorinos* um 40 und im November desselben Jahres nochmals um 60 Ducati erhöht ward, so so dass er sich nun auf 180 Ducati stand.

1523 bereits am 24. März hatte der *Magistrato del Sal* 500 Du- S. Geminian. cati für die Façade der Kirche *S. Geminian* bewilligt; doch war sie noch nicht in Angriff genommen. Am 30. November 1532 nun erging eine Ordre an *Mistro da Jacopo Santa Sabina*, proto etc., dass beim Abtragen der Häuser über dem Bogen, der in die *Frezzaria* führt (d. i. an der Ecke der Façade, die damals erst begonnen ward) die beiden dort befindlichen alten Reliefs geschont und in die Bibliothek gebracht werden sollen, deren Bau bereits am 26. August 1531 im Rath der Zehn beschlossen, aber noch nicht begonnen worden war; die beiden Reliefs wurden in *S. Maria dei Miracoli* unter die Orgel gebracht und befinden sich jetzt im *Museo Marciano* im Dogenpalast.

1530 vollendeten die drei Steinmetzen *Silvestro di Jacopo, Guiglielmo di Jacopo* und *Tadio del fù Bartolomio* den Altar der *Ottoboni* in *S. Antonio* nach Zeichnungen des *Sansorino*.

1530 entwarf *Sansorino* die Basis und Gehäuse der Orgel in *San Salvador*; auch soll daselbst noch der Altar mit Titians Verkündigung, einiges im Kreuzgang etc. von ihm herrühren, so wie Einiges am Hospiz *degli Incurabili*.

1532 baute er an der Stelle eines abgebrannten den *Palazzo Cornaro* Pal. Corner à *San Maurizio*, gewöhnlich als *Corner Cà grande* bezeichnet, und jetzt Ca grande. als Sitz der k. k. Statthalterei (*J. R. Delegazione*) dienend. Die Eintheilung, jetzt bedeutend verändert, soll sehr vornehm gewesen sein; Vorhalle und Hof sind noch Zeugen davon. Die Façade ist eine der schönsten Venedigs. Der Unterbau umfasst Erdgeschoss und Mezzana, die Mitte aber nehmen drei durch beide hindurchgehende Bogen von sehr

schlanken Verhältnissen ein; zu jeder Seite stehen zwei Fenstergruppen;
das Parterrefenster ist scheitrecht geschlossen und von bossirten Säulchen flankirt, die auf dorischem Gebälk eine Segmentverdachung tragen, über der das Mezzanafenster steht, von zwei auf den Kröpfen der
Verdachung aufsitzenden Consolen flankirt, alles Uebrige ist Rustik in
ungleichen Schichten, mit einem scharfprofilirten, weitausladenden Gurtsims überdeckt. Die beiden folgenden Geschosse sind einander ziemlich gleich, vor jedem Pfeiler stehen zwei Säulen auf Postamenten, zwischen denen sich auf dem Gurtsims Balkons bilden, eingefasst mit leichtem
Doggengeländer; die Bogen zwischen den Säulen sind schlank und
leicht. Die Gebälke laufen ohne Kropf durch die ganze Länge der
Façade durch. Die Säulen etc. des ersten Geschosses sind jonisch,
des zweiten corinthisch; wenn man ausser den hier jedenfalls ganz richtig verwendeten gekuppelten Säulen das erste Geschoss genau nach der
Regel gearbeitet ist, so zeigte *Sansorino* nicht blos an dem Parterre,
sondern auch am Gebälk des Obergeschosses, dass er nicht Sclav dieser Regeln sei; hier ist nämlich auf sehr gut gefühlte Weise blos der
Architrav nach der Grösse der Säulenordnung bemessen, Fries und
Obersims aber nach dem ganzen Gebäude; in den Fries sind dann Mezzaninfenster eingesetzt, deren Gestalt, ein liegendes Oval, allerdings manches zu wünschen übrig lässt.

Sc. della Misericordia.      1532, nach Andern 1534 wurde dem *Sansorino* der Bau der *Scuola
della Misericordia* übertragen, wie schon erwähnt, 1507 von *Leopardo*
begonnen, der 1515 auf Antrieb des *Pietro Lombardo* als zu theuer
versabschiedet wurde. Inzwischen scheint auch *Sansorino* nicht glücklicher gewesen zu sein, denn das Gebäude harrt noch jetzt der projectirten Incrustirung mit Nischen etc. Die Treppe jedoch, das Albergo
und zwei Säulen sind vollendet; der Parterresaal ist in drei Schiffe
getheilt durch Säulen compositer Ordnung; der obere ermangelt noch
der Decoration, obgleich erst 1576 die Brüder davon Besitz ergriffen.

    1533 fertigte er auf Kosten des *Anselmo Gradenigo* einen Altar in
der Kirche *ai Servi*, der nicht mehr existirt.

In S. Fantin.      In demselben Jahre baute er die *Cappella maggiore* und die Apsis
von *San Fantino*, welche er sehr schickt mit dem Uebrigen in Harmonie setzte. Der sehr gut abgewogene Contrast der Linien giebt
dieser Capelle eine grosse Leichtigkeit, die vier cannellirten Säulen in
den Ecken vermehren diese Leichtigkeit und verleihen der sonst einfachen Capelle einen angenehmen Reichthum.

San Franc.
delle Vigna.      1533 entworfen, den 15. August 1534 begonnen ist *San Francesco
della Vigna*, deren Neubau nöthig war, da das 1253 ff. von *Marino
da Pisa* errichtete Gebäude *S. Marco della Vigna* den Einsturz drohte.

(Dieses alte Kirchlein blieb aber doch stehen und stand noch 1810.)
Das Innere ist ganz von *Sansorino* vollendet. Die Mönche konnten
sich über den Entwurf nicht einigen. *Andrea Gritti* selbst aber inter-
essirte sich lebhaft für den Bau, und übertrug die Prüfung des Entwurfs dem Pater *Francesco Georgi (Zorzi)*, dessen Gutachten unter Zuziehung des *Serlio* auch Abänderungen am Entwurf herbeiführte; leider
wurde dabei die Kuppel weggelassen. Der Grundriss bildet ein lateinisches Kreuz, dessen Langschiff zu jeder Seite fünf Capellen hat, deren
je zwei zur Seite des Chors stehen. Hinter dem Hauptaltar verlängert
sich der Kreuzstamm behufs Aufnahme des Mönchschors. Zwischen
den Oeffnungsbogen der Capelle stehen nüchterne Pilaster, auf deren
Gebälk die Bogen der Kreuzarme ruhen, während im Schiff über diesem Gebälk noch eine Attika steht, welche, von derselben Höhe wie
die Pilaster, ungemein lastet; darauf liegt ein Tonnengewölbe; die Profile sind sämmtlich nüchtern. Gebälke, Capitäle und Consolen hart und
schwer. Viele von diesen Fehlern mag wohl der Pater verschuldet
haben, welcher, mit dem Vitruv in der Hand, den Entwurf des *Sansorino* misshandelte.

Aus derselben Zeit mag wohl der Palast stammen, den er ganz in
der Nähe von San Francesco für den Dogen *Gritti* baute, und welcher
später zur Residenz des *Nuncio Appostolico* eingerichtet ward, er ist
durch eine Säulenhalle mit dem Kloster verbunden.

1535 den 16. Juli stürzte *Santa Maria dell' Assunta* ein. Der
Sakristan von *S. Marco, D. Nicolo dal Negro*, liess sie durch *Sanso-*   Sa. Maria
rino* bauen, und seitdem heisst sie *S. Maria Nuova*; sie ist jetzt als   Nuova.
Magazin verwendet und so verunstaltet, dass wir eine Beschreibung
unterlassen müssen.

1536 begann er seine Hauptwerke: die *Libreria* und *Zecca*. Die   Libreria.
*Libreria* nimmt die ganze Seite der Piazzetta, dem Dogenpalast gegenüber ein. Die Giebelseite nach dem Molo geben wir unsern Lesern
in Fig. 18; die Langseite hat 21 Bogenstellungen, welche im Erdgeschoss eine Halle bilden, hinter der sich 16 Kaufläden etc. befinden;
hinter dem Mittelbogen der Langfronte befindet sich der von Caryatiden
flankirte Haupteingang zu der zweiarmigen Treppe; diese führt zunächst
in einen Vorsaal, früher zu Vorlesungen über Philosophie und classische Literatur bestimmt, später als Museum antiker Statuen eingerichtet, dann folgt der eigentliche Bibliotheksaal, welcher die letzten sieben
Bogen nach dem Campanile zu einnimmt; die Hälfte nach den Lagunen
zu diente zu Büreaus der Procuratoren; jetzt gehört das ganze zu dem
königlichen Palast, indem die Bücher seit 1812 in den Dogenpalast
geschafft sind.

12*

Die ganze Höhe der Façade beträgt 52 venetianische Fuss; über die Architectur brauchen wir bei der vorliegenden Abbildung nichts zu

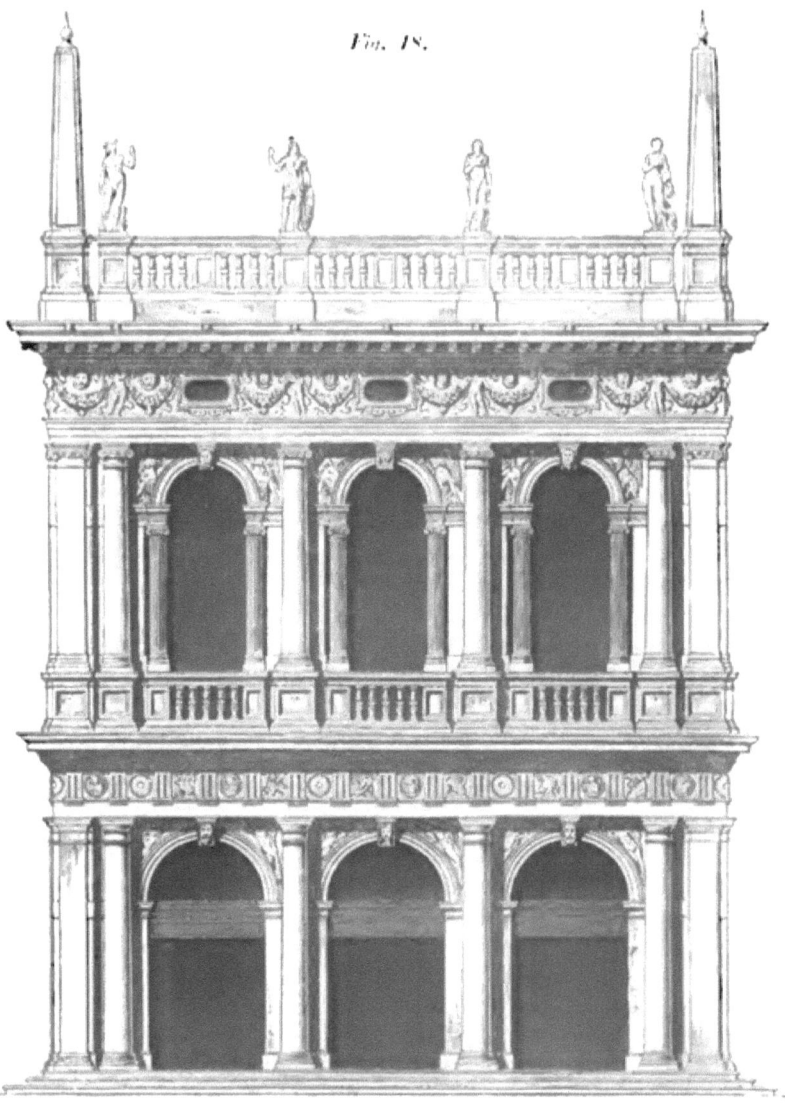

Fig. 18.

sagen, als dass sämmtliche Ausladungen sehr kräftig sind und einen höchst malerischen Wechsel von Licht und Schatten erzeugen; der durch

Ansätze verbreiterte Eckpilaster ist blos dadurch erzeugt, dass *Sanso-vino* durchaus eine halbe Metope auf die Ecke des Gebälks bringen wollte; er war in diesem Punkte anfangs in peinlicher Verlegenheit und stellte desshalb öffentlich eine Frage, wie diese halbe Metope wohl zu erreichen wäre; nachdem mehrere Jahre lang aus ganz Italien die verschiedensten Beantwortungen eingegangen waren, nachdem die Architecten und Archäologen sich auf das Heftigste darüber gestritten hatten, half er sich auf die erwähnte Weise, die wohl nicht gerade glücklich ist. Besser hätte er jedenfalls gethan, wenn er sich nicht um diese halbe Metope gegrämt hätte, sondern blos seinem Talent gefolgt wäre, welches ihn ja in manchen andern Theilen des Werks besser geleitet hatte, als die vitruvianischen Regeln. Ziemlich unglücklich ist die Form der kleinen Fenster im obern Fries, sowie der Doggen. Um so besser sind die Thüren und Gewölbe im Innern gelungen, namentlich das Gewölbe des grossen Saals. Die Verzierung besteht aus Kreisen und Ellipsen, die sich durchschlingen und mit Ornamenten besetzt sind. Dieses Gewölbe war 1545 begonnen worden; von fünf zu fünf Fuss sollten verzierte Anker den Raum überschneiden und die Mauern zusammenhalten; inzwischen ging die Arbeit ziemlich langsam von statten und verlängerte sich bis in den December hinein. Der Frost trat ein; *Sansorino* liess trotzdem fortarbeiten; am 18. December hatte man ohne sein Wissen die Lehrbogen am Ende nach dem Campanile zu weggenommen und ein grosser Theil des Gewölbes nebst der Ecke des Gebäudes stürzte ein; die Folgen davon siehe unten beim Jahr 1545.

Im Jahre 1535 hatte der Senat beschlossen, eine neue *Zecca* zu bauen; unter den drei eingereichten Projecten wurde das des *Sansovino* gewählt. Das nach demselben aufgeführte Gebäude, 1536 begonnen, hat viele, oft etwas übertriebene Lobsprüche gefunden. In einer Beziehung verdient es dieselben jedenfalls; der Charakter der Architectur ist der Bestimmung des Gebäudes gut angepasst, es erscheint fest, ernst und in sich abgeschlossen; das Erdgeschoss besteht aus neun Bogen, bis zur Kämpferhöhe vermauert und ganz mit schwerer Rustik bekleidet. Die beiden Obergeschosse haben scheitrechte Fenster, zwischen denen bossirte Säulen stehen, im ersten Geschoss sind diese dorisch und haben ein ungemein grosses Gebälk, im zweiten Geschoss sind die Säulen jonisch und tragen einen Hauptsims, der allerdings gut profilirt ist, aber füglich etwas mehr dominiren könnte; zu diesem Ende müsste nicht nur er selbst etwas mächtiger sein, sondern namentlich müssten die Fensterverdachungen wegfallen, welche so mächtig und gross sind, dass sie Sims und Säulen in ihrer Wirkung beeinträchtigen;

Zecca.

in letztere schneiden sie sogar ein. Im Hofe stehen statt dieser Säulen Pilaster, auch sind die Gebälke etwas leichter gehalten; doch scheint mir die Bemerkung *Selvaticos* nicht unbegründet, dass diese Pilaster noch besser wirken würden, wenn ihre Schäfte nicht durch die Umziehung mit Gliedern geschwächt wären, da die so entstandenen Felder ohne Ornamente bleiben mussten. Sehr störend wirkt der Umstand, dass bei der unmittelbaren Nachbarschaft der *Libreria* die Gliederungen jedes dieser Gebäude in die Masse des andern einschneiden. Durch Abrückung um nur zwei Fuss und Schliessung dieses Zwischenraums durch ein etwa ebensoweit zurückliegendes Mauerstück, wäre dieser Uebelstand vermieden worden.

    1536 den 25. November gab er ein Gutachten über den baufälligen Zustand der *Basilika* von Vicenza, und am 29. Januar 1538 erhielt er als Honorar für dieses Gutachten 10 Scudi.

S. Giorgio dei Grechi.

    1538 beschloss die griechische Gemeinde, welche bis dahin *S. Biaggio* gemeinschaftlich mit lateinischen Christen inne gehabt, sich selbst eine Kirche zu bauen; diese Kirche nun, *S. Giorgio dei Grechi*, wird zwar von Einigen dem *Sante Lombardo* zugeschrieben, von den Meisten jedoch dem *Sansovino* vindicirt; mir scheint der Entwurf von *Sansovino* herzurühren, während einige Details so an die Lombardi erinnern, dass man wohl annehmen kann, *Sante Lombardo* habe, vielleicht im Auftrag des *Sansovino*, den Bau geleitet und zwar von 1538—48, während

Chiona.

von 1548—1570 *Giannantonio Chiona* dem Bau vorstand, der jedoch erst 1583 zur Benutzung reif ward. Das Innere ist ziemlich misslungen; es besteht aus einem sehr langen Rechteck, über dessen Mitte eine Kuppel steht, die aber dadurch wieder aus der Mitte gebracht wird, dass an dem hintern Ende drei Capellen eingebaut sind, deren Vorderwand fast an die Kuppel stösst: die Fenster sind innerlich mit ungemein breiten Gewänden versehen, die ein Gebälk tragen, welches den Fenstern als Sturz und den Schildbögen der Seitenwände sowie der Capellen, als Kämpfer dient; über diese Bögen läuft dann noch ein Gebälk, auf dessen Kröpfen die Gurtbögen der Decke ruhen; diese Kröpfe ihrerseits ruhen auf Consolen, die leider nicht den Fensterschäften entsprechen, sondern über den Fenstern sitzen, deren eines sich zum Theil hinter die Capellenwand (Ikonostasis) verkriecht.

    Die Façaden sind in zwei Ordnungen getheilt, zwischen deren Pilastern Fenster sitzen. Diese Fenster sitzen mit ihren Sohlbänken auf Consolen, und sind von Pilastern flankirt, welche auf einem Gebälk hohe Segmentverdachungen tragen und ganz in der Weise der Lombardi behandelt sind; die Westfronte nun ist durch vier Pilaster in drei

Theile getheilt, der mittlere, breiteste, enthält unten das elegante Portal, einen Rundbogen mit dorischen Säulen, deren Gebälk ein Fronton trägt; das Gebälk darüber läuft glatt von einem Pilaster zum andern, kröpft sich aber an den Seitenbauen zurück, so dass der Mittelbau ein Risalit bildet; der ziemlich hohe Stylobat des Obergeschosses ist auch im Mittelbau zurückgekröpft, so dass hier die Pilasterpostamente ganz gleichmässig gegen die Masse vorstehen. Jedes der Stylobatfelder enthält, wie an der Seitenfaçade, ein Medaillon. Zwischen den Pilastern sitzen an der Seite Nischen, genau so behandelt wie die Fenster der Seitenfaçaden (unten sitzen Fenster, deren Spitzverdachungen in das Gebälk einschneiden) im Mittelfeld, welches genau quadratisch ist, sitzt ein Rundfenster. Das Gebälk dieser zweiten Ordnung nun liegt im Mittelbau zurück und bildet über den Seitenabtheilungen zwei Frontons, während über dem Mittelbau noch einmal zwei Pilaster mit einem Fronton stehen. Zwischen diesen Pilastern befindet sich eine Gruppe von drei Nischen; die mittlere ist höher als die beiden andern und von zwei Halbsäulchen flankirt, die eine Segmentverdachung tragen; an die Pilaster lehnen sich über die Seitenfrontons aufsteigende verkehrte Consolen. Die saubere Ausführung, die Durchführung der Profile und Details in der eleganten Weise der Lombardi, steigert nur das Bedauern darüber, dass dieser Façade so ganz aller Organismus der Disposition mangelt, und dass die Vermittelung zwischen Seiten- und Mittelbau durch das unschönste Mittel, durch jene verkehrten Consolen angestrebt ist, die, so viel ich weiss, in Venedig zuerst von *Sansovino* angewendet wurden. Möglich wäre es auch, und würde mit dem von *Giovanni Veludo* im Jahre 1840 entdeckten Documente übereinstimmen, dass *Sante Lombardo* den Bau ursprünglich nach eignem Entwurf begonnen, und *Chiona* ihn fortgeführt habe; letzterer stand jedenfalls unter dem Einfluss von *Sansovino*, wie auch aus den Formen des von ihm um 1570 gebauten *Collegio (Scuola) à Sante Croce dei Mercanti du vino* bei *San Silvestro* hervorgeht, deren Formen allerdings auch hie und da an die Lombardi erinnern, wie denn *Chiona* auch den Beinamen *Lombardo* führte.

*San Domenico di Castello* war zwar 1506 restaurirt worden, drohte  s. Domenico. aber 1536 den Einsturz, *Girolamo Priuli* erbot sich die Hälfte der Herstellungskosten zu bezahlen. 1539 bekam *Sansovino* den Auftrag, ein Gutachten über die Möglichkeit der Erhaltung der Hauptcapelle zu liefern, in Folge dieses Gutachtens wurden auch einige Reparaturen vorgenommen, und nachdem die Befürchtungen vor dem Einsturz beseitigt waren, wurde 1545 die Kirche mit schwarzem, weissem und rothem Marmor gepflastert.

Das Jahr 1540 brachte dem *Sansovino* sehr viele Beschäftigung.

**S. Chiara.**    Die Kirche *Santa Chiara* auf der Insel am Ausgang des grossen Kanals. 920 gegründet, 1232 erweitert (s. Band I. S. 175), brannte 1540 ab und *Sansorino* begann den Neubau, der aber, obgleich sehr einfach, 1580 noch nicht beendet war. Jetzt dient das Kloster als Militairhospital. Die Gebäude sind sehr weitläufig, aber schlicht.

**S. M. Mater Dom.**    *Santa Maria Mater Domini*, 660 als *Santa Cristina* von der Familie *Cappello* gegründet, hatten die Lombardis kurz nach 1500 neu zu bauen begonnen, s. S. 107. Die Vollendung dieses Neubaues, namentlich die Façade aus dem Jahre 1540 gehört dem *Sansorino* an.

**S. Martino.**    Die von Paduanern und Ravennaten bei Gründung Venedigs erbaute Kirche *San Martino* war so baufällig geworden, dass man sie abtragen musste. *Sansorino* begann den Neubau 1540; die Kirche zeigt nichts Aussergewöhnliches.

**Loggetta u. San Gallo.**    1540 begann der Bau der *Loggetta* am Fuss des Campaniles von *San Marco*, dort stand die Kirche *San Gallo*, welche wegen dieses Baues abgetragen und an ihre jetzige Stelle verlegt werden musste, wo sie aber erst gegen 1580 vollendet ward, ebenfalls nach *Sansorinos* Zeichnungen.

Doch scheint ihn der Bau der *Loggetta*, Bibliothek und Zecca so beschäftigt zu haben, dass er sich mit jenen Kirchen nicht viel Mühe gab. Was nun die *Loggetta* anbelangt, so war sie ursprünglich blos zu einem Rendezvous für die Patricier bestimmt; 1569 aber wurde sie als Dienstlocal für den wachhabenden Procurator von *S. Marco* designirt, wo sich derselbe als Commandant der Palastwache während der Senatssitzungen aufhalten musste. Leider ist ihm dieser blos zur Zierde bestimmte Bau gerade nicht besonders gelungen; die Disposition ist bekannt; hinter einer mit Doggengeländer umgebenen Terrasse erhebt sich die eigentliche *Loggia*, deren Façade aus vier breiten Pfeilern mit drei Bogen besteht; an jedem Pfeiler stehen zwei Säulen auf Postamenten, dazwischen eine Nische und über dieser eine Relieftafel. Das Gebälk kröpft sich über jeder Säule und trägt eine Attika, welche durch auf den Säulen stehende Lisenen in Felder getheilt ist; der Sims dieser Attika kröpft sich in den Untergliedern, während sein Oberglied glatt durchgeht. Darauf steht noch ein hohes Doggengeländer; nun sind aber die Bogen offenbar nicht hoch genug; die Postamente der Säulen zu hoch, Säulen und Gebälk zu klein, fast unbedeutend; die Attikafelder zu hoch, ihre Lisenen und Simse zu schwach und die Doggenbrüstung ist viel zu gross. Dazu kommt noch, dass die allerdings schönen Reliefs in den Feldern der Attika ungemein kräftig gearbeitet sind, dass überhaupt der plastische Schmuck ungemein dominirt, und so die an sich schon schwächlichen architectonischen Theile vollends zusammendrückt. Die von *Sans.* selbst modellirten Figuren, auf die wir nochmals zurückkommen werden, stören durch ihre fast theatralischen Bewegungen. Die Profile und Details der architectonischen Theile sind von guter Wirkung und äusserst fein gearbeitet.

Aus der Zeit von 1540—45 stammen mehrere Privatbauten San- *Pal. Loredan.* sovinos. Dahin gehören die eine Façade des *Palazzo Loredan* am campo *S. Steffano*, in zwei Geschosse getheilt. Das untere ist mit jonischen Halbsäulen besetzt, deren Intercolumnien in ihrer obern Hälfte einfach geöffnet sind und so die Fenster bilden; die untere Hälfte ist vermauert, und diese Flächen waren einst mit Fresken von *Giuseppe Salviati* geziert. Im Obergeschoss sitzen zwischen corinthischen Säulen grosse Rundbogen mit Doggenbrüstungen. Das untere Gebälk kröpft sich über den Säulen, das obere geht glatt durch, ist für die Säulen zu hoch, weil nach der Façade bemessen und schliesst dieselbe sehr gut ab.

*Palazzo Tiepolo alla Misericordia*, den ich nicht habe finden kön- *Pal. Tiepolo.* nen, von dem aber von *Francesco Sansovino* in seiner *Venezia descritta* erwähnt wird, dass er sich bedeutend gesenkt gehabt habe und baufällig geworden sei, worauf *Jacobo Sansovino* ihn, während er bewohnt geblieben sei und ohne Unbequemlichkeit für die Bewohner, mit neuen Fundamenten versehen habe.

Ein *Palazzo Barbarigo à San Gervasio e Protasio* soll ebenfalls von *Sansovino* gebaut worden sein.

1545 den 18. December nach dem S. 181 erwähnten Einsturz an der *Libreria* wurde *Sansovino* sofort arretirt und bereits am 5. Februar *Einsturz der* 1546 wurde ihm sein Urtheil publicirt, welches auf 1000 Ducati Ent- *Libreria.* schädigung und Verlust seines Amtes lautete. Seine Freunde, Gönner und Schüler, an ihrer Spitze *Pietro Aretino* mit seiner scharfen Zunge, *Don Diego Mendoza* mit seinem Ansehen als Gesandter Karls V., *Danese Cataneo* mit Wort und Schrift und mit seinem gefürchteten Einfluss auf die vielen Arbeiter, die Alle den *Sansovino* liebten, erlangten zwar seine Freilassung, aber trotz seines Vorgebens, dass nicht er, sondern die Maurer, der Frost etc. Schuld am Unglück seien, keine Milderung der Strafe, wenigstens keine officielle, denn man suchte es ihm auf alle mögliche Weise leicht zu machen, wozu wohl der Einfluss des Cardinals Bembo, an den er sich unter dem 4. October 1540 schriftlich wendete, wesentlich beigetragen haben mag.

Bereits am 10. Februar 1546 wurden ihm 600 Ducati für die vier Figuren des Apollo, Mercur, Pax und Pallas an der *Loggetta* und 300 für drei Broncetafeln mit Scenen aus dem Leben des heiligen Markus, in einer Brüstung in *S. Marco* angebracht, auf jene Strafe abgerechnet.

Den 28. November 1546 war das herabgestürzte Gewölbe, nunmehr aus Bohlenbögen und Rohr mit Stuckputz, wieder hergestellt; noch in demselben Jahre wurden die Sakristeithüren bei ihm bestellt.

**Figuren der Loggetta.** An jenen Figuren der *Loggetta*, welche, wie schon erwähnt, etwas zu heftig bewegt sind, ist auf der andern Seite der Faltenwurf zu gradlinig; übrigens sind sie nicht vollständig correct, z. B. Apollos linke Achsel ist jedenfalls zu hoch.

**Broncethüren.** An den Broncethüren der Sakristei von *S. Marco* sind die Köpfe in den quadratischen Eckfeldern sehr schön, die Evangelisten jedoch etwas manirirt, die Bewegungen der Engel zu gewaltsam, die liegenden Propheten scheinen vielfach verrenkte und zerbrochene Glieder zu haben. Viele von den Figuren haben keinen Hals, die meisten der männlichen Figuren keine Brust.

**S. Antonio.** 1548 den 3. Februar endlich wurde er wieder in sein Amt als Proto eingesetzt.

In demselben Jahre lieferte er einen Riss zur Façade für die Kirche *San Antonio de Castello*, nach welchem das Grab des *Pietro Grimani* († 1516) über dem Portal angebracht werden sollte; so hatten es die Testamentsvollstrecker *Vittore* und *Vincenzo Grimani* gewünscht; auch wurde am 29. Juni 1548 ein Accord mit dem Steinmetz *Francesco Quatrin* abgeschlossen, wonach derselbe die Façade nach *Sansovinos* Zeichnungen ausführen sollte; das Portal scheint aber nicht ausgeführt worden zu sein, denn auf einer vor mir liegenden alten Abbildung der jetzt weggerissenen Kirche ist das alte, bereits S. 95 erwähnte, Portal beibehalten. Im Uebrigen ist die Façade durch vier Gruppen von je zwei Säulen auf gemeinschaftlichem Postament in drei Theile getheilt; das Gebälk kröpft sich, wie das Postament; auf den beiden mittleren Kröpfen stehen dann abermals Säulenpaare, aber kleiner als die untern; auf ihnen ruht ein Fronton, zwischen ihnen steht ein Radfenster und äusserlich legen sich verkehrte Consolen an sie an.

**In Padua.** Aus der Zeit von 1545—50 mögen wohl die Arbeiten *Sansovinos* in *San Antonio* in Padua datiren; darunter ist besonders zu erwähnen das vierte Basrelief in der schon oft erwähnten Capelle *del Santo;* die Composition ist frisch, natürlich und gut abgerundet; die weiblichen Figuren sind auch so ziemlich correct, aber die männlichen sind sämmtlich engbrüstig, die Köpfe derselben fast carrikirt zu nennen, dabei sitzen die Achseln zu hoch, der Unterleib fehlt und die Beine sind zu hoch angewachsen.

Auch den Dom in Padua soll *Sansovino* entworfen haben; er ist sehr kahl und nüchtern.

1551 wurde *S. Giorgio dei Schiavoni* begonnen, wozu *Sansovino* ebenfalls den Entwurf geliefert haben soll.

1552 am 30. Januar bekam er den Auftrag, vier Evangelisten in Bronce zu liefern, welche auf der Brüstung vor dem Hauptaltar in *San Marco* stehen und leider dieselben Fehler zeigen, wie die schon besprochenen. In S. Marco.

In demselben Jahre begann er den Bau der *Fabbriche nuore al Rialto*, welche nicht nur genau dieselben Fehler wie die *Fabbriche vecchie* haben, sondern dazu noch die Kleinheit der Pilaster in den obern Geschossen, die Plumpheit der Gebälke, Stylobate und Spitzverdachungen fügen, auch nicht einmal sehr solid gebaut sind, sondern vielfacher und oft wiederholter Reparaturen bedurft haben. Fabbriche nuove.

1553 den 9. August zahlt er an *Gior. Augosto, scultor de Padua* 20 Ducati für das Ausbunzen und Glätten der Sakristeithüren, d. h. wahrscheinlich für vorbereitendes Glätten des Kupfers, vor dem Austreiben der Figuren und Ornamente.

Von 1553 datirt der Beginn des Baus der Façade von *S. Giuliano;* dieser Bau, dem *Sansovino* übertragen, geschah auf Kosten des Juristen *Tommaso Rangone;* während man die Grundpfähle zur Façade einschlug, stürzte ein Theil des Daches in das Innere der Kirche, deren vollständiger Neubau beschlossen und dem *Sansovino* übergeben ward, der sich Alters wegen dabei von seinem Lieblingsschüler *Alessandro Vittoria* unterstützen liess, dessen Wirkung noch hie und da, namentlich an der Façade durch einzelne sehr willkürliche Abweichungen von der Antike sichtbar wird. S. Giuliano.

Die Statue des *Tommaso* über der Thüre soll von *Sansovino* eigenhändig modellirt sein, und ist eine seiner besten plastischen Arbeiten; der Kopf namentlich ist sehr schön, die Körperverhältnisse richtig, nur sind die Oberschenkel etwas kurz, auch könnte das Gewand recht gut etwas weniger weit sein. Auch ist der Bronceguss gut gelungen, was wohl hauptsächlich darin liegt, dass *Sansovino* seine Modelle stets ungemein glatt und sauber arbeitete, so dass am Guss dann nicht mehr viel ciselirt zu werden brauchte. Statue.

Von 1554 datirt der kleine sitzende Johannes auf einem Weihbecken *ai Frari*, der, wenn auch kraftlos zusammengehaucht und sehr wenig ausgeführt, doch wenigstens in den Verhältnissen vollständig richtig und in den Bewegungen nicht allzu übertrieben ist.

1555 Denkmal des *Livio Potacatharo* [1]), Erzbischofs von Cypern in Mon. Potacatharo.

---

[1]) Schon im Jahre 1460 wird ein *Ludovico Potacatharo* erwähnt, als *Rettor degli Artisti* in Padua, welcher 1504 eine Kirche in Benevento auf seine Kosten bauen liess.

*San Sebastian.* Auf grossartig entworfenem Unterbau stehen zwei schöne Säulen mit Gebälk und Fronton, zwischen ihnen eine Urne mit liegender Portraitstatue; das Ensemble ist einfach und würdig, fast majestätisch, die Details, namentlich die compositen Capitäle frei ohne Manirirtheit und sehr sauber ausgeführt, auch die beiden Reliefs, Christus im Grabe und Christus der Auferstandene, sind recht wacker.

Mon. Venier. Von 1556 datirt das Denkmal des *Francesco Venier* in *San Salvadore.* Auf mächtigem Stylobat mit vollständiger Postamentgliederung und reich disponirten Füllungen auf der Vorderfläche, steht ein anderer niedriger Stylobat, unter den vier Säulen zu Postamenten vorgekröpft; die mittlere Intercolumnie ist etwas breiter; die Säulen sind corinthisch und ihr Gebälk kröpft sich gleich dem Postament. Die beiden mittleren Säulen tragen auf ihren Kröpfen einen Rundbogen, auf dessen Schlussstein sich, ein Fronton tragend, ein vollständiges Gebälk legt, welches, bedeutend kleiner als das untere, sich in den Seitenintercolumnien zurück, über den Seitensäulen wieder vorkröpft, getragen von je einer auf dem untern Kropf stehenden Säule; unter dem Hauptbogen steht auf breitem Kropf des Stylobats ein hohes Postament mit Inschrift, darauf aber der Sarkophag mit der liegenden Portraitstatue des Todten; im Bogenfeld ist in Basrelief eine Pietà dargestellt, zu deren Seiten der Doge und eine Heilige knieen. In den Seitenintercolumnien stehen unten zwei Nischen mit Statuen von *Sansorinos* eigner Hand, welche zwar blos decorativ gehalten sind, aber doch zu *Sansorinos* besten Arbeiten gehören, namentlich die eine, welche den Glauben vorstellt, obgleich auch diese, so wie noch mehr die Liebe etwas zu theatralisch gehalten ist. Der todte Doge ist hingegen meisterhaft zu nennen, indem die ganze Statue ruhig und gemessen gehalten ist. Die Nischen sind durch Lisenen flankirt, aus denen Consolen vorkragen, welche Spitzverdachungen tragen; die oberen Felder dieser Intercolumnien enthalten Wappen.

Die Hauptmassen sind von istrischem Stein, die Säulenschäfte und Postamentfelder von griechischem Marmor, die Füllungen aus buntem Marmor gearbeitet. Auch sind die Capitäle, sowie viele der Glieder mit Gold abgesetzt. Manches an diesem schönen Denkmal erinnert entfernt an die Lombardi, doch sind die Gliederungen bei weitem nicht so zart und rein, obgleich viel reiner, als an vielen seiner andern Arbeiten.

In demselben Jahre begann er den Bau der Kirche *San Spirito,* die leider nicht mehr steht.

Scala d'oro. In demselben Jahre begann er auch die *Scala d'oro* im Dogenpalast. Die Erbauung derselben war bereits unter *Andrea Gritti,* also

spätestens 1538 beschlossen worden; 1558 wurden die Wölbungen vollendet; durch den Raum beengt, konnte *Sansovino* die Treppe nicht
schön anordnen, und suchte daher die Mängel der Disposition durch
den enormen Reichthum der Verzierungen zu verstecken, welche erst
1577 vollendet wurden. In der That wird es kaum wohl eine Treppe
geben, welche reicher mit Statuen, Malereien, Reliefs, Ornamenten und
Täfelwerk ausgestattet ist, als diese.

1556 wurde endlich die Façade von *S. Geminian* errichtet. *San-* s. Geminian.
*sovino* musste sich natürlich an die Maasse des schon weit vorgeschrit-
tenen Baues halten. Bei alledem wäre wohl die Möglichkeit vorhanden
gewesen, eine schönere Façade zu bauen, als es der greise Künstler
that; er theilte die Höhe durch Anbringung zweier Ordnungen, von
denen die untere etwas höher ist und auf Stylobat steht. Die Breite
theilte er in drei Intercolumnien; auf jedem Kropf des Stylobats stand
ein Säulenpaar, denen der Kropf des Gebälks entsprach; eine solche
Kuppelung von Säulen, wie er sie auch bei *San Antonio* anbrachte, ist
an sich unschön. Unten enthält das Mittelfeld eine scheitrechte Thür,
flankirt von Pilastern mit Spitzverdachung, während in den Seitenfeldern
Rundbogenfenster mit Segmentverdachung standen. Die drei obern Intercolumnien waren als Felder mit Füllungen decorirt, in den Seitenfeldern sassen Rosetten, im Mittelfeld ein Rundfenster. Auch hier trugen
die Säulenpaare Gebälkkröpfe; über den beiden äussersten erhoben sich
Tabernakel, bestehend aus vier Säulchen mit Rundbogen, auf deren
Sims sich ein achteckiger Helm erhob, eine unglücklich verwerthete Re-
miniscenz aus dem Mittelalter; über den Mittelkröpfen standen breite
Attikapfeiler, welche ein Fronton mit unterbrochenem Sims trugen; in
dem Mittelfeld dieser Attika stand ein Löwe, an die Pfeiler lehnten sich
die verkehrten Consolen, deren wir schon mehrmals bei *Sansovino* be-
gegneten. Und alle diese Theile waren mager und dürftig, bis auf die
Attika, welche schwer auf dem Ganzen lastete; wahrlich unter allen von
den Franzosen vorgenommenen Demolirungen ist der Abbruch dieser
Kirche am wenigsten zu bedauern.

Zwischen 1555 und 1560 baute *Sansovino* den *Palazzo Dolphin*, Pal. Dolphin.
später *Manin* bei *San Salvadore*, am grossen Canal. Der Unterbau
besteht aus sechs Bogen zwischen dorischen Pilastern, auf deren tri-
gliphenlosem Gebälk ein Balkon durchläuft; die beiden Obergeschosse
enthalten in der Mitte einen viertheiligen Pergolo, zu jeder Seite zwei
Fenster; dazwischen stehen im ersten Geschosse jonische, im zweiten
corinthische Halbsäulen, an den Ecken verstärkt durch Pilaster; das
jonische Gebälk ist rein durchgeführt, und trägt einen durchlaufenden,
bei den Fenstern etc. mit Doggen durchbrochenen Stylobat. Das corin-

thische Gebälk, gleich dem jonischen ohne Kropf durchlaufend, hat
jedoch einen sehr hohen Fries, mit Medaillons und Wappen verziert,
und ein sehr grosses Obergesims, wie solches zum Abschluss nöthig
war. Die Verhältnisse sind gut, die Details sauber und scharf profilirt, die Massen nicht durch zu viele Ornamente beunruhigt.

Pal. Carrian. etc      Um 1560 circa datiren die Paläste *Carrian*, und *da Ponte* bei *San
Maurizio*, welcher letztere für den nachmaligen Dogen *Nicolo da Ponte*
gebaut ward, und von Einigen dem *Sansorino* zugeschrieben wird; der
Pergolo besteht aus einem Rundbogen, von zwei scheitrechten niedrigen
Oeffnungen flankirt, die übrigen Fenster sind scheitrecht, von Pilastern
flankirt, die ein etwas zu schweres Gebälk tragen, dessen Höhen als
Putzstreifen an den Pfeilern fortgesetzt sind.

Um diese Zeit soll *Sansorino* auch an der *Scuola di San Rocco*
thätig gewesen sein. Möglich ist wohl, dass man ihn nach *Scarpagnino's* Tod die Leitung des Baues zur Vollendung des wenig noch
Fehlenden übertrug, aber Beweise sind dafür nicht vorhanden.

1562 den 15. Juli zahlte *Sansorino* an den *Pietro de Zuane Campanato*, der bereits S. 159 erwähnt ward, 185 Lire für 6 Stück For-
Broncethüren.      nitüren und verschiedene Ornamente zu den Broncethüren der Sakristei,
die also wohl um jene Zeit vollendet worden sein mögen; den Guss
hatte *Agostino Zotti* aus Padua besorgt; die Kosten des Gusses betrugen 422 Ducati; von den plastischen Arbeiten daran ist schon gesprochen worden; schön ist die architectonische Einfassung, die Gewände sind elegant profilirt, ebenso die Bekrönung, über der statt des
Frontons eine Attika steht, in deren Feld zwei Knaben ein Feston von
ganz vorzüglicher Arbeit halten.

Statuen.      1565 den 20. März bekam *Sansorino* für die Broncethüren am
Altar des *San Sagramento* in *San Marco* und für die Madonna in der
*Loggetta* 85 Ducati; ausserdem ward ihm sein Gehalt vom 1. November
1545 bis 1. Januar 1548 nachgezahlt, zum Theil auf jene 1000 Ducati Strafe abgerechnet; sonach scheint er erst damals vollständig wieder zu Gnaden aufgenommen worden zu sein.

1566 wurden die beiden Giganten Neptun und Mars auf der Riesentreppe aufgestellt; den Auftrag dazu hatte er 1554 den 31. Juli erhalten; dieselben sind ziemlich bekannt. Leider sind diese Figuren,
seine grössten Werke nicht gerade gelungen; das Gewicht des Körpers
ist zu gleichmässig auf beide Beine vertheilt, dadurch aber auch die
Muskelanspannung und beide Beine zu gleichmässig gerathen; die Brust
ist schwach, die Schultern sind zu schmal, die Köpfe zu klein. Die
stolze Haltung des Kopfes contrastirt unangenehm mit der schwachen
Brust und dem starken Rücken; das Gesicht ist zu klein, der Bart des

Neptun zu wild. Ueber die immensen Kosten dieser Figuren entspann sich noch ein Process, von dem bald die Rede sein wird.

Bei weitem besser ist die Madonna in der *Loggetta*, welche *Sansovino* in Thon modellirte und dann brannte; der Kopf hat allerdings nicht den passenden Ausdruck, aber die Composition ist gut, der Faltenwurf richtig abgewogen, Hände und Füsse sind sehr schön; die Bewegungen des Kindes höchst graziös; fast ebenso schön sind die beiden andern Madonnen, welche er schuf, und wovon die eine im Vorplatz des Arsenals, die andere in der Capelle des Palastes steht. Weniger gut sind die sechs Broncereliefs an den Wänden des Chors von *S. Marco* (drei davon wurden schon erwähnt).

Bei weitem besser ist ein wenig bekanntes Stuckrelief in Holzrahmen in der Kirche *Santa Agosta* auf einem Berg in Serravalle, welches seinen Namen trägt; es stellt eine Madonna mit dem Kinde dar.

1569 war Feuer im Arsenal, dabei hatte das S. 67 erwähnte Portal gelitten; der Bogen desselben, nebst den Figuren in den Zwickeln hat so viel Aehnlichkeit mit den Arbeiten des *Sansovino*, dass man vermuthen möchte, er habe mindestens Einfluss darauf gehabt; dass er selbst daran gearbeitet, ist kaum zu glauben, denn nachdem er bereits den 16. September 1568 sein Testament gemacht, starb er am 27. November 1570 in der Amtswohnung, die er seit 41 Jahren inne gehabt; er hinterliess eine reiche Kunstsammlung und viele eigenhändige Zeichnungen, darunter 60 Pläne zu Kirchen, den Plan zu den *Procuratie nuove*, viele anatomische Zeichnungen und Manuscripte zu einem artistisch-anatomischen Werk. Die Exequien wurden in *San Basso* mit Zuziehung der Geistlichkeit von *S. Marco* gefeiert, und dann wurde er in seine Familiencapelle in *S. Geminian* begraben; die Stelle seines Grabes wurde durch eine Inschrift auf dem Fussboden bezeichnet; diese war 1760 kaum noch leserlich, der Bali *Giuseppe Forfetti* liess sie 1778 renoviren; ursprünglich sollte eine von ihm selbst gefertigte Büste *Sansovinos* über dem Grab angebracht werden, diess scheint aber unterblieben zu sein; 1807, als *S. Geminian* abgetragen werden sollte, nahm man seine Gebeine aus ihrem Grab und schaffte sie in einem neuen Sarg nach *San Maurizio*, von da aber in das Oratorium des Seminars bei *San Samuele*, wo er beigesetzt ward. Der Ort ist durch eine Inschrifttafel bezeichnet, über der die bereits S. 115 erwähnte Marmorurne angebracht ist, auf welcher eine Büste *Sansovinos* steht, in Terracotta von *Alessandro Vittoria* ausgeführt, welche früher der Familie *Grimani à S. Luca* gehörte, und 1820 behufs der Aufstellung von *David Weber* geschenkt wurde; ausser dieser existiren noch zwei

Arsenal.

Tod Sansovinos.

Büsten von ihm; die eine im *Museo Marciano* stellt ihn mit Kinnbart und Barret dar, die andere, in *Marco Correr*, mit vollem Bart.

Den 26. Mai 1571 wurde sein Sohn *Francesco* als sein Erbe anerkannt; derselbe erhob sofort Ansprüche an den Staat, wegen einiger angeblich noch nicht bezahlten Arbeiten seines Vaters. In Folge dieser Ansprüche wurde am 13. November 1571 die Broncethür von *Danese Cataneo* und *Francesco Segala* abgeschätzt auf 2286 Ducati; auch um eine der erwähnten Madonnen, eine Marmorfigur erhob sich ein Streit. Dieselbe stand in den Procuratien; endlich 1575 mussten die Procuratoren dieselbe an *Francesco* ausliefern, welcher sie aber sofort dem Senat schenkte, für die Capelle des Dogen. Ferner drang *Francesco* auf die Berichtigung des Salairs für die Giganten; der Accord lautete allerdings blos auf 250 Ducati, aber darin konnten nach *Francescos* Meinung die Anslagen nicht mit gemeint sein. Nun hatte *Sansovino* ausgelegt für Arbeiten an diesen beiden Giganten:

|  |  |  |  |  |
|---|---|---|---|---|
| An | *Domenico de' Salò* für 3 Jahre Arbeit | 180 Ducati |
| „ | *Dom. de Bernardin, tajap.* f. 8 Mon. | „ | 48 | „ |
| „ | *Battista, scultor* für 5 Jahre | „ | 360 | „ |
| „ | *Antonio Gallino* für 6 Mon. | „ | 42 | „ |
| „ | *Franc. dell' Toscio, Fiorent.* f. 7 Jahre | „ | 500 | „ |
|  |  |  | 1130 Ducati. |

Erhalten hatte er bis 30. Januar 1581 240 Ducati; das Urtheil, am 29. November 1582 publicirt, lautete dahin, dass er noch 400 Ducati bekommen solle. Er gab sich damit nicht zufrieden, das weitere Resultat ist nicht bekannt.

*Franc. San-sovino.* Dieser mehrfach erwähnte *Francesco* war 1521 geboren, studirte Jura, zeichnete jedoch auch, entwarf z. B. den Plafond des Saals *delle quattro porte* im Dogenpalast (gegen 1575 ausgeführt), malte, dichtete; seine Hauptthätigkeit aber bestand in Gründung und Leitung einer grossen Buchdruckerei; von der Regierung empfing er im Andenken an seinen Vater 60 Ducati Pension, laut Beschluss vom 25. März 1571; er starb den 28. September 1583, zwei Tage nach seiner Frau. Sein Sohn *Jacopo*, geb. 1558, starb 1609 als Geschäftsnachfolger seines Vaters.

Um nun wieder auf unsern grossen *Sansovino* zurückzukommen, so sind allerdings seine Arbeiten, wie wir gesehen haben, nicht ganz fehlerfrei. Immerhin aber bezeugen sie sein eminentes Talent und seine grosse Schöpferkraft, sowie ein tiefes Verständniss der Antike.

*Schüler Ja-copos.* Natürlich waren stets junge Leute um ihn versammelt, um von ihm zu lernen; unter diesen seinen Schülern sind besonders zu nennen: *Danese Cattaneo* aus Carrara, *Girolamo da Ferrara*, *Tiziano Minio* aus

Padua, *Jacopo Colonna, Pietro da Salò, Tommaso de Lugano, Solosmeo da Settignano* aus Florenz. *Tommaso Lombardo, Luca Lancia* aus Neapel, *Alessandro Vittoria, Nicolo Tribolo, Jacopo de Medici* aus Brescia, *Fra Parmegianino, Francesco Segala, Tiziano Aspetti, Desiderio* aus Florenz, *Gaspare Becellio, Bartolomeo Ammanatti* in Florenz, *Scamozzi*, sowie die oben als seine Gehülfen an den Giganten Erwähnten.

Wenn wir nun von Einigen dieser Schüler hier reden, so sind diess natürlich nur diejenigen, welche in Venedig arbeiteten, und deren Werke der in Rede stehenden Periode noch angehören.

**Danese Cattaneo,** geboren in Carrara von armen Aeltern, brachte es durch sein Talent dahin, dass er als Poet geschätzt, als Bildhauer gefeiert ward; er war Freund des *Bernardo* und *Torquato Tasso*, und der älteste und liebste Schüler des *Sansovino*, unter dem er schon in Rom arbeitete. Gleich seinem Meister aus Rom geflohen, zog er in Italien umher, arbeitete unter Andern in Verona das Grabmal des *Gian Fregoso* in *S. Anastasio*; nach langem, vergeblichen Suchen nach anderweiter Beschäftigung, kam er einige Jahre später nach Venedig; hier arbeitete er nun viel für *Sansovino*.

An der *Libreria*, deren Decoration sein Meister seiner Leitung unterstellte, rühren von seiner Hand viele der Bogenzwickel mit sitzenden Genien und der als Schlussstein dienenden Köpfe her; diese Arbeiten zeigen von bewusster und sicherer Meisselführung, von vorzüglicher Technik, welche sogar hie und da an das Kecke und Skizzenhafte streift, was allerdings bei so rein decorativen Arbeiten gar nichts schadet.

Als die *Zecca* sich ihrer Vollendung nahte, beauftragte ihn *Sansovino*, auf den Brunnen im Hof derselben eine Statue auszuführen. *Danese* selbst wählte den Gegenstand, Apollo als Symbol des Goldes; die Figur, wenig über lebensgross, ist allerdings ganz correct in den Verhältnissen, die Bedeutung ist hinlänglich angedeutet durch das strahlenumgebene Haupt, durch die Goldbarre in der Linken und das Scepter in der Rechten, welches auf der Spitze ein Auge trägt, als ziemlich kleinliche Andeutung der in einer Münzanstalt nöthigen Wachsamkeit, aber die Ausführung ist höchst unfertig und skizzenhaft, die *ganz richtig* gestellten Muskeln der Arme und Beine sind selbst für einen Apollo zu schwach, Rücken und Brust fast mager zu nennen. Als Sitz dient ihm eine Weltkugel, von einer Schlange umwunden, und auf einem Haufen Goldes liegend.

Es sollten noch eine Diana und Venus als Symbole des Silbers und Kupfers hinzugefügt werden, was leider unterblieb, denn die eben gerügten Mängel des Apollo treten gegen die Schönheiten desselben sehr in den Hintergrund.

Eine von ihm gearbeitete Statuette des heiligen Hieronymus unter
der Orgel in der Kirche *S. Salvator* ist zwar sehr hager, was aber
hier mit dem Gegenstand vollkommen übereinstimmt; die Musculatur,
sowie die Verhältnisse zeugen von grossem Verständniss der Natur.

Die Statuetten des Ueberflusses und Friedens am Denkmal des
*Leonardo Loredan*, in *S. Giovanni e Paolo*, haben elegante Verhältnisse,
aber etwas wenig Bewegung, sind auch, namentlich in den Extremitäten
fast nachlässig ausgeführt; die beiden andern aber, zur Seite des Sargs,
eine bewaffnete Venetia und eine männliche Kriegergestalt, die Ligue
von Cambray vorstellend, sowie die beiden liegenden Gestalten auf dem
Fronton sind schlecht.

Bei weitem besser ist die Portraitstatue des *Andrea Badoer* in *San
Giovanni Evangelista*.

*Danese* war auch vielfach in Padua beschäftigt; so arbeitete er z. B.
die beiden Büsten an den von *Sammicheli* entworfenen Gräbern des *Aless.
Contarini* und *Pietro Bembo*, von denen namentlich die letztere Bewunderung verdient, obgleich auch sie gleich der andern in der Bewegung
etwas Manirirtes hat.

Das achte Basrelief in der Capelle *del Santo* in derselben Kirche,
wird ihm fälschlicherweise zugeschrieben; es ist von *Zuan Maria da*
*Padua* begonnen, von *Zulian Fornasiero* oder *Paolo Stella* vollendet.
Das fünfte hingegen, die Erweckung des Neffen, ist von *Danese* begonnen, von *Girolamo Campagna* vollendet; die Composition zeugt von
weiser Mässigung.

Im Januar 1573 starb er in hohem Alter in Padua, wo er gern
weilte und seinem Hange zum Dichten sich hingab.

**Girolamo Ussanza**, genannt *Lombardo*, ist bereits S. 64 erwähnt
worden; ausser dem dort genannten *Giovanni Giacomo*, hatte er noch
drei Söhne, *Antonio*, *Pietro* und *Paolo*, welche jedoch keine Bedeutung
für die Kunstgeschichte erlangten.

*Girolamo
Lombardo.*

Was nun seine Arbeiten an der *Loggetta* 1537—42 anbelangt, so
werden ihm die schönen Marmorreliefs, wie mir scheint, nicht mit Unrecht von *Selvatico* zugeschrieben.[1]) Die Compositionen sind einfach
und klar und erinnern ebenso lebhaft an die Antike, als die scharfe
Zeichnung und die saubere und elegante Ausführung; auf dem mittelsten
dieser Reliefs erscheint Venetia, auf dem Löwenthron sitzend, mit Wage
und Schwert, zu ihren Füssen zwei Flussgötter; in dem zur Linken
Jupiter, auf Creta, in der zur Rechten Venus, auf Cypern zu beziehen; die vier anderen, mythologische Scenen darstellend, sind zwar auch

---

[1]) S. Selvatico Sulla architettura etc. pag. 309.

sehr schön, aber doch kaum mit den besprochenen in eine Linie zu stellen.

An der *Libreria* sollen von ihm einige der Genien im oberen Friese herrühren. 1543 scheint er Venedig ganz verlassen zu haben.

**Tiziano Minio da Padua** und **Desiderio da Firenze** arbeiteten den Taufbeckendeckel im Baptisterium von *San Marco*, welchen sie am 18. April 1545 binnen einem Jahre zu liefern versprachen; die Reliefs, Lucas, Marcus und Scenen aus dem Leben Johannes des Täufers, sind sämmtich ziemlich verständig componirt, aber in den Bewegungen theatralisch und zu lebhaft, um nicht zu sagen manirirt, und in der Technik höchst mangelhaft; schon das Modell scheint höchst flüchtig gearbeitet gewesen zu sein, der Guss aber ist geradezu nachlässig. Tiziano M da Padua u. Des. da Firenze.

An der *Loggetta* sind vermuthlich ihm zuzuschreiben: die Figuren in den Bogenzwickeln und die auf Trophäen sitzenden Knaben in den schmalen Feldern der Attika über den mittleren Intercolumnien, welche allerdings sämmtlich etwas kecke Bewegungen und Körperverdrehungen zeigen, aber in den Verhältnissen richtig und correct, in der Ausführung sauber sind.

Auch an der *Libreria* war er beschäftigt, starb aber leider schon im Alter von 35 Jahren, wie es scheint, um 1550. Von *Desiderio da Firenze* sind weitere Arbeiten nicht nachzuweisen, doch wird versichert, dass er einer der besten Schüler des *Sansovino* gewesen sei.

**Giacomo Colonna** aus Venedig arbeitete viel in Padua, namentlich in *San Antonio*. In Venedig sind unter seinen Arbeiten namentlich zu nennen: Eine Statuette des heiligen Lorenzo unter der Orgel in *San Salvatore*, eine zwar durchaus nicht schlechte, aber doch sehr unbedeutende Arbeit und ein vier Fuss hoher Christus von Marmor, welcher früher in der Kirche *Santa Croce* auf der *Giudecca* stand und jetzt, so viel ich weiss, in der Academie aufbewahrt wird. Giacomo Colonna.

**Pietro da Salò** wurde anfänglich nur zum Arbeiten von Ornamenten verwendet, bis endlich in seinem dreissigsten Jahre *Sansovino* ihn zu unterrichten begann; schon nach zwei Jahren arbeitete er selbstständig, aber freilich brachte er es nie über eine gewisse Mittelmässigkeit hinaus. Seine besten Figuren sind wohl die beiden Atlanten, welche ein Camin im Dogenpalast stützen, in dem Zimmer der *capi del Consiglio dei Dieci;* am deutlichsten tritt seine Schwäche in der Meisselführung und die Mangelhaftigkeit seiner Kenntniss der Natur an den Sclaven am Monument des *Aless. Contarini* in *S. Antonio* in Padua hervor, da diese hart neben den von *Alessandro Vittoria* gearbeitet stehen, und den Vergleich mit diesen gar nicht, ja kaum mit den von *Agostino Zoppo* in Padua gearbeiteten aushalten können. In der Tri- Pietro da Salò.

bune von *San Marco* sollen einige der gewöhnlich dem *Sansovino* zugeschriebene Arbeiten von ihm herrühren, namentlich der Gott-Vater
in Relief und der heilige Antonius und Franciscus auf dem Altar des
Sakraments.

Ein Mars an dem grossen Fenster des Dogenpalastes nach der
Riva zu, und die Justitia auf dem Markt in Murano werden ihm zugeschrieben. Von ihm ist auch der *Gobbo di Rialto*, eine gekrümmte Figur,
welche auf den Schultern eine Wendeltreppe trägt, die zu dem Gipfel
einer Granitsäule führt, von wo aus die Gesetze verlesen wurden. Sie
steht auf dem Platze vor *San Giacometto di Rialto*, und erinnert sehr
an manche Kanzeln aus dem deutschen Mittelalter. Auch er soll einige
der Bogenzwickelfiguren, Schlusssteine etc. an der *Libreria* gearbeitet
haben.

Das Denkmal des *Pietro Lando*, welches 1545 in *S. Antonio di
Castello* errichtet ward, existirt leider nicht mehr; die Statue des Dogen,
sowie die vielen allegorischen Figuren dieses Denkmals waren ebenfalls
von *Pietro*.

Domenico da
Salò.
**Domenico da Salò**, Sohn des *Pietro*, war ebenfalls ein Schüler
des *Sansovino*, als Architect und als Bildhauer. Von ihm erhalten sind
folgende Arbeiten:

Die nach dem Rio zugekehrte Westfaçade der Kirche *Sa. Maria
Formosa* circa 1540 auf Kosten des Generals *Vincenzo Cappello* gebaut; die Grenzen der drei Abtheilungen dieser Façade werden durch
vier Pilaster bezeichnet, an deren Seiten kleine Pilasteransätze hervor-
schauen, welches das laufende Gebälk tragen, während über den vollen
Pilastern Kröpfe dieses Gebälks sitzen. Die etwas zu schlanken Pilaster stehen auf den Kröpfen eines Stylobats, in welchem zwischen
den Pilastern sculpirte Medaillons eingesetzt sind; auf dem Stylobat
stehen Rundbogenfenster, flankirt von Säulchen, auf deren Capitälen
ziemlich schlanke Consolen sitzen, welche dann erst die Spitzverdachung
tragen. In dem Feld des ziemlich flachen Frontons sitzt ein halbkreisförmiges Fenster, auf den Akroterien stehen Vasen. Die Thür ist
scheitrecht, und wird von zwei schlanken Säulen auf niedrigen Postamenten flankirt, deren Gebälk einen Sarkophag von fast lombardi'scher
Eleganz trägt, auf dem die Portraitstatue des *Vincenzo Cappello* († 1541)
steht. Die Statue zeigt viel Mässigung, genaues Naturstudium und accurate Arbeit, aber wie an so vielen gleichzeitigen Monumenten ist der
Held in römischem Costume dargestellt.

Eine Büste des *Mantova Ruzzini* im Treppenhause des Palastes
*Ruzzini* jetzt *Priuli* am *Campo S. Maria Formosa*, bezeichnet: *Domi-
nicus quondam Petri de Salodio S. F.*

Ein Basrelief am ersten Altar in *San Giuseppe del Castello*, eine heilige Familie mit einer Glorie von Engeln, aus dem Jahre 1571, mit demselben Namen bezeichnet, dürfte wohl das beste von den bekannten Werken *Domenicos* sein.

**Tommaso da Lugano** und *Tommaso Lombardo* werden zwar in den älteren Verzeichnissen der Schüler *Sansovinos* und noch bei *Milizia* beide getrennt aufgeführt, und sind auch wahrscheinlich als zwei Personen zu betrachten. Inzwischen sind sie so oft verwechselt und identificirt worden, dass es kaum noch möglich ist, sie ihren Lebensverhältnissen und Werken nach zu trennen, oder auch nur zu beweisen, dass sie zu trennen sind. *Tommaso Lombardo* wurde schon S. 64 erwähnt. Tommaso da Lugano.

Auf einem Altar in *San Sebastian* steht eine Gruppe, die sitzende Maria mit dem Kinde und Johannes dem Täufer, bezeichnet T. L. 1546, eine offenbare Nachahmung der Maria des *Sansovino*, die in der *Loggetta* steht, übrigens in den Verhältnissen incorrect, in der Arbeit peinlich und unsicher.

Das Grab des *Melio Cortona*, welche mit diesem Altar in Verbindung steht, wird demselben Künstler zugeschrieben, verdient aber eben nur der Erwähnung.

Die lebensgrosse Figur des heiligen Hieronymus auf dem von *Gug. Bergamasco* entworfenen Altar, s. S. 144, erregt geradezu Mitleiden durch die Aengstlichkeit, die sich in der Meisselführung sowohl, als in der Anordnung der Bewegungen ausspricht; der Kopf ist ganz ausdruckslos, die Verhältnisse unschön.

Das Marmorkreuz in *Santa Giustina*, zwei Fuss hoch, ist etwas besser, obgleich man auch hier Originalität vermisst.

Beim Bau der *Libreria* wurde er zunächst gleich seinen Mitschülern mit Ausführung einiger der Zwickelfiguren etc. beauftragt, da er aber mehr Lust und Geschick zu Stuccaturarbeiten zeigte, wurde er zu Anfertigung solcher sowohl bei Decoration der *Libreria*, als auch in vielen Privatpalästen Venedigs verwendet. Laut Aussage des *Vasari* sollen diese Arbeiten alle sehr gut sein.

**Nicolo Pericoli**, genannt *Tribolo*, 1500 geboren und zuerst gleich seinem Vater Zimmermann, arbeitete viel in Wachs, Stuck, Holz etc. und lieferte, als er sich von seinem Meister *Sansovino* getrennt, Modelle, Brunnen, Festdecorationen etc., scheint aber wenig grössere Werke ausgeführt zu haben. Nicolo Pericoli.

**Jacobo da Medici** aus Brescia, arbeitete ebenfalls mit an der *Libreria*, ging aber dann nach Brescia zurück, wo er um 1550 Statuen für den *Palazzo publico* fertigte, welche namentlich durch Correctheit Jacobo da Medici.

der Verhältnisse und verständige maassvolle Anordnung der Bewegungen sich auszeichnen.

Fra *Parmegianino* arbeitete an den Chorstühlen in *Sa. Giustina* in Padua.

**Francesco Segala** aus Padua bekam 1565 den Auftrag, binnen ¾ Jahre eine Statuette Johannes des Täufers auf den von *Tizian Minio* gearbeiteten Deckel des Taufbeckens von *S. Marco* zu liefern; obgleich dafür 70 Ducati accordirt waren, nahm er doch blos 50. Die Figur ist nicht schlecht, aber auch nicht so hoch zu stellen, als sie gewöhnlich gestellt wird, und erinnert sehr an die Werke des *Sansovino*. Zwei Statuen auf der *Scala d'oro*, bezeichnet *F. S. P. D. G.* (*Franc. Segala Paduano Duce Grimano*), demnach wahrscheinlich um 1595 unter *Marino Grimani* gearbeitet, sind sehr gedrungen, ja fast plump. Besser ist die heilige Catharina auf einem Weihbecken am Eingang der Sakristei in *San Antonio* in Padua.

*Tiziano Aspetti* und *Alessandro Vittoria* werden erst im nächsten Abschnitt besprochen werden.

**Gaspare Becellio** wendete sich, nachdem er unter *Sansovino* an der *Libreria* gearbeitet, zur Schnitzerei in Elfenbein und Perlmutter; in der Bibliothek des Dogenpalastes wird ein sehr sauber und nett gearbeitetes Portrait des *Paolo Sarpi* aufbewahrt, welches von seiner Hand ist.

**Bartolomeo Ammanati**, hatte bei *Bandinelli* gelernt und arbeitete dann unter *Sansovino* Einiges für die *Libreria*; in Padua sind von ihm die 40 Fuss hohen Colosse in der *Casa Benavides*. Diese Colosse, eine der ersten seiner selbstständigen Arbeiten (1545 gefertigt), haben fast dieselben Fehler, wie die des *Sansovino*; namentlich ist der Obertheil des Herkules viel zu schmal, die Schultern schmäler als die Hüften, die ganze Figur marklos. Besser ist das Denkmal des *Marco Mantova Benavides* in der Kirche *degli Eremitani* zu Padua; nach Vollendung desselben, 1550, ging er nach Rom; seine späteren Arbeiten, namentlich seine Bauten in Florenz, wo er sich als Architect auszeichnete, gehören nicht hierher.

Auf *Scamozzi* kommen wir später zurück.

Noch werden als Schüler des *Sansovino* genannt, ein *Luca, Aluise, Francesco Nascimben, Giulio, Domenico*, endlich der schon erwähnte *Pietro Campanato*, sowie mehrere Paduaner Namens *Zotto*, deren Werke aber zum grössten Theil unbekannt sind, zum Theil auch ausserhalb Venedigs sich befinden, jedenfalls also nicht hieher gehören.

**Andrea Palladio**, nach Einigen 1508[1]), nach Andern aber erst

*Francesco Segala.*

*Gaspare Becellio.*

*Bartolomeo Ammanati.*

*Andrea Palladio.*

---

[1]) *Em. Cicogna, Inscriz. ven., Leop. Cicognara Fabbriche etc.*

1518 [1]) in Vicenza geboren, entschloss sich schon in sehr frühem Alter,
Architect zu werden, und bereitete sich dazu durch fleissiges Studiren der
Werke Vitruv's und Alberti's vor. Nachdem er in seinem 23. Jahre
seine Studien in Geometrie und Litteratur vollendet und sowohl unter
*Giovanni Fontanas* (s. S. 52) Leitung, als selbstständig einige Bauten
geleitet, ging er mit seinem Gönner, dem gelehrten Kunstkenner *Giangiorgio* Grafen *Trissino* nach Rom. Nachdem er sowohl dort, als in
den übrigen Theilen Italiens und in Nimes zahlreiche Ausmessungen an
antiken Gebäuden vorgenommen, kehrte er 1547 nach Vicenza zurück;
er erhielt zwar bald darauf einen Ruf nach Rom zu kommen, um den
Bau der Peterskirche zu leiten; durch Pauls III. Tod zerschlug sich
jedoch diese Angelegenheit und alle Hoffnung auf Beschäftigung in Rom
verlor er durch *Trissinos* 1550 in Rom erfolgten Tod.  1554 gab er
ein Werk über die Alterthümer Roms in Rom und Venedig zugleich
heraus, dem 1570 ein Lehrbuch über Architectur folgte, in welchem
er die meisten seiner Bauten geradezu als Muster aufstellt.  Den 19. Aug.
1580 starb er in Venedig; 1839 schenkte *Gaetano Pinali* dem städtischen Museum von Vicenza 53 Blatt Originalzeichnungen *Palladios*,
welche sehr einfach, in den kleinern Details sogar unbehülflich gezeichnet sind.  Die grosse Verehrung, welche *Palladio* sowohl bei seinen
Zeitgenossen, als bei seinen Nachfolgern genoss und bei einem grossen
Theil der Architecten und Kunstfreunde noch jetzt geniesst, ist bekannt,
und in vieler Beziehung auch begründet; mit Recht wird er in Documenten von der Regierung als zuverlässiger und höchst umsichtiger
Mann bezeichnet, mit Recht sagt *Temanza* von ihm, er habe Zirkel in
Augen, Kopf und Händen gehabt; aus allen seinen Werken leuchtet
ein ungemein scharfer Verstand und genaue gründliche Kenntniss der
Antike hervor.  Aber ist es das allein, was den Architecten gross
macht?  In allen Werken des *Palladio* giebt sich der Mangel an
poetischer Anschauungsweise und somit auch an der ohne poetischen
Schwung nicht denkbaren directen Schöpferkraft kund.  Wohl mag der
überwiegende Einfluss, den *Trissino* durch Rath und Autorität auf seine
Ausbildung übte, wesentlich dazu beigetragen haben, ihn zur unfreien
Nachahmung der Antike zu bestimmen; da aber in vielen seiner Entwürfe sich Abweichungen von diesem Vorbild finden, so kann man unmöglich die strenge Befolgung desselben als vollgültige Entschuldigung
für ihn annehmen, denn selbst diese Abweichungen dienen nicht dazu,

---

[1]) *Algarotti*, Essai sur l'academie de France, *Temanza*, Leben des Palladio,
*Kugler*, Kunstgeschichte, *Füssli*, Künstlerlexicon, *Milizia*, Memorie, *Quatremère de
Quincy* etc.

den betreffenden Gebäuden einen freien, schwungvollen, oder wenigstens einen zeitgemässen Charakter zu geben; im Gegentheil fällt er in der Regel, wo er von der Antike abweicht, ins Kleinliche, Trockne und Schwerfällige; wenn man ihm also wahre Originalität und poetischen Schwung absprechen muss, so zeigt er sich dafür in allen seinen Entwürfen verständig und correct, auch ist den meisten derselben eine grosse Eleganz der Verhältnisse durchaus nicht abzusprechen.

Leider wusste er auch, wahrscheinlich in Folge seines Mangels an poetischem Sinn, die hohe Wichtigkeit eines mit der Architectur harmonisch verschmolzenen Schmucks an Bildwerk nicht zu schätzen. Nicht nur finden sich in seinen Werken nur höchst selten sculpirte Architecturtheile, sondern auch in Bezug auf den accessorischen Schmuck seiner Gebäude machte er seinen, bei dem hohen Ansehen, in dem er stand, gewiss gewichtigen Einfluss nicht geltend, sondern duldete, dass beliebige, nicht von ihm gewählte Plastiker, unter denen sich freilich Leute wie *Bombardo*, *Vittoria*, *Ridolfi* etc. befanden, seine Bauten mit ihren nur zu oft barocken Arbeiten in grösstentheils unharmonischer Weise besetzten. Die Trennung der architectonischen und plastischen Erfindung, welche bis zur Gegenwart so unheilvoll gewirkt hat und noch wirkt, datirt von ihm. Er scheint überhaupt nicht viel Verständniss für die Wirkung der Plastik gehabt zu haben, denn auch da, wo er selbst die Vertheilung dieses Schmucks ordnete, brachte er denselben nicht in Einklang mit den architectonischen Linien des Baukörpers.

Was nun endlich seine überaus zahlreichen Werke betrifft, so müssen wir uns hier begnügen, sie nur aufzuzählen und nur auf wenige derselben näher einzugehen. Es giebt zahlreiche Monographien über *Palladio*, auf welche wir diejenigen von unsern Lesern verweisen, welche mehr über *Palladio* wissen wollen. [1]

*P. Trissino in Criccoli.*

1536 liess *Giangiorgio* Graf *Trissino del Velo d'oro* sein Haus in Criccoli restauriren. Obgleich *Palladio* damals erst 18 Jahr alt war, vermuthet man doch, dass sein Gönner ihn bei diesem Bau beschäftigte, obgleich es ungewiss ist, ob er ihn entworfen. Die Façade zeigt im Mittelbau noch manche Anklänge an den Styl der Lombardi, während die Flügel mit ihren glatten, blos von kleinen scheitrechten Fenstern durchbrochenen Mauern den spätern Werken *Palladios* sich mehr nähern.

---

[1] *Temanza*, Vita de Palladio Venezia 1762, *Antonio Magrini*, Memorie in torno la vita e le opere di Andrea Palladio Padua 1845, *Ott. Bert. Scamozzi*, Les Bâtimens de Palladio Vicence 1796, *Vinc. Scamozzi*, L'idea dell' architettura; *Palladio*: quatro libri dell' architettura Venetia 1570 und 1616, *Giuseppe Zanetti*, Album di Gemme architettoniche Venezia bei Brizeghel 1855 ff.

1540 baute die Familie *Cicenna* einen Palast in Vicenza, welcher jetzt dem Grafen *Trissino del Velo d'oro* gehört, er wird zwar von Vielen dem *Palladio* zugeschrieben, erinnert aber eher an *Sammicheli*.

1542 liess *Girolamo Godi* in Lonedo von *Palladio* ein Landhaus bauen, welches später an die Familie *Porto* überging. Die Anlage ist sehr grossartig. Bei der Ausführung ist man wesentlich von *Palladios* Entwurf abgewichen. In Lonedo.

1547 ff. war *Palladio* erst als Gehülfe, dann als Nachfolger des *Giovanni Fontana* am *Castello* von Urbino beschäftigt.

1548 errang *Palladio* einen sehr schmeichelhaften Sieg. Der alte Rathspalast Vicenzas, der Sage nach von Theodorich dem Grossen gebaut, hatte schon mehrfache Reparaturen nöthig gemacht. 1222 und 1223 liess der Podestà *Martinengo* fünf Bogen unter denselben machen. 1260 liess nach einer Feuersbrunst der Podestà *Litolfo* ihn erneuern. 1289 liess der Podestà *dei Tadi* eine Steintreppe daran bauen. 1291 liess ihn der Podestà *Lorato* durch Inschriften und geschichtliche Malereien verschönern; nach einem Brand 1330 war er restaurirt worden, trotzdem aber baufällig geblieben. Basilika in<br>Vicenza.

1444 begann man den Neubau; der Senat Venedigs bewilligte den 19. März dazu auf fünf Jahre eine Unterstützung von jährlich 1000 Ducati; nach Ablauf dieser Periode wurde am 23. Februar 1450 auf anderweite fünf Jahre eine jährliche Unterstützung von 600 Ducati bewilligt. Der Architect ist unbekannt. Der Styl des Gebäudes war gothisch, mit einzelnen antikisirenden Theilen. Noch jetzt zeigt der Obertheil der Mittelhalle die alte Bekleidung mit weiss und rothem Marmor, gleich dem Do-

genpalast. Das Dach, aus Bohlen construirt, gleicht dem des *Palazzo* in Padua. Die untern Arkaden ruhten auf achteckigen Pfeilern.

*Fig. 19.*

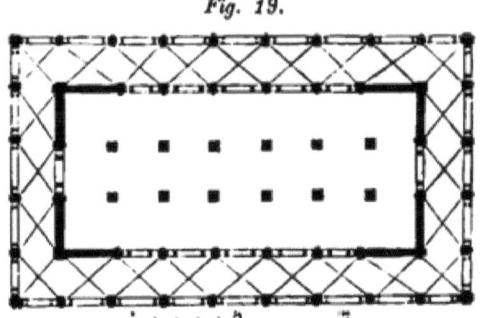

1494 war das Gebäude vollendet worden; den 20. April 1496 aber schon stürzte die eine Ecke mit mehreren Bögen der umgebenden Gallerie ein. *Antonio Rizzo* wurde noch im selben Jahre wegen der Restauration zu Rathe gezogen; 1498 setzte *Giorgio Sparento* die von Jenem angefangene Arbeit fort; aber schon 1536 drohte das Gebäude abermals den Einsturz.

Man zog den *Sansovino* und 1541 den *Sammicheli* zu Rathe, sowie
auch den *Giulio Romano*; 1545 wurde auch *Palladio* zur Eingabe von
Plänen aufgefordert. Im März 1546 legte er dieselben dem Rath der
Hundert vor, und bekam den Auftrag, ein Holzmodell zu fertigen, welches unter den Bogen der alten Basilika ausgestellt ward. Die Meinungen waren sehr getheilt, bis endlich am 5. September 1548 der
Rath sich auf Verwendung des *Giovanni Aluise Valmarana* für *Palladios* Project entschied; der Bau wurde erst 1614 beendet; jetzt harrt
das Gebäude einer umfänglichen Restauration.

Fig. 19 zeigt den Grundriss des Erdgeschosses, in welchem aber
wegen des kleinen Maassstabes die, noch vom alten Bau beibehaltenen,
Treppen weggelassen sind, die sich in den langen Armen der Halle
befinden. Was die Façade anbelangt, so stehen an den starken Pfei-
lern Halbsäulen, in der untern Halle dorisch, oben jonisch; die Gebälke
kröpfen sich über diesen Säulen und tragen ein ziemlich niedriges
Doggengeländer. Die unteren Säulen haben kein Stylobat; der niedrige
Architrav ist in Streifen getheilt; der Obersims ziemlich schwächlich.
Die kleinen Säulenpaare zwischen den Hauptpfeilern tragen ein Kämpfergesims, auf denen Rundbogen sitzen, deren Hintermauerung in runden
Oeffnungen durchbrochen sind; dieselbe Anordnung wiederholt sich im
Obergeschoss; hier sind auch die kleinen Säulchen jonisch; das Gebälk
hat einen etwas zu niedrigen und ausgebauchten Fries; am Obergesims
sind die Unterglieder und Modillons zu kräftig, die Hängeplatte zu
schwach. Die Hauptverhältnisse aber sind sehr gefällig. Ueber jeder
Hauptsäule steht auf dem Postament des Geländers eine Statue.

Der allgemeine Beifall, den dieser Bau fand, brachte den *Palladio*
sehr viele Aufträge, deren Ausführung ihn bis gegen 1560 in Vicenza
und Umgegend beschäftigte.

In Lonedo,
P. Piovene.

1555 baute er für *Alessandro Piovene* ein Haus in Lonedo bei
Vicenza; dasselbe zeigt ganz glatte Mauern, nur durch höchst einfache
scheitrechte Fenster unterbrochen; an der Mitte der Hauptfaçade sitzt
höchst unorganisch auf hohem kahlen Unterbau der sechssäulige Pronaos
eines jonischen Tempels, durch eine gebrochene Freitreppe zugänglich;
die Hinterwand dieses Pronaos zeigt fünf Thüren und darüber Mez-
zanfenster. Auf den Akroterien stehen Statuen. Die Verhältnisse der
Säulenhalle sind gut, die Fenster schwer. Dennoch gefiel das Gebäude

In Vicenza,
P. Schio.

so, dass *Palladio* 1556 mehre Aufträge bekam. In Folge desselben entstanden: Das Haus des Grafen *Bernardo Schio*, später der Familie
*Franceschini* gehörig, in der Vorstadt Posterla in Vicenza; Souterrain
und Erdgeschoss erinnern durch ihre Bossagebekleidung an *Sammicheli*;
darüber stehen drei Fenster mit Spitzverdachungen und Doggenbrüstung

zwischen corinthischen Säulen ohne Cannellirungen. Das Gebälk, offenbar zu klein, ist über den Säulen gekröpft, zwischen denselben aber auf geradezu hässliche Weise durch Mezzanafenster unterbrochen.

Das sogenannte Haus des *Palladio* in Vicenza, von Einigen den H. d. Palladio. *Pietro Cogolo*, einem sonst unbekannten Architecten, zugeschrieben, P. Cogolo? fussend auf ein Document, wo dieser verspricht, es für die Brüderschaft der „Blauen" auszuführen; möglich, dass er blos der ausführende Maurermeister war. Im Erdgeschoss ein grosser Rundbogen, flankirt von zwei jonischen Säulen; der Kämpfer geht hinter den Säulen vorbei, zu deren Seiten sich scheitrechte Thüren unter ihm, Mezzanafenster darüber befinden; über den Säulen stehen corinthische Pilaster, ohne Oeffnung dazwischen. Die Nebenfenster mit Doggenbrüstungen, sowie die obere Mezzana sind nackt; der Portalbau hat sehr schöne Verhältnisse.

Der *Palazzo Thieni*, gebaut für *Octavio*, Sohn des Grafen *Marc* P. Thieni. *Anton dei Thieni*, noch jetzt derselben Familie gehörig. Das Erdgeschoss ist mit mächtiger Bossage bekleidet, das Hauptgeschoss mit corinthischen Pilastern, im Vorbau mit Säulen besetzt; die Fensterverdachungen, abwechselnd spitz und segmentförmig, werden getragen von jonischen Säulchen, deren Schäfte leider, gleich dem Gebälk der Verdachungen auf beinah geschmacklose Weise durch Bossen unterbrochen sind. Die Räume reihen sich um einen grossen quadratischen Hof, die Wirkung des Ganzen ist höchst imposant. Pilaster und Hauptgebälk haben edle Verhältnisse; das Fehlen der Cannellirungen an Pilastern und Säulen wirkt jedoch unangenehm.

1557—60 mögen wohl folgende Bauten datiren, deren Erbauungszeit nicht genau zu ermitteln ist.

*Villa* des *Octavio Thieni* in Quinto. Die Anlage ist grossartig Vill. Thieni. In Quinto. aber etwas gespreizt und zerrissen; an der Façade sind die Frontons zu hoch und schwer für die etwas zu schwachen dorischen Säulen, die auch noch auf Postamenten stehen.

*Villa* des *Adrian Thieni* in Cigogna; die Anlage umfasst ein Haupt- Thieni, In Cigogna. gebäude, mit den beiden weiter vor liegenden Seitengebäuden durch quadratförmige Säulenhallen verbunden; die Gesammtwirkung ist günstig; die Façade des Hauptgebäudes zerfällt in zwei kahle Flügel und einen Mittelbau, an dem ein viersäuliger corinthischer Pronaos steht, der zwei Hauptetagen und die dazwischen liegende Mezzana umfasst. *Palladio* war der erste, der auf diesen, später leider so allgemein befolgten Abweg gerieth; welcher Unsinn: Säulen, zwischen die in ihrer halben Höhe ein Gebälk mit Geländer eingehängt ist; wer die Antike nicht blos nach ihren Formen, sondern nach ihrem Geist studirt hat, kann solche Fehler nicht begehen.

Valmarana. In Lisiera.

*Villa Valmarana* in Lisiera; die blos ein Fenster breiten kahlen Flügel kehren auch hier wieder; aber der Mittelbau besteht hier aus zwei Säulenreihen übereinander von je sechs Säulen ohne Stylobat; die untern sind jonisch, die obern corinthisch. Freilich stehen die Säulen etwas weit, der Fronton ist etwas zu gross, aber die Verhältnisse und Details der Säulen und Gebälke sind elegant.

Paläste in Vicenza. P. Porto.

*Palazzo Porto* in Vicenza, für den Grafen *Iseppo dei Porti* gebaut. Die Façade besteht aus einem Erdgeschoss mit Bossage, einem Hauptgeschoss mit jonischen Halbsäulen, zwischen denen Fenster, abwechselnd mit spitzen und segmentförmigen Verdachungen, stehen, und einer Mezzana, als Attika gestaltet, an deren Pfeilern auf den Kröpfen des jonischen Gebälks Statuen stehen; die Doggenbrüstungen der Fenster stehen etwas unmotivirt zwischen den Säulen. Die Chambranlen haben Ohren, vielleicht das erste Beispiel, auf einigen der Verdachungen liegen Figuren, übrigens aber sind die Verhältnisse angenehm. An der Ausführung der Figuren, Ornamente und Fresken waren *Bartolomeo Ridolfi* aus Verona, *Domenico Rizzo*, *Battista Venetiano* und *Paul Veronese* betheiligt; im Hofe stehen grosse corinthische Säulen, welche leider durch alle Geschosse durchgehen.

P. Chiericati.

*Palazzo Chiericati* in Vicenza (*sull' isola*). Auf hohem Stylobat, der das Souterrain versteckt, erhebt sich eine dorische Halle, auf der ganzen Länge der Façade, darüber eine jonische; die Gebälke sind nicht gekröpft; auf dem Hauptgebälk stehen auf Postamenten Vasen und Statuen; an diesem Palast, einem der besten Werke *Palladios*, arbeiteten als Bildhauer *Angelo Marinali*, als Stuccateur *Ridolfi*, als Freskomaler *Domenico Rizzo* und *Battista Venetiano*.

Pal. d. Capitanio.

*Palazzo del Capitanio* auf der *Piazza dei Signori* in Vicenza, ungemein reich und in colossalen Maassen; zwischen riesigen corinthischen Halbsäulen stehen Rundbogen und darüber scheitrechte Fenster mit Balkons; die Chambranlen dieser Fenster schneiden in den Architrav ein; die Giebelseiten sind etwas besser, aber immerhin höchst unorganisch.

Pal. Barbarano.

*Pal. Porto — Barbarano*, bedeutend besser; das Parterre hat jonische Halbsäulen, das Hauptgeschoss corinthische; darüber eine Mezzana als Attika. Die Gebälke sind nicht gekröpft, die Verhältnisse edel.

P. Valmarano.

*Palazzo Valmarano*. Die Façade liegt unsern Lesern in Fig. 20 vor, der Grundriss ist mehr effectvoll, als zweckmässig.

*Casa Porto* beim *Castello* in Vicenza, während der Ausführung durch *Scamozzi* vielfach verändert.

Pavillon *Valmarana* in Vicenza, ziemlich misslungen.

Mon. Porto?

Monument des *Leonardo Porto* in *San Lorenzo* in Vicenza erinnert

theilweis an die Lombardi; die jonischen Säulen haben einen hohen
Hals, mit Blättern besetzt. Die Details sind fein; die Glieder zum
Theil reich sculpirt. Mir scheint dieses Denkmal nicht von *Palladio*
zu sein.

Haus des *Adrian Thieni*, jetzt *Bonin* am Corso in Vicenza, von   P. Bonin.
*Scamozzi* vollendet, unten corinthisch, oben römisch, darüber Attika;
die Gebälke sind an der Vorderfaçade gekröpft, an der Hinterfaçade
glatt, letztere scheint von *Palladio* vollendet worden zu sein; an ersterer
sind viele Details in der schwülstigen Weise des *Scamozzi* gestaltet;
die Verhältnisse sind nicht unedel.

*Casa Ragona* in *le Ghizzole*, unvollendet, mit viersäuligem corin-   Villen.
thischem Pronaos, der durch zwei Geschosse reicht.

*Fig. 20.*

Villa des *Pietro Cerato*, in *Montecchio Precalzin*, nicht mit Sicherheit dem *Palladio* zugeschrieben, einfach, fast kahl.

*Villa Tornieri Schio* ebendaselbst, ebenso einfach, doch von edleren
Verhältnissen und eher an *Palladios* übrige Werke anlehnend, aber
ohne Säulen.

Aus der Zeit von 1560—65 scheinen folgende Werke *Palladios*   1560–65.
zu stammen:

Die Paläste der *Cornaro* in Piombino bei *Castelfranco* und der   Bei Treviso.
*Mocenigo*, später *Morosini* in *Maroc* bei *Treviso.* Beide im Mittel-

*Villen. Im Friaul.* bau mit Säulenhallen, unten jonisch, oben corinthisch, durch Fronton bekrönt.

*Villa Badoer — Mocenigo alla Fratta di Polesin* mit grosser Freitreppenanlage und sechssäuligem Pronaos; hat bei der Ausführung unbedeutende Veränderungen erlitten.

*Villa Antonini* in Udine, der Grundriss ist gut, die Façade nur theilweis gelungen.

*Villa Emo*, später *Fanzolo* bei *Castelfranco* mit viersäuligem Pronaos, etwas kahl.

*Villa Angaran*, später *Gradenigo* in Angarano bei Bassano; die corinthischen Halbsäulen gehen durch zwei Geschosse durch, welche durch einen breiten Gurt getrennt sind, so dass die Façade sehr unangenehm wirkt.

*Bel Vicenza.* *Villa Zen* in Cesalata bei Treviso und *Villa Saraceno Caldogno* in Finale bei Vicenza, gehören zu denen, wo sich *Palladio* zu seinem Nachtheil von Vitruv entfernte; ohne Säulenordnungen war er eben nicht im Stand, sich vor Kahlheit zu hüten.

*Bel Padua.* Die Villen des *Francesco Pisani* in Montagnana bei Padua und der Brüder *Vittore* und *Danielo Pisani* in Bagnolo, sowie die *Villa Tornieri* bei Vicenza, gehören zu den wenigen, wo er sich zu seinem Vortheil etwas von der sclavischen Befolgung Vitruvs frei machte, und die Säulenordnungen in edlen leichten Verhältnissen auf organische Weise anwendete.

*1565—70.* Aus der Zeit von 1565—70 mögen wohl folgende Werke datiren:

*Villen.* *Villa Foscari alla Malcontenta* bei Gambarara, mit schönem sechssäuligem Pronaos jonischer Ordnung, sonst schwer und kahl.

Villa des *Daniel Barbaro*, jetzt *Manin* in Maser bei Asolo, sehr grossartig angelegt, auch nicht ganz poesielos in der Anlage, desto prosaischer und trockner aber im Aufbau, der ausserdem so viel Mesquines enthält, dass man wohl nicht mit Unrecht vermuthet, er sei erst nach *Palladios* Tod von *Scamozzi* oder einem seiner Zeitgenossen vollendet worden.

Die *Villa Marcello* in Bertesina, ist bei treuer Befolgung der vitruvianischen Regeln doch weder bedeutend, noch schön.

*Brücken.* Die Holzbrücke zu Bassano ist mit einer Säulenhalle überbaut, die nicht unangenehme Verhältnisse hat. Das Project zur Rialtobrücke ist allerdings architectonisch schöner, als das Ausgeführte, aber nicht so malerisch, auch nicht so kühn; auch wäre durch die drei niedrigen Bogen die Schifffahrt bedeutend incommodirt worden.

*Villen. La Rotonda.* Die Villa der Familie *Capra*, gewöhnlich *La Rotonda di Vicenza* genannt, auf einem Hügel bei Vicenza gelegen, ist jedenfalls eines der

besten unter *Palladios* Werken.   Die Façade geben wir in Fig. 21,
auch der Grundriss ist sehr gelungen.

Der *Palazzo della Torre* in Verona, sehr einfach, ist unvollendet.

Aus den Jahren 1570 – 75 mögen wohl folgende Bauten *Palladios*   1570—75.
datiren:

*Palazzo Capra* in Vicenza, steif und nüchtern.   Im Gebälk ist Ar-   In Vicenza.
chitrav und Fries zu einer Platte vereinigt, in der die Mezzanafenster
sitzen.

Villa der Grafen *Pojano* zu Pojana; die Säulenhallen, der Hof   Villen.
sind gut, das Hauptgebäude schwerfällig und kahl.

Die beiden Villen *Sarego* in *Santa Soffia* bei Verona, mit durch
zwei Geschosse gehenden Säulen und ungemein schwerer Bossage und
in *La Miege* bei Cologna, im Mittelbau unten mit jonischen, oben mit
corinthischen Säulenhallen verziert, und von sehr eleganten Verhältnissen, sind beide unvollendet geblieben.

Der Entwurf zur Villa *Trissino* in Meledo, jedenfalls der poesie-
reichste *Palladios*, auch sehr zart durchgeführt, ist leider ebenfalls nicht
vollendet worden.

Durch die Tradition, zum grössten Theil aber wohl mit Unrecht   Ihm zuge-
dem *Palladio* zugeschrieben, sind folgende Werke:   schrieben.

*Casa Molin* in der Vorstadt *Santa Croce* in Padua, welche viel
eher dem *Scamozzi* zugehören dürfte.

*Villa Foscarini* zu Strà, mit toscanischem Pronaos *in antis*, in Anordnung und Verhältnissen allerdings an *Palladio* erinnernd.

Der Palast der Grafen *Caldogno* in Caldogno, eher an *Sammicheli*
als an *Palladio* erinnernd, um 1570 gebaut.

Die Villa des *Gerolamo Biscari* in Retorgola, welche in vieler Beziehung allerdings an *Palladio* erinnert, hat aber zwischen dem Gebälk
der jonischen Säulen und dem Fronton eine Attika, eine sehr unschöne
Anordnung, welche *Palladio* nirgends anwendete.

*Villa Porto* in Vancimuglio bei Vicenza, ganz im Styl des *Palladio*, aber erst 1595 begonnen.   Der viersäulige jonische Pronaos hat
gute Verhältnisse.

Die Kirche *Santa Maria Nuova* in Vicenza, 1584 — 89 erbaut,
kann also nicht wohl von *Palladio* sein; die Façade ist ein Mittelding
zwischen Tempel und Triumphbogen.   Das Innere gleicht einem spätrömischen Tempel.

Der Triumphbogen auf dem *Monte Berico*, 1595 gebaut, wäre allerdings des *Palladio* würdig; er hat sehr edle Verhältnisse.

Wichtiger als die Genannten, sind für uns folgende Bauten *Palladios*:

In Venedig.      1552 scheint *Palladio* zu der *Fabbriche* einen Entwurf gemacht zu haben, der aber nicht zur Ausführung kam.

     1558 entwarf er im Auftrag des Patriarchen *Vincenzo Diedo* eine Façade für die Kirche *San Pietro di Castello*, deren Ausführung bereits für 1910 Ducati an mehrere Steinmetzen verdungen war, als *Diedo* 1559 starb; später, 1594, schritt man zur Ausführung, aber nicht nach dem ursprünglichen Plan *Palladios*.

Kloster della Carità.      1561 begann er das Kloster *della Carità* nach den von Vitruv für den Bau des römischen Wohnhauses gegebenen Regeln aufzuführen, so weit dieselben sich eben mit dem Zweck des Baues versöhnen liessen. Das corinthische Atrium ist 1630 abgebrannt. Die Säulen gingen

*Fig. 21.*

durch zwei Stockwerke, hatten aber correcte Verhältnisse; zu beiden Seiten desselben lagen Tablina, von denen das eine noch erhalten ist- es zeigt freilich keine angenehmen Verhältnisse, auch weiss man nicht recht, wo die beiden dorischen Säulen herkommen, die auf ihren Gebälk- würfeln den Gurtbogen der beiden Kreuzgewölbe tragen. Von dem un- mittelbar auf das Atrium folgenden Peristyl steht noch eine Seite, deren Architectur, aus Halbsäulen zwischen Rundbogen in zwei Geschossen, im obersten aber aus Pilastern zwischen scheitrechten Fenstern be- stehend, in Verhältnissen und Details sehr schön ist; die Profile der Gebälke sind bei weitem feiner profilirt, als an allen der bereits be- sprochenen Bauten. Diese geringen Reste des palladianischen Baues sind 1830 durch *Francesco Lazzari* sehr sorgfältig restaurirt worden.

S. Franc. della Vigna.      1562 empfing er den Auftrag, eine Façade für die Kirche S. Fran- *cesco della Vigna* zu entwerfen, da die von *Sansovino* entworfene,

s. S. 179, in Folge des Gutachtens von *Francesco Giorgi* unter Beistimmung von *Tizian* und *Serlio* am 25. April 1535 verworfen worden war. *Palladios* Façade stimmt nun allerdings mit jenem Gutachten noch weniger überein, als die *Sansovinos*, sie wurde aber dennoch approbirt. Auf den Kröpfen eines fast zu hohen Stylobats stehen im Mittelbau vier riesige Halbsäulen, corinthisch, aber nicht cannellirt, welche einen ziemlich hohen Giebel tragen. Zwischen den beiden mittelsten öffnet sich das Portal; dieses ist zwar scheitrecht, aber als Sturz dient ihm der Kämpfersims eines Rundbogens, dessen Schild durch eine Muschel ausgefüllt ist; flankirt ist dieser Bogen durch zwei kleine Säulchen, die auf dem hohen Stylobat und unmittelbar neben den grossen Säulen geradezu lächerlich aussehen. Das Gebälk dieser Säulchen läuft hinter den grossen Säulen durch und kommt an den Seitenbauen wieder zum Vorschein, wo es, abermals von solchen kleinen Säulchen gestützt, Halbgiebel bildet; über dem Gebälk des Portals sitzt ein halbkreisförmiges Fenster. Diese Disposition scheint die einzige gewesen zu sein, welche dem *Palladio* zur Decoration einer Kirchenfaçade mit erhöhtem Mittelbau zu Gebote stand, während er an den Palastbauten und Landhäusern einen grossen Ideenvorrath zeigte. Die Räume zwischen den Säulen sind durch Felder und Nischen ausgefüllt. Die Verhältnisse sind fast sämmtlich schwer und plump, die Profile kraftlos, doch mögen freilich die Details nicht genau nach seinem Entwurf gearbeitet sein, da die Façade erst 1634 vollendet ward.

1565 soll er ein Theater in der Nähe von *La Carità* gebaut haben.

In demselben Jahre begann der Bau der Kirche *S. Giorgio Maggiore*. Ehe wir aber auf seine Thätigkeit an diesem Bau näher eingehen, mögen im Anschluss an die Seite 101 bis 104 gegebenen Documente hier noch einige auf diesen Bau bezügliche Nachrichten Platz finden.

*(Randnotiz: S. Giorgio maggiore vor Palladio.)*

1530 circa war bereits das Refectorium begonnen worden.

1540 hatten die Maurer *Battista* und *Simon* und der Glaser (*Vedriano*) *Francesco* Bezahlung für ihre Arbeiten am Refectorium und der Kirche der *Infermeria* erhalten.

1542—47 waren ein Paar Häuser auf dem *Campo Rusolo* auf Kosten des Klosters gebaut worden. 1546 wurde die Mauer des Klostergartens nach *S. Maria delle Grazie* und der *Giudecca* hin begonnen, 1551 aber erst vollendet. 1550 und 51 arbeiteten der Steinmetz *Christin*, der Schmied *Hieronymo*, der Maler *Mr. Aluise*, der Tischler *Mr. Zuane* mit seinem kleinen Sohn, der Maurer *Mr. Innocente*, und der Glaser *Zuanpaulo* am Chor der alten Kirche; die Kosten betrugen 2982 Ducati.

Damals scheint man also noch nicht an den Bau einer vollständig neuen Kirche gedacht zu haben.

1553 schenkte *Alessandro Michieli* der Kirche ein Reliquarium in Form eines Kreuzes von Silber und Bergkrystall.

1559 war das Refectorium bis an die Fenster (wahrscheinlich des Ober- und Hauptgeschosses) fertig, so dass die Weinkeller und das Gastgebäude vollendet waren. Zur Leitung des Oberbaues und der Haupttreppe wurde *Palladio* mit 50 Ducati jährlichem Gehalt als Proto angestellt. Das zur ebenen Erde liegende Vestibul ist 30 Fuss im Quadrat gross. Die Thür, 19 Fuss hoch, 10 Fuss breit, ist massiv von Nussbaum gearbeitet mit Broncegitter; im Vestibul führt eine Freitreppe in das Obergeschoss, wo man durch ein kleineres Vestibul zwischen Küche und Diensttreppe in den Saal gelangt; dieser ist 93 Fuss lang, 30 Fuss breit und 48 Fuss hoch; die Meubles sind sämmtlich von Nussbaum. Dieser Saal ist unstreitig eines der glänzendsten Werke *Palladios*. Bis 1563 wurden circa 13,000 Ducati für diesen Bau ausgegeben.

1560 den 3. Juli Accord mit den Maurern *M. Berton quondam Bon Bressan* und seinem Sohn *Zuanmaria*, welche versprechen, nach den Angaben und Chablonen des *Palladio* zu arbeiten; den 16. Sept. Accord mit *Piero de Zuanelli* über die Bänke des Refectoriums.

1561. Accord mit *M. Berton* wegen der Cisterne; desgleichen mit dem Steinmetz *Nicolo*, wegen der Thüren des Refectoriums, desgleichen am 22. Nov. mit den Steinmetzen *Apollonio* und *Jacomo di Verona*, zwei Waschbecken für das Refectorium betreffend, nach Zeichnung des *Palladio*.

1562 im September Accord mit *Francesco Fiorentino* über 90 Ducati für das Holzschnitzwerk an der Nussbaumthür. [1]) Desgleichen am 6. Juni mit *Paolo Veronese*, ein Abendmahl und zwei Engel *al fresco* zu malen. Desgleichen am 12. Februar wegen des Pflasters der *Foresteria*[2]) (Gasträume), wegen der Fenster ebendaselbst und wegen eines Bildes der heiligen Martha in der Küche; desgleichen am 17. October mit *Andrea del Vento* aus Ferrara wegen des Pflasters im Refectorium, Vestibule und Küche. Desgleichen am 7. November mit *M. Antonio del fù Alessandro Guerra, marangon* über sämmtliche Tischlerarbeit in der Foresteria.

1563 werden 60 Ducati für die Treppenthür bezahlt.

1565 den 25. November liefert *Palladio* ein Holzmodell der neuen Kirche ab, welche begonnen werden soll, weil die alte baufällig ist.

___

[1]) Leider verbrannte diese Thür am 5. November 1628.
[2]) Diese Gasträume befinden sich unter dem Refectorium.

Den 26. November ward der erste Stein gelegt. Der Grundriss dieser
Kirche bildet ein lateinisches Kreuz; Mittelschiff und Querschiff sind
mit Tonnengewölben bedeckt, über der Kreuzung erhebt sich eine
Kuppel. Die Seitenschiffe bilden im Westen des Querschiffs je drei,
im Osten nur je ein Kreuzgewölbe. Das Querschiff ladet nur wenig
gegen die Seitenschiffe aus und ist auf beiden Seiten im Halbkreis geschlossen. Im Osten ist an das Langschiff ein Kreuzgewölbe angesetzt,
an dessen Ende auf einem lettnerartigen Querbau die Orgel steht. Dahinter liegt das hohe Chor; dadurch ist die Kirche übermässig verlängert und der Altar, der unter der Orgel steht, zu weit nach Osten ge-
rückt; was nun die Decoration betrifft, so besteht sie aus corinthischen
Pilastern und Säulen auf hohem Stylobat, zwischen denen Rundbogen
von corinthischen Pilastern mit vollem Gebälk getragen werden; über
diesen Rundbogen kröpft sich das Gebälk zurück, indem sich hier
Kappen des direct auf dem Gebälk liegenden Gewölbes in halbkreisförmige Fenster öffnen, die aussen über den Seitenschiffen auf höchst
unschöne Weise sichtbar sind. Das Gewölbe ist nicht cassettirt, das
Ganze wirkt zwar imposant aber kahl und unerfreulich prosaisch, auch
in den Einzelheiten wäre manches zu tadeln, so die zwischen die Pilaster eingequetschten Nischen, die stumpfen Profile des Hauptgebälks,
das zu mächtig wirkende Profil des kleinen Gebälks etc. etc.; besser
gelungen ist die Decoration des hohen Chors, welcher fast an die Lombardi erinnert; ob derselbe, wie es nach seiner Architectur fast scheint,
zum Theil noch jener in den Jahren 1550 und 51 gearbeitete ist, ist
nicht nachzuweisen.

Die Façade, allerdings erst nach *Palladios* Tod ausgeführt, scheint
aber höchstens in Kleinigkeiten verändert worden zu sein; der Mittelbau besteht aus vier corinthischen Halbsäulen auf hohen Stylobat-
kröpfen; die Thür ist ungemein schlank, im Rundbogen geschlossen,
der von zwei Pilastern flankirt ist, welche von der Erde aufsteigen;
eben solche Pilaster stehen an den Seitenbauen, das Gebälk derselben
läuft hinter den grossen Säulen durch und bildet an den Seitenbauen
Halbgiebel; zwischen den Pilastern der Seitenbaue stehen auf gar nicht
motivirten Kröpfen des Stylobats kleine Säulen mit Frontons, Grabmale umgebend; in den andern durch die grossen Säulen und die Gebälke gebildeten Feldern sind Wappen und Nischen angebracht. Einen
gesunden Organismus vermisst man schmerzlich in der ganzen Façade
die Verhältnisse sind sämmtlich, im Einzelnen genommen, schlank und
elegant, ja theilweis fein; dennoch macht das Ganze die Wirkung des
Zerrissenen und Eingesunkenen.

1566 versprechen *Andrea della Vecchia* und sein Sohn *Gabriel*

14*

gemeinschaftlich mit *Zuan Giacomo de Guelmo di Grigi* die Steine zu
der Kirche zu liefern; diese Lieferungen fielen jedoch nicht nach
Wunsch aus, 1572 entspann sich darüber ein Rechtsstreit, welcher drei
Jahre währte.

1567 den 22. März Accord mit demselben *Zuan Giacomo*, Lieferung
griechischer Steine zu den Pilastern betreffend; desgleichen Accord mit
*Antonio Palleari*, genannt *da Marchò* oder auch *del fù Marco*, das
Mauerwerk der Kirche betreffend. Bis 1575 empfängt derselbe 6926 Ducati und für die Steine zur Kuppel 4022 Lire.

1569 Accord mit *Andrea Ferrarese* über die Arbeit an Postamenten, Simsen, Pilastern, Bögen etc. In demselben Jahre brennt das
Dormitorium zum Theil ab.

1571 arbeitet der Steinmetz *Bartolomeo del fù Domenigo* bei
*Sant' Agnese* das Auge (den Gurt unter dem Tambour) der Kuppel
nach den Detailzeichnungen des *Palladio*.

1574 liefert derselbe die Steine zum Tambour und zur Kuppel
ebenfalls nach Zeichnungen des *Palladio*.

1575 den 15. December empfängt er dafür 7597 Ducati.

1577 liefert er die Steine zu Abpflasterung des Platzes etc.

Kreuzgang.    1579 den 15. Januar wird der zweite Kreuzgang nach der Zeichnung des *Palladio* angefangen. Dieser Kreuzgang besteht aus Rundbogen auf geparten jonischen Säulchen, und ist in Verhältnissen und
Details meisterhaft schön, so dass er unter die besten Werke des *Palladio* gehört, wie es auch eines seiner letzten ist.

Verlassen wir nun den Bau von *S. Giorgio maggiore* wieder, um
zu den andern Werken *Palladios* uns zu wenden.

1567 lieferte *Palladio* ein Gutachten, betr. den Dombau in Brescia.

Zu Maser.    1570 circa baute er die kleine Kirche zu Maser, eine ziemlich gelungene Nachbildung des Pantheons zu Rom, mit sechssäuligem corinthischen Pronaos, zwei kleinen Thürmchen und einer Laterne über dem
Auge der Kuppel.

1574 baute er einen Triumphbogen und provisorische Capelle
bei *S. Nicolo del Lido* zum Empfang König Heinrichs III., leitete auch
die Erneuerung der Verzierungen, Malerei und Vergoldung des 1520
erbauten Bucentaurs.

Dogenpalast.    Am Abend des 11. Mai 1574 nach einem Gastmahl brach Feuer
im Dogenpalast aus und verzehrte eine Treppe, das Collegium, Anti-
collegium, den Saal der *Pregadi* und eine der Kuppeln von *S. Marco*.
Dabei verbrannten viele Bilder von *Tizian* und *Gian Bellini*, so wie
auch die ziemlich neuen, zum Theil sehr kostbaren Decorationen der
Säle mit zu Grunde gingen, namentlich soll das Vorzimmer des Anti-

collegio einen sehr reich geschnitzten, bemalten und mit Gold beladenen Plafond gehabt haben.

Am 20. December 1577 brannte der Wahlsaal, der Saal des Raths der Zwölf, des Raths der Fünfundzwanzig, die Cancelley und die *Quarantia Nuova* und der Saal des Grossen Raths zum grössten Theil aus, so dass der östliche und südliche Flügel des Palastes ihres Daches beraubt waren. Obgleich nun die Mauern noch standen, so hatten sie doch auch, namentlich an der Ecke beim *ponte della paglia*, bedeutend gelitten, während der westliche Flügel schon 1576 wieder unter Dach gekommen, und laut Beschluss vom 16. Januar 1577 nicht mit Blei, sondern mit Kupfer eingedeckt worden war, weil dies bei einem Feuer nicht so schnell schmelze.

Sogleich nach diesem zweiten Brande verlangte der Senat von 17 der angesehendsten Architecten Gutachten über die Mittel, den Einsturz des Dogenpalastes zu verhüten. *Palladio* und *Cristoforo Sorte* behaupteten, dass die gespaltenen Bogen, die zerdrückten Capitäle, die ausser Loth gewichenen Säulen, namentlich aber die ausgebauchten Eckmauern am *ponte della paglia*, die nach allen Richtungen zersprungenen Zwischenmauern ein neues Dach nicht zu tragen vermöchten, wenn nicht ein fast vollständiger Umbau vorgenommen würde. *Palladio* schlug zu diesem Zweck vor, starke Pilaster unter die Façade zu setzen, die Bogen auszumauern und dabei blos die nöthigen Fenster zu belassen, die ganze Obermauer zu erneuern etc., dadurch wäre ein ähnliches Mischwerk zu Stande gekommen, wie *Pal-*

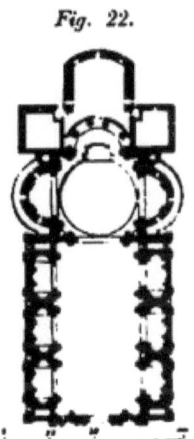

*Fig. 22.*

*ladio* für die Façade von *San Petronio* in Bologna vorgeschlagen. Obgleich fast alle Gutachten ziemlich mit denen des *Palladio* übereinstimmten, ward dennoch vom Senat beschlossen, alles Mögliche zu thun, um das Gebäude im alten Zustand zu erhalten. Davon s. S. 218 ff. *Palladios* Thätigkeit im Dogenpalast erstreckte sich demnach blos auf die Decoration des *Sala delle quattro porte*.

Der Plafond dieses Saals (s. übr. S. 192) zeigt schwere Cassetten, umgeben von schwülstigen Gliederungen, welche jedenfalls nicht nach *Palladios* Angabe gefertigt sind. der sich auch hier, wie bei andern Arbeiten viel zu sehr auf die Ausführenden verlassen zu haben scheint, auch wohl zu beschäftigt und nicht phantasiereich genug war, um die ornamentalen Details selbst zu zeichnen. Die Thüren, welche diesem Saal den Namen geben, -ind ebenfalls nur mittelmässig.

**S. Apostoli.** Ob die 1575 erfolgte Erneuerung der Kirche *Si. Apostoli* unter seiner Leitung geschah, wie von Einigen vermuthet wird, ist nicht nachzuweisen, da sie später wieder umgeändert ward.

**Redentore.** 1576 beschloss der Senat zum Zeichen des Danks für die Erlösung der Stadt von der Pest, welche im Jahre 1575 über 40,000 Personen, darunter *Tizian*, hingerafft hatte, neben dem 1536 erbauten kleinen *Albergo* der Capuziner der *Madonna degli Angeli* auf der *Giudecca* eine Kirche zu Ehren Christi des Erlösers, *Cristo el Redentore* zu bauen. *Palladio* fertigte den Entwurf, und den 3. Mai 1577 wurde der Grundstein gelegt. Fig. 22 zeigt den Grundriss dieser Kirche; die Halbsäulen des Langschiffes sind gleich den Pfeilern der zwischen ihnen stehenden Bogen corinthisch und tragen ein glattdurchlaufendes Gebälk, welches dem Tonnengewölbe des Langschiffs und den Stützbogen der Kuppel als Kämpfer dient; in dem glatten Tonnengewölbe sowie in den Hinterwänden der Capellen sitzen halbkreisförmige Fenster, zwischen den Säulen aber eingequetschte Nischen, je zwei übereinander. Die Façade, Fig. 23, gleicht in der Disposition denen von *S. Giorgio* und *San Francesco*, hat aber viel bessere Verhältnisse als jene; namentlich ist der Unterschied zwischen den Maassen der grossen und kleinen Säulenordnung hier nicht so übermässig, auch fehlen hier glücklicher Weise jene hohen Postamente; ferner wirkt die Flankirung der Kuppel durch die spitzen Thürme ganz angenehm, wenn auch die Form dieser Thürme sowie der Kuppel Manches zu wünschen übrig lässt.

**Convertite.** Ob die 1579 geweihte Kirche *S. Maria Maddalena delle Convertite*, wie Manche annehmen, von ihm gebaut sei, ist nicht zu entscheiden. Das Kirchlein ist ziemlich unbedeutend.

**Theater in Vicenza.** 1580 den 23. Mai begonnen, 1584 erst vollendet, ist das berühmte *Teatro Olympico* zu Vicenza, eine Nachahmung der antiken Theater, aber mit Veränderungen und Zuthaten, die durchaus nicht im Geist der Antike sind; dahin gehört die Form des Grundrisses der *Carea* als halbe Ellipse, die höchst überladene, in vielen Theilen barocke Architectur der Scena und die perspectivisch gebauten Strassen, welche hinter den Thüren der Scena beginnend, das Postscenium einnehmen, und alle aufgewendete Mühe und Kosten schlecht lohnen, indem sie gar keine Illusion erzeugen.

**Zitelle.** Die Kirche *Sa. Maria delle Zitelle* wird ebenfalls dem *Palladio* zugeschrieben; allerdings hatte dieser kurz vor seinem Tode eine Zeichnung dazu geliefert, aber die Ausführung begann erst 1583 unter *Jacobo Bozzetto*, und dieser erlaubt sich sehr viele Veränderungen. Der Grundriss ist ein Quadrat mit abgestumpften Ecken, auf denen eine Kuppel ruht. Die Decoration, bestehend aus corinthischen Pilastern auf

ziemlich niedrigen Postamenten, hat angenehme Verhältnisse und scheint
von *Palladio* zu sein. Die Façade ist in zwei Geschosse getheilt. An
den Ecken stehen je zwei corinthische Pilaster ziemlich nah aneinander;
die unteren sind ziemlich schlank und stehen auf Postamenten; die
oberen stehen auf durchlaufendem Plinthus und sind zu niedrig im Verhältniss zu den unteren sowohl, als zu dem ziemlich hohen Fronton;
im Mittelfeld steht unten das Portal, flankirt von Pilastern auf Postamenten, die ein Fronton tragen, alles in ziemlich guten Verhältnissen;
der Kämpfer läuft weiter und dient als Sohlbank für zwei übertrieben
schlanke Fenster, welche viel zu nahe am Portal stehen; im oberen
Mittelfelde steht ein riesiges Halbkreisfenster, welches alles Lobenswerthe der übrigen Façade nicht zur Wirkung kommen lässt. Die
Kuppel und die beiden Thürmchen erinnern an die Kirche zu Maser.
Die Glieder sind nicht gar zu fein, namentlich das untere Gebälk streift
an das Plumpe.

Die Kirche *Sa. Lucia* galt lange für einen Bau des *Palladio*. *Ma-* Sa. Lucia.
grini[1] aber hat das Gegentheil zu beweisen geglaubt; 1192 war sie
unter dem Namen *dell' Annunziata* geweiht worden, erhielt aber später
den Namen *Sa. Lucia.* 1561 hatte *Girolamo Venier* den Bauplatz für
8000 Ducati gekauft, *Leonardo Mocenigo* hatte einen Neubau begonnen,
und vor 1580 die Capelle geweiht,[2] durch *Mocenigos* Tod war aber
der Bau unterbrochen worden. 1582 erhielten die Nonnen die Rüst-
hölzer von der Kirche *del Redentore* zur Erbauung der neuen Kirche,
welche am 8. Mai 1586 geweiht ward. Nach alledem kann sie aber
recht wohl von *Palladio* entworfen sein. Der Grundriss zeigt ein Vestibül, durch das man in das quergestellte Hauptschiff eintritt; das Tonnengewölbe desselben wird durch zwei übereinander gestellte Ordnungen
getragen. Die untere, aus jonischen Halbsäulen bestehend, trägt auf
ihrem Gebälk die Bogen der Capelle etc., und zugleich die bedeutend
kleineren corinthischen Halbsäulen, deren Gebälk den Kämpfer des
Tonnengewölbes bildet. Die Beleuchtung vermitteln die leidigen Halbkreisfenster, die *Palladio* so liebte und die hier, wie überall wo er sie anwendete, durch zwei vertikale Pfosten auf höchst unorganische Weise getheilt sind; zwischen den Säulen sitzen Nischen. Die Façade stammt aus

---

[1] S. dessen *Memoria intorno la vita e le opere di Andrea Palladio* Padua
1845 pag. 261; das Werk ist überhaupt wegen seiner Gründlichkeit sehr zu
empfehlen.

[2] S. *Sansorino Venetia descritta* pag. 53 a; in den Mittheilungen der K.
K. Centralcommission 1858 pag. 28 ist fälschlich angeführt, dass *Sansorino* diese
Kirche nicht erwähnt.

den Jahren 1609—11 und ist höchst unbedeutend. Die Details sind allerdings nicht palladianisch, was auch bei der erst nach *Palladios* Tod geschehenen Ausführung ganz natürlich ist.

Eigenthümlich ist es, dass *Palladio* keinen Palast in Venedig gebaut hat, während so viele venetianische Edle ihm den Bau ihrer Landhäuser übertrugen. Allerdings ging er bei seinen schönen imposanten Grundrissen nicht gerade sparsam mit dem Platze um, und in Venedig war diess gerade ein Haupterforderniss. Zwar wird ihm der grosse Hof des Palastes *Erizzo*, später *Morosin*, jetzt *Valmarana* bei *S. Cancian* zugeschrieben, doch fehlt dafür aller Nachweis.

Schüler hatte er nicht, ebenso wenig fand er vor und unmittelbar nach seinem Tod Nachahmer. Seine kalte nüchterne und sehr schmucklose Nachbildung der Antike passte nicht zu der glühenden Leidenschaftlichkeit, zu der üppigen Sinnlichkeit, welche in Charakter und Lebensweise der venetianischen Edlen sich zeigte.

**Sebastian Serlio,** gegen 1480 geboren, Schüler des *Baltassar Peruzzi*, ebenfalls einer der Ersten, die antike Gebäude ausmassen und Zeichnungen davon veröffentlichten, ging mit seiner Familie 1541 auf einen Ruf des Königs Franz I. nach Frankreich, wo er am Louvre etc. thätig war, und 1552 in Fontainebleau in Armuth starb. Ehe er nach Frankreich ging, soll er in Venedig gewesen sein.

Seine Ansprüche auf den Entwurf von *San Sebastian* sind schon S. 105 beleuchtet worden; sein Antheil an dem Gutachten über *Sansorinos* Entwurf zu *S. Francesco della Vigna* wurde S. 179 erwähnt.

Nicht nachzuweisen ist der von Einigen ihm zugeschriebene An-

*Fig. 23.*

Sebastian
Serlio.

theil an dem Bau von *S. Rocco;* möglich ist es allerdings, dass er unter denen wegen Veränderung der Treppe zu Rathe gezogenen Architecten war, s. S. 137.

Höchst unwahrscheinlich ist die ihm zugeschriebene Autorschaft am *Pal. Grimani* in Ruga Giuffa, s. S. 174.

An dem *Pal. Zeno* sind blos einzelne Theile mit Wahrscheinlichkeit ihm zuzuschreiben. s. S. 134.

Mit mehr Wahrscheinlichkeit schreibt man ihm den *Pal. Bembo,* jetzt *Correr* am Grossen Canal, gegenüber *S. Ermagora e Fortunato* zu, welcher gegenwärtig das Städtische Museum enthält. Derselbe ist leider nicht ganz vollendet. Im Erdgeschoss enthält er drei Rundbogenportale, jedes von zwei quadratischen Fenstern flankirt, deren Sohlbänke von hohen Consolen getragen werden. Da über den Portalen auf den dieselben einfassenden Pilastern Gebälke liegen, deren Obergesims, durch die in einem ungewöhnlich hohen Fries angebrachten Consolen getragen, sehr hoch liegt, konnten die ziemlich schlanken scheitrechten Fenster der Mezzani nur über jenen Fenstern, nicht auch über den Portalen angebracht werden. Direct auf die Mezzanafenster legt sich ein Gebälk und darauf die Brüstung des ersten Hauptgeschosses, über dem sich dieselbe Anordnung wiederholt. Die beiden Hauptgeschosse sind nach der alten venetianischen Weise disponirt, in der Mitte ein viertheiliger Pergolo, zu den Seiten je zwei Fenster mit breitem Mittelpfeiler; dabei stehen die beiden äussersten Oeffnungen des Pergolo und die beiden Seitenfenster direct über jenen Mezzanafenstern. Die Verhältnisse dieser Hauptgeschosse sind ganz angenehm; nur ist zu bedauern, dass *Serlio* die jonischen resp. corinthischen Pilaster, welche die im Rundbogen geschlossenen Fenster flankiren und die Gebälke tragen, wahrscheinlich um sie schmal und zierlich machen zu können, noch auf Postamente gestellt hat, welche wiederum auf, in der Brüstungshöhe stehenden Consolen ruhen; hätte er diese Postamente, wie die Lombardi es zu thun pflegten, als Unterschaft gestaltet und dabei den Pilastern ein wenig Verjüngung gegeben, so wäre die Façade eine der besten jener Zeit; vor jedem Pergolo liegt ein Balkon, dessen Brüstungspfeiler, als steilstehende Consolen gestaltet, Blumenvasen tragen, während die den Balkonfussboden tragenden Consolen in den Fries des unterstehenden Gebälks eingesetzt sind.

Ueber den Hauptgeschossen steht noch eine Mezzana mit sehr einfachen quadratischen Fenstern und starkem Hauptsims.

Ob noch mehr Arbeiten *Serlios* in Venedig sich befinden, weiss ich nicht.

**Antonio da Ponte** *(Conte).* Bis jetzt ist es noch nicht gelungen,

*Pal. Bembo.*

*Antonio da Ponte.*

genau nachzuweisen, ob dieser Künstler eigentlich *Da Ponte* hiess, oder
ob diess nur ein Beiname war, den er von seinem Hauptwerk, der
Brücke von Rialto, erhielt. Letztere Angabe, obgleich von Einigen,
z. B. von *Zanotto* in seinen Noten zu *Cicognaras Fabbriche di Venezia*
bestritten, gewinnt dadurch an Wahrscheinlichkeit, dass ein *Antonio
Contino* als sein Neffe oder Enkel genannt wird. Ziemlich sicher ist,
dass er 1512[1]) in Venedig geboren ward. Nach *Temanza* war er ein
Schüler des *Scarpagnino;* als dieser 1558 starb, wurde er sein Nachfolger als *Proto del Sale.* In der ihm in diesem Amt obliegenden Aufsicht über die öffentlichen Gebäude am Rialto und am Platz und über
die Salinen zeigte er grosse Gewissenhaftigkeit; so besserte er z. B. mit
vieler Umsicht die baufälligen Säle der *Beccheria vecchia* am Rialto
aus, wählte vereint mit *Palladio* den Platz zur Erbauung der Kirche
*del Redentore* etc. 1570 im Krieg gegen die Türken stand er den Restaurationen vor, die an den Befestigungen des Festlands, Istriens und
Dalmatiens vorgenommen wurden. Bei dem Brand von 1574 leitete er
die Löscharbeiten, mit muthiger Verachtung der Lebensgefahr sich mitten in die Flammen stürzend, und rettete dadurch die Archive; 1575
und 76 restaurirte er den Saal des *Collegio* und *Anticollegio.* Die
Plafonds, die er hier entwarf, sind zwar ziemlich schwer in der Eintheilung, aber elegant und ungemein reich in der Ausschmückung.

Dogenpalast.     1577 im December nach dem grossen Feuer, bei dem er wieder
mit der grössten Aufopferung die Löscharbeiten geleitet und die Zimmer des *Collegio dei Dieci* gerettet hatte, war er unter der kleinen Anzahl der zu Rathe gezogenen Architecten, welche es für möglich hiel-
ten, die Schäden zu repariren, ohne die Architectur des Gebäudes zu
verändern, indem er in seinem Gutachten Folgendes auseinandersetzte:

I. Die Mauern selbst hätten nur wenig gelitten, die Beschädigung
beschränke sich grösstentheils auf die Bekleidungssteine, welche man
leicht umtauschen könne.

II. Nach dem Umtausch dieser Steine, nach Einziehen der nöthigen
Anker etc. könne man die schwerste Balkenlage und Dachconstruction
aufbringen ohne Gefahr.

III. Die Mauer des *Paradises* habe sich wegen der vielen Oeffnungen in den unteren Gefängnissen ungleichmässig gesenkt und dadurch den Bauch in der Umfassungsmauer erzeugt, wodurch auch die
Säulen der obern Gallerie und der Corridor sich gesenkt haben an der
Ecke des *Ponte di Paglia.*

IV. Diese Mauer sei aber trotzdem noch gesund, und durch eine

---

[1]) *Milizia* nennt ihn *Giovanni da Ponte*, mit welchem Grund wissen wir nicht.

tüchtige Verankerung könne sie gehalten werden, jedoch seien 13 Capitäle durch neue zu ersetzen. Die ganze Reparatur sei nach seinem
Dafürhalten binnen acht Monaten zu bewerkstelligen. Diesem Gutachten trat der Senat am 21. Februar 1578 bei, und *Antonio* führte
demgemäss die Reparatur aus.

37 Capitäle wurden wegen ihrer Sprünge mit Eisenringen umlegt.
Der Endbogen der Halle nach dem Rio zu, sowie die beiden ersten
und der fünfte Bogen an derselben Ecke nach der Riva heraus wurde
zugemauert, ohne jedoch die Gliederungen dieser Bogen zu verstecken.
Stützbogen wurden über den unteren und oberen Corridor gespannt,
Mauern und Pfeiler im Innern neu errichtet, dann die Balkenlagen und
das Dach aufgebracht, und letzteres nicht wieder mit Blei, sondern mit
Kupfer gedeckt, weil dieses weniger leicht schmelze, als das Blei; und
all dieses, wie versprochen, in Zeit von acht Monaten. In der That
man weiss nicht, was man mehr bewundern soll, ob diese Schnelligkeit,
oder die ungemeine Sachkenntniss, welche *Antonio* bei diesen Arbeiten
zeigte, oder endlich die schonende Achtung, die er den mittelalterlichen
Formen zollte, in einer Zeit, wo alles Mittelalterliche so sehr verachtet
und als barbarisch angesehen ward.

1579 begann *Antonio* die *Tana* (Seilerbahn). Dieselbe ist 970 Fuss *Tana.*
lang, 70 Fuss breit. Der Dachstuhl wird durch 88 runde Pfeiler von
32 Fuss Höhe in zwei Reihen getragen, so dass das Ganze in drei
Schiffe getheilt erscheint; das Gebäude ist natürlich einfach, aber höchst
verständig und solid.

Nach 1530 übernahm er die Leitung des Baus am Hospital *degli* *Incurabili.*
*Incurabili,* dessen ovale Kirche nach *Sansorinos* Zeichnung von *Antonio*
*Zantoni* begonnen worden war. Von *du Ponte* ist die einfache aber
elegante Hauptthür nach dem Canal der *Giudecca* heraus, welche ursprünglich für einen der Säle des Dogenpalastes bestimmt gewesen
sein soll.

1583 leitete er den theilweisen Umbau der Kirche *Santa Croce,* *Santa Croce.*
deren Portale von diesem Umbau herrührten; sie hatten elegante Verhältnisse, waren aber ziemlich einfach.

1587 ff. *Ponte di Rialto.* Die nach dem Brand von 1513 er- *Ponte di Rialto.*
baute hölzerne Brücke war 1523 zum Theil eingestürzt; schon damals
wurden Projecte zu einer Steinbrücke gemacht, deren Erbauung der
Rath beschlossen hatte; *Michelangelo, Vignola, Sansovino, Scamozzi*
hatten Entwürfe eingereicht. Obwohl nun diese Entwürfe in Bezug auf
Eleganz und consequente Durchführung des Styls sehr werthvoll sein
mochten, so waren sie doch einestheils dem Bauplatz, anderntheils den
Verkehrsverhältnissen durchaus nicht angepasst, und als man endlich

1587 zur Ausführung schritt, wurde *Antonio* mit der Ausführung beauftragt, welcher er den einen Entwurf *Scamozzis* zu Grunde legte, aber
mit so wesentlichen Veränderungen in constructiver und architectonischer
Beziehung, dass man die Brücke eigentlich für eine Originalarbeit *da
Ponte* ansehen muss; er liess Fangedämme schlagen, das Wasser dazwischen auspumpen, den Grund selbst in der Mitte des Canals bis zum
gewachsenen Boden ausgraben; dann liess er 12.000 Stück 10 Fuss
lange Ulmenpfähle so einschlagen, dass die mittelsten Gruppen derselben
16 Fuss unter dem Strassenniveau blieben, zu beiden Seiten aber zwei
grosse Stufen sich bildeten; nachdem nun darauf ein Boden von 9 Zoll
starken Lärchenpfosten gelegt, und durch Bindehölzer von 40 Fuss
Länge befestigt war, brachte er ein Gusswerk von Kalk und Steinen
auf, wodurch er zwei nach der Mitte zu geneigte Flächen gewann; ehe
er aber anfangen konnte, den Bogen gegen diese Flächen zu wölben,
hatten seine Feinde und Neider das Gerücht verbreitet, dass die Fundamente schlecht seien; dadurch wurde der Senat bewogen, eine Untersuchung derselben anzuordnen, deren Resultat für *Antonio* höchst ehren-
voll war; nachdem so seine Feinde zum Schweigen gebracht waren,
wurde am 9. Juni 1588 der erste Stein gelegt, und bereits 1591 war
die Brücke vollendet. Der Bogen hat nach den Ausmessungen *Cicognaras* 83 Fuss Spannung und 18 Fuss 5 Zoll Stich. Die Breite der
Brücke beträgt 66 Fuss. Wie wohl allgemein bekannt, ist nur ein kleines Stück der Bahn über dem Schluss des Bogens horizontal und durch
flache Treppen mit dem viel tiefer liegenden Strassenniveau verbunden;
den Aufbau mit den Kaufläden liess nun *Antonio* nach derselben Linie
aufsteigen, unterbrach aber die Reihen oben durch grosse seitwärts ge-
öffnete Bogen, welche mit Satteldächern bedeckt sind, deren Neigung
der der Budenreihe parallel ist; diese Bogen sind mit Rustik versehen
und durch gleichfalls bossirte Pilaster flankirt. Dass das Gebälk dieser
Pilaster nicht durchläuft, sondern blos in kurzen Kröpfen auf den
Pilastern liegt, welche das steigende Frontongesims tragen, dass der
Bogenschluss höher liegt, als der Obersims dieser Kröpfe, mag allerdings ein grosser Verstoss gegen die Regeln Vitruvs sein; aber auf
welche andere Weise hätte er wohl den leichten Effect erzielen können,
den das nahe Aufliegen des Dachs auf den Bogen macht; früher wo
die Bögen der Verkaufslocale (sechs auf jedem Gang) noch offen waren,
mögen auch sie eine leichtere Wirkung gemacht haben, als jetzt. Diese
Läden stehen in zwei Reihen von je 14 Fuss 5 Zoll Tiefe, der Weg
dazwischen ist 18 Fuss 6 Zoll breit. Die Seitenwege sind halb so
breit und nach aussen durch ein Doggengeländer eingefasst, was allerdings kräftig, aber durchaus nicht übertrieben plump ist; vielfach ist

getadelt worden, dass die Verkaufsläden in aufsteigenden Reihen angebracht sind, indem zwischen den Podesten, von denen aus man in
dieselben tritt, allemal je vier Stufen liegen; aber erstens würde durch
eine Treppe am Ende der Brücke sehr viel Platz auf dem ohnehin bei
seiner Bestimmung für den Handelsverkehr sehr engen Terrain verloren
worden sein, und dann würde nach meinem Dafürhalten die Masse der
Brücke, wenn oben horizontal abgeschlossen, nicht nur an sich viel
schwerer, sondern auch im Vergleich zu den umstehenden Gebäuden
viel zu mächtig geworden sein. Die Details selbst sind zwar nicht
sehr elegant, aber doch verständig angeordnet; diese Bemerkungen habe
ich für nöthig gehalten, weil die Brücke fast allgemein als geschmacklos, ja als hässlich geschmäht wird. Die beiden Gebäude an der Ecke
der Brücke und der *Piazza di Rialto* sind ebenfalls von *Antonio;* sie
sollten dazu dienen, das Erdreich an den Widerlagern zu belasten. Im
Erdgeschoss haben sie bossirte Arkaden, dann folgt eine Mezzana mit
scheitrechten Fenstern, dann zwei Geschosse mit Rundbogenfenstern,
vor denen Balkons mit Doggen liegen, und dann noch eine Mezzana.
Balkenlagen, Brüstungshöhe und Kämpfer sind durch horizontale Putzstreifen markirt, deren auf diese Weise neun wurden, offenbar eine viel
zu häufige Horizontaltheilung.[1])

1589 *Prigioni publicche.* Die Gefängnisse der Republik waren   Gefängnisse.
bisher im Dogenpalast selbst gewesen; da man sie aber verlegen wollte,
wurde *Antonio* mit dem Bau eines neuen Gebäudes an dem *Rio di palazzo,* auf der andern Seite des *ponte di paglia* beauftragt. Die Hauptfaçade ist der Riva zugekehrt; sie ist in zwei Geschosse getheilt; das
untere zeigt bossirte Arkaden, deren Schlusssteine mit Löwenköpfen
besetzt sind; auf mächtigem Gurt steht das Obergeschoss, die ebenfalls
bossirte Mauerfläche wird durch ziemlich schwache römisch-dorische
Halbsäulen unterbrochen, die durch angesetzte Halbpilaster verstärkt
sind; dazwischen stehen etwas zu grosse scheitrechte Fenster, deren
Doggenbrüstungen als Theile des niedrigen Stylobats erscheinen; die
Verdachungen sind abwechselnd spitz und segmentförmig. Der Hauptsims ist dorisch, doch dahin modificirt, dass die Triglyphen sich als
mächtige Consolen vorlegen; die Seite nach dem Rio mit durchgeführter
Bossage und drei Reihen kleiner Fenster trägt den vollständigen Charakter eines Gefängnisses; die Einrichtung ist höchst zweckmässig,

---

[1]) Ueber den von *Bottari* und nach ihm von *Füssli* angeführten *Dionigio
Boldo* aus Pralboino, welcher „„seine ungemeine Kunst an der Rialtobrücke
zeigte, und 1604 im Dienst der Republik zu Padua starb"" fehlen weitere Nachrichten.

namentlich ist für die Ventilation sehr gut gesorgt. *Antonio* starb noch vor Vollendung des Baues den 20. März 1597 und wurde in *San Maurizio* begraben. Er soll auch eine sehr zweckmässige Wasserhebmaschine erfunden haben.

**Paolo da Ponte.** *Paolo da Ponte* aus Venedig, nach *Temanza* ein Bruder des *Antonio*, stand 1567 im Dienst der Republik als Hydrauliker, gab auch in Bezug auf die Regulirung der Lagunen mehrere Gutachten, und wurde selbst bei dem Bau der Rialtobrücke mit zu Rathe gezogen.

**Bernardo Contini.** *Bernardo Contini*, nach *Temanza* ebenfalls ein Bruder *Antonios*, restaurirte 1520 die Kirche *S. Giovanni Nuoro*, s. S. 137.

Zwischen 1540 und 70 fertigte er die Denkmale der Familie *Cornaro* in *San Salvadore*. Das älteste ist das der *Catterina Cornaro* im rechten Kreuzarm.

Auf einem grossen Stylobat, in dessen Mitte sich eine Thür befindet, stehen vier Piedestale mit jonischen Säulen; die mittlere Intercolumnie enthält ein blindes Fenster; in den Seitenfeldern stehen zwei Särge, auf denen, auf den Ellbogen gestützt, und seitwärts schauend, Portraitfiguren liegen,[1]) von hässlichen Baldachinen überdeckt; über das Mittelfeld legt sich ein Spitzfronton, über das Ganze dann noch ein in der Mitte durchbrochener Segmentfronton; die Reliefs in den Feldern des Stylobats sind weniger als mittelmässig.

Das andere Denkmal enthält die Särge dreier Cardinäle aus dem Hause *Cornaro*, und ist dem ersten ganz gleich disponirt.

**Gian Antonio Rusconi.** **Gian Antonio Rusconi**, um 1520 geboren, studirte bei *Nicolo' Tantaglia* Mathematik, erfand dann eine neue Mühlenconstruction, auf die er ein Privilegium für 30 Jahre erlangte; später wurde er vom *Magistrato alle acque* angestellt, und arbeitete an der Regulirung der Flüsse, Canäle und Lagunen; er baute für *Francesco Pisani* ein elegantes Casino auf dem Lido von Malamocco, welches vielfach an *Palladio* erinnert; er ertheilte Rath bei der Ornamentirung des öffentlichen Palastes in Brescia, und gab 1578 ein Gutachten über die Restauration des Dogenpalastes; er entwarf die Architectur für den Altar der Weinhändler in *S. Silvestro* und den Altar des Sacraments in *S. Giuliano;* ferner gab er 1590 den Vitruv mit Ergänzung der bekanntlich verloren gegangenen Figuren heraus, welches Werk binnen zehn Jahren eine zweite Auflage erlebte.

**Giacomo Bozzetto.** *Giacomo Bozzetto* gehört zu den wenigen Architecten, die bei Begutachtung der Beschädigungen am Dogenpalast die Meinung des *An-*

---

[1]) Diese Figuren werden, aber wohl mit Unrecht, dem *Jacobo Sansovino* zugeschrieben.

tonio da Ponte theilte, indem er sogar die Behauptung aufstellte, dass er
durch Anbringung der von ihm vorgeschlagenen Verrankung sicherer
werden würde, als da er gebaut worden sei. Später leitete er bis an
seinen Tod die Ausführung der Kirche *delle Zitelle* (1583—86).

Daniele Barbaro, Patriarch von Aquileja, gab 1556 eine Ueber- Daniele Barbaro.
setzung des Vitruv nebst Commentar heraus, wo er sich namentlich als
Meister in der Perspective zeigte; die Figuren sind von *Palladio* gezeichnet. Ferner soll *Barbaro* einen Palast *Trevisan* in Murano und
1579 den Plafond im Saal *del Consiglio dei dieci* entworfen haben;
dieser Plafond ist allerdings viel zu schwer, und auch in den Ornamenten plump.

Cesare Franco aus Padua fertigte das Tabernakel in *S. Antonio* Cesare Franco.
und mehrere andere Arbeiten in seiner Vaterstadt; nachdem er zum
Proto des *ufficio del proprio* ernannt worden war, errichtete er (circa
1567) das Monument der Dogen *Lorenzo* und *Girolamo Priuli* in *San
Salvador*, in welchem er den *Sansovino* nachzuahmen suchte. In den
zwei Intercolumnien der unteren corinthischen Säulenstellung stehen die
Sarkophage mit liegenden Portraitstatuen, noch nach alter Weise als
Todte dargestellt, zwischen den oberen compositen Säulen stehen zwei
Statuen des *Campagna*, die Heiligen Laurentius und Hieronymus. Ob-
gleich die Verhältnisse correct, die Profile elegant sind, wirkt das Denk-
mal wegen seiner Zweitheiligkeit nicht angenehm, indem eine Säule die
Mitte desselben einnimmt.

Im Nachstehenden folgt noch eine chronologisch geordnete Reihen
folge von Arbeiten, welche nach ihrer Richtung der in Rede stehenden Periode angehören, aber zur längern Besprechung nicht wichtig
genug sind.

1516 fertigte *Guido Lizzaro* ein Broncerelief, die Enthauptung Jo- Guido Lizzaro.
hannes des Täufers für das Baptisterium von *San Antonio* in Padua;
es lehnt sich an die Manier des *Titian Minio* an, der nach Einigen
*Guidos* Sohn gewesen sein soll.

1520 fertigte der Goldarbeiter und Bildhauer *Bartolomeo*, Sohn des
*Clemente Spanno* aus Reggio zwei Büsten des *S. Prosdocinus* und der Clemente
Spanno.
*Sa. Justina* in Silber für die Kirche *S. Giustina* in Padua, sowie Reliefs, die Geschichte dieser Heiligen darstellend, ferner in Casino ein
silbernes Bücherbeschläge, Säulen im Kreuzgang von *San Pietro* in
Reggio, 1525 das Grab des *Maleguzzi*, Bischofs von Arlotti in der Cathedrale zu Reggio (die Grabschrift dient jetzt als Gussstein in der Küche
des Canonicats) und endlich das Grabdenkmal der Heiligen Chrysantus
und Daria.

1527—1530 fertigte *Valerio Belli*, genannt il *Vicentino*, geboren Valerio Vicentino.

1479, gestorben 1546, ein Kreuz und zwei Leuchter aus Bergkrystall
für den Papst Paul III.; sie kamen an die Familie *Grimani* in Venedig, von welcher sie 1835 für 3000 Francs an *Mr. de Bruge* in Paris
verkauft wurden. Andere Werke von ihm in Altargeschirr, Edelstein-
schnitzereien etc. befinden sich im Gemmencabinet der florentiner Gallerie; er schnitt auch Medaillen.

1528 wurde die *Scuola dell' Annunziata dei Zoppi*, welche 1007
erbaut war und den Einsturz drohte, auf Kosten der Familie *Morosini* umgebaut; sie ist noch jetzt jeden 25. März dem Gottesdienst geöffnet.

*Brunnen.*    1530 wurden die Brunnen auf dem *Campo S. Margarita*, 1534
die auf dem *Campo Sa. Marina* aufgestellt. Die Brunnen der hier in
Rede stehenden Periode sind grösstentheils unten rund, oben achteckig
an den Ecken, oft auch in der Mitte der Seiten, stehen Akanthusblätter
mit Voluten, dazwischen stehen Genien, die Festons halten; ein sehr
schönes Beispiel dieser Art steht auf dem *Campo S. Giovanni e Paolo*
nicht weit von dem Denkmal des *Colleoni*.

*Andrea Spi-*    1535 den 29. Juli wurde dem Münzmeister *Pietro Benintendi* wegen
*nelli.*  seiner Kränklichkeit *Andrea Spinelli* als Adjunct beigegeben, mit einem
Gehalt von 3 Ducati den Monat, den 24. Mai 1540 starb der Münzmeister *Battista Baffo*, dessen Stelle *Spinelli* einnahm, bis ihm 1572 sein
Sohn *Marcantonio* folgte. Aus den Jahren 1534—39 existiren mehrere
sehr schöne Medaillen von *Andrea*, unter diesen eine mit *Sansovinos* Façade von *S. Francesco della Vigna*.

1536 lieferte *Sebastian Schiavoni* die Chorstühle in *San Marco*.

1539 brannte die Kirche auf der Insel *San Segondo* ab, wurde aber
wieder restaurirt.

1540—50 blühte der Cameenschneider *Francesco Anichino* aus
Ferrara, welcher lange in Venedig wohnte.

Von 1540 circa datirt ein Altar in *S. Trovaso*, welcher etwas an
den Styl der Lombardi erinnert; die Hinterwand stellt im Relief die
perspectivische Ansicht einer Capelle dar.

Von 1543 datirt das Grab des *Cesare Alberghetto* in *S. Domenico*; von 1547 das Monument des streitbaren Bischofs *Jacopo Pesaro*
in *S. M. ai Frari*. Auf dem Sarg liegt die Portraitfigur, im bischöf-
lichen Gewand, auf den Ellbogen gestützt und hoffnungsvoll gen Himmel
blickend; die Gewandung ist sehr naturgemäss, der Kopf voller Ausdruck
und Leben. Auch die Genien neben der Urne sind geschickt gearbeitet.

*In Brescia.*    1550 circa arbeitete *Antonio Maria Colla* aus Padua den Fries und
die Pilaster, *Ludovico Ranzi* aus Ferrara die Statuen an der *Loggia
pubblica* in Brescia.

Um dieselbe Zeit lieferte *Antonio Minelli di Bardi* eines der Reliefs in *S. Antonio* in Padua. sowie eine Heilige Justina äusserlich an derselben Kirche, *Severo di Ravenna* aber einen heiligen Johannes ebendaselbst. Diese Arbeiten schliessen sich mehr der florentinischen Richtung an.

1550 arbeitete *Girolamo Pironi* einige Pilasterfüllungen in *S. Antonio* in Padua.

Von 1553 datirt ein Camin im Dogenpalast im Saal *della Bussola*, dessen feines Gebälk von Caryatiden getragen wird; möglich, dass sie dem *Francesco Segala* angehören.

Aus demselben Jahre stammt der Eingangsbogen im Vestibül des Saals *del maggiore Consiglio*, jetzt Bibliothek; es ist diess eine nur mittelmässige Arbeit, welche aber Anklänge an *Palladio* zeigt.

1551 wurde *S. Giorgio dei Schiavoni* gebaut.

1553 lieferte *Girolamo del Pozzo* und *Antonio de Gazin* gemein- schaftlich die Stufen des Altars etc. in *San Sebastian*.

An San Sebastian.

Von 1553 bis 58 wird am Plafond dieser Kirche gearbeitet, der von *Paul Veronese* entworfen, etwas unruhig und ungleichmässig in der Cassettenvertheilung, aber äusserst geschickt in der Profilirung ist.

1558 ist ein Holzschnitzer *Jacopo* daran beschäftigt; in demselben Jahre schlägt der Blitz in den Campanile ein.

1558 und 59 arbeitet *Francesco Fiorentino* die Verzierungen an dem von *Paul Veronese* gezeichneten Orgelgehäuse. Die Orgel selbst wird laut Accord vom 19. October für 400 Ducati von *Alessandro Visentin*, Orgelbauer des Palastes, geliefert, welcher am 27. Juli 1560 die letzte Zahlung empfängt. Die Anfertigung des Gehäuses hat der Tischler *Domenigo de Treviso* am 26. October für 100 Ducati übernommen, am 3. Juli 1559 erfolgt die letzte Zahlung.

1559 am 4. September beginnt der Vergolder *Bartolomeo* seine Arbeit an diesem Orgelgehäuse. In demselben Jahr liefert *Francesco Fiorentino* die Chor- und Beichtstühle, höchst elegante Arbeiten und 1560 mit *Domenigo de Treviso* zusammen nach Zeichnungen des *Jacopo di Piero* die Boiserien der Wände im Chor, aus Lärchenholz und Nussbaum.

1558 beginnt der Steinmetz *Salvatore à S. Maurizio* den Altar, die Fussböden, Bänke etc. der *Capella maggiore* nach *Paul Veronese's* Zeichnung auszuführen, und empfängt dafür bis zum 28. Februar 1562 im Ganzen 380 Ducati aus dem Vermächtniss der *Cattarizza Corner*, welche in der Predella des Altars begraben wird.

Den 19. April 1562 wird die Kirche geweiht.

Von 1554 datirte das Grab des *Girolamo Querin* in *San Domenico*.

1555 arbeitete *Agostino Zoppo* zwei der Sclaven am Denkmal des *Contarini* in *S. Antonio* in Padua.

1556 wurde die Kirche *S. Maria della Cà di Dio* erweitert.

In demselben Jahre wurden die zwei Grabmäler der *Gritti* in *S. Francesco della Vigna* begonnen; jedes derselben besteht aus vier compositen Dreiviertelsäulen auf Piedestalen mit angelegten Pilasterstückchen und gekröpftem Gebälk; die Inschriftstafel in dem Mittelfeld gleicht einem vermauerten Fenster; das Fronton ist in der Mitte durchbrochen, um einer geschmacklosen Vase Raum zu geben. Die Ornamente sind barock.

1557 datiren zwei Denkmäler der Familie *Venier* in *S. Maria del Carmine.*

Von 1562 die Statue des *Giustiniano Giustiniani* in *Sa. Croce* auf der *Giudecca.*

1563 und 64 wurde die Kirche *S. Segondo* restaurirt; sie sollte ganz umgebaut werden, aber *Giovanni da Zon*, Proto der Maurer im Arsenal, der den Entwurf gemacht, starb, und dadurch wurde der Bau hinausgeschoben. *Giovanni* wurde in seinem Erbbegräbniss in *S. Domenico* bestattet.

Von 1567 datirt die einfache aber elegante, nach Art eines Triumphbogens disponirte Thür, welche die Südseite der obern Halle im Dogenpalast schliesst und den Eingang in den Saal *del Uditor nuoro* bildet; auf Postamenten stehen dorisch-cannelirte Halbsäulen und tragen ein Gebälk, was augenscheinlich vom Theater des *Marcellus* copirt ist. Das Ganze ist gedrückt und plump.

Von 1570 circa datiren die Gräber des *Lodorico Dolce, Dionigio Atonagi* und *Alfonso Ulloa* (welche in einem Grabe ruhen) und des *Pietro Aretino*, letzteres mit Portrait, sowie des *Girolamo Ruscelli*, sämmtlich in *S. Luca.*

Aus derselben Zeit stammt das Grab des *Aloise Gritti* in *S. Pantaleone.*

1571 wurde der Körper des *Marcantonio Bragadin* in einem nicht uneleganten Sarkophag in *S. Gregorio* beigesetzt.

Von 1572 datirt das Grabmal des *Andrea Cicrani* in der Kirche *del Carmine.*

Von 1578 circa stammt eine der Thüren der *Scala del maggiore Consiglio* im Dogenpalast, vielleicht von *Antonio da Ponte* entworfen; sie ist ernst und einfach, dabei aber elegant in den Verhältnissen; jedoch sind die Consolen, die die Verdachung tragen, zu schmal.

1583 stellt *Onorio Belli* aus Vicenza im Auftrag der Republik Nachgrabungen auf der Insel Candia an, und schickte Zeichnungen der dabei entdeckten römischen Baureste ein, welche sich jetzt in der *Bibliotheka Ambrosiana* zu Mailand befinden.

Minder zuverlässige Nachrichten als die obigen sind folgende: Minder zuverlässige Nachrichten. 1475—85. Den *Palazzo Grimani à S. Polo, s. S. 125*, soll ein *Lodovico Lombardo* gebaut haben.

Um 1520 fertigte *Giovanni Maria Paduano* zwei Statuen auf dem Altar und einen Moses auf dem Weihbecken in *San Spirito*.

1525 lieferte *Andrea Aquila* aus Trient eine Statue der Madonna in der Kirche *S. Maria dei Crocechieri*.

Um 1536 diente *Ludovico Famicelli* der Republik als Kriegsbaumeister. Um dieselbe Zeit soll *Simon Bianchi* aus Florenz in Venedig als Bildhauer gearbeitet haben.

1540 soll ein Buchhändler *Marcolini* eine Brücke in Murano entworfen haben.

1545 circa soll *Michel Angelo Venier* aus Venedig die Broncethür an der Capelle des Sacraments in *San Antonio* in Padua gemacht haben.

Um 1550 wirkte ein *Giovanni Rosto* aus Flandern unter *Sansovinos* Aufsicht vier Teppiche für die Markuskirche nach *Giov. Batt. del Moros* Cartons.

Um 1560 schrieb *Francesco Floriani* aus Udine, gleich seinem Bruder *Antonio* Architect, ein Buch über die Baukunst.

Aus derselben Zeit datirt das von *Marc Antonio Sordi*, Architect und Bildhauer aus Padua gefertigte Denkmal des *Sperone Speroni* in dem *Palazzo della Raggione* daselbst.

*Andrea della Valle* arbeitete als Baumeister um 1560 an der *Cortosa Vigo d'Arzere* bei Padua im Styl des *Palladio*.

*Jacopo Sparento*, ein Zimmermann, wurde 1566 dem altersschwachen *Sansovino* als Adjunct beigegeben, und 1570 als Nachfolger *Sansovinos* bestätigt, scheint aber nicht lange im Amt gewesen zu sein.

*Giulio Ballino* gab um 1569 mehrere architectonische Werke in Venedig heraus.

Um 1570 soll ein Conditor *Nicola della Pigna* in Venedig aus Zucker Statuen etc. von wirklichem Kunstwerth gefertigt haben.

Um 1590 starb *Prosper Scarezzi*, genannt *Bresciano*, ein Bildhauer aus Brescia, welcher viel in Rom arbeitete und eine sehr naturalistische Richtung hatte.

Derselben Periode gehören noch folgende Werke an, deren genauere Daten zu ermitteln, uns allerdings nicht gelungen ist. Unbestimmte Werke.

Die Gräber des *Francesco Giglio*, Dilettant in der Bildhauerei und

Malerei und des *Girolamo Giustiniani*, beide sehr elegant in Verhältnissen und Arbeit, in *S. Maria delle Vergine*.

Das Monument der Familie *da Lezze (aï Gesuiti)*. Auf Piedestalen
stehen vier corinthische Säulen: im Mittelfeld befindet sich die Hauptthür der Kirche, zwischen den obern compositen Säulen die Sarkophage
mit Büsten. Das Frontispice ist in der Mitte durchbrochen. Das Ganze
ist eine mittelmässige Arbeit.

Die Capelle *Strozzi* in der Kirche *Santa Soffia*.

Die Paläste *Thiepolo*, jetzt *Comello* in der Nähe von *S. Polo* und
*Da Ponte Carriani* bei *S. Maurizio*, sowie viele andere Wohnhäuser
in verschiedenen Theilen der Stadt. Die reicheren sind mit Pilastern
ausgestattet, zwischen denen die Fenster sitzen; bei den einfacheren
sind die Fenster statt der Gewände durch Pilaster flankirt, welche die
Verdachung tragen; in der letzten Zeit der Periode werden die segmentförmigen Verdachungen Mode. Näher auf diese Wohnhäuser einzugehen, verlohnt kaum der Mühe, da sie sich weder in gutem noch in
schlechtem Sinne auszeichnen.

Noch geben wir am Schlusse dieses Abschnittes unsern Lesern
einige Nachrichten über die Mosaikarbeiter und Holzschnitzer dieser
Periode:

Mosaicisten.   Zwischen 1500 und 1510 finden wir einen Schüler der *Vivarini*,
*Zambono* oder *Gian Bono* in *San Marco* mit der musivischen Darstellung der Geschichte Mariä beschäftigt.[1]

1520 soll *Ludovigo Rossi* in *S. Marco* einen Stammbaum Mariä
nach Zeichnung *Titians* in Mosaik ausgeführt haben; aus demselben
Jahr stammt der heilige Zacharias in der Sakristei, welcher von *Pes
Albet*, auch *Padre Alberto* oder *Alberto Zio* genannt, einem Priester,
gefertigt sein soll, sowie die vom Priester *Crisagno* gefertigte Mosaik
an einem Altar in *San Salvadore*; aus derselben Zeit mögen wohl auch
die Mosaiken der Tribune in *San Salvadore* stammen.

1530 arbeitet *Marco Giuliano Ricci*, von Andern *Lucian Rizzo*
genannt, in *S. Marco* nach *Titians* Zeichnungen.

1535 finden wir die Brüder *Domenico* und *Vincenzo Bianchini* aus
Vicenza bei diesen Mosaiken beschäftigt.

Von 1538 datirt das Gericht Salomons im Atrium von *S. Marco*,
eine Arbeit des *Vincenzo Bianchini*.

---

[1] Derselbe soll auch 1484 die Reliefs am Altar *S. Maria dei Mascoli* ge-
fertigt haben. Sollte er vielleicht ein Sohn des *Giovanni Bon* gewesen sein? s.
Bd. I. S. 265 und 266. Zu Bd. I. S. 156 ist nachzutragen, dass die Capelle
*S. Isidoro* 1348—55 neu ausgeschmückt ward.

1542—52 war derselbe am Stammbaum der Maria nach *Salviatis* Zeichnungen beschäftigt.

1545 begannen die Brüder *Francesco* und *Valerio Zuccati* den Marcus nach *Titian* über der Hauptthür des Atriums und dann die Grablegung, die Madonna und die Auferweckung des Lazarus im Atrium.

Von 1547 datirt die Verkündigung Mariä von *Giovanni Novello* im Archiv von *San Rocco.*

1550 finden wir einen *Pietro Bianchi* aus Venedig an den Mosaiken des Doms von Orvieto beschäftigt, sowie einen *Giovanni Mio*, genannt *Frattini* aus Vicenza.

1550—60 arbeiteten die *Zuccati* und *Bianchini* in der Sakristei von *S. Marco.*

1552—58 fertigten die Brüder *Zuccati* die Altartafel *S. Victor* für die Kirche *S. Maria nuova.* Dieselbe kam bei Schliessung der Kirche nach *S. Giovanni evangelista* und 1832 in die Bibliothek des Dogenpalastes. Ein anderes Mosaik der *Zuccati* befindet sich in der Akademie.

1557 war *Gianantonio Bianchini*, Sohn des *Vincenzo* in *San Marco* beschäftigt.

1566 fertigte *Domenico Santi* die Mosaik am Grab des *Vitale Falier.*

1570 ff. begannen die *Zuccati* die vier Evangelisten, acht Propheten, die vier Kirchendoctoren und mehrere Engel, sowie die Scenen aus der Apocalypse, Christus mit den sieben Leuchtern. Christi Glorie, die Apostel und die Scenen aus dem Weltgericht im Atrium; vollendet wurden diese Arbeiten von *Bartolomeo Bozza* und *Gianantonio Marini*, Schüler der *Zuccati*, nach Zeichnungen des *Tintoretto* und *Maffeo di Verona.*

1579 wurde *Arminio Zuccati*, Sohn des *Valerio*, Meister.

1590 fertigte er die Mosaiks in der Capelle *Ogni Santi* in *S. Pietro di Castello.*

1590 starb *Prosper Bresciano*, nicht mit dem *Prosper Scarezzi* zu verwechseln; derselbe hatte mit *Raffaelo Bresciano* an der Mosaik in *S. Maria Miracoli* in Brescia gearbeitet und soll auch das Fresko an dem von *Barbaro* gebauten *Pal. Trevisan*, später *Donato* in Murano gemalt haben.

Um 1520 soll ein *Francesco da S. Agosta* in Padua einen Hercules von Buchsbaumholz geschnitzt haben.

Um 1530 arbeiteten *Antonio* und *Paolo* aus Mantua die Chorstühle in der Sakristei von *S. Marco.*

Um 1550 arbeitete *Piacentio* die Chorstühle in *Sa. Giustina* in Padua, um dieselbe Zeit soll *Gialto* aus Ferrara als Holzbildhauer und

Holzschnitzerei.

um 1560 *Bolognino Zaltieri* als Formschneider in Venedig gearbeitet haben, sowie *Giovanni Vincentino* als Holzbildhauer.

Um 1570 arbeitete *Gerolamo Cavallerino* aus Modena viel in Holz und Marmor auf venetianischem Gebiet.

*Bernardo Ferando* arbeitete mit *Sebastian Schiavone* an den Schränken der Sakristei von *S. Marco* unter *Sansovino*.

Alle diese Arbeiten zeigen, sowie die ziemlich gleichzeitigen in *S. Sebastian*, ein ganz eigenthümliches Schwanken. Obgleich in der Hauptsache mit antikisirenden Formen verziert, erinnert Einzelnes dennoch an die elegante, halbmittelalterliche Manier der Lombardi, namentlich die laufenden Glieder; die Disposition enthält hie und da noch fast mittelalterliche Momente, die rein ornamentalen Theile und die Manier der Ausführung aber greifen hie und da schon in das Barocke über, welches ja bald mit seinen Schnörkelwesen die reineren Formen der Antike überziehen sollte.

# FÜNFTER ABSCHNITT.

Jahr 1560 — 1750 circa.

Anfang des Verfalls und gänzliches Sinken der Kunst.

Ursachen des Abirrens der Kunst von der Nachahmung der Antike zum Barocken; Alessandro Vittoria, Scamozzi, Campagna bis zu Antonio Gai; Werke dieser Künstler, ihrer Schüler und Nachahmer.

In der ganzen Kunstgeschichte, diesem Spiegelbild der Entwicke-lungsgeschichte der Menschheit, ist nirgends ein Stillstand, nirgends ein langes Beharren bei denselben Formen sichtbar, weil eben ein Stillstand in der Entwickelung der Menschheit wohl zu den Unmöglichkeiten gehört. So lange nun der Gang dieser Entwickelung sich auf dem Gebiete der Künste durch primitive Formen manifestirte, war es ganz natürlich, dass da, wo neue Formen auftauchten, eine geraume Zeit nothwendig war, um diese Formen zum vollgültigen Ausdruck des geistigen Zustandes der Menschheit auszubilden und zu einem vollendeten System heranzubilden, aus welchem dann alsbald wieder neue Formen hervorblühten, an denen der frühere Process von Neuem begann.

Mit dem Eintritt der Renaissance nun hatte dieser naturgemässe Gang eine Unterbrechung erlitten.

Die Ursachen des Erfolgs, welcher die Versuche, antike Formen in der Kunst von Neuem anzuwenden, krönte, sind auf S. IV, V bereits er-örtert worden; ebendaselbst wurde die Unmöglichkeit, die Tradition und den Volkscharakter mit den strengen Regeln des römischen Styls in vollständigen Einklang zu bringen, als Grund für das Abirren zum Barocken angeführt, diese Unmöglichkeit aber beruhte auf verschie-denen Ursachen.

Als Karl V. fast über ganz Europa seine Herrschaft ausbreitete,
vor der, wie wir sehen, selbst die stolze Republik sich beugte, um
nicht zu unterliegen, musste natürlich so manches von der bis dahin
streng aufrecht erhaltenen Nationalität der einzelnen Völker verloren
gehen, deren Sitten sich zu verwischen und gegenseitig auszugleichen
anfingen. Im Wesen des Katholicismus hingegen machte sich, hervor-
gerufen durch die Angriffe des Protestantismus, ebenfalls eine Veränderung sichtbar; die Kirche suchte ihre Autorität diesen Angriffen gegenüber mit äusserster Kraftanstrengung aufrecht zu erhalten, indem sie an
die Stelle des vorher ruhigen, weil unangefochtenen Glaubens den strengen gewaltsam zwingenden Fanatismus, unter der Aegide der Inquisi-
tion, eine forcirte Ueberreizung der Phantasie durch den pomphaften
Gottesdienst, eine auf die höchste Spitze geschraubte Verzückung durch
die überall neu auftauchenden Wunder der Heiligen, und endlich eine
vertrauensvolle Hingebung der Gemüther durch Manifestirung ihrer Ver-
söhnlichkeit mittelst des Ablasses zu setzen sich bestrebten, zugleich
aber auch durch grössere Strenge gegen die Geistlichkeit, durch Ab-
schaffung mancher Missbräuche die Achtung der Gläubigen wieder zu
erringen sich bemühte.

Dadurch gelang es allerdings, die durch Luthers Bemühungen unter-
wühlte Autorität der Kirche aufrecht zu erhalten; auf der andern Seite
aber konnte es nicht fehlen, dass das religiöse Leben dadurch etwas
hastig Leidenschaftliches bekam, was es vorher nicht gehabt, und dass
zugleich das ausserkirchliche Leben sich strenger vom kirchlichen iso-
lirte, als früher, ja dass selbst in der Kirche sich das Aeusserliche vom
Innerlichen trennte, und so eine gewisse Zerrissenheit eintrat, welche
zwar auf die ewig wahren Satzungen, die den Kern des katholischen
Dogmas bilden, keinen die zum Glauben zwingende Gewalt derselben
beeinträchtigenden Einfluss zu üben vermochte, welcher aber doch fort-
dauerte, bis der von den Philosophen aufgestellte Satz sich allgemeine
Geltung verschafft hatte, dass wie jede Idee nur durch Sinnenwahr-
nehmung in den Menschen Eingang finde, auch das Dasein Gottes nur
durch sinnlich wahrnehmbare Formen von den Menschen begriffen werden könne.

Bei solcher Beschaffenheit der religiösen Auffassungsweise, bei so
aufgeregtem Zustand der Phantasien, bei der durch die vielen Kriege
herbeigeführten Lockerung der Sitten, bei dem gesunkenen Zustand des
Nationalgefühls mussten die Kirchen natürlich mit überwältigendem Reichthum und Pomp ausgestattet werden, damit durch die vielfach verfei-
nerten Sinne und durch die Phantasie den dort gepredigten Wahrheiten
des Christenthums Eingang in die Gemüther verschafft, damit ihnen da-

durch jene sittliche Erhebung wieder zugänglich gemacht werde, die sie nicht mehr wie früher aus dem Gefühl, einer mächtigen Nation und einer nirgends angefochtenen Kirche anzugehören, schöpfen konnten. Erleichtert wurde so prächtige Ausstattung der Gotteshäuser durch die reichen Gaben reuiger Sünder aus allen Ständen, welche, nachdem sie die Blüthenzeit ihres Lebens in der grössten Unsittlichkeit verschwelgt hatten, zur Einsicht gekommen, mit ängstlicher Hast durch Aufopferung ihrer Glücksgüter den zürnenden Gott zu versöhnen strebten. Diese Unsittlichkeit und Schwelgerei, welche durch immer erneuerte Genüsse die erwachenden Regungen des Gewissens und den Gedanken an den sinkenden Ruhm des Vaterlandes einzuschläfern suchte, war aber zugleich die Ursache, dass man auch die Profanbauten so reich als möglich verzieren wollte.

Nun sind aber in der classischen Antike durch ihre strenge Gesetzmässigkeit dem Reichthum der Verzierung gewisse unübersteigbare Grenzen gesteckt, ja phantastische Formen eigentlich geradezu unmöglich. Auch wird es dem Genie nie lange möglich sein, sich an einen festen Schematismus zu binden; wenn aber, wie es hier der Fall war, dieser Schematismus der organischen Begründung in technischen und gesellschaftlichen Zuständen ermangelt, so wird ein Ueberschreiten desselben nicht nur leichter möglich, ja sogar unvermeidlich werden, sondern es wird auch sehr leicht auf Abwege leiten; um so mehr musste aber all diess eintreten in einer Zeit, in der, wie schon in der Einleitung angeführt, die Individualität des Einzelnen nach Geltung und freier Thätigkeit um so mehr rang, weil die beiden grossen Gesammtheiten, denen ein kraftvoller Mensch sich stets gern freiwillig unterordnet, Staat und Kirche, an ihrer idealen Geltung bedeutend verloren hatten.

Einzelne gewaltige Geister durchbrachen zuerst die Schranken, welche das Vorbild der Antike der Gestaltung der Kunstwerke steckten; sie zwangen die Theile des antiken Formensystems zu Functionen und Bewegungen, die ihrem ursprünglichen Wesen widersprechen. Nachdem so einmal die Grenze der Logik überschritten war, nahm allmälig die Willkür immermehr überhand; zugleich wurden durch die einschlummernde Erfindungskraft Einzelner ausser vielen neuen Combinationen auch ·vielfache ganz neue Formen eingeführt und so ein Styl erzeugt, welcher allerdings die so häufig gegen ihn gerichteten Schmähungen wirklich verdient, indem ihm alle höhere Idee mangelt und er also dem eigentlichen Wesen der Schönheit fremd ist. Auf der andern Seite darf freilich nicht in Abrede gestellt werden, dass die Werke desselben sehr häufig eine Mannichfaltigkeit der Composition, eine Grazie der Linien,

einen lebenssprudelnden Uebermuth, einen genialen Vortrag, eine elegante
Coquetterie zeigen, welche die wahre künstlerische Begabung ihrer
Schöpfer untrüglich nachweisen und uns die Ueberzeugung aufdrängen,
dass diese Künstler, wenn sie in andern Zeiten gelebt hätten, gewiss
auch Besseres geschaffen haben würden, denn das kann man diesem
Styl nicht absprechen, dass er das getreue Spiegelbild seiner Zeit ist,
und diess ist jedenfalls eine Eigenschaft, die er vor der reinen Renaissance voraus hat, welche kalt und fremd den innern Zuständen ihrer
Zeit gegenüber stand.

Wie gewöhnlich, werden wir auch jetzt einen kurzen Ueberblick
über die Ereignisse der Periode geben, ehe wir zu der Betrachtung der
Kunstwerke übergehen.

Al. Mocenigo
Doge 1570.    Am 7. Mai 1570, vier Tage nach *Pietro Loredans* Tod (s. S. 165)
wurde *Aluigi Mocenigo* zum Dogen gewählt. Schon seit Ende April
waren 84 Galeeren unter *Girolamo Zani* im Hafen von Zara versammelt. Obgleich aber die Türken erst den 1. Juli vor Cypern erschienen, wurden doch keine Verstärkungen dahin geschickt. Durch Warten auf die vom Papst und Spanien zugesagten Flotten, durch Krankheit der Mannschaft etc. wurde die kostbare Zeit verloren. Obgleich
man aber den 4. August nach Candia kam, wurde doch nichts gethan,
um Cypern zu retten. Mustapha Pascha hatte am 22. Juli die Belagerung Nicosias begonnen und diese Stadt den 9. September eingenommen. Die Venetianer besassen auf Cypern nur noch Famagusta; die
Flotte der Alliirten unter Doria zählte 207 Schiffe mit 15,000 Mann,
und lag müssig.

Im October öffneten die Türken die Laufgräben vor Famagusta;
in demselben Monat brachten die Venetianer der Stadt Verstärkungen
und Proviant und verwüsteten die Küste Dalmatiens und Albaniens;
der Winter verstrich über Unterhandlungen. Aber obgleich dieser Krieg
über 300,000 Ducati monatlich kostete, obgleich sich im Frühjahr 1571
die türkische Flotte Candia näherte, dann Cerigo verheerte und Sopoto
auf Corfu angriff, ja selbst in den Golf einlief, obgleich die Türken zu
Land über Dulcigno bis Curzola und Lesina vordrangen, obgleich man
sich in Venedig genöthigt sah, die Eingänge des Lido zu schliessen,
die Sandbänke mit Batterien zu besetzen, that die vereinigte Flotte doch
nichts; den 4. August 1571 war Famagusta gefallen, und der helden-
müthige Vertheidiger desselben, *Marcantonio Bragadino*, war von den
Türken zu Tode gemartert, geschunden und enthauptet worden, und
erst am 17. September ging die vereinigte Flotte unter *Don Juan
d'Austria* unter Segel. Dem Ungestüm dieses jugendlichen Helden, welcher sich nicht an die zaudernde Politik des spanischen Hofes kehrte,

der Tapferkeit und Erfahrenheit der Venetianer *Francesco Duodo*, *Agostino Barbarigo*, *Sebastian Venier*, *Marcantonio Colonna*, *Gianbattista Querin* etc. dankte man den am 7. October 1571 am Tage der heiligen Justina erfochtenen entschiedensten Sieg über die türkische Flotte. Dieser in den Meerbusen von Corinth zwischen Lepanto oder Naupacta und Curzola errungene Sieg hatte zwar wegen des gleich nachher erfolgten Auseinandergehens der verbündeten Flotte gar keine wichtige Folgen, wurde aber doch in Venedig durch mehrtägige kirchliche und weltliche Feste, Illumination, Errichtung einer Statue der Justina auf dem Thor des Arsenals etc. glänzend gefeiert.

Das Jahr 1572 verging unter nutzlosen Maneuvers der beiden feindlichen Flotten, kleinen Scharmützeln und Neckereien. Venedig begann endlich einzusehen, dass die Verbindung mit Spanien nichts helfe, und am 15. März 1573 kam ein Vertrag zu Stande, in Folge dessen die Türken Cypern behielten und die Venetianer sich zu bedeutenden Zahlungen verpflichteten, gerade als ob die Türken die Schlacht bei Lepanto gewonnen hätten.

So war denn die Kraft der Republik gebrochen, der erste schimpfliche Friede geschlossen.

Den 11. Mai 1574 brach die schon erwähnte Feuersbrunst im Dogenpalast aus, s. S. 212. Der Doge floh in die Wohnung des Procurator *da Legge* in der Procuratie.

Den 21. Juli kam Heinrich III. auf seiner Reise von Polen nach Frankreich in Venedig an. In Murano und am Lido bei *S. Nicola* waren ihm Empfangsfeierlichkeiten bereitet, s. S. 212. Der *Palazzo Foscari* wurde ihm als Quartier angewiesen, und eine Reihe glänzender Feste verherrlichten seinen Aufenthalt.

Im Arsenal setzte man in seiner Gegenwart eine Galeere aus mehreren zubereiteten Stücken zusammen und rüstete sie vollständig aus, alles in Zeit von einigen Stunden.

1575 brach eine bedeutende Pest in Venedig aus, s. S. 214.

1577 im Juni starb *Mocenigo* und wurde in *S. Giovanni e Paolo* begraben.

Sein Nachfolger *Sebastian Venier*, der greise Held von Lepanto, starb schon den 3. März 1578 am Schlagfluss, wahrscheinlich in Folge des Schrecks über die Feuersbrunst, welche Ende 1577 einen grossen Theil des Dogenpalastes verzehrte, s. S. 213 und 218. Er ward in der Kirche *degli Angeli* in Murano begraben. Seb. Venier Doge 1577.

Der 89jährige Doctor *Nicolo da Ponte* wurde nun Doge. Als Gouverneur von Padua hatte er dort das Prätoriat und ein Leihhaus bauen lassen und mit 8000 Goldducaten dotirt. Da unter seiner Herr- Nic. da Ponte Doge 1578.

schaft die Republik nicht in äussere Kriege verwickelt war, mit Ausnahme kleiner Kämpfe gegen die uskokischen Seeräuber, so wurde viel für den innern Wohlstand Venedigs, sowie für Kunst und Wissenschaft gethan; um nur Einiges zu erwähnen, fällt unter seine Regierung die Vereinfachung des Gerichtsverfahrens, Anschaffung und Verkauf von Lebensmitteln von Staatswegen, Gründung der Akademie der Wissenschaften und des Seminars, der Sängerschule für die Markuskirche, mehrerer Hospitäler etc., Erneuerung der Luxusgesetze, Erbauung der Festung *Palma nuova* durch *Giulio Savorgnan*, der Festungswerke von Corfu durch *Ferdinand Vitelli*, der *Procuratie nuore* und vieler anderer Staatsbauten, die Adoption der *Bianca Cappello* als Tochter der Republik, bei ihrer Verheirathung mit dem Grossherzog von Toscana. Er starb den 29. Juli 1585 an Altersschwäche, und wurde in *S. M. della Carità* begraben.

Pasqu. Cicogna. Doge 1585.
Unter des frommen *Pasquale Cicogna* Regierung blieb Venedig bei allen ringsum wüthenden Kriegen neutral; die dadurch gewonnene Ruhe wurde benutzt, um viele Kirchen zu restauriren und neu zu erbauen, die Rialtobrücke, Gefängnisse, und die *Fundamenta nuore* zu bauen, *Palma nuova* zu vollenden, durch zweckmässige Einrichtungen den Theurungen und der Pest vorzubeugen, eine Girobank einzurichten etc. Ferner setzte er den Bau der *Procuratie nuore* fort und liess die Kirche *S. Nicolo dei Tolentini* bauen, sowie auch *S. Francesco di Paolo* unter ihm gebaut ward.

Marino Grimani Doge 1595.
Am 5. April 1595 starb er und wurde in *ai Gesuiti* begraben.

Bei der Thronbesteigung und Krönung *Marino Grimani's* und seiner Gattin zeigte sich die Prachtliebe der Venetianer in noch nie so grossartig entfalteter Weise; der Luxus war überhaupt damals auf Höchste gestiegen und musste dazu dienen, dem Volke die Augen zu verschliessen für das Sinken der Macht des Staats; zu demselben Ende wurde auch der Executionszug des *Benedetto Moro* gegen die uskokischen Seeräuber als höchst wichtiger und grosser Kriegszug dargestellt, und derselbe bei seiner Rückkehr als Sieger gefeiert.

*Marino* starb am 26. December 1605, nachdem am Abend vorher bekannt gemacht worden war, dass Papst Paul V. die Republik mit dem Interdict belege, weil man einige Geistliche wegen Criminalverbrechen vor den weltlichen Richterstuhl gezogen, auch 1603 verboten hatte, ohne Erlaubniss der Regierung neue Kirchen und Kloster zu bauen, ja sogar jede Schenkung oder Veräusserung an liegenden Gütern zu Gunsten der Kirche verboten hatte. Diese Verbote hatten sich nöthig gemacht, da die Besitzungen der Kirche ein Drittheil des ganzen Staatsgebiets, die Gebäude aber die Hälfte der Hauptstadt einnahmen, dabei aber von allen Steuern befreit waren, und so durch ihre Vergrösserung stets ein Ausfall in der Staatskasse herbeigeführt ward.

Trotz Auseinandersetzung dieser Gründe wurde der neue am 4. Januar 1606 gewählte Doge *Leonardo Donà* sammt der Republik am 17. April 1606 in den Bann gethan. Dieser Bann, der in Folge des gemessenen aber festen Widerstandes der Republik am 21. April 1607 wieder gelöst ward, hatte keine andere Folgen, als dass die Jesuiten den Staat verliessen und nach Ende des Interdicts nicht wieder nach Venedig eingelassen wurden. *Leon. Donà Doge 1606.*

Nach einer blos durch Kämpfe gegen die Uskoken unter dem Admiral *Giovanni Bembo* unterbrochenen friedlichen Regierung starb *Leonardo* am 17. Juli 1612 und wurde in *S. Giorgio maggiore* begraben.

*Marco Antonio Memmo* hatte ebenfalls mit den Uskoken und den sie heimlich beschützenden Oestreichern viele Kämpfe zu bestehen; und sah sich genöthigt, die Niederländer gegen die im Friaul eingefallenen Oestreicher zu Hülfe zu rufen; ehe diese Hülfe ankam, hatte *Pompeo Giustiniani* den General Trautmannsdorf bis Görz zurückgetrieben und Gradiska belagert. Inzwischen waren die Venetianer als Bundesgenossen Emanuels von Savoyen in den Krieg um das Herzogthum Monferrat verwickelt worden. Da starb *Memmo* den 31. Januar 1615 und wurde in *S. Giorgio maggiore* begraben. Unter seinem Nachfolger *Giovanni Bembo* und dem General *Cammillo Trevisan* dauerte der Kampf fort. Am 21. Juni 1615 war zwar der Krieg zwischen Spanien und Savoyen wegen Monferrats beendigt, aber bereits 1616 brach er wieder aus. Endlich am 26. Sept. 1617 endete der Vertrag von Madrid beide Kämpfe ohne besondern Nachtheil für Venedig. *Marco Antonio Memmo. 1612.* *Giov. Bembo 1615.*

1618 den 19. März starb *Bembo* und wurde in *S. Giovanni e Paolo* begraben.

Unter *Nicola Donato* entspann sich der Kampf mit Oestreich aufs Neue, wurde aber bald beigelegt, auch fanden zahlreiche Hinrichtungen wegen einer wahrscheinlich blos fingirten Verschwörung von Spaniern gegen die Republik statt; nach kaum zweimonatlicher Regierung starb *Nicola* und wurde in *S. Chiara* in Murano begraben. *Nic. Donato 1618.*

Ende März 1618 bestieg *Antonio Priuli* den Thron der Dogen unter allgemeinem Jubel des Volks, welches in ihm einen der Helden von Gradiska verehrte. Unter ihm wurde 1621 *San Pietro di Castello* geweiht. Er starb den 13. August 1623 und wurde in *San Lorenzo* begraben. *Ant. Priuli 1618.*

Der schon unter ihm entsponnene Kampf von Venedig, Graubünden, Savoyen und Frankreich einerseits, und Spanien und Oestreich zu Gunsten des gegen Graubünden empörten Veltlin andererseits überdauerte *Franc. Contarini.*

die kaum anderthalbjährige Regierung des *Francesco Contarini*, der in
S. *Francesco* begraben ward.

Giovanni Cor-
naro 1625. *Giovanni Cornaro* folgte ihn. Am 6. März 1625 hatten die krieg-
führenden Mächte durch den Vertrag von Monzon über Veltlins Schicksal entschieden. Es war zwar wieder an Graubünden gekommen, aber
alle festen Plätze waren geschleift worden, und Venedig stand den
Oestreichern nach dieser Seite hin offen. 1627 starb der Herzog von
Mantua; sein Schwiegersohn *Carlo v. Gonzaga* sah sich von Spanien, Savoyen und Oestreich angegriffen, die sein Erbrecht streitig machten; er rief
Frankreich und Venedig zu Hülfe; 1626 zwangen zwar die Franzosen den
Herzog von Savoyen, dem Bündniss Spaniens zu entsagen, kehrten aber
schnell wieder um. Die Venetianer und Mantuaner nahmen *Casal maggiore* und vertheidigten Mantua mehrere Monate lang. Richelieu machte
zwar 1630 eine Diversion zu Gunsten *Carls*, dieser sah sich aber
immer enger eingeschlossen. Die venetianischen Ersatztruppen unter
*Zaccaria Sagredo* wurden zersprengt und Mantua fiel. *Gonzaga* entkam
mit Frau und Kind ins Gebiet von Ferrara. Da erhielt der Kaiser die
Nachricht von der Ankunft Gustav Adolphs, und schloss schnell Frieden, um nach Deutschland gehen zu können. *Carl v. Gonzaga* erhielt
sein Herzogthum, freilich etwas geschmälert, wieder (1631).

Inzwischen war aber am 23. December 1629 *Giovanni Cornaro*
gestorben, in der von *Francesco* und *Giorgio Priuli* gestifteten Kirche
S. *Nicolo dei Tolentini* begraben und im Januar 1630 durch *Nicolo*
Nic. Conta-
rini 1630. *Contarini* ersetzt worden, nachdem er die unglückliche Pflicht hatte er-
füllen müssen, seinen Sohn *Giorgio* wegen eines Mordanfalls auf *Renier
Zeno*, einen heftigen Gegner der Familie *Cornaro*, zu verurtheilen. Unter
ihm wurde der Staat in Folge des Kriegs von einer Pest heimgesucht,
welche 682,000 Menschen, in der Stadt allein 44,000, hinraffte. Zum
Dank für die Erlösung von dieser Pest wurde die Kirche *Sa. Maria
della Salute* votirt, auch dem heiligen Haus von Loretto eine Lampe
im Werth von 12,150 Scudi, 50 Pfund an Silber schwer, geschenkt
etc. Wegen mehreren Uebergriffen, namentlich auch in Folge des langen und heftigen Zwistes der Familien *Cornaro* und *Zeno*, welche sich
auch in seinen Schooss eingeschlichen, wurde der Rath der Zehn mehrerer seiner Befugnisse enthoben. Die Stadt Venedig hatte damals
176,000 Einwohner, von denen 40,000 in Klöstern lebten. *Contarini*
starb den 2. April 1631 und wurde in *S. Maria nuova* begraben.

Franc. Erizzo
1631. Unter *Francesco Erizzo* brachen Zwistigkeiten mit den Türken aus,
die indess zu keinem bedeutenden Resultat führten; ebenso unbedeutend
waren die Kämpfe gegen den Papst zu Gunsten des Herzogs von Parma.
Da die grossen Rüstungen der Türken im Jahre 1644 auf einen ernsten

Kampf schliessen liessen, rüstete auch Venedig; der Doge selbst wurde zum Generalissimus ernannt, aber der Greis war solchen Anstrengungen nicht gewachsen; er erlag ihnen schon vor Beginn des Feldzugs im Januar 1645 und wurde in *San Martino* begraben.

Sein Nachfolger *Francesco Molin* hatte einen harten Kampf gegen die Türken zu bestehen, welche im Mai 1645 ohne Kriegserklärung Candia angriffen, Canea belagerten und es nach zweimonatlicher Belagerung nahmen. Nun wurden, um Geld zu schaffen, Staatsämter und Adelsdiplome verkauft etc.

Am 4. September lief endlich *Girolamo Morosini* mit der venetianischen Flotte im Hafen von Suda ein, verproviantirte die Insel, blockirte den Hafen von Canea und stationirte seinen Neffen *Francesco Morosini* vor den Dardanellen; doch nahmen die Ottomanen 1646 Rettino. Da trat *Battista Grimani* an *Giovanni Cappellos* Stelle das Commando der venetianischen Truppen an, erfocht einige kleine Siege und schlug endlich die türkische Flotte in die Flucht. Auch in Dalmatien hatten die Venetianer mit Erfolg gekämpft. Aber 1648 zerstörte ein Sturm die Flotte *Grimanis*; *Bernardo Morosini* sammelte die Reste derselben und blockirte damit die Dardanellen; *Leonardo Mocenigo* bekam das Commando auf der Insel, deren Hauptstadt Candia von den Türken belagert ward. 1649 schlug und verbrannte *Jacopo Riva* einen Theil der türkischen Flotte im Hafen von Foschia. 1650 verhinderte er die türkische Flotte, aus den Dardanellen auszulaufen. 1651 besiegte *Mocenigo* die türkische Flotte bei Paros, wurde aber doch abberufen und durch *Leonardo Foscolo* ersetzt.

1653 bekam *Mocenigo* das Commando wieder. 1655 im Februar starb *Francesco Molin*, wurde in *S. Steffano* begraben, und durch *Carlo Contarini* ersetzt.

*Franc. Molin 1655.*

Nachdem *Mocenigo* gestorben, *Giuseppe Delfino* heldenmüthig gekämpft hatte, nachdem die Republik, um Geld vom Papst zu erlangen, die Jesuiten wieder in Venedig eingelassen hatte, nachdem der neue Admiral *Francesco Morosini* Malvasia blockirt, *Lazaro Mocenigo* die türkische Flotte zur Rückkehr in den Hafen Constantinopels genöthigt hatte, und *Lorenzo Marcello* das Commando von Candia übernommen hatte, schien das Glück einigermaassen zu den Venetianern zurückzukehren; sie nahmen Tenedo und Stalimene ein; inzwischen starb *Carlo Contarini* im Mai 1656 und sein Nachfolger *Francesco Cornaro* schon nach 20 Tagen; Ersterer wurde in *S. Bonaventura*, Letzterer in *S. Nicolo dei Tolentini* begraben.

*Carlo Contarini 1655.*

*Franc. Cornaro.*

Eben feierte man die Erwählung des neuen Dogen *Bertuccio Valier*, als *Lazaro Mocenigo* die Nachricht von einem glänzenden Sieg

*Bert. Valier 1656.*

brachte, den *Morosini* 26. Juni 1656 in den Dardanellen erfochten und mit seinem Leben bezahlt hatte. *Lazaro*, zum Generalissimus ernannt, kämpfte am 17. Juli 1657 bei Constantinopel gegen die gewaltige Streitmacht des *Mohamed Kiuprili* mit ziemlichem Glück, fiel aber am dritten Tage des Gefechts. Da nun die Türken einige Fortschritte machten, verloren die Venetianer den Muth, aber *Giovanni Pesaro* hob denselben durch eine feurige Rede und durch Geldopfer zum Besten der Kriegskasse wieder so, dass die türkischen Friedensvorschläge zuzückgewiesen wurden. 1658 schlug *Gerolamo Contarini* die Türken bei Samos.

*Valier* starb 30. März 1658 und wurde in *S. Giobbe*, nach Andern in *S. Giovanni e Paolo* begraben; sein Nachfolger *Giovanni Pesaro* folgte ihm schon im October 1659 und wurde in *S. Maria aï Frari* begraben. Unter ihm gab man den Jesuiten die Kirche *S. Maria dei Crocecchieri* und *Morosini* nahm *Castell Ruzzo* ein. Sein Nachfolger war *Domenico Contarini*.

Giov. Pesaro 1658.
Dom. Contarini 1659.

1660 bekam man Hilfstruppen von Ludwig XIV. aus Frankreich; inzwischen war der Feldzug nicht glücklich, *Franc. Morosini* wurde abberufen und durch *Giorgio Morosini* ersetzt; dieser jagte 1661 den Türken bei Tinos 21 Schiffe ab.

Abermalige Friedensvorschläge wiess Venedig zurück; es erhielt Verstärkungen von Savoyen und Bayern; so zog sich der Krieg ohne bedeutende Resultate bis 1666 hin. Im November landete Achmed Kiuprili, um in Person die Belagerung von Candia zu leiten. 1667 traf *Francesco Morosini* ein und übernahm das Commando des Platzes. Die Türken waren ziemlich 50,000 Mann, die Belagerten blos 9000 Mann stark; der Kampf wurde auf beiden Seiten mit Sachkenntniss, Ausdauer und Muth geführt. Nach 69 Stürmen, 80 Ausfällen und 1364 Minenexplosionen, nachdem 30,000 Christen und 110,000 Muhamedaner gefallen waren, kam endlich um 6. September 1669 eine Capitulation zu Stande, in Folge deren die Venetianer freien Abzug mit kriegerischen Ehren erhielten, drei Häfen auf der Insel, sowie alle ihre Eroberungen in Dalmatien und Bosnien, auch die Festung Clissa behalten durften. *Morosini* aber wurde in Anklagezustand versetzt, weil er diesen Frieden ohne Ermächtigung des Senats geschlossen hatte, jedoch wieder freigelassen, als an der Grenze Dalmatiens Streitigkeiten zwischen den Grenzregulirungscommissaren ausbrachen.

Kunst und Wissenschaft blühten von Neuem in Venedig empor, als *Contarini* am 26. Januar 1674 starb. Nachdem er in *S. Benedetto*, nach Andern in *S. Francesco della Vigna* begraben worden war, nachdem sein Nachfolger *Nicolo Sagredo* am 15. August 1675 gestorben

Nic. Sagredo 1674.

und in *S. Francesco della Vigna* begraben worden war, wäre beinahe
ein Bürgerkrieg ausgebrochen; der Rath der Einundvierzig hatte *Giovanni Sagredo* gewählt. Da aber das Volk unruhig wurde, annullirte
der grosse Rath die Wahl, um einem Aufstand vorzubeugen.

Die erneute Wahl fiel auf *Luigi (Aloise) Conturini.* Seine Regierung verfloss ohne bedeutende Ereignisse, kleine Plackereien der
Türken und einen Pestausbruch im Friaul etwa ausgenommen. Er starb
am 15. Januar 1683 und wurde in *S. Francesco della Vigna* begraben.

*Al. Contural Doge 1675.*

*Marcantonio Giustiniani,* gestorben den 24. März 1688 und ebenfalls in *S. Francesco* begraben, sollte seine Regierungszeit nicht so
friedlich verstreichen sehen; der ewigen Plackereien müde, verband
sich die Republik mit Oestreich, welches eben damals die Türken vor
Wien verjagt hatte, mit Polen und Russland, erklärte den Türken den
Krieg und ernannte *Francesco Morosini* zum Admiral; dieser nahm am
6. August 1684 die Insel Santa Maura und bald darauf das Schloss
Prevesa. 1685 belagerte er Koron, zersprengte die zum Ersatz her-
beieilende Armee und nahm Koron mit Sturm. Wiederum wurden
Adelsdiplome und Staatsgüter verkauft, erhöhte Steuern ausgeschrieben
etc. 1686 erwarb man Navarin, Modon, Argos, Napoli di Romania
etc., wobei namentlich Königsmark, in den Dienst der Republik getreten, sich auszeichnete.

*M. A. Gius-
tiniani Doge
1683.*

1687 vollendete die Einnahme von Patras und *Castel nuoro,* und
die Uebergabe Lepantos etc., die Eroberung Moreas mit Ausnahme von
Athen; das Parthenon, als Pulvermagazin von den Türken benutzt, sprang,
durch eine Bombe getroffen, in die Luft. *Morosini* bekam den Ehren-
namen der Peloponnesier, und nach *Giustinianis* Tod 1688 wurde er zum
Dogen gewählt; trotzdem blieb er im Feld, stürmte zweimal vergeblich
Negroponte, belagerte Malvasia, wurde aber durch Krankheit genöthigt,
nach Venedig zu gehen, und übergab das Commando an *Gerolamo Cornaro,* welcher Malvasia, Kanina und Vallona nahm, dort aber an der
Pest starb. Die Türken machten Friedensanträge. Inzwischen hatte
der Venetianer *Pietro Ottobono,* als Alexander VIII., den Stuhl Petri
bestiegen, und feuerte die Republik zur Fortsetzung des Krieges an.

*F. Morosini
D. 1688.*

Nachdem einige Jahre unter unbedeutenden Gefechten verflossen
waren, nachdem *Domenico Mocenigo* wegen seiner Ungeschicklichkeit
des Commandos enthoben worden war, liess sich der greise Doge 1693
bewegen, wieder ins Feld zu ziehen, wo er im nächsten Winter in
Napoli di Romania während der Vorbereitungen zu einem Angriff auf
Negroponte starb. Sein Leichnam wurde nach Venedig geschafft und
in *S. Steffano* begraben. Sein Nachfolger als Doge war *Silvestro Va-*

lier und als General *Antonio Zeno*, welcher Scio nahm, sich dann aber
die ottomanische Flotte trotz des Drängens seiner Leute bei Smyrna
entschlüpfen liess, auch Scio wieder aufgab, dafür aber ins Gefängniss
geworfen ward. Der neue Feldherr *Alessandro Molin* erfocht 1695
mehrere Siege zu Land und zu Wasser.

1697 und 98 gewann *Jacopo Cornaro* einige Seeschlachten.

1699 am 26. Januar kam der Friede von Carlowitz zu Stande,
in Folge dessen Oestreich Siebenbürgen, Venedig aber Morea, Aegina
S. Maura, Castelnuovo, Cattaro etc. behielt, nur die im Norden von
Lepanto und von Athen liegenden Eroberungen zurückgab, kurz mit
bedeutenden Erweiterungen ihres Gebietes aus einem Kampfe hervorging, welcher der letzte siegreiche der Republik sein sollte, deren Kraft
zu sinken begann, weil der Patriotismus gesunken war. Der Isthmus
von Corinth wurde unter General Stenau durch eine Reihe Forts befestigt. *Silvestro Valier* starb 1700, hinterliess dem Staat 50,000 Ducati und wurde in *S. Giovanni e Paolo* begraben. Seine Gattin war
die letzte Dogaresse, welche gekrönt ward.

*Aluise Mocenigo* folgte ihm; bei dem nun ausbrechenden Erbfolge-
krieg blieb Venedig neutral, sah sein Gebiet vielfach durch die Kämpfenden verletzt, liess sich Alles ruhig gefallen und verlangte beim Utrechter
Vertrag 1713 nicht einmal Entschädigung; inzwischen war *Aluise Mocenigo* 1709 gestorben, in *S. Eustachio* begraben und durch *Giovanni*
*Cornaro* ersetzt worden. 1713 rüsteten die Türken. Die Republik
wurde von Furcht ergriffen, suchte an allen Höfen Europas Hülfe und
wurde überall kalt empfangen. Nur Malta, Rom und Toscana schickten
zusammen 12 Galeeren. Die Gouverneurs der Festungen und die Feldherren theilten die Muthlosigkeit der Regierung. selbst die Soldaten bewiesen sich feig; binnen wenigen Monaten waren die Türken Herren von
Morea und im November 1715, nach dem Verlust der drei Häfen auf
Candia, besass die Republik nichts mehr von allen ihren Colonien im
Orient. Der Generalissimus *Giovanni Delfino* wurde abgesetzt, aber
nicht bestraft. *Andrea Pisani* übernahm das Commando der Flotte.
Eine Diversion Oestreichs rettete wenigstens Dalmatien. Der Graf von
Schulenburg, ein Sachse, übernahm das Commando von Korfu, auf
dessen Rhede am 5. Juli 1716 die türkische Flotte erschien.

*Pisani* schlug die Flotte in die Flucht, Schulenburg vertheidigte
sich heldenmüthig gegen die gelandeten Truppen, welche in 42 Tagen
15,000 Mann verloren und endlich Korfu verliessen; dann nahm Schulenburg Santa Maura und Butrinto ein. In Korfu wurde ihm bei Lebzeiten 1717 eine Statue von der Republik errichtet, auch erlangte er
Glaubensfreiheit für die Protestanten auf dem Gebiete Venedigs. Nach

mehreren glücklichen Seetreffen und Einnahme mehrerer Festungen auf Morea sahen sich Pisani und Schulenburg durch die Nachricht vom Abschluss des Friedens von Passarowitz (21. Juli 1718) in ihrer Siegeslaufbahn aufgehalten; in Folge dieses, ohne die Republik zu fragen, abgeschlossenen Friedens, mussten sie Morea räumen und behielten nur Butrinto, Parya, Prevesa und die Insel Cerigo. Den 28. October 1718 entzündete der Blitz drei Pulvermagazine auf Korfu. Pisani wurde unter den Trümmern begraben und die ganze Festung litt ungemein. Schulenburg entwarf und baute die neuen, noch jetzt stehenden Festungswerke.

*Sebastian Mocenigo,* welcher in Dalmatien als General gefochten, und der als Commissair an der Grenzregulirung nach dem Vertrag von Passarowitz theilgenommen, wurde nach *Cornaros* Tod 1722 zum Dogen gewählt, und starb den 21. Mai 1732, worauf er in *S. Giovanni e Paolo* begraben ward. Unter ihm wurde der Markusplatz neu gepflastert. Die Inseln des jonischen Meeres wurden befestigt, nach Entwurf Schulenburgs. Die Kosten deckte man durch eine Staatsanleihe, und indem man fremden Juden und anderen Fremden gegen eine Abgabe gestattete, in Venedig zu wohnen. Inzwischen wollte Oestreich und Spanien zu Gunsten des Don Carlos von Spanien über Parma und Toscana verfügen. Frankreich, England etc. verbündeten sich dagegen, Venedig, welches immermehr in Schlaffheit versank, blieb neutral; trotz Venedigs Protestationen, trotz seiner Souverainetät über das adriatische Meer erklärte Oestreich den Hafen von Triest zum Freihafen. Der Papst erliess Handelsverbote gegen Venedig.

Auch unter dem nächsten Dogen *Carlo Ruzzini* raffte es sich, obgleich von Oestreich und Frankreich aufgefordert, nicht aus seiner Lethargie auf; statt zu rüsten, beschäftigte man sich mit Aufsuchung der Reliquien des *Pietro Orseolo,* mit Restauration des Tesoro von *S. Marco,* mit Luxusgesetzen etc., obgleich die Neutralität des venetianischen Gebiets mehrmals verletzt ward, ja zuletzt alle kämpfenden Armeen auf demselben standen.

Im Januar 1735 starb *Carlo Ruzzini* und wurde in *aï Scalzi* begraben. Sein Nachfolger *Aluise Pisani* schien etwas energischer zu sein; er hatte einen kleinen Streit wegen des Asylrechts beim Gesandten mit dem Papst, und wollte sich eben aus der Neutralität zum Kampf aufraffen, als dieser beendet ward. Um die Concurrenz mit Triest aufrecht zu erhalten, wurde Venedig 1736 zum Freihafen erklärt (schon 1658 waren die Eingangszölle aufgehoben, aber 1659 wieder eingeführt worden). Ausserdem bestand man einige Kämpfe gegen die Seeräuber.

16*

1741 starb *Lud. Pisani* und wurde durch *Pietro Grimani* ersetzt; bei dem nun ausbrechenden östreichischen Erbfolgekriege blieb Venedig abermals neutral, obgleich gleich zu Anfang des Kriegs die Oestreicher venetianische Kanäle zerstörten; der Senat stellte ein Beobachtungscorps von 24,000 Mann auf, konnte aber die tägliche Verletzung seiner Souvernintät über das adriatische Meer nicht hindern. Als endlich am 30. April 1748 zu Aachen Friede geschlossen ward, sah Venedig sein Ansehen geschwächt, und die spanischen Besitzungen bis an seine Grenze vorgerückt. Das Patriarchat von Aquileja wurde 1751 in zwei Erzbisthümer, ein venetianisches in Udine, und ein östreichisches in Görz getheilt. Die Republik wollte sich dieser päpstlichen Entscheidung nicht fügen, der dadurch begonnene Streit schlichtete sich erst, als *Carlo Rezzonico,* ein geborner Venetianer, den Stuhl Petri als Clemens XIII. bestieg (1758).

1752 starb *Pietro Grimani* und *Francesco Loredan* trat an seine Stelle; um diese Zeit war Venedigs Macht schon so gesunken, dass es behufs eines Kriegs gegen die Seeräuberstaaten Algier und Tunis ein Bündniss mit Rom, Sicilien und Genua schliessen musste. Dahin war die einst so mächtige Republik durch Schlaffheit und Lethargie gekommen, in welche sich dieselbe seit dem Frieden von Passarowitz versenkt hatte. An der Stelle strenger Abschliessung der Aristokratie gegen die Bürgerschaft im Innern, aufopfernder Vaterlandsliebe und ungemässigten Nationalstolzes nach Aussen, war ein spionirendes Polizeisystem im Innern, und behutsame, listige Diplomatie nach Aussen getreten. An die Stelle der einem glücklichen Volk natürlichen Begeisterung für wahre Kunst trat das Bestreben, den Mangel an Macht und wahrem Wohlstand durch Luxus und unechten Glanz zu verdecken. Während man nicht die Mittel hatte, ein paar Schiffe gegen Seeräuber zu rüsten und die Provinzen gegen Neutralitätsverletzungen zu schützen, suchte man das Volk durch glänzende Feste zu täuschen, welche selbst bei den kleinsten Anlässen gefeiert wurden.

Wohin die Kunst unter solchen Umständen, zu denen noch die bereits S. 232 ff. erwähnten kamen, kommen musste, ist schon dort besprochen worden; wie sie dahin kam, welchen Gang sie dabei einschlug, das sieht man am besten an den Werken der Künstler dieser anfangs so glänzenden, später so traurigen, fast stets aber an wahrem Gehalt armen Periode, welche wir hier in Unterabtheilungen zerfällen wollen, deren erste und glänzendste ohngefähr die Zeit von 1560 bis 1620 umfasst. Glänzend sind auch die Namen, denn glänzend waren die Talente der Männer, welche während dieser Periode blühten und eben durch ihre glänzenden Talente die Abwege, auf die auch sie zu gerathen anfingen, so lockend darstellten, dass dann weniger Begabte um so tiefer in den Morast dieser Abwege versanken.

**Alessandro**, Sohn des **Vigilio Vittoria della Volpe**, geboren 1525 in Trient, kam 1543 nach Venedig in die Schule des *Jacob Sansovino*, wendete sich dort mehr der Bildhauerei als der Architectur zu, und erwarb durch regen Fleiss und emsiges Studium bald eine freie malerische, freilich oft etwas zu licenziöse Manier; fruchtbar an Erfindungen, schnell und geschickt in der Ausführung, wurde er hauptsächlich zur Ausführung von Stuckarbeiten verwendet; hier liess er oft seiner Phantasie den Zügel schiessen, und begann bald die Regeln zu überschreiten, welche *Sansovino* inne zu halten wünschte; von diesem getadelt, verliess er ihn 1547 und ging nach Vicenza, wo er vielfach an der Decoration der Bauten *Palladios* (s. S. 200) thätig war. *Pietro Aretino* brachte endlich eine Versöhnung zu Stande, und 1553 kehrte *Alessandro* zu *Sansovino* nach Venedig zurück, wo sich zwischen Beiden eine sehr innige Freundschaft ausbildete.

Er wohnte in Venedig in dem Haus Nr. 3799 in der *calle della Pietà*, welches er von einem *Antonio Navagero* erst miethete, dann kaufte. Er wurde 1557 in die Innung, *Arte*, der Steinmetzen als Meister eingeschrieben, ward auch Mitglied der Academie zu Florenz und trat 1562 der *Confraternità di San Marco* bei; mit *Jacopo Palma*, *Pietro Aretino* und *Marco da Mantora* war er eng befreundet. 1558 und 1560 reiste er nach Vicenza, um Einkäufe dort zu machen, 1576 wurde er auf Befehl des *Magistrato della Sanità* dorthin geschickt.

Verheirathet war er zweimal, zuerst mit *Paula Venturini* aus Riva bei Trient, diese starb 1560; am 20. April 1567 heirathete er die *Veronica Lazzarini*, doch auch diese starb 1591, ohne ihm Kinder zu hinterlassen. 1585 suchte er wegen Armuth um Steuerbefreiung an, später scheinen sich seine Verhältnisse gebessert zu haben, denn 1602 richtete er sich ein Begräbniss in *S. Zaccaria* ein und bezahlte am 9. September desselben Jahres 90 Lire an den Steinlieferanten *Paulo Rosso*, und am 4. August 1605 10 Lire für das Gevierte der Gruftöffnung an *Mr. Melchisedec (Longhena?)* und 6 Lire für die Buchstaben an *Juanne Grapia (Giovanni Grapiglia?)*, am 27. Mai 1608 starb er 83 Jahre alt an Alterschwäche. Durch sein am 4. Mai verfasstes, am 18. mit einem Codicill versehenes Testament vermachte er sein Vermögen zu gleichen Theilen seiner Nichte *Doralice* und seinem Neffen und Schüler *Vigilio Rubini*, Sohn des Bildhauers *Lorenzo de Rubini* in Vicenza, ein Marmorportrait des *Sebastian Venier* dem Rath der Zehn, einen Johannes von Marmor und einen heiligen Zacharias dem Kloster *S. Zaccaria* für den Altar des Titelheiligen, ein heiliger Sebastian von

Bronce sollte verkauft werden; die Bildhauergeräthschaften erbte *Vigilio*, die architectonischen Werke, Materialien und Werkzeuge theils
*Andrea dell' Aquila*, theils *Giuseppe Batteri* aus Verona, Neffe des *Vigilio*, ein Medaillonportrait des *Francesco Parmesano*, das *Alessandro*
1560 von *Palladio* für 10 Scudi gekauft hatte, erbte der Kaiser Ru-
dolph; ausserdem fanden sich noch in seinem Nachlasse vier Bilder,
viele Zeichnungen, Miniaturen etc.

Was nun seine Werke betrifft, so arbeitete er in Marmor, Bronce,
Stuck und Holz, fungirte auch als Architect.  Wir geben hier zunächst
ein freilich wohl immer noch unvollständiges Verzeichniss seiner Arbeiten, um dann nur auf einige derselben näher einzugehen.

1543—55.  Zu seinen ersten Arbeiten mag wohl das gehören, was
er an der *Libreria* für *Sansovino* fertigte, besonders die Caryatiden an
der Hauptthür, Mehreres an der Treppe und den Plafonds.

1555—60 Stuckverzierungen an der *Scala d'oro*, ebenfalls unter
*Sansovino*, s. S. 188.  Arbeiten an dem Monument *Contarini* in *San
Antonio* in Padua, unter *Sammichele* s. S. 173; die Sclaven sind gewaltige Figuren; die Fama ist leicht, fast zart.  Die bereits S. 191 erwähnten Büsten *Sansovinos*, wovon die eine im *Museo Marciano*, die
andere über dem Grab *Sansovinos* steht.

1557 ff.  Holzsculpturen am Chor in *S. Spirito*, von den französischen Soldaten bis auf geringe Ueberbleibsel als Feuerholz verbraucht;
diese Reste zeigen von edlem und keuschem Styl bei pasteuser und ge-
fälliger Arbeit und sorgfältiger Ausführung.

An San Giu-
liano.
        1560 ff. arbeitete er für *Sansovino* an *S. Giuliano*, s. S. 187;
namentlich sind von ihm die Sculpturen der Façade, auch einige Basreliefs, ein Heiliger Domenicus, eine Catharina und die Brustwehr und
Architectur an dem einen Altar; schon hier verliess er die Fusstapfen
*Sansovinos* und erging sich in übertrieben kecken Profilen und Ver-
drückungen der Gebälke.

1563 Büste des *Francesco Duodo* in Monselice.

1564 Grab des *Marcanton Grimani* in *S. Sebastian*; von *Alessandros* eigener Hand sind die Heiligen Marcus und Antonius und das
Portrait des Todten.

1565 Statuen der Heiligen Antonius, Sebastian und Rochus auf
dem zweiten Altar links, ein Johannes der Täufer und ein Franz von
Assisi auf den Weihkesseln in *S. Francesco della Vigna*.

1569 Büste des *Nicolo Massa* im Kreuzgang *S. Domenico*, jetzt
im Ateneo aufbewahrt.

1570—73 Büste des *Domenico Duodo* in Monselice; Büste des
*Marco Benedetto Manzini* in *S. Geminian*, 1834 in der *Commenda di*

*Malta* aufgestellt, jetzt, so viel uns bekannt, im *Museo Marciano.* Altar des heiligen Hieronymus in *ai Frari* mit zwei Stuckfiguren an den Seiten eines Portraits Titians und viele Stuckornamente, jetzt zerstört; Capelle *del Rosario* in *S. Giovanni e Paolo;* Monument des *Gerolamo Grimani* in *San Giuseppe del Castello* links im Chor.

1574 ff. Altar und Grab des *Edward Winsor* in *S. Giovanni e Paolo;* Holzschnitzereien für den Bucentaur. Ornamentirte Inschriftstafel, den Empfang Heinrichs III. betreffend, im Dogenpalast.

1577 Grabmal des *Gerolamo Contarini* in *San Sepolcro,* seit 1815 in Arsenal und Academie. Statue des *Gianbattista Peranda* in *San Sepolcro,* jetzt in dem Seminar *S. Salute.* Grab des *Domenico Ballani* in *S. Giorgio maggiore* mit Statuen des Glaubens, der Liebe und Christi in Stuck.

1578 ff. Terracottabüste des *Sebastian Venier* im *Museo Correr.*

Grabmal der *Contarini* in *S. Madonna dell' Orto* mit zwei Büsten der zwei Cardinäle *Caspar Contarini* († 1542) und *Tomaso Contarini* († 1578).

1580 ff. zwei Statuen, die Heiligen Andreas und Paulus in *S. M. della Misericordia; Scuola S. Fantin,* jetzt *Ateneo.*

1582 ff. *Pal. Balbi* am grossen Canal.

1583 den 25. Mai empfängt er 56 Goldscudi für eine Büste des *Paolo Constabile* aus Ferrara, welche an der Kirchenmauer des ersten Kreuzgangs in *S. Domenico* befestigt wurde und seit 1808 in Ferra bei den Grafen *Constabile* sich befindet.

1585 ff. Marmorbüste des *Lorenzo Cappello,* 1830 von *Moschini* angekauft und der Stadt Trient geschenkt.

1587 den 26. Februar Beginn eines Marmorportrait des *Vincenzo Morosini* in *S. Giorgio maggiore,* durch *Vigilio Rubini* ausgeführt, aber mit dem Monogramm *Alexandros* bezeichnet: *A. V. F. 1588.*

Terracottabüste des *Apollonio Massa* für *S. M. d. Convertite,* seit 1822 im Seminar aufbewahrt.

. 1590 ff. Marmorbüsten am Fuss der Treppe im *Pal. Giustiniani* am *campiello dei Squellini.*

1595—1600 Marmorbüste des *Antonio Gatto,* Primas von *S. Polo,* in dieser Kirche. Selbstportrait *Alexandros,* Büste in einer Nische im Hof seines Hauses. Eine Büste, welche 1828 vom Buchdrucker *Giuseppe Battagia* entdeckt ward. Zwei männliche Marmorstatuen im *Pal. Rezzonico* à *S. Barbara,* früher Caminearyatiden, jetzt Globusträger.

1601—5 lebensgrosse Statue des Heiligen Jacobus in *S. Giacomo di Rialto.* Büsten des *Pietro Zeno,* eine von Marmor im Seminar, eine von Terracotta, vielleicht die Skizze zu jener in der *Casa Zeno* bei *S. M. aï Frari*. *Alessandros* eignes Grab in *S. Zaccaria*.

1606—8 für *Leonardo Donato* dessen Grab in *S. Giorgio maggiore* mit den vier Evangelisten in Stuck. Altar des Heiligen Antonius mit einer Glorie von Engeln und den Heiligen Antonius, Rochus und Sebastian in *S. Salvator*.

Zwei Capellen in *S. Lucia* auf Kosten des *Bernardo* oder *Lunardo Mocenigo*, mit dessen Büste von *Alessandros* eignen Händen, von dem vielleicht auch die 1592 auf Kosten des dort begrabenen *Donato Baglioni* ausgeschmückte linke Capelle, sowie die ganz gleiche rechtsstehende herrührt, die auf Kosten des Niederländers Nicolas Perez ausgeschmückt ward, vielleicht auch das zierliche Tabernakel auf der Evangelienseite, welches auf Kosten eines *Monsignore Giorgio Polacco* gefertigt und dem heiligen Hieronymus geweiht ward.

Stuck-
arbeiten. Was nun zunächst seine Stuckornamente betrifft, so zeigen die von ihm für *Sansovino* ausgeführten bei weitem mehr Stylstrenge, als die für *Palladio* gearbeiteten, alle aber sind höchst graziös in den Bewegungen, mannichfach und phantasiereich in Laubwerk und Trophäen, voll und reich in der Massenvertheilung und elegant in der Ausführung. Am untern Arm der goldenen Treppe ist allerdings eine gewisse Ueberladung und grosse Breite der Gliederungen bemerkbar, welche aber wohl zum Theil auf *Sansovino* zu schieben ist; am tollsten aber ist die Ueberladung mit wunderlich verschränkten und verzerrten Figuren, Sphinxen etc. an der Decke des Saals *delle quattro porte*; wer trägt hier die Schuld? *Palladio, Francesco Sansovino* oder *Vittoria?*

Cap. d. Ro-
sario. Die *Capella del Rosario* in *S. Gior. e Paolo* zum Andenken an die den 7. October 1571 bei den Curzolaren gewonnene Schlacht erbaut, bildet ein Rechteck, in dessen Hintergrund ein quadratisches Tabernakel steht; drei Seiten sind mit bis zur Decke reichenden cannellirten Pilastern corinthischer Ordnung besetzt, welche auf einem Stylobat stehen, und Fenster und Nischen einschliessen. Die Nischen sind mit Statuen ausgefüllt. Die an sich nicht unangenehmen Verhältnisse der Architectur werden durch die allzuschwülstigen Ornamente schwer, indem letztere sogar hie und da die Linien der Architectur unterbrechen.

Die beiden von *Alessandro* selbst ausgeführten Statuen des Dominikus und der Justina haben correcte Verhältnisse, gewählten Faltenwurf und äusserst sorgfältig gearbeitete Extremitäten, aber die Köpfe sind so übertrieben verdreht, wahrscheinlich um einen lebhaften Ausdruck zu erzielen, dass dadurch die ganze Figur fast zur Carricatur wird.

Das Gebäude der *confraternita di San Girolamo*, gewöhnlich *Scuola*
*San Fantin* genannt, jetzt Sitz des *Ateneo Veneto*; die Disposition der
Façade ähnelt in etwas der von *S..Geminian;* die Stylobate und Gebälke der zwei Ordnungen (unten jonisch, oben corinthisch) bilden je
vier breite Kröpfe, auf jedem dieser Kröpfe stehen zwei Säulen mit
dazwischen eingequetschter Nische; die von diesen Säulengruppen ein-
geschlossenen drei Hauptintercolumnien sind offenbar viel zu breit, die
mittlere der unteren Ordnung enthält eine scheitrechte Thür von zwei
Säulen flankirt, die ein Fronton tragen, welches die auf dem Haupt-
stylobate stehenden und dadurch sehr kurzen Säulen übermässig belastet. Und dennoch ist dieses Portal noch schön im Vergleich zu den
Fenstern! Diese sind in Rundbogen geschlossen und von Säulen flankirt; um nun die Fensteröffnungen wenigstens nicht gar zu gedrückt
zu machen, hat *Vittoria* ihre Kämpfer beinahe bis an die Capitälhöhe der
Säulen hinaufgerückt; dadurch aber war er behindert, das Gebälk über
den Bogen durchzuführen; er konnte blos Gebälkkröpfe auf die Säulen
stellen, von diesen Kröpfen nun steigt der Frontonsims der Fenster
auf; bei den oberen Fenstern aber ist dieser Sims unterbrochen, indem
sich seine Glieder plötzlich erst etwas aufwärts, dann wieder abwärts
schwenken und endlich Voluten bilden, die beinahe zusammenstossen,
durch Muscheln und Blattwerk vollends verbunden. Der Oberbau ist
ganz ähnlich disponirt wie bei *San Geminian*, die beiden breiten Attikapfeiler mit dem Relief zwischen sich, überdeckt durch ein Fronton mit
unterbrochenem Fussgesims, die beiden verkehrten Consolen, welche die
Dachschräge cachiren, die beiden Tabernakelthürmchen auf den Eck-
kröpfen, alles erinnert an den Einfluss *Sansovinos*, der auch den ersten
Entwurf zu dieser Façade geliefert haben soll. Aber auch hier mag
wohl *Alessandros* unruhige, nach unmotivirten, ja unsinnigen Neuerungen strebende Phantasie, an dem grössten Theil der Fehler schuld
sein, diese Phantasie, welche er leider so schlecht im Zaume zu halten
verstand, was um so mehr zu bedauern ist, da aus den nicht uncor-
recten, zum Theil sehr gut abgewogenen Profilen, Capitälen etc. zur
Genüge hervorgeht, dass er durchaus nicht unfähig war, architectonische
Formen zu concipiren.

Leider sind sehr viele von den plastischen Arbeiten, mit denen
*Vittoria* das Gebäude innerlich und äusserlich ausstattete, zerstört und
verloren. Nur die Marmorfigur des Hieronymus und das Basrelief des
mittleren Attikafeldes, Maria und Johannes zu den Füssen des Kreuzes
Christi, sind gut erhalten.

Der *Palazzo Balbi* am grossen Canal, 1582—90 für *Nicolo Balbi*
gebaut, ist in vielen Theilen sehr barock, namentlich in der Ausbildung

der Details, in der Anordnung der unterbrochenen Verdachungen der Cartoucheinfassungen an den Parterrefenstern und Wappen; dabei hält sich aber die Anordnung in der Hauptsache noch an das Beispiel der Lombardi; auch die Verhältnisse sind nicht übel; das Weitere ersieht man aus Fig. 24.

Wenn er nun, wie wir sehen, als Architect sich schon sehr zum Barocken hinneigte, ja nicht einmal viel Sinn für eine gesunde Disposition zeigte, überhaupt aber in der Architectur nicht recht heimisch gewesen zu sein scheint, so war er hingegen in der Plastik in seinem Element. Die meisten seiner Sculpturen zeigen Eleganz und Leben in Anordnung und Bewegung, fleissiges Naturstudium und scharfe Beobachtung in den Nackten und dem Faltenwurf.

Sculpturen.      An das Vorbild der Antike scheint er sich in jüngeren Jahren mehr gehalten zu haben, als später, so zeigen namentlich die Caryatiden der *Libreria*, ganz der Antike entsprechend, monumentalen Charakter, ruhige würdige Anordnung, einfache klare Stellung, vollständiges Gleichgewicht in den Verhältnissen und einfache, von allem Kleinlichen sich fernhaltende Behandlung der Muskulatur und des Faltenwurfs; der knieende Hieronymus in der Kirche *ai Frari* (auf dem ersten Altar links vom Eintritt) zeigt ungemein aufmerksames Studium der Natur; die Muskulatur der von Alter und Fasten abgezehrten Glieder ist bewundernswerth correct und durchaus anatomisch richtig. Aber Stellung und Ausdruck erinnert nicht an einen Heiligen, der gläubig, wenn auch sündenbewusst zu Gott betet, sondern an einen Verbrecher, der winselnd vor dem strengen Richter um Gnade fleht; eine von den Uebertreibungen, welche bald so allgemein in der Kunst werden sollten, denen hauptsächlich durch *Vittoria* Eingang in Venedig verschafft wurde, und die er allerdings manchmal bis zum Unsinnigen trieb. So vergleicht *Selvatico* ganz richtig die Johannesstatuette in *S. Francesco della Vigna* mit einem „„Besessenen, welcher sich rüstet, verzweifelte Schläge auszutheilen, — der Bildhauer verrenkte ihm die Knochen, Muskeln, ja selbst die Haare."" Ebenso übertrieben in den Bewegungen, fast ebenso toll verrenkt sind die Statuen des Franz v. Assisi, Rochus und Sebastian; namentlich ist in letzteren der physische Schmerz so sehr in den Vordergrund gedrängt, dass die das Märtyrerthum begleitende Erhabenheit darüber aufgeopfert ist.

Bei weitem besser ist der *San Antonio* auf dem Altar der zweiten Capelle zur Linken. Die Bewegung ist gemässigt, obwohl lebhaft, der Ausdruck des Kopfes ernst und mild, der Faltenwurf sehr geschickt angeordnet und fleissig ausgeführt.

In *San Sebastian*, in der *Cappella Grimani* stehen zwei Figuren,

S. Antonius und Markus von seiner Hand, welche beide bei lebhafter und doch nicht übertriebener Bewegung sehr ausdrucksvolle Köpfe haben.

Die Venezia und Justitia auf den Gipfeln der grossen Fenster an der Hauptfaçade des Dogenpalastes fertigte er nach 1577; sie sind sehr flüchtig, aber effectvoll gearbeitet, sehr richtig auf die hohe Stellung berechnet. Zu seinen besten Arbeiten zählt unstreitig der S. Jacobus in *S. Giacomo di Rialta*, wahrhaft erhaben in dem würdigen Ernst seines Antlitzes, in der grossartigen Ruhe des Faltenwurfs.

Wenn schon die vier Evangelisten in *S. Giorgio maggiore* und die schon besprochene Figur in *S. Francesco* zu viel Bewegung haben, so streifen einige andere von *Vittorias* Statuen geradezu an das Carrikirte; dahin gehören der Sebastian und Rochus in *San Salvatore* und Daniel und Catharina an dem von ihm entworfenen beinahe barocken Altar in *S. Giuliano*. Etwas weniger verzerrt aber mittelmässig sind die liegenden Engel auf dem Fronton; gut sind nur die Sphinxen, welche die Altarplatte tragen, und namentlich in der Ausführung meisterhaft sind. Am tollsten liess er, wie schon erwähnt, seine Phantasie schweifen bei der Decoration der Plafonds, namentlich da wo er Figuren anbrachte; aber wenn man bei genauer Betrachtung dieser krampfhaft verzerrten Gesichter, dieser gleichsam in Convulsionen verfallenen Gestalten, bei analytischer Betrachtung der Theile dieser chimärischen Zwittergestalten nirgends einen Fehler gegen die anatomische Richtigkeit findet, dann weiss man nicht, ob man mehr die unerschöpfliche Phantasie, tiefe gründliche Naturkenntniss und pompöse Technik bewundern oder die geschmacklose Abirrung bis an die Grenzen der Carricatur bedauern soll.

Was nun endlich die Büsten und sonstigen Portraits betrifft, so sind dieselben lebendig im Ausdruck, fein und sorgfältig in der Arbeit und sollen nach dem Zeugniss der Zeitgenossen stets ungemein ähnlich ausgefallen sein. Ausser den bereits erwähnten sind unter diesen zahlreichen Portraitarbeiten noch hervorzuheben: die Büsten an den beiden ganz gleichen Monumenten des *Giulio* und *Giustinian Contarini* in *S. Maria Zobenigo*, Büste des *Viriano Viviani* im Kreuzgang *S. Steffano*, des *Giovanni Battista Ferreto* in *S. Steffano*, s. S. 173, des *Mocenigo* in *S. Lucia*, des *Sebastian Venier* im Dogenpalast etc.

Zu seinen letzten und besten Arbeiten zählt der heilige Zacharias über dem Portal der Kirche *S. Zaccaria*, s. Fig. 25 und sein eignes Grab in derselben Kirche. Die Anordnung ist sehr einfach, eine Inschriftstafel, von zwei kleinen Caryatiden flankirt, welche eine Simsplatte tragen, auf der *Vittorias* Portraitbüste steht, welche leider von

*Portraits.*

*Grab Alessandros.*

verkrümmten Frontonsanfängen flankirt ist.  Die Büste selbst aber so
wie die tragenden Figürchen sind in Conception und Arbeit vollendet
zu nennen.  Das Ganze war von einem Freskogemälde des *M. Simon
Ragusco* umgeben, welches leider 1732 in Oel übermalt worden ist.
Ausserdem arbeiteten an dem Grabmal der Maurer *Mr. Gregorio*, der
Steinhauer *(squadrador) Zuan Radicchio*, der *intaiador*[1]) *Zanetto*, der
Steinmetz *M. Pietro Furlan* und zwei Schüler des *Vittoria, Andrea dell'
Aquila*, der seit dem 15. Juni 1578 bei ihm arbeitete und *Vigilio*, Sohn
des Bildhauers *Lorenzo da Rubini*, Neffe und Lieblingsschüler des Mei-
sters, der ihn auch, wie wir gesehen haben, in seinem Testament nicht
vergass.

Schüler Vit-
toria.

*Fig. 21.*

Ein anderer seiner Schüler, den 15. Juli 1581 bei ihm eingetreten,
hiess *Altobello* und soll der Vater des *Francesco Antonio Altobello* sein,
welcher um 1650 als Maler in Neapel blühte; ausserdem sind viele
von den beliebtesten Künstlern der ersten Hälfte des 17. Jahrhunderts
zu seinen Schülern und Nachahmern zu nehmen, obgleich keiner seine

---

[1]) *Intaiador* heisst eigentlich Kupferstecher, Graveur, Ciseleur, doch auch der
welcher wenig vertiefte Verzierungen in Stein arbeitet.

Genialität erreichte, welche auch von seinen Zeitgenossen in hohem Maasse anerkannt wurde, indem man ihn nicht nur, wie wir gesehen haben, sehr vielfach beschäftigte, sondern ausserdem auch überall zu Rathe zog, wo man etwas Bedeutendes leisten wollte, so dass es selbst den andern Künstlern schwer wurde, ohne seine Empfehlung sich emporzuarbeiten; der Maler *Giovanni Conturini* (geb. 1549) hatte ihm seine Ausbildung und seine Aufträge zum grossen Theil zu danken; *Pietro Malombra*, *Paul Veronese*, selbst *Tintoretto* verloren dadurch, dass sie nicht mit ihm übereinstimmten, manche Arbeit, während *Palma Giovine* durch seine Gunst die Arbeiten im Dogenpalast bekam.

Durch diesen grossen Einfluss kam es natürlich dahin, dass die jüngern Künstler, namentlich aber Ornamentisten und Bildhauer *Vittorias* Richtung einschlugen, natürlich dabei in den Fehlern noch einen Schritt weiter gehend, als er leider schon gegangen war. Eben wegen dieses Weitergehens auf der schlüpfrigen Bahn des Kunstverfalls können ihre Werke erst später Besprechung finden, während wir uns jetzt zunächst noch zu zwei Mitschülern *Vittorias* zu wenden haben.

*Fig. 25.*

Vincenzo
Scamozzi.

Vincenzo Scamozzi, in Vicenza[1]) 1552 geboren, erlernte die ersten Anfangsgründe der Architectur bei seinem Vater, dem Geodäten *Gian Domenico Scamozzi*, ging 1569 nach Venedig zu *Sansovino;* nach dessen für ihn zu früh erfolgtem Tode, studirte er selbstständig weiter und stellte sich bald dem *Palladio* gegenüber. 1579 und 80 machte er Studien in Rom; vorher schon hatte er den Vitruv commentirt. 1615 gab er seine *Idea dell' Architettura universale* heraus. 1616 starb er in Venedig und wurde in *S. Giovanni e Paolo* begraben. In seinem Testament hatte er zwar seinen Adoptivsohn *Andrea Touldo Scamozzi* zum lebenslänglichen Nutzniesser seines Vermögens eingesetzt, zugleich aber bestimmt, dass in Zukunft diese Nutzniessung dem jeweiligen bedeutendsten Architecten Vicenzas allemal auf Lebenszeit zufallen sollte. Ueber diese Bedingungen erhob sich Streit und dadurch wurde die Errichtung eines Denkmals für *Scamozzi* bis in das 18. Jahrhundert verzögert, wo ihm endlich in *San Lorenzo* in Vicenza ein Denkmal errichtet ward, welches von pomphaftem Lobe strotzt, und so ganz seinem Charakter entspricht,

---

[1]) *Gvagnara* (*Fabbriche etc.* I. 288. Not. 7), behauptet jedoch, er sei in Venedig geboren.

denn selbst der von ihm begeisterte *Scolari*[1]), welcher ihn die glänzendste Erscheinung am heitern Himmel der schönen Künste nennt, bezeichnet ihn gleichwohl als eitel, hoffärtig, inconsequent, unwissend in Physik und Mathematik, schlecht erzogen, etc.

Seine selbstständige Wirksamkeit begann er im Jahre 1574, wo er in der allzu dunkeln Kirche *San Salvatore* die Schlusssteine der Kuppeln öffnete und mit Laternen überbaute; durch dieses Experiment, welches allerdings bedeutend schwieriger scheint, als es ist, erwarb er sich einen sehr guten Ruf. Kaum war er daher von seiner römischen Reise zurückgekehrt, als er den Auftrag erhielt, die Kirche *Sa. Ce-* **Sa. Celestia.** *lestia* neu zu bauen. Dieselbe war, wie S. 165 erwähnt, 1569 abgebrannt. Das Kloster war bereits 1574 wieder vollendet. *Scamozzi* begann den Bau als Nachahmung des Pantheons zu Rom, aber mit zwei Ordnungen übereinander; über das Portal sollte ein Sarkophag mit sitzender Statue des *Lorenzo Celsi* kommen, dessen Grab verloren gegangen war, und in eine der Nischen die Statue des 1549 verstorbenen „„neuen Sokrates““ *Trifone Gabriello*. Nach drei Jahren war man bereits bis zum Kämpfer der Kuppel, bis zum Karniese der zweiten Säulenordnung gelangt, als der Bau durch eine unter den Nonnen ausgebrochene Meinungsverschiedenheit unterbrochen ward. Die Gegnerinnen des *Scamozzi* siegten, die Kirche ward wieder abgetragen und in Kreuzform, mit corinthischen Säulen, wieder aufgebaut. Seit 1810 ist sie mit dem Arsenal vereinigt. Die Architectur ist frei von gröberen Fehlern, mit grossem Aufwand von feinen Marmor aufgerichtet, aber bietet nichts besonders Bemerkenswerthes.

Noch vor dieser ihm so unangenehmen Begebenheit aber hatte *Scamozzi* am 10. April 1582 den Sieg über mehrere Concurrenten, betreffend den Bau der neuen Procuratien davongetragen. Als Proto der *Procuratori de Supra* vollendete er nun die *Libreria* und *Zecca* und baute die *Procuratie nuore*.

**Libreria.** *Libreria* und *Zecca* beendete er ziemlich genau nach den Plänen des *Sansovino*, nur in der Decoration des Vorsaals der *Libreria* wich er davon ab, was durch die bereits S. 179 erwähnte Verwendung des Vorsaals als Museum bedingt war; die Hauptthür passt freilich in ihrer schweren Einfachheit schlecht zu der reichen Ausstattung der übrigen Theile; das Atrium der *Zecca* ist ebenfalls von *Scamozzi* entworfen.

**Procuratie.** Die *Procuratie nuore* waren zur Wohnung für acht Procuratoren bestimmt. Dadurch war die innere Eintheilung beendigt: äusserlich wünschte man

---

[1]) *Filippo Scolari Commentario della vita e delle opere di Vincenzo Scamozzi* Treviso 1837.

die Architectur der *Libreria.* s. Fig. 18. fortgeführt zu sehen. *Scamozzi*
jedoch wurde durch seine Eitelkeit getrieben, vermeintliche Verbesserungen an derselben anzubringen. Die hauptsächlichsten Veränderungen,
welche er demgemäss anbrachte, sind folgende: er verminderte die Ge-
bälkhöhe der jonischen Ordnung und setzte dann noch ein Geschoss
auf, dieses machte er etwas zu niedrig, so dass die corinthischen Halbsäulen desselben zu weit stehen; dazwischen aber setzte er keine Bogen,
sondern scheitrechte Fenster mit Frontenverdachungen, abwechselnd
spitz und segmentförmig, welche auf jene Säulen sowie auf die zierlichen Bogen des jonischen Geschosses drücken. Nicht wagend, auf
diese schwächliche Säulenordnung ein Gebälk zu legen, dessen Dimensionen der ganzen Façadenhöhe entsprächen, liess er den Fries weg
und legte direct auf den Architrav ein Obergesims mit sehr hohen Consolen, welches schwer und wegen der vielfachen Gliederung dennoch
kleinlich wirkt; die Fenster selbst haben angenehme Verhältnisse; auf
jedem Fronton liegen zwei Figuren, hinter ihm befindet sich eine ovale
fast zopfig verzierte Oeffnung.

1585 begleitete er eine venetianische Gesandtschaft nach Rom; bei
seiner Rückkehr zeigte sich bald, dass er seine Geschmacksrichtung
nach der des *Domenico Fontana*, *Bernini* etc. modificirt, dass er sich
vollständig zum Barocken gewendet hatte. Die Arbeiten, an denen sich
diese Veränderung zunächst manifestirte, sind ein Camin und zwei Thüren
des *Anticollegio* im Dogenpalast. Unterbrochene Frontengesimse, toll    Im Dogen-
untereinander geworfene Ornamente, Figuren, Löwen, Schnecken, Re-   palast.
liefs etc. häufen sich an diesen Arbeiten, willkürlich, aber doch ohne
Phantasie zusammengestellt.

Ebenso schlecht ist die Thür des *magistrato all' armar*, jetzt
Hauptwache im Parterre des Dogenpalastes und der Altar der Dogen-
capelle.

Nicht besser mag wohl das 1585 begonnene Grabmal des Dogen   Mon. da
*Nicolo da Ponte* in *S. Maria della Carità* gewesen sein, welches nicht   Ponte.
mehr existirt; in demselben Jahre wurde er nach Vicenza gerufen, und
leitete dort die Herstellung der Ehrenpforten. Festdecorationen etc..
welche der jene Stadt besuchenden Kaiserin Maria zu Ehren ausgeführt wurden, wobei er sich vielen Beifall erwarb.

1587 reichte er zwei Entwürfe zur Rialtobrücke ein. Der eine  Rialtobrücke.
war auf drei Bogen, der andere auf einen berechnet, und letzterer soll
zum Theil bei der Ausführung benutzt worden sein (s. S. 219, 220).

1588 reiste er mit dem Senator *Pietro Duodo (Diedo)* nach Polen,
und baute dann für denselben den *Palazzo Duodo* bei *S. Maria Zobe-*  Pal. Duodo.
*nigo.* In der Zeit von 1586—1595 scheint er überhaupt vielfach an

Privatbauten beschäftigt gewesen zu sein; wir nennen hier nur einige derselben:

Privatbauten.  Ein Palast *Corner* in Murano; das ziemlich kleine Gebäude ist recht gut disponirt; im Parterre erstreckt sich eine Halle über die ganze Breite, davor liegt eine gut angeordnete Freitreppe. Die grosse Einfachheit liess ihn hier nicht zur Entfaltung seiner barocken Ideen kommen.

Ein römisches Theater für den Herzog *Vespasian Gonzaga* in Sabionetta.

Villen.  Eine Villa *Pisani* bei Lonigo. Die Villen *Pisani della Rocca* bei Lonigo unweit Verona, *Molino* in Mandria bei Padua, *Bardelini* in Monfumo bei Asolo, sowie eine dergleichen zwischen Strà und Dolo sind sämmtlich unglückliche Versionen, oder mit *Scamozzi* zu reden, Verbesserungen der Rotunde des *Palladio* (s. Fig. 21).

Die Villa *Corner del Paradiso* bei Castelfranco, *Verlati* in Villaverla.

Die Paläste *Trissino di Trento* und *Trissino sul Corso* in Vicenza [1]),

Palästa.  *Raraschieri* in Genua, das zweite Geschoss eines Palastes *Strozzi* in Florenz, in Venedig selbst endlich ein Palast *Barbarigo* bei *San Troraso*, *Grimani* bei *S. Ermagora*, *Grimana della Vida* bei *S. Felice*, ein Flügel des Palastes *Vendramin*, der Palast *Contarini dei Scrigni* bei *San Troraso* mit der Hauptfronte nach dem grossen Kanal rühren von ihm her. Alle diese Façaden nun lehnen sich in der Disposition an *Palladios* Werke. Die Säulen sind zwar in ihren Verhältnissen an sich in der Regel genau nach Vitruv etc., häufig aber im Verhältniss zu den Mauerflächen zu schwach, auch häufig unschön gestellt, so findet man sie zwei und zwei an den Schäften, aber dennoch nicht nahe genug, um als gekuppelt zu gelten; oder an Pronaosähnlichen Vorhallen ist das mittlere Intercolumnium unverhältnissmässig breiter als die anderen etc. Die Bogenfenster sind gewöhnlich zu schlank. (Höhe zur Breite 1 : 3, oft sogar 2 : 7.)

Bei Behandlung der Mezzanine pflegte er den Kämpfer der Entrada oder Pergolobogen als Sohlbank der Mezzaninfenster fortzuführen, leider aber verliebte er sich so zu sagen in diese allerdings nicht ungeschickte Versöhnungsweise der grössern Oeffnungen mit den doppelt übereinander stehenden kleinen. In Folge dessen ordnete er häufig Fenstergruppen an, wie Fig. 26 eine solche, entnommen vom *Pal. Ravaschieri*, zeigt, auch strebte er förmlich danach, Mezzaninen zu erlangen, um nur die erwähnte Anordnung in Anwendung bringen zu können. Bei vielen seiner Façaden steht über jedem Vollgeschoss eine Mezzana, mit jenem in eine Säulenordnung eingezwängt; dadurch bedingt, stossen

---

[1]) Vollendet von *Ottone Calderari*.

die Mezzanafenster an das Gebälk, bei verzierteren Façaden hat er sie dann häufig als liegende Ovale gestaltet, die kaum zwischen den Frontons der Hauptfenster und dem Architrav Platz haben. Auch kommt es vor, dass er Sturz und Verdachung der Hauptfenster als Kämpfer für nebenstehende Bogen und zugleich als Sohlbank der Mezzanafenster verwandte. Den Gewänden der Fenster und Thüren gab er häufig Ohren, Gebälkkröpfe wandte er höchst selten, dann aber in ganz unmotivirter Weise an, kurz, seine Behandlung der Architectur bietet ein seltsames Gemisch von Pedanterie und Willkür dar.

Von Einigen wird ihm die Festung *Palma nuova* im Friaul zugeschrieben, von Andern sogar die Cathedrale von Salzburg.

1591, nach Andern 1595, begann er *S. Nicolo dei Tolentini*, wie es scheint, nach einem von ihm modificirten Plan des *Palladio*; die S. Nicolo dei<br>Tolentini<br>1591—95. Decoration des Innern rührt jedenfalls von *Scamozzi* her; die Kirche ist einschiffig mit Querschiff; der Chor liegt hinter dem Altarplatz, zu dessen Seiten die Sakristeien etc. stehen. Die Querarme sollten in Tribunen enden, über der Vierung sollte sich eine Kuppel erheben; zu den Seiten des Langschiffes stehen je drei Capellen, welche der Kirche das Ansehen einer dreischiffigen geben. Die Decoration besteht aus corin-

Fig. 26.

thischen Pilastern auf toscanischen Füssen, zwischen denen schwächliche Pfeiler noch schwächere Archivolten tragen; grobe Fehler findet man nicht, aber auch nichts besonders Ansprechendes, noch weniger etwas Ausgezeichnetes. 1602 wurde die Kirche geweiht, die Façade ist viel später.

In demselben Jahre 1602 begann man das grosse Hospital *San Lazzaro dei Mendicanti*. Die Anlage ist sehr zweckmässig. Die artistischen Theile, namentlich die Façaden, sind erst nach *Scamozzis* Tode ausgeführt, und zwar nicht nach seinen Entwürfen.

Unter den vielen Arbeiten, welche ihm mit grosser Unsicherheit, ja höchst wahrscheinlich nur fälschlich zugeschrieben werden, nennen wir hier nur das Monument des *Andrea Delfino* in *San Salvator*, welches von *Giulio del Moro* und das Monument *Grimani* in *San Giuseppe*, welches von *Girolamo Campagna* herrührt, sowie die Façade von *S. Giorgio maggiore*, auf die wir noch zurückkommen.

Mit mehr Wahrscheinlichkeit kann man annehmen, dass der Entwurf zu dem Monument des *Marcantonio Memmo* von *Scamozzi* ist, dessen ganze Manier sich in diesem Monument niederspiegelt, welches 1615 begonnen ward.

**Tiziano Aspetti** aus *Padua*, ein Schwestersohn *Titians*, kam 1565 zu *Sansovino*, nach dessen Tode er selbstständig zu arbeiten begann, wobei er sich sehr an die Manier des *Alessandro Vittoria* anlehnte. Zu seinen ersten Arbeiten gehören die beiden Statuen Moses und Paulus an der Façade von *San Francesco della Vigna*; von 1572 datirt die in der Akademie aufbewahrte Broncebüste des *Marcantonio Bragadino*, zwischen 1572 und 77 die Statuetten auf der *Scala d'oro* (Hercules und Atlas), von 1580—85 der Coloss im Atrium der *Zecca* und die Arbeiten am Camin des *Anticollegio* im Dogenpalast, unter denen namentlich eine Schmiede des Vulcan und die zwei das Gebälk tragenden Sclaven sich auszeichnen; auch schreibt man ihm die Büsten des *Agostino Barbarigo* und *Sebastian Venier* in der Akademie zu. Nach 1600 scheint er hauptsächlich in Padua beschäftigt gewesen zu sein, wo in der Kirche *San Antonio* die Statuen der Heiligen *Antonio*, *Bonaventura* und *Ludwig*, die vier Engel als Leuchterhalter, die Broncethüren an den Cancellen des Altars (1603 vollendet), die Taufe Christi auf einem Weihbecken, die Tugenden auf den Pfeilern der Cancellen etc. Zeugen seiner Thätigkeit sind. 1607 starb er. Seine Werke lehnen sich vielfach an die des *Michelangelo* und des *Alessandro Vittoria* an. Die Behandlung der Fleischtheile ist zwar etwas zarter als bei *M. A.*, fällt aber dadurch hie und da ins Schwächliche, sowie auch viele seiner Arbeiten trotz der Manirirtheit in den Bewegungen ausdruckslos sind. Verstösse gegen die Correctheit der Körperverhältnisse finden sich nicht an seinen Werken, auch der Faltenwurf ist bei aller Gesuchtheit doch wenigstens noch möglich, auch in der Manier der Bearbeitung haben seine Werke mehr Aehnlichkeit mit denen des *Sansovino*, als mit denen des *Vittoria*, dessen Manier und Richtung nachstehende Künstler befolgten.

**Nicola dei Conti**, Sohn des *Marco*, Geschützgiesser im Arsenal, lieferte 1556 den einen der beiden bronzenen Brunnenkränze im Hof des Dogenpalastes (der an der Innenseite des Nordflügels). An jeder der acht Ecken steht eine schwache tischbeinartige Console, auf einem Löwenfuss, aus deren oberem Ende eine Halbfigur aufwächst; diese Figuren tragen mit ihren sich gegenseitig zugestreckten Armen Medaillons mit Portrait, Wappen und Inschriften, auf den Dogen *Francesco Venier* bezüglich. Ausserdem sind Fruchtschnuren, Fratzen, Figuren, Medaillons, Reliefs etc. über die in steifem Karnies geschweiften Flächen ausgebreitet; diese Ueberfülle, sowie die schon gänzlich barocke Gestal-

*Tiziano Aspetti.*

*Nicola dei Conti.*

lung einzelner Theile wird aber durch die graziöse Gestaltung des Ganzen, durch die Frische und Kraft der Formen, durch die Eleganz der Linien aufgewogen; Einzelnes in der Ornamentirung erinnert fast an *Leopardo*, das meiste an *Vittoria*.

**Alfonso Alberghetti**[1]) lieferte 1559 das Pendent dazu. Die Haupt-anordnung ist ähnlich, doch sind die Eckconsolen grösser, auch wachsen blos Büsten aus denselben, an die Stelle der Arme treten Drapperien; doch wenn auch die Ueberfülle hier besser vermieden ist, wenn auch die Ornamente, namentlich in der Sockel fast an die Eleganz der Lombardi gemahnen, so hat doch dieser Brunnenkranz einen Fehler, den *Conti* glücklich vermieden, seine Formen- und Massengebung ist nicht passend für Bronce, sondern eher für Stein. Die Behandlung der Consolen und Wappen erinnert lebhaft an *Vittoria* Alfonso Alberghetti.

In der Sammlung *Costabili* in Ferrara befanden sich noch vor wenigen Jahren zwei höchst graziöse Vasen mit Arabesken und Figürchen und der Inschrift *Alfonsus Alberghetti me fecit anno Domini 1572.* Auch dieser *Alberghetti* war gleich seinem S. 159 erwähnten Verwandten im Arsenal angestellt.

**Francesco Castelli**, gebürtig aus Milli, griechischer Abkunft, fertigte um 1577 die drei eben nur als Decorationsstück leidlichen Figuren über einer der Thüren in der *sala delle quattro porte* im Dogenpalast; auch sie zeigen Anklänge an *Vittorias* Weise. Francesco Castelli.

**Francesco Cancellari** lieferte um dieselbe Zeit die drei Figuren der Gerechtigkeit, Religion und Allmacht über einer Thür im Saal des Raths der Zehn im Dogenpalast, welche den obigen an Werth und Manier ziemlich nahe stehen. Francesco Cancellari.

**Francesco Terilli** aus Feltre, ebenfalls Nachahmer des *Vittoria*, fertigte 1610 den Johannes und Christus auf dem Weihbecken und der Kirche *del Redentore*, und 1616 die Reiterstatue des *Pompeo Giustiniani* im linken Seitenschiff von *S. Giovanni e Paolo*. Francesco Terilli.

**Andrea d'Alessandro**, ein Brescianer und Schüler des *Alessandro Vittoria*, fertigte einen Broncecandelaber für *San Spirito*, welcher jetzt in *S. Maria della Salute* steht; derselbe ist 6 Fuss hoch und baut sich sehr gut auf; leider sind die architectonischen Details hie und da etwas zopfig, manche der Figuren zu bewegt; leider ist ausser einigen dieser Figuren nichts christliches, vielmehr eine Unzahl von Sphinxen, Satyren etc. zur Ausschmückung verwendet, leider wird durch diese Anhäufung das Ganze etwas unruhig. All diess ist um so mehr zu bedauern, als die Einzelbehandlung der Theile, das gute Verhältniss des Ganzen, die Andrea d'Alessandro.

---

[1]) Hie und da fälschlich *Alfred* genannt.

17*

Grazie in den Linien und die zuversichtliche Weise der Formgebung von bedeutendem Talent zeugen.

In *San Steffano* stehen zwei etwas kleinere Broncecandelaber, dieselben sind ohne alle Anwendung wirklich architectonischer Formen, höchst elegant und geschickt gebaut, ja fast zu leicht; die reichen Ornamente sind leider ziemlich unsauber gegossen, namentlich an dem einen, welcher 1617 als Abguss des älteren entstand; dieser ältere trägt die Inschrift: *Frater Salvator Venetus fecit fieri 1577.*

In *San Marco* stehen drei Candelaber aus dieser Epoche, der eine, von 5 Fuss Höhe, ist im Aufbau total verfehlt; der Unterbau ist viel zu schwach und zu sehr aller architectonischen Gliederung baar, als dass er mit dem auf ihn stehenden architectonisch gestalteten Mittelkörper harmoniren könnte, auf dem wieder ein rein ornamental gehaltener, allerdings höchst eleganter Oberbau steht. Die Ausschmückung enthält sehr vielen Unsinn; was sollen rennende Figuren, Violinen, Masken etc. an einen Kirchencandelaber?

Die beiden andern kleinen stehen auf dem Altar des Sakraments und sind von *Maffeo Olivieri* aus Brescia gefertigt. Die Hauptanordnung ist unharmonisch und zeugt von sehr geringer Erfindungsgabe. Die unteren Theile sind zu schwach u. s. w., die einzelnen Theile jedoch an sich sind geschmackvoll entworfen, correct gezeichnet und sauber modellirt, erinnern sogar hie und da an *Leopardos* elegante Weise.

*Maffeo Oli-vieri.*

**Camillo Bozzetti,** Bildhauer, fertigte 1588 das Bild des *Paul Veronese* in Terracotta, welches in *San Sebastian* über des Malers Grab in der Wand befestigt ward. Demselben werden auch die höchst mittelmässigen Statuen auf dem ersten Altar links in *S. Francesco della Vigna* zugeschrieben, als deren Autor Andere den *Titian Aspetti* betrachten.

*Camillo Boz-zetti.*

Wie wir gesehen haben, war die Anhängerschaft des *Alessandro Vittoria* ziemlich bedeutend, aber nicht alle Bildhauer Venedigs huldigten seiner Richtung. Er hatte einen Nebenbuhler in der Gunst des Publicums und der Künstler. Diess war

**Girolamo Campagna** aus Verona. Geboren 1552, kam er schon 1565 als Lehrling zu *Danese Cattaneo,* und war bald im Stande, demselben bei seinen Arbeiten wesentliche Dienste zu leisten; er begleitete ihn nach Padua und vollendete nach *Daneses* Tode (s. S. 194) viele von dessen unvollendet hinterlassenen Werken. Auch arbeitete er an dem Hauptaltar und dem Altar des Sakraments in *San Antonio* in Padua, welche beide nach Entwürfen des *Cesare Franco* ausgeführt wurden. Das dritte der Reliefs in *San Antonio* rührt ebenfalls von ihm her; ebenso die Statuen des *S. Franciscus* und *S. Antonius* von

*Girolamo Campagna.*

*In Padua etc.*

Padua in *San Francesco* in Bologna, ein Relief, der Engel der Verkündigung und Maria am *Palazzo del Consiglio* in Verona, mehrere
Arbeiten in Urbino etc.; seine Hauptarbeiten aber befinden sich in Ve- *In Venedig.*
nedig, wohin er bald nach *Daneses* Tod zurückkehrte, um seinen blei-
benden Aufenthalt daselbst zu nehmen.

1571 lieferte er unter *Daneses* Leitung die Statue der heiligen
Justina über dem Haupteingang des Arsenals; die Figur ist zu sehr
verwittert, um über die Meisselführung ein Urtheil fällen zu können;
Anordnung und Verhältnisse jedoch ehren den 19jährigen Jüngling,
der sie verfertigte.

1573 unter *Daneses* Leitung begonnen, nach dessen Tod vollendet,
sind seine Arbeiten am Denkmal des *Leonardo Loredan* in *S. Giovanni
e Paolo*. Zunächst die Statue des Helden selbst, ist sehr natürlich,
fast zu wenig heldenmässig, hat auch keine gute Gesammtwirkung und
im Einzelnen manches Barocke.

1574 ff. war er in der Capelle *del Rosario* in *S. Giov. e Paolo* Cap. del. Ro-
beschäftigt; hier scheint zuerst der Weltstreit mit *Vittoria* begonnen zu                sario.
haben. Thomas von Aquino und *S. Rosa* haben höchst elegante Ver-
hältnisse und bieten eine angenehme Gesammtmasse, auch die Ausführung ist nicht mehr kleinlich, der Ausdruck der Gesichter ungesucht
und wahr.

Die Architectur des Altars, ebenfalls von ihm herrührend und in
der Hauptanordnung (in Tabernakelform) recht gelungen, ist leider mit
dem ganzen Apparate des Barocken überladen.

Zwischen 1575 und 80 arbeitete er die beiden Broncestatuetten des Statuetten.
heiligen Antonius und der Unschuld auf dem Weihbecken in *S. Maria
ai Frari*, kurz nachher die drei Statuetten der Beredsamkeit, Wachsamkeit und Leutseligkeit über einer Thür des Anticollegio im Dogenpalast.
Die Behandlung dieser Figuren ist feiner und gewandter, als die der
vorgenannten, aber sie haben fast zu viel Bewegung.

Dasselbe gilt von den beiden Marmorengeln in *S. Maria delle
Vergine*.

Um 1580 circa liess er sich, aufgefordert durch *Scamozzi*, in einen In der Zecca.
Wettstreit mit *Titian Aspetti* ein, indem er den Coloss zur Rechten im
Atrium der *Zecca* schuf, und in der That, obgleich man wohl etwas
weniger Manirirtheit in der Musculatur, etwas mehr Harmonie der Linien wünschen möchte, ist die Figur doch beiweitem besser, als die
gegenüberstehende des *Aspetti*.

1582 lieferte er, in Stuck ausgeführt, für *San Sebastian* einen In San Seb.
Engel der Verkündigung und eine Jungfrau Maria, die freilich ziemlich
entfernt von einander stehen. Ferner zwei Sybillen am obern Chor,

welche gleich den beiden Marmorstatuetten auf zwei Altären in *S. M. dei Miracoli,* zwei Engeln auf den Cancellen des ersten Altars in *S. M. del Carmine* und zwei Sclaven unter einem barocken Camin des Dogenpalastes, zu viel Fabrikmässiges, ja hie und da die Spuren von Schülerarbeit an sich tragen.

Am Ponte
Rialto etc.
Um 1588 arbeitete er vier Basreliefs, welche am *Ponte di Rialto* in die Bogenhintermauerung eingefügt sind: auf einer Seite den Engel der Verkündigung und, durch den ganzen Bogen von ihm getrennt, Maria, auf der andern Seite die Heiligen Markus und Theodor; namentlich die letztern sind schön durch die Rohe der gerunzelten Greisenantlitze; aus derselben Zeit mögen wohl die Statuen in der *Scuola di S. Rocco* stammen, S. Rochus, Sebastian und Johannes den Täufer darstellend, sowie die Arbeiten in der Kirche *del Redentore,* unter denen das correct gearbeitete Crucifix des Hauptaltars die erste Stelle einnimmt; die demselben zur Seite stehenden gleich ihm sehr sauber in Bronce ausgeführten Statuen des Markus und S. Franciscus sind bis zur Verrenkung bewegt, das Gewand folgt dieser unnatürlichen Bewegung und ist zu faltenreich, den Köpfen mangelt aller Ausdruck; die Darstellungen derselben Heiligen in den unteren Nischen der Façade tragen dieselben Fehler.

Etwas besser sind die übrigen Statuen der Façade sowie die Engel, welche den Giebel schmücken. Bei letzterer kam es freilich hauptsächlich auf decorative Wirkung an, und diese zu erzielen, verstand *Girolamo* vortrefflich.

In S. Giorgio
maggiore.
1591—95 arbeitete er für *San Giorgio maggiore.* Auf das Einzelne der ihm hier gewordenen Aufträge, die er grösstentheils mit seinem Bruder *Giuseppe* gemeinschaftlich ausführte, werden wir bald zurückkommen, am besten gelang ihm jedenfalls der Hauptaltar, der auch von ihm gemeinschaftlich mit *Aliense* entworfen ist. Gott-Vater steht auf einer Weltkugel, welche von den vier Evangelisten getragen wird, flankirt von zwei Engeln; die ausdrucksvollen Köpfe und höchst sauber gearbeiteten Hände und Füsse entsprechen vollständig diesem erhabenen Gedanken, weniger die etwas zu lebhaften Bewegungen und faltenreichen Gewänder; die Gliederungen des Altars selbst sind geschickt angeordnet und effectvoll profilirt.

Sehr gut ist auch die Madonna im rechten Seitenschiff.

Mon. Cicogna.
Nach 1595 entwarf er das Grabmal des Dogen *Pasquale Cicogna* in der linken Seitencapelle der Kirche *aî Gesuiti;* vier Säulen auf übergrossen Postamenten tragen ein gekröpftes Gebälk mit Fronton; im mittleren etwas grösseren Intercolumnium öffnet sich die Sakristeithür, auf deren Verdachung der Sarkophag mit liegender Statue des Dogen

steht, diese Figur ist sehr naturwahr und äusserst correct gearbeitet; auch die Architectur ist ziemlich frei von barocken Zuthaten, der Fronton z. B. nicht unterbrochen etc.

Von 1601 datirt der Altar der Goldarbeiter in *S. Giacomo di Rialto*, mit der Broncestatue des Heiligen Antonius, die sich, wiewohl nur leise, an die Manier des *Vittoria* anlehnt, was wohl durch die Nähe der Jacobusstatue des Letzteren bedingt war.

Die Statuen des 1602 begonnenen Grabmals des Procurators *Andrea Delfin* und seiner Gattin *Benedetto Pisani*, so weit sie *Girolamo* gefertigt, sind zwar nicht schlecht, aber flüchtig gearbeitet.

1606 begonnen ist das Monument *Grimani* in *San Giuseppe di Castello*, welches zwar von Einigen dem *Scamozzi* zugeschrieben wird; die Architectur zeigt toll untereinander geworfene Consolen, Schnecken etc. und ist ohne alle Ruhe, sogar zweifach übereinander gesetzte Caryatiden sind hier nicht verschmäht; bei alledem ist die Profilirung geschickt und effectvoll, die vielen Reliefs und Statuen, fast alle von *Girolamos* eigner Hand gearbeitet, wenn auch nicht so gut als andere seiner Arbeiten, doch gut disponirt und zum Theil gut ausgeführt. Bei weitem besser freilich ist der aus derselben Zeit datirende von zwei Engeln unterstützte todte Christus, welcher in Hautrelief gearbeitet als Altarbild in *S. Giuliano* dient und den Dichter Platen zu dem Ausruf begeisterte: *(In San Giuliano.)*

> . . . Wen es nach S. Julian getrieben,
> Damit er dort des Heilands Schlaf betrachte,
> Der muss den göttlichen Campagna lieben!

Zur Seite stehen die Broncestatuen der Maria und Magdalena, bei denen er wieder in seine gewohnten übertriebenen Bewegungen verfallen ist.

1615—18 arbeitete er am Altar *del Sacramento* in *San Lorenzo* *(In S. Lorenzo.)* für *Giovanni Maria Canarreggio;* dieser Altar ist einer der grössten der Stadt, ganz aus carrarischem Marmor gemacht und steht so, dass er für das Nonnenchor und auch für die Laienkirche dient; auf Postamenten von Lapislazuli erheben sich Säulen, die einen schwerfälligen Bogen tragen, flankirt von einer Attika, bekrönt von einem Frontispice; auf dem Altar steht ein Tabernakel, an dem Jaspis, Achat und Edelsteine wahrhaft verschwendet sind. Die Bronceverzierungen, Reliefs etc. sind gehäuft und zum Theil sehr barock; um so schöner sind die in der Hauptnische stehenden Figuren der h. h. Laurentius und Sebastian.

Die zwei Marmorstatuen der Heiligen Petrus und Thomas, welche er 1616 für *S. Tomà* machte, haben feingefühlte Köpfe und vollständig correcte Verhältnisse, das Nackte ist musterhaft behandelt, die Ausführung höchst sauber, nur die Bewegungen sind etwas zu lebhaft.

Bis 1623 arbeitete *Girolamo* rüstig; sein letzter Entwurf betraf ein Denkmal des *Paulo Sarpi* für die Kirche *ai Servi*, welcher aber nicht ausgeführt ward.

*Girolamo Grapiglia.* **Girolamo Grapiglia**, Architect und Bildhauer, lieferte 1572 einen Entwurf zu dem Denkmal des *Leonardo Loredan* in *S. Giovanni e Paolo*, welcher den beiden von *Vittoria* eingereichten vorgezogen und ausgeführt ward. Vier Säulen auf übergrossen Piedestalen stehen frei vor der Wand und tragen ein gekröpftes Gebälk, auf dem eine Attika steht, mit Pilasterchen über den Säulen und in der Mitte von einem Fronton mit liegenden Figuren bekrönt. In den Intercolumnien stehen die schon besprochenen Figuren des *Danese* und *Campagna*.

1577 errichtete er das Denkmal für *Luigi* und *Loredana Mocenigo* in *S. Giovanni e Paolo*; sechs Pilaster und zwei Säulen corinthischer Ordnung flankiren die Hauptthür der Kirche, auf ihrem sehr geschickt profilirtem Gesims erhebt sich eine zweite ähnliche Säulenstellung, aber von compositer Ordnung und unschönen Verhältnissen; die Mitte nimmt eine Nische ein; zwischen den Pilastern steht zu jeder Seite ein Tabernakel mit Sarkophag und Portraitstatuen. Die Ornamente sind leidlich, die Verhältnisse der Architectur schlecht, die Statuen noch schlechter.

1621 renovirte ein *Giovanni Grapiglia*, der aber vielleicht mit *Girolamo* identisch ist, das Innere der Kirche *S. Pietro di Castello* mit ähnlich unsicherer und ungeschickter Handhabung der Säulenordnungen, wie hier die erwähnten beiden Denkmäler zeigen, mit denselben engen Pilasterstellungen, aber auch mit derselben lobenswerthen Vermeidung aller wirklich barocken Zuthaten. S. auch S. 245.

*Simeon Sorella.* **Simeon Sorella**, geborner Venetianer, entwarf 1587 den Campanile von *S. Giorgio dei Grechi*; der Unterbau hat auf jeder Seite eine Mittellisene, welche mit den Ecklisenen zwei Schildbögen trägt, über denen ein schlankes Gebälk ruht. Dann folgt ein Pavillon, auf jeder Seite in zwei Rundbogen zwischen jonischen Pilastern geöffnet, die auf vollständigem Gebälk eine leichte Säulenbrüstung tragen, hinter der sich eine Attika erhebt; auf dieser sitzt eine kleine Kopie der Kuppeln von *S. Marco*; der ganze Thurm ist schlank und zierlich. Die Ausführung leitete ein Schüler des *Sorella*, *Bernardino Ongarin*.

Nach Füssli soll er 1590 eine Benedictinerkirche *S. Benedetto* neu gebaut haben; nun ist zwar *S. Benedetto* um jene Zeit neu gebaut, aber die Chronisten verlegen diesen Neubau auf 1619, auch gehörte *S. Benedetto* damals den Augustinern. Möglich wäre es, dass sich die Nachricht des Füssli auf *San Lorenzo* bezieht; diese Benedictinerinnenkirche, 809 gebaut, 1490—93 restaurirt, zeigte sich 1590 baufällig; *Simeon* wurde mit Entwerfung einer neuen Kirche beauftragt; 1592 wurde *Simeon* von den *Procuratori de supra* zum Proto ernannt, und 1595 begann der Bau von *San Lorenzo*. Die Kirche ist quadratisch und innerlich mit corinthischen Pilastern und Säulen decorirt, die ein gekröpftes Gebälk tragen; der Bau ist zwar sehr grossartig, aber nicht gefällig. 1602 ward die Kirche im Rohbau vollendet, 1617 geweiht und kostete 47,919 Ducati. Weitere Bauten des *Sorella* sind nicht bekannt.

**Vincenzo Arrigoni** aus Brescia. Die Kirche S. *Domenico di Ca-* stello (s. S. 183) hatte 1569 beim Feuer des Arsenals beträchtlich gelitten; zwar hatte die Familie *Massa* einige Capellen restauriren lassen, es musste aber trotzdem 1586 der Neubau beschlossen werden. 1590 ward er begonnen und 1597 unter *Vincenzos* Aufsicht zu Ende gebracht, so dass 1609 die Einweihung geschehen konnte. Vincenzo Arrigoni.

**Giulio Savorgnan** ward 1570 *Governatore delle truppe.* 1585 erbte er von *Lodovico Orsini* dessen Bücher und Zeichnengeräthschaften. 1590—93 soll er für *M. Ant. Barbarigo* die Festung *Palma nuova* gebaut haben. Giulio Savorgnan. Palma nuova.

Die concentrirteste Verwendung aber fanden die künstlerischen Kräfte Venedigs bei dem Bau von S. *Giorgio maggiore;* bei Mittheilung der betreffenden Nachrichten knüpfen wir an die S. 209 bis 212 gegebenen an: S. Giorgio maggiore.

Bei einer den 19. Januar 1580 zu Ehren des Erzherzog Max von Oestreich, des Kurfürsten von Bayern und Grossherzogs von Braunschweig gefeierten Messe brach Feuer in der Kirche aus, wobei ein Deckenbild *Titians,* die Geburt Christi, verbrannte.

1581 den 15. August begann die Demolirung der alten Kirche; am 20. November empfängt der Steinmetz *Bortolo* (s. S. 212 beim Jahr 1571) Zahlung für griechische Steine, Säulen zum Kreuzgang und neun Thüren zu den Kammern über der *Infermeria.* Er nannte sich Architect und leitete den Bau der Kirche.

1583 und 84 baut man am neuen Chor, aber erst 1589 wird derselbe vollendet. Dem *Antonio Palleari* (s. S. 212) sichern die Mönche als Zeichen ihrer Zufriedenheit auf Lebenszeit jährlich 30 Sack Mehl und 1 Fass Wein, seiner Wittwe 6 Sack Mehl und 1 Fass Wein zu.

1590 scheint man mit *Bortolos* Bauleitung unzufrieden, er wird als *dictus, sed non verus architectus* bezeichnet; gleichwohl bleibt er im Amt.

1591 beginnt der Ausbau; *Girolamo Campagna* mit seinem Bruder *Giuseppe* und dem Kupferschmied *Francesco Mozzoleni* versprechen laut Accord vom 20. Januar den Gott-Vater mit vier Evangelisten für den Hauptaltar (s. S. 262) für 1650 Ducati zu liefern. Auch der Engel für die Thurmspitze wird bei *Campagna* bestellt.

1593 werden die Figuren neben dem Altar bei ihm bestellt; Preis

1550 Ducati; der Maurer *Batista quond. Giacomo di Baldi* von der Riviera di Salò übernimmt die Fundamentirung der Sakristei für 516 Ducati; *Mistr. Pietro di Comino* und sein Sohn *Giovanni Giacomo*, Steinmetzen bei *S. Vital*, empfangen den 23. Februar 1326 Ducati für den Altar *S. Benedetto* und Diverses an der Sakristei, den 26. Februar 1400 Ducati für den Altar *S. Steffano;* den 31. Januar übernimmt *Nicolino Roccatagliata* (auf den wir noch zurückkommen) die Lieferung von zwei Broncefiguren (S. Georg und S. Stephanus), welche im Chor auf den Fussbänken der ersten Sitze stehen, für 60 Ducati, Wein und Mehl. *Jacopo Zane quond. Alessandro*, Holzschnitzer und Tischler in der Strasse *S. Lio* übernimmt die Lieferung der Sitze im *Sanctuarium* für 180 Ducati; dieselben sind 1838 restaurirt worden.

*Alb. de Brullé.* 1594 den 1. April Accord mit *Albert de Brullé* (Albrecht von Brüssel), *Fiamingo* über ein Messpult mit einem heiligen Georg, Reliefs etc.; in demselben Jahre wird der Proto *Bortolo* als *neutiquam architectus* bitter getadelt, aber doch im Amt gelassen, ja entwirft sogar den Altar des Sakraments und liefert ihn für 400 Ducati; *M. Antonio de Sarri Pallasi* aus Florenz wird zur Fertigung von Tischlerarbeiten in Kirche und Kloster mit 3 Lire täglich angestellt. Bei *Roccatagliata* werden am 15. März 22 Broncefiguren, halb als Cartouche, halb als Kinder gestaltet, auf einer Platte ruhend und mit den Händen auf dem Kopf einen Leuchter haltend, bestellt. Preis 340 Ducati.

Am 6. Juni Accord mit *Bortolo Sulviari*, Kupferschmied über die Kugel für den Hauptaltar. Dieselbe war mit 60 Ducati veranschlagt, kostete aber dann 194.

Am 28. April Accord mit *Gasparo Gatti. quond. Pietro* aus Bassano, der in der *Frezzaria* bei *S. Moisè* wohnt, er verspricht für 3000 Ducati und Kost im Refectorium bis zu Fastnachten 1596 die Chorstühle mit cannellirten Säulen, Vasen auf den Säulen, Rosen etc. zu liefern. Nach der Ablieferung entspinnt sich Streit und ein *proto Agostino dal Ponte*, als Schiedsrichter zugezogen, verurtheilt den G. G. zu 500 Ducati Entschädigung und nochmaliger Fertigung der als fehlerhaft erkannten Theile.

1595 11. März Accord mit *Bortolo* und seinem Sohn *Giulio* über die Ballustrade des Chors und den Altar der Sakristei; 13. März Accord mit *Alessio di Zecchino* in *S. Ambrosio di Verona* über die Brüstung dazu; und mit *Gerolamo Campagna* über die Broncefiguren auf dieser Brüstung; den 9. März Accord mit *Pietro Burlandi* in Verona über das verzierte Pflaster der Kirche, welches derselbe bis zum Februar 1597 für 2000 Ducati bis an die Riva senden will.

Den 25. März Accord mit *Gioc. Giacomo*, Sohn des *Pietro*, Steinmetz bei *S. Vitale* über die platten Theile des Pflasters. Preis 3000 Ducati. *Roccatagliata* liefert gemeinschaftlich mit *Cesare Groppi* 6 kleine Broncecandelaber, welche noch erhalten sind, *Marcantonio Vanin* einen reichgeschnitzten Kasten zur Schaustellung der Leiche Christi in der heiligen Woche. Preis 75 Ducati. *Jacopo Zane* ein Crucifix mit Maria, Magdalena und Johannes auf die Orgel, Preis 200 Ducati; die Arbeit ist nicht mehr vorhanden; Accord vom 5. August mit *Girol. Campagna*, derselbe verspricht für 250 Ducati eine Madonna in hartem weissem Marmor (sogenannten *Bronzo di Verona*) auszuarbeiten; den Stein selbst liefert das Kloster.

1596; Accord vom 22. April mit *Roccatagliata* über zwei grosse Broncecandelaber, Preis 500 Ducati; im November bereits werden sie abgeliefert.

Aus demselben Jahre datirt die Orgel von *Antegnati*, die vier Evangelisten an der Westwand von *Aless. Vittoria*, und die Vollendung der Madonna von *Campagna* im linken Seitenschiff: zwei Engel krönen dieselbe und zwei andere stehen ihr zur Seite; er empfängt dafür aber blos 200 Ducati. 20. April Accord mit *Livio di Comaschi* aus Piacenza, betreffend den Blätterfries in dem Sims der Chorstühle. Preis 150 Ducati à 6 Lire.

1597 bringt der Abt *Michiele Alabardi* aus Mailand zwei silberne Candelaber und eine dergleichen Ampel mit; am 6. Juni liefert *Alessio Zecchin* Steine zur Façade; am 20. Juni wird ein Accord mit *Pietro da S. Barnaba*, betreffend die Zeddel und Cartouche über den obern Seitenlehnen der Chorstühle abgeschlossen. Preis pro Stück 18 Lire; an demselben Tage übernimmt *Albert de Brullé* die Anfertigung der Löwenconsolen, der Delfine mit darauf reitenden Engeln etc.; *Livio di Comaschi* aber die Lieferung der obern und untern Inschriftszeddel und Cartouche zwischen den Sitzen à 10 Ducati pro Stück; die Mönche liefern das Holz dazu; den 17. November übernimmt derselbe die Consolchen über und unter den Sitzen und den 4. April 1598 das Blattwerk der Lehnen etc.; den 20. Januar 1598 übernimmt *Albert v. Brullé* die Lieferung von 20 noch fehlenden Cartouchconsolen, à 7 Lire und von 48 Vasen à 3, 10 Lire. Inzwischen kommt der Bau ins Stocken, weil 6000 Ducati Schulden gemacht worden sind.

1599 endlich erhält *Albert de Brullé* 3000 Ducati Bezahlung für seine Reliefs; diese 46 Reliefs, das Leben des heiligen Benedict darstellend, haben also nicht, wie die Fremdenführer etc. behaupten, 25 Jahre zu ihrer Vollendung bedurft, sondern blos 5; diese irrthümliche Angabe mag wohl daher kommen, dass in alten Nachrichten erwähnt wird, *Albert* sei bei ihrer Vollendung 25 Jahre alt gewesen; sie lehnen sich mehr an die natürliche Weise des *Campagna*, als an die etwas coquettere des *Vittoria* an. Die Stuckarbeiten sind ihm nicht so gut gelungen als die Holzschnitzereien; er hat später noch in vielen Städten Italiens gearbeitet, in Venedig aber ist wenigstens mir keine andere Arbeit von ihm bekannt geworden.

1599 wird auch die *Infermeria* für 50 Kranke gebaut. Dieselbe kostet 15,695 Ducati; in demselben Jahre beginnt der Bau der Façade Jacopo Santa-felice. unter Leitung des *Jacopo Santafelice* (*Bortolo* scheint verabschiedet worden zu sein); durch diese aus dem Klosterarchiv von *Magrini* und *Cicogna*[1]) geschöpfte Nachricht ist klar nachgewiesen, dass die von *Temanza* und *Scolari* zuerst gebrachte, später in die meisten kunstgeschichtlichen Werke übergegangene Ansicht, *Scamozzi* habe 1601 die von *Palladio* begonnene Façade vollendet, gänzlich unhaltbar ist.

Die Architectur der Façade wurde bereits S. 211 besprochen. 1599 begannen die Vorarbeiten an dieser Façade, 1602 das Versetzen der Steine, 1604 wurde das Dormitorium neu gebaut, 1609 die Façade vollendet, deren ganzer Bau unter *Santafelice* gestanden und 4866 Ducati gekostet hatte. Noch mussten einige die Façade versperrenden Gebäude trotz der anfänglichen Weigerung des Besitzers abgetragen werden, und 1610 konnte die Weihung vor sich gehen: *Giulio del Moro* wird mit Anfertigung der Grabmale des Tribuns *Memmo* († 992) und des *Sebastiano Ziani* († 1178) sowie der Statuen des Heiligen Georg und Stephanus zum Schmuck der Façade beauftragt. 1612 wird im *Coro della notte* die Orgel des *Antonio (Constanzo) Antignati* aus Brescia aufgestellt; 1613 ist die Kirche als vollendet zu betrachten.

1614 am 6. Juni Accord mit *Giulio* (dessen Vater *Bortolo* gar nicht mehr erwähnt wird) betreffend die Ballustrade vor dem *Sanctuarium*; die Arbeit kostet 210 Ducati, die Steine liefert das Kloster; in demselben Jahre wird die alte Bibliothek der Medici abgetragen, und der zweite Kreuzgang arrondirt, derselbe enthält im ganzen 140 Säulen in zwei Reihen (s. übr. S. 212) und wird 1617 vollendet; 1618 wird nur noch Einiges daran verziert durch den Steinmetz *Bernardo*; 1619 Accord mit *Giambattista Albanese* aus Vicenza, in Padua wohnhaft, über einen Christus, zwei Engel, einen Benedictus und Markus für die Façade. Preis 300 Ducati.

Was nun den künstlerischen Werth der in Vorstehendem erwähnten mannichfachen Arbeiten anbelangt, so sind die meisten derselben

¹) *Magrini*, Memorie intorno . . . *Palladio*, Padua 1845, pag. 64. *Cicogna*, Inscriptione venete B. III. u. IV. a. m. O.

ungemein sauber gearbeitet, viele zeugen von wahrhaft künstlerischer Begabung, alle aber von dem vorwiegenden Einfluss *Campagnas;* freilich finden wir, wie es oft zu geschehen pflegt, hauptsächlich *Campagnas* Fehler in diesen Arbeiten wieder, selten nur seine Vorzüge. Dasselbe gilt mehr oder weniger von den Werken, welche hier zunächst Besprechung finden werden.

**Bartolommeo Monopola,** Architect, erbaute um 1580 den *Palazzo* Ruzzini, jetzt *Priuli à S. Maria Formosa.* Der Unterbau zeigt tosca- nische Pilaster, auf doppelten Postamenten, wie auf Stelzen stehend, ohne durchlaufenden Sockel, zwischen ihnen stehen kleine Parterrefenster, durch Streifen mit den grössern Mezzanafenstern verbunden, deren Sturz an den Architrav stösst; darüber stehen schwere jonische und dann corinthische Pilaster auf gekröpftem Stylobat, zwischen ihnen übertrieben schlanke Rundbogenfenster. Der Pergolo ist nur dadurch erzeugt, dass in zwei der Intercolumnien nochmals Pilaster eingesetzt sind, zwischen denen dann die schlanken Fenster wie eingequetscht stehen, über dem Pergolo erhebt sich ein Fronton, *à la Sansovino,* von verkehrten Consolen flankirt; die Balkonconsolen sitzen in dem Fries der sonst ununterbrochenen fortlaufenden Gebälke. Im Erdgeschoss stehen unter diesem Pergolo zwei grosse Thüren; von barocken Zuthaten ist diese Façade allerdings frei, zeigt aber auch weder Poesie noch Erfindungsgabe, ja nicht einmal Berücksichtigung des Zweckes, denn das Hauptgeschoss tritt bei weitem weniger hervor, als die Mezzana und das Obergeschoss. Die Gliederungen sind ziemlich ungeschickt profilirt.

Ob er noch andere Privatbauten ausgeführt, ist mir nicht bekannt.

1602 empfing er den Auftrag, Säulen und Bogen im Hof des Dogenpalastes zu restauriren, und nachdem er diese Aufgabe glücklich gelöst, baute er 1615 die Façade des Verbindungsgangs mit dem darauf sitzenden Uhrfronton; ursprünglich hatte diese Fronte in jedem Geschoss fünf Spitzbogen; im Erdgeschoss änderte er drei davon so um, wie es *Rizzo* am Ostflügel gethan, s. S. 59, die zwei dazwischen stehenden aber mauerte er zu, indem er Nischen mit consolengetragenen Segmentverdachungen hineinstellte; im Obergeschoss liess er drei Spitzbogen unverändert; in die zur Zumauerung bestimmten aber setzte er dicht an die alten Säulen noch je eine neue mit gothischem Capitäl; auf diesem Capitäl ruht der Bogen einer Nische, flankirt von zwei schlanken Consolen, die eine Spitzverdachung tragen, darüber führte er den Sims mit Festons und Scheiben durch, wie er S. 99 und 100 erwähnt ward; auf diesem Sims nun ruht der Uhrfronton mit vier Säulen; das mittelste quadratische Intercolumnium mit dem Zifferblatt steht über dem mittelsten Spitzbogen, die schmalen Seitenintercolumnien enthalten

Bartolommeo Monopola. Pal. Ruzzini.

Im Dogenpalast.

Nischen, die ebenfalls über den unteren stehen; im Halsfries hängen
Festons, das Gebälk ist gekröpft; auf den Seitenkröpfen stehen Vasen, auf den Mittelkröpfen Frontonanfänge, zwischen denen eine Attika
aufwächst, deren Vorderseiten zwei Genien mit einem höchst barocken
Wappenschild einnehmen, über deren Deckplatte aber die Schlagglocke
schwebt. An die Seiten lehnen sich verkehrte Consolen. Eine tollere
Vermengung mittelalterlicher, rein antiker und · barocker Formen kann
man sich kaum denken. Die Verhältnisse der Säulen, Gebälke etc.,
die Profilirungen der Simse lassen bedauern, dass so viel Geschick nicht
zu besserem Zwecke verwendet ward.

Michele Spavento.    **Michele Spavento,** genannt *M. Veneto,* arbeitete 1599 eine Madonna mit Johannes und zwei Engeln, die sie krönen; die Figur ähnelt
in vieler Hinsicht den Arbeiten des *Campagna.*

Giovanni di Comino.    **Giovanni di Comino,** der schon bei *S. Giorgio M.* beim Jahre 1593
erwähnt ward, lieferte die Postamente und Statuetten am Eingang des
Arsenals. Dieselben haben allerdings sämmtlich·zu lebhafte Bewegungen,
Gewänder, welche wie vom Sturm bewegt scheinen, einigen davon fehlt
selbst ein angenehmes Ensemble, aber die Verhältnisse der meisten sind
gut, einige davon sogar elegant und graziös, die Arbeit aber ist ungemein sauber, so dass die Figuren, namentlich wenn man ihren rein
decorativen Zweck bedenkt, wirklich nicht zu tadeln sind.

Giulio del Moro.    **Giulio del Moro,** oder wie er sich nannte *Julius Maurus veronen-
sis sculptor pictor et architectus,* war zwar ein Schüler des *Campagna,*
verliess aber bald die von demselben ihm angewiesene Bahn und gerieth durch das allzugrosse Vertrauen in sein Talent auf Abwege.

1602 begann er die Arbeiten an dem von ihm unter *Campagna*
entworfenen Monument des *Andrea Delphin* und seiner Gattin in *S. Sal-*
In S. Salv. *vator,* sowie am Monument *Priuli* in derselben Kirche (s. S. 223). An
ersterem sind von seiner Hand die zwei ausgestreckten Figuren auf den
Seiten des Frontons, der Andreas und Benedictus auf den Seitenkröpfen
des Gebälks und der lebensgrosse Christus im Mittelintercolumnium,
welcher zwar nicht so übermässig bewegt ist, als die andern Figuren,
aber doch viele Fehler hat; der Kopf ist ohne Leben, die Körperverhältnisse schlecht, namentlich sind, was bei *Giulios* sämmtlichen Statuen wiederkehrt, die Hüftmuskeln viel zu stark. Die Architectur ist
vollständig barock. Die Heiligen Sebastian und Hieronymus an dem
Monument *Priuli* erscheinen fast als Carricaturen.

1609 führte er in *San Fantin* das Grab des Arztes Parisano aus,
sowie das geradezu erbärmliche Basrelief, die Anbetung der Könige
über dem Portal von *S. Giuseppe,* 1610 arbeitete er, wie wir gesehen
haben, Statuen für die Façade von *S. Giorgio maggiore.*

1611—15 lieferte er drei Statuen für den Altar in *S. Angelo*, die Figuren und Reliefs auf dem Sakramentaltar in *S. Steffano*, sowie drei allegorische Figuren über der einen Thür der *sala delle quattro porte* im Dogenpalast, Schweigsamkeit, Fleiss und Treue darstellend. Alle diese Arbeiten zeigen die gerügten Fehler, zum Theil so stark, dass sie an das Carrikirte streifen. Besser sind die Broncestatuetten des einen Seitenaltars in *San Felice*, eine Madonna, Petrus und Johannes den Täufer darstellend, hier sind wenigstens die Verhältnisse correct, die Köpfe nicht gar zu ordinär; der Johannes der Täufer auf dem Weihbecken in *San Giuseppe* gehört jedenfalls zu seinen besten Arbeiten, sowie der auferstandene Christus auf dem Altar der Sakristei von *S. Maria Zobenigo*. Das Tabernakel dieser Kirche, ebenfalls von ihm geliefert, strotzt von barockem Unsinn; Kröpfe und Schwenkungen des Gebälks, Schneckenwindungen des Frontongesimses etc., rauben diesem Werk alle Ruhe, und dabei ist es doch ungemein schwerfällig. Um 1615 scheint er gestorben zu sein.

Hier mögen nun noch einige Nachrichten über unbedeutendere Künstler und über solche Werke folgen, deren Verfertiger nicht bekannt sind.

1570 soll ein Florentiner *Sebastian Mazzoni* den Palast *Moro-Lin*  Sebastian Mazzoni.
am grossen Canal gebaut haben; die Richtigkeit des Namens muss dahingestellt bleiben. Die Architectur des Palastes erinnert an *Sammicheli* und scheint fast eine Nachahmung des Collosseums in Rom zu sein; das Parterre öffnet sich in schweren Arkaden mit bossirten Pfeilern und Bogen, die beiden folgenden Geschosse haben Rundbogenöffnungen zwischen dorischen, resp. jonischen Pilastern, das dritte Geschoss scheitrechte Fenster zwischen corinthischen Pilastern; sämmtliche Pilaster stehen direct auf den Gebälken auf, die nicht gekröpft sind; das Ganze ist zwar frei von groben Fehlern und barocken Zuthaten, aber auch alles Originellen baar. Aus demselben Jahr datirt das Grab des *Aloise Gritti* in *San Pantaleone*; Ende 1570 wurde ein Hausaltar fertig, den *Nicolo Crasso* nach eigener Idee in seinem Haus mit einem Aufwand von 30,000 Scudi hatte machen lassen. Er bestand aus Silber und Bergkrystall, und scheint eine kelchförmige Reliquienkapsel umschlossen zu haben. (*Crasso* schenkte ihn dem Senat. Das Geschenk wurde aufbewahrt und vergessen, 1763 am 11. Juni aber in einem Schrank der *Sala dell' Armi* im Dogenpalast entdeckt; der Goldschmied *Andrea Zambelli* erhielt für die Reinigung 100 Zechinen; 1797 ward es von den Franzosen eingeschmolzen.) In demselben Jahr begann die Modernisirung der Kirche *San Giuseppe*, wurde aber erst 1580 beendet.

1573 brannte *S. Giovanni Laterano* (bis dahin *S. Maria dell' Umiltà*

genannt) ab, wobei 7 Nonnen verbrannten; es wurde sofort kümmer-
lich wieder hergestellt, doch nur als Obdach für 2 Nonnen.

1575 Ausbesserung der Kirche S. *Elena*, Erneuerung des Innern
von S. *Appostolo*.

1576 Verlegung der *Scuola della Misericordia* in das neue, eben
vollendete Gebäude s. S. 178.

1578 Beginn des Neubaues von S. *Giovanni Laterano*.

1579 ward das Kloster S. *Filippo e Giacomo* zum Seminar für
S. *Marco* eingerichtet.

1580 ward das *Seminario di Castello* im *Atrio ducale* im *Quinta-
valle* auf der Insel San Pietro erbaut; aus demselben Jahr datirt eine
Altartafel in S. *Nicolo*, in der Capelle zur Linken des Hauptaltars,
Gott-Vater und zwei Engel darstellend, eine mittelmässige Arbeit, sowie ein Broncecrucifix von *Francesco Mazolo* in S. *Salvatore*.

1581 Verlegung der *Scuola dei Tintori* nach aī *Servi*. Neubau
der Kirche S. *Luca* und Vollendung von *San Gallo* am *Campo Rusolo*, (s. S. 184).

1582 stirbt der Bildhauer *Gerolamo Alberti* in Rom; sein Sohn
*Cesare*, Maler, Civil- und Kriegsbaumeister, geboren 1570, trat aus venetianischen Diensten in kaiserliche über und starb 1602.

1583 Restauration von S. *Apollinare*, Erbauung der Vorhalle; Modernisirung von S. *Gervasio e Protasio* im „„Styl des *Palladio*"" 1590
vollendet. Die Façaden sind mit zwei Pilasterstellungen versehen, die
untere ist viel höher, als die obere, welche letztere blos im breiten
Mittelintercolumnium aufsitzt und von verkehrten Consolen flankirt, von
einem Fronton bekrönt wird. Das Rundbogenportal mit Spitzverdachung
und das Halbkreisfenster im Obergeschoss erinnern allerdings entfernt
an *Palladio*, das Uebrige aber eher an *Vittoria*.

1586—88 Bau der Kirche S. *Francesco di Paola* (früher S. *Bartolommeo*) auf Kosten der Familie *Querin delle Pupozze*.

1588 Oberer Altar der *Scuola San Rocco* von *Francesco de' Bernardini*. Weihung der Kirche S. *Madonna* in Treviso; *Baptista Fi-
zonio* aus Venedig baut den ersten Kreuzgang von S. *Giustina* in
Padua.

1590 Restaurirung von S. *Maurizio*. 1590 ff. wird ein Formschneider *Marco Claseri* erwähnt.

1591 wird die *Scuola S. Maria de' Mercanti* bei S. *Aponal* nach
einem Feuer neu aufgebaut.

1592 den 14. April stirbt der Steinmetz *Stefano di Cortesi*, 53 Jahre
alt und wird in S. *Margarita* begraben.

Die Kirche S. *Maria dell' Ascensione* in Broglio, ursprünglich den

Templern gehörig (1118--1311), war nach Aufhebung dieses Ordens 1312 an die Malteser gegeben, von diesen 1324 wegen Schulden an die Procuratoren verkauft und 1336 an Eremiten vermiethet worden; diese verpachteten das Kloster 1400 als Schank- und Gasthaus, die Kirche wurde 1516 von der seit 1233 bestehenden *Confraternità dello Spirito santo* oder *dell' Ascensione* erkauft und restaurirt; 1591 erlangten diese die Entfernung der *Scuola dei Cechi* aus der Kirche und 1582—97 wurde nun eine neue Kirche gebaut.

1593 wurde die *Scuola della Passione* bei aï *Frari* nach einem Feuer neu gebaut.

1594 wurde die *Scuola del Carmine* neu gebaut; in demselben Jahre wurde ein *Calafao* (Calfaterer) *Dimitrio di Maria di Napoli* in *S. Domenico* begraben, wo sich auch das Begräbniss der Innung der *marangoni* befand. In diese Innung konnten blos Söhne der Meister (*capimistri*) eintreten, und diese mussten vom 10—20. Jahre als Lehrlinge arbeiten, ehe sie zum Meisterstück zugelassen wurden; diese Innung war mit der der *Taglieri* (Maststückarbeiter) verbunden und gehörte zu dem grossen Innungsverbande des Arsenals.

In demselben Jahre begann die Ausführung der Façade von *S. Pietro di Castello* unter *Francesco Smeraldi*, genannt *Fraca*, von dem auch noch einige andere, aber unbedeutendere Werke in Venedig erhalten sind. Den Mittelbau der Façade bilden vier Säulen auf riesigen Postamenten, mit compositen Capitälen, Gebälk und Fronton; das Gebälk der Hauptthür dient, hinter den Säulen durchlaufend, als Hauptsims für die Seitenschiffe, dort einen Halbgiebel stützend, wie wir das bei allen Kirchenfaçaden *Palladios* sehen, nach dessen Entwurf *Smeraldi* sich mindestens theilweis gerichtet zu haben scheint, wenn nicht etwa *Ermolao Paoletti*[1]) Recht hat, der behauptet, dass sowohl *Grapiglia* als *Smeraldi* direct nach Zeichnungen des *Palladio* gearbeitet hätten.

1595 April Accord zwischen dem Kloster *S. Giorgio maggiore* und dem Goldschmied *Francesco Genora* „„zum Kreuz"" auf *Rialto* über zwei Silberleuchter mit Maria, S. Georg und S. Stephanus an den Ecken zu 8 Lire 10 Soldi pro Unze; 1596 liefert derselbe noch zwei Candelaber; alle vier sind später umgeschmolzen worden; am 22. Juni 1595 Accord desselben Klosters mit dem Goldschmied *Giambatista Rigoleti* zum Zeichen *I. H. S.* über vier Silbertabernakel nach eigner Zeichnung à 80 Ducati Arbeitslohn; das Silber liefert das Kloster; auch sie sind später eingeschmolzen worden, um Leuchter zu giessen; 1595 bezogen die Reformanti die Insel *S. Francesco del Deserto*, verliessen dieselbe

Fra. Smeraldi.

---

[1]) S. dessen *Fiore di Venezia* II. pag. 186.

aber schon 1601 wieder, um sich nach *S. Bonaventura* zu wenden; Erweiterung des Chors und Renovirung der Altäre in *S. Zaccaria*, wahrscheinlich unter *Vittoria*.

1596 Brunnen, von *Bagnadore* verfertigt, am *Torre di Pallade* in Brescia. Derselbe liefert 1599 einen Entwurf zum Dom von Brescia, da man sich früher (s. S. 212) nicht hatte entscheiden können; 1603 endlich entschied man sich zu dem Entwurf eines gewissen *Lontana;* 1604 wurde der Grundstein gelegt.

1597 ff. Vollendung der *Prigioni* und Erbauung der Seufzerbrücke (*ponte dei sospiri*) durch *Antonio Contini,* Neffe des *Antonio da Ponte.* Der Bogen der Brücke ist nicht ungraziös; die als Binder zwischen die architravirten Laufer des Bogens eingesetzten Köpfe sowie die liegenden Figuren in den Zwickeln sind gut gearbeitet; der Ueberbau aber mit seinen kurzen bossirten Pilastern, seinen fast quadratischen Fenstern und seinem elliptischen, von höchst ungraziösen Schnörkeln überragtem Fronton, in dessen kahlem Felde eine Justitia einsam und verlassen sitzt, ist höchst geschmacklos, kraftlos in den Gliedern, plump und schwer in den Hauptverhältnissen und bei alledem doch nicht ernst.

1599· eine Madonna von *Andrea d'Aquila* in *S. M. Assunta dei Gesuiti.* Vier Figuren in Mosaik, gefertigt von *Luigo Gaetano* in *San Marco,* wo auch in demselben Jahre die Mosaikarbeiter *Lorenzo Ceccato* und *Gianantonio Marini,* Schüler des *Bartolommeo Bozza* erwähnt werden; in demselben Jahre wurde das Grabmal des *Tiberio di Parma* († 1371) in *S. Maria dell' Orto* erneuert, in Gestalt eines Brustbildes mit Schrifttafel und Wappen.

1600 Restauration der Kirche *S. Maria nuova.* Fertigung des Hauptaltars. Der übrigens ziemlich unbekannte Bildhauer *Antonio Biego* wird aus Castelfranco nach Vicenza berufen (er stirbt in Venedig 1633). Neubau von *S. Polo* unter dem Pleban *Antonio Gatto;* Bau des Hauptaltars und der *capella maggiore* von *S. Prorolo;* Neubau der Kirche *S. Segondo,* welche 1539 abgebrannt, dann 1563—64 und 1576 restaurirt worden war, als Hospitalcapelle für die *Appestati;* 1608 erfolgte die Weihung.

1600 Weihung der Kirche *S. Croce in Luprio* und der *degli Incurabili;* Renovirung der *Capella maggiore* in *S. Geremia.*

1602 Weihung von *S. Nicolo dei Tolentini.* Altar der Steinmetzen[1]) in *San Apollinare;* derselbe ist ziemlich rein von barocken Zuthaten. In demselben Jahre wird ein Ingenieur *Gian Luigi Gallesi* erwähnt;

*Antonio Contini.*

*Mosaicisten.*

---

[1]) 1396 waren die Steinmetzen zu einer Körperschaft und Begräbnissgesellschaft zusammengetreten.

Monument des General *Giacomo Foscarini* nebst Portraitstatue von sehr naturgemässer Darstellungsweise und leidlich sorgfältiger Arbeit in *S. M. del Carmine*, zeigt Verwandtschaft mit dem ziemlich aus derselben Zeit stammenden Grab des *Girolamo Venier* in *S. M. aï Frari*.

1603 ward das Kloster *S. Maria Mater del Redentore* von den Capucinerinnen Hieronymiten in einem Haus bei *S. Giustina* gegründet. In demselben Jahre liefert der Glockengiesser *Jacobo Calderari* aus Bormio die Glocken für *S. Giovanni* in Olio; er stirbt 1643, 65 Jahr alt und wird in *S. Maria dell' Orto* begraben.

1604 Renovirung von *S. Agnese*.

1605 Grab des Geschichtsschreibers *Paolo Parutta* und seiner Brüder in der Kirche *del Spirito Santo*.

1606 Vollendung des Baus, Beginn des Ausbaus von *Sa. Celestia*, s. S. 254. In demselben Jahre wird ein neuer Bucentaur gebaut, mit einem Aufwand von 70,000 Ducati; in demselben Jahre stirbt auch der Bildhauer und Cameenschneider *Paolo Selvatico* in Parma; er war aus Ferrara gebürtig und hatte sich nach Modena gewendet.

*Paolo Selvatico.*

1609 Vollendung des Neubaus von *S. Giovanni in Laterano*; Beginn der Dominikanerkirche (jetzt Lyceum) in Brescia; der Architect *Fra Vincenzo da Cologna* vollendete den Bau 1615 und starb 1630 an der Pest.

Am 14. October 1609 kaufte *Leonardo Donà* an den *Fundamente nuore* einen Bauplatz; am 16. Januar 1610 begann der Bau eines Palastes nach den Zeichnungen des *Francesco de Piero*; den 24. März wurde der erste Stein gelegt, im October 1611 das Dach aufgebracht, und im Juli 1612 der Ausbau vollendet. Der Palast folgt dem Styl der Zeit ohne viel barocke Zuthaten, aber auch ohne besondere Eigenthümlichkeiten.

1611 Vollendung und Weihung von *Sa. Celestia*. Restauration von *San Cassiano*.

1612 Grab des Poeten *Battista Guarini* in *S. Maurizio*; Bau der Predigerwohnungen bei *S. Geminian*.

1614 Broncestatuen der Kirchendoctoren in der *Capella Zeno* in *S. Marco* von *Gerolamo da Udine*; diese Figuren erinnern mehr an *Campagna* als an *Vittoria*.

*Gerolamo da Udine.*

1615 nehmen die Nonnen von *S. Servolo* Besitz von *S. Maria dell' Umiltà* (*Visitazione di S. Maria*).

1617 Mosaike von *Luigi Gaetano* nach Cartons von *Maffeo di Verona*, in den obern Lünetten der Façade von *S. Marco*. Grabmal des *Orazio Baglioni* im linken Seitenschiff von *S. Giovanni e Paolo*; auf dem Sarkophag steht eine vergoldete Reiterstatue; das ganze Monument ist sehr barock und von zweideutigem Kunstwerth. Denkmal des Bischofs *Gabriel Severo* in *S. Giorgio dei Grechi*.

1619 Neubau von *S. Benedetto* unter dem Patriarchen *Giacomo Tiepolo*.

Der eben besprochenen Periode gehören auch sehr viele der Wohnhäuser Venedigs an, von denen hier aber blos zwei der bedeutendsten Erwähnung finden mögen.

**Pal. Morosini.** *Palazzo Morosini* am *campo S. Steffano* ist in der Disposition sehr einfach. Das Erdgeschoss hat sechs scheitrechte Fenster und Rustikbekleidung; das erste Stockwerk hat in der Mitte ein dreigekuppeltes, zu jeder Seite zwei einzelne Fenster, sämmtlich scheitrecht, mit Balkons und Segmentverdachungen. Das zweite Geschoss hat sechs einzelne Fenster, ebenfalls mit Balkons, aber in Rundbogen geschlossen, mit scheitrechten Verdachungen und Cartoucheaufsätzen, darüber liegt noch eine Mezzana und ein unbedeutender Hauptsims; sämmtliche Profilirungen sind kraftlos, die Verhältnisse gar nicht gegen einander abgewogen; am besten ist noch das Hofthor zur Seite der Façade, ein grosser Rundbogen, von zwei bossirten Halbsäulen flankirt, die ein dorisches Gebälk mit Segmentfronton tragen.

**Pal. Pisani.** *Palazzo Pisani* an demselben Platz, ist bedeutend grösser. Das Erdgeschoss enthält in der Mitte ein grosses Portal, dessen von breiten Pilastern getragener Bogen in die Mezzana emporragt; zu jeder Seite stehen drei gekuppelte mit schwerer Bossage versehene Fenster; die über diesen stehenden Mezzanafenster sind scheitrecht, mit Pilastern flankirt, die ein gekröpftes über alles gute Verhältniss hochgestrecktes Gebälk tragen. Nun folgt das Hauptgeschoss. Die gekuppelten Fenster sind hier durch zwei Rundbogen geschlossen, die von einem in der Mitte stehendem schlankem jonischem Säulchen und zwei ebensolchen Pilastern auf übertrieben hohen Gebälkkröpfen getragen werden. Die Säulchen stehen auf Postamenten, zwischen denen Doggen eingesetzt sind. Die Gebälkchen gehen an den Pfeilern durch, und dienen hier sowie zu den Seiten eines riesigen über dem Portal stehenden Rundbogenfensters, als Sohlbänke für quadratische Fenster, wie solche sich an den gothischen Palästen sehr häufig finden, die hier aber den Charakter von Mezzaninfenstern annehmen; von dem Mittelfenster, welches durch zwei solche kleine Fenster, darunter durch zwei scheitrechte Fenster flankirt wird, und dadurch der Fig. 26 gleicht, liegt ein Balkon auf ungemein hohen, durch die ganze Mezzana bis zu den Portalpilastern herabreichenden Consolen; über dem Ganzen liegt eine Mezzana, über die sich in der Mitte die untere Fenstergruppe als ungeschickt grosses Dachfenster wiederholt.

Was die Details anbetrifft, so sind sie, der Disposition angemessen, ungeschickt, unorganisch und doch nicht malerisch, von den Regeln der Antike abweichend und doch nicht barock.

Von 1620 bis circa 1690 könnte man die zweite Stufe auf der Bahn des Kunstverfalls für Venedig annehmen. Durch die beinahe überhäuften Aufträge war es dahin gekommen, dass viele bedeutende Arbeiten Leuten von mittelmässigem Talent übertragen wurden, welche, sich an *Vittoria*, *Campagna* und *Moro* anlehnend, die Fehler dieser drei Künstler in sich vereinigten, ohne deren Vorzüge erlangen, oder auch nur begreifen zu können. Durch sie wurden die Künste mit unglaublicher Geschwindigkeit ihrem gänzlichen Verfall entgegengeführt. Obgleich es nun nicht gerade angenehm ist, sich mit solchen Zuständen zu beschäftigen, so müssen doch hier der Vollständigkeit halber auch diese Werke erwähnt werden.

**Nicolo (Nicolino) Roccatagliata** war aus Genua gebürtig und ein Schüler des *Cesar Groppi*; er kam nach Venedig (circa 1590) arbeitete an *S. Giorgio maggiore* 1593—97 (s. S. 264 ff.), und scheint vielfach in Venedig Beschäftigung gefunden zu haben; hier sei nur noch erwähnt ein Broncerelief an der Vorderseite des Altars in der Sakristei von *S. Moisè*, welches er 1633 mit seinem Sohn *Sebastiano* für die Franzosen *Jean Chinet* und *Marin Ferron* ausführte, und welches eine Kreuzeserhöhung darstellt; 1636 übernahmen sie mit *Pietro Boselli* gemeinschaftlich zwei Engel für *S. Giorgio maggiore*, welche dann ebenfalls von jenen Franzosen ausgeführt wurden (s. unten). All ihre Arbeiten sind verzerrt und unnatürlich, ohne genial zu sein.

**Matteo Carmero** begann 1619 den schwerfälligen, aber grossartig concipirten und wenigstens nicht übermässig mit barockem Unsinn beladenen Hauptaltar in *S. Gioranni e Paolo*; 1631—33 errichtete er bei Lebzeiten des Dogen *Francesco Erizzo* dessen Grabmal in *San Martino*. Die Architectur ist wenigstens nicht ganz schlecht; die sitzende Statue des Dogen, vom Supplicanten umgeben, ist fast ordinair in der Conception. Die Bewegungen der Figuren sind höchst übertrieben, der Faltenwurf gekünstelt, die Köpfe ausdruckslos. Von *Carmero* ist ferner auch das ziemlich gut gearbeitete marmorne Portraitmedaillon des *Paolo Veronese*, welches an Stelle des S. 260 erwähnten von *Bozzetti* gefertigten gesetzt ward.

**Francesco Contini** begann 1618 die Kirche *dell' Arcangelo Ruffaello* in Kreuzform mit zwei Thürmen im Osten der Vierung. Die Anlage ist nicht ganz schlecht, die Verhältnisse sind etwas schwer; der ganze Bau ist ziemlich unbedeutend, aber wenigstens frei von barocken Ueberladungen; 1634 begann er die Kirche *S. Anna* und 1639 *S. Ago-*

II. 1620—90.

Nic. Roccatagliata.

Matteo Carmero.

Francesco Contini.

*stino*, welche bereits 1643 soweit vollendet war, dass das verzierte Pflaster durch *Girolamo Lomellini* eingebracht werden konnte.

1647 endlich begann er die Kirche *S. Madonna del Pianto*, an welcher später *Longhena* arbeitete. Der Grundriss besteht aus einem Achteck von ungleichen Seiten, an den vier grössern Seiten legen sich Flügel an, in denen das Portal und drei Altäre stehen; der Aufbau entbehrt aller Eleganz der Verhältnisse.

Aber noch einmal sollte durch einen bedeutend begabteren Mann die Architectur in Venedig, wenn nicht zur alten Reinheit, so doch zu geistreicher Auffassung ihrer Aufgaben gehoben werden.

Baldassare Longhena. **Baldassare Longhena,** Sohn des Steinmetzen *Melchisedec Longhena* aus Como, welcher 1603 für *S. Giuliano* arbeitete, wurde in Venedig, wie es scheint, um 1604 geboren. Schon in früher Jugend ward er von dem Senator *Duodo* unterstützt, der ihn seinem Liebling *Scamozzi* zur Ausbildung übergab; er machte schnelle Fortschritte, namentlich in der Statik, und gewann sich dadurch bald das Vertrauen des Publikums, welches er sich auch lange ungeschwächt zu erhalten wusste; er war klein und schwächlich, stets ganz schwarz gekleidet; im Benehmen war er sehr bescheiden und sanft, stets bereit durch Anhören der Aussagen und Rathschläge erfahrener, wenn auch tief unter ihm stehender Werkleute den Schatz seiner Kenntnisse zu bereichern, stets freundlich gegen seine Untergebenen; wir werden bald sehen, dass er in ästhetischer Beziehung, als schaffender Künstler, einen ganz anderen Character zeigt; sein Verstand und Herz scheint ruhig gewesen zu sein, seine Phantasie aber war so rege, dass weder die Regeln der Alten, noch die Beispiele der Lombardi, noch die Anforderungen der Statik sie in Schranken zu halten vermochten.

1630 begann er seine öffentliche Wirksamkeit mit dem Bau von *S. Maria della Salute*, von 1655 an finden wir ihn in *S. Giorgio maggiore* beschäftigt, 1638 ward er zum Adjunct, 1640 zum Nachfolger des Proto *Marco della Carità* von den *Procuratori de supra* ernannt, und vollendete als solcher die *Procuratie nuove*.

In demselben Jahre noch begann er die Façade von *Sa. Giustina*; 1648 baute er das *Collegio Greco* bei *S. Giorgio dei Grechi* auf Kosten der Familie *Flangini*; 1649 Capelle *Vendramin* und Hauptaltar in *San Pietro di Castello*, ein Altar in *S. Francesco della Vigna*, sowie Beginn der Kirche *dei Scalzi*; 1650 übernimmt er die Bauleitung von *S. Maria del Pianto*; 1660 beginnt er das Monument *Pesaro aï Frari*; 1663 die Façade von *S. Salvatore*; 1669 Katafalk für den Herzog für Beaufort[1])

---

[1]) Findet sich in Kupferstich dargestellt von *A. Bosio.*

der Markuskirche; 1670 das *Seminario patriarchale della Salute;* 1672 die Façade von *S. Tomà (?);* bis 1677 finden wir ihn an *S. Giorgio maggiore* thätig. Mit Privatbauten scheint er sehr häufig betraut worden zu sein; doch ist es leider sehr schwer; die Reihe derselben genau zu bestimmen, wir nennen hier nur die Paläste *Lipomani*, *Michieli*, *Giustinian*, *Montalban*, *Hiarca*, sämmtlich in Conegliano, Palast *du Lezze* in Rovarè, in Venedig selbst aber die Paläste *Battagia-Caporilla*, *Flangini*, *Giustiniani-Lolin*, *Lezze*, *Marcello*, *Pesaro* (1679), *Rezzonigo*, *Widman*; das *Ospidaletto*, und die *Scuola S. Teodoro;* auch den Dom in Chioggia soll er gebaut haben, wie ihm denn noch Manches zugeschrieben wird, was wir hier nicht anführten. Den 18. Februar 1682 starb dieser thätige und jedenfalls höchst talentvolle Mann.

Unter seinen Werken nimmt jedenfalls die Kirche *Santa Maria della Salute* die erste Stelle ein; über die Ursache ihrer Erbauung s. S. 238. $\qquad$ **s. M. della Salute.**

Der erste Stein wurde den 25. März 1631 gelegt; in den Fundamenten verbrauchte man 1,156,657 Pfähle von Buchen-, Ulmen- und Lärchenholz. 1656 schon konnte die Kirche der Geistlichkeit übergeben werden, nachdem der Bau über eine halbe Million Goldducati gekostet hatte.

Was nun zunächst den Grundriss betrifft, so bildet den Kern des Gebäudes ein Achteck; auf den acht. 48 Fuss hohen Säulen steht ein Tambour von 30 Fuss Höhe, dann folgt eine Kuppel von 50 Fuss Durchmesser, deren Auge, 10 Fuss im Durchmesser weit, von einer 30 Fuss hohen Laterne überragt wird. Um dieses Achteck zieht sich ein Umgang; die eine Seite öffnet sich nach dem Portalbau, die andere nach dem Presbyterium; an die sechs übrigen Seiten sind viereckige Capellen angebaut, welche unter einander durch einen niedrigen Umgang zusammenhängen; das Presbyterium besteht aus einem Quadrat mit zwei Seitenapsiden und ist ebenfalls von jenem niedrigen Umgang flankirt. An der Ostseite des Presbyteriums legt sich der Chor an, von ersterem durch eine doppelte Arkadenreihe getrennt, denen äusserlich zwei schlanke Thürmchen entsprechen, welche die über dem Quadrat des Presbyteriums aufragende Kuppel flankiren. Diese Disposition scheint aus dem Traume des *Polifilo* (s. S. 24) entnommen zu sein, in welchem sich die Beschreibung eines Kirchenideals findet, welches in Disposition und Verhältnissen, ja selbst in vielen Details genau mit unserer Kirche übereinstimmt; freilich nicht in der Formgebung der Details, denn diese hätte *Colonna* jedenfalls so gestaltet, wie wir es bei den Lombardi sahen, während *Longhena* sie gemäss der Richtung seiner Zeit, d. h. hie und da etwas barock gestaltete, obgleich nicht zu leugnen ist, dass auch hier sein bedeutendes Talent ihn vor allzu grossen Ueberschreitungen sicherte; die acht Hauptpfeiler sind mit freistehenden compositen Säulen auf Postamenten verziert, deren Gebälk den Kämpfer der Bögen bildet. Der Tambour aber ist mit dorischen Pilastern besetzt und hat an jeder Seite zwei Fenster; die Kuppel ist innerlich halbkreisförmig und von Ziegeln gewölbt; äusserlich nach einer Kettenlinie in Holz construirt und mit Blei eingedeckt. Ueber die malerisch imposante Wirkung des Aeussern mögen die Leser nach Taf. I. selbst urtheilen. Die Profilirung und Detailformen erinnern vielfach an *Palladio*, zum Theil auch an *Scamozzi*.

Das anstossende *Seminario*, als Kloster der *padri regolari Somaschi* 1670 von *Longhena* vollendet, ist in der Architectur sehr einfach, Eintheilung und Raumvertheilung sind zugleich zweckmässig und grossartig.

S. Giustina. Im Jahre 1569 hatte man angefangen, die Kirche *S. Giustina*, s. S. 113, umzubauen, dieser Umbau war im Jahre 1600 vollendet worden. Die Façade jedoch wurde 1640 von *Longhena* auf Kosten der Familie *Soranzo* zum grössten Theil neu decorirt; vier grosse Halbsäulen compositer Ordnung, auf hohen Postamenten stehend, tragen ein glatt durchlaufendes Gebälk; zwischen den Säulen stehen kleine Pilaster, deren Gebälk die Säulenfelder ziemlich in der Mitte theilt. Das Portal und zwei Fenster unter diesem kleinen Gebälk scheinen noch von der Lombardi herzurühren; im oberen Theil der Intercolumnien aber sind die Grabmale von *Gioranni*, *Girolamo* und *Francesco Soranzo* in Gestalt von barocken Sarkophagen mit Büsten angebracht, auch die von ihm neben dem Giebel über dem Hauptgebälk aufgesetzten Verzierungen streifen stark ans Barocke.

Cap. Vendramin. Die Capelle *Vendramin* in *S. Pietro di Castello* gehört wohl zu den tollsten Erzeugnissen seiner Zeit; hier sucht man vergeblich einen Ruhepunkt für das Auge; Kröpfe, Verdachungen, Wellenlinien etc. häufen sich hier und verbannen alle architectonische Ordnung. Der Hauptaltar in derselben Kirche ist ebenfalls eine Anhäufung von Postamenten und Piedestalen, die sich in wunderbaren Verkröpfungen in einander verwickeln, beladen mit Ornamenten und Sculpturen in einer Weise, die allem Verstand, aller Ordnung Hohn spricht; der Hauptaltar von *S. Francesco della Vigna* ist etwas besser, aber doch barock genug; die acht corinthischen Säulen sind freilich ziemlich gut gestellt, aber sie tragen ein Spitzfronton, in welchem ein anderes halbkreisförmiges eingesetzt ist, das Gebälk ist durch den Bogen unterbrochen, das Ganze von allen Seiten mit Cartouchen und Schnörkeln besetzt.

Die barfüssigen Carmelitermönche, *Carmelitani Scalzi*, 1633 nach

Venedig gekommen, lebten ohne selbst Eigenthum zu haben, in *S. Gregorio*, kauften aber 1646 Bauplätze und Garten von *Vincenzo Venier* und begannen dort den Bau ihrer Kirche *S. Maria a Nazareth*. Grundriss und Hauptmasse des Innern sind von *Longhena*; die Kirche ist einschiffig und an jeder Langseite öffnen sich drei Capellen, deren mittelste durch ihre grossen Dimensionen das Ganze der Form eines griechischen Kreuzes annähert. Dem Portal gegenüber befindet sich die Capelle *maggiore*. Der ganze Grundriss ist verständig und nicht ohne Effect disponirt; der Aufbau aber ist leider so überhäuft mit allen Tollheiten und Ausschweifungen des Barockstyls, dass wir von einer Beschreibung hier gänzlich absehen und nur das Bedauern aussprechen müssen, dass soviel Talent und soviel Geld (über 200,000 Ducati à 6 Lire) an die Aufrichtung eines Tempels gewendet wurde, der eher einem Tanzsaal, als einer christlichen Kirche gleicht; doch auch in all dieser Verwirrung macht sich *Longhenas* grosses Talent durch die ziemlich harmonische Vertheilung des Reichthums, durch richtige Verwerthung und Disponirung des Lichtes, durch talentvolle Verwendung der verschiedenartigen Materialien und durch die unleugbare Grazie der Linien und Massenbewegungen, selbst bei den unsinnigsten Verzierungen geltend.

S. M. di Nazsel.

Aehnliche Tollheiten zeigt der von ihm, wie es scheint, gemeinschaftlich mit *Francesco Contini* geleitete Aufbau der *Madonna del Pianto*.

Die Façade des *Ospidaletto,* auf Kosten des *Bartolommeo Cornieno* gebaut, ist in Disposition und Massenverhältnissen gut: zwei Ordnungen und eine Attika theilen das Ganze in drei Geschosse; das breite Mittelintercolumnium enthält in der ersten Ordnung ein Rundbogenportal, von corinthischen Säulen flankirt, die auf Gebälkkröpfen ein Fronton tragen, in der obern Ordnung sitzt das Monument des Stifters: in einer fensterartigen, fast quadratischen Nische steht auf einem kleinen Postament eine Büste über einer von Lastträgern flankirten Inschriftstafel. Im Mittelfeld der Attika steht ebenfalls eine Inschriftstafel, die Seitenintercolumnien enthalten in der Ordnung Rundbogenfenster, in der Attika Wappen. Die Profile der gekröpften Hauptgebälke sind markig und geschickt, aber wenn auch *Longhena* hier das Fronton mit den in jener Zeit so tollen Cartouchen etc. vermieden und blos die Attikapfeiler mit Statuen besetzt hat, so ist er dafür in der Behandlung der Gebälkträger nur in desto tolleren Unsinn verfallen: in der ersten Ordnung stehen auf übermässig hohen Postamenten Pfeiler mit attischen Füssen und römisch-jonischen Halscapitälen. Die Schäfte aber werden von der Basis aus nach oben thermenartig breiter, etwas über der halben

Ospidaletto.

Höhe sind ihnen dann würfelförmige Verstärkungen angesetzt, in deren
Feldern Löwenköpfe sitzen, die Felder des Unterschafts sind mit Trophäen besetzt; im Obergeschoss fungiren statt der Säulen sehr trivial
aufgefasste Lastträger, auf hohen Postamenten stehend; diese und viele andere Details sind so vortrefflich ausgeführt, dass man bedauern muss, eine
so ausgebildete Technik nicht an weniger barocken Aufgaben beschäftigt,
ein solch schöpferisches Talent so von aller Vernunft verlassen zu sehen.

S. Salvador.      Die Façade der Kirche *S. Salvador* und der *Scuola S. Teodoro*
werden von Vielen ihm, von Andern aber dem *Giuseppe Sardi* zugeschrieben, der sie entweder ganz allein oder unter *Longhena's* Oberleitung vollendet zu haben scheint; jedenfalls zeigen sie nicht genug
Schwung der Phantasie, um sie, sowie sie sind, ohne besonderen documentarischen Nachweis dem *Longhena* zuzuschreiben und werden daher
bei *Sardi's* Bauten Besprechung finden. Dasselbe gilt von der Façade
S. Tomà. der Kirche *S. Tomà*, deren Innenarchitectur 1672 von *Longhena* ausgeführt ward und, obgleich nicht in solchem Reichthum, wie die Kirche
*ai Scalzi*, doch viele Farbenpracht und eine bedeutende Ueberladung
mit barocken Verzierungen, bei alledem aber viel Phantasie und grosses
Talent für Decoration zeigt.

     Eines der grossartigsten und theuersten, aber auch der ausschwei-
Mon. Pesaro. fendsten Werke des *Longhena* ist das Monument *Pesaro ai Frari;* auf
einem reichsculpirten, vielfach gekröpften Stylobat stehen vier Neger mit
reich drappirten Gewändern, welche auf weissen Kissen ein dorisches
Gebälk tragen; das breite Mittelintercolumnium enthält ein Rundbogenportal, die Seitenintercolumnien aber Nischen, in denen Scelette stehen,
welche Tücher halten mit Inschriften, den *Giacomo Pesaro* etc. betreffend.
Auf dem Gebälk nun steht ein Stylobat, dessen Kröpfe freistehende jonische
Säulen mit einem freibehandelten Gebälk tragen; vor den Säulen sind
sitzende, in den Seitenintercolumnien stehende Figuren angebracht, in
der Mitte steht, von zwei sitzenden Kameelen (!!) getragen, ein Sarkophag
mit sitzender Dogenstatue, über der ein Baldachin hängt, überragt von
dem Dogenwappen, welches zwei fliegende Genien tragen.

     So toll nun Manches an dieser Anordnung, so barock viele der
Details sind, so viel Talent zeigen die Verhältnisse und Profilirungen
der eigentlich architectonischen Theile. Von den Sculpturen wird weiter unten die Rede sein.

     Von den zahlreichen Privatbauten *Longhena's* mögen hier nur einige
näher besprochen werden.

Pal. Battagia.      *Palazzo Battagia,* jetzt *Caporilla,* am grossen Canal bei *Fond. dei
Turchi* ist in der Disposition ziemlich trocken, in den Details barock
und phantastisch, doch ohne Poesie.

*Pal. Flangini*, ebenfalls am grossen Canal bei *S. Geremia*, ist unvollendet. Er sollte einen fünftheiligen Pergolo und zu jeder Seite ein
Eckfenster bekommen; doch sind blos vier Theile des Pergolo und
eines der Eckfenster ausgeführt, welches durch einen breiten Pfeiler
vom Pergolo getrennt ist; diese Disposition wiederholt sich in beiden
Hauptgeschossen; die Fenster sind in Rundbogen geschlossen und durch
Halbsäulen getrennt; diese sowie die nicht gekröpften Gebälke haben
gute Verhältnisse; das Untergeschoss hat in der Mitte ein grosses Rundbogenportal, dessen Kämpfer als Sohlbank der Mezzanafenster fortläuft;
die Fenster sind sehr schlicht, die Flächen mit Rustik besetzt, sämmtliche Profile und Ornamente sind zwar schwer, aber weder ungeschickt
noch übertrieben barock.

Ebenso wenig Barockes bietet der Palast *Giustinian-Lolin*, welcher aber fast kahl und trocken erscheint; ebenso einfach, obgleich nicht
frei von barocken Zuthaten und in der Dispositoin unruhig, sind die
Paläste *da Lezze*, jetzt *Antonelli*, bei *S. M. della Misericordia*, *Widman à S. Cancian* und *Marcello*, später *Pindemonte*, jetzt *Papadopoli*
in der *calle del dose* bei *Santa Marina*, namentlich der letztere trägt
viele Spuren des Kunstverfalls an sich; bei beiden letzteren ist nicht
genau nachzuweisen, ob sie wirklich von *Longhena* erbaut sind.

Sicherer ist diess bei dem *Palazzo Pesaro*, dessen Façade eine solche
Leichtigkeit in der Handhabung der Säulenordnungen und Arkaden, ein
solches Verachten strenger Regeln, soviel Uebermuth und so grosse
Keckheit in statischer und ornamentaler Beziehung zeigt, dass man viel
eher vor dem Werk eines übermüthigen Jünglings, als eines erfahrenen
Greises' zu stehen glaubt; und doch war *Longhena* ein solcher, als er
1679 diesen Palast begann, der ganz kurz vor seinem Tod fertig
wurde.

Parterre und Mezzana sind in ein Geschoss vereinigt. Die Mitte
nimmt eine Nische ein, flankirt von zwei grossen Thoren, deren Kämpfer
sich fortsetzen. um als Gebälk für die die Parterrefenster flankirenden
Säulchen und zugleich als Sohlbank für die Mezzanafenster zu dienen,
welche von kurzen jonischen Pilastern flankirt sind; auf der Chambranle
jener Bogen liegen Flussgötter, als Schlusssteine dienen ihnen gigantische
Fratzen; abgeschlossen wird das Geschoss durch einen kräftigen und
edel profilirten Sims, auf dem eine niedere sehr reiche Doggenbrüstung
ruht; das erste Hauptgeschoss enthält einen dreitheiligen und zwei zwei-
theilige Pergoli, vor den Mittelschäften derselben steht je eine einzelne
jonische Säule, vor dem Trennungsschafte aber je zwei gekuppelte. Die
Bogen selbst, hinter den ganz freistehenden Säulen zwischen Pilastern
eingesetzt, ruhen auf kleinen jonischen Säulenpaaren, die in die Wand-

stärke eingesetzt sind; auf den Bogen ruhen im Schatten des sich nur
wenig zurückkröpfenden Gesimses Genien; die Schlusssteine bilden Helme
mit weitauskragenden Federbüschen; das zweite Geschoss ist diesem
ersten ähnlich, nur sind die Säulen römisch, die Brüstung zwischen den
Postamenten zurückgezogen, die Genien auf dem Bogen so hoch im
Relief gehalten, dass sie nicht vom Architrav beschattet werden, und
das Gebälk für die ganze Höhe der Façade als würdiger Abschluss
dadurch gestaltet, dass der Fries sehr hoch angelegt ist; in diesem Fries
sitzt über jeder Säule ein stehendes Consol, leider nicht glücklich profilirt und am obern Ende durch einen Kopf in höchst unmotivirter
Weise geschlossen; zwischen diesen Consolen sind Füllungen mit Festons,
Kronen etc. angebracht; sämmtliche Profile sind frisch und wirkungs-
voll, so dass dieser Palast zu den schönsten Venedigs zu rechnen ist,
und zeigt, wie man selbst bei grossem Reichthum an barocken Verzierungen, die architectonischen Linien in voller Reinheit der Wirkung
erhalten kann. Dieser Palast kam später an die Familie *Gradenigo*,
von der ihn um 1840 die Mechitaristen (Armenier) kauften, um das
*Collegio Raphael* hineinzulegen; 1850 aber kaufte ihn Graf *Bevilaqua*,
und Jene verlegten ihr *Collegio* in den Pal. *Zenobrio* bei *S. M. del
Carmine*.

Pal. Rezzo-
nigo.

Etwas weniger übermüthig zeigt sich *Longhena* in dem Palast *Rezzonigo*, ebenfalls am grossen Canal; leider konnte er ihn nicht vollenden; das Erdgeschoss ohne Mezzana ist mit Halbsäulen und Pilastern
dorischer Ordnung besetzt, die von Bossagen umzogen sind, gleich den
dazwischen sitzenden scheitrechten Fenstern. In der Mitte öffnen sich
drei Intercolumnien als Eingang; das Gebälk besteht blos aus Architrav
und Kranzgesims, das erste Geschoss zeigt sieben Fenster, disponirt
gleich denen der *Procuratie nuore* und des Palastes *Pesaro*, auch ebenso
behandelt wie an letzterem, nur mit dem Unterschied, dass hier die
Säulen nicht frei stehen und das Gebälk nicht gekröpft ist; auch ist die
Profilirung nicht so fein wie dort.

S. Giorgio
maggiore.

Sehr viel wurde theils von ihm selbst, theils unter seiner Leitung
in *S. Giorgio maggiore* ausgeführt. Die Nachrichten über die Arbeiten
an diesem Kloster lassen wir da beginnen, wo wir sie S. 268 unterbrochen haben.

1622 liefert *Gerolamo Palliari* zwei Engel von Marmor 4½ Fuss
hoch, und erhält dafür 225 Ducati und 10 Ducati Trinkgeld; sie sind
jetzt nicht mehr vorhanden; am 5. Juni desselben Jahres liefert *Antonio Palma* ein Tabernakel von Holz ab, welches auf dem Altar der
wunderthätigen Madonna *del Pero* in Monastier bei Treviso steht.

1626 den 3. März liefern *Pietro* und *Santo Fadi* zwei Glocken ab.

Von 1627 datirt eine silberne Statue des Heiligen Georg.

1630 übernimmt *Anzolo de Anzolo de Poli* die Lieferung einer Glocke; 1633 ist sie vollendet.

1635 den 19. Juli erhalten die Mönche die Weisung, das Grab des *Domenico Michieli*, s. B. I. S. 115, welches beim Abbrechen der alten Kirche zerstört worden war, wieder in Stand zu setzen. *Mon. Dom. Michieli.*

1636 den 25. Februar schliessen sie daher einen Contract mit *Bald. Longhena* ab. Das Kloster liefert die Steine und zahlt ihm 1550 Ducati, die letzte Zahlung erfolgt den 28. August 1638. Das Denkmal ist sehr einfach, aber edel in den Verhältnissen und frei von allen barocken Zuthaten; die Disposition ist die gewöhnliche: vier Säulen tragen ein Gebälk, welches über dem mittleren breiten Intercolumnium ein Fronton bildet; die Mönche scheinen damit sehr zufrieden gewesen zu sein, denn *Longhena* leitete von nun an den Bau.

1636 15. Juli Accord mit *Roccatagliata* und *Pietro Bosselli*, zwei Engel für den Hauptaltar betreffend.

1638 den 9. März Accord mit *Longhena*, das Grab des *Pietro Cicran* betreffend. Preis 360 Ducati incl. Säulen und Pilastern.

1640 Beginn des neuen Bibliothekbaus unter *Longhenas* Leitung, namentlich grossartig ist das Treppenhaus mit der dreiarmigen Treppe.

1641 liefert *Antonio de Poli* eine Glocke ab, welche aber schon 1650 umgegossen werden muss, weil sie vom Sturm herabgeschleudert und dabei zersprungen war; in demselben Jahre liefert *Giambattista Florio* sechs Holzstatuen für die Altäre *S. Steffano* und *Benedetto*.

Am 23. November giesst *Pietro Bosselli* die schon erwähnten zwei Engel in der öffentlichen Giesserei vor der *casa dell' Arsenale*, nahe dem Haus des Broncegiessers *Orazio Alberghetti* und erhält dafür 1216 Ducati, 12 Sack Mehl und 1 Fass Wein.

1642 den 25. Juni Accord mit *Jean Chenett* und *Marino Ferron*, das Ciselliren und Poliren dieser Engel betreffend.

1643 6. Juli bis 23. December werden für den Bau des Treppenhauses 6983 Lire ausgegeben.

1644 im März liefert *Giambat. Florio* die Holzstatuen der vier Kirchendoctoren, welche über dem Grab des *Lorenzo Donà* stehen.

1644 im März Accord mit *Giambattista Pagliari*, Steinmetz bei *S. Vital*, drei Statuen etc. für die Treppen betr.; sie werden begonnen.

1645 stirbt er und *Zuanne*, sein Bruder, vollendet die Arbeiten. Die Prudentia und Giustitia sind von ihm, die Venezia von *Cavrioli*, vier andere, und zwar die besten, von *Domenico Neri (Negri)*.

1652 10. Mai Vollendung des innern weissen Anstrichs der Kirche unter *Longhenas* Leitung.

1665 17. August Beginn der Schnitzarbeiten in der Bibliothek. Die 56 Schränke sind von *Longhena* entworfen, und jeder derselben kostet circa 400 Ducati; die Schnitzerei derselben, von *Franz Pauc* und einigen anderen Deutschen gefertigt, kostet 5582 Lire, die Schnitzerei der Wände etc. 8000 Lire; auf den Schränken standen 56 Statuetten der berühmtesten Künstler, Gelehrten und Dichter Venedigs.

1667 fertigt *Domenico Neri* die Büste des *Lorenzo Venier* über dessen Grab.

1670 wird die Bibliothek fertig, *Longhenas* Büste in Bronce stellt man über dem Haupteingang auf.

1671 liefert *Pandolfo Cuolo* die Uhr.

1677 Restauration und Ausbau der *Infermeria superiore*; in drei Monaten werden 4000 Ducati verausgabt; auch diese Arbeiten leitet *Baldassar Longhena*, unterstützt von seinem Sohn *Baldino*, der ebenfalls Architect war, aber nichts Bedeutendes erreichte.

Das Monument der Familie *Paruta*, welches der Innenseite des Portals in der Kirche *dello Spirito Santo* als Decoration dient, und nach 1630 vollendet worden zu sein scheint, zeigt viel Aehnlichkeit mit den Werken *Longhenas*, die überhaupt vielfache Nachahmung fanden, wobei freilich seine Nachahmer nur selten die Vorzüge ihrer Vorbilder, um so häufiger ihre Fehler zu erreichen wussten.

Ehe wir zur Betrachtung dieser grösstentheils armseligen Erzeugnisse übergehen, wenden wir uns zunächst zu den Bildhauern, welche zur Zeit des *Longhena* in Venedig thätig waren, und mit einem Muth, der einer bessern Sache würdig gewesen wäre, allen technischen Schwierigkeiten trotzten, um „„malerische"" Sculpturen zu schaffen, welche, um Kälte und Steifheit zu vermeiden, sich in den tollsten Verrenkungen ergingen, und indem sie alle Grenzen der Vernunft und Natur über- schritten, dem Beispiel *Berninis* zu folgen glaubten. Fast könnte man glauben, dass dieser selbst seine Manier nach Venedig eingeführt habe, denn man schreibt ihm einige Arbeiten daselbst zu, nämlich die runde Capelle *Valier* in der Kirche *S. Maria delle Grazie*, wo zwei Portraitmedaillons von seiner eigenen Hand sein sollen, und das Grab des Cardinals *Giovanni Delfin* über dem Haupteingang von *S. Michiele di Murano*, welches im Jahr 1622 gearbeitet ist.

**Clemente Moli** aus Bologna, fertigte 1640 zwei Statuen für die Façade von *Sa. Giustina*, Frieden und Krieg darstellend, sowie die drei Büsten der *Soranzi* an derselben Façade; 1649 die zahlreichen Sculpturen am Hauptaltar von *S. Pietro di Castello*, sowie am Altar *S. Lorenzo Giustiniani* in derselben Kirche (1649), ferner zwei Marmorfriese an einem Altar in *S. Francesco della Vigna*, einen *S. Johannes* in *S. Gior. e Paolo*, den Altar der Capelle *Widmann* in *San Canciano*, mit dem von zwei Engeln gehaltenen Sarkophag des Heiligen Maximus und vielen Statuen, 1659 die Façade des *Abbazzia della Misericordia* mit allegorischen Figuren und dem Grabmal des *Gaspare Moro*. Diese sowie noch viele seiner Arbeiten zeigen sämmtlich ein gewisses Anlehnen an *Bernini*, dabei aber doch ein noch ziemlich ernstes Fernhalten von den Tollheiten des Jahrhunderts, obgleich hie und da geschwollene und verdrehte Muskeln, geknitterte oder vom Wind gepeitschte Gewänder vorkommen.

**Francesco Lazzaroni**, Pleban von *S. Angelo*, restaurirte 1631 bis 1642 diese Kirche und führte daselbst mehrere Arbeiten aus; so namentlich 1676 und 1687 die Gräber des *Carlo Arsonica* und *Causidico* Grafen *Querin*, welche sich jetzt beide im Seminar *della Salute* befinden. Auch soll er 1646 die *Casa di Loretto* in der Kirche *San Clemente* entworfen und ausgeführt haben. An der Façade der Kirche arbeitete *Bernardo Morelini* unter seiner Leitung Ornamente, Statuen und eine Madonna mit zwei Engeln, die die *casa di Loretto* durch die Lüfte tragen.

**Francesco Cavrioli**, blühte zwischen 1630 und 1670; unter seinen Arbeiten nennen wir nur die schon erwähnten Statuen an der Treppe in *S. Giorgio maggiore*, ein marmornes Altarblatt in dem Kreuzgang des Seminars und die Sybillen über dem Portalbau, sowie einige andere Statuen in *S. M. della Salute*, endlich einen Theil der Sculpturen am Grab des *Conte Cavazza* in *S. M. dell' Orto*, einen Paulus und ein Crucifix in *S. Gior. e Paolo*; auch er gehörte noch nicht unter die verderbtesten Künstler seiner Zeit.

**Giusto Le Court**, genannt *il Fiammingo*, aus Flandern gebürtig, ebenfalls ein Nachahmer des *Bernini*, arbeitete sehr viel in Venedig: hier seien nur folgende Arbeiten von ihm genannt: Ein Theil der Sculpturen am Grab des *Mocenigo* in *San Lazzaro* (1657), ein Heiliger Hieronymus in *S. Michele*, zwei Altäre und das Grab des Procurators *Aluise Pasqualigo* ai *Frari* (1663), der Altar des heiligen Cajetan in der Capelle *Lobbia* in *S. Nicolo dei Tolentini* (1662), ein Theil der Sculpturen am Grab des *Conte Cavazza* in *S. M. dell' Orto*, die Sculpturen des Hauptaltars in *S. M. della Salute*, darstellend die Pest, welche vor der Madonna flieht, jedenfalls seine beste Arbeit, voller Leben und Ausdruck, dabei auch viel correcter als die daneben stehenden Statuen des Heiligen Maximus und *Lorenzo Giustiniani*. Diese Arbeit scheint seine erste gewesen zu sein, sie war bereits 1656 vollendet; seine letzte Arbeit, so weit uns bekannt, sind die beiden Gräber des *Giorgio* und *Pietro Morosini* von 1676, resp. 1682 in *San Clemente*. Jedes derselben wird von zwei Thermen getragen, welche in ihrem obern Theile als gemeine Lastträger mit einem Wust von Gewandungen auf Kopf

*Francesco Lazzaroni.*

*Francesco Cavrioli.*

*Giusto Le Court.*

und Schultern erscheinen; zwischen ihm steht ein Scelett von Bronze, welches die Inschriftstafel hält. Bekrönt wird das Grab des *Giorgio* durch eine kniende Statue des Helden in theatralischer Bewegung mit zwei Engeln, die ihm die Waffen halten und eher Soldaten, als Engeln gleichen. Das Grab des *Pietro* trägt eine Justitia von Kindern umgeben; das Ganze zeigt in jeder Beziehung ein vollständiges Verleugnen des guten Geschmacks und der gesunden Vernunft, ohne doch irgendwie eine lebhafte Phantasie oder viel Erfindungsgabe zu verrathen. Von seinen übrigen Arbeiten schweigen wir lieber.

**Melchior Barthel**, geborner Sachse, arbeitete in Rom, Venedig und Dresden, wo er 1674 starb, wie man glaubt, aus Verdruss nicht anerkannt worden zu sein. Diess wäre ein Beweis von grosser Selbsttäuschung, denn seine Arbeiten sind durchaus nicht lobenswerth, obgleich sie mehr Selbstständigkeit in der Nachahmung *Berninis* zeigen, als die eben besprochenen.

1660—69 arbeitete er an dem Monument *Pesaro aï Frari*, ausserdem nennen wir von seinen Arbeiten eine Madonna und einen Johannes den Täufer in der Capelle *Venier aï Scalzi*, und das Grabmal des *Melchior Lancia* (1673) in *S. Giovanni e Paolo*, an dem eine Figur, das Nachdenken über den Tod, nicht ganz tadelnswerth ist; er arbeitete auch hie und da gemeinschaftlich mit *Giusto Le Court*, der aber bei weitem mehr Einfluss hatte, als er, auch eine Reihe von Schülern heranbildete, von denen wir weiter unten einige aufführen werden.

**Filippo Parodi** aus Neapel fertigte 1678 das Grabmal des Patriarchen *Francesco Morosini* in *S. Nicolo dei Tolentini;* auf grossem Unterbau erhebt sich der Sarkophag, auf dem die Statue des Todten mit betend gefaltenen Händen liegt; die Zeit, gefesselt, steht zu den Füssen des Sargs, ihre Fesseln aber haben eine Aschenurne zertrümmert, die ein Kind hält. Die Charitas säugt ein Kind, die Fama schreibt, mit einem Fuss auf der Weltkugel stehend, die Thaten des Todten auf; all diess ist in Marmor gearbeitet, der Hintergrund aber mit unsinnigen Ornamenten, mit vielen Engeln und colossalen Wappen in Stuck bedeckt. Obgleich alles Beiwerk mit peinlichster Naturnachahmung gearbeitet ist, obgleich einige der Fleischtheile ebenfalls höchst lebendig sind, macht doch das Ganze, Dank den tollen Bewegungen, den vielen verrenkten und verdrückten Muskeln, einen höchst unnatürlichen Eindruck; 1687 lieferte *Parodi* für 400 Ducati die Statuen des Petrus und Paulus im Sanctuarium von *S. Giorgio maggiore*.

**Claude Perreau** (*Claudio Parracci*) aus Paris, Schüler des *Bernini*, arbeitete 1651 in Venedig nach einer römischen Zeichnung das

Melchior Barthel.

Filippo Parodi.

Claude Perreau.

Grabmal des französischen Gesandten *Renée de Voyer de Palmis, Conte d'Argenson,* in *San Giobbe.*

**Michiele Ongaro,** geborner Ungar, führte 1649—51 die erbärmlichen Sculpturen der Capelle *Vendramin* in *S. Pietro di Castello* nach *Longhenas* Zeichnungen aus.

**Camillo Mazza** aus Bologna, Schüler der Maler *Cignani* und *Gian Giuseppe del Sole,* arbeitete viel in Modena und Bologna, und hielt sich ziemlich frei von den Tollheiten seiner Zeitgenossen; in Venedig rühren von ihm her die Broncereliefs, welche das Leben des Heiligen Domenico darstellen, in der Capelle dieses Heiligen in *S. Giovanni e Paolo;* die Composition ist etwas gehäufter, die Linien weniger ernst, als man diess bei Sculpturen wünscht, aber Bewegung und Faltenwurf sind ruhig und natürlich, viele von den Köpfen voll lebendigen und edlen Ausdrucks; ein Relief, die Geburt Christi vorstellend, welches er für *S. Clemente* goss, ist beinahe gross in der Auffassung zu nennen; weniger gut sind die Statuen, welche den Altar in der Kirche *del Redentore* umgeben (1679), dessen Tabernakel auch von ihm entworfen ist. Dieses Tabernakel ist eines der geschmacklosesten und barocksten, welche jene tolle Zeit hervorgebracht hat.

**Pietro Baratta** aus Rom, lebte 1670—1700 in Venedig, wo von ihm die Statuen des heiligen Ignatius im Innern, und des Petrus an der Façade der Kirche *dei Gesuiti,* einige der Sculpturen von *S. Eustachio* und viele Sculpturen am Monument *Valier* in *S. Giovanni e Paolo* herrühren. Die Statue des Dogen und der Frömmigkeit sind ihm weniger gelungen, als die Reliefs des Unterbaus, die christliche Liebe und Demuth darstellend. Die Köpfe sind nicht ohne Liebreiz, die Composition ist gut, die Meisselführung sicher und doch zart, freilich ist der Ausdruck sehr weltlich.

**Johann Maria Morlaiter** oder *Morleitner* 1670—1700, ein tyroler Elfenbeinschnitzer, wendete sich nach Venedig und gewann bald Ruf. Unter seinen zahlreichen Werken verdienen besonders Erwähnung: ein Elfenbeinchristus in *San Moïse,* zwei Statuen auf dem Altar des Sakraments in *S. Vitale,* einige von den Reliefs in der Capelle *del Rosario* in *S. Giovanni e Paolo,* eine Statue des *S. Girolamo Miani* auf einem Seitenaltar in *S. Maria della Salute,* und mehrere Figuren in Nischen, sowie zwei Engel auf einem Altar in *S. Domenico sulle Zattere (aï Gesuati),* welche das Bild des Heiligen Domenicus halten; namentlich die letzten zeigen von Talent; viele von seinen andern Arbeiten sind nicht nur nicht so gut, sondern manche geradezu schlecht.

**Giuseppe Benoni,** Architect und Ingenieur der Republik, einer der gemässigtsten Nachahmer des *Longhena*, arbeitete um 1660 in *San Lazzaro*[1]).

**S. Basso.**    1670 am Tage Mariä Verkündigung brannte die Kirche *S. Basso* am Markusplatz ab, welche 1076 als *Sa. Saba* gebaut worden war. *Francesco Zanotto*[2]) nun hat unter Anführung ziemlich triftiger Gründe die Meinung aufgestellt, dass die 1671 begonnene neue Façade von *Benoni* herrühre. Da die dem Platz zugekehrte Seite nicht die Hauptfronte, sondern die Südseite der Kirche ist, so war die Aufgabe, sie zu verzieren, nicht ganz leicht, namentlich da die Disposition der Kirche die Anbringung zweier Thüren nöthig machte; die Verhältnisse der corinthischen Ordnung und der Attika sind correct, ebenso die Profilirung der Thüren; aber die Säulen sind zu weit unten gebunden, die Fenster und Thüren etwas zu weit und die Flächen zu sehr getheilt; das Ganze zeigt übrigens durchaus nicht von Erfindungsgabe.

**Dogana.**    1676—82 baute er die *Dogana* auf der Landspitze am Eingang des Canals grande dem Molo gegenüber. Der ästhetisch wichtigste Theil dieses Gebäudes besteht bekanntlich aus einem an der Seite von Loggien flankirten Thürmchen, hinter denen sich dann die Magazine anschliessen. Was nun jene Loggien betrifft, so ist allerdings Manches daran auszusetzen; sie werden an jeder Ecke von einer Säule und dicht daneben stehenden ganz gleich gegliederten Pfeilern getragen; diese Träger sind zweimal mit Rustikstreifen gebunden, haben attische Füsse, ziemlich schlanke Schäfte und römisch-dorische Capitäle. Das Gebälk hingegen ist sehr leicht in jonischer Weise gegliedert und trägt eine niedere undurchbrochene Attika; der Thurmaufbau ist schwerer, als der Unterbau und wird durch einen Sims geschlossen, welcher von riesigen mit Thierschädeln besetzten Modillons getragen wird; auf dem Dach erhebt sich ein durch liegende Consolen auf den Diagonalen gestützter Würfel in höchst unorganischer Weise, auf ihm knieen zwei Atlanten, die eine Kugel tragen, auf der eine Fortuna schwebt. Wenn nun in Alledem vielfach das ästhetische Gleichgewicht, die Regeln der Antike etc. verletzt sind, so ist auf der andern Seite nicht zu leugnen, dass die ganze Masse etwas Grossartiges in den Verhältnissen und eine angenehme Bewegung in den Linien hat, ohne dass diese Bewegung auf Kosten der Ruhe und Formenreinheit durch Verzerrungen, Verkröpfungen

---

[1]) *Giuseppe Belloni* soll einen Theil der Sculpturen am Monument *Mocenigo* in *S. Lazzaro*, sowie noch einiges Andere in Venedig geschaffen haben; doch sind die Nachrichten darüber unsicher und glaube ich, dass eine Verwechselung mit *Benoni* vorliegt.

[2]) S *Cicognara Fabbriche* Bd. I. S. 339 Not. 2.

und Schnörkel herbeigeführt ist, immerhin ein grosser Vorzug in Betracht auf die damals herrschende Zeitrichtung.

Zuerst war *Longhena* beauftragt worden, den Entwurf zu diesem Gebäude zu fertigen, und hatte zwei Zeichnungen eingereicht, die beide nicht befriedigten; hierauf wurden laut Beschluss am 29. August 1676 die Procuratoren ermächtigt, sich auf dem Weg der Concurrenz Zeichnungen zu verschaffen. *Andrea Cominelli, Giuseppe Sardi* und *Benoni* concurrirten und letzterer trug den Preis davon; auf die liegenden Consolen sollten sitzende Figuren kommen, wurden aber nach der Aufstellung sogleich wieder entfernt, auch Tritonen, deren Aufstellung man dann versuchte, wollten nicht gefallen. Nach Vollendung des Baues bemühte sich *Benoni* fünf Jahre lang vergebens, irgend ein Salair zu erlangen, bis ihm endlich 200 Ducati bewilligt wurden, wofür er aber noch den Entwurf zu der Façade der Magazine liefern musste! Und er hatte nicht blos den Entwurf zu dem Bau, sondern auch die Statuen gefertigt!

Um 1680 lieferte er vier Statuen für das Grab der Familie *Barbaro* in *S. Maria Zobenigo*. Architectur und Ornamentik des Grabmals sind von ihm und *Landi Milanese* gemeinschaftlich entworfen und ausgeführt.

Mon. Barbaro.

**Giuseppe Sardi** oder *Salvi*, gebürtig aus Marco in der Gegend von Lugano, scheint um 1630 geboren zu sein; er hatte zwar bei weitem nicht so viel Talent, als *Longhena*, war jedoch nicht ohne glückliche Begabung, und trat bald als *Longhenas* Nebenbuhler auf, dabei hatte er auch mehr Glück, als *Benoni*, indem er viele Bauten auszuführen bekam, deren Unternehmer durchaus keine Kosten scheuten, um etwas recht Luxuriöses zu Wege zu bringen, denn damals suchte man ja die Schönheit nicht in Ideen und Verhältnissen, sondern nur in der Pracht. Versetzt man sich aber auf diesen Standpunkt, so war allerdings *Sardi* einer der grössten Architecten seiner Zeit. Doch am besten wird man ihn aus seinen Werken beurtheilen können, von denen wir die bedeutendsten hier aufzählen.

Giuseppe Sardi.

1657 ff. Monument *Mocenigo* in *San Lazzaro*, von den Statuen ist schon S. 287 und S. 290 gesprochen worden; die Architectur ist erbärmlich.

1661 Façade der *Scuola di S. Teodoro*, zu deren Errichtung ein reicher Kaufmann *Jacopo Gallo* 30,000 Ducati aussetzte. Auf den vier breiten Kröpfen eines Stylobats erheben sich je zwei jonische Säulen, im Mittelfeld sitzt eine Rundbogenthür, in den Seitenfeldern Rundbogenfenster, von jonischen Säulchen flankirt, die auf Gebälkkröpfen Frontons tragen, in welche die Rundbogen der Fenster hineinragen. Im Obergeschoss wiederholt sich dieselbe Anordnung, nur sind die Säulen

Sc. di S. Teodoro.

corinthisch, die Frontons der Seitenfenster segmentförmig, im Mittelfeld
sitzt ein Fenster mit Spitzfronton; das Gebälk hat einen sehr hohen
Fries, in welchem über jeder Säule ein stehendes Consol eingesetzt
ist, und trägt über dem Mittelfeld ein Fronton, auf dessen Mitte eine
Statue des Titelheiligen steht, während über jeder Säulengruppe sich
ein Engel erhebt. Die jonischen Säulen sind etwas kurz, die Stylobate
etwas zu hoch, die Fenster zum Theil zu schlank, zum Theil nicht
schlank genug, kurz, an den Verhältnissen ist Manches auszusetzen,
aber die Disposition ist nicht übel, die Profilirungen, wenn auch nicht
graziös, doch nicht ganz schlecht, und barocke Verzierungen sind fast
ganz vermieden.

N Salvadore.        Auf demselben Platz steht die Façade von *S. Salvadore* (s. übr.
S. 282) auf Kosten desselben *Giacomo Gallo* 1663 mit einem Aufwand
von 50,000 Ducati errichtet; in der Silhouette der vorigen ziemlich gleich,
weicht sie doch von jener ab. Die untere Ordnung ist bei weitem höher,
und besteht nicht aus gekuppelten Säulen, sondern aus römischen Halbsäulen mit angesetzten Pilasterflügeln; der Oberbau ist als Attika behandelt, vor deren Pfeilern auf den Kröpfen des Gebälks Statuen stehen;
Das Portal, mit einem Fronton bekrönt, und die scheitrechten Fenster
in den Seitenfenstern haben gute Verhältnisse; die Fenster der Attika
und manches Andere ist nicht gelungen, doch ist auch diese Façade
ziemlich frei von barocken Zuthaten.

S. Lazzaro.        1673—90 Façade der Kirche *San Lazzaro*, erbaut auf Kosten des
*Jacopo Gallo*; vier Säulen compositer Ordnung auf sehr hohen Postamenten tragen ein Fronton, die Wandflächen hinter den Säulen sind
ziemlich in halber Höhe durch ein sehr stumpf profilirtes Gebälk durchschnitten, welches in den Seitenintercolumnien je einem scheitrechten,
in dem breiteren Mittelintercolumnium einem halbkreisförmigen Fenster als
Sohlbank dient. Unten stehen an den Seiten Rundbogenfenster, in der
Mitte ein Rundbogenportal mit durchbrochenem Segmentfronton; die Profile sind sämmtlich stumpf und kraftlos, die Verzierungen barock, ohne
doch zu der, wenn auch zügellosen, doch genialen Keckheit des *Longhena* sich zu erheben.

Ai Scalzi.        Die Façade von *S. Maria à Nazareth* (genannt *ai Scalzi*) wurde
1683—89 auf Kosten des Grafen *Girolamo Carazza* mit ungeheurem
Aufwand aus den kostbarsten Marmorsorten erbaut. Am Unterbau
stehen sechs Säulenpaare, am Oberbau vier. Das Dach der hinter den
liegenbleibenden Intercolumnien aufsteigenden Seitenschiffe ist durch verkehrte Consolen cachirt, die nach oben in Pilastern endigen; auf den
Kröpfen der mittelsten Säulenpaare ruht ein Segmentfronton, der das
Feld des Hauptgiebels einnimmt! Durch solche und ähnliche unsinnige

Anordnungen, durch die Ueberhäufung mit barocken Ornamenten, Cartouchen, Schnörkel etc. werden die an sich nicht hässlichen Verhältnisse ganz ungeniessbar.

Die Kirche *S. Maria Zobenigo* begann *Sardi* 1680 wegen Baufälligkeit auf Kosten des Geistlichen *Ludorico Baratti* umzubauen. 1683 wurde die Façade in Angriff genommen, zu deren Errichtung der Feldherr *Antonio Barbaro* 30,000 Ducati beisteuerte, dabei unterstützt von vier seiner Verwandten. Die Disposition ist ganz ähnlich der *degli Scalzi*, jedoch ist die Lösung der pyramidal aufsteigenden Masse nach oben etwas organischer, indem auf den mittleren Kröpfen des oberen Gebälkes je zwei Caryatiden stehen, welche ein Segmentfronton tragen. Was nun aber die Ausschmückung betrifft, so ist sie noch toller als dort. Städtepläne, Hafenansichten und Schiffe, in den Postamenten in Relief ausgeführt, als Erinnerungen an die Siege und Gesandtschaften der fünf Stifter, deren Statuen in den Nischen stehen, welche hier, sowie an der eben besprochenen Façade der *Scalzi* statt der Fenster angeordnet sind, Posaunenengel, aufgehängte Tücher, Hauptsimse, deren Enden sich als Schnecken umbiegen, liegende Statuen, kurz alle Mittel des phantastischsten Barockstyls sind erschöpft, um Ruhe und Grazie aus der Façade zugleich zu verbannen. Die Krone von allem diesem Unsinn ist jedenfalls das Monument über der Thür.

1684 Tabernakel des Hauptaltars in *S. Pantaleone*, mit vielen Statuen und Schnörkeln, sowie einem Altar in *S. Maria gloriosa ai Frari*. Die Architectur des Grabmals für *Gerolamo Cavazza* in *S. Mad. dell' Orto*.

1688 Gradrichtung und Restauration des den Einsturz drohenden Glockenthurmes von *S. M. del Carmine*.

Auch für Privatbauten war *Sardi* vielfach beschäftigt; wir nennen hier nur:

*Pal. Savorgnan*, jetzt *Galvagna*, *Pal. Surian* und der Oberbau des Palastes *Valier*, sämmtlich am *Canarreggio*, sowie *Foscarini* am *rio dei Carmini*; eigenthümlich ist es, dass *Sardi*, welcher an seinen Kirchenfaçaden so tolle Verschwendung trieb, die Palastfaçaden nicht nur frei liess von allen barocken Verzierungen, sondern selbst Säulen, Pilaster etc. fast nie an denselben anwendete. Das Erdgeschoss hat in der Regel scheitrechte Fenster, höchstens ein Rundbogenportal, vielleicht einige Pilaster oder bossirte Flächen. In den übrigen Geschossen sitzt dann ein Pergolo nach Fig. 26, aber sehr einfach gestaltet, zwischen schlanken Rundbogenfenstern mit wagerechten Verdachungen, mit oder ohne Balkons. Hie und da kommen auch scheitrechte Fenster vor, deren Verdachungen dann zugleich die Sohlbänke von Mezzanafenstern bilden. Kämpfer, Verdachungen, Brüstungs- und Balkongesimse laufen

entweder mit allen Gliedern oder doch als Streifen durch, und in die
dadurch entstehenden vielfachen Felder sind Füllungen eingesetzt, wodurch die Façade zwar ein sauberes, nettes, aber auch zerstückeltes
Ansehen erhält. Die Verzierungen beschränken sich in der Regel auf
einige Geländerdoggen, Consolen, Wappenschilder, Löwenköpfe als
Schlusssteine der Rundbogenfenster und dergl.

Sardi starb im Jahre 1699 und wurde in ai Carmini begraben.

**Giovanni Grassi** baute 1678 die Kirche S. Eustacbio (S. Staē).
Dieselbe hat ein Schiff und zu jeder Seite drei Capellen. Die Decoration besteht aus römischen Pilastern auf hohen Postamenten, die Altäre sind mit corinthischen Pilastern und Säulen decorirt; all diess zeigt
einen lobenswerthen Eifer, sich von den Verirrungen der Zeit fern zu
halten und dem Wirken des Palladio nachzustreben; in vielen Beziehungen ist diess Streben gelungen, ja einige von den Details sind sogar elegant zu nennen.

Die Beweise so rühmlichen Strebens blieben freilich sehr selten,
und obgleich es durchaus nicht an Gelegenheit fehlte, Tüchtiges zu
leisten, sind doch die meisten Werke jener traurigen Zeit höchst
unbedeutend, und beschränken wir uns daher hier auf eine Reihe kurzer
Nachrichten über die bis jetzt nicht besprochenen Werke dieses Zeit-
abschnitts.

1620—23 Neubau der Kirche S. Bonaventura.

1621 kauft die Republik den Fondaco de' Turchi an und richtet
ihn zum Gebrauch türkischer Kaufleute und Schiffer ein; aus demselben
Jahre datiren die drei Büsten des Titian und der beiden Palma in S.
Giovanni e Paolo.

1623 Grabmal des Paolo Sarpi in S. M. dei Servi; Restauration
von S. Maurizio.

1625 Grab des Dogen Francesco Contarini in S. Francesco della
Vigna, Statue des Francesco della Rovere im Hof des Dogenpalastes,
eines der besten plastischen Werke jener Zeit.

1626 Neubau der Kirche S. Bartolommeo und der Kirche S. Nicolo del Lido, unter Anlehnung je dreier Capellen zu jeder Seite des
Schiffes, sowie Errichtung der Façade mit dem Monument Contarini.

1628 Grab des Palma giovine in S. Giovanni e Paolo.

1629 Altarteppich in der Hauptsynagoge, in violettem Atlas mit
Gold und ächten Perlen gestickt, mit einer in Seide gestickten Ansicht
von Jerusalem, Geschenk einer reichen Büsserin; Hauptaltar von San
Basilio.

1630 Vollendung einer Restauration von S. Aponal, Weihung der
Kirche. Grab des Nicolo Contarini in S. Maria nuova; theilweise

Abtragung von *S. Trinità*, um Platz für *S M. della Salute* zu gewinnen.

1631—42 Restauration von *S. Michele Arcangelo (S. Anzolo)* unter *Francesco Lazzaroni;* die östliche Hälfte wird ziemlich ganz neu gebaut.

1632 Vollendung der 1620 begonnenen kleinen Kirche *Gesu e Maria* in *Betelemme, alle Muneghette* genannt, auf Kosten zweier Schwestern *Pasqualigo.*

1633 Hauptaltar in *S. Gioranni Elemosinario.*

1634 Vollendung der Façade von *S. Francesco della Vigna.*

1636 Vollendung des Baues von *S. Lazzaro dei Mendicanti,* s. S. 257.

1637 Bau eines Theaters bei *S. Cassano.*

1639 Pflasterung des Chors von *S. Domenico del Castello.*

1640—50 Bischofspalast in Brescia, Restauration von *S. Fufemia* auf der *Giudecca,* Ausschmückung des Innern von *S. Silvestro.*

1641 Marmorgrabmal des *Marco Zeno* in *S. M äi Frari.*

1642 Restauration von *S. Provolo,* Weihung von *S. Pietro in Castello.*

1643 Pflasterung von *S. Agostino* durch *Girolamo Lomellini,* Grabmal des Musikers *Claudio Montererde* in *S. M. äi Frari.*

1645 wird *San Serrolo* den von Candia hieher geflohenen Nonnen übergeben und von denselben restaurirt.

1647 wird *Sa. Margherita* wegen Baufälligkeit abgebrochen und der Wiederaufbau beschlossen.

1648 Erbauung des *Lazzaretto nuoro* mit 100 Zimmern und einer Quarantaineanstalt; Grabmal des bei Zara ertrunkenen Procurators *Giovanni Battista Grimani* in *S. Andrea della Certosa.*

1649 Grab des *Giacomo da Riva* in *S. Gervasio e Protosio;* das Grabmal gehört zu den besseren und bietet eine allerdings unbeholfene Nachahmung palladianischer Weise.

1650—60 Bau der *Scuola di San Pasquale* und des Oratorio *delle Terese.*

1650 Grabmal des Generals *Domenico Contarini* mit vergoldeter Reiterstatue des Todten, über der Hauptthür von *S. Steffano maggiore.*

1652 Bau der *Scuola* der Steinmetzen *(Tagliapietra)* zur Rechten des Campaniles von *S. Aponal,* im Obergeschoss mit einen Basrelief der vier gekrönten Märtyrer geziert.

1653 Vollendung der Kirche *S. Martino.*

1656 verlassen die Augustiner ihr Kloster auf der Insel *S. Spirito.* Grab des Generals *Lor. Marcello* in *S. Vital.*

1657 wird die Kirche *S. Maria Assunta* den Jesuiten übergeben.

B. Ringhello. 1659 wird der Architect *Baldissera Ringhello* zum Proto von den Procuratori de supra ernannt.

1660—70 Restauration von *S. Basilio;* Grabmal des Generals *Almerico d'Este* in *S. M. ai Frari.*

1661 Beginn der Murazzi und der Arbeiten zur Verstärkung des *littorale di Pelestrina*, sowie der Moli, die dazu dienen sollten, den Hafen von Malamocco vor dem Versanden zu hüten, und die südlichen Einfahrten zu verengen, weil der Hafen des Lido zu seicht geworden war.

1662 Vergrösserung der Kirche *della Fava.*[*]

1663 Denkmal des Procurators *Aluise Pasqualigo* ai *Frari* (s. auch S. 287); Hauptaltar von *S. Daniele*, sehr zopfig; Umbau der Sakristei von *Sa. Marina.*

1666 Grab des General *Horazio Farnese* (1676 vollendet) ai *Gesuiti*, mit dem das Grab des Patriarchen *Girolamo Gradenigo* über der Hauptthür in *San Clemente* an Schwerfälligkeit und barocken Details wetteifert; in demselben Jahre, nach Andern 1676 wurde die Kirche *Corpus Domini* restaurirt und innerlich reich bemalt.

1667 restaurirte *Antonio Geremia Fiamingo* die Orgel in *S. Sebastian.*

1668 schenkt *Francesco Vendramin* den Bauplatz zu dem Kloster der *Cappucine di Castello (Concezione d. N. Signora)*, welches 1675 Francesco Comino. vollendet wird; Beginn des Umbaues von *S. Pantaleone* durch *Francesco Comino*, einen sonst unbekannten Architecten.

1669 Vollendung des Monuments *Pesaro* ai *Frari;* Uebergabe der Kirche *S. Domenico alle Zattere (delli Orfani)* an die Dominicaner, welche ihren Titel in *S. Maria del Rosario* umändern; die *Gesuati*, welche sie bis dahin besessen hatten und nach denen die Kirche noch heute gewöhnlich benannt wird, waren nämlich 1668 aufgehoben worden.

1670 Renovirung der Kirche *S. Agnese.*

1672 Tabernakel, reich und sehr barock in *S. Basso;* Uebergabe der Insel *S. Spirito* an die Minoriten von Candia, welche die Kirche neu ausstatten mussten, weil die früher daselbst befindlichen Kirchengeräthe zur Ausstattung von *S. Maria della Salute* angewendet worden waren.

1674 Beginn des Neubaues von *S. Maria madre del Redentore.*

1675—91 Bau der Kirche *S. Croce degli Armeni* beim *Ponte de Ferali* unter *Gregorio Ghiroch Mirman*, einem persischen Armenier.

1676 Grab des *Carlo Arsonica* aus Bergamo in *S. Michele Arcangelo*, jetzt im Seminar *della Salute* aufbewahrt.

1680 Neubau der Kirche *S. Antonino*; Ausgrabung und Regulirung des Canals Canarreggio, Erbauung der über denselben führenden Brücke *S. Leonardo* an seiner Mündung in den grossen Canal bei *S. Geremia*, Umbau der Kirche *S. M. Zobenigo*, Bau des Palastes *Emo*, jetzt *Treves* am grossen Canal.

1681—84 Statue des *S. Antonio Abbate* an der *Scuola Luganegheri* an den *Zattere* bei *S. Basilio*, No. 2233.

1683 Modernisirung der Kirche *S. Samuele*, Feuersbrunst in der *Barbaria della Tarole*, bei Gelegenheit eines Festes im September durch Unvorsichtigkeit beim Fackelzug in der *Contrada di S. Niccolo* entstanden, bei der auch die Kirche *S. Giustina* litt. Restauration von *S. Filippo e Giacomo*. Aus demselben Jahre datirt ein Broncerelief von *Antonio Bonaccino*, einen Kampf auf einer Brücke darstellend, im *Museo Correr* aufbewahrt.

1684 Grab des Dogen *Aluise Contarini* in *S. Francesco della Vigna*. Sculpturen am Mon. *Carazza* in *S. M. dell' Orto* von *Andrea Bolgi* aus Carfara, genannt *il Carrarin*.

1686 den 2. Juni am Vorabend des Pfingstfestes verzehrte eine Feuersbrunst den ganzen Bezirk zwischen *S. Giovanni e Paolo* und *Madonna del Pianto*, ja bis zu *S. Giovanni in Laterano*. Vom 4. August 1686 ist ein Senatsdecret datirt, laut welchem den Procuratoren von *S. Marco* ein unbestimmter Credit eröffnet wird, behufs Vornahme der nöthigen Reparaturen an der Markuskirche, namentlich an der Kuppel.

1687 Grabmal des *Causidico Giovanni*, Grafen *Querin* in *S. Anzolo*, jetzt im Seminar aufbewahrt.

1688 Inschrift am Eingang des Arsenals, Aufstellung der Figuren und Postamente an demselben, und Monument für den Grafen von Königsmark innerhalb an demselben; Neubau von *Sa. Fosca*; Grab des *Marcantonio Giustinian* in *S. Francesco della Vigna* und des Generals *Gerolamo Garzoni* in *S. M. ai Frari*, zugleich als Innendecoration des Hauptportals dienend.

III. 1690—1750; nicht alle in dieser Zeit lebenden Künstler zwar, aber doch die meisten derselben versenkten sich immer tiefer in den Schlamm des Barockstyls. Die Besprechung derjenigen Werke dieser Zeit, welche eine neue freiere Richtung verfolgten, bis zum nächsten Abschnitt verschiebend, haben wir es jetzt fast nur mit erbärmlichen Erzeugnissen von Männern zu thun, die, zum Theil sehr talentvoll, nicht Energie des Willens genug besassen, die Fesseln der Mode zu durchbrechen. Man wird es übrigens natürlich finden, dass auch in diesem Abschnitt Jahrzahlen vorkommen, die in andere Abschnitte hinübergreifen, die betreffenden Künstler mussten natürlich dem Abschnitt zugetheilt werden, in den ihre Hauptthätigkeit fällt, und doch konnten auch die jeden einzelnen Künstler betreffenden Daten nicht füglich getrennt werden.

Alessandro Tremignan. **Alessandro Tremignan**, auch *Tremiglione* genannt, einer der tollsten Geister jener Zeit, der allem gesunden Menschenverstand getrotzt zu haben scheint, baute 1688 die Façade *San Moisé*, eine höchst unorganische, kostspielige, überladene und doch effectlose Anhäufung des ganzen Apparats von Kröpfen, Consolen, Cartouchen, Ueberschlägen, unterbrochenen Simsen, Festons, Wappen, Draperien, Medaillons, Muscheln, den der Barockstyl bietet, auch ausserdem mit über 30 Statuen in allen möglichen und unmöglichen Stellungen, Thieren und Ungeheuern in einer Weise ausgestattet, die an das Lächerliche grenzt. Derselbe Tollkopf baute ziemlich zugleich die bei weitem einfachere, darum aber nicht weniger zopfige Façade von *S. Tomà*, und soll auch den Palast *Fini*, jetzt *Wimpffen* am grossen Canal gebaut haben, was aber mit Recht von *Selvatico* bezweifelt wird, weil die Architectur dieses Palastes viel zu vernünftig ist, als dass sie aus demselben Gehirn hervorgegangen sein konnte, dass jene Tollheiten gebar.

P. Giuseppe Pozzo. **Padre Giuseppe Pozzo.** Die Kirche *dei Scalzi* war im Rohbau 1649 vollendet worden und hatte 1689 durch *Sardi* ihre Façade erhalten; nun kam es den Barfüssercarmeliten nur noch darauf an, auch das Innere ihrer Kirche mit aller nur erdenklichen Pracht auszustatten; schon hatte ein gewisser *Viviani* (welcher von den dreien in der Kunstgeschichte bekannten, weiss ich nicht), einen Entwurf zur Ausschmückung der *Capella maggiore* gemacht, derselbe war aber nicht kostspielig genug; nun befand sich im Kloster ein Laienbruder *Fra Giuseppe di San Antonio*, welcher die nöthigen Kenntnisse besass, um einen genügend grossen Unsinn zu schaffen; derselbe war der Bruder des Jesuiten *Andrea Pozzo*, welcher in Rom als Maler und Architect des Altars *S. Ignazio* in der Kirche *del Gesu* eines hohen Ruhms genoss. *Giuseppe* nun suchte seinem Bruder nachzustreben, und wahrlich er hat ihn Alt. ai Scalzi. so ziemlich erreicht, indem er den Hochaltar in der Kirche *degli Scalzi* mit einem Aufwand von 60,000 Ducati auf Kosten des Procurators *Soranzo* in einer Form erbaute, welche anspruchsvoller und geschmackloser nicht erfunden werden kann. Gewundene Säulen, verdrückte Gesimse, Schnörkel aller Art häufen sich, aber in so toll willkürlicher, so phantastisch unsinniger Weise, dass diess Werk wirklich die Aufmerksamkeit fesselt, ein gewisses Interesse erregt und bedauern lässt, dass soviel schöpferisches Talent nicht mit etwas mehr gesundem Menschenverstand geeint war; ebenso toll stattete er die Capellen Christi und der Jungfrau in derselben Kirche aus.

*Melchior Barthel* schuf unter seiner Leitung in dieser Kirche, wie schon erwähnt, einen Johannes den Täufer, *Bernardo Falconi* einen St. Sebastian und *Baldi* eine heilige Therese; die Capelle der letzteren kostete 20,000 Ducati, eine andere ward auf Kosten der Familie *Giovanelli* für 18,000 Ducati hergestellt. Der Bau selbst soll 1,300,000 Lire gekostet haben.

Um 1715 entwarf er den Hauptaltar in *S. M. Ass. dei Gesuiti*, dessen Ueberbau auf zehn gewundenen Säulen ruht. Auch hier Verkröpfungen und Verdrehungen aller Art, nirgends Ruhe, nirgends Verstand; dabei aber sind die Linien so graziös geschwungen, die Marmorfarben mit soviel Tact berücksichtigt, dass das Ganze einen ziemlich angenehmen Eindruck macht und für die ersten Augenblicke besticht.

**Marco Bergamasco** baute 1692 Sa. *Maria Formosa* um; das Innere ist ganz von ihm und strotzt von Unsinn; äusserlich und an dem sehr schönen Campanile hat er zwar auch einige sogenannte Verschönerungen angebracht, welche jedoch dem Totaleindruck wenigstens nicht wesentlich schaden.

**Lambrani** oder *Lumbranzio* vollendete 1687 die Kirche Sa. *Margherita* und baute 1693 und 94 für die Eremitinnen, welche bis dahin in *S. Marcuola* lebten, Kirche und Kloster *S. Gesù Maria e Giuseppe*; beide Baue haben weder besondere Vorzüge, noch zeigen sie die Fehler der Zeitrichtung in allzu auffallender Weise.

**Domenico Rossi** war als Architect ziemlich beliebt, obgleich er nicht viel Phantasie hatte und deshalb in blinder Befolgung der in seiner Zeit gültigen Grundsätze sehr leicht in Schwerfälligkeit, ja in Plumpheit verfiel, doch aber sich wenigstens manchmal vom Unsinn freihielt.

1709 baute er die Façade von *San Eustachio*; die Hauptdisposition dieser Façade ist ziemlich einfach, vier hohe schlanke Halbsäulen auf Postamenten tragen ein Gebälk ohne Kröpfe, über welches sich ein Fronton legt; im Giebelfeld sitzt eine Rosette, auf den Akroterien stehen Statuen, ebenso in den Nischen der Seitenintercolumnien, über denen sich ein Gebälk hinzieht, welches den Seitenschiffen als Hauptgesims dient, und so die Aehnlichkeit der Disposition mit den palladianischen Façaden vollständig macht. Die Verdachung des Hauptportals aber, auf dasselbe Gebälk aufgebaut, besteht aus einem zweimal unterbrochenen Fronton mit einer grossen Figurengruppe, bei der der Unsinn so weit getrieben ist, dass unter Anderm am Architrav des

Hauptgebälks eine Taube klebt, von der plastische Strahlen (!) zu dieser Gruppe herabgehen; und dieser Entwurf trug den Sieg über elf
andere davon, welche zum grössten Theil allerdings viel tolleres Zeug
enthalten. *Coronelli* hat in seinen *Singularità di Venezia* sämmtliche
zwölf Entwürfe veröffentlicht.

1715—28 decorirte *Domenico* das Innere der Kirche *dei Gesuiti*
mit Pilastern und Säulen, deren verkröpftes Gebälk der gewölbten Decke
als Kämpfer dient, welche mit barocken Stuckornamenten belegt und
reich vergoldet ist. Grünbemalte Festons hängen in den Flächen und
andere barocke Verzierungen zersplittern die Massen derart, dass von
einer Gesammtwirkung gar keine Rede sein kann.

*Domenico* baute 1721 den *Palazzo Saudi* im *Conte dell' Albero* und
1724 den *Palazzo Corner della Regina* am grossen Canal, gegenwärtig
*Monte di pietà* (Leihhaus). Die Gesammtmassenvertheilung ist imposant, die Verhältnisse etwas schwer, die Details nicht allzu barock, die
Profile ziemlich geschickt, und alles zeigt deutlich das freilich nicht
ganz gelungene Bestreben, den *Longhena* nachzuahmen. Freilich steht
dessen *Palazzo Pesaro* gleich daneben, und die dadurch sehr leicht ge-
machte Vergleichung kann nicht zu Gunsten *Rossis* ausfallen. Er starb
hochbetagt im Jahre 1742.

**Giovanni Battista Fattoretto**, Steinmetz und Architect, hatte 1715
unter *Pozzo* den Hochaltar in der Kirche *dei Gesuiti* ausgeführt, und
baute dann nach eignem Entwurf die Façade dieser Kirche, welche in
riesigen Verhältnissen ausgeführt und mit einer übertriebenen Menge
Säulen und vielen Statuen besetzt ist. Auf den Seiten des Frontons liegen steinerne Wolken mit Genien. Die Simse haben übermässig viel
Ausladung und grosse Kröpfe, die sich selbst im Frontonsims fortsetzen.

**Andrea Tirali**, um 1660 geboren, ein einfacher Maurer wurde
einst von zwei Patriciern, *Duodo* und *Musalo*, die zu ihrem Ver-
gnügen gemeinschaftlich die Architectur studirten, wegen einiger praktischen Fragen zu Rathe gezogen. Während des Gespräches stieg in
ihm der Wunsch auf, die Theorien der Baukunst kennen zu lernen, und
jene beiden Dilettanten unternahmen es, ihn darin zu unterrichten, ihn,
der kaum lesen konnte. Während dieses Studiums entwickelte sich in
ihm ein roher Stolz, der ihm bei seinen Gesellen den Beinamen
„„*tiranno*"" eintrug. Er blieb während seines ganzen Lebens grob,
gemein und anmassend, wurde sehr dick und starb endlich in hohem
Alter bei sehr gemächlichem Leben 1737 in Monselice; was für Werke
ein solcher Mann in solcher Zeit hervorbringen mochte, lässt sich leicht
errathen.

Gior. Battista
Fattoretto.

Andrea Ti-
rali.

1690 baute er die Capelle *S. Domenico* in *S. Giovanni e Paolo;* Cap. S. Domenico.
an den Wänden stehen composite Säulen, welche ein gekröpftes Gesims tragen; die Felder sind etwas weit und die Details der Decke und
des Altars sind überhäuft und barock.

1700 ff. datirt die Façade von *S. Vitale,* eine allerdings ziemlich S. Vitale.
schwache Nachahmung der palladianischen Vorbilder, welche aber doch
den guten Willen zeigt, sich möglichst von barockem Unsinn frei zu halten; wie sehr aber dieser Wille Schwankungen ausgesetzt war, das zeigt
sich an dem 1708 begonnenen Grabmal der Dogen *Bertuccio* und *Silvestro* Mon Valier
*Valier* und der *Elisabetta Querin,* Gattin des Ersteren, in *S. Giov. e Paolo.*
Zwei Rundbogenthüren, von denen die eine in die Capelle *S. Giacinto,*
die andere ins Freie führt, bilden die Mitte des Unterhaus; ihre Kämpfer
verlängern sich als Deckglied von Postamenten, auf denen zu jeder
Seite zwei riesige Säulen nahe beisammen stehen; das dadurch gebil-
dete übermässig breite Mittelintercolumnium enthält die eigentlichen Monumente, indem sich über den Thüren eine Attika hinzieht, auf deren
Vorderseite Drapperien mit Inschriften hängen, während auf dem Sims
die Statuen wie auf einem Theaterproscenium stehen; hinter denselben
erhebt sich ein riesiges in tollen Falten drappirtes Tuch, welches, von
Engeln gehalten, über das Gebälk herabfällt; auf diesem Gebälk nun
liegt ein Ueberbau, der vielleicht eine Attika sein soll, aber in den
tollsten und wunderlichsten Linien unterbrochen ist. Dieses Denkmal
begründete *Tiralis* Ruf im Auslande, so z. B. Fischer von Erlach bat
sich ausdrücklich eine Copie davon aus.

1708 baute *Tirali* auch die Kirche *S. Trinità* in Chioggia und
bald darauf die Façade von *S. Nicolo dei Tolentini,* bestehend in einem
Prostylos von sechs cannellirten corinthischen Säulen, deren geschickt
profilirtes Gebälk einen viel zu hohen Fronton trägt; die Intercolumnien
sind mit Ausnahme des etwas breiten mittleren blos zwei Durchmesser
weit. Bei alledem ist auch diese Façade nicht ganz frei von barocken
Zuthaten, und zeigt durchaus nichts Originelles.

Von seinen Privatbauten führen wir nur den *Palazzo Diedo,* jetzt Privatbauten.
*Rimini* bei *Sa. Fosca,* Palast *Priuli* am *Canarreggio* und die Treppe
des Palastes *Sagredo* an; auch die Brücke *delle Penitenti,* über den
*Canarreggio* führend, rührt von ihm her.

Um 1720 scheint er in Staatsdienste getreten zu sein. A. S. Marco.

Um jene Zeit zeigten sich nämlich bedeutende Baufälligkeiten an
der Markuskirche, namentlich hatte der grosse Bogen über dem Atrium
sowie die östliche Kuppel sich bedeutend gesenkt, der achteckige Rahmen, welcher die vier Bogen unter der Hauptkuppel zusammenhält, war
auseinander gewichen, das Dach zeigte lecke Stellen und lastete, weil

einiges Holzwerk verfault war, in nachtheiliger Weise auf den Gewölben; verschiedene Sachverständige wurden um Rath gefragt; der Mathematiker *Bernardino Zendrini* erklärte in einem Schreiben vom 6. December 1721 die Gutachten von *Tirali* und *Tremignon* unter allen den ihn vom Senat zur Prüfung vorgelegten für die gründlichsten, das des *Tirali* aber für das umfassendste. Die Procuratoren beschlossen demnach, das Gutachten *Tiralis* mit Berücksichtigung einiger von *Michel Domenico Magni* gegebenen Ratschläge zu befolgen, auch die Mosaikarbeit, welche unter *Leopoldo dal Pozzo* begonnen worden war, fortzusetzen.

Am 21. August 1722 wurde noch beschlossen, die in *S. Marco* aufgehängten Dogenwappen, welche zum Theil das Maass von 5 Fuss überschritten und so das Gebäude übermässig belasteten, zu entfernen. *Tirali* ward zum Proto ernannt und legte 1723 einige Eisenreifen um die Kuppeln, zog Anker durch das Gebäude und führte andere Restaurationen aus, welche im Ganzen 15,658 Ducati kosteten.

1726, 27 und 35 wurden noch weitere Restaurationen ausgeführt, worunter wir namentlich das Einziehen von Ankern, Ketten etc., das Zumauern einiger Fenster und Reparaturen der Mosaiken erwähnen.

1732 wurde das Pflaster des Markusplatzes und der *Piazzetta* unter *Tiralis* Leitung aus Marmorplatten nach einem regelmässigen Muster neugelegt, und zwar 15 Zoll höher, als das frühere Ziegelpflaster lag, weil das Meer sehr häufig in die Stadt eindrang.

1734 baute *Tirali* die *Scuola del Angelo Custode*, jetzt protestantische Capelle bei *S. Appostoli.*

Was nun die Plastik anbelangt, so gab es damals in Venedig eine grosse Anzahl mittelmässiger Bildhauer, und dieselben lieferten so viele kaum der Erwähnung werthe Arbeiten, dass wir hier nur die weniger schlechten aufzählen werden.

**Schule des Giusto Le Court.** Unter den Schülern dieses Mannes S. 287—88 sind folgende als die bedeutendsten hervorzuheben:

*Schule des Giusto Le Court.*

**Francesco Pensa,** genannt *Càbianca*, fertigte 1670—1700 die Marmorsculpturen des Reliquarium in der Sakristei von *S. M. aï Frari*, 1709 einige der Statuen an der Façade von *S. Eustachio*; 1715 ff. die Statuen Johannes des Evangelisten, der Heiligen Andreas und Jacobus an der Façade der Kirche *dei Gesuiti*; 1718 das Basrelief Simon und Juda in Frontispice von *S. Simon Piccolo*; 1726 die Statue Benedicts VIII. für *S. Domenico di Castello*; gegen 1730 Christus und Thomas auf der Giebelspitze der Façade von *S. Tomà* etc.

*Francesco Pensa.*

**Giovanni Bonazza** arbeitete unter andern: Hochreliefs, die Jungfrau und den heiligen Georg darstellend, sowie ein Ecce homo in *S. Giorgio*

*Giovanni Bonazza.*

*maggiore* (circa 1690), einige der Sculpturen am Monument *l'alier* in
*S. Gior. e Paolo* und die Geburt Christi, sowie mit seinen Söhnen *Tommaso* und *Antonio* die Darbringung im Tempel und die Verkündigung
Mariä in der Capelle *del Rosario*; Joseph, wie ihm der Engel erscheint
und gebietet nach Aegypten zu fliehen, in derselben Capelle, ist von
*Giovannis* drittem Sohn *Francesco*, von dem auch der Vorhang mit den
zwei Knaben am Mittelfenster der Façade der Kirche *aï Gesuiti* herrührt. Diese Arbeiten zeigen zwar sehr viele Fehler: fast alle Figuren
sind engbrüstig, die Engel haben zu kleine, die Menschen zu grosse
Beine, der ordinär genremässige Character erinnert fast an die niederländischen Bauernbilder, aber die Compositionen sind gut und hie und
da leuchtet schon der Anfang einer bessern Richtung oder wenn man
will, das unbewusste Streben nach einer solchen hindurch.

Nachahmer *Le Court's*, die nicht direct seine Schüler waren: Nachahmer Le Court's.
*Antonio Tersia*, auch *Tarsia* und *Terzia* geschrieben; seine hauptsächlichsten Arbeiten sind: ein Theil der Sculpturen am Monument *l'alier*, einen St. Paulus an der Façade *dei Gesuiti*, ein Theil der Sculpturen in und an *S. Eustachio*, der Altar *della Annunziata* in *S. Vitale*,
und die Figuren auf dem Frontispice von *S. Giorgio maggiore*, zum
Ersatz der Arbeiten von *Albanese*, die der Sturm herabgeschlendert hatte.

*Marino Gropello* arbeitete ebenfalls mit am Mon. *l'alier*.

*Giuseppe* und *Paolo Gropello* arbeiteten die Statuen Jacobus des
Jüngern und Matthäus an der Façade *dei Gesuiti*, sowie an und in
*S. Eustachio*.

*Paolo Callalo* und *Matteo Calderon* lieferten ebenfalls einige der
Statuen an den Façaden von *S. Eustachio* und *aï Gesuiti*, an welcher
letztern auch *Giuseppe Ziminian* und *Francesco Bernardon* sowie *Filippo Catasi* thätig war, von dem sich eine Gruppe, Herkules und
Omphale in Dresden befindet; 1692 lieferte er den David und Mosis im
Chor von *S. Giorgio maggiore* für 100 Ducati pro Stück.

Noch erbärmlicher als diese Arbeiten, die wenigstens noch hie und da
ein Aufflackern des Talents und eine gewisse Energie zeigen, sind die
Arbeiten des *Arrigo Marengo* an und in *San Moisè* (1688) und das Arrigo Marengo.
Grabmal des Dichters Iwanowitsch in derselben Kirche, von *Marco Beltram* gearbeitet.

Schüler und Schwiegersohn des *Tersia* war *Antonio Corradini* aus Antonio Corradini.
Este, dessen meiste Werke sich in Neapel befinden, der jedoch auch
in Venedig Vieles lieferte, unter Andern: Eine Pietà auf einem Altar
in *S. Moisè*, welche sorgsame Ausführung, gutes Studium des Nackten,
Verständniss des Faltenwurfs zeigt und nicht ohne Ausdruck ist; eine
verschleierte Figur in der Gallerie *Manfrini*, einige Statuen in *S. Eu-*

*stachio* und die Halbfigur eines Jünglings in *S. Giorgio maggiore*, sämmtlich mit obigen Vorzügen begabt, dennoch aber in Stellung und Handlung sehr manirirt, ja zum Theil an die Carricatur streifend. Der 1727 erbaute fünfte Bucentaur wurde unter seiner Leitung und nach seinen Modellen ausgeschmückt. Die Goldverzierungen allein kosteten 18,000 Ducati; das Modell dieses Schiffs wird im Arsenal aufbewahrt. In Dresden befinden sich einige Statuen und Basreliefs von *Corradini*, der 1752 in Neapel im Palast *Sanseverino* bei Ausschmückung der Capelle starb.

Giovanni Marchiori.

**Giovanni Marchiori's** Arbeiten verdienen ebenfalls einen gewissen Vorzug vor denen seiner Zeitgenossen, indem sie weniger schwerfällig sind; dafür verfiel er aber häufig in eine gewisse Schwächlichkeit; die Köpfe seiner Figuren sind in der Regel zu klein, die Unterkörper häufig zu gross, die Gewandungen zwar nicht ungeschickt, aber sehr bewegt; von ihm sind die zwei Statuen zur Seite des Portals der Kirche *S. Rocco*, ein Basrelief, der Fischzug Petri in *S. Simon piccola*, die Holzreliefs mit dem Leben des Heiligen Rochus in der *Scuola di S. Rocco*, die Sybillen am Presbyterium *dei Scalzi*, welche in Bewegung, Verhältnissen und Anordnung der Gewandung sehr viel wahren künstlerischen Sinn zeigen, während sie in Köpfen und den Details des Faltenwurfs ziemlich ordinär sind; möglich, dass ihm untergeordnete Arbeiter bei der Ausführung halfen und sein Modell verdarben. In der katholischen Kirche zu Berlin sind zwei Statuen von seiner Hand, ein Christus und eine Maria Magdalena. Er lebte noch um 1750.

Andrea Brustoloni.

**Andrea Brustoloni** aus Zoldo bei Belluno, arbeitete in Holz und Thon; in der von *Gerolamo Contarini* der Kunstakademie geschenkten Sammlung befinden sich zwölf Sessel von Buchsbaumholz, drei lebensgrosse Statuen in Ebenholz, neun kleine desgleichen als Vasenträger, mehrere Gruppen in Buchsbaum etc.; in Belluno befinden sich einige Crucifixe etc.; alle diese Arbeiten zeigen tiefes Naturstudium und ein gewisses, freilich schwaches Ankämpfen gegen die Manirirtheit seiner Zeitgenossen.

Giuseppe Torretti.

**Giuseppe Torretti,** geboren um 1660, war einer der beschäftigsten Bildhauer jener Zeit. Hier seien nun seine Hauptarbeiten angeführt: zwei der Reliefs in der Capelle *del Rosario*, eine Madonna, von Engeln emporgetragen, an der Façade *dei Gesuiti* (die Madonna ist etwas zu mädchenhaft, die steinernen Wolken sind abscheulich); im Innern derselben Kirche die Sculpturen des Altars und sechs Engel; an diesen sind namentlich die nackten Theile meisterhaft gearbeitet; eine heilige Familie in der Capelle *Manin* at *Scalzi*, auch hier ist die Madonna zu mädchenhaft; übrigens scheint er in den Verkürzungen beim Relief nicht tactfest gewesen zu sein; mehrere Statuen und ein Crucifix in S. *Eustachio*, letzteres etwas ordinair; zwei Statuen auf dem Hauptaltar aï *Apostoli*, ein Christus in Hautrelief in S. *Giorgio maggiore* etc.; alle diese Arbeiten haben etwas sehr Geziertes in ihren Stellungen; *Torretti* starb 1743 in Venedig. Unter seinen Schülern nahmen zwei seinen Namen an: *Giuseppe Bernardi* und *Giovanni Ferrari*; letzterer, gest. 1826, lieferte 1787 die Statue des *Giammaria Memmo* im *Proto della Valle* in Padua und 1792 das Monument des Admirals Emo in S. *Biagio*; ihre Werke sind bei weitem weniger incorrect, als die ihres Lehrers, obgleich sie doch, wenn auch später verfertigt, in die Barockperiode zu rechnen sind.

**Luigi (Aluise) Tagliapietra** mit seinem Sohn *Carlo* und andern Verwandten, arbeitete einen Theil der Sculpturen in der *Capella del Rosario*, sowie in *San Moisè*, doch sind diese Arbeiten kaum mittelmässig zu nennen.

**Giuseppe Gnioccola** lieferte 1700 die Statuen an der Façade von *San Vitale*, welche zu den schlechtesten gehören, die jene Zeit hervorgebracht.

**Antonio Gai** lieferte zwei der marmornen Reliefplatten, Kinder mit Trophäen darstellend, in der Attika, und die 1750 in Bronce gegossenen durchbrochenen Thürflügel am Eingang zur Terrasse der *Loggetta*; letztere sind reich verziert und mit Figuren, Wappen und Schnörkeln beladen, aber bei allem Mangel an Organismus ist doch die Composition gefällig, die Zeichnung der einzelnen Theile graziös und die Figuren sind, obgleich etwas theatralisch, doch nicht übertrieben affectirt; die Kinder und Löwen freilich 'sind herzlich schlecht, und die vier grösseren allegorischen Figuren haben offenbar zu kleine Oberkörper und Köpfe.

1743 begann er die beiden Grabdenkmale des Dogen *Nicolo Sagredo* und des Patriarchen *Aluise Sagredo* in der dritten Capelle links in S. *Francesco della Vigna*; in S. M. *della Pietà* steht eine Statue des heiligen Markus von seiner Hand.

Ausser den bereits aufgeführten sind noch folgende Nachrichten aus der eben besprochenen Periode mitzutheilen:

1690 am 15. August wurde durch den Blitz S. *Angelo della Concordia*, welches von den Nonnen verlassen worden war und als Pulvermühle gebraucht ward, in die Luft gesprengt, aber bald wieder restaurirt unter dem Namen *Castello S. Angelo della Polvere*.

1691 Weihung von S. *Agostino*; Vollendung von S. *Croce degli Armeni*.

1692 Neubau einer Capelle an der Kirche S. *Segondo*; Erweiterung des *Rio della Madonna*, der den Eingang zum Arsenal bildet; Reparatur eines Dammbruchs von 110 Schritt bei *Porto Secco* durch *Matteo Alberti*, Generaloberintendanten des Kurfürsten v. d. Pfalz.

1693 Beginn des Neubaues von *S. Marcilian*, genannt *S. Marziale* (vollendet wurde diese einschiffige Kirche 1721); Einweihung von *S. Margherita*.

1694 Grabmal des Dogen *Francesco Morosini* in *S. Steffano*.

1696 Restauration von *S. Lorenzo*, namentlich äusserlich unter Leitung von *Antonio Pastori*; am 21. December stürzte eine Mauer ein; die Herstellung des Schadens kostete 3400 Ducati, von da ab leitete *Gaspar Lazzari* die Restauration.

1698 Grab des *Lorenzo Lotto* in *S. Luca*; Restauration von *Sa. Soffia*; 2 Broncecandelaber am Altar *S. Steffano* in *S. Giorgio maggiore*.

In die Zeit um 1700 fallen folgende nicht ganz genau zu datirende Arbeiten: der Neubau von *S. Giacomo di Galizia* auf der *Giudecca*, Umbau von *S. Appostoli* durch *Giovanni Pedolo*, der Taufstein von *S. Felice*, der Palast *Cirran*, jetzt *Mengotto*, und sehr viele Veränderungen und Aufbaue an Wohnhäusern, von denen hier blos die Obergeschosse der Paläste *Grimani delle Poste*, des *Pal. antico a S. Appostoli*, der Portalbau des *Pal. Vendramin alla Giudecca* und die Veränderungen im *Pal. Corner a S. Fosca* erwähnt werden mögen.

1700 Renovirung von *S. Eustachio*.

1701 den 3. März Decret, den Neubau von *S. M. della Fava* betreffend.

1702 innerliche Restauration von *S. Lorenzo*.

1703 brennt die Kirche *S. Girolamo* fast ganz ab; der Neubau beginnt sofort wieder; Modernisirung von *S. Giovanni decollato*; Restauration der Kirche *S. Cristo miracoloso* auf der Insel *Povegia*, welche sehr viel von den Fluthen gelitten hatte.

1705 Neubau von *S. Marina*; am 30. April Verbot, alte Gräber ohne besondere Erlaubniss zu beseitigen.

1706 Plafond in *S. Canciano*, reich mit Stuckornamenten und Gold verziert.

1707 Hauptaltar von *S. Domenico di Castello* nach den Zeichnungen von *Domenico Paternò* aus Messina.

1708 Grabmal des *Giuseppe Maria Bottari* in der Kirche ai *Frari*; Vollendung der 1661 begonnenen Arbeiten am Molo.

1710 Vollendung von *S. Antonino*, und Erhebung derselben zur Collegiatkirche,

1715 Gründung einer Irrenanstalt für Patricier auf *S. Servolo*; 1733 waren darin 300 Kranke untergebracht.

1716 stirbt der Mosaïcist *Domenico Caenazzo (Catenazzio)* und wird in *S. Domenico di Castello* begraben; Feuersbrunst auf *S. Giorgio d'Alega;* der *Padre Coronelli* stellt die Idee zur Errichtung der *Murazzi* auf.

1717 wurde die seit Erbauung des *Lazzaretto nuovo* ganz verlassene Insel *San Lazzaro* den Armeniern übergeben, welche mit ihren Abt Mechitar (geb. 1676) aus Morea fliehen mussten; *San Giorgio Alega* (auch in *Alga* gen.) wurde von den *Carmelitani Scalzi* wieder restaurirt; die neugebaute Kirche von *Zenson*, unter *S. Giorgio maggiore* stehend, wurde geweiht.

1720 Mausoleum der Familie *Cornaro* in *S. Nicolo dei Tolentini.*

1720—22 Restauration von *S. Severo.*

·1721 Weihung der restaurirten Kirche *S. Andrea della Certosa.*

1723 Tabernakel mit Broncefigur in *S. Bartolomeo.*

1726 fünf Statuen auf dem Hochaltar in *S. Lorenzo.*

1727 Erbauung des letzten Bucintoro, und der Propagandacapelle *S. Giov. Battista dei Cattecumeni* bei *S. M. della Salute;* Restauration der Mosaiks in der Sakristei von *S. Marco.*

1728 totaler Umbau von *S. Ermagora e Fortunato*, wegen Baufälligkeit des alten Kirchleins *(la Marcuola* genannt).

1730 Nothdürftige Restauration von *S. Barnaba;* Tod des *Gaspar Gajo*, Proto des Arsenals; Beginn der Erweiterung und Restauration von *S. Giov. in Laterano.*

1733 Restauration des Atriums von *S. Agnese.*

1734 der Blitz schlägt in *San Segondo* ein.

1735 die Kirche *S. Pietro di Custello* wird mit neuem Fussboden versehen; in *S. Steffano* wird der Altar *S. Marco* errichtet. Die Stadt umschloss damals bei einem Umfang von 7 Miglien 138 Inseln, getrennt durch 145 Canäle, welche von 340 steinernen und 110 hölzernen Brücken überspannt wurden, sie war in 6 Sestieri getheilt und enthielt 72 Pfarrkirchen, 36 Mönchsklöster, 37 Nonnenklöster, 6 grosse Scuole, 4 grössere Hospitäler, sehr viele Scuole, Oratorien und Capellen.

Was die Theater anbelangt, so finden wir um jene Zeit folgende erwähnt: *Teatro Vendramin à S. Salvator*, *Grimani à S. Samuele, Grimani à S. Grisostomo* (jetzt *Malibran*) und *dell' Opera à S. Angelo,* doch scheinen deren noch mehrere bestanden zu haben.

Um einen Begriff von dem Reichthum zu geben, mit dem die Kirchen decorirt waren, und wovon soviel während der Franzosenherrschaft verloren gegangen ist, sei hier nur ein Auszug aus einer Beschreibung der Kirche *S. M. ai Servi* vom Jahre 1735 gegeben: Dieselbe enthielt 22 Altäre; der Hauptaltar zeigte ein Bild von *Gius. Sal-riati*; der Altar *S. Gior. Batt.* und *S. Franc.* Bilder von *Al. Varottari* und *Bonifacio Veneziano*: das Bild des Altars *S. Onofrio* war von *Co-rona*, das des Altars *S. Antonio* von *Liberi*, an der Orgel waren vier Bilder von *Tintoretto* etc.; die zur Kirche gehörige *Scuola dei Lucchesi* besass 12 Häuser, die Armen zur Wohnung überlassen wurden. Das Verzeichniss der Reliquien und Kostbarkeiten ist sehr lang und zeigt den enormen Reichthum der jetzt zerstörten Kirche.

1736 Vollendung des Neubaues von *S. Ermagora e Fortunato.*

1737 fertigt *Antonio Visetti* die Madonna in Hautrelief an dem Haus No. 4478 bei dem *ponte S. Prorolo.*

Um 1740 wird ein Maurermeister *Gottardo Bonatelli* als geschickt und wohlhabend erwähnt.

1741 baut *Domenico Pelli* die Kirche *S. Giacomo* in Chioggia.

1744 begann *Bernardino Zendrini* s. S. 302 die Ausführung der Murazzi, welche sich von Pelestrina bis Chioggia, und vom Fort *Felice* bis zu den Dünen bei Brondolo erstrecken. Es ist diess ein Steinwall von 1 geographischen Meile Länge und 40 bis 50 Fuss Breite, be-stehend aus 5 bis 6 Fuss langen istrischen Kalksteinquadern, welcher über das Wasser emporragt; die Zwischenräume der Steine sind mit Steinbrocken und Puzzolanerde ausgefüllt und auf ihrer Oberfläche steht noch eine 15 Fuss hohe Aufsatzmauer gegen die Sturzwellen. Die Kosten beliefen sich auf 14 Millionen Zwanziger.

1745 Vollendung von *Sa. Fosca* (zweifelhaft).

Schwest. Castelli.    1748 *Catharina* und *Anna*, Töchter des *Andrea Castelli* aus Ber-gamo, als Glocken- und Broncegiesserinnen in Venedig etablirt, er-werben ein Begräbniss in *S. M. dell' Orto.*

1751 besorgte *Giuseppe Ceronetti* aus Mailand den innern Anstrich in *S. Lorenzo.*

S. Giorgio maggiore.    Die Arbeiten in *S. Giorgio maggiore* wurden auch in dem eben behandelten Zeitabschnitte fortgesetzt, und mögen hier einige dieselben betreffende Nachrichten Platz finden:

1689 liefert *Gregorio de Zambelli* eine Glocke.

1691 Einsturz der Abtswohnung, weil die Balken theils zu kurz, theils zu schwach gewesen waren. Die Reparatur kostet 1500 Ducati.

1692 liefert *Aless. Garzi* einen Silberleuchter für 3400 Ducati und 1694 eine silberne Ampel für 1920 Ducati.

1698 liefert *Gianfrancesco Alberghetti* zwei Broncecandelaber, welche 1818 weggenommen wurden; um dieselbe Zeit wird ein Goldarbeiter *Vittorio Bosello* erwähnt.

Um 1700 fingen die schon früher sichtbar gewordenen Risse an der Kuppel an, Bedenken zu erregen; die Berathungen und Versuche zu Reparatur derselben zogen sich bis 1718 hin; im letzteren Jahre scheint eine Conferenz von Sachverständigen stattgefunden zu haben, deren Resultat war, dass *Palladios* Entwurf nicht, wohl aber die Ausführung durch *Bortolo* s. S. 266, fehlerhaft sei. An dieser Conferenz nahmen Theil: *Antonio Gaspari*, der schon seit 1700 die Arbeiten um Kloster leitet, *Zuanne Gracci*, „„ein sehr alter erfahrner Mann"", *Michele Magni*, von Rom abgesendet, *Domenico Mazzoni*, *Giovanni Scalfurotto* und *Domenico Rossi* als Sachverständige der Regierung.

1726 entwirft *Frate Fortunato*, ein Benedictiner von Sa. *Giustina* in Padua, eine neue höhere Kuppel für den Campanile; da diese in Folge der zu grossen Last und in Folge eines Sturmes sich schief neigt, so richtet *Aluise di Preti* den Engel wieder gerade und *Scalfurotto* verstärkt die Fundamente desselben, namentlich auf der Wasserseite, durch starke Futtermauern.

1727 liefert *Antonio Picenini* zwei Glocken.

1733 liefert *Gaetano Amigazzi* eine Orgel.

Bei dem Schluss dieser Abtheilung muss noch erwähnt werden, dass in der eben betrachteten Periode sehr viele mittelalterliche Wohnhäuser, die theils verfallen, theils in ihrer alten Einrichtung den immer prächtiger werdenden Sitten nicht mehr angemessen waren, innerlich und äusserlich, umgeändert wurden; innerlich waren diese Umänderungen in der Regel sehr umfänglich und wurden mit grossem Pomp ausgeführt; namentlich reiche Stuckdecken, Camine mit Stuckaufsätzen, geschnitzte Flügelthüren, Boisserien, Parquettböden etc. sind noch jetzt in vielen verfallenen, verlassenen oder zu industriellen Etablissements verbrauchten Palästen, ganz oder theilweis erhalten, die traurigen Zeugen dieser schnellverschwundenen Flitterpracht. Aeusserlich beschränkte man sich in der Regel auf Durchbrechen viereckiger Fenster, Herausschlagen des Maasswerks, Zumauern der Spitzbogen, Abhacken von Capitälen etc. behufs Anbringung von Fensterladen und Marquisen, Anbringen von schweren Doggenbalkons, Einbrechen von viereckigen Portalen und dergleichen Verunstaltungen des edlen Organismus, der sich in den mittelalterlichen Façaden Venedigs ausspricht. Während nun die meisten dieser Neuerungen widerlich sind, ist es nicht zu leugnen, dass sich in einigen jener Stuckverzierungen sowohl, als auch in vielen der eisernen Fenstergitter, der Thürfüllungen, und namentlich der broncenen Thürklopfer eine rege Phantasie und ein glücklicher Sinn für graziöse Formen und leichten gefälligen Schwung der Linien ausspricht. Unter den Klopfern sind namentlich die sehr gelungen, an welchen Figuren an-

gebracht sind.   Die schönsten finden sich am *Campo S. Steffano* und
in der Nähe des Palastes *Gioranelli*; die Hauptform derselben ist
lyraähnlich.   In der Mitte befindet sich dann in der Regel eine Gott-
heit, zu den Seiten zwei Thiere; z. B.: ein Mars mit zwei Löwen,
ein Telemacbus mit zwei Syrenen, Neptun mit zwei Seepferden, Venetia, zwei Löwen aus einer Muschel tränkend, s. Fig. 27, etc.

Fig. 27.

# SECHSTER ABSCHNITT.

Jahr 1720—1840 circa.

## Moderne Kunst.

**Fra Carlo Lodoli bis Canova. Neuere Arbeiten, Staatsbauten und Veränderungen in Venedig unter den Oestreichern.**

Während, wie wir gesehen haben, die Plastik in Venedig bis weit über die Hälfte des vorigen Jahrhunderts auf Abwegen verharrte, ja bis zur Verzerrung herabsank, bereitete sich in der Architectur schon viel früher eine freilich nur relativ so zu nennende Reform vor. Die Hauptursache ist wohl in dem Umstand zu suchen, dass sich von Deutschland und Frankreich aus eine total veränderte Erziehungsmethode über ganz Europa verbreitet hatte, welche es dahin brachte, dass man den Idealismus fallen liess, sich sehr viel mit abstracten Wissenschaften beschäftigte, kurz den Verstand mehr ausbildete, als das Gemüth, dadurch aber wurde eine gewisse Zweifelsucht, ein Zergliedern und Zerzupfen alles Idealen, alles Erhabenen, Anbetungswürdigen, aller Traditionen etc. hervorgebracht, welches allerdings in einzelnen gewaltigen Geistern sich veredelte und zur Philosophie wurde, in weniger kräftigen Köpfen jedoch nur allen Einfluss der Poesie ertödtete, ohne etwas Positives an die Stelle setzen zu können, so dass das Resultat eine traurige Ernüchterung war, welche zwar, im Gebiete der Kunst auftretend, schnell allen barocken Licenzen ein Ende machte, aber zugleich auch alle Originalität vernichtete, denn wenn auch einige wenige kräftige Geister predigten, man müsse die Formen ohne Anlehnung an die Autorität schon dagewesener Style organisch aus Bedürf-

niss und Construction entwickeln und dann ästhetisch durchbilden, so vermochten solche Ermahnungen doch nicht, die grosse Masse der mittelmässigen Geister zu solchem selbstständigen Schaffen zu erheben; dieselben
suchten in ihrem Mangel an Schöpfergabe nach einem Vorbild, dessen
Copie sich mit der nüchternen Logik vereinigen lasse. Die mittelalterlichen Style waren dafür ebensowohl zu poetisch, als der Barockstyl
zu phantastisch; es blieb daher nichts übrig, als die Formen der Antike in
nüchterner Weise, also nach dem Vorbild *Palladios* wieder aufzunehmen.
Ein ganz ähnlicher Mangel an poetischem Enthusiasmus zeigte sich,
wie schon S. 244 erwähnt, auf politischem Gebiete; unter *Francesco
Loredan* dauerte nach Aussen das Hin- und Herschwanken zwischen den
kämpfenden Parteien unter dem Titel der Neutralität fort; die wahre
Ursache davon, die Schwäche der Republik, wurde aber durchschaut,
selbst von den eignen Unterthanen. 1753 brach eine Revolution in
Cattaro aus, 1760 in Cephalonien; beide durch die hohen Steuern veranlasst.

Marc. Fos-
carini Doge
1762. 1762 nach *Francesco Loredans* Tode wurde *Marco Foscarini* zum
Dogen gewählt, nachdem die Befugnisse des Raths der Zehn und der
Staatsinquisition etwas beeinträchtigt worden waren; er regierte blos
zehn Monate.

Al. Mocenigo
Doge 1763. Sein Nachfolger *Aluise Mocenigo* begann einen Kampf gegen die
afrikanischen Raubstaaten, mit denen 1764 und 65 Verträge geschlossen wurden, die aber bald wieder verletzt wurden, so dass 1766 schon
wieder ein Geschwader nach Tripolis geschickt werden musste; diese
Neckereien setzten sich fort und 1774 sah man sich endlich genöthigt,
ein Geschwader unter *Angelo Emo* auszusenden; dieser bombardirte
Susa, Goletta, Bicerta und trat überhaupt energischer auf, als seiner
muthlosen Regierung lieb war, die ihn daher zurückrief und den Bar-
baresken von Neuem Tribut bewilligte; doch hatte es *Emo* dahin gebracht, dass eine Marineschule gegründet ward.

1775 kam Kaiser Joseph II. nach Venedig, in demselben Jahre
wurden die Jesuiten aus Venedig vertrieben; 1777 wurde das Privilegium der Juden durch ein Decret beschränkt, welches aber schon
1780 wieder aufgehoben werden musste.

P. Renier
Doge 1779. 1779 starb *Mocenigo*; sein Nachfolger *Paolo Renier* beantragte,
sich auf die öffentliche Meinung stützend, einige wesentliche Reformen,
das Volk unterstützte diese Forderungen und es wurden auch wirklich
Commissionen ernannt, welche Vorschläge ausarbeiten sollten, aber im
Geheimen so eingeschüchtert wurden, dass sich die Angelegenheit in die
Länge zog und endlich im Sande verlief. Um den Handel vom gänz-
lichen Sinken zu retten, wurden 1785 die Edelleute, denen man früher

denselben verboten, aufgefordert, sich kaufmännischen Geschäften hinzu-
geben, wodurch man sie zugleich von den Reformplänen abzulenken
suchte; die Aufstände in Dalmatien wurden mit so grosser Strenge
unterdrückt, dass allein im Jahre 1785 80,000 dalmatische Familien
auswanderten.

1788 wurde *Luigi Manin*, einer der Adligen vierter Classe, zum
Dogen gewählt; im ersten Jahre seiner Regierung verzehrte eine Feuersbrunst einen grossen Theil der Stadt. 1791—93 wankte Venedig zwischen
Frankreich und seinen Feinden hin und her, sich fast mehr zu den letzteren, mit denen man sogar durch *Franc. Pesaro* verhandelte, hinneigend.

1795 endlich schickte man den *Aluise Querin* als Gesandten nach
Paris und verweigerte dem Grafen von Provence den Aufenthalt in
Venedig.

Doch kehrte das schwankende, unsichere und darum sehr ver-
letzende Benehmen wieder; und zwar auch dann noch, als die Franzosen schon siegreich in Italien vordrangen; noch im Mai 1796 suchte
man die Neutralität zu wahren; *Nicolo Foscarini*, zum Generalprove-
ditore ernannt, hatte eine Unterredung mit Napoleon, welcher die Venetianer, unter Zweifeln gegen die Aechtheit ihrer Neutralität, durch
Drohungen zum Bündniss mit Frankreich treiben wollte, und vor der
Hand wenigstens so viel erreichte, dass ihm am 1. Juni 1796 die
Thore von Verona geöffnet wurden. Jetzt endlich rüstete man ernst-
ich in Venedig, ohne jedoch dem Volk mitzutheilen, ob gegen Frankreich oder gegen Oestreich; ja selbst noch am 27. August, trotz wiederholter Allianzanträge des siegreichen Bonaparte, beschloss der Senat
das Festhalten an der Neutralität, die man unbewaffnet nannte, obgleich
man allein in der Provinz Bergamo 30,000 Freiwillige in 18 Regimen-
ter organisirte, ja bei der Wahl des Generals sogar auf östreichischen
Rath hörte. Obgleich die Franzosen All diess erfuhren, wiederholten
sie die Anträge eines Bündnisses bei dem Senat Venedigs noch am
27. September; diese Anträge riefen sehr lebhafte Debatten hervor,
welche dahin führten, dass man den Antrag höflich ablehnte und dem
Wortlaut nach auf der Neutralität beharrte, die man längst gebrochen.
Endlich den 15—17. November wurde die Schlacht bei Arcole geschlagen, und Napoleon besetzte Bergamo; inzwischen bot Preussen im December 1796 den Venetianern ein Bündniss an, aber auch dieses wurde
durch die Unschlüssigkeit des Senats verhindert, welcher vielmehr noch
im Januar 1797 die geheimen Unterhandlungen mit Oestreich fortsetzte;
am 2. Februar nach der Schlacht bei der Favorite ergab sich Mantua
den Franzosen, welche nun auf das venetianische Gebiet einrückten,
dabei immer noch ihre Bündnissanträge und Freundschaftsversicherungen

Luigi Manin
Doge 1788.

der Republik gegenüber wiederholend, während diese von geheimen Unterhandlungen erfuhr, welche darauf hinzielten, die venetianischen Provinzen an Oestreich auszuliefern. Dadurch wurde die Spannung nur grösser; die Franzosen begannen nun auch das Volk aufzuhetzen.

Im März stellten beide Gegner, Napoleon und Erzherzog Karl ihre Heere auf venetianischem Gebiete auf; am 16. standen die Franzosen vor Triest und schoben die Oestreicher bis Klagenfurt und Idemburg zurück; die Franzosen beschwerten sich, der Podesta von Bergamo habe gefangenen Oestreichern zur Flucht geholfen, und verdoppelte daher die Besatzung dieser Stadt, bedrohte die Bürger etc.

Am 14. März hatte sich das dadurch eingeschüchterte Bergamo für den Anschluss an die cisalpinische Republik erklärt; am 17. März geschah dasselbe in Brescia. Nun sendete die venetianische Regierung zwei Unterhändler zu Napoleon, *Francesco Pesaro* und *Giambattista Corner*, welche am 25. März mit demselben conferirten. Derselbe forderte abermals ein offnes Bündniss Venedigs mit Frankreich und Bethätigung dieses Bündnisses durch Subsidien von einer halben Million monatlich, deren Auszahlung am 30. März beschlossen ward. Am 24. März empörte sich Salò am Gardasee, am 28. Cremo. Am 31. endlich erfochten die von dem vertriebenen Podesta von Bergamo, *Ottolini*, gesammelten Freiwilligen einen Sieg über die Insurgenten und Franzosen, 3000 Veronesen schlossen sich diesem Freiwilligencorps an; die Volksmassen begannen sich zu erheben. Auf die dadurch herbeigeführten Beschwerden Napoleons antwortete Manin am 15. April 1797 mit erneuten Freundschaftsversicherungen. Am 17. April aber kam es zu Thätlichkeiten zwischen französichen und venetianischen Truppen in Verona; der Senat schickte seinen Truppen Hülfe, der Kampf entschied sich am 23. zu Gunsten der Franzosen; am 20. war ein französisches Schiff mit Granaten etc. bei *San Andrea del Lido* genommen worden, weil es den Eingang in den Hafen forciren wollte. Da erfuhr man die am 19. April erfolgte Abschliessung des Präliminarfriedens zwischen Frankreich und Oestreich. Von panischem Schrecken ergriffen, sendete der Senat abermals zwei Commissaire an Bonaparte, welche lange mit ihm verhandelten, aber bei jeder neuen Conferenz herrischer behandelt wurden, und deren Bericht am 30. April in Venedig eintraf. Noch an demselben Abend wurde eine Conferenz in dem Zimmer des Dogen abgehalten, in welcher *Francesco Pesaro* der Einzige war, der auf Vertheidigung drang; ihm schlossen sich, nach Empfang der Nachricht, dass die Franzosen am Ufer der Lagunen Schanzen errichtet hatten, noch *Giuseppe Priuli* und *Nicolo Erizzo* an. Allen Andern war der Muth gesunken; der Muthloseste war der Doge.

Am 1. Mai wurde der Grosse Rath versammelt; 619 Patricier fanden sich ein, und 598 derselben beschlossen, zwei Deputirte an Bonaparte zu senden, um eine Veränderung der Regierungsform anzubieten.

Da die Forderungen Bonapartes sich immer steigerten, wiederholten sich ähnliche Sitzungen, der Doge sprach vom Abdanken, weinte etc.; und bei alledem gebot Venedig noch über 2—300 Schiffe, 8000 Matrosen und 14.000 Mann Truppen!

Bonaparte befand sich in Mailand und hatte dort mit den venetianischen Gesandten einen Vertrag berathen, nach welchem die Regierungsform Venedigs in eine demokratische umgeändert werden sollte, die Franzosen erklärten sich bereit, zur Aufrechthaltung der Ruhe Truppen zu „„leihen"", welche sich aber zurückziehen sollten, sobald die neue Regierung ihrer nicht mehr bedürfe. Einer der geheimen Artikel dieses Vertrags, der vom 16. Mai 1797 (27. Floreal V.) datirt ist, stipulirt die Auslieferung von 20 Gemälden und 500 Manuscripten. Am 12. Mai bereits hatte der Grosse Rath zu Gunsten einer Volksrepräsentation abgedankt, ohne jedoch irgend welche Maassregel zur Constituirung derselben festzustellen; die grösste Verwirrung herrschte in Venedig; die slavonischen Truppen hatte man nach Dalmatien eingeschifft. Eine Municipalität von 60 Personen, darunter nur 10 Patricier, wurde gewählt; am 16. rückten 3000 Franzosen ein; am 25. Mai wurden die Gefängnisse demolirt; am 4. Juni wurde das Goldene Buch verbrannt; die Flagge wurde verändert; *Francesco Pesaro* wurde als Vaterlandsverräther bezeichnet, die Magazine wurden geplündert, kurz, aller Unsinn, alle Greuel der Revolution, brachen über Venedig herein; endlich wurde gar eine Adresse ausgefertigt, welche um Vereinigung mit der cisalpinischen Republik bat; darauf erfolgte keine Antwort, aber der Friede von Campo Formio, unterzeichnet den 17. October 1797, entschied das Schicksal Venedigs dahin, dass die Hauptstadt, sammt den Lagunen, Istrien, Dalmatien, Friaul etc. an Oestreich, die übrigen Besitzungen theils an Frankreich, theils an die cisalpinische Republik fielen.

Die Franzosen benutzten den Rest ihrer Anwesenheit dazu, den Bucentaur zu zerstören, das Arsenal, die Kirchen und Magazine, die Bibliotheken und Gemäldesammlungen etc. zu plündern, und übergaben die misshandelte und in vielen Gebäuden zerstörte Stadt am 18. Januar 1798 den Oestreichern, als deren Commissair *Francesco Pesaro* erschien. Als der Doge *Manin* in seine Hand den Unterthaneneid ablegen sollte, sank er, vom Schlag getroffen, zusammen; die Reichen Venedigs wanderten in grosser Anzahl aus; Oestreich führte eine strenge Ordnung

*(Randnoten:)* Sturz des gr. Raths. — Einmarsch d. Franzosen. — Venedig kommt an Oestreich.

der Dinge ein, suchte aber doch Verkehr und Handel wieder nach Venedig zu ziehen, brachte es z. B. dahin, dass die durch Pius VI. Tod nöthig gewordene Papstwahl in Venedig stattfand, aus der der Cardinal Chiaramonte als Pius VII. hervorging; dennoch war der Handel beinahe erloschen, das Arsenal fiel in Trümmer, die Volksfeste etc. hatten ganz aufgehört.

Franzosen in Venedig.
Am 19. Januar 1806 landeten wieder französische Truppen an der *Piazzetta*. Am 29. Januar veröffentlichte der Vicekönig eine neue Verfassung, und am 1. Mai die Einverleibung in das Königreich Italien. Im November 1807 besuchte Napoleon die Lagunenstadt, deren Bewohner er durch Volksfeste, Geldbewilligungen etc. zu gewinnen suchte; so decretirte er den Freihafen, Beleuchtung der Stadt, mehrere Bauten am Arsenal, an dem Lido etc., die Anlegung der *Giardini pubblici*, des Friedhofs auf *S. Cristoforo* etc. Aber zum Dank dafür musste man Menschen, Geld und Waare zum russischen Feldzuge opfern. Als Napoleons Macht sich ihrem Untergange zuneigte, (December 1813) schlossen Oestreicher und Engländer Venedig ein, und drangen trotz des Contreadmirals *Duperré* tapferer Gegenwehr am 20. April 1814 in

Oestreicher in Venedig.
die Lagunen; am 22. wurde Venedig an die Oestreicher übergeben, welche Ordnung und Zucht einzuführen suchten, und zu diesem Zwecke mehrmals wohl die Zügel sehr straff anziehen mussten; 1820, 1831, 1844 und 1848 erhoben sich die Unzufriedenen, theils mit mehr, theils mit weniger Erfolg, aber all diese Revolutionen haben keinen Einfluss auf die Kunstthätigkeit Venedigs geübt, welche hauptsächlich unter Oestreichs Aegide dahin gerichtet ist, das Stehende vor der Zerstörung zu schützen, zu vollenden, zu ergänzen etc. Neubauten sind sehr selten und meist militairischen oder industriellen Zwecken gewidmet. Die wenigen architectonischen Schöpfungen aber bezeugen, dass auch die venetianischen Architecten, gleich allen übrigen Europas sich durchaus nicht klar sind über die Aufgabe, welche der Kunst des 19. Jahrhunderts gestellt ist. Nirgends begegnet man einer organisch aus dem Bedürfniss und den Mitteln der Zeit entwickelten Form; überall trifft man auf Nachahmungen theils des Mittelalters, theils der Antike und Renaissancezeit, obgleich es auch jetzt an Männern nicht fehlt, welche für eine logische Entwickelung der Formen aus dem constructiven Gerippe in die Schranken treten. Einer der Ersten, welche diese Fahne aufpflanzten, und so die Gesetze der Philosophie in der Architectur wieder zur Geltung zu bringen suchten, war der Minorit-Observant

Fra Carlo Lodoli.
**Fra Carlo Lodoli**, geboren 1690 in Venedig; er floh in seinem 16. Jahre nach Cattaro, um dort Franziskaner zu werden. Mit vielen Kenntnissen ausgestattet, kehrte er nach Venedig zurück, und lebte

in *S. Francesco della Vigna*, viele junge Patricier Venedigs unterrichtend.

Als tüchtiger Mathematiker und skeptischer Philosoph fing er an die älteren Gebäude einer scharfen analytischen Kritik zu unterwerfen, und stellte eine Reihe von Sätzen auf, in denen er verlangte, der Architect solle die Holztheile auch in der äussern Form von Steintheilen unterscheiden, niemals ein Material verstecken oder nachahmen; ferner verwarf er alle absolute Verzierung, alle rein decorativen Formen, ohne jedoch an die Stelle des von ihm Verworfenen etwas Neues zu setzen; all seine Behauptungen waren blos negativer Natur, er gab keine Vorschriften, wie man bauen solle, sondern sagte nur, wie man nicht bauen dürfe, er selbst baute auch nichts. Nach seinem 1761 in Padua erfolgten Tod, gab sein Schüler Graf *Francesco Algarotti* ein Werk über die Architectur heraus, worin er scheinbar auf *Lodolis* Behauptungen fussend, dieselben unmerklich verdreht und schliesslich die Behauptung aufstellt, das Holz sei das Hauptmaterial, dessen Formen alle Baustyle nachgeahmt hätten und nachahmen müssten. *Francesco Milizia* endlich in seinen *Principii di architettura civile* critisirte unerbittlich alle lebenden und früheren Architecten, und stellte, in das prächtige Gewand einer glänzenden Scheinphilosophie gehüllt, eine Reihe von schönklingenden Vorschriften auf, welche zum grössten Theil aus *Lodolis* und *Algarottis* Schriften genommen waren.

In Venedig nun wurde allerdings viel von diesen Vorschriften und Meinungen gesprochen, aber keiner versuchte nach ihnen zu arbeiten; dazu hätte freilich ein grosses schöpferisches Talent und gänzliches Lossagen von der Tradition, sowie vollständiges Beherrschen des Materials gehört; man konnte allerdings nicht leugnen, dass der bis dahin befolgte Baustyl allerlei Unsinn enthielt, den man verbannen musste; aber statt sich zur Antike selbst, zum Mittelalter oder zu der Weise der Lombardi zu wenden, suchte man vielmehr den *Palladio* zu copiren, dessen Werke *Ottavio Bertotti Scamozzi* dem Publicum zugänglich gemacht hatte; dazu kam, dass die Entdeckung von Pompeji, die Gründung vieler Museen etc. das Verständniss der Antike bedeutend erleichterte, dass *Giov. Battista Piranesi* die Alterthümer Roms, *Poleni* seine *Exercitationes vitruvianae* herausgab, und so war es denn sehr leicht, Architect zu werden; man brauchte sich ja nur diese Werke anzuschaffen, und aus denselben zu copiren; Erfindungsgabe, Einbildungskraft, ja selbst technische Erfahrung war nicht mehr nöthig, um nach den „„Regeln der wahren Architectur““ zu arbeiten.

Freilich tragen auch die Bauwerke vollständig das Gepräge dieser ihrer Entstehungsart an sich, und verdienen meistens eben nur einer flüchtigen Erwähnung; nur sehr wenige zeigen etwas Eigenthümliches, die allerwenigsten etwas Geniales. Daher wird auch die Besprechung dieser Werke nur sehr kurz sein. I. 1720—90.

I. 1720—90.

Andrea Cominelli. **Andrea Cominelli** blühte in der ersten Hälfte des Jahrhunderts, und war einer der ersten, welcher etwas reinere Formen anwendete; von seinen Werken nennen wir folgende: *Oratorio delle Terese*; ein Rechteck mit eleganten corinthischen Pilastern besetzt, zwischen denen die Schildbögen der Wände stehen, während sich die Stützbogen der Kuppel auf Säulen erheben, die jenen Pilastern entsprechen; das Gebälk, sowie die auf demselben stehende Attika, und die von letzterer getragene Cassettendecke des Schiffs haben gute Verhältnisse und geschickte Profile.

Pal. Labia. *Palazzo Labia*, jetzt *Lobkowitz*, mit der Langseite dem *Canareggio*, mit der schmalen Seite dem grossen Canal zugekehrt: der Unterbau umfasst Parterre und Mezzana, die Flächen und Pilaster sind bossirt, das dorische Gebälk in Architrav und Fries durch die Mezzanafenster unterbrochen, welche in höchst unschöner Weise bis zur Hängeplatte aufsteigen; die Triglyphen über den Pilastern sind zum Theil als Consolen für die Balkons vorgekragt; im Obergeschoss sind die Pilaster platt, die Rundbogenfenster steigen so hoch auf, dass sie den Architrav, zum Theil auch den Fries des jonischen Gebälks durchschneiden; das zweite Obergeschoss, mit corinthischen Pilastern, hat zwar diesen Fehler nicht, doch ist es etwas gedrückt; schon der Architrav desselben ist grösser, als es die Pilastermaasse erlauben; der mit Mezzanafenstern *à la Scamozzi*, mit Adlern und Festons besetzte Fries aber ist selbst für die ganze Gebäudehöhe zu mächtig, und das Kranzgesims in seinen Verhältnissen fast plump. Dabei darf man aber nicht leugnen, dass die Profile und sonstigen Details fast sämmtlich sehr rein, zum Theil sogar graziös sind, so dass dieser Palast trotz der gerügten Fehler der beste seiner Zeit ist, und beinahe neben die Werke aus der zweiten Hälfte des 16. Jahrhunderts gestellt werden kann.

Weniger rein, aber doch nicht ganz reizlos ist der Altar in *S. Maria Zobenigo*, welcher ebenfalls von *Cominelli* herrührt, dem man auch, freilich nicht mit Sicherheit, das Denkmal des Bischofs *Gerhard Sagredo* in *S. Francesco della Vigna* (circa 1740) zuschreibt; die lebensgrosse Statue ist eine der schlechtesten in Venedig.

Giovanni Scalfurotto. **Giovanni Scalfurotto** baute 1718—38 die Kirche *S. Simon e Juda*, genannt *S. Simeone minore* oder auch *S. Simon piccolo*, eine freie Copie des Pantheon, mit angebautem Altarplatz, an den sich seitwärts zwei Halbkreise anlegen; die Wände und Aussenseiten sind mit Pilastern und Säulen corinthischer Ordnung besetzt, welche in kleinerem Maassstab an

Altären, Thüren und im Tambour der Kuppel sich wiederholen. Der
Prostylos ist beinahe elegant zu nennen, aber die übergrosse Kuppel
drückt übermässig auf den Unterbau, die ebenfalls zu grosse Attika
drückt auf den Prostylos, die Eckpilaster werden durch angehängte
Pilastertheile verunstaltet, die Gliederungen sind meist ungraziös, die
Fenster des Tambours zu breit, die Pilasterchen desselben zu schwach
und kraftlos, kurz, Alles deutet darauf hin, das *Scalfurottos* Streben
nach Erreichung reinerer Formen durch directes Nachbilden antiker
Vorbilder stärker war, als sein Genie; dazu kam, dass er sich auf die
Unfehlbarkeit arithmetischer Schönheitsregeln verliess, welche selbst be-
deutendere Künstler schon irre geleitet haben, indem er die Zahl 3 allen
Verhältnissen seines Baues zu Grunde legte.

1725 bekam er den Auftrag, die Kirche *S. Rocco* innerlich um-
zugestalten, dabei jedoch die drei Capellen des *Buon* (s. S. 44) unverändert zu lassen; mit lobenswerthem Eifer entschloss er sich, bei Ausschmückung der übrigen Theile diese Capellen nachzuahmen; ebenso
verfuhr er bei Anordnung der vier Seitenaltäre. Den 10. October 1764
starb er in Venedig (nach *Selvatico*, nach *Cicogna* jedoch erst 1790).
*Temanza* erwähnt einen *Bartolommeo Scalfurotto*, der eines der Capitäle
am Dogenpalast 1731 erneut habe.

Giorgio **Massari** war einer der beliebtesten Architecten Venedigs <sup>Giorgio Massari.</sup>
in jener Zeit; wie wenig er diesen guten Ruf verdiente, zeigen seine
Werke.

1705 begann er die Hauptcapelle der Kirche *S. M. della Chiesa-
nuova*, auch *S. M. della consolazione*, *della Fava* genannt, welche auf
Staatskosten laut Decret vom 3. März 1701 neugebaut wurde.

1706 begann er den Bau von *S. M. delle Penitenti* (Hospital für
Prostituirte), in der Nähe des *Canareggio*, unweit vom jetzigen Bahnhof.

1726 begonnen, 1743 vollendet ist der von ihm geleitete Neubau
der Kirche *dei Gesuiti sulle Zattere;* sie bildet ein weites Schiff, um- <sup>Al Gesuiti.</sup>
geben von Capellen, deren Eingangsbogen von corinthischen Halbsäulen
flankirt sind, deren Gebälk über den schmalen Intercolumnien der Pfeiler glatt durchgeht, über den Bogen jedoch zurückgekröpft ist; die
Füllungen, mit denen die Nischen der Pfeiler umgeben sind, die Ver-
brechungen der Ecken mit ihren zahlreichen Verkröpfungen der Simse
sind höchst unschön.

An der Façade stehen vier riesige Säulen compositer Ordnung; im
Mittelfeld erhebt sich das Portal, dessen Spitzfronton von zwei corinthischen Säulen getragen wird, in jedem der beiden Seitenfelder stehen
zwei Nischen übereinander. Die Säulen stehen sämmtlich nicht auf Postamenten, sondern auf hohen Würfeln, dadurch erhält diese Façade

eine grosse ruhige Gesammtwirkung, welche durch die bei genauer Besichtigung bemerkbaren Fehler, eine gewisse Schwerfälligkeit und Leere,
durch jene geschmacklosen Nischen und die halben Pilaster an den
Ecken der Façade, im Ganzen doch nur wenig beeinträchtigt wird.
Die Profile erinnern lebhaft an *Palladio*.

1728 begonnen, 1736 vollendet ist die Kirche *S. Ermagora e Fortunato*. Die Hauptcapelle war schon fertig, als *Massari* die Leitung
des Baues übernahm (s. S. 307). Das quadratische Schiff ist mit cannellirten Säulen umgeben, deren Schäfte mit einem Ring umbunden
sind, der leider zu hoch, ziemlich in der Mitte der Schafthöhe, sitzt.
Die Gliederungen sind auch hier von beinahe palladianischer Nüchternheit.

1745 begann er die Kirche des Hospitals *della Pietà* an der *Riva
dei Schiavoni*, welche der *dei Gesuiti* sehr ähnelt; von der Façade wurde
nur der untere Theil ausgeführt, bis zum Drittheil der Säulenhöhe
etwa; das Innere, ein Rechteck mit rundverbrochenen Ecken, mit corinthischen Pilastern auf Postamenten decorirt, ist wie alle Werke *Massaris*, dieses talentlosen Befolgers der von *Vitruv, Palladio, Vignola* etc.
aufgestellten Regeln, frei von directen Verstössen, aber auch entblöst
von aller Grazie und Poesie der wahren Kunst.

Privatbauten.     Dasselbe gilt von seinen Privatbauten, unter denen der bedeutendste
der *Palazzo Grassi*, jetzt *Hôtel de la Ville* am grossen Canal bei *S.
Samuele*, ist. Die Anlage ist ungemein grossartig und sehr verständig,
der Hof regelmässig und durchaus nicht geschmacklos; was die Façade
anbelangt, so zeigt das bossirte Erdgeschoss eine Entrade mit drei
Thüren, welche im Verhältniss zur Hauptmasse an sich schon etwas zu
klein, durch die karge Decoration noch unbedeutender erscheinen, die
beiden Obergeschosse sind in fehlerfreier, aber höchst nüchterner Weise
mit jonischen und corinthischen Pilastern verziert.

Auch das dritte Geschoss des Palastes *Rezzonico* s. S. 284 wurde
von *Massari* entworfen, augenscheinlich in der Absicht, eine folgerich-
tige Fortsetzung des unteren Baues zu geben; die Verhältnisse sind gut,
aber die Wirkung frostig; augenscheinlich in Folge der vielen Verein-
fachungen im Vergleich zu jenem Unterbau; der Fries mit den gar nicht
ungraziösen Mezzanafenstern wirkt dennoch nackt, weil die Consolen über
den Säulen so wenig Ausladung haben, dass man sie kaum für Consolen hält: der Hauptsims ist gut, aber ebenfalls massig, schwer
und kahl.

Eine Aufführung der zahlreichen Bauten *Massaris* ausserhalb Venedig erlassen mir wohl die Leser; sie sind zum grössten Theil noch
weniger rühmenswerth, als die erwähnten.

Trotz der an diesen gerügten Fehler hatte *Massari* doch eine Reihe Schüler und Nachahmer, unter denen wir folgende nennen:

**Antonio Gaspari.** Er baute das Schiff der Kirche *della Fava* im Anschluss an die Formen der von *Massari* errichteten Capelle; selbstständig zeigte er sich im Palast *Zenobrio*, später *Salvia*, am *Rio dei Carmini*, welcher seit 1850 Sitz des armenischen Collegiums ist; das Erdgeschoss ist ungemein einfach, die verhältnissmässig kleine Thür führt in eine sehr elegante Vorhalle. Das erste Hauptgeschoss hat Rundbogenfenster mit scheitrechten Verdachungen. Die fünf mittelsten sind zu einem Pergolo vereinigt, indem ihre Kämpfer durchgeführt und an den Ecken durch jonische Säulchen gestüzt sind, deren Intercolumnien als Balkonthüren dienen; an den beiden Pfeilern, zunächst dem mittleren Bogenfenster, sind auch die Uebermauerungen jener Kämpfer in quadratischen Oeffnungen durchbrochen; an Stelle der jonischen Säulchen treten hier Pfeiler, vor denen corinthische Pilaster aufsteigen, von denen man wahrlich nicht weiss, wie sie hierher kommen; auf ihrem über den Bogen in Architrav und Fries abgebrochenem Gebälk sitzt ein niedriger Stylobat, auf dem vier kleine Pilaster (genau von der Gewändhöhe der nebenstehenden ganz schlichten scheitrechten Fenster) stehen, deren Intercolumnien drei gedrückte scheitrechte Fensteröffnungen bilden, und deren aller Kraft und Grazie entbehrendes übermässig hohes Gebälk als Sturz jener schlichten Fenster über die ganze Façade fortläuft, während es über den vier Pilastern einen plumpen Segmentgiebel trägt, dessen Deckgesims durch ein riesiges Wappen unterbrochen wird, dessen Helm selbst noch den machtlosen Hauptsims überragt, unter dem, jenen schlichten Fenstern entsprechend, ebenso schlichte Mezzanafenster stehen.

**Lorenzo Boschetti** baute 1742—49 die Kirche *S. Barnaba*, ein zwar in seiner Anlage nicht der Grossartigkeit entbehrendes, aber in der Durchführung erbarmenswerth phantasieloses Gebäude. Derselbe soll auch 1709 [1]) (s. S. 299) einen Entwurf zur Façade von *S. Eustachio* geliefert haben.

**Bernardino Maccarucci**, wie es scheint, der beliebteste und stolzeste Schüler *Massaris*, war der Sohn eines Zimmermanns und Holzhändlers; er trat sehr jung in die Praxis ein. Unter seinen zum grossen Theil erbärmlichen Werken seien nur einige genannt: Das Redoutenlocal am Markusplatz, die Façade der *Scuola della Carità* (nach *Massaris* Zeichnungen, jedoch mit vielen Veränderungen), die jetzt aufgeho-

*Marginal notes:*
Antonio Gaspari.
Pal. Zenobrio.
Lorenzo Boschetti.
Bernardino Maccarucci.

---

[1]) Nicht 1678 wie *Moschini* im *Guida di Venezia* Tom. II. pag. 145 bemerkt, dadurch fällt auch dessen Zweifel gegen die Identität der beiden *Boschetti*.

bene Kirche *S. Leonardo* am *Canarreggio*. Die Decoration des Banket-
saals im Dogenpalast, die Façade der Kirche *San Rocco*, eine übel
oder vielmehr gar nicht verstandene Nachahmung der Architectur der
dabeiliegenden *Scuola*; er starb 1798.

Neben dieser Schule des *Massari*, hervorgegangen aus gänzlich be-
wusstloser Nachahmung des *Palladio* und seiner Zeitgenossen, kam aber
auch eine andere Richtung zur Geltung, eingeschlagen von denen, welche
mit Bewusstsein das Gute aus *Palladios* Auffassung der Antike von den
Fehlern *Palladios* zu reinigen und wieder anzuwenden suchten. An ihre
Spitze ist zu stellen: *Ottavio Bertotti* (geb. 1726) aus Vicenza, welcher
als Nutzniesser des Vermögens von *Vicenzo Scamozzi* (s. S. 253) dessen
Zunamen annehmen musste und sich zur Lebensaufgabe machte, die Werke
des *Palladio* zu studiren, zu sammeln und herauszugeben; er baute auch
Manches in Vicenza selbst, sowie in Castelfranco bei Treviso eine Gallerie
und Fremdenwohnung in der *Villa Cornaro*, einen Palast *Trissino* in
Scantripo bei Vicenza, einen Palast für die Grafen von Schio in Alpiero
und ein Haus für die *Franceschini* in Arcugnano.

*Bernardo Squarcino.* *Bernardo Squarcino* aus Padua, der 1756 die Kuppel des dortigen
Domes baute, *Abate Dom. Cerati* aus Vicenza, Erbauer des Observatorium,
des Spitals und des *Prato della Valle* in Padua, *Ottone Calderari* aus
Vicenza, Erbauer mehrerer der stattlichsten Paläste seiner Vaterstadt,
z. B. der Paläste *Antisola* (1772), *Bonin* (1773), *Cordellina* (1775),
auch einiger Kirchen in der Gegend von Vicenza, *Francesco Maria Preti*,
geb. 1701 in Castelfranco bei Treviso, gest. 1775, Erbauer der Kirche
*S. Liberale* in seinem Geburtsort, *Giovanni Miazzi*, geboren in Bassano
1699, Schüler *Pretis*, Erbauer des Theaters in Bassano, der Kirche
*delle Trinità* in Angarano, der Kirche *S. Gianbatista* in Bassano, der
Collegiatkirche in Schio, des Palastes *Spineda* in Venegazzù bei Treviso, vieler Villen etc., und viele Andere befolgten mehr oder weniger
treu das Beispiel des *Palladio* unter Vermeidung seiner Nüchternheit,
jedoch nicht ohne hie und da wider Willen in barocke Verirrungen zu-
rückzusinken. Aber sie alle waren in Venedig selbst nicht thätig, obgleich auch dort diese Richtung vertreten war, namentlich durch folgende Architecten.

*Matteo Lucchesi.* **Matteo Lucchesi**, als Sohn des Capitains *Valentino Lucchesi* 1705
geboren, Schüler des *Scalfurotto*, trat schon 1730 als Schriftsteller auf,
und wurde bald darauf als Ingenieur vom *Magistrato delle acque* angestellt; ausser den vielfachen Wasserbauten, die er diesem Amt zufolge ausführte, leitete er auch 1762 den Umbau von *S. Giovanni in
Oleo* (*S. Gior. nuovo*), eine vermeintlich verbesserte Copie von der Kirche
*del Redentore*, daher von ihm selbst eitlerweise *Redentore redento* ge-

nannt. Die Postamente der Halbsäulen, welche das Schiff decoriren, sind zu hoch, die Säulen zu schwach; dabei stehen die Säulen an den Pfeilern gepaart, aber doch auf getrennten Postamenten, welche schmale hässliche Lücken zwischen sich lassen; die Façade der Kirche ist nur im Unterbau begonnen. *Matteo* baute auch das *Ospidaletto*, neu, und decorirte das Innere der zugehörigen Kirche (s. S. 281). Unter seine Bauten gehört auch der Palast der Grafen von *Polcenigo sul monte* im Friaul mit prachtvollen Treppenanlagen; er starb 1776.

**Tommaso Temanza**, ebenfalls im Jahre 1705 geboren, wurde zu- Tommaso<br>Temanza. erst von *Andrea Mussalo* in der Mathematik unterrichtet, trat aber dann in das Atelier des Bruders seiner Mutter, *Scalfurotto* ein, und schloss hier innige Freundschaft mit *Matteo Lucchesi*; seine mathematischen Kenntnisse vervollständigte er unter *Poleni* und *Zendrini*; schon 1741 war er im Stande, ein Werkchen über die Alterthümer von Rimini herauszugeben; nun widmete er sich hauptsächlich der Archäologie Venedigs; von seinen dahin einschlagenden Werken sind besonders zwei rühmenswerth:

*Dissertazione supra un'antica pianta di Venezia 1781*, und
*Vite de'più celebri architetti Veneziani. Ven. 1777.*

Namentlich das letztere zeichnet sich durch Vollständigkeit und kritische Wahl der Quellen aus, während bei der darin gegebenen Recension der einzelnen Bauten, sowie auch in anderen Schriften *Temanzas* eine einseitige Eingenommenheit für die Bauweise des *Palladio* stört, welche freilich durch eine gewisse Selbstständigkeit des Urtheils und grosse Wahrheitsliebe wenigstens soweit gemässigt wird, dass er die Vorzüge anderer Style nicht ableugnet und die künstlerische Freiheit nicht beschränkt wissen will; er war übrigens auch vielfach mit Bauten beschäftigt, dabei sehr lebenslustig, unterhielt noch in spätem Alter lebhafte Correspondenzen mit den bedeutendsten Gelehrten seiner Zeit und starb 1789. Unter seinen Arbeiten nennen wir nur die in Venedig selbst befindlichen: Die Capelle *Sagredo* in *S. Francesco della Vigna*; die Hauptverhältnisse sind nicht schlecht, aber die Details trocken und schwunglos; die Gräber, von *Anton Gay* und *Cominelli* gearbeitet, schaden der Architectur durch ihre geschmacklosen Formen wesentlich.

1755 unterstützte er die Hallen des *Torre d'Orologio* (s. S. 41 ff.) wegen der durch Aufbringung der rückliegenden Flügel über den Terrassen der Seitenbaue vermehrten Last durch Unterschiebung von acht Säulen, welche er ziemlich geschickt in der Weise der Lombardi gestaltet, welche aber trotzdem unmotivirt und nicht dahin gehörig erscheinen, so dass man an einem schönen Morgen an einer derselben einen Zeddel angeheftet fand mit den Worten:

Lustrissime siore colonne cosa feu qua?
Non lo sappiamo in verità.

Auch ein Waschbecken in der Sakristei von *S. Simon piccolo*
rührt von ihm her, sowie der Pavillon im Garten des Palastes *Zenobrio ai Carmini*; unten enthält derselbe Diensträume des Gärtners, vor
denen sich eine schöne Loggia ausstreckt, deren elegante jonische Säulen, flankirt von glatten Lisenen, eine Terrasse tragen, von der drei
Thüren in den, die ganze Etage einnehmenden, Saal führen; an den
Pfeilern dieser Thüren stehen vier corinthische Pilaster, deren Gebälk
ein Fronton trägt, übrigens aber als Hauptsims das Gebäude umzieht;
leider sind die Profile hart und dürftig, die Lisenen an der Ecke der
Loggia zwängen dieselbe ein, und einige von den Ornamenten gemahn-
nen bereits an den kahlen antikisirenden Styl, der mit der französischen
Revolution sich über Europa verbreitete.

Sa. Mad-
dalena.

Zwischen 1750 und 75 erbaute er die Kirche *Sa. Maddalena.*
Aeusserlich rund, ist sie innerlich sechseckig; an jeder Seite öffnet sich
ein Bogen als Altarnische, an der dem Eingang entgegengesetzten Seite
ist diese Nische halbkreisförmig ausgetieft, als Chor; die Kämpfer-
gesimse sind kraftlos und ängstlich zugleich, die Laterne der Kuppel
zu klein und zu mager; aber die Hauptwirkung des Innern ist dennoch
nicht unangenehm; die Altäre mit ihren von der Erde aufwachsenden
Säulen und ihren auf Consolen zwischen diesen Säulen ruhenden Altar-
tischen wirken sehr günstig; die Façade ist einfach, hat aber elegante
Verhältnisse, und macht eine ziemlich harmonische Wirkung; freilich
ist die Anordnung der vier gekuppelten jonischen Säulen nicht glücklich, die Lisenen an der Rundung schwer, die Gliederungen ängstlich
steif; aber das ist ja der allgemeine Fehler der Werke solcher
Künstler, welche durch die feste Ueberzeugung von der Unüber-
trefflichkeit gegebener Vorbilder alles Vertrauen zu sich selbst, allen
Muth und damit auch alle Fähigkeit zu selbstständigem Schaffen verloren haben.

Antonio Vi-
sentini.

**Antonio Visentini**, Architect, Architecturmaler, Kupferstecher und
Bildhauer, zog mit allen ihm zu Gebote stehenden Waffen für die gesunde Vernunft, gegen den Zopf in die Schranken; namentlich in seinen
*Osservazioni al Trattato del Gallaccini*; 1761 gab er die Ansichten von
Venedig, gestochen nach *Canalettos* Gemälden heraus. Er war zwar auch
mit Bauten beschäftigt, doch ist darüber wenig Zuverlässiges bekannt. Mit
Sicherheit ist nur der *Palazzo Mangili-Valmarana* bei *St. Appostoli*, ihm
zuzuschreiben, in welchem er freilich seinen Worten nicht ganz treu geblieben ist, aber doch mit Glück danach gestrebt hat, sich von den Einflüssen seiner Zeit loszusagen. Das Erdgeschoss enthält eine durch-

gehende Halle, deren Bogen auf schlanken Säulen ruhen, offenbar eine
Nachahmung der Hallen an den byzantinischen Palästen des 9. und
10. Jahrhunderts (s. Bd. I. S. 37 u. 57 ff.); leider hat er sich nicht versagen
können, auch hier eine Inconsequenz zu begehen. Die Intercolumnien
zunächst des Mittelbogens sind enger wie die andern, die Capitäldeck-
platte läuft über denselben durch, und trägt ein offnes fast quadratisches Fenstergerüste, welches in höchst unmotivirter Weise zwischen
den Rundbogen sitzt; jedes der beiden nun folgenden Geschosse enthält
in der Mitte ein Fenster nach Fig. 26, dessen Kämpfergebälke als Sturz
und Verdachung der scheitrechten Fenster fortläuft, über denen auch
noch durchbrochene Segmentfrontons sitzen. Ausserdem soll er zwei
Häuser für den englischen Consul Smith gebaut haben, eins in Venedig
selbst, eins in Mojano auf dem Festland, die zu ermitteln mir jedoch
ebenso wenig gelungen ist, als *Selvatico*.

**Filippo Rossi** baute 1710 die Kirche *S. Biagio* am Ende der
Riva, jetzt Marinekirche, deren Façade in der Hauptdisposition der der
*Scuola S. Teodoro* ähnelt; doch ist sie einfacher und verliert sehr in
ihrer Gesammtwirkung durch die vielen kleinen gedrückten Fenster;
sie ist aber wenigstens frei von barocken Zuthaten. wie auch die sonst
unbedeutende *Scuola del Rosario* bei *S. Gior. e Paolo.*

*Francesco Bognolo* vollendete 1742 die von *Tremignan* begonnene
Façade von *T. Tomà*, und ist es möglich, dass ihm die Vereinfachung
derselben zuzuschreiben ist, s. S. 298.

*Carlo Corbellini*, Priester und Architect, führte 1753 die Kirche
S. Geremia aus, welche zwar in den Hauptmassen und der ziemlich
reichen Gruppirung nicht ohne grossartige Wirkung ist, in der Durchführung aber Vieles zu wünschen übrig lässt; so ist namentlich die Be-
setzung des Tambours mit Pilastern, deren Seiten nicht der Rundung
des Tambours folgen, sondern parallel zu den Hauptachsen des Gebäudes
stehen. welche also nicht ihre Seiten, sondern Ecken herauskehren,
höchst unglücklich zu nennen. Die Façaden sind unvollendet. Kuppel
und Laterne sind in den Hauptverhältnissen nicht gerade misslungen,
nur möchte man der Laterne statt der kleinen Kuppel ein Spitzdach
wünschen. Im Innern führte *Giammaria Laureato* mit seinem Sohne
*Antonio* einige schwerfällige Altäre aus.

**Pietro Lucchesi**, Sohn des *Matteo*, geboren in Venedig im November 1745, ein Schüler des *Scalfurotto* und *Temanza*, wohnte bei
ersterem und fungirte von 1783 als Vicar des *Temanza*, nach dessen
Tod er 1790 an desselben Stelle als *proto dei ingenieri* angestellt ward;
er heirathete *Scalfurottos* Wittwe, und leitete im Dienst der Republik
die Wasserbauten an der Piave, baute auch die Brücke über den Canal

*Filippo Rossi.*

*Francesco Bognolo.*

*Carlo Corbellini.*

*Pietro Lucchesi.*

der Brenta morts, und war einer der wenigen Beamten, welche auch nach dem Sturz der Republik im Amt belassen wurden; so war er 1810 mit am Baue des *Porto franco* bei *S. Giorgio maggiore* beschäftigt, gab verschiedene Schriften heraus und starb den 13. December 1823.

**Domenico Roselli,** 1720 in Padua geboren, wurde Ingenieurofficier und fungirte als solcher in Padua, Bologna und Pisa, zuletzt als Capitainlieutenant in Bern. 1761 schrieb er. 20 Sonette an Friedrich den Grossen. Ende 1763 taucht er als französischer Sprachlehrer in Verona wieder auf. 1765 ward er als Ingenieur in Padua verwendet, wo er zugleich als Lehrer der Fortification, des Civilbaues und der Perspective auftrat, und ein Werk über die Kriegskunst herausgab; zu jener Zeit baute er auch die Strasse von Fusina nach Vicenza. 1766 erschien von ihm eine Uebersetzung der Gedichte Friedrichs des Grossen; den 11. März 1769 wurde ihm die Oberinspection über die öffentlichen Bauten und Brücken des Territoriums von Padua übertragen; in dieser Stellung baute er eine Brücke über die Brenta und blieb in derselben, bis der Tod 1779 in Padua sein bewegtes Leben endete.

**Giorgio Fossato,** circa 1720 geboren in Morcoto am Lago di Lugano, war als Architect, Maler und Kupferstecher bekannt und beliebt; er lieferte unter Andern die Zeichnungen zu den Arbeiten *Marchioris* in der *Scuola di S. Rocco,* s. S. 304. Er hatte zwei Söhne:

a) *Giuseppe* arbeitete als Architect und Ingenieur im Dienste Neapels; sein Sohn *Pierangelo,* ebenfalls Architect und Ingenieur, stürzte sich im August 1827 zum Fenster heraus.

b) *Domenico,* geboren in Venedig 1743, wurde Achitect und Architecturmaler; als 1773 das Theater bei *S. Benedetto* abbrannte, reichte er Pläne ein, die jedoch nicht ausgeführt wurden; mehr Glück hatte er als Decorationsmaler; so lieferte er 1776 Decorationen, das Labyrinth darstellend, für das Theater *S. Samuele,* er decorirte die Säle des Palastes *Gidoni* bei *S. Giov. decollato,* 1782 erbaute er eine Festhalle auf dem *Campo S. Gior. e Paolo* bei Gelegenheit des Besuchs des Papstes Pius VI., eine Ehrenpforte für den Grossfürsten von Russland.[1] Ferner arbeitete er in Padua, Vicenza, Verona, sowie im Theater *della Scala* in Mailand, in Monza und in Gratz. Als er 1784 mit Decoration der Säle im *Pal. Contarini* bei *S. M. dell' Orto* beschäftigt war, stürzte er vom Gerüst, brach ein Bein und starb in Folge dessen

---

[1] Als Erfinder des auf dieser Ehrenpforte aufgestellten Triumphwagens wird ein *Anton Codognato* genannt.

am 15. August 1784. Seine Wittwe und sein Sohn *Giorgio* lebten noch 1828 in Venedig.

Noch sind folgende Arbeiten der eben besprochenen Periode zu erwähnen:

1750 wurden einige barocke Verzierungen in *S. Sebastian*, darunter auch ein vergoldetes Gitter von *Vittorio Boxello* (circa 1680) beseitigt.

1751 wird *San Lorenzo* innerlich neu decorirt, d. h. weiss bemalt durch *Giuseppe Ceronetti* aus Mailand.

1752 Erbauung der *Casa Pezzi* bei *S. Aponal*, frei von zopfigen Zuthaten, aber reizlos; Marmorpflaster und Restaurationen in *S. Provolo*.

1754 Restauration und Ausschmückung von *S. Marina*.

1755 Erneuerung des Pflasters in *S. Basilio*.

1756 riss ein Sturm das Dach des *Palazzo della Raggione* in Padua herab, die Regierung trug die Kosten der Restauration.

1757 erweiterte *Bartolommeo Ferracina* den Uhrthurm am Markusplatz.

1758 Erbauung des *Ponte de San Daniele.*

1760 lieferte der Bildhauer *Bartolommeo Modulo* ein Crucifix, en relief gearbeitet, als Altarblatt für die Sakristei von *S. Geminian;* wo es jetzt ist, habe ich nicht erfahren können, vermag daher auch über den Werth desselben nichts zu sagen. B. Modulo.

1763 lieferte *Colombo* eine Interimsorgel in *S. Sebastian*, weil die Hauptorgel von *Nicoletto Moscatelli* für 500 Ducati umgebaut ward.

1764 wurden die 1750 beseitigten Gitter in *S. Sebastian* durch neue vom Goldschmied *Nicolo Gentichini* gefertigte ersetzt, welche aber sehr geschmacklos gewesen sein sollen; sie wurden 1822 beseitigt.

In demselben Jahre giesst *Paolo Poli* die Glocken von *S. Sebastian* um. *Domenico Rizzi* lieferte Zeichnungen zu einem Haus für die Capellane von *S. M. Maggiore* auf dem Fundament *dei pensieri.*

1770 Erbauung der Façade von *S. Maria nuova.*

1775 schlägt der Blitz in *S. Segondo* ein, doch werden die Gebäude des Klosters und der Pulvermagazine dürftig wieder restaurirt.

1776 wird der Campanile *S. Marco* durch *Giuseppe Toaldo* mit einem Blitzableiter versehen.

1780 Vollendung der *Murazzi* (s. S. 296); Verbreiterung der Riva und Veränderungen am alten Molo zwischen der Zecca und dem Dogenpalast; Aufstellung von Laternen daselbst.

1784 Restauration von *S. Geminian.*

1786 das *Oratorio di Filippo Neri* bei *S. Lazzaro* muss abgetragen werden.

1787 fertigte *Giovanni Ferrari*, genannt *Torretti*, die Statue des Gio. Torretti.

*Giammaria Memmo* († 1553) für den *Prato della Valle* in Padua auf Kosten Peters von Kurland.

1788 Neuer Hauptaltar in *S. Giovanni in Oleo.*

1789 Erneuerung der Sakristei von *S. Basilio*; am 28. November brennt die *Scuola Lucchesi* fast ganz ab, weil ein in der Nähe befindliches Oelmagazin sich entzündet hatte.

1790 circa Restauration des Innern von *S. Agnese* durch *Francesco dal Pedro*, Proto des Arsenals; derselbe blieb auch nach der Umwälzung von 1797 im Amt.

1791—98 Restauration des *Oratorio di S. Filippo Neri* (früher *Annunciata*).

1791 Restauration des Thurmes von *S. Aponal.*

1792 Monument des Admirals Emo, s. unten bei *Canova.*

1796 Erweiterung des *Rio della Madonna* am Arsenal, nothwendig gemacht durch die letzten Rüstungen des seinem Untergang entgegenschwankenden Staates.

1797 Weihung von *S. Provolo.*

An diese Mittheilungen schliessen wir noch einige Nachrichten, das Kloster *S. Giorgio maggiore* betreffend; wie bereits S. 309 erwähnt, hatte *Sculfurotto* 1726 ff. am Campanile mehrere Arbeiten vorgenommen. Aber schon den 27. Februar 1774 stürzte derselbe ins Wasser. Nun war der 1724 in Bologna geborene *Benedetto Buratti* im Jahre 1736 in das Kloster eingetreten; derselbe galt als tüchtiger Sachverständiger, fungirte 1790 bei der Concurrenz, betr. das Fenicetheater als Preisrichter, war innig befreundet mit *Selva* und *Temanza* und starb 1804; ihm übertrugen auch 1774 seine Brüder den Neubau des Campanile, den er mit Hilfe seines Mitmönchs und Freundes *Francesco Vecellio* 1791 vollendete. *Cancian Veneto* lieferte die Glocken für diesen Thurm.

II. 1790—1820. Noch bevor der politische Sturm ausbrach, hatte sich auf dem Gebiete der Lebensanschauungen und der Kunst eine Umwälzung vorbereitet, zu der die ersten Anlässe ebenfalls von Frankreich ausgingen, von wo aus bald der Strom der Revolution Europa überfluthen sollte. Auch in Venedig machte sich diese Umwälzung fühlbar, auch nach Venedig war der hohe, obgleich nicht ganz verdiente Ruf der französischen Kunst gedrungen.

Gian Antonio Selva, geboren 1753, Schüler des *Temanza*, und von diesem in die Regeln eingeweiht, welche er selbst befolgte, und welche den an sich nicht bedeutenden und durchaus nicht muthvollen Talenten des Jünglings einen gewissen Halt zu geben versprachen, fühlte sich durch diesen Ruf angezogen und ging nach Paris. Dort wurde

II. 1790 bis 1820.

Gian Antonio Selva.

die wenige Phantasie die er hatte, noch zum grössten Theil erstickt in
jenem damals zuerst zur vollen Geltung gelangenden System strenger
Symmetrie, wahrhaft ascetischer Einfachheit und periodischer Wieder-
kehr der Theile, durch die man allerdings die letzten Spuren des Barockstyls vertilgte, aber indem man die Keuschheit der Antike wieder zu
gewinnen glaubte, vielmehr zur poesielosesten Nüchternheit und reizlose-
sten Kahlheit gelangte. Von Paris aus ging *Selva* nach Florenz und Rom.
Bei seiner Rückkehr nach Venedig ward er vielfach beschäftigt, die
Innenräume älterer Paläste neu zu decoriren, wobei er allerdings vielen
praktischen Sinn und grosse Fähigkeit zeigte, Abwechselung und Bequemlichkeit mit einer gewissen Grazie zu vereinigen; freilich verfiel er
bei seiner Vorliebe für Anbringung bequemer Nebenräume häufig in
Kleinlichkeit und Ueberhäufungen von Unterabtheilungen; am augenfäl-
ligsten erscheinen all diese Eigenschaften in den Palästen *Manin* bei
*S. Salvadore*, *Mangili Valmarana* bei *S. Apostoli* und *Carrian da Ponte*
bei *S. Maurizio* (rest. von *Selva* 1801); Vorhallen und Treppenanlagen
gelangen ihm in der Regel am besten.

Ganz neu erbaute er einen Palast *Erizzo* in der Nähe des Re- Pal. Erizzo.
doutenlocals *(Ridotto)*; seinem Einfluss ist zum grossen Theil die Errichtung der Kunstacademie zuzuschreiben, zu deren Gebrauch er auch
1807 das Kloster *della Carità* einrichtete.

1789 hatte die Gesellschaft des *Teatro S. Benedetto* beschlossen, Teatro della Fenice.
ein neues Theater zu bauen, und zu diesem Zweck ein sehr genau aus-
gearbeitetes Programm ausgegeben, zur Concurrenz einladend; 29 Zeichnungen gingen ein. *Selvas* Plan wurde, freilich mit einigen Abänderungen, adoptirt, auf die er willig einging. Nach Vollendung des
Gebäudes wurde er von allen Seiten mit Schmähungen überhäuft, die
allerdings zum Theil gegründet waren; aber die Fehler waren nicht
alle auf *Selvas* Schultern zu lasten, sehr viele waren durch ausdrück-
liche Wünsche der Baucommission erzeugt. Die Decoration freilich
rührte von ihm selbst her, und sie war dürftig im höchsten Grade;
auch äusserlich liess das Gebäude in Bezug auf Verhältnisse, Styl und
Ornamentik so Manches zu wünschen übrig. Hingegen waren die Haupt-
räume, nämlich die Cavea, der Ballsaal, das Hauptvestibul und das Ca-
sinolocal sehr gut disponirt und zum Theil elegant decorirt, ohne überladen zu sein. Auch die Façade nach dem Rio zu war besser, als die
Hauptfaçade, doch fast zu ernst für ein Theater.

1806 ff. erbaute er mit seinem Schüler *Antonio Diedo* gemein- S. Maurizio.
schaftlich die Kirche *S. Maurizio*; leider waren sie dabei nicht ganz frei,
indem *Pietro Zaguri*, ein reicher Patrizier, welcher in jenem Jahre starb,
den Bau bereits nach eignem Entwurf als Nachahmung und Andenken

der abgetragenen Kirche *S. Geminian* begonnen hatte. Der Grundriss bildet ein griechisches Kreuz. Der Aufbau ist zwar nicht ganz schlecht, aber ebenso wenig gut zu nennen, jedenfalls aber ist das Ganze viel zu nüchtern. Denselben Fehler hat das 1810 von ihm begonnene, von *Diedo* vollendete Kirchlein *del Nome di Gesù*.

1810 erhielt *Selva* den Auftrag, an der Stelle zweier demolirten Klöster, *delle Capuccine* und *S. Antonio* öffentliche Spaziergänge, die *Giardini pubblici* anzulegen; aber leider fiel die Lösung auch dieser so sehr zu poetischer Gestaltung geeigneten Aufgabe ebenso nüchtern und reizlos aus, als alle seine übrigen Arbeiten.

1808 hatte Napoleon die Insel San Cristoforo zum allgemeinen städtischen Begräbnissplatz bestimmt. Derselbe wurde 1813 zum ersten Mal benutzt, da aber der Platz selbst zum Friedhof zu feucht war, so wurde *A. Selva* beauftragt, einen Plan einzureichen, um die wüste Insel wenigstens zu einem anständigen Kirchhof umzuwandeln; die Ausführung dieses Planes unterblieb jedoch aus Mangel an Geld; für *Canova* baute er die runde Kirche in Possagno.

*Selva* starb den 22. Juni 1819 des Morgens auf der Strasse an einem Schlagfluss, und hinterliess viele Zeichnungen und Schriften, unter denen besonders eine Dissertation über die richtige Manier, eine jonische Schenke zu construiren, zu erwähnen ist.

**Giuseppe Maria Soli**, 1745 in Vignola geboren, von adliger Familie, baute und restaurirte viel in Modena; als von der Regierung des italienischen Königreichs beschlossen ward, die Procuratien in einen königlichen Palast zu verwandeln, machte sich die Abtragung der Kirche *S. Geminian* unvermeidlich; an ihre Stelle begann man nach dem Entwurf des königlichen Architecten, Professor *Giovanni Antolini* die Haupttreppe und einen Theil der Façade zu erbauen, dabei die fünf Bogen der Procuratien benutzend, welche sich vom Winkel des Platzes bis zu jener Kirche erstreckt hatten. Bald aber änderte man den Plan, riss das schon Gebaute wieder ein, und beauftragte den *Soli* mit dem Neubau; derselbe erstreckt sich über die ganze Breite des Platzes und verbindet die alten Procuratien mit den neuen, die Architectur der letztern fortsetzend. Hatte schon die Abtragung von *S. Geminian* viel Missbilligung gefunden, so wurde das neue Gebäude, von einem Nichtvenetianer aufgeführt, von vielen Seiten heftig angegriffen. Wenn man auch nicht leugnen konnte, dass das Atrium im Ganzen eine sehr angenehme Wirkung macht, und dem Markusplatz von der Westseite her einen würdigen Eingang giebt, so tadelte man daran die übertriebene Grösse der Cassetten; wenn man auch die grossartige Anlage der Haupttreppe und des achteckigen Vorsaals anerkennen musste, so tadelte man da-

*Giuseppe Maria Soli.*

für die allerdings zu hohe Attika, welche, durch die Höhe des Saals
bedingt, äusserlich zu sehr auf die beiden Ordnungen lastet, und den
unangenehmen Eindruck, den es macht, dass die Simse auf der Seite
der neuen Procuratien sich an diese anschliessen, während sie an der
Seite der alten auf unangenehme Weise die Linien derselben durchschneiden, dabei stösst selbst auf jener Seite die Attika in ganz unan-
genehmer Weise an das Obergeschoss der neuen Procuratien. Freilich
hätte diess Alles vermieden werden können, wenn *Soli*, statt nachzuahmen, etwas Neues entworfen, und so ein drittes ganz verschiedenes
Gebäude zwischen die beiden vorhandenen gesetzt hätte. Die Rück-
seite ist in vielen Stücken besser, obgleich einfacher, auch bietet sie
durchaus nichts Ungewöhnliches, und die Profile sind vielfach nüchtern
und trocken, die Fensterverdachungen zu schwer etc.; die Entrüstung
über den Bau äusserte sich nicht blos in Worten, sondern auch in Druck-
schriften, unter denen besonders eine Brochüre des *Antonio Roggio* im
Jahre 1814 solches Aufsehen machte, dass sich die Regierung bewogen
fand, die Academie mit Abfassung eines Gutachtens zu beauftragen.
Die Academiker wählten eine Specialcommission. Diese schlug vor, die
Attika auf die Rückmauer der Galerie zurückzuziehen, vorn aber durch
eine Brüstung als Fortsetzung der Fensterbrüstungen der Procuratie zu
ersetzen, auf deren Postamente Statuen zu stellen, das Dach etwas zu
erniedrigen, den achteckigen Saal in einen viereckigen zu verwandeln,
um die durch das eingefügte Achteck erzeugten blinden Fenster öffnen
zu können etc., endlich in das untere Atrium unter die Kreuzungen der
Cassettenbalken Säulen zu stellen. Ein Theil dieser Vorschläge sollte
zur Ausführung gelangen.

Lorenzo
Santi.

**Lorenzo Santi**, geboren 1783 in Siena, hatte zunächst mit seinem
Vater als Decorationsmaler gearbeitet, wendete sich aber dann zur Architectur, ging nach Rom, machte dort sehr schnelle Fortschritte, erwarb sich mehrere Prämien bei Concurrenzen in Mailand und Florenz,
und kam dann nach Venedig als Gehülfe *Soli's*; hier erhielt er einen
Lehrstuhl der Zeichnenkunst am Marinecollegium, ward bald darauf
Architect der königlichen Paläste, und 1828 Adjunct der Direction
der öffentlichen Bauten. Er ward auch Mitglied der Kunstacademie,
der Commission für die Arbeiten an *S. Marco* etc. Allgemein geachtet
und geliebt, stand er mit Eifer und Treue seinen Aemtern vor, und
starb allgemein bedauert den 11. Mai 1839.

Seine vielen nachgelassenen Entwürfe zeigen eine reiche und edle
Phantasie, nur in den Grundrissen herrscht oft eine zu strenge Sym-
metrie; seine Schriften zeigen freilich keine sehr tiefe Kenntniss der
Kunstgeschichte, aber eine vorurtheilsfreie Anschauung über die Vor-

züge der einzelnen Style, die freilich hie und da bis zur Inconsequenz geht.

Von seinen Bauausführungen seien folgende erwähnt: Die Umar-
beitung des *Palazzo reggio*; äusserlich wurde blos das Dach niedriger
gemacht, und mit Blei statt der frühern Ziegel gedeckt; im Innern vereinigte er den achteckigen Saal mit dem nebenanliegenden zu einem
grossen Festsaal, nur ein kleines Vestibul davon abschneidend, und decorirte dann die so gewonnenen Räume sowie die Gallerie in sehr ge-
schmackvoller Weise.

Ferner besorgte er die Einrichtungen des *Tribunal Criminale*, des
Generalarchivs etc.

Pal. Patri-
archale.

Die Façade des Patriarchalpalastes auf der *piazzetta dei Leoni* wurde
mit einem Aufwand von 500,000 Lire nach seinem Plan ausgeführt.
Obgleich durch die vorhandenen Fenster gebunden, hatte er doch 13
Entwürfe gemacht, wovon leider der schwächste zur Ausführung kam
und auch der wurde noch verkümmert, denn die von ihm vorgeschlagenen Halbsäulen nöthigte man ihn in Pilaster umzuwandeln.

1838 begann er den Umbau von *S. Silvestro*, bei dessen Ausführung viel zu sehr geknausert ward; auch hier war er übrigens vielfach durch Vorhandenes gebunden.

Pavillon
giard. re.

Vom Grund aus neu gebaut ist der Pavillon des königlichen Gar-
tens hinter den *Procuratie nuove*; leider wählte er für den Prostylos
desselben die griechisch-dorische Säulenform, für deren Anwendung das
Gebäude denn doch zu klein ist, sowie der Zweck des Gebäudes nicht
ernst genug. Abgesehen von diesem Verstoss gegen die Logik, hat das
Gebäudchen manches Lobenswerthe an sich, sowohl in den Hauptverhältnissen, als in den Details. Weniger gut ist das 1838 von ihm entworfene, aber erst nach seinem Tod unter vielfachen Veränderungen
mit einem Aufwand von 80,000 Lire aufgeführte *Corpo di guardia* hinter dem *Palazzo reggio*.

Antonio Ca-
nova.

**Antonio Canova**, geboren 1757 zu Possagno am Fusse der Alpen,
als Sohn eines Steinmetzen, verlor schon im dritten Lebensjahre seinen
Vater, dessen Bruder den Knaben zu sich nahm. Als er einst mit
diesem Oheim in dem Landhaus des Senators *Falier* arbeitete, modellirte er aus Butter einen Löwen, der auf die Tafel *Faliers* kam, worauf ihn dieser mit nach Venedig nahm und zu *Giuseppe Torretti* (s.
S. 304) in die Lehre brachte.

Nach seines Meisters Tode mit dessen Neffen associirt, trennte er
sich von ihm und etablirte sich unter dem Kreuzgang von *S. Steffano*,
und versuchte sich von der barocken Weise seiner Zeitgenossen los-
zureissen, unbeirrt um ihr Gespött und ihre Feindseligkeiten. Um

1774 machte er für seinen Wohlthäter als Zeichen seiner Dankbarkeit
eine Eurydice in halber Lebensgrösse. 1779 wurde er mit einer
Pension von 300 Ducati nach Rom geschickt, und hier entwickelte sich
bald sein Talent in glänzender Weise; 1782 fertigte er die Gruppe des
Dädalus und Ikarus; 1783, unterstützt vom venetianischen Gesandten
*Girolamo Zulian*, den Theseus im Kampf mit dem Centauren, der in
Wien im Theseustempel des Volksgartens aufgestellt ist. Durch *Vol-
patos* Guust wurde er mit dem Denkmal des Papstes Clemens IV.
(*Lorenzo Gangarelli*) beauftragt, welches in der Kirche *S. Appostoli*
in Rom steht. Schnell verbreitete sich sein Ruf, nur zu schnell, denn
schon sein nächstes Werk, Amor und Psyche im Louvre, ist in der
Anordnung, in der Stellung der Figuren nicht durchgearbeitet, woher es
denn kommt, dass die Linien derselben sich in höchst unglücklicher
Weise gegeneinander verschieben und durchkreuzen; die Köpfe sind
nicht blos fein, sondern geziert, und die ganze Ausführung des Details
zeigt grosses Selbstgenügen und einen übermässigen Hang zum Rei-
zenden und Sinnlichen; zwar erhob er sich in dem 1792 vollendeten
Grabmal des Papstes Clemens XIII. *Rezzonico* (in der Petruskirche in
Rom) nochmals zu einfacher Grösse, aber immer deutlicher trat eine
gewisse Spaltung in seinem Wesen hervor, in Folge deren seine Werke
sich geradezu in zwei Gruppen sondern lassen, indem die meisten eine
etwas verweichlichte und gezierte Nachahmung griechischer Werke zeigen, während die andern seinen gewaltigen Genius in voller Entfaltung
offenbaren und es bedauern lassen, dass er nicht immer diesen Weg
eingeschlagen, der nicht nur ihn auf den höchsten Gipfel der Kunst
geführt haben würde, sondern auf welchem er gewiss auch einen
grossen Theil der mit und nach ihm lebenden Künstler aus dem Pfuhl
der Nachahmung und dem wollüstigen Wohlgefallen an weichlichen
fleischigen Formen, an üppigen coquetten Bewegungen, auf die Höhe
der Originalität, des wahren kräftigen Lebens und richtiger Zeitauffas-
sung hatte leiten können; denn sein eminentes Talent überwand spie-
lend alle Schwierigkeiten der Technik, er besass grosse Lebendigkeit
in der Composition und eine unnachahmliche Sicherheit in der Behandlung der Formen. Daher ist er weniger zu bedauern, als zu tadeln für die weichliche Empfindsamkeit, Affectation und den Mangel an
wahrer natürlicher Kraft, die an so vielen seiner Arbeiten hervortreten,
und mit den Vorzügen derselben, mit der heitern Schönheit und lieb-
lichen Anmuth derselben kämpfen. Seine Werke alle hier aufzuführen,
ist kaum möglich, denn er schuf 53 Marmorstatuen, 12 Gruppen, 14
Sarkophage, 8 grosse Grabmonumente, 9 Colossalstatuen, 54 Büsten, 26 Basreliefs, 22 Gemälde, etc. Wir nennen blos die, welche

sich in Venedig befinden, und leider nicht zu seinen allerbesten gehören.

Monument des *Angelo Emo* im Arsenal, mit einem Genius und einer Fama, die nicht recht zu dem modernen Admiral passen wollen.

Originalmodelle des Herkules und Lisas, sowie des Theseus mit Minotaurus in der Academie, zeigen ein Streben nach Kraftausdruck, welches durch natürlichen Hang zur Weichlichkeit an Erreichung des Ziels gehindert wird. Die Ausführung des Theseus in Wien zeigt ein weit fortgeschrittenes Ueberwinden dieses Hemmnisses.

Dädalus und Ikarus im *Pal. Barbarigo*, eine seiner ersten und natürlichsten Arbeiten, wenn auch in der Technik noch unsicher.

Kopf der Helena im *Pal. Albrizzi*, Kopf der Beatrice, Büste des Grafen Cicognara, im Haus dieser Familie, fein und elegant gearbeitet, letztere sehr ähnlich, wie alle seine Portraits.

Marmorbasrelief im Palast *Comello*, den Abschied des Sokrates darstellend, sehr affectirt.

Die beiden Statuen Hector und Ajax, colossal in Marmor ausgeführt, im *Pal. Treves* am grossen Canal, sind bei weitem die besten Arbeiten des Künstlers in Venedig, doch aber nicht ganz frei von Affectation.

Zwei Blumenkörbchen auf den unteren Postamenten der Treppe im Palast *Farsetti*, von *Canova* in seinem 15. Lebensjahre gefertigt, als er die vom Grafen Farsetti in diesem Haus etablirte Privatkunstacademie besuchte.

Die übrigen Werke *Canova's* sind in aller Welt zerstreut, und haben überall seinen Ruhm gepredigt; hier seien nur noch einige Nachrichten aus seinem Leben gegeben: 1798 und 99 reiste er mit dem Prinzen Rezzonico durch Deutschland, und ging dann über Venedig nach Rom zurück, wo er mit Ehrenstellen überhäuft wurde, 1802 wurde er von Napoleon nach Paris berufen, wo er eine Statue desselben (unbekleidet als lorbeerbekränzter Gott, mit einer Victoria auf der Hand!) fertigte; ein Bronceabguss davon lag im Souterrain der Brera in Mailand und wurde 1859 nach der Einnahme Mailands durch die Sardinier aufgestellt. 1815 forderte er die aus Rom nach Paris geschleppten Kunstwerke zurück, besuchte England und kam 1816 wieder nach Rom, wo er in das goldne Buch des Capitols als Marchese von Ischia eingetragen ward, dennoch verliess er Rom, weil man ihm die Aufstellung der von ihm geschenkten Statue der Religion aus kirchlichen Gründen verweigerte, und liess in Possagno eine Kirche durch *Selva*, s. S. 330, bauen, wo er nun jene Statue nebst anderen seiner Werke aufstellte; er starb in Venedig 1822. Sein Bruder schenkte die rechte Hand des Todten, die so lange und glücklich den Meissel geführt, der Kunstacademie Venedigs.

1827 wurde ihm nach seinem eignen Entwurf in S. Maria ai Frari ein Denkmal errichtet, dasselbe besteht in einer Pyramide, deren Stufen rechts ein Trauerzug hinaufsteigt, während links ein Löwe und ein Todesengel liegt.

In die Ausführung theilten sich seine Schüler.

*Giuseppe de' Martini* fertigte den Löwen.

*Bartolommeo Ferrari* die Figuren mit der Urne; von ihm ist auch die Broncegruppe der Pietà im Tempel von Possagno, einen Theil der Sculpturen in *S. Maurizio* und die Büste Franz I. im Arsenal; er starb 1844.

*Giuseppe Fabris*, der Verfertiger des Todesengels, jetzt Director der Museen in Rom, geboren 1800, erlangte eine ausserordentliche technische Gewandtheit, studirte aufmerksam Antike und Natur. Unter seinen Arbeiten nennen wir: Die Gruppe des Milon, Venus und Amor, Hector und Andromache, die Monumente des Papstes Leo XII. und *Tasso*, sowie eine Statue des Heiligen Lucas in Rom, das Grabmal *Palladios* in Vicenza und die Statue des Petrus in Neapel. Giuseppe Fabris.

*Bosa* fertigte einen der Trauernden; über seine späteren Arbeiten sind mir Details nicht bekannt; er hatte einen Sohn, welcher anfangs auch Bildhauer war, sich aber um 1840 der Genremalerei zuwendete. Auch *Luigi Zandomenighi*, *Rinaldo Rinaldi* und *Domenico Fadiga*, auf die wir noch mehrfach zurückkommen werden, arbeiteten mit an dem Denkmal *Canovas*, dessen Manier in Venedig so vielen Beifall fand, dass die Werke aller jetzt daselbst lebenden Bildhauer noch seinen Einfluss verrathen.

**Angelo Pizzi**, geboren in Mailand 1783, war erst Lehrer an der Academie in Carrara, und kam dann als solcher an die Academie von Venedig, wo er allerdings nur wenige Bildhauerarbeiten ausführte; darunter erwähnen wir einige Büsten, zwei Caminträger im Palast *Papadopoli*, ein allegorisches Relief, welches unvollendet in der Academie steht. Namentlich die Anordnung der Gewandungen gelang ihm stets sehr; er starb 1819. Angelo Pizzi.

Auch *Giovanni Ferrari* und *Giuseppe Bernardi*, beide nach ihrem Lehrer *Toretti* genannt, suchten sich der neuen Richtung anzuschliessen; ersterer, 1744 geboren, arbeitete viel in Mantua, Bologna, Rom, Modena und Padua (s. z. B. S. 305), und starb in Venedig 1826; er hatte zwei Söhne, der eine war der schon erwähnte *Bartolommeo*, der andere, *Gaetano*, war ein Schüler des *Rinaldo Rinaldi*.

Mit den eben aufgeführten waren zwar noch viele der wackersten

Künstler zu Anfang unseres Jahrhunderts in Venedig in dem eifrigen
und aufrichtigen Streben vereinigt, sich ihrer Vorfahren würdig zu
zeigen, und den Kunstruhm der Stadt aufrecht zu erhalten. Doch
konnte natürlich von einer venetianischen Kunst nicht mehr die
Rede sein, denn Venedig hatte aufgehört, als Staat zu existiren, und
war in den allgemeinen Strudel mit fortgerissen worden, so dass sein
ganzes geistiges Leben sich mit dem der andern Theile Europas iden-
tificirte; zugleich aber mit der Nationalität der Venetianer war auch ihr
Wohlstand gebrochen worden, die Stadt verlor ihren Handel, ihren
Reichthum und fast die Hälfte ihrer Einwohner.

Beim Hinblick auf diese Umstände werden es die Leser natürlich
finden, wenn ich hier die Geschichte der Baukunst und Bildhauerei Venedigs abschliesse. Die nun noch folgenden Notizen mögen theils als
Beweis dieses Abschlusses dienen, insoweit sie die so zahlreichen Zerstörungen betreffen, denen die älteren, ja sogar viele fast neue Kunstwerke Venedigs in den ersten Jahren der Fremdherrschaft, namentlich
unter dem despotischen Scepter des Corsen ausgesetzt waren; so weit
sie Restaurationen und neue Einrichtungen betreffen, mögen sie den Beweis liefern, dass Oestreicher und Venetianer mit achtungswerther Pie-
tät die Kleinodien der Lagunenkönigin zu erhalten bemüht sind, so weit
dieselben nicht aus unabweisbaren Gründen der Zweckmässigkeit neuer
Institutionen weichen müssen, so weit sie endlich neu geschaffene
Kunstwerke betreffen, möge man sie als Stoff für einen künftigen
Kunsthistoriker betrachten, denn einem solchen erst muss es vorbehalten
bleiben, kritische Bemerkungen über Werke zu schreiben, deren Schöpfer jetzt theils noch leben, theils erst kürzlich verstorben sind, welche
also bis jetzt der Geschichte nicht angehö en.

Noch sei übrigens bemerkt, dass die Serie dieser Notizen keines-
wegs für vollständig gelten soll, obgleich ich bei ihrer Ansammlung
keine Anstrengungen gescheut habe; sie beginnen mit dem Jahre, in
welchem Venedig zuerst von den Franzosen besetzt ward, 1797. Unter
den vielen Kunstwerken, welche die Franzosen nach Paris schleppten,
waren auch die vier Broncepferde der Markuskirche und der Löwe von
der Säule des Barrattieri, das Palladium Venedigs. Die Mönche der
Insel S. *Segondo* wurden vertrieben und weitläuftige Pulvermagazine
dort angelegt; die Irrenanstalt auf S. *Serrolo* wurde auch den Bürger-
lichen geöffnet; die Gefängnisse der *Piombi* und *pozzi* zerstört, die
Markuslöwen an Portalen etc. abgehauen; viele Kirchen wurden ihrer
Kleinodien beraubt, und eben schickte man sich an, mehrere der Klöster und Kirchen aufzuheben, als die Ankunft der Oestreicher vor der
Hand weitere Zerstörungen hemmte, so dass einige Jahre verflossen,

1797.

ohne dass vernichtet, aber auch ohne dass neu geschaffen wurde; die Mönche von *S. Segondo* durften ihre Insel wieder beziehen.

Vom Jahre 1800 datirt eine Statue der heiligen Margaretha auf dem Campo gleiches Namens.

1802 wurde die Kirche *S. Marina* restaurirt.

1803 schenkte Papst Pius VII. der Kirche *S. Giorgio maggiore,* in welcher er einige Jahre vorher zum Papst gewählt worden war, sechs grosse und vier kleine Candelaber von vergoldeter Bronce nebst einem Crucifix etc., nach einer Zeichnung des Prof. *Rinaldi* in Rom gearbeitet von *Francesco And. Righetti;* schon drei Jahre später, bei Aufhebung des Klosters, kamen sie nach Mailand in die Kirche *S. Gottardo.*

1804 wurde die Kirche *S. Polo* unter Leitung des *D. Rossi* restaurirt.

1806 begann die Herrschaft der Franzosen wiederum sich fühlbar zu machen.

Geschlossen wurden folgende Kirchen und Klöster:

*S. Giorgio maggiore* (die Klosterräume wurden theils als Caserne, theils als Douanenexpedition und Niederlagen verwendet).

*S. Domenico di Castello, S. Cristoforo della Pace, S. Daniele* (wurde zur Caserne und Marineschule eingerichtet).

*S. Elena* (die Kirche wurde durch Balkenlagen in Geschosse getheilt, um als Proviantmagazin zu dienen, neben ihr wurden 29 Militairzwiebacksöfen errichtet). *S. Giovanni dei Furlani* oder *dei Maltesi, Sa. Giustina* (theils als Magazin, theils als Marinemilitairschule verwendet). *S. Maria delle Vergine* (zum Bagno eingerichtet). *S. Maria maggiore* (als Caserne verwendet). *San Segondo* und *S. Spirito* (beide als Pulvermagazine, ersteres für die Landtruppen, letzteres für die Marine mit Gelass für 80,000 Centner Pulver).

Aufgehoben wurden die *Scuole S. Giovanni Evangelista, San Fantin,* und viele andere fromme Brüderschaften.

Abgetragen wurden die Kirchen *S. Antonio di Castello, S. Nicolo di Castello* und *S. Vito e Modesto,* genannt *S. Vio;* die Kirche *del Corpus Domini* wurde in ihren Rechten beschränkt, alle diese Gebäude aber mehr oder weniger ihrer Kunstschätze beraubt. Was sich zum Transport eignete und werthvoll genug schien, wurde nach Paris geschleppt, viele der schönsten Sarkophage, Holzschnitzereien etc. aber zertrümmert und verbrannt, Manuscripte, Bücher und Gemälde zersetzt. Nur in einer Beziehung schienen die Franzosen nicht zerstören, sondern segensreich wirken zu wollen. Die *Murazzi* erforderten Reparaturen, der Hafen von Malamocco fing an zu versanden; Napoleon liess sich daher von dem Ingenieurobersten *Salvini* und seinen Untergebenen, den Inspectoren *Prony* und *Sganzin* Pläne zu den betreffenden Arbeiten

vorlegen; dieselben schlugen einen Damm von istrischen Quadersteinen
vor, der auch sofort begonnen ward; doch wurde die Arbeit bald wieder unterbrochen; mit mehr Ausdauer ging man an die Einrichtung
des Hafenbassins bei *S. Giorgio maggiore;* der von *Girolamo Venturelli* am 12. October 1806 eingereichte Anschlag betrug 197.486 Lire.

Durch Decret vom 7. December 1807 wurde *Venturelli* zum Inspector der Strassen- und Wasserbauten ernannt, und ihm zur Beihülfe
der Ingenieurcapitain *Zola* († 1810), der Architect *Giuseppe Mezzani*
(Sohn des *Sebastian Mezzani*) und der Ingenieur erster Classe *Pietro
Lucchesi* (s. S. 325) beigegeben. Am 2. Mai 1808 änderte man das
Project ab: statt des ursprünglich beabsichtigten Holzdammes wurde die
fortlaufende Quaimauer mit zwei Eckthürmchen beschlossen, welche das
Bassin in weitem Bogen umzieht; sie ist 221,54 Metres lang, circa
6 Metres breit und 6,650 Metres hoch, wovon 5 Metres unter dem Wasser stehen.

Am 22. December 1809 wurde ein Accord mit *Antonio Follin* für
175,850 Lire über Ausführung dieser Arbeiten abgeschlossen; nachdem
aber derselbe erklärt hatte, dass er sie nicht auszuführen vermöchte,
wurde die Summe im Juli 1811 auf 250,780 Lire erhöht; der Bau
wurde nun bis 1813 unter *Pietro Antonio Letter di Schio*, aus Val de
Signori, *Antonio Busetto*, genannt *Petecchie* oder *Petich* (s. B. I. S. 58),
*Antonio Resegati* und *Bartolommeo Solari* beendigt. Die Magazine und
andere Bauten auf der Insel selbst leitete *Zola* von 1808—10; die
Kosten betrugen 48,896 Lire. *Petechi* übernahm 1815 noch den Bau
mehrerer Magazine und der Einfriedigungsmauer, sowie die Pflasterung[1])
für 148,000 Lire. Auch die Mathematiker *Bernardini Zendrini* und
sein Neffe *Angelo* waren vielfach bei diesen Wasserbauten beschäftigt.

Doch wir kehren wieder zu der chronologischen Reihenfolge zurück.

*Zerstö-
rungen.*   1807 wurden folgende Kirchen niedergerissen:

*S. Domenico di Castello* (die Statue des Papstes Benedict VIII.
erstand der Steinmetz *Fadiga* à *S. Maurizio*).

*S. Geminian* (s. S. 191 und S. 330).

Der Kirche *S. Pietro di Castello* wurde das Patriarchat entzogen
und auf die Markuskirche übertragen.

Geschlossen wurden die Kirchen:

*S. Filippo e Giacomo* (zum Theil zu Kaufläden eingerichtet).

*S. Catterina*, dieselbe wurde in ein Lycäum (*Reale Liceo Convitto*)
umgewandelt, bei dessen Einrichtung ein Theil der Bibliothekschränke

---

[1]) Zu dieser Pflasterung wurden grösstentheils Grabsteine, Reliefplatten etc.
aus den demolirten Kirchen verwendet.

von *S. Giorgio maggiore* verwendet, und dadurch vor dem Untergange gerettet wurden, dem die andern anheimfielen.

*Sa. Croce in Luprio* wurde als eine Pfarrkirche ersten Ranges bestätigt.

1808 wurde die Kirche *S. Giorgio maggiore* dem Gottesdienst wieder gegeben und von fünf Mönchen verwaltet, die bei der Flucht der Benedictiner zurückgeblieben waren.

Die Kirchen *S. Basilio* und *S. Marina* wurden zu Succursalkirchen designirt, *S. Gregorio* der Zecca als Magazin übergeben, *S. Maria nuova* zu Magazinen umgewandelt, *S. Provolo* zu Privatwohnungen und *S. Severo* zu Tischlerwerkstätten eingerichtet.

1809 wurde die Kirche der *Cappuccine di Castello* und *Madonna del Arsenal* abgebrochen.

In demselben Jahre wurde das Landarsenal vom Seearsenal getrennt, und das dorische Portal des ersteren. sowie der *ponte delle Tana* über den *Rio di San Daniele*, und endlich die *porta nuova di mare* nebst dem dahin führenden Canal für grosse Schiffe angelegt. | Arsenal.

1810 sollte wieder ein verhängnissvolles Jahr für die Kirchen Venedigs werden. | Zerstö-<br>rungen.

Abgebrochen wurden: *S. Andrea della Certosa*, *S. Maria della Grazie*.

Geschlossen:

*S. Agnese* (seitdem wieder restaurirt).

*S. Agostino.*

*S. Aponal* (kürzlich wieder restaurirt).

*S. Basilio* (als Holzmagazin vermiethet).

*S. Biaggio* (seitdem als Kirche der Marine restaurirt).

*S. Celestia* (mit dem Arsenal vereinigt).

*Corpus Domini, Sa. Croce in Luprio* (seitdem weggerissen).

*S. Giovanni decollato* und *S. Giovanni dei Grechi* (seitdem wieder restaurirt).

*S. Margarita* (in eine Tabaksniederlage verwandelt).

*S. Samuele* und *S. Maria del Pianto* (seitdem wieder restaurirt).

*S. Soffia* und *S. Maria Madre del Redentore* (seitdem wieder restaurirt).

*S. Marina, S. Lorenzo* und *S. Maria del Broglio.*

Zur Succursale gemacht:

*S. Giovanni in Olio (nuovo).*

Begonnen wurde die Kirche *Nome di Gesu* s. S. 330. | Nome di<br>Gesu.

In dem alten Fort *S. Pietro* auf dem *Littorale* von Pelestrina wurde 1810, in dem Fort *Alberoni* 1811 eine befestigte Caserne errichtet).

1811 wurde auf dem Markusplatz eine Statue Napoleons von *Do-*
*menico Banti* aufgestellt, doch 1814 wieder beseitigt.

1812 wurde die alte Markusbibliothek in den Dogenpalast transportirt.

Aus demselben Jahre datirt das Marmorgrabmal des Generals
Grafen *Villaret Joyeuse* bei *S. Nicolo del Lido.*

In demselben Jahre wurde das *entrepot libre* auf *S. Giorgio mag-*
*giore* eröffnet.

In diesem Jahre wurde blos eine Kirche, aber eine der schönsten,
*S. Maria ai Servi,* nebst den daran stossenden Brüderschaftsgebäuden
und der Capelle *del Volto Santo* demolirt, sie liegt noch jetzt in Ruinen
s. Bd. I. S. 181.

Im Jahre 1813 waren die Franzosen bekanntlich anderweit zu
unangenehm beschäftigt, und so hatte die gequälte Stadt vor ihnen Ruhe.

1814 wurden einige ziemlich ungeschickte Restaurationen in *S. Gio-*
*ranni e Paolo* vorgenommen.

1815: *Canzian della Venezia* liefert eine Glocke für *San Zaccaria;*
*Carlo Vianello,* genannt *Chiodo,* restaurirt unter *Mezzanis* Leitung das
Innere der Kirche *S. Giorgio maggiore* mit einem Aufwand von 45,660
Lire. Das Denkmal des *Gerolamo Contarini* wird aus *S. Sepolcro* in
das Arsenal transportirt, das ebengenannte Kloster aber als Caserne
eingerichtet. Abgetragen wurde die Kirche *del Corpus Domini;* die
*Scuola S. Marco* nebst anstossenden Gebäuden wurde zu einem Civilhospital eingerichtet, auch der botanische Garten bei *S. Giobbe* angelegt.

1817 wurde Kloster und Kirche *S. Lorenzo* gründlich restaurirt,
ersteres zum Theil neuaufgebaut und Predigermönchen übergeben.

In demselben Jahre wurde die Insel *S. Giorgio maggiore* als Freihafen declarirt. Am 18. Mai brannte das Kloster *S. Maria maggiore*
ab; die Kirche ward zur Tabaksniederlage eingerichtet. Am 6. December brach eine Feuersbrunst im *Palazzo Corner Cà grande,* s. S. 177
aus; der Schaden wurde aber sehr schnell reparirt.

1818 wurde das Kloster *Sa. Maria della Salute* zum *Seminario*
*Patriarcale* eingerichtet (die Bibliothek zählt 13,000 Bände); im Kreuzgang wurde eine Sammlung von Sculpturen und Inschriften aufgestellt,
welche einzelne Patrioten der Zerstörung durch die Franzosen entzogen
hatten, unter denen besonders *Antonio Diedo, Leopoldo Cicognara, Ema-*
*nuel Cicogna* und *Gianantonio Moschini* sich hervorthaten durch regen,
keine Unannehmlichkeiten und Verfolgungen scheuenden Eifer für diess
rühmliche Erhaltungswerk. Um diese Zeit wird ein Medailleur *Puti-*
*nato* erwähnt.

1819 Vollendung von *S. Maurizio*; die Sculpturen sind von *Bartolommeo Ferrari* und *Luigi Zandomenighi* gefertigt, welcher auch das 1819 aufgestellte Grabmal des *Greppi* in *S. Steffano* arbeitete. Es besteht aus einem in der Weise der Lombardi behandelten Sarkophag mit Büste. B. Ferrari u. Zandomenighi.

1820 wurde die Kirche *S. Marina* abgetragen. III. 1820 bis 1859.

1821 wurde das Portal von *S. Nicolo di Castello* (s. S. 81) in der Akademie aufgestellt.

1822 wurden viele der geschmacklosen Schnörkel des *Nicolo Gentilini* (s. S. 327) in *S. Sebastian* beseitigt.

1824: *S. Margarita* wird zum Sitz der Domainenverwaltung gemacht, *S. Basilio* und *S. Maria dell' Ascensione* (*in Broglio*) werden abgetragen und an Stelle der letztern das Gasthaus *della Luna* gebaut (s. übr. S. 273). Admiral Marchese *Paulucci* lässt an dem Denkmal des *Carlo Zeno* in *S. Celestia* eine Inschrift anbringen.

1825 Einrichtung der Rüstkammer im Arsenal; Büste des Kaisers Franz I. von *B. Ferrari;* Abtragung von *S. Croce;* Vollendung des Domes von Brescia (s. S. 212 und S. 274); Restauration von *S. Sebastian* aus dem königl. Aerar, die Vollendung geschah im folgenden Jahre aus der Baukasse (*Fabbricca*) der Kirche selbst.

1825 und 27 liefert *Canzian della Venezia* zwei Glocken für *S. Lorenzo*.

1826 wurde die Insel S. Michiele aus dem königl. Aerar angekauft, mit der Insel S. Cristoforo durch Auffüllung zum Begräbnissplatz vereinigt und durch eine Mauer eingefasst. Die Kosten dieser Arbeiten betrugen 80,000 Lire.

In demselben Jahr wurden die Regierungs- und Verwaltungsbureaus wegen Feuersgefahr aus dem Dogenpalast entfernt und zum Theil in den *Palazzo Farsetti* unter Designirung desselben zum Stadthaus transportirt. Diese Einrichtungen kosteten der königl. Kasse 1 Million, der Stadtkasse 200,000 Lire; in demselben Jahre arbeitete *Gaetano Ferrari* ein Portrait des *Gianantonio Moschini* nach einem Modell von *Rinaldo Rinaldi* (Professor in Rom); dasselbe wurde 1834 in Bronce copirt; 1841 nach dem am 8. Juli erfolgten Tode *Moschinis* schenkte Herr David Weber das Original dem *Seminario della Salute*. G. Ferrari.

1827 Grabmal des *Canova* in *S. M. gl. aï Frari;* Grabmal des Generalfeldzeugmeisters Marquis von Chasteler, Commandanten von Venedig († 1825) in *S. Giovanni e Paolo*, gearbeitet von dem leider zu früh verstorbenen unglücklichen *A. Giacarelli* und *Pietro Zandomenighi*, dem Sohn des Professors *Luigi Zandomenighi*. Mon. Canova. Mon. Chasteler.

1828 wurde das Kloster *S. Angelo* (*S. Michiele Arcangelo*) aufgehoben, die Kirche S. *Madonna della Misericordia* wurde restaurirt, die Abtei aber zu einem Militairmagazin eingerichtet. In demselben Jahre stürzte der Campanile S. *Madonna dell' Orto*, vom Blitz getroffen, auf das Gewölbe der Kirche. In diesem Jahre hatte Venedig 100,000 Einwohner in 27,918 Häusern, die auf 136 Inseln vertheilt, durch 134 Canäle, 2108 Gassen und 450 Brücken zugänglich waren.

Restaurationen.
Im Kloster *della Carità* war am 16. November 1630 eine Feuersbrunst ausgebrochen und hatte den Bau *Palladios* zum grössten Theil zerstört; 1797—1801 hatte das Kloster als Caserne gedient, und dabei vielfach gelitten; auf das Gesuch der Academie, für deren Zwecke das Gebäude eingerichtet ward, bewilligte die Regierung Geld zur Restauration des vom Feuer verschonten Theils jenes von *Palladio* 1561 und 62 erbauten Hofes; *Francesco Lazzari*, Professor der Architectur an der Academie und Verfasser mehrerer architectonischen Schriften, leitete die Restauration; die Ergänzungen des alten Simswerks in Terracotta und Stein wurden 1830 vom Steinmetz *Antonio Risegatti* unter Aufsicht des *Antonio Mauro* ausgeführt.

Freihafen.
1829 Ausdehnung des Freihafenrechts auf die ganze Stadt; *Cancian Veneto* liefert eine Glocke für S. *Giorgio maggiore*; die Gallerie des General *Federico Manfredini* wird von demselben dem Seminar *della Salute* vermacht; Abtragung der Kirche S. *Severo*.

1830 S. *Agnese* wird verauctionirt und von dem Grafen *Caranis* erstanden; die Brüderschaft S. *Giovanni Evangelista* wird wieder gegründet; die Oestreicher beginnen an den Fortificationen zu arbeiten (von 1830—42 sind dafür über 4 Millionen Zwanziger verausgabt worden).

1832 Restauration von S. *Luca* und S. *Aluise*.

1834 Transport der weiblichen Irren aus S. *Serrolo*, wo blos die männlichen zurückblieben, nach dem Civilhospital bei S. *Giovanni e Paolo*.

1835 Beginn der Restaurationen in S. *Marco*; für dieselben sind bis 1842 über 223,600 Lire verausgabt worden.

Teatr. d. Fenice.
1837 den 12. December brannte das Theater *della Fenice* ab; *Tommaso Meduna* mit seinem Bruder *Giovanni Battista* restaurirten dasselbe in der kurzen Zeit von 7 Monaten.

S. Giov. d. Maltesi.
1838 Eröffnung der zum grössten Theil neuen Kirche S. *Giovanni Commenda dei Maltesi*, früher S. *Giovanni dei Furlani*; Beginn des Neubaues von *San Silvestro* unter *Lorenzo Santi* (s. S.

Mon. Titians.
332). Decret, betreffend die Errichtung des Titiandenkmals in S. *Maria gl. ai Frari*; dasselbe ist von *Luigi* und *Pietro Zandomenighi* im Styl der Lombardi ausgeführt, 1852 beendet worden und kostet 380,000 Lire.

1839 Restauration des holzvergoldeten Altars in der Capelle *San Tarasio* und andrer Theile in *S. Zaccaria* durch *Pietro Garbato* und den Vergolder *Antonio Caporilla*. Abtragung des Campanile *di S. Agnese* durch den Maurer und Maschinisten *Gaspare Biondetto Crotto* und *Girolamo Padrin* unter Zuziehung des Architecten *Giovanni Casoni*; G. Casoni. Letzterer hat Verschiedenes geschrieben, auch viele Zeichnungen alter Bauwerke für die Werke von *Cicognara*, *Cicogna*, *Selvatico* etc. gefertigt; er wurde um jene Zeit als Director der Gebäude des k. k. Marinecommandos angestellt, leitete auch 1831 die durch Frostschaden nothwendig gewordene Reparatur von *S. Sebastian* und mehrerer anderer öffentlichen Gebäude.

In demselben Jahre wurde *S. Daniele* abgetragen, am 21. Juni 1839 wurden die Bestandtheile derselben versteigert; die 14 schönen Säulen von *rosso di Verona*, welche das Schiff trugen, erstand der Steinmetz *Andrea Ballarino alla Misericordia* für 189 Fl. 27 Kreuzer.

1839 wurde auch der Thurm von *S. Maria Nova* zum grössten Theil abgetragen.

1840. Hier mögen noch einige um 1840 in Venedig arbeitende Künstler um 1840. Techniker und Künstler erwähnt werden: *Giovanni Bisognini, ingegniere in capo* für die venetianischen Provinzen; *Giuseppe Salvadori*, Architect, *Domenico Fadiga*, Steinmetz, welcher 1822 die Marmorcancellen des Chors von *S. Zaccaria* auf Kosten der Paulina. Wittwe des Mützenmachers *Giambattista Brotto* fertigte, welche reich mit Halbedelsteinen ausgelegt sind; *Pompeo Mancini*, Capo der Ingenieure, Inspector der Wasser- und Strassenbauten, in Pesaro wohnhaft, *Emil Campilanzi*, ebenfalls Ingenieur, *Pietro Bearzi, il Vicentino*, Bildhauer, (restaurirte 1840 den Kopf der Statue des H. Zacharias von *Al. Vittoria*, s. S. 253 Fig. 25) ferner die Maurermeister *Carlo* und *Domenico Vianella*; diese kauften 1840 *S. Aponal*, um sie zu Privatwohnungen umzubauen; traten sie jedoch an eine fromme Gesellschaft ab, welche sie restaurirt und wieder eröffnet hat. *Luigi Ferrari*, Sohn des *Bartol.*, 1811 geboren, L. Ferrari. Bildhauer gleich seinem Vater, arbeitete 1840 mit an der Vollendung von *Canovas* Denkmal. Seine sonstigen Arbeiten sind sehr zahlreich; wir nennen hier nur folgende: Laokoonsgruppe in selbstständiger Auffassung, für die Aufstellung in den *Giardini publici* bestimmt, Endymion, im Besitz der Gräfin *Erizzo Maffei*, Madonna in der Hauscapelle des Grafen *Villadarzere*, Statue des *Marco Polo*, David, Gott dankend, im *Pal. Treves*, sitzende Melancholie, beim Ritter Uboldi in Mailand, Basrelief am Grabmal der Fürstin *Jablonowska* in Padua; eine Nymphe die eine Lothosblume pflückt und ein kniender Jüngling am Grabe der Gräfin *Medina*, Colossalgruppe des David und Goliath.

1840 wurde die Restauration der Kirche *S. M. dell' Orto* in Angriff genommen, aber leider etwas langsam betrieben. (Ende 1859 war sie noch nicht vollendet.) In demselben Jahre wurden die von Napoleon *Wasser-bauten.* 1806 begonnenen Wasserbauten im Hafen von Malamocco energischer in Arbeit genommen, und 5 Millionen Zwanziger dazu ausgeworfen; der Haupttheil dieser Bauten ist ein Molo, welcher vom Fort *Alberoni* an der Südspitze des *Littorale di Malamocca* beginnt und 6500 Fuss weit ostwärts ins Meer hinausragt. Der Unterbau besteht aus grossen Felsblöcken, ist an der Basis 36 Fuss breit und steigt bis zur Fluth-höhe empor, an der Oberfläche ist er mit Puzzolanerde ausgeglichen, und trägt einen 12 Fuss breiten und 6 Fuss hohen Damm, der aus behauenen Quadern besteht; er soll zugleich als Treib- und Fangbuhne wirken, und den Eingang in den Hafen auf 20—22 Fuss austiefen; um diesen Zweck noch zu befördern, ist innerhalb noch eine bogenförmige Ankerbuhne in derselben Weise errichtet worden.

*Eisenbahn-brücke.* 1841 den 25. April wurde der Grundstein zu der grossen Eisenbahnbrücke gelegt, welche vom Bahnhof Venedigs an der *Sacca di S. Lucia* nach Marghera bei Mestre führt, und am 11. Januar 1846 eingeweiht ward. Während der Belagerung Venedigs 1849 wurden einige der Bogen gesprengt, 1850 aber wieder reparirt. Die ganze Länge beträgt 3602,$_{36}$ Metres, die Breite 9 Metres; 180 kleine, 36 kleinere und 12 Landpfeiler tragen die 222 Bogen, welche durch die 5 Stationsplätze (auf deren jeden also 2 Landpfeiler kommen) und die 2 Endlandpfeiler in 6 Gruppen zertheilt werden, deren jede 30 kleine, 6 grössere Pfeiler und 37 Bogen enthält und 499 Metres lang ist. 4 von den Stationsplätzen sind je 104,$_{24}$ Metres lang und 17,$_{20}$ Metres breit; die Mittelstation ist 140,$_{25}$ Metres lang und in der Mitte 40 Metres breit. Die Bogen haben 10 Metres Spannung; 80,000 Pfähle von Lärchenholz sind zur Pilotirung, 1,200,000 Hausteine und über 21 Millionen Ziegel zum Mauerwerk verbraucht worden. Die Kosten betrugen circa 5 Millionen Zwanziger. *Tommaso Meduna* und *Luigi Duodo* haben den Entwurf gefertigt, die Ausführung leitete *Antonio Petich* unter dem Ingenieur *Andrea Noale*; die Reparaturen 1850 besorgte der Ingenieur *Gaspare del Mayno*.

*Friedhof.* 1843 den 16. März schrieb der Magistrat eine Concurrenz für die Künstler des lombardisch-venetianischen Königreichs aus, wo für den besten Plan zur Herstellung eines würdigen Kirchhofs auf *S. Michele* ein Preis von 100 Zechinen versprochen wurde.

*Restau-rationen.* 1844 Restauration der *Scuola di S. Marco* durch den Architecten *Meduna* und den Steinmetz *Fadiga*; Beginn der Restauration von *S. Maria del Pianto* (der Anschlag betrug 50,000 Lire) auf

Kosten des *Daniele Canale* zum Gebrauch eines Erziehungshauses für arme Kinder. Beginn des Ausbaues von *S. Maria delle Penitenti* (s. S. 319) unter Leitung des Professor *Francesco Lazzari*; Restauration des *Palazzo Foscari* unter *Luigi Parravicini*, Director der polytechnischen Schule; Neubau der 1360 gebauten *Ponte di Puglia* genau im alten Style.

1847 Restauration des *Pal. Giovanelli* unter *Giambattista Meduna*, nicht *Menudo*, wie Bd. I. S. 224 angeführt.

1849 wurde der Freihafen auf *S. Giorgio maggiore* beschränkt.

In demselben Jahre explodirte die Pulvermühle auf der Insel *S. M. delle Grazie*.

In die Zeit von 1835 bis 1849 fallen auch die noch folgenden Arbeiten: Restauration des *Fondaco dei Tedeschi*, s. S. 48 ff. als Sitz der k. k. Finanzdirection und Douane; Restauration der Kirche *dei Gesuiti*; Einrichtung einer Mädchenschule bei *S. Leone* mit einem Aufwand von 32,000 Lire aus der Stadtkasse; Restauration von *S. M. Formosa*, *S. Maria dei Miracoli*, Einrichtung der *Scuola S. Fantin* für die Zwecke des *Ateneo*; Erbauung des *Sanctuario di S. Tomà*, einer neben der gleichnamigen Kirche stehenden Rotunde, die zur Aufbewahrung einer reichhaltigen Reliquiensammlung dient, welche von einem Priester *Guglielmo Wambel* gesammelt und geschenkt ward. Errichtung eines Quarantaineamts und Lazareths auf der Insel *Poveggia*; Restauration der *Fabbriche di Rialto* (kostet der Regierung 300,000 Lire). Einrichtung des Lotteriedirectionslocals mit einem Aufwand von 70,000, eines Erzmagazins für 15,000, einer Tabakfabrik für 60,000 Lire etc.

Aus der Staatskasse wurden ausser dem schon Erwähnten noch bestritten: Bau eines neuen Schlachthauses am Ende des Cannareggio für 300,000 Lire; Einrichtung eines Theils des alten Klosters *S. Lorenzo* als Industriegebäude für 170,000 Lire; Ausbau des Palastes *Foscari*, Neubau der Gasbereitungsanstalt etc.

Namentlich aber ist für Reparaturen der sogenannten Fondamente, d. h. Quais, der Brücken etc. sehr viel geschehen; neu sind die Fondamente an den *Zattere*, am *Rio Tolentino*, *Minotto*, *Malcanton*, *dei tre Pati* etc., ferner sämmtliche *Rio secco* benannte Strassen, indem alle diese durch Langüberbrückung der Canäle entstanden sind; es werden für die Strassenerhaltung durchschnittlich jährlich 100,000 Gulden ausgegeben. Durch diese Arbeiten nimmt natürlich die Zahl der Canäle und Brücken zusehends ab, und Venedig verliert dadurch sehr viel von seinem Character.

Seit der Ausdehnung des Freihafens über die ganze Stadt 27. März Freihafen.
1851 ist abermals sehr viel für Conservirung der Kunstwerke ge-

schehen; so wurden auf Kosten einiger patriotischen Geistlichen und Patricier Ausbesserungen in *S. Appostoli*, namentlich an der Capelle *Cornaro* ausgeführt.

T. d. Fenice. — 1854 wurde das *Teatro della Fenice* durch *Meduna* neu decorirt; in demselben Jahre wurde die Kettenbrücke zwischen der Academie Ketten- und dem *Campo S. Vitale* über den grossen Canal gespannt; der con-brücke. structive Theil des Entwurfs rührt vom Ingenieur *Neville*, der decora-tive von *Selvatico* her. 1855 kaufte die als *corporazione artistica di* Sc. S. Giov. *mutuo soccorso* reconstituirte *Fraternità di S. Gior. Evangelista* durch Evangelista. *G. Biondetti* ihre *Scuola* für 30,000 Lire zurück, und liess dieselbe restauriren.

Auch aus Staatsmitteln wurden in den Jahren 1853—55 ziemlich bedeutende Summen auf Restaurationen verwendet.

Restau- — In der Markuskirche wurde der Theil der Wölbung, wo die Apo-rationen. kalypse in Mosaik dargestellt ist, restaurirt und mit Kupferplatten ein-gedeckt mit einem Aufwand von 14,540 fl.; die Restaurationen am Dogenpalast kosteten 22,000 fl., an der *Libreria* 6,700 fl., an *S. Re-dentore* 14,980 fl., an *S. Gior. e Paolo* 25,800 fl., an *S. Steffano* 3,340 fl., an *S. Maria aī Scalzi* 25,140 fl., auch *S. Maria Assunta*, *S. Fosca, Palazzo Corner, Fondaco dei Tedeschi*, und viele andere Ge-bäude wurden mit Reparaturen bedacht, die Universitätsgebäude in Padua wurden mit einem Aufwand von 12,650 fl. restaurirt; ziemlich ebenso viel kostete die Restauration von *S. Nicolo* in Treviso.

Auf Kosten des Kronlands wurden in Padua, Vicenza, Treviso und Udine Restaurationen vorgenommen, deren Gesammtbetrag über 30,000 fl. stieg.

1856 den 3. December bewilligte der Kaiser von Oestreich zu Restaurationen der Markuskirche jährlich 20,000 fl., ordnete auch an, dass die von *Canova* modellirte Statue Napoleons, welche bis dahin in der Brera zu Mailand aufbewahrt war, auf ein Postament in den *Giardini pubblici* gestellt werden solle.

1857 wurde die Restauration der *Scuola S. Giovanni Evangelista* vollendet.

1858 kaufte die Eisenbahngesellschaft behufs Vergrösserung des Bahnhofs die Kirche *S. Lucia* für 90,000 Lire, wobei jedoch die Ge-meinde im Besitz aller Kunstgegenstände blieb; das Geld soll zur Vollendung der Façade von *S. M. della Pietà* an der *Riva de Schia-voni* verwendet werden.

Indem ich nun vom Leser Abschied nehme, berufe ich mich noch-mals darauf, dass ich bereits S. 336 gesagt, wie und warum die die letzten Jahre betreffenden Notizen nicht vollständig sein können, auch hier blos als Notizen angeführt sind, auch wiederhole ich, was ich bereits S. 336 bemerkte, dass in den letzten Jahren sich eine Kunstthätigkeit in Venedig entfaltet hat, welche einem künftigen Kunsthistoriker reichen Stoff zu bieten verspricht, wenn die wackern Männer, die sie leiten, in ihren edlen Bestrebungen durch die Zeitumstände und Schicksale der Stadt nicht gehemmt werden:

## Das walte Gott!

# Druckfehler.

Die unbedeutenderen unberücksichtigt lassend, sind hier blos diejenigen angeführt, welche, wenn nicht verbessert, sinnstörend wirken oder Irrungen herbeiführen könnten.

## Band I.

| | | | | | | | |
|---|---|---|---|---|---|---|---|
| S. 15 | Z. 25 | statt | Cosmedia im arianischen | ist zu lesen | Cosmedin, ein arianisches. |
| „ 39 | „ 23 | „ | Köpfe | „ „ „ | Knöpfe. |
| „ 45 | „ 32 | „ | dei Greci | „ „ „ | maggiore. |
| „ 46 | „ 4 | „ | Polo | „ „ „ | Pola. |
| „ 73 | „ 25 | „ | aus dem Ende etc. | „ „ „ | aus dem Jahr 1360. |
| „ 99 | „ 36 | „ | Pola | „ „ „ | Palla. |
| „ 149 | „ 21 | „ | das Haus | „ „ „ | Pal. Baffo. |
| „ 177 | „ 37 | nach | Cataldo | „ „ „ | auf der Giudecca. |
| „ 177 | „ 40 | statt | wird | „ „ „ | ward. |
| „ 195 | „ 12 | „ | oben | „ „ „ | obern. |
| „ 200 | „ 1 | „ | nun | „ „ „ | um. |
| „ 224 | „ 39 | „ | Menudo | „ „ „ | Meduna. |
| „ 226 | „ 30 u. 41 | | Menudo | „ „ „ | Meduna. |
| „ 259 | „ 3 | statt | Selvativo | „ „ „ | Selvatico. |
| „ 265 | „ 34 | nach | einen | „ „ „ | 1484 vollendeten. |
| „ 266 | „ 11 | statt | 1420 u. 1423 | „ „ „ | 1419 u. 1439 zweimal. |
| „ 287 | „ 24 | „ | Marco Turi | „ „ „ | Marco de Furi. |

## Band II.

| | | | | | | | |
|---|---|---|---|---|---|---|---|
| S. 18 | Z. 18 | statt | 1829 | ist zu lesen | 1529. |
| „ 20 | „ 5 | „ | di Padua | „ „ „ | in Padua. |
| „ 55 | „ 12 | „ | Marco | „ „ „ | Maria. |
| „ 73 | „ 4 | „ | datirte | „ „ „ | dotirte. |
| „ 103 | „ 36 | „ | Capitalhaus | „ „ „ | Capitelhaus. |
| „ 122 | „ 38 | „ | einige | „ „ „ | wenige. |
| „ 191 | „ 36 | „ | Samuele | „ „ „ | M. della Salute. |
| „ 192 | „ 2 | „ | Marco Correr | „ „ „ | Museo Correr. |
| „ 227 | „ 26 | „ | Cortosa | „ „ „ | Certosa. |
| „ 259 | „ 28 | „ | Weihbecken und | „ „ „ | Weihbecken in |
| „ 270 | „ 11 | nach | 1599 | „ „ „ | in S. Sebastian. |
| „ 291 | „ 15 | nach | die | „ „ „ | meisten. |
| „ 291 | „ 5 | nach | B. Falconi | „ „ „ | der Schöpfer der Fontana-statue auf der Dogana |
| „ 327 | „ 15 | statt | erweiterte | „ „ „ | erneuerte. |
| „ 327 | „ 15 | „ | den Uhrthurm | „ „ „ | das Uhrwerk. |

# REGISTER.

## A. Namen der Künstler.

Bedeutung der Abkürzungen. A. Architect, B. Bildhauer, BG. Bronzegiesser, HB. Holzbildner, Eds. Edelsteinschneider, Med. Medailleur, Mod. Modelleur, GG. Glockengiesser, I. Ingenieur, Mos. Mosaicist, St. Stelametz, M. Maler, T. Techniker, Cam. Cameenschneider etc.

23 *

# B. Sachregister

nach alphabetischer Ordnung der Städte.

# C. Chronologische Tabelle.

| | | | Band Seite |
|---|---|---|---|
| ca. 312 | römische Colonien | | römisch | I. III. 7 |
| ca. 312 | römische Grabmäler | | römisch | I. 10 |
| ca. 312 | Basilikon | | altchristlich | I. 10 |
| ca. 312 | Grabkirchen, Baptisterien | | „ | I. 11 |
| 320 | Marcuskirche, Reliefs | | „ | I. 95 |
| 417 | St. Agata (Ravenna) | | „ | I. 12 |
| 421 | Lagunen, erste Bevölkerung | | „ | I. 12 |
| 421 | Brand auf Rialto | | | I. 13 |
| 425 | S. Giovanni Evangelista | | | I. 12 |
| 425—30 | S. Francesco (Ravenna) | | | I. 12 |
| 425 | S. Nazario e Celso, Mausoleum | | | I. 12 |
| 425 | Cathedrale in Ravenna, Baptisterium | | altchristlich | I. 11 |
| 429 | S. Marco de la Vigna, Bau | | „ | I. 101 |
| 430 | S. M. Zobenigo (della Annunziata), Gründung | | „ | I. 103 |
| ca. 430 | S. Giov. in Bragora, erster Bau | | „ | I. 101 |
| 452 | Zerstörung von Aquileja | | | I. 13 |
| 480 | S. Pietro in Castello, Gründung | | | I. 100 |
| 493 ff. | Ravenna, versch. Bauten, | Theodorich | Gothenb. | I. 14 |
| ca. 500 | Ravenna, Schloss und Kirchen | Theodorich | | I. 14 u. 15 |
| 520 | S. Giacomo di Rialto, Gründung | Eutinopo | lat.-byz. | I. 48 |
| 526—547 | Ravenna, S. Vitale | | frh. byz. | I. 16 |
| ca. 530 | Ravenna, S. Mar. in Cosm. etc. | | „ | I. 15 |
| 530 | Bologna, S. Steffano | | „ | I. 19 |
| 532 | S. Teodoro, erster Bau? | | „ | I. 68 |
| 434—49 | Classe bei Rav., S. Apollinare | | „ | I. 17 |
| 538 | Zustand der Ansiedelung | | | I. 20 |
| 553 | Venedig selbstständig | | | I. 21 |
| 503 | Venedig, S. Teodoro u. S. Meneo e Geminian | | fr. byz. | I. 21 |
| 553—66 | Ravenna, S. Apoll. nuovo | | „ | I. 15 |
| 555 | S. Giac. dell' Orio, Gründung | | romanisch | I. 107 |
| 564 | S. Geminian, erster Bau | | | I. 102 |
| 564? | S. Teodoro, erster Bau | | | I. 102 |
| 568 | Venedigs Kunstzustand | Griech. Künstler | | I. 22 |
| 574—641 | Des Staats Constituirung | | | I. 23 |
| 600 ca | Torcello, Kirchen und Klöster | | | I. 24 |
| 617 | S. Vito e Modesto, Gründung | | byz.-rom. | I. 108 |
| 641 | Dom v. Torcello, erster Bau | | altchristlich | I. 24 |
| 641 | Dom v. Torcello, Krypta | | vorbyz. | I. 34 |
| 654 ff. | Erste Dogenwahl | | | I. 23 |
| 660 | S. M. Mater Domini, Gründung | | byz.-rom. | I. 107 |
| 690 | S. Giov. Evangelista, erster Bau | | | I. 106 |
| 699 | S. Maurizio e Lazaro, Umbau | | | I. 103 |
| ca. 775 | Cividale, Baptisterium | | | I. 42 |
| 790 | S. Giorgio Magg., erster Bau | | spätrom. | I. 102 |
| 796 | S. Moïse, S. Vittore | Fam. Scopara | | I. 103 |

24 *

| | | | | Band Seite |
|---|---|---|---|---|
| 1008 | Dom v. Torcello, { Weihbecken / Restauration / Grypta | | lat.-byz. | I. 55 u. 56 |
| 1011 | S. Fosca in Torcello | | byz.-rom. | I. 46 |
| 1013 | S. Giac. di Rialto, Restauration | | | I. 46 |
| 1025 | S. Pantaleone, erster Bau | | byz.-rom. | I. 108 |
| 1025 | S. Leonardo, Mosaikpflaster | | " | I. 104 |
| 1028 | S. Trovaso, Umbau | | " | I. 108 |
| 1034 | S. Aponal, Crucifix im Giebel | | " | . 105 |
| 1034 | S. Secondo, erster Bau | | " | I. 108 |
| 1040 | Dom v. Aquileja, Bau | | " | I. 109 |
| 1043—71 | Marcuskirche, zweiter Bau | | " | I. 47,69 |
| 1050 | Dom v. Grado, Kanzel | | " | I. 109 |
| | | | | II. 145 |
| 1050? | Haus bei S. Pantaleone, Medaillon | | | I. 96 |
| 1050 bis 1100 | Pal. bei S. Appostoli | | | I. 65 |
| — | Casa Barbini in Murano | } | überhobene | I. 65 |
| — | Haus bei S. Maria Formosa | | Rundb. mit | I. 65 |
| — | Haus neben der Cà d'oro | | Schneppen | I. 67 |
| — | P. dei Mori (Kamelpalast) | | | I. 67 |
| ca. 1050 | Treviso, Mosaikboden | Uberto | | I. 72 |
| 1052 | S. Biagio, erster Bau | | | I. 101 |
| 1060 | S. Proculo, zweiter Bau | | | I. 101 |
| 1070 | Dom v. Concordia, Baptisterium | | it. byz. | I. 109 |
| 1071 | S. Bartolomeo, Umbau | | | I. 104 |
| ca. 1071 | Marcuskirche, Mosaiks | | | I. 100 |
| 1073 | S. Giac. di Rialto, Restauration | | | I. 47 |
| 1076 | S. Basso (S. Saba), erster Bau | | | I. 102 |
| 1096 | Marcuskirche, Mon Falieri | | it. byz. | I. 136 |
| 1100 ff. | Marcuskirche, Kapitäle | | " | I. 137 |
| ca. 1100 | Dom v. Aquileja, Baptisterium | | " | I. 110 |
| | | | | u 146 |
| ca. 1100 | Marcuskirche, Beg. d. Ausbaues | | | I. 136 |
| 1100 | S. Leone, Umbau | | | I. 101 |
| 1100—50 | Brunnenmündungen | | it. byz. | I. 140 |
| 1100—50 | P. Priuli (Zorzi), Façade | | " | I. 147 |
| 1100—50 | Haus bei S. Gaetano | | " | I. 148 |
| 1100—50 | S. Salvatore, Seitenportal | | Ueberg. z. Goth. | I. 153 |
| 1100—50 | P. Molin | | it. byz. | I. 148 |
| 1100—50 | Wohnhäuser, Charakter | | " | I. 143 |
| 1104 | Arsenal, Verlegung | | | I. 115 |
| 1111 | Dom v. Murano, Mosaikpflaster | | | I. 53 |
| 1111 | Marcuskirche, Mon. Fel. Micheli | Giov. Demio | it. byz. | I. 136 |
| 1112 | Marcuskirche, Broncethüre | | griechisch | I. 99 u. |
| | | | | 136 |
| 1112 | Venedig, grosses Feuer | | | I. 112 |
| 1114 | S. Cyprian in Murano, Glockenth. | | Ueberg. z. ven.-goth. | I. 153 |
| 1115 | S. Croce in Luprio, Umbau | | | I. 107 |
| 1120 | Hospital | Marco Giuliano | | I. 168 |
| 1123 | Padua, S. Antonio, Bau | Macilo | | I. 299 |
| 1125 | S. Giac. dall' Orio, Umbau | | it. byz. | I. 107 |
| | | | | I. 115 |
| 1125 | Marcuskirche, Cap. S. Isidoro | | " | I. 115u. |
| | | | | 138 |
| 1125—70 | Piazzetta, Säulen | Nic. Barrattieri | " | I. 138 |
| 1130 | S. Fosca in Torcello, Halle | | lat.-byz. | I. 52 |

| | | | | Band | Seite |
|---|---|---|---|---|---|
| ca. 1250 bis 1300 | P. Seriman (Friuli) ältere Theile | | fr. goth. | I. | 203 |
| „ | Corte Tamossi, Ruine | | „ | I. | 203 |
| „ | P. Liassidi, Mezzana | | „ | I. | 201 |
| „ | Casa Barbara (Balbiera) Façade | | „ | I. | 202 |
| 1252 | Marcuskirche, Grabmäler | | altchristlich | I. | 176 |
| 1257 | „ Pilaster | | asiatisch | I. | 176 |
| ca. 1270 | „ Archivolten | | spät byz. | I. | 162 |
| 1272 | S. Biaggio e Cataldo, Rest. | | | I. | 123 |
| 1280 | Erdbeben | | | I. | 124 |
| 1280 | S. Maria ai Frari, Grabmal | | | I. | 178 |
| 1281 | Ueberschwemmung | | | I. | 124 |
| 1289 bis 1300 | Bologna und Padua, Gräber | | | I. | 168 |
| 1289 | S. Giov. e Paolo, Mon. G. Dandolo | | | I. | 178 |
| 1290 | Marcuskirche, Altar del Capitello | | byz.-rom. | I. | 94 |
| 1291 ff. | Marcuskirche, äusserlich | | „ | I. | 178 |
| 1300—40 | Pal. Squerarolli | | gth. polych. | I. | 212 |
| 1300—40 | Pal. Pesaro-Correr, Façade (Bevilaqua) | | u | I. | 212 |
| 1300—40 | Casa Orfei, Malerei | | „ | I. | 212 |
| 1300—40 | Pal. Badoer d. Colomba, Bemalung | | u | I. | 213 |
| 1300—40 | Haus des Goldoni, Bemalung | | u | I. | 214 |
| 1300—40 | Treppenanlagen div. Pal. | | | I. | 215 |
| 1300—40 | Pal. Zaguri (Braganza), Rückseite | | „ | I. | 208 |
| 1300—40 | P. Sanudo (Vanaxel), Façade und Details | | u | I. | 209 |
| 1300—40 | Casa Barbini in Murano, Umbau | | „ | I. | 211 |
| 1300—40 | Pal. Contarini-Fasan, ältere Theile | | „ | I. | 211 |
| 1300—40 | Pal. Liassidi, Hauptgeschoss | | u | I. | 205 |
| 1300—40 | Casa Fontona, Portego | | u | I. | 206 |
| 1300—40 | Pal. Molin, Theile | | „ | I. | 207 |
| 1300—50 | Marcuskirche, nördliche Vorhalle etc. | | | I. | 197 |
| 1300 ff. | S. Mar. ai Frari, Grabmäler | • | gothisch | I. | 184 |
| ca. 1300 | Marcuskirche, Broncethüre | Bertuccio | | I. | 180 |
| 1300—20 | Bildhauerarbeiten | | | I. | 180 |
| 1301—42 | Dogenpalast, theil. Neubau | | „ | I. | 181 |
| 1304—70 | Arsenal, div. Bauten | | | I. | 181 |
| 1309 | S. Giov. Battista, erster Bau | Fam. Bonacorsi | | I. | 126 |
| ca. 1310 | Pal. Brandolin (Ciaramba), Façade | | gth. polych. | I. | 211 |
| 1311 | S. Giov. e Paolo, Grabmal | | gothisch | I. | 184 |
| 1314—44 | S. Mar. dei Servi, Bau | | „ | I. | 189 |
| 1319—69 | Marcuskirche Glockenthurm | Montagnana | | I. | 261 |
| 1325 | S. Steffano, Haupttheile vollendet | | „ | I. | 182 |
| 1325—50 | S. Steffano, Campanile | | „ | I. | 183 |
| 1335 | Ospedaletto, Gründung | | | I. | 127 |
| 1336 u.39 | S. Maria ai Frari, Grabmäler | | „ | I. | 184 |
| 1338 | S. Francesco in Bologna, Hauptaltar | P. v. G. d. Masegne | u | I. | 244 |
| 1338 | S. Maria ai Frari, Vollendung | Scipione Buono | „ | I. | 186 |
| 1340 | Bildhauerarbeiten | Arduin u. Arian | „ | I. | 186 |

| | | | | Band | Seite |
|---|---|---|---|---|---|
| 1475 | Bergamo, Mon. Coleoni | Antonio Amadei | | II. | 35 |
| 1475 | S. Giov. in Bragora }<br>S. And. de Zira } Bau | Schule d. Lomb. | fr. Ren. | II. | 74 |
| 1475—85 | Pal. Grimani a S. Polo | " "<br>L. Bombardo? | " | II. | 125<br>227 |
| 1475—85 | Pal. Tiepolo, ca grande | Schule d. Lomb. | " | II. | 125 |
| 1475—85 | Pal. Vendramin à S. Fosca | " | " | II. | 125 |
| 1475—85 | Pal. Bragadin, Relief | Tull. Lombardo? | " | II. | 126 |
| 1475—85 | Pal. in Verona | Schule d. Lomb. | " | II. | 126 |
| 1475 85 | Pal. Guizetti | " " | " | II. | 126 |
| 1475—85 | Pal. Bernardo della Tarrassa | " " | " | II. | 126 |
| 1475—85 | Pal. Corner Spinelli | Pietro Lombardo? | " | II. 62u.<br>126 | |
| 1475—80 | S. Giobbe, Cap. Grimani | Ant. Roselli? | fr. Ren. | II. | 80 |
| 1475 80 | S. M. de Angeli Murano, Relief | " | | II. | 80 |
| 1475—80 | S. Gioachino, Relief | | | II. | 80 |
| ca. 1475 | Cremona u. Bergamo, Diverses | Gir. de Cremona | | II. | 34 |
| 1475 | S. Giov. in Bragora, Rest. | | | II. | 28 |
| 1475 | S. M. ai Frari, Chorcancellen | Andrea Vicentino | spätgoth. | II. | 19 |
| 1475—85 | Mon. Colleoni, Modell | And. del Verrochio | | II. 35u.<br>146 | |
| 1476 bis 1503 | S. Niccolo di Castello, Bau | Schule d. Lomb. | fr. Ren. | II. | 80 |
| 1476 ff. | Academie, Portal v. S. Niccolo | " " | | II. | 80 |
| | S. Giov. e Paolo, Mon. Mocenigo | T. u. P. Lombardo | | II. | 62<br>63, 74 |
| 1477 | Dogenpalast, Brand, Pavillon | | | II.10,29 | |
| 1477—90 | S. Zaccaria, Portal | Schule d. Lomb. | fr. Ren. | II. | 75 |
| 1478 | Scuola S. Anian, Relief | | Ueberg. v.<br>goth.z.Ren. | II. | 80 |
| 1478 ff. | S. Giov. Paolo, Mon. Vendramin | Tullio Lombardo<br>u. All. Leopardo | fr. Ren. | II. 63 u.<br>78 | |
| 1478 | S. Giobbe, Grab d. Alidea Tron | Schule d. Lomb. | " | II. | 77 |
| 1478 bis 1556 | Dogenpalast, Restaurationen | | | II. | 46 |
| 1480 | Ogni Santi, Bau | " " | " | II. | 81 |
| ca. 1480 | Padua, Eremitani, Relief | Giov. da Pisa | | II. | 33 |
| 1480 | S. Elena, Chorstühle | F. S. da Rovigo u.<br>F. G. da Verona | fr. Ren. | II. | 55 |
| 1480 | S. M. della Carita, Chorstühle | Alles. Brigajo | Ueberg. v.<br>goth. z.Ren. | II. | 27 |
| 1480 | La Fava, Unterbau | " " | " | II. | 23 |
| 1480 | Procuratie vecchie | ... Toschan | | II. | 51 |
| 1480 ? | P. Contarini ai Scrigni, Statuen | Antonio Rizzo | | I.230u.<br>II. | 61 |
| 1480 | S. Franc. d. Vigna, Chorstühle | G. Canozio | | II. | 52 |
| ca. 1480 | S. Marco, Schränke | L. Canozio | | II. | 52 |
| | S. Anton di Castello, Diverses | Giov. da Como | | II | 100 |
| 1480 | Pero. S. Maria, Restauration | | | II. | 102 |
| 1481 | S. Giov. Evang. Scuola, Hof | Schule d. Lomb. | fr. Ren. | II. | 81 |
| 1381 | P. Vendramin Calergi, Bau | Pietro Lombardo<br>Sante Lomb.? | " | II. 62,<br>64,82<br>u. 129 | |
| 1482 | Cremona, Grab | Ant. Amadei | | II. | 35 |
| 1482 | Ravenna, Grab des Dante | Pietro Lombardo | fr. Ren. | II. 62 u.<br>82 | |
| 1483 | Velo bei Vicenza, Statue | unbekannt | | II. | 158 |
| 1483 bis 1515 | S. Giov. Crisostomo, Bau | Mor. Lomb. u. Seb.<br>da Lugano, Ant.<br>quo, Marco? | " | II.64 u.<br>82 | |

Band Seite

| | | | | Band | Seite |
|---|---|---|---|---|---|
| ca. 1494 bis 1498 | Verona, Pont. di Pietra etc. | Fra Giocondo | fr. Ren. | II. | 25 |
| 1494 | S. Giorg. Magg., Messgewänder | Maestro Bernardo | | II. | 102 |
| 1494 bis 1512 | S. Giorgio Magg., Dormitorium | Zuane Buora u. Bart. di Domenigo | fr. Ren. | II. | 102 |
| ca. 1495 | Ravenna, Säulen (Markt) | P. Lombardo | | II. | 62 u. 82 |
| 1495 | Fondaco della Farina, Bau | | | II. | 12 |
| 1495 | Murano S. Pietro e Paolo, Relief | Z. P. | | II. | 158 |
| ca. 1495 | S. Giac. dell' Orio, Kanzel | Schule d. Lomb. | fr. Ren. | II. | 35 |
| ca. 1495 | S. Rocco, Kirche, Statuen | Franc. Mosca | | II. | 45 |
| 1496 | Vicenza, Basilika | Ant. Rizzo u. G. Spavento | | II. | 55 u. 200 |
| 1496 ff. | Paris, Gaillon etc., Brücken etc. | Fra Giocondo | fr. Ren. | II. | 25 |
| 1497 bis 1505 | Marcuskirche, Mon. Zeno | Alles. Leopardo | ,, | II. | 148 |
| 1498 bis 1500 | S. Maria Nuova, Glockenthurm | Matteo Fontana | ,, | II. | 52 |
| 1498 bis 1502 | Cividale di Friuli, Dom | P. Lombardo | ,, | II. | 62 u. 93 |
| 1498 bis 1511 | Dogenpalast, Ostflügel etc. | P. Lombardo | ,, | II. | 97 |
| 1499 | Marcuskirche, Restauration | Giorgio Spavento | | II. | 53 |
| 1499 bis 1510 | Dogenpalast | P. Lombardo | | II. | 62 |
| 1500 | Udine, Bilderrahmen | Jac. Moranzone | | II. | 158 |
| 1500 | Casa Bembo, Nische | | fr. Ren. | II. | 131 |
| ca. 1500 | S. M. ai Frari, M. M. Trevisan | Ant. Dentone?? | | II. | 157 |
| ca. 1500 | S. M. d. Miseric. Scuola | P. Lombardo? | ,, | II. | 63 |
| ca. 1500 | S. M. Mater domini | G. u. P. Lomb.? | ,, | II. | 63 u. 64 |
| ca. 1500 | P. Correr, Statuetten | P. Lombardo? | ,, | II. | 63 u. 94 |
| | S. Marcus, Glockenthurm | P. Lombardo? | ,, | II. | 63 |
| ca. 1500 | S. M. de Miracoli, Madonna | Pirgotele | | II. | 151 |
| ca. 1500 | Padua, S. Antonio, Statuetten | | | II. | 151 |
| ca. 1500 | S.M. d. Carità, Mon. Briamonte | Vittore Camelio | | II. | 150 |
| ca. 1500 | S. Steffano, Apostel | ,, ,, | | II. | 150 |
| | ,, Statuetten | P. Lombardo | | II. | 62 u. 94 |
| ca. 1500 | Rovigo, Löwe | Ant. Rizzo | | II. | 55 |
| 1500—05 | S. M. Mater Domini, Bau | P. od. G. Lomb. u. J. Sansovino | fr. Ren. | II. | 107 |
| 1500—05 | S. Felice, Bau | P. Lombardo? | ,, | II. | 107 |
| 1500—05 | Spirito Santo, Bau | Schule d. Lomb. | ,, | II. | 107 |
| 1500-30 | S. M. ai Frari, Statuetten | Vittore Camelio | | II. | 151 |
| 1501 | Rialtobrücke, Entwurf | G. Spavento | | II. | 52 |
| 1501--05 | Krakau, Dom, M. Sigismund | Schule d. Lomb. | | II. | 108 |
| 1501—05 | S. Trovaso, Reliefs | Schule des Donatello? | | II. | 109 |
| 1501—05 | Akademie, Reliefs | Schule d. Ghiberti | | II. | 35 |
| 1501—06 | Marcusplatz, Standarten | Alles. Leopardo | | II. | 112 |
| 1501—09 | Dogenpalast, Basreliefs | P. Lombardo? | | II. | 132 |
| 1501—10 | S. M. Mater Domini, Altar | Lor. Bregno u. Ant. Minelli da Bardi | | II. | 153 |
| 1501—30 | P. Fontana-Rech | Schule d. Lomb. | | II. | 132 |
| 1501—30 | P. Leon Cavassa | ,, ,, | fr. Ren. | II. | 132 |
| 1502 | Padua, S. Giustina, Bau | Girol. da Brescia, Seb. da Lugano u. Pietro Lomb.? | | II. | 63 u. 108 |

| | | | | Band Seite |
|---|---|---|---|---|
| 1512—20 | Rom, Loggia Coscia etc. | J. Sansovino | Renaiss. | II. 175 |
| 1514 | Rialto, Fabriche vecchie, Entw. | Fra Giocondo | fr. Ren. | II. 25 |
| 1514 | Rialto, Fabriche vecchie, Bau | Ant. Scarpagnino | „ | II. 135 |
| 1514 | S. Apostoli, Cap. Cornaro | Schule d. Lomb. u. G. Bergamasco ? | „ | II. 117 |
| 1515 | S. Giustina, Statuen | A. Lomb., P. Milanese ? | „ | II. 63 u. 113 |
| 1515 | S. Steffano, Mon. Aviano | Schule d. Lomb. | „ | II. 113 |
| ca 1514 | P. Vendramin-Calergi, Statuen | Tull. Lombardo | „ | II. 113 |
| 1515—17 | S. G. Crisostomo, Reliefs | „ | | II. 63 u. 113 |
| 1515—20 | S. Antonio in Padua, Reliefs | Ant. Bregno | | II. 154 |
| 1516 | „ „ „ | Guid. Lizzaro | | II. 223 |
| 1516 | S. Giorgio Maggiore, Kreuzgang | J. Sansovino | Renaiss. | II. 103 |
| 1517 | S. Rocco, Kirche, Mon. Grillo | Bart. Buon II. | fr. Ren. | II. 48 |
| 1517 | Procuratie vecchie | „ | „ | II. 47 |
| 1517 | S. Fantin, } Mon. B. Martini V. Dandolo | Schule d. Lomb. | „ | II. 113 |
| 1517—19 | Udine, Castell | Giov. Fontana | „ | II. 52 |
| 1517—24 | S. Rocco, Scuola | Bart. Buon II. | „ | II. 47 u. 63 |
| 1520 | G. Giov. in Oleo | Bernardo Conti | „ | II. 137 u. 222 |
| 1520 | Marcuskirche, Mosaiks | Lud. Rossi etc. | | II. 228 |
| 1520 | S. Salvadore, „ | Crisaguo | | II. 228 |
| 1520 | Marcuskirche, Candelaber | Camillo Alberti | | II. 158 |
| 1520 | Padua u. Casino, Silbersculpt. | Part. Spanno | | II. 223 |
| 1520 ff. | Padua S. Antonio, 2. Relief | A. Lombardo ? | | II. 63, 64 u. 114 |
| 1520 ff. | Dogenpalast, Statuen | „ | | II. 64 |
| 1520 ff. | Padua S. Giustina | Andrea Briosco (Bregno) Aless. Leopardo | fr. Ren. | II. 149 u. 154 |
| ca. 1520 | S. Spirito, Statuen | G. M. Paduano | Renaiss. | II. 227 |
| ca. 1520 | Brescia, Pal. Communale | Aud. Sansovino | „ | II. 175 |
| ca. 1520 | S. Leone, Cap. Gusoni | Tull. Lombardo? | fr. Ren. | II. 114 |
| 1520—37 | S. Giorgio Magg., Verschiedenes | Versch. Künstler | „ | II. 103 |
| 1520—40 | S. Rocco, P. Grimani u. P. Zeno | Sebast. Serlio | Renaiss. | II. 216 |
| 1520—40 | P. Bembo-Correr, Bau | „ | „ | II. 217 |
| 1520—25 | P. Contarini a S. Luca | Schule d. Lomb. | fr. Ren. | II. 132 |
| 1520—90 | S. M. d. Vergine, M. Giglio u. Giustiniani | | Renaiss. | II. 227 |
| 1520—90 | S. Gesuiti, Mon. da Lezze | „ | | II. 228 |
| 1520—90 | S. Soffia, Cap. Strozzi | „ | | II. 228 |
| 1520—90 | P. Tiepolo-Comello, Da Ponte-Cavriani etc. | „ | | II. 228 |
| — | | | | |
| 1523 | S. Geminian, Mon G. Stella | | fr. Ren. | II. 115 |
| 1523 | Marcuskirche, Kuppelring | Jac. Sansovino | | II. 176 u. 177 |
| 1523 | S. Giov. Elemosinario, Neubau | Ant. Scarpagnino | fr. Ren. | II. 136 |
| 1523—28 | S. Giov. e Paolo, Altar Verde | Guigl. Bergamasco | „ | II. 141 |
| 1524 | Padua, Pal. Giustiniani | G. M. Falconetto | Renaiss. | II. 165 |
| 1524—27 | Scuola S. Rocco, Bauleitung | Sante Lombardo | fr. Ren. | II. 64 u. 115 |
| | P. Trevisan, a S. M. F. | „ | „ | II. 64 |
| 1525 | P. dei Camerlinghi | G. Bergamasco | „ | II. 142 |
| 1525 | Reggio, Mon. Maleguzzi | Bart. Spanno | Renaiss. | II. 223 |
| 1525 | S. M. dei Crocechieri, Madonna | And. Aquila | „ | II. 227 |
| ca. 1525 | Akademie, Broncereliefs | And. Bregno | fr. Ren. | II. 155 |

| | | | | Band Seite |
|---|---|---|---|---|
| 1535—67 | S. Sebastian, Ausschmückung | Versch. Künstler | fr. Ren. | II. 106 |
| 1536 | Criccoli, Haus Trisino | Andrea Palladio | Renaiss. | II. 200 |
| 1536 | Marcuskirche, Chorstühle | Seb. Schiavoni | " | II. 224 |
| 1536 | Libreria u. Zecca, Beginn d. Haus | Jac. Sansovino | " | II. 163, 179 |
| 1536 ff. | Libreria, Decoration | Danese Cattaneo | " | II. 196 |
| 1536—45 | Vicenza, Bauberathungen | Sansovino, Sammicheli u. Gnil Romano | | |
| 1537 | S. M. de Misericordia, Mon. A. Malipier | Schule d. Lomb. | fr Ren. | II. 117 |
| 1537—42 | Loggetta u. Libreria, Reliefs | Gir. Lombardo | | II. 64, 194 |
| 1538—48 | S. Giorgio dei Grechi | Jac. Sansovino | Renaiss. | II. 182 |
| 1539 | S. Dom. di Castello, Rest. | " " | " | II. 182 |
| 1540 | S. M. della Carità, Reliefs | Crist. Solari | | II. 151 |
| 1540 | S. Chiara, Neubau | Jac. Sansovino | Renaiss. | II. 184 |
| 1540 | S. M. Mater Domini, Vollendung | " " | " | II. 184 |
| 1540 | S. Martino, Neubau | " " | " | II. 184 |
| 1540 | Loggetta, Bau | " " | " | II. 184 |
| 1540 | Vicenza, Pal. Civenna | And. Palladio? | Renaiss. | II. 201 |
| ca. 1540 | S. Biaggio e Cataldo | Schule des Sammicheli | Renaiss. | II. 174 |
| 1540 | S. Trovaso, Altar | Styl d. Lombardi | fr. Ren. | II. -224 |
| ca. 1540 | S. M. Formosa, Westfaçade | Dom. da Salò | Renaiss. | II. 196 |
| ca. 1540 | Pal. Ruzzini Prinli, Büsten | " " | " | II. 196 |
| ca. 1540 | Castelfranco, Vula Soranzo | Mich. Sammicheli | Renaiss. | II. 170 |
| ca. 1540 | Pal. Grimano à S. M. Form. | Sammicheli?? | " | II. 171 |
| ca. 1540 | Pal. Gussoni | Schule des Sammicheli | " | II. 174 |
| ca. 1540 bis 1545 | Verona, Pal. Bevilaqua | " " " | | II. 171 |
| 1540—45 | Pal. Loredan u. Tiepolo | Jac. Sansovino | Renaiss. | II. 185 |
| 1540—70 | S. Salvadore, Mon. Cornaro | Bern. Contini | | II. 222 |
| 1541 | Zara, Festungswerke | G. G. Sammicheli | Renaiss. | II. 167 u. 170 |
| 1541 u. 42 | Verona, Porta S Zeno | Mich. Sammicheli | Renaiss. | II. 170 |
| 1542 | Lonedo, Villa Godi | A. Palladio | " | II. 201 |
| 1543—55 | Libreria, Sculpturen u. Stuck | Ales. Vittoria | " | II. 246 |
| 1544 | Giardini publici, Eingangsbogen | Schule des Sammicheli | " | II. 174 |
| ca. 1544 | Cast. S. Andrea | Mich. Sammicheli | " | II. 171 |
| 1544—48 | S. Sebastian, Diverses | Ant. Scarpagnino | " | II. 140 |
| 1545 | Padua, S. Antonio, Broncethür | M. A. Venier? | " | II. 227 |
| 1545 | Marcuskirche, Taufbeckendeckel | Tit. Minio u. Desiderio da Fir. | " | II. 195 |
| 1545 | Libreria, Einsturz | | | II. 185 |
| ca. 1545 | Zecca, Bau | Danese Cattaneo | Renaiss. | II. 193 |
| 1545 ff. | Marcuskirche, Mosaik | F. u. V. Zuccenti | | II. 229 |
| 1545—50 | Libreria u. Padua, Sculpturen u. Grab | Bart. Ammanati | | II. 198 |
| 1545—50 | Loggetta, Sculpturen | Tit. Minio | Renaiss. | II. 195 |
| 1546 | S. Sebastian, Altar u. Grab | Tom. Lombardo | | II. 65 u. 197 |
| 1546 ff. | Loggetta und Marcuskirche, Sculpturen | Jac. Sansovino | " | II. 185 |
| 1546—50 | Dogenpalast, Vollendung | Ant. Scarpagnino | " | II. 140 |
| 1547 | S. M. ai Frari, M. Jac. Pesaro | | | II. 224 |
| 1547 | S. Rocco, Mosaik | Giov. Novello | | II. 229 |
| 1547 | Padua, S. Ant., Mon. B. Bembo | Mich. Sammicheli | Renaiss. | II. 171 |

25*

| | | | | Band | Seite |
|---|---|---|---|---|---|
| 1555—60 | Padua S. Anton, am Mon. Contarini | Al. Vittoria | Renaiss. | II. | 246 |
| 1555—60 | Dogenpalast, Stuckverzierungen | „ „ | „ | II. | 246 248 |
| 1555—60 | Pal. Dolphin-Manin | Jac. Sansovino | Renaiss. | II. | 182 |
| 1556 | Dogenpalast, Brunnenkranz | Nic. dei Conti | | II. | 258 |
| 1556 | S. Salvadore, Mon F. Venier | Jac. Sansovino | Renaiss. | II. | 188 |
| 1556 ff. | S. F. della Vigna, zwei Mon. Gritti | | „ | II. | 226 |
| 1556 ff. | Vicenza, Paläste | Palladio | „ | II. | 202 |
| 1556—77 | Dogenpalast, Scala d'oro etc. | Jac. Sansovino | „ | II. | 164 188 |
| 1557 | S. Geminian, Façade | „ „ | „ | II. | 189 |
| 1557 | S. M. d. Carmini, 2 Mon Venier | | „ | II. | 226 |
| 1557 | Verona, Porta del Palio | Mich. Sanmicheli | Renaiss | II. | 173 |
| 1557 | S. Giorg Schiavoni, Entwurf | Jac. Sansovino? | „ | II. | 187 |
| 1557 ff. | S. Spirito Chor. Holzsculpturen | Al. Vittoria | | II. | 246 |
| 1557—60 | Quinto, Cigogna etc. | Palladio | Renaiss. | II. | 202 |
| 1557—79 | Marcuskirche, Mosaik | Bianchini, Zuccati etc. | | II. | 229 |
| 1558 | S. Pietro del Castello, Entwurf zur Façade | Palladio | | II. | 208 |
| 1559 | Dogenpalast, Brunnenkranz | Al. Alberghetti | | II. | 259 |
| 1560 ff. | S. Giorgio Maggiore, Refectorium, Ausban etc. | Palladio | | II. | 210 |
| 1560 ff. | S. Giuliano, Sculpturen | Al. Vittoria | | II. | 246 251 |
| ca. 1560 | Pal. Cavrian u. Da Ponte | Jac. Sansovino? | Renaiss. | II. | 190 |
| ca. 1560 | Logetta u. Arsenal, Madonnen | „ „ | | II. | 191 |
| ca. 1560 | Casino Pisani, Bau | G. A. Rusconi | | II. | 222 |
| ca. 1560 | S. Silvestro und S. Giuliano, Altäre | „ „ | Renaiss. | II. | 222 |
| ca. 1560 | Padua, Rathsaal, Mon. Speroni | M. A. Sordi | | II. | 227 |
| ca. 1560 | Padua Certosa, Bau | And. della Valle | „ | II. | 227 |
| ca. 1560 | Beccheria-vecchia Restaur. | Ant. da Ponte | „ | II. | 218 |
| ca. 1560 | Pal. Trevisan Murano | Dan. Barbaro | Renaiss. | II. | 223 |
| 1560—65 | Piombino, Friaul etc., Villen | Palladio | „ | II. | 206 |
| 1560—70 | S. Franc della Vigna, Statuen | Tiziano Aspetti | „ | II. | 258 |
| 1560—75 | Padua, Strà, Caldogno, Paläste u. Villen | Palladio?? | „ | II. | 207 |
| 1560 bis 1620 | Pal. Morosini u. Pisani, Façade | Schule d. Scamozzi | sp Ren. | II. | 276 |
| 1561 | S. M. della Carità, Klosterbau | Palladio | Renaiss. | II. | 208 |
| 1562 | S. Franc. della Vigna, Entwurf zur Façade | „ | | II. | 208 |
| 1562 | S. Giorgio Magg, Nussbaumthüre | Fra Fiorentino | „ | II. | 210 |
| 1562 | S. Croce alla Giudecca, Statue | | „ | II. | 226 |
| 1562—65 | Marcuskirche, Broncethüre etc. | Jac. Sansovino | „ | II. | 190 |
| 1563 | Monselice, Büste | Al. Vittoria | sp. Ren. | II. | 246 |
| 1563 u. 64 | S. Segondo, Restauration | Giov. da Zon | „ | II. | 226 |
| 1564 | S. Sebastian, Mon. Ant. Grimani | Al. Vittoria | „ | II. | 246 250 |
| 1564—89 | Vicenza, S. M. Nuova | Styl des Palladio | Renaiss. | II. | 207 |
| 1565 | S. F. della Vigna, Sculpturen | Al. Vittoria | sp. Ren. | II. | 246 250 |
| 1565 | Marcuskirche, Taufbeckendeckel | Franc. Segala | Renaiss. | II. | 198 |
| ca. 1565 | S Antonio, Tabernakel | C. Franco | | II. | 223 |
| ca. 1565 | Serravalle, Stuckmadonna | Jac. Sansovino | | II. | 191 |

| | | | | Band Seite |
|---|---|---|---|---|
| 1573 | S. Giov. e Paolo, am Mon. L. Loredan | Gir. Campagna | sp. Ren. | II. 261 |
| 1574 | S. Celestia, Neubau | Vic. Scamozzi | „ | II. 254 |
| 1574 | S. Giov. e Paolo, Altar u. Mon. Winsor | A. Vittoria | „ | II. 247 |
| 1574 ff. | S. Giov. e Paolo, in der Cap. del Rosario | Gir. Campagna | „ | II. 261 |
| 1574 | S. Nic. del Lido, Triumphbogen | Palladio | Renaiss. | II. 219 |
| 1574 u 77 | Dogenpalast, Feuer, Gutachten zur Restauration | Palladio, C. Sorte A. da Ponte etc. | | II. 212 u. 218 |
| 1574 u.77 | Dogenpalast, Saal d. qu. porte | Palladio | „ | II. 213 |
| 1575—80 | S. M. ai Frari, Broncestatuen | Gir. Campagna | | II. 261 |
| 1575—80 | S. M. delle Vergine, Engel | „ „ | | II. 261 |
| 1576 | S. Redentore | Palladio | | II. 214 |
| 1577 | S. Giov. e Paolo, Mon. L. Mocenigo | Gir. Grapiglia | | II. 264 |
| 1577 | Arsenal, Akademie, Kreuzgang v. S. Salute, Statuen | A. Vittoria | sp. Ren. | II. 247 |
| 1577 | S. Giorgio Magg., M. D. Ballani | „ „ | „ | II. 247 |
| 1577 | Dogenpalast, Figuren u. Rest. | Franc. Castelli | „ | II. 40 259 |
| 1577 ff. | Dogenpalast, Statuen äusserlich | A. Vittoria | „ | II. 251 |
| 1577 u. 1617 | S. Steffano, 2 Candelaber | | „ | II. 260 |
| 1578 | Dogenpalast Thor | Ant. da Ponte? | „ | II. 226 |
| 1578 ff. | Pal. Correr, Büste | A. Vittoria | „ | II. 247 u. 251 |
| 1578 ff. | S. M. dell'Orto, Mon. Contarini | „ „ | „ | II. 247 |
| 1579 | Dogenpalast, Plafond | Dan. Barbaro | | II. 223 |
| 1579 | Arsenal, Tana | Ant. da Ponte | Renaiss. | II. 219 |
| 1579 | S. M. M. d. Convertite, Vollendung | Palladio | | II. 214 |
| 1580 | P. Ruzzini-Priuli, Bau | B. Monopola | sp. Ren. | II. 269 |
| 1580 | S. Salvatore, Broncecrucifix | Franc. Mazzolo | „ | II. 272 |
| 1580 | Hosp. de Incurabili, Bau | Ant. da Ponte u. A. Zantani | „ | II. 219 |
| 1580 ff. | S. M. Misericordia, Statuen | A. Vittoria | „ | II. 247 |
| 1580 ff. | Ateneo, Bau | „ | „ | II. 247 u. 249 |
| ca. 1580 | Zecca, Coloss | Gir. Campagna | sp. Ren. | II. 260 |
| ca. 1580 | Palma nuova, Festungswerke | Giul. Savorgnan | „ | II. 236 |
| ca. 1580 | Corfu, Festungswerke | Ferd. Vitelli | „ | II. 336 |
| 1580—84 | Vicenza, Theater | Palladio | „ | II. 214 |
| 1580—85 | Zecca u. Dogenpalast, Coloss und Kamin | Tiz. Aspetti | „ | II. 258 |
| 1580—86 | S. Lucia, Bau | Palladio?? | „ | II. 215 |
| 1580—88 | Unbedeutendere Arbeiten | | „ | II. 272 |
| 1580—95 | S. Giorgio Maggiore, Bauleitung | Bortolo | „ | II. 265 |
| 1582 | S. Sebastian, Stuckarbeiten | Gir. Campagna | „ | II. 261 |
| 1582 ff. | Pal. Balbi, Bau | A. Vittoria | „ | II. 247 u. 249 |
| ca. 1582 | Libreria u. Zecca, Vollendung | Vinc. Scamozzi | sp. Ren. | II. 254 |
| ca. 1582 | Procuratie nuove, Bau | „ „ | „ | II. 254 |
| 1583 | Ferra, Büste | A. Vittoria | „ | II. 247 |
| 1583 | S. Croce in Luprio, Bau | Ant. da Ponte | „ | II. 219 |
| 1583 | S. M. delle Zitelle, Bau | Palladio??, Juc. Bozetto | „ | II. 214 u. 222 |
| 1585 | Trient, Büste | A. Vittoria | sp. Ren. | II. 247 u. 251 |
| 1585 ff. | Dogenpalast, Kamin u. Thüre | Vic. Scamozzi | sp. Ren. | II. 255 |

| | | | | Band Seite |
|---|---|---|---|---|
| 1599 bis 1610 | S. Giorg. Maggiore, Façade | Jac. Santafelice / Scamozzi ?? | sp. Ren. | II. 268 |
| 1600 ff. | Padua, S. Ant., Statuen, Broncethüre | Tiz. Aspetti | „ | II. 258 |
| ca. 1600 | Marcuskirche, 3 Candelaber | Maff. Olivieri | „ | II. 260 |
| ca. 1600 | S M. della Sal., Broncecand. | Aud.d'Allessandro | „ | II. 259 |
| 1600—09 | Unbedeutendere Arbeiten | | | II. 274 |
| 1601 | S. Giac. di Rialto, Altar u. Stat. | Gir. Campagna | | II. 268 |
| 1601—05 | S. Giac. di Rialto, Statue | A. Vittoria | | II. 247 / 251 |
| 1601—05 | Sem. della Salute, Büste | „ | | II. 247 / 251 |
| 1601—05 | Casa Zeno, Büste | „ | | II. 248 / 251 |
| 1601—05 | S. Zaccaria, Mon. Vittoria | „ | „ | II. 248 / 251 |
| 1602 | S. Lazzaro dei Mendicanti, Bau | Vinc. Scamozzi | „ | II. 257 |
| 1602 | S. Salvadore, Mon. A. Delfin | Vinc. Scamozzi ?? / Giul. del Moro | „ | II. 257 / 263 |
| 1602 | S. Salvadore, Mon. A. Delfin | Gir. Campagna | sp. Ren. | II. 263 |
| 1602—15 | Dogenpalast, Bauten im Hof | B Monopola | „ | II. 269 |
| 1606 | S. Guliano, todter Christus | Gir. Campagna | „ | II. 263 |
| 1606 | S. Guisseppe. Mon. Grimani | Gir. Campagna / S. Scamozzi ?? | „ | II. 257 / 263 |
| 1606—08 | S. Giorg. Maggiore, Mon L. Donato | A Vittoria | „ | II. 248 / 251 |
| 1606—08 | S. Lucia, Capelle, Büste | „ | | II. 248 / 251 |
| 1608 | S. Raffaello, Bau | Franc. Contini | „ | II. 277 |
| 1609 | S. Fantin. M. Parisano | Guil. del Moro | „ | II. 270 |
| 1609 | S. Giuseppe, Relief | „ | sp. Ren | II. 270 |
| 1609—11 | Pal Donà, Bau | Franc. de Pietro | „ | II. 275 |
| 1609—11 | S. Lucia, Façade | Palladio?? | Renaiss. | II. 215 |
| 1609—15 | Brescia, Lyceo, Bau | Vinc. da Cologna | „ | II. 275 |
| 1610 | S. Giorg. Maggiore, Statuen | Guil del Moro | „ | II. 270 |
| 1610 | S. Redentore, Statuen | Franc. Terilli | „ | II. 259 |
| 1610 ff. | S. Giorg. Maggiore, Mon. Memmo u. Ziani | G. del Moro | „ . | II. 268 |
| 1611—15 | S Angelo, S. Steffano, Dogenpalast, Sculpturen | G. del Moro | | II. 271 |
| 1611 15 | S. Felice, S. Giuseppe, S. M. Zobenigo, Sculpturen | „ | | II. 271 |
| 1611—15 | Unbedeutende Arbeiten | | | II. 275 |
| 1614 | S. Giorg. Maggiore, Statuen | G. Albanese | | II. 268 |
| 1614 | Marcuskirche, Broncestatuen | Gir. da Udine | sp. Ren. | II. 275 |
| 1615 | S. Giorg. Maggiore, Mon. M. A. Memmo | Scamozzi | „ | II. 237 / 258 |
| 1615—18 | S. Lorenzo, Altar | Gir. Campagna | „ | II. 263 |
| 1616 | S. Tomà, Statue | Gir. Campagna | „ | II. 263 |
| 1616 | S. Giov. e Paolo, Mon. B. Giustiniani | Fr. Terilli | „ | II. 259 |
| 1617 | Marcuskirche, Mosaik | L. Gaetano | | II. 275 |
| 1617—19 | Unbedeutende Arbeiten | | | II. 275 |
| 1619 ff | S. Giov. e Paolo, Hauptaltar | Math. Carnero | Barock | II. 277 |
| 1620—67 | Verschiedene unbedeutende Arbeiten | | sp. Ren. | II. 294 bis 296 |
| 1690 bis 1750 | S. Giov. e Paolo Sculpturen in der Cap. del Rosario | Gius Torretti | Zopf | II. 304 |
| 1621 | S. Pietro di Castello, Restaur. des Innern | Giov. Grapiglia | Barock | II. 237 u. 264 |

| | | | | Band Seite |
|---|---|---|---|---|
| 1663 | S. Salvatore, Façade | B. Longhena oder Gius. Sardi? | sp. Ren. | II. 279 282 292 |
| 1665—77 | S. Giorgio Maggiore, Versch. Arbeiten | Schule Longhena's | Barock | II. 286 |
| 1668 ff. | S. Pantaleone, Umbau | Franc. Comino | sp. Ren. | II. 296 |
| 1668—90 | Unbedeutendere Arbeiten | | | II. 297 |
| 1670 | Seminario della Salute, Bau | B. Longhena | sp. Ren. | II. 279 280 |
| ca. 1670 | Ospidaletto, Bau | B. Longhena | „ | II. 279 281 |
| ca. 1670 | S. Giov. e Paolo, Rel. in der Cap. S. Domenico | Cam. Mazza | „ | II. 289 |
| 1670 bis 1700 | S. Moisè, S. Vitale, Sculpturen | J. M. Morlaiter | Barock | II. 289 |
| — | S. Giov. e Paolo, in der Cap. del Rosario | „ | „ | II. 289 |
| — | S. Maria della Salute, Sculpturen | „ | „ | II. 289 |
| — | S. Domenico s. Z., Sculpturen | „ | „ | II. 289 |
| — | S. Maria ai Frari, Reliquiarium | Franc. Pensa | Zopf | II. 302 |
| — | Ai Gesuiti u. S. Eustachio, Sculpturen | Pietro Baratta | sp. Ren. | II. 289 |
| — | S. Giovanni e Paolo, am Mon. Valier | „ „ | „ | II. 289 |
| 1671 ff. | S. Basso, Façade | Gius. Benoni? | Barock | II. 290 |
| 1672 | S. Tomà, Bau | B. Longhena | sp. Ren. | II. 279 282 |
| 1673 | S. Giov. e Paolo, Mon. M. Lancia | Melch. Bartel | „ | II. 288 |
| 1673—90 | S. Lazzaro, Façade | Gius. Sardi | „ | II. 292 |
| ca. 1675 | S. Clemente, Reliefs | Cam. Mazza | „ | II. 289 |
| 1676—82 | Dogana, Bau | Gius. Benoni | „ | II. 290 |
| 1676 u. 82 | S. Clemente, Mon. G. u. P. Morosini | Giusto Le Court | „ | II. 287 |
| 1676 u. 87 | Seminar della Salute, Grüber | Fr. Lazzaroni | sp. Ren. | II. 287 |
| 1678 | S. Eustachio, Bau | Giov. Grussi | „ | II. 294 |
| 1678 | S. Nicc. dei Tolentini, Mon. F. Morosini | Filippo Parodi | „ | II. 288 |
| 1678 | S. Giorgio Maggiore, Statuen | „ „ | „ | II. 288 |
| 1679 | Pal. Pesaro, Bau | B. Longhena | „ | II. 279 u. 283 |
| 1679 | S. Redentore, Statuen | Cam. Mazza | „ | II. 289 |
| 1680 | Pal. Rezzonigo, Bau | B. Longhena | „ | II. 284 |
| 1680 ff. | S. M. Zobenigo, Façade | Gius. Sardi | „ | II. 293 |
| | S. M. Zobenigo, Mon. Barbaro | G. Benoni u. L. Milanese | | II. 291 |
| 1682 | S. Salvador, Mon. A. Delfin u. Mon. Priuli | Giul. del Moro | sp. Ren. | II. 270 |
| 1683 | Museo Correr, Broncerelief | Ant. Bonaccino | „ | II. 297 |
| 1683—89 | S. M. ai Scalzi, Façade | Gius. Sardi | „ | II. 292 |
| 1684 | S. Pantaleone, Altar | „ „ | „ | II. 293 |
| 1684 | S. Maria ai Frari, Altar | „ „ | „ | II. 293 |
| 1684 | S. M. dell' Orto, Mon. Cavazza | G. Sardi u. A. Bolgi | | II. 293 u. 297 |
| 1686 ff. | Marcuskirche, Restaurationen | | | II. 297 |
| 1687 | A. Margaritta, Vollendung | Lambrani | Zopf | II. 299 |
| 1688 | Arsenal, Statuen | | | II. 297 |

| | | | | Band | Seite |
|---|---|---|---|---|---|
| 1811 | Marcusplatz, Statue Napoleons | Dom. Banti | | II. | 340 |
| 1812 | S. Niccolo del Lido, Mon. Villaret Joyeuse | | | II. | 340 |
| 1812 | S. M. ai Servi, Demolirung | | | II. | 340 |
| 1814 | S. Giov. e Paolo, Restauration | | | II. | 340 |
| 1814 ff | Pal Reggio, Umbau | Lor. Santi | Renaiss. | II. | 331 |
| — | Patriarchalpalast | „ „ | Styl d. Kaiserreichs | II. | 332 |
| — | Giardino reale, Pavillon | „ „ | griech.-dor. | II. | 332 |
| — | S. Silvestro, Umbau | „ „ | | II. | 332 |
| 1815 | S. Zaccaria, Glocken | Canzian d. Venez. | | II. | 340 |
| 1815 | S. Giorg. Maggiore, Restaur. | Mezzani etc. | | II. | 340 |
| 1817 | S. Lorenzo, Restauration | | | II. | 340 |
| 1818 | Seminar della Salute, Gründung | | | II. | 340 |
| 1819 | S Maurizio, Vollendung | A. Selva und A. Diedo | Renaiss. | II. | 341 |
| 1819 | S. Maurizio, Sculpturen | B. Ferrari u. S. Zandomenighi | | II. | 341 |
| 1819 | S. Steffano, Mon. Greppi | S. Zandomenighi | | II. | 341 |
| ca. 1819 | Posagno, Rotonde des Canova | G. A. Selva | griechisch | II. | 330 |
| 1820 | S. M. della Salute, Grab Sansovinos | | | II. | 191 |
| 1822 ff. | S. Zaccaria, Marmorcanzellen | Dom. Fadiga | fr. Ren. | II. | 343 |
| 1822 u.25 | S. Sebastian, Restauration | | | II. | 341 |
| 1825 | Arsenal, Büste | Bart. Ferrari | | II. | 341 |
| 1826 | S. Michiele u. S. Cristoforo, Einrichtung des Friedhofs | | | II. | 341 |
| 1826—40 | Seminar della Salute, Büste d. Morosini | G. Ferrari | | II. | 341 |
| 1827 | S. Giov. e Paolo, Mon. Chanteler | A. Giacarelli u. P. Zandomenighi | | II. | 341 |
| 1827 ff. | S. Maria ai Frari, Grabmal Canovas | Div. Schüler Canovas | | II. u. | 335 343 |
| 1828 | S. M. della Misericordia, Rest. | | | II. | 342 |
| 1829 | S. Giorg. Maggiore, Glocken | Canc. Veneto | | II. | 342 |
| 1829 u.30 | S. M. della Carrità, Restaur. | Fr. Lazzari u. Ant. Manri | Styl d. Palladio | II. u. | 298 342 |
| 1831 | S. Sebastian, Restauration | Giov. Casoni | Styl d. Lombardi | II. | 343 |
| 1832 | S. Luca u. S. Aluise, Rest. | | | II. | 342 |
| 1835—42 | Marcuskirche, Restauration | T. u. G. Meduna | | II. | 342 |
| 1835—49 | Verschiedene Gebäude, Rest. | Verschiedene | | II. | 345 |
| 1837 | Teatro della Fenice, Rest. | T. u. G. B. Meduna | | II. | 342 |
| 1838 | S. Giov. del Maltesi, Rest. | | | II. | 342 |
| 1838 | S. Silvestro, Beginn d. Neubaus | Lorenzo Santi | Modern | II. | 342 |
| 1838—52 | S. Maria ai Frari, Mon. Titians | L. u. P. Zandomenighi | | II. | 342 |
| 1839 | S. Zaccaria, Altar, S. Terrasio | P. Garbato u. A. Cupovilla | Styl d. Lombardi | II. | 343 |
| 1840 | S. Zaccaria, Restauration von Statuen | Pietr. Bearzi | | II. | 343 |
| 1840 ff. | Malamocco, Wasserbauten | | | II. | 343 |
| ca. 1840 | Giardini Pubblici, Laokoon, Gruppe | Luigi Ferrari | | II. | 343 |
| ca. 1840 | Pal. Treves etc., Diverses | „ „ | | II. | 343 |
| 1840—50 | Cà d'Oro, Restauration | | reichgoth. | I. | 233 |
| 1840—59 | S. Maria dell' Orto, Rest. | | gothisch | II. | 344 |
| 1841—46 | Eisenbahnbrücke, Bau | T. Meduna u. L. Duodo | | II | 344 |
| 1843 | Fondaco dei Turchi, Restaur. | Ant. Petecchi | | I. | 58 |